ユーモア心理学ハンドブック

R・A・マーティン 著
野村亮太／雨宮俊彦／丸野俊一 監訳

北大路書房

The Psychology of Humor
An Integrative Approach

by

Rod A. Martin

THE PSYCHOLOGY OF HUMOR by Rod A. Martin
ISBN:978-0-12-372564-6
Copyright© 2007 by Elsevier Inc.
All rights reserved.

This edition of THE PSYCHOLOGY OF HUMOR by Rod A. Martin is published by arrangement with Elsevier Inc. of 200 Wheeler Road, 6th Floor, Burlington, MA01803, USA through The English Agency (Japan) Ltd.

日本語版への序文

　私のユーモアの心理学についての本の日本語版をこのようにして紹介できることをとてもうれしく思う。2008年5月，私が日本を訪れ，数多くのユーモアの研究に携わる研究者と会う機会があったことは，心温まる思い出として残っている。そこで出会った研究者の中からも数名が本書の翻訳にも携わっている。この訪問の折，いつもユーモアと笑いが絶えない関西大学の木村洋二教授に手厚くもてなして頂き，日本の食事，習慣，歴史，そして，とりわけユーモアについて紹介してくださった。そのときの喜ばしい時を思い返すほどに，私は太陽の暖かさ，桜花の香り，また，数日間滞在した京都で訪れた寺社仏閣の荘厳さとそこでの静謐とを思い出す。木村教授のお嬢様の彩さんには，この美しい街を親切に案内してもらい大変感謝している。

　その後，私は数日間大阪で過ごすことになった。大阪では関西大学の教員や学生と会い，日本のあらゆるところで進められている興味深い研究の数々を知ることとなった。私の旅行を手配するのを手伝い，通訳として働いてくれた安部剛氏を始め，この本の監訳者であり，翻訳に関わっている学生を紹介してくれた雨宮俊彦氏には感謝している。それから，広崎真弓さん，森田亜矢子さん，そして，ティル・ワインガートナーさん，大阪の非常に楽しく愉快な旅を用意してくれてありがとう。

　ユーモアの心理学について書かれた本書が，日本語版として世に出ることに適していると思われるのには，主に二つの理由がある。第一に，私が日本を訪れてわかったように，とりわけ日本の文化には豊かなユーモアやコメディ，そして，笑いの伝統があるからだ。大阪に滞在中，私は喜劇に特化して発展してきた劇場を訪れ，この街の人たちが笑いの文化を持つと広く認識されていることを知ったのだった。また，テレビでの漫才，舞台での落語や狂言，詩や文学での狂歌や川柳のように，日本には様々なコメディの形があるということも教わることができた。日本の民俗伝承での笑いの重要性は，神々の笑いを通して世界が闇と災厄から守られたという古代の創造神話からもうかがい知ることができる（日本のユーモアについてもっと知りたい場合は，Davis, 2006を参照）。

　本書が特に適している二つ目の理由として，日本の大学においてユーモアについての科学的研究に対する興味が増してきていることが挙げられる。重要な研究知見の中にはすでに出版されたものもあるが，私の滞在中に関西大学で開催され丸一日かけて行われたシンポジウムの場でこれらの研究のいくつかに触れることができた。木俣肇

氏は，ユーモアが免疫とアレルギー反応に与える影響についてのきわめて興味深い研究について講演された。苧阪直行氏はfMRIを用い，笑い声を模した語を見た際の脳の部位についての研究を発表された。また，松阪崇久氏はチンパンジーの笑いについての研究について話していた。そして，木村洋二教授と野澤孝司氏は，笑いの呼吸と横隔膜の関係についての研究方法をデモンストレーションするのだった。日本笑い学会の前会長であり，精力的に日本でのユーモア研究を推進し続けている井上宏さんのところへ訪れたのも楽しい思い出となっている。このようなユーモアと笑いが各方面で祝福されている日本文化を見るにつけて，また，多くの大学でユーモア研究が増していることを知るにつけて，私は本書が広く受け入れられていくことを期待している。

本書を翻訳するために，多くの時間を割き，努力を重ね，語学力を注いできた多くの方に感謝の意を表したい。監訳者の野村亮太氏（九州大学），雨宮俊彦氏（関西大学），丸野俊一氏（九州大学），そして，各章の翻訳に尽力してくださった以下のすべての方に感謝する。吉津潤氏（関西大学大学院心理学研究科），生田好重氏（近畿大学農学部），渡邊太氏（大阪大学大学院人間科学研究科），柴田由己氏（大阪商業大学JGSS研究センター），葉山大地氏（宇都宮大学教育学部），松阪崇久氏（関西大学人間健康学部），高下保幸氏（福岡大学人文学部），田中真理氏（東北大学大学院教育学研究科），吉田昂平氏（関西大学大学院社会学研究科），広崎真弓氏（関西大学人間健康学部），阿部晋吾氏（梅花女子大学心理こども学部）。

最後に，私が思い出深い日本への滞在を終えて帰国して一年も経たないうちに，私を手厚くもてなし陽気に案内してくれた木村洋二教授が時ならず亡くなったと知らせを受けたのはひどく悲しいことである。彼のユーモア研究推進に込める熱意と煌めくようなパーソナリティは，間違いなく多くの人から惜しまれたことだろう。彼の遺志を引き継ぎ，本書がユーモア研究への興味に拍車をかける手助けになるよう祈っている。

ロッド A. マーティン
ウェスタンオンタリオ大学
2011年2月4日

引用文献

Davis, J. M. (Ed.) (2006). *Understanding humor in Japan*. Detroit, MI: Wayne State University Press.

序　文

　ユーモアは，あらゆる社会的相互作用において見られるヒトの普遍的な活動である。大部分の人は，日常生活のなかでしばしば何かおもしろいものを見つけ，笑っている。ユーモアは一種の遊びではあるものの，数多くの"深刻な"社会的，認知的，情動的機能を提供するものである。ユーモアと笑いに関する魅惑的な問題は，心理学におけるいずれの領域にも関連している。だが，驚くべきことに，人間の振る舞いにおいてユーモアがもつあきらかな重要性にもかかわらず，心理学の教科書やその他の学術書においては，ユーモアやそれに関連する笑い，皮肉，楽しさといった話題は，ほとんど扱われてこなかった。ユーモアや笑いに関連する研究文献は，かなりの量にのぼり，現在でも増え続けているものの，ほとんどの心理学者はこれについての体系的な知識を十分にはもち合わせていない。

　したがって，本書の主目的は，ユーモアの心理学のすべての領域における理論と研究知見についての総合的なレビューを提供することである。そのために，各章は，分岐した心理学の各領域（認知，社会，生物，人格，発達，臨床，他）のために割かれている。本書は，またユーモアの心理学における学部学生の高年次や大学院生レベルのコースの教科書として利用できるようにデザインされている。現在，このようなカリキュラムはほとんどの心理学部門においてみられないが，本書は，今後そのようなコースを提案することを奨励するものとなるだろう。そのコースでは，本書のように，典型的には，章ごとに1，2週をかけ，心理学の異なる領域を体系づけるというものとなるだろう。私の経験では，このようなコースは，普通とても人気があり，興味深く，楽しく，個人的にも関連した行動に対して，心理学の各領域の視点からいかにアプローチすることができるのかを学生に示すすばらしい媒体として，そして，ユーモアについての包括的で強力な理解を提供する媒体として機能するのである。

　教科書としての目的に加え，私は本書をすでにベテランの研究者のためだけではなく，ユーモアに関して自分自身の研究を実施しようと考えている学生のための研究ハンドブックとなるように執筆した。このため，いずれの章においても，いまだ答えられていない研究課題や，心理学の様々な領域における近年の発展から生まれた新しい仮説，そして，これらの問題に取り組むための確実な研究法について指摘している。研究者たちは，彼ら自身の研究領域の概念をユーモアの理解に適用することができそうだと思うに違いない。また，一次資料をより詳細に検討できるように，広範囲に及ぶ

序文

文献リストを付加している。本書が多くの興味深い新しい考えの引き金になり，読者をユーモア研究へ駆り立てる契機となることを期待している。

　本書は，心理学を学ぶ学生や心理学者に加え，他の領域で研究している研究者が，心理学においてどのように研究が行われてきたのかを知るために役立つことを期待している。本書のいたるところで，文化人類学，生物学，コンピュータ科学，言語学，社会学といった多くの他領域において，心理学者による研究に言及した知見について触れている。最後に，本書は，それぞれの領域において，心理学の潜在的な応用に興味をもつ，健康のケア（たとえば，医師，看護師，作業療法士，理学療法士）やカウンセリング，ソーシャルワーク，教育，ビジネスに携わる実践家を対象とするものである。それゆえ，私は，読者が必ずしも心理学のバックグラウンドをしっかりもっている必要があるとは想定していない。心理学に疎い読者のために，理論，方法，そして研究知見について，できるだけ筋道立てて紹介した。このように，本書は多くの読者へ届くように配慮している。読者には，私が「欲張りすぎている」ことをどうか容赦いただきたい。

目次

日本語訳への序文　i

序文　iii

第1章　ユーモアの心理学への招待　1

1節　ユーモアと笑いの普遍性　3
2節　ユーモアとは何か　5
3節　ユーモアの多様な形態　11
4節　ユーモアの心理学的機能　17
5節　ユーモアの歴史の概観　24
6節　ユーモアと心理学　32
7節　結論　35

第2章　理論と初期の研究Ⅰ　精神分析と優越理論　37

1節　精神分析理論　39
2節　優越／非難理論　52

第3章　理論と初期の研究Ⅱ　覚醒，不調和，そして反転理論　69

1節　覚醒理論　69
2節　不調和理論　75
3節　反転理論　90
4節　実証的研究　95
5節　結論　98

第4章　ユーモアの認知心理学　100

1節　ユーモア，不調和，そしてスキーマ　102
2節　ユーモアへの言語学的アプローチ　107

3節　ユーモアにおけるスキーマの研究に対する心理学的アプローチ　113
　　　4節　会話上のユーモアの認知的プロセス：皮肉と嫌味　119
　　　5節　ユーモアの認知への影響　124
　　　6節　ユーモアへの計算論的アプローチ　128
　　　7節　認知的遊びとしてのユーモア　133
　　　8節　結論　135

第5章　ユーモアの社会心理学　137

　　　1節　社会的なやりとりとしてのユーモア　138
　　　2節　ユーモアの対人的機能　140
　　　3節　からかい　151
　　　4節　笑いの社会的側面　155
　　　5節　ユーモア，社会的知覚および対人魅力　160
　　　6節　ユーモアと説得　166
　　　7節　ユーモア，態度および偏見　171
　　　8節　ユーモアと親密な関係　176
　　　9節　ユーモアとジェンダー　180
　　　10節　結論　184

第6章　ユーモアと笑いの心理生物学　188

　　　1節　笑いとは何か　189
　　　2節　自律神経系および身体への愉悦の作用　198
　　　3節　人間以外の動物の笑い　201
　　　4節　病的な笑い　206
　　　5節　笑いと脳　208
　　　6節　くすぐり刺激による笑い　211
　　　7節　ユーモアの認知過程の神経基盤　215
　　　8節　ユーモアと笑いの進化理論　225
　　　9節　結論　229

第7章　ユーモアセンスとパーソナリティとの関係　232

　　　1節　ユーモアセンスとは　233

2節　ユーモア鑑賞に現れる個人差　237
3節　ユーモアセンスの自己評定による測度　250
4節　能力としてのユーモアセンス　264
5節　ユーモラスな振る舞いのスタイルとしてのユーモアセンス　268
6節　ユーモアセンスは何種類あるのか？　271
7節　プロのユーモリストのパーソナリティ特性　274
8節　結論　276

第8章　ユーモアの発達心理　279

1節　乳幼児期および児童期前期における微笑み（smiling）と笑い（laughter）　280
2節　ユーモアと遊び　285
3節　ユーモアと認知発達　289
4節　情動的コーピングとしてのユーモア　301
5節　児童期におけるユーモアの対人関係についての側面　303
6節　子どものユーモアセンスの個人差　308
7節　ユーモアと加齢　321
8節　結論　324

第9章　ユーモアと精神的健康　327

1節　ユーモアと感情的ウェルビーイング　328
2節　ユーモア，ストレスそしてコーピング　343
3節　精神的健康におけるユーモアの対人関係の側面　363
4節　結論　372

第10章　ユーモアと身体的健康　376

1節　ユーモアと健康に関する通説　377
2節　ユーモアはどのように健康に影響を及ぼすか？　380
3節　ユーモアと免疫　385
4節　ユーモアと痛み　391
5節　ユーモアと血圧，心疾患　395
6節　ユーモアと疾病の徴候　396
7節　ユーモアと長寿　398

8節　結論　400

第11章　心理療法，教育，職場でのユーモアの活用　404

1節　心理療法とカウンセリングにおけるユーモア　405
2節　教育におけるユーモア　422
3節　職場におけるユーモア　433
4節　総合的考察　445

引用文献　449
事項索引　497
人名索引　501
監訳者あとがき　505

第 1 章
ユーモアの心理学への招待

Introduction to the Psychology of Humor

　ユーモアの経験がどんなものかは誰もが知っている。冗談，愉快な逸話，ウィットに富んだコメント，うっかり舌を滑らせた発言などを聞いていて，突然おかしさにみまわれる。刺激をおかしいと思うと，微笑んだり，くすっと笑ったり，笑い転げたりする。これらの反応は，幸福感や愉悦といった快の感情を伴っている。たいていの人は，1日のなかで何回もこうした経験をしている。

　ユーモアは，とても身近で楽しく愉快な行為なので，多くの人は自分がすでにユーモアを理解していて，ユーモアを解明するための心理学的研究など必要ないと考えるかもしれない。しかし，ユーモアの実証的研究は興味深い驚きに満ちている。ユーモアは様々な考えや出来事に対する「真剣でない（ノンシリアス）」，気楽な態度を伴う心的な遊びの一種であるという本質的な特性にもかかわらず，社会的，感情的，認知的には多くの「深刻な（シリアス）」機能を果たす。この事実が，ユーモアを，科学的な研究のトピックとして魅力的で実り多いものとしている。

　ユーモアは，心理学のすべての分野に関連する多くの興味深い疑問を湧き起こすものである。一体どのような心理過程によって「冗談がわかる」あるいは何かをおもしろいと感知するのだろうか？　ユーモアは脳内でどのように処理され，身体にどのような影響を及ぼすのだろうか？　笑いとはなにか？　はたまた我々はなぜユーモラスなことに笑いという反応を示してしまうのか？　他者とのやりとりのなかでユーモアはどのような役割を果たすのか？　ユーモアセンスとは一体何なのか？　子どもはどのようにしてユーモアセンスを発達させるのか？　よいユーモアセンスをもつことは

精神的・肉体的健康に有益なのだろうか？

　これらの疑問や関連する諸疑問からあきらかなように，ユーモアは学問としての心理学のすべての分野に関わる（Martin, 2000）。認知心理学者たちは，ユーモアの知覚，理解，鑑賞，そして産出に関わる心的過程に興味を示すだろう。二者関係や集団におけるユーモアの対人的機能は社会心理学に関連する。発達心理学者たちは乳児期から児童期，そして生涯を通してのユーモアや笑いの発達に関心を寄せる。パーソナリティの研究者たちはユーモアセンスの個人差とそれが他の性格特性や行動とどのように関連するかをあきらかにするだろう。心理生物学では笑いの生理学的な基盤や，ユーモアの理解や鑑賞を司る脳の部位をあきらかにするだろう。心理療法や教育，職場への応用可能性は，精神的・身体的健康におけるユーモアの役割と同様に臨床心理学，健康心理学，教育心理学，産業・組織心理学のような心理学の応用分野での関心事である。したがって，心理学におけるすべての分野の研究者たちは，ユーモアの研究で興味深い貢献をなしうる。実際，ユーモアの心理学を完全に理解するためには，これらすべての領域における知見を統合することが必要なのである。

　人間経験の多くの領域でユーモアが重要であり心理学のあらゆる分野への関連性が明白であるにもかかわらず，これまでの心理学の主流ではユーモアへの関心は驚くほどわずかしか払われてこなかった。ユーモアについての研究は学部の心理学の教科書や専門書では，仮に含まれたとしても，わずかに触れられる程度である。しかし，ユーモア研究では長年にわたって着実な研究の蓄積がなされ，ユーモアに関する相当な量の知識体系を生み出してきている。したがって，本書が全体として目的とするのは，このユーモアという魅力的なテーマについて，心理学を専攻する学生や教員，ならびに他の領域の専門家に対し，ユーモアに関する既存の研究文献を紹介するとともに，さらに興味深い将来の研究の方向性を指し示すことである。

　本章では，まず人間におけるユーモアと笑いの普遍性と進化的起源に関する証拠を概観することから始める。そして，ユーモア過程における4つの主要な要素がユーモアの心理学全体とどのように関連するのかを検討し，ユーモアとは何かという問題を考察する。続いて，我々が日常生活のなかで遭遇する多様なユーモアの形態を概観し，ユーモアと笑いの心理学的機能を詳しく検討する。次に，ユーモアと笑いについての一般的な考えと前提が過去何世紀かの間に大きく劇的に変化してきたことをあきらかにしながら，ユーモアについての概念の歴史を要約する。最後に，ユーモアへの心理学的なアプローチについて論じ，本書の残りの章を概観する。

1節　ユーモアと笑いの普遍性

　ユーモアと笑いは世界中ですべての文化や個人に生ずる普遍的な経験である（Apte, 1985; Lefcourt, 2001）。笑い声は，ステレオタイプ化された特徴的な音声パターンをもち，容易に認識できるため間違えられることはない（Provine & Young, 1991）。笑いが適切とされる状況や何がユーモアにふさわしい話題なのかの規準は，文化によって異なるが，笑い声自体には文化による差はない。発達的にみても，笑い声は人間の乳児が（泣き声の後に）最初にみせる社会的な音声の1つである（McGhee, 1979）。生後4ヶ月頃になると乳児は他者の行為への反応として笑いをみせるようになり，新生児のてんかん性笑い発作（gelastic epilepsy）の存在は脳の機能として笑いがすでに組み込まれていることを示すものである（Sher & Brown, 1976）。笑いが生得的なものであることは，生まれつき眼が見えず，耳が聞こえないため，他者の笑いかけを知覚することができない乳児でも，適切に笑うことができるという事実によって示される（Provine, 2000）。実際，ヒトの脳にはユーモアと笑いに関連する特定の神経回路が存在するという証拠があり，研究者たちはこの回路を脳画像を用いた研究によって特定しつつある。このように，ユーモアを楽しみ，笑いによってそれを表現できることは，人間であるとは何なのかということの本質的な要素であるようだ。

　だが，興味深いことに笑う動物は人間だけではない。霊長類学者たちは，ダーウィン（Darwin, 1872）によって初めて記述された若いチンパンジーの笑いの形態について研究を行っている。よく似たタイプの笑いはボノボや，オラウータン，ゴリラなどを含む他の類人猿でも観察される（Preuschoft & van Hooff, 1997; van Hooff & Preuschoft, 2003）。類人猿の笑いは，レスリングやくすぐり合い，追いかけっこなどの取っ組み合い遊びの社会的活動の際にみせるリラックスした口開けディスプレイ，すなわち「プレイ・フェイス」に伴う断続的に喉からハアハアあえぐような発声として記述される。その音声は人間の笑い声とはいくぶん異なるが，人間の乳児や幼い子どもの笑いと似た社会的な状況において生じ，笑い声として容易に認識できるものである。実際，人間とチンパンジーの笑いに共通の進化の起源があり，多くの共通する機能があると信ずべき十分な理由がある。

　笑い声に加えて，類人猿には原始的なユーモア感覚さえ備わっているかもしれないという証拠がある。サインランゲージ（手話）によるコミュニケーションを教えられたチンパンジーやゴリラは，駄じゃれやユーモラスな悪口，ちぐはぐなことば使いなどのユーモアを連想させる遊びのようなやり方でことばを使うことが観察されている

(Gamble, 2001)。興味深いことに，これらのユーモアを思わせる言語のようなサインの使用は時に笑い声やプレイ・フェイスを伴っており，類人猿においてさえユーモアや遊びと笑いが深い関係にあることを示している。

　これら一連の証拠は，ヒトにおけるユーモアや笑いが自然淘汰によって生まれたものであることを示唆する (Gervais & Wilson, 2005)。笑いは社会的な遊びを起源に，霊長類の遊びの合図から派生したらしい。進化学者たちはこの遊びの合図を言語の発達より前にさかのぼる長い進化の歴史をもつ非言語的「身振りコール」機能の一部として位置づけている（Burling, 1993）。優れた知能や言語能力の進化とともにヒトは，祖先が行っていた笑いを喚起する遊びの活動を，現在では我々がユーモアと呼ぶようなことばや思考を使った精神的な遊びへ適用するようになった(Caron, 2002)。したがって，人間の成人は取っ組み合い遊びで追いかけっこをしたり，くすぐったりすることは通常しないが，ユーモアという形で社会的な遊びにしばしば参加し続けているのである。これらの進化的な起源は，ユーモアや笑いには重要な社会的感情としての機能があり，種として生き残るのに貢献してきたことを示唆する。

　ユーモアは遺伝子に組み込まれた生物学的な基盤をもつが，それが社会的なやりとりにおいてどのように用いられるのか，どのような話題がふさわしいのかなどを決める上で，文化的な規範や学習などが重要な役割を果たすこともまたあきらかである。加えて，ユーモアのすべての形態は基本的な遊びの構造に由来するとみられるが，人間の言語や想像力の複雑さは限りなく多様なユーモアの形態を創造することを可能にしているようだ。人間の言語，文化，科学技術の発展につれ，我々は知人同士の自発的な冗談やふざけ合いといったものから，話して聞かせる物語の伝統や喜劇，滑稽文学やコメディ映画，ラジオやテレビ番組，そしてインターネットを通じて広まるジョークや漫画へとユーモアをやりとりするコミュニケーションの新しい方法やスタイルを発展させてきた。

　人間の生物としての進化や，文化的な進化の過程において，ユーモアは遊びとしての楽しみやエンターテイメントだけでなく，より広い範囲の社会的機能を担ってきた。これら多くの対人的機能は矛盾するものであり逆説的なものである。ユーモアは集団内の社会的結束を強化する道具になりうるが，同時に集団外の人間を排除する道具にもなりかねない。ユーモアは，人々の間の地位の違いを減少させる一方で強化するし，同意や社交性の表明であると同時に不同意や攻撃性の表明でもある。協力とともに抵抗を促進し，団結や連帯を強化する一方で権力や特権を弱体化するものとなる。したがって，ユーモアは社会的な遊びに由来してはいるものの，人間の間で多様な機能をもつコミュニケーションや社会的影響の普遍的な様式として発達してきた。

2節　ユーモアとは何か

『オックスフォード英語辞典（*The Oxford English Dictionary*）』はユーモアを「楽しい気持ちを引き起こすような行為や話や書かれた物の性質。たとえば，風変わりなもの，滑稽さ，冗談，おかしさ，おもしろさ」と定義している。さらに，ユーモアは「滑稽さやおもしろさに関し，それを理解し，会話や書き物，種々の作文で表現する能力，滑稽なことを想像し話題として扱う能力である」（Simpson & Weiner, 1989, p.486）と続けられている。以上の定義から，ユーモアは，滑稽と思われたり人の笑いを誘うと考えられるような話や行動，そのようなおかしな刺激を創造し理解する心的過程，そしてその楽しみにおける感情的な反応などのすべてを含む幅広い用語であることがわかる。

　心理学的観点からいえば，ユーモアの過程は以下の4つの主要な要素に分類できる。すなわち，（1）社会的文脈，（2）認知・知覚的過程，（3）感情的反応，そして（4）笑いの音声・行動的表出である。

ユーモアの社会的文脈

　ユーモアは本質的に社会的な現象である。我々は1人でいる時より誰かと一緒にいる時の方がよく笑ったり，冗談を言ったりする（Martin & Kuiper, 1999; Provine & Fisher, 1989）。コメディ番組を観たり，おもしろい本を読んだり，おかしかった出来事を思い出したりしている時には1人でも笑うことはある。しかしこれらの笑いの例は，普通「擬似社会的」なものとみなすことができる。なぜなら，テレビ番組のなかの人物や，本の作者，誰か人が関わっている出来事を思い出して反応しているからである。

　実際，ユーモアはどのような社会的状況でも生じうるし，また頻繁に生ずる。ユーモアは50年間連れ添った配偶者との間でも，バス停で居合わせた見知らぬ人との間でも生じうる。親しい仲間同士でのごく日常的なコーヒーショップでの会話や，仕事関係の人たちとの正式な交渉での対話のなかででもユーモアは交わされる。直接にであろうがメディアを通してであろうが，また大衆に向かって語りかける政治家や宗教指導者のような公的な演説をする人によってもユーモアは使用される。

　ユーモアの社会的な文脈は遊びの1つである。事実，本質的にユーモアは人々が遊び心のあるやり方で他人と交流をもつための1つの方法である。先述のように，チンパンジーや他の類人猿の笑いに関する研究は，笑いが社会的な遊びに起源をもつもの

であることを示唆している（van Hooff & Preuschoft, 2003）。互いに楽しんだり笑いを喚起するためにユーモアをつくり出す我々の能力は，ヒトにおいて幅広い遊びの機会を提供するための手段として進化してきたようだ。遊びは，社会的にも感情的にも認知的にも重要な機能を果たすと考えられる（Bateson, 2005）。実際，すべての哺乳類は幼い時に遊ぶ時期をもつが，ヒトは一生を通じて，遊び，とりわけユーモアを続ける。

　人は遊ぶ時は，言動の対象となる事物に真面目ではない態度をとり，何らかの重大な目標を念頭においてではなく，言動それ自体を楽しむために行動する。心理学者のアプター（Apter, 1991）はユーモアに関係する心的な遊びの状態を，目的志向である**目標志向状態**（telic mode：ギリシャ語の *telos*〔ゴールという意味〕に由来する）と区別して**活動志向状態**（paratelic mode）と呼んだ。アプターによると，我々の心は日常生活のなかで真剣な状態になったり遊びの状態になったりと何度もスイッチが入れ替わる。ユーモアに関連した遊びのモードの状態は，短い時間で終わったり，長い時間続いたりする。たとえば，仕事の会議では，誰かの皮肉まじりのジョークに一同が笑い，活動志向的な心理状態になるかもしれないが，しばらくすれば真剣で目標志向的な話し合いに入るだろう。もっとカジュアルな場面では，気楽な気分で遠慮もいらないので，人々は遊戯的でユーモラスな会話や冗談を何時間も続けて交わすことになる。

ユーモアの認知・知覚的過程

　ユーモアは社会的な文脈のなかで生じるものだが，ある種の認知が行われることによっても特徴づけられる。ユーモアをつくり出すためには，人は環境や記憶からの情報を心的に処理し，考えやことば，行為を用いて普段しないような創造的なやり方で扱わなければならず，さらにそれによって，他者がおもしろいと感じるようなウィットにとんだ発言やこっけいな非言語的動作を生み出す必要がある。ユーモアの受容においては，眼や耳を通して何らかの見聞きしたり読んだりしたことを取り込み，情報の意味の処理をし，それを深刻でない遊びとして，そして，ユーモラスなものとして味わうのである。

　刺激のどのような特徴が我々に滑稽と感じさせるのであろうか？　次の2つの章で述べるが，この疑問は何世紀もの間，多くの学術的な議論や研究の課題であり続けてきた（Roeckelein, 2002）。しかしながら，ユーモアには何らかの意味でその場にあわず，風変わりで，普通ではなく，予期できない，驚くような，非日常的な考えやイメージ，文章や出来事が必要であるという点で，ほとんどの研究者の意見は一致するだろう。加えて，ユーモアが生じるには，その刺激を深刻あるいは重要でないと評価させる何

らかの特徴が存在し，我々を一時的にではあっても，遊びとしての心理的な枠組みに導入する必要がある。したがって，ユーモアの本質は，進化論者のジャーヴェイスとウィルソン (Gervais & Wilson, 2005) が「深刻でない社会的不調和」であると述べたように，不調和，意外性，遊戯性にあるらしい。こうした一群の認知的要因は，冗談やからかい，ウィットにとんだ冷やかしの応酬，それに，単なる言い間違いやおなじみのバナナの皮で転ぶ男のおかしさといった意図せず生じるユーモア，「いないないばあ」や取っ組み合いでの子どもの笑い，さらには，チンパンジーやゴリラのユーモアにいたるまで，すべてのユーモアを特徴づけているように思われる (Wyer & Collins, 1992)。

　ケストラー (Koestler, 1964) は，ユーモラスな不調和に気づくことに組み込まれた心的過程を捉え**二元結合** (bisociation) という新語を作った。ケストラーによると，二元結合は，ある1つの状況や出来事，考えが，それら自身は一貫しているものの，通常は関連のない，むしろ矛盾していると思われる2つの枠組みの観点から同時に捉えられた時に生ずる。したがって，1つの出来事が「いわば2つの異なった波長で振動させられる」(p.35) のである。単純な例としては，ことばや語句の2つの違った意味が同時に生ずる語呂合わせがある（例：2人の人食い人種が道化師を食べていた。1人が尋ねた。ちょっとこれ，おかしくない？ (Does this taste funny to you?)）。ケストラーによると，すべての種類のユーモアの基盤にはこの共通した過程があるというのである。

　アプター (Apter, 1982) は，1つの対象に対して，矛盾する2つのイメージや概念が同時に個人のなかに抱かれる認知的過程について記述するために**シナジー** (synergy) という概念を用いている。アプターによると，遊戯的な活動志向状態において，シナジー——思考を2つの相容れない概念の解釈の間で行き来させる——が楽しまれ，快い興奮が引き起こされる。したがって，我々はユーモアにおいて，考えや行為を遊びとして操作し，現実と非現実，重大事と些事，脅威と安全などのような反対の解釈を同時に知覚する。後章でみるように，ユーモアの心理学においては，非常に多くの理論的な議論と研究が，ユーモアの知覚と鑑賞の基盤にあるより詳細な認知的過程の解明に焦点を合わせている。

ユーモアの感情的側面

　ユーモアに対する反応は知的なものだけではない。ユーモアを知覚すると，程度の差こそあれ，常に快の感情反応が喚起される。心理学の研究は，ユーモア刺激がポジティブな感情や気分を増幅させることを示してきた (Szabo, 2003)。最近の脳画像研究

でも，ユーモアの感情としての本質は，脳の辺縁系にある報酬回路がユーモラスな漫画が呈示され活性化することにあるとはっきりと示されている（Mobbs et al., 2003）。脳のこの部位はある漫画が実験参加者から，よりおもしろいと評定されるほど，より強く活性化するのである。別の研究では，これらユーモアの快感情を司る脳の回路は，食事や楽しい音楽，性的行為や気分を変える薬物の摂取といった様々な快感情を産む行動とも関わっていることが知られている。このことから，なぜユーモアが楽しくて，なぜ人は可能な時にはできるだけ笑おうとするのかが説明できる。つまり何かを滑稽だと笑う時，我々は脳の生化学に根ざす感情的な高揚を経験しているのである。

　したがって，ユーモアは基本的には，前節で論じた特定の認知的過程によって引き起こされる感情であるといえよう。喜びや嫉妬，恐怖などの他の感情が，社会的，物理的な環境の特定の評価への反応として生じる（Lazarus, 1991）のと同じく，評価——とりわけユーモアは出来事や状況を滑稽で愉しい不調和をきたすものであると評価——することによって引き起こされる感情的反応から構成されている。ユーモアと関連する我々におなじみの快感情は，**愉しさ**（amusement），**愉悦**（mirth），**楽しい気分**（hilarity），**快活さ**（cheerfulness），**浮かれた気分**（merriment）などのことばで表される独特の幸せな感情である。この感情は喜びと関連しており，そして無敵の感覚——17世紀の哲学者トマス・ホッブスが「突然の栄光」と呼んだ自己拡大の感覚——を含んでいる。

　ユーモアは誰にもなじみの感情であるにもかかわらず，驚いたことに研究者たちは未だにこの特別な感情を示す専門的な用語を決めかねている。研究者は，喜び，愛，恐怖，不安，抑うつなどの感情については，それを指し示す専門用語をもっているが，ユーモアによって生じる感情には共通の名称はもち合わせていない。これはユーモアによって生じる感情は笑いと密接に関連しているため，最近まで理論家や研究者たちは笑いの基礎となる感情よりも，笑いの行為そのものに焦点を当てる傾向があったからである。ユーモアによって生じる感情を「ユーモア鑑賞（humor appreciation）」（たとえば，Weisfeld, 1993）もしくは「愉しさ（amusement）」（たとえば，Shiota et al., 2004）と表現する研究者もいるが，これらの表現は認知的すぎるきらいがあり，その感情の本質を充分に捉えきれてはいない。心理学者のルフ（Ruch, 1993）はユーモアによって生じる感情の専門用語として**愉楽**（exhilaration：hilarity ということばに関連し，ラテン語の *hilaris* を語源にもつ楽しいという意味のことば）ということばを提案している。愉楽の一般的な英語の意味は愉快，楽しいに加えて，ドキドキするようなという感覚も含んでいるが，ルフはここでの愉楽の使われ方としては興奮するという部分を重視せず，むしろ愉快さや楽しさ，滑稽さなどの感情的な性質を強調するも

のであると示唆している。しかしながら，愉楽から興奮という含意を外すことは難しいらしく，この用語は他の研究者には受け入れられてはいないようだ。

　ユーモアによって生じる感情を表現するには，明白に感情に関連する語で，ユーモアや笑いとの関連性はあるが，それらと同義語にはならず，一定の幅の感情強度に適用可能な語が必要である。私は**愉悦**（mirth）という語が適当であると考える。『オックスフォード英語辞典』によると，愉悦とは「快感情であり……喜び，幸福，明るい気持ち，冗談や笑いで示されるような陽気で，楽しい気分。浮かれた，楽しい気分」である（Simpson & Weiner, 1989, p.841）。このことばはまさに上述の要件を満たす意味をもつ。ただし，愉悦ということばを感情そのものではなく，笑顔や笑い声などの表情や音声的表出に対して使用する研究者もいるので，それらとは区別をする必要がある。そこで本書では，ユーモアによって生じる感情を愉悦と名づける。

　愉悦はユーモアを知覚した時に生じる特定の感情である。他の感情（喜び，愛情，悲しみ，恐怖）と同様，愉悦は楽しいという低度の感覚から歓喜という高度の感覚まで様々な強度をもつものである（Ruch, 1993）。他の感情がそうであるように，愉悦には生理学的要素だけではなく経験的要素も備わっている。すなわち愉悦の感情においては，快感や，愉しさ，陽気さといった独特の主観的な感じとともに，神経伝達物質やホルモン，オピオイド，神経ペプチドなどを含む様々な分子が関わる脳内における一連の生化学的変化や自律神経系，内分泌系の活動が生ずるのである（Panksepp, 1993）。こうした神経化学的な混合事象は，さらに心臓血管系や筋骨格系，消化系，免疫系などを含む身体の多くの部位に影響を及ぼす（Fry, 1994）。愉悦という感情がもたらす生物学的な効果は，近年主張されているユーモアと笑いによる健康増進の可能性という主張の根拠になっている。しかし，愉悦に伴う生理学的な変化が正味どのようなものなのかは未だよくわかってはいない。したがって愉悦によって有意な健康増進効果がもたらされるかどうかについて確信をもって語るには，さらなる研究が必要である（Martin, R. A., 2001, 2002）。

　多くの研究者たちは，ユーモアの感情としての特質をごく最近まで見逃してきた。過去の研究ではユーモアは感情としてではなく，むしろ主に認知の過程であると考えられてきたのである。多くの哲学的な論議や研究が，ユーモアの生起に必要十分な認知的・知覚的な要素を正確に特定することに終始してきており，認知的な評価の結果生じるものが感情なのだという事実にはほとんど思いいたらない。これは，抑うつや怒りについての研究者が，抑うつや怒りの感情としての特質をまったく理解することなく，これらの気分状態が生じる出来事の種類や認知的な評価の特定にばかりに時間を費やしているようなものである。ユーモアの認知的側面については（まだ研究される

べき領域はあるにせよ）よく研究されているが，ユーモアの感情的要素についての論議や研究はまだ始まったばかりである。最近の社会心理学と生物心理学にまたがる研究は，この領域における刺激的なブレークスルーを期待させるものである。

愉悦の感情の表出としての笑い声

　他の感情と同じく，ユーモアに伴って生じる楽しさに満ちた愉悦感情には笑い声や笑顔という表出の要素がある。愉悦感情は低い水準では微かな微笑みによって表現されるが，感情が高まるにつれ，徐々に満面の笑顔（grin）やクスクス笑い（chuckle），笑い声へと変わる。きわめて高い水準の愉悦感情では，時には顔を真っ赤にして，頭を後ろへのけぞらしたり，体を揺らしたり，太ももをたたいたりしながら，大きな声を上げて笑う（guffaw）。怒りが，ムッとした表情やしかめっ面，怒鳴り声，拳を握りしめるなどによって伝達されるのと同じように，根本的に笑いは愉悦感情を感じていることを表出し他者に伝える方法である。したがって，笑いはその本質からいって社会的な行為なのである（伝えるべき人が誰もいない所では笑いは必要ないだろう）。これが，笑い声がずいぶん大きく，すぐそれとわかるような特徴的な音声からなり，独りの時にはめったに生じない理由なのである。

　先述のとおり，チンパンジーや他の類人猿の笑い声は，リラックスして大きく口を開けた，プレイ・フェイスと呼ばれる他の霊長類が遊びの時に見せる典型的な顔の表情に随伴している。類人猿と同じでヒトの笑い声の主要な機能もまた，真剣な状態ではなく遊びに興じている（楽しんでいる）状態であることを他者に伝えることであると多くの研究者が示唆している（たとえば，van Hooff, 1972）。チンパンジーがじゃれあったり，追いかけっこをしたりする時，それが真剣ではなくてふざけてしているということ，決して危害を加えるつもりではないというのを相手にわからせることが重要なのである。ヒトの場合も微笑は友好的であり，遊びとしての，真剣ではない心の状態にあることを伝える合図になる。たとえば，親しい仲でのからかいに伴う笑いは，一見すると侮辱的なメッセージが真面目に受け取る必要のないものであることを伝えることになる。

　もっとも最近の研究では，笑いの目的は自分が遊びの状態にあると他者に伝えることだけではなく，他者も遊びの状態にさせるものであるとされている（Owren & Bachorowski, 2003; Russell et al., 2003）。この見解によると，笑いに特有の音声は，おそらく脳の特定の神経回路を活性化させることにより，聴き手に笑い声の状態を反映した肯定的な感情を引き起こす直接的な影響を与えるのだという（Gervais & Wilson, 2005; Provine, 2000）。このような働きを通じて，笑い声は，グループ内のメンバーの

ポジティブ感情を結びつけ，行動を協調させるという社会生物学的に重要な機能を果たしている可能性がある。これによってなぜ笑いが感染しやすい（誰かの笑い声を聞くと否応なしに愉しい気分になりつい笑ってしまう）のかを説明できるかもしれない。誰かの笑い声を聞くと，否応なしに愉しい気分になりつい笑ってしまう。笑いのもう1つの重要な社会的機能は，他者の行動を動機づけることである（Shiota et al., 2004）。たとえば，笑いは他者の望ましい行動に正の強化を与える方法（「ともに笑う」）でありうるが，望ましくない行動を罰する方法（「誰かを笑う」）でもありうる。

　ここまでみてきたように，ユーモアの心理的過程は社会的文脈や，不調和を楽しいと知覚することによって成り立つ認知的評価の過程，愉悦の感情的反応，そして笑い声の音声的表現などを伴って生じる。神経学的研究では，ユーモアの過程におけるこれらの様々な要素には，それぞれ異なった，しかし相互に関連した脳の領域が関わっていることが示されている（Wild et al., 2003）。ユーモアということばは，何か滑稽なことや愉快なことを把握したり産出したりする時の心的過程における認知知覚的要素を指した狭い意味でしばしば使われる。また，このような認知的過程を示す適当なことばがないので，私も場合によっては**ユーモア**ということばをこの狭い意味で使うだろう。しかしながら，広い意味においてはユーモアとは，上述の4つの要素を指すものである。ユーモアの心理学全体としてはこれらすべてに取り組む必要があることを覚えておいていただきたい。

3節　ユーモアの多様な形態

　ユーモアとは根本的には，社会的文脈のなかでの遊びとしての不適合の知覚により生ずる愉悦という感情としての反応であり，微笑や笑い声によって表出されるものであることをみてきた。これらの基本的な要素はすべてのユーモアに共通することだが，ユーモアの反応を喚起する社会的な状況や出来事は実に多様である。通常の1日の生活のなかでは多様なユーモアの形態に出くわすが，その方法も目的も多種多様である。その何割かはマスメディアを通して提供されるユーモアである。ラジオからは皮肉や冗談，ウィットに富んだコメントが流れてくるし，テレビからはホームコメディやNG特集，お笑い番組や政治風刺，ユーモアCMなどを通して絶えずユーモアが供給されているし，新聞にはマンガや風刺画があり，コメディ映画やユーモアを扱った本もある。加えて，ユーモアは政治家や宗教指導者，動機づけインストラクター，教師の演説や講演，講義のなかでもしばしば使われる。

しかし，日常生活のなかで経験するユーモアや笑いのほとんどは，他者とのありふれた関係のなかで自然と生じるものである（Martin & Kuiper, 1999）。この種の個人間のユーモアは，恋人同士や親しい友人，同級生，仕事仲間，店員と客，医者と患者，教師と生徒，さらには銀行の同じ列に並んだ見知らぬ人との間など，私的，公的のほとんどすべての人間関係において生ずる。

他者との日々の関わりでユーモアを使用する頻度は人によって異なる。ほとんどの人は愉悦のポジティブな感情を楽しむので，特によく笑いを提供してくれる相手を好む。このような人は「ユーモアセンスがよい」と評され，友人や恋人としても求められる。他者から愉悦を引き出し笑わせる才能を磨き，ユーモアのプロになり，ユーモア作家や漫画家，お笑い芸人，放送作家や役者の仲間入りをする人もいる。毎年何十億ドルもの大金がいろいろなコメディ産業に投入されていることが，ユーモアと関連した感情的な楽しみの価値が高いという証しでもある。

日常の社会的な関わりのなかで生じるユーモアは大まかに3つのカテゴリーに分類できる。（1）ジョーク：あらかじめ組み立てられたユーモラスな話を，覚えておき，人に伝えるもの。（2）会話から自然に生まれるユーモア：社会的な関わりのなかで意図してつくり出されたもの。言語的，非言語的ユーモアのいずれも含まれる。（3）意図せず偶発的に生じるユーモア，の3つである。

ジョーク

普段の会話のなかで，オチのある短いジョークを言って，人を楽しませるのが好きな人がいる。この種のジョークは，同じくジョークと呼ぶことができるしゃれ（jest）や皮肉（quip）と区別するために，時に「お決まりのジョーク（canned joke）」と言われることがある。この種の**ジョーク**（joke, joking）の例を挙げてみよう（Long & Graesser, 1988, p.49）。

> 一連の心理テストを受けたある男が精神科医を訪ねた。医者は男に所見を伝えた。「大変申し上げにくいのですが，あなたはとても正常とはいえません」「なんてこった」患者は憤然として「セカンドオピニオンが必要だ」と訴えた。「わかりました」医者は次の意見（セカンドオピニオン）をおもむろに言った。「あなたは見た目も変です。」

ジョークには前フリとオチがある。最後の一文を除くすべての文の設定は，状況についてある特定の解釈を予想させる。しかし，最後のオチの一言で状況は突然，予想しなかった遊戯的なものに豹変する。そこでユーモアが生じるのに不可欠な遊びとして

の不調和の感覚が生み出されるのである。例に挙げたジョークでは，オチの部分が「セカンドオピニオン」というフレーズの意味を，患者と医者の間の真剣な診断結果を報告するという場面から，ごくナンセンスで無遠慮な場面へと転換させる。話はあきらかに遊戯的なもので真剣ではなく，ジョーク全体がおかしさを受け取るようにできている。しかし，このジョークには攻撃的な要素（「あなたは見た目も変です」）も含まれていることを忘れてはならない。後にみていくように，攻撃的な要素がすべてのジョークに（おそらくすべてのユーモアについても）どの程度まで不可欠なのか多くの議論があるからだ。

　日常の会話では，ジョークは，通常，言語的もしくは非言語的な合図（たとえば，「ねえねえ，あの話聞いた…？」のような合図）で，あるいは，決まりきった形式（たとえば，「ある男がバーに入っていくと…」）で始まる。これは，聴き手がその話がおもしろく，笑うことを期待されていることを示す（Cashion et al., 1986）。話し手は，自分が話すジョークと進行中の会話の内容を通常は結びつけようとするのだが，ジョークは文脈に依存せずに内容が理解でき，ジョークを楽しむための情報はそのなかにすべて含まれている。したがって，1つのジョークを多くの異なった会話の文脈のなかで使うことができる（Long & Graesser, 1988）。なぞなぞは特に子どもの間でよく交わされることばあそびで，ジョークに近いお決まりのユーモアの1つの形である（たとえば，「クッキーが泣いた。なぜ泣いた？」「それはクッキーのお母さんが長いウエハースだったから」〔訳注：wafers long が「wait her so long（彼女をずっと待っていた）」と聞こえるため〕）。

会話のなかで自然に起こるユーモア

　お決まりのジョークは，日常の社会的な関わりのなかで経験するユーモアのほんの一部分を表しているにすぎない。3日間の生活を通じてすべての笑いを記録する成人を対象とした日誌研究において，カイパー（Kuiper, N.）と私は，ジョークへの反応として生じた笑いは全体の笑いの約11％程度しかないことを発見した。17％はメディアによって引き起こされたものであり，全体の72％は，おかしなコメントに反応して，もしくは偶然起こった愉快な出来事を聞いてなど，社会的なやりとりのなかで自然に生じたものであった（Martin & Kuiper, 1999）。この種の会話のなかで自然に起こるユーモアはジョークより文脈に依存しているので，後で話しても（「その場に居なくては」）おもしろさが伝わらない。このような会話のなかで生ずるユーモアにおいては，ユーモア伝達の意図を示す眼の動きや特定の声のトーンといった非言語的な合図がジョークの場合より曖昧なので，聴き手は話し手がふざけているのか，本気なのか

はっきりわからない事もしばしばある。

会話のなかで自然に生じるユーモアには，多くの形があり，それらを示す多くの異なったことばがある（たとえば，**しゃれ**（jest），**軽口**（witticism），**皮肉**（quip），**気の利いた冗談**（wisecrack），**ギャグ**（gag）など）。日常会話で生じるユーモアの実地調査をした言語学者のノリック（Norrick, 2003）は，お決まりのジョークも含め，会話に出てくるユーモアは，(1) **逸話**：話し手，もしくは第3者に関連した楽しい話。(2) **ことばあそび**：駄じゃれを作ったり，気の利いた切り返しやことばの意味を使って遊ぶこと，(3) **皮肉**：意図した意味が字義的な意味とは異なるメッセージ，の3つの種類に分類されると提案している。

心理学者のロングとグレーサー（Long & Graesser, 1988）は，自然な会話に出てくるユーモア（彼らは**ウィット**として言及しているが）のより広域にわたる分類を行っている。自然な会話のなかで生じる種々のタイプのユーモアの幅広いサンプルを採るために，彼らはテレビのトーク番組（The Tonight Show など）で語られる多数のエピソードを録音し，司会者とゲストとの間で生じるユーモアの種類を分析した。聴衆の笑いをユーモアの指標とした。彼らは分析の結果，ユーモアをその意図あるいは使い方によって，次の11のカテゴリーに分類した。

1. **皮肉**（Irony）：話し手は意図する意味とは反対の字義的な意味をもつ発話をする（たとえば，寒くて嵐の日に「今日はなんてよい天気なんだろう」と言ったりする）。
2. **風刺**（Satire）：公共機関や政治をからかう攻撃的なユーモア。
3. **嫌味**（Sarcasm）：公的な人物ではない個人をターゲットにした攻撃的なユーモア（たとえば，おしゃれなディナーの席で上品な女性が英国首相のウィンストン・チャーチルを非難して言った。「首相は酔っていらっしゃいます」それに答えてチャーチルは「そうだ。私は酔っていて，君は醜い。私は明日になればしらふに戻るが，君は醜いままだろうね」）。
4. **誇張表現と過小表現**（Overstatement and Undestatement）：強調する点をあえて取り違えてくり返すことで他の人が言ったことばの意味合いを変えてしまう。（たとえば，何度か結婚しているジョニー・カールソンにゲストが聞いた。「これまでに（ever）結婚の経験はあるのかい？」別のゲストが答えた。「彼はいつでも（ever）結婚をしているのさ！」）
5. **自己卑下**（Self-deprecation）：自分自身をユーモアのネタとして使った発言。これは聞き手に安心感を与えるか，聞き手を取り入れる謙遜として使われる。

6. **からかい**（Teasing）：聴き手の個人的な容姿や弱点をつくようなユーモア。嫌味とは異なり，さほど真剣に侮辱したり気分を害する意図はない。
7. **修辞的問いかけに対する回答**（Replies to rhetorical questions）：修辞的問いかけは回答を期待していないので，それに答えることは会話における予期の侵犯になり，質問を投げかけ人を驚かせる。そうすることで，おかしさが生じる。これは，単に会話の相手を楽しませるためのものである。
8. **真剣な発言への賢そうな回答**（Clever replies to serious statements）：真剣な発言や質問に対して賢そうだが場違い，もしくはナンセンスな回答をすること。発言や質問はわざと曲解されていて，話し手の意図とは違う意味で解釈され回答がなされる。
9. **両義語**（Double entenders）：発言や単語が故意に誤った理解や解釈をされ，二重の意味を生じさせる。その意味はたいていセックスに関連している。
10. **慣用句の変換**（Transformations of frozen expressions）：よく知られている決まり文句や格言などを変換して新しい発話として使うこと。（たとえば，禿げた人の不満「今日はここにあるが，明日は毛（もう）なくなる（Hair（Here）today, gone tomorrow）」。）
11. **語呂合わせ**（Puns）：通常，同音異義語（同じ発音をもつ違った意味のことば）などによる，2つ目の意味を利用したことばのユーモラスな使い方。

　これらのカテゴリーは相互に排他的ではなく，会話のなかで自然に起こるウィットには別の形態もあるだろうが，それらはテレビのトークショーでは観察されていない（Wyer & Collins, 1992）。このリストは多種多様なユーモア表現を考える上で有効な出発点になるであろう。ノリック（Norrich, 1984）もまた，会話のなかで日常的，反復的に使用されるユーモアのある発言や表現を，会話における**軽口のストック**（たとえば，「油をさした稲妻より速い」だとか，暴言を吐いた人に対して「もう一回言ってみな，採決してやるよ」など）と呼んで議論している。このような言語的なユーモアの形態に加えて，我々は，滑稽で誇張した表情やおかしな歩き方，身体的なジェスチャー，癖などの非言語的な方法によっても，社会的な関係のなかで意図してユーモアをつくり出している。

偶発的なユーモア
　社会的相互作用のなかで意図して他者をおもしろがらせようとする言動だけでなく，滑稽さを意図しない言動によっても，多くの愉悦や笑いが生ずる（Wyer & Collins,

1992)。英文学の教授であるニルセンとニルセン（Nilsen & Nilsen, 2000）は，これらを**偶発ユーモア**と呼び，身体的な形態と言語的形態に分けている。身体的な偶発ユーモアはバナナの皮ですべるだとか，飲み物を服にこぼしたりなどのちょっとした偶発事故やしくじりを含む。この種の出来事は，意外でちぐはぐな状況で生じ，失敗をした人が深刻な怪我やひどい災難に遭わない場合には，おかしく感じられる。このタイプのユーモアは，ドタバタ喜劇や風変わりなコメディの基盤にもなる。

言語的な偶発ユーモアには，書き間違いや発音ミス，論理錯誤，**フロイト風言い間違い**（Freudian slip），**言語の誤用**（malapropism），**スプナー語法**（Spoonerism）と呼ばれているような話し手の混乱からくる誤りなどがある。このような偶発的なユーモアは，たとえば新聞の見出しが，曖昧な別の意味にとれるような時に生じる。（たとえば，「売春婦がポープ（ローマ法王／大切な部分）にアピール（訴え／魅力）を行使した」「ラス博士は新聞社の編集者と（の）セックスについて語った」「赤いテープが橋を支えている／面倒な手続きが橋の計画を止めている（Red tape holds up bridge）」）。スプナー語法とは，2つかそれ以上の単語の先頭の音を入れ替えてしまう言い間違いのことで，偶然にユーモラスな新しい意味を作ってしまうことである。これは説教や演説でこのような間違いよくしていた19世紀のイギリスの聖職者であるウィリアム・スプナー牧師の名前に由来している（たとえば，ヴィクトリア女王に祝辞を述べなくてはならなくてこう言ってしまった「我々の偉大なる同性愛者（queer）に乾杯（cheer）」を）。

ここまでみてきたように，ユーモアは多様な形態をもち，社会的なやりとりのなかにあらゆる形で存在している。ジョークや自然に発生するウィットに富んだ会話，偶発的なユーモアを含めた会話によるユーモアは，心理学者にとって特に興味深い。しかしごく最近まで，ユーモアの心理学的な研究はもっぱらジョークや漫画（基本的には視覚的なジョークである）にばかり焦点を当て，他の形態のユーモアを無視してきた。これは，主にジョークや漫画は文脈に依存せず，それ自身でユーモアに必要な情報を保持しているので，実験室に非常にもち込みやすかったためである。実験参加者にいろいろな実験条件のもと多様なジョークや漫画を提示し，どの程度おもしろかったかを評定させる（実験参加者は実験室に通常1人で座っている）非常に多くの研究が長年にわたりなされてきた。つまり，ユーモア研究においては冗談や漫画が，心理学の他分野におけるT字迷路や無意味綴りなどと同等なものとして長い間使用されてきたのであり，これによってユーモアというかなり不明瞭なところのある概念について，入力となる独立変数を統制した実験が可能になったのである。

この種の研究は多くの興味深い発見を可能にしたが，そこでのユーモアは自然な社

会的文脈を欠いており,これらの方法は,通常の社会的なやりとりのなかで生ずるユーモアの形態や機能の研究を行うのには役立たない。実験参加者のジョークに対する反応をみる実験室研究に比較して,社会的文脈に依存して日常会話のなかで生じるユーモアの自然発生的な形態を研究することはより難しい。この種の研究のためには,研究者は自然な状態でユーモアが自発的に生じることをみるために実験室から出ねばならない。あるいは少なくとも実験参加者が,二者関係かグループを形成し,実験室内でやりとりをする必要がある。ジョークは多くの研究の対象となってきただけではなく,過去の理論においてユーモアの原型としての役割も果たしてきた。そして,過去の理論は,こうした典型的なユーモアの基盤にあるものとして,認知的過程に特に焦点を当てる傾向があった。ジョーク理解の認知的過程にはユーモアの他の形態における過程とは異なったところもあるため,これらの理論はユーモアのすべてのタイプを説明するには十分とはいえないことも多い。近年,研究者は,社会的なやりとりのなかで生ずる,ジョーク以外の種類のユーモアについても説明する理論を開発し始めている(Wyer & Collins, 1992)。これらの理論は認知的要素だけでなくユーモアの感情的側面や社会的側面をも扱うものとなっている。

4節　ユーモアの心理学的機能

　ユーモアは本質的には社会的遊びの形態の1つであり,我々はユーモアにおいて深刻でない不調和から快感と楽しさを得ることができる。しかし,ユーモアには数多くの重要で「真剣な」心理学的機能があり,これが人間の種としての生存に寄与してきた可能性が高い。ユーモアがもたらす恩恵のいくつかはユーモアと結びついたポジティブな感情から生じるが,こういった種類の機能は,すでに初期のヒト科(hominid)の祖先にみられていたような,笑いを引き起こす類の行動である取っ組み合い(「原始ユーモア」)という形態で,言語の発生よりずっと以前から存在していた。ユーモアのもつ,その他の機能は**転用**(co-optation)と呼ばれる過程を経て人類が進化する間に付加されてきたようだ(Gervais & Wilson, 2005)。つまり,より優れた認知的,言語的能力,複雑な集団でのやりとり,そして,他者の心理状態や意図を推測するための能力を人類が身につけるにつれて,もともとは社会的遊びの取っ組み合いに端を発したユーモアが,社会的コミュニケーションや影響力,緊張緩和,そして,逆境への対処(コーピング)策として,使われるようになったのである。

　ユーモアの心理学的諸機能は大きく,次の3つのカテゴリーに大きくは分類して考

察することが可能であろうと思われる。
　(1) 愉悦というポジティブ感情がもつ認知的，社会的な側面での恩恵
　(2) 社会的なコミュニケーションや影響におけるユーモアの利用
　(3) 緊張の緩和と対処（コーピング）

愉悦のポジティブ感情がもつ認知的，社会的機能
　人間の感情には重要な適応的な機能がある。たとえば，恐れや怒りといった感情は，環境にある脅威に注意を集中させ，エネルギーを動員し，脅威に対処するための行動を起こす動機づけとなる（Levenson, 1994）。だが，愉悦や喜びといったポジティブ感情は，特定の行動パターンを生じさせるわけではなく，その機能はさほど明白ではない。かつて心理学者は主に抑うつや恐怖，敵意といったネガティブ感情に注目する傾向があり，愉悦，喜び，幸福感や愛といったようなポジティブ感情にはあまり注意を払わなかった。しかしながら，近年，ようやくこれらのポジティブ感情についても研究が行われ始めており，その感情の機能もあきらかになり始めている。
　アイゼン（Isen, 2003）は一連の実験的研究の知見から，人がポジティブ感情（コメディを見て生じる愉悦も含めて）を経験している場合には，ニュートラルな感情やネガティブ感情を経験している場合に比べて，様々な認知的能力や社会的行動が改善すると結論づけている。たとえば，ポジティブ感情を経験している人の認知はより柔軟になるので，それまでに比べて，より創造的な問題解決ができるようなる。記憶はより効果的に組織化され体系化される。また，より能率的な思考，プランニング，判断が可能になる。さらに，援助や寛大さといった，より高次なレベルの社会的責任や向社会的行動が生じるという（Lyubomirsky et al., 2005 も参照）。また，フレドリクソンとレベンソン（Fredrickson & Levenson, 1998）は，愉悦を含むポジティブ感情が引き起こされることは，ネガティブ感情によって生ずる生理学的な覚醒の緩和に役立つことを実証的に示している。
　これらの知見に基づいて，フレドリクソン（Fredrickson, 1998, 2001）は愉悦のようなポジティブ感情がもつ心理学的機能に関する「拡大 – 構築モデル（broaden-and-build model）」を提唱している。このモデルによれば，ネガティブ感情は注意の焦点を**狭め**，ある特定の行動を行うよう動機づける。反対に，ポジティブ感情は注意の範囲を**拡げ**，より創造的な問題解決を可能にし，反応パターンの選択肢を増す。そして，人生で直面する困難への対処において有用となる，身体的，知的，社会的資源が**構築**されるというのだ。フレドリクソンは，愉悦のようなポジティブ感情は進化的に形成された適応であり，精神的健康，肉体的健康の双方に寄与すると主張している。愉悦や他のポ

ジティブ感情に関するフレドリクソンと共同研究者による最近の研究では，これらの仮説を裏づけるような研究結果がさらに報告されている（たとえば，Fredrickson & Branigan, 2005; Fredrickson et al., 2000）。

シオタら（Shiota et al., 2004）もまた，ポジティブ感情は人間関係をうまく調整するのに重要な役割をもっているという可能性を示唆している。彼らは，ヒトは社会的動物であり，生存には他者との密接な関係を必要とするという事実を指摘する。そして，ポジティブ感情は人間関係に必要とされる次の3つの基本的な課題を達成する上で役割を果たすという。(1) 協力関係になりうるか否かを見極める。(2) 重要な人間関係を発展させ，調整し，維持させる。(3) 集合的主体の形成（たとえば，1人ではできない目的の達成のために，他者と力を合わせて働く）。シオタらは，ユーモアに関係したポジティブ感情である愉悦は，恋愛，友人，集団など様々な種類の人間関係において，先の3つの課題すべてを成し遂げる上で効果的だと示唆している。たとえば，誰かとともに笑い合うような愉悦は，誰を仲間とすべきかを見分け，恋人を選び惹きつけ，一緒になって働く糧となり，人と人との絆や集団のまとまりを強める，等々のための方法になりえるのである。

ユーモアは，数多くの重要な心理学上の恩恵をもたらすが，それは，ユーモアによって，普通，2～3人かそれ以上の人々によって共有されるポジティブな感情状態が生じるからである。このポジティブな感情状態は，主観的な楽しさの感覚を伴い，これが，ユーモアと笑いが生じる機会を追い求める強い誘因となり，このことが翻ってユーモアと笑いには多くの重要な認知的，社会的機能をもたらすのである。このような感情に関係した恩恵は，おそらく初期のヒト科の祖先の原始ユーモアのうちにすでに存在しており，進化的生存における利益を与えていたのだろう。

社会的コミュニケーションと影響力

これまでみてきたように，ユーモアに満ちたやり取りには，様々な形態がある。日常生活のなかでユーモアにあふれたやり取りを交している場合，楽しみや娯楽のためだけでなく，何らかの（恐らくは意図しない）目的や社会的目標をもっていることが多い。誰かを笑わせるためにおもしろいことやジョークをいっている時でさえ，自分が機知に富んでいると相手に印象づけたいとか注意を惹きつけ威信を誇ったり，承認を得たいとかといった目的が潜んでいる場合も多いのだ。社会学者のマルケイ（Mulkay, 1988）は，ユーモアが対人コミュニケーションの様式の1つであり，間接的な方法で暗黙のメッセージを伝えたり様々な形で他者に影響を与えるために使われることが多いと述べている。ユーモアによって，ずれや矛盾する考えを使って遊び，一度に複数の

意味が伝わる。したがってユーモアは，より真剣にそして直接的に意思伝達を試みようとすれば，角が立ったり，相手に恥をかかせる恐れがあったり，あるいは，何らかの危険をはらむ場合において，ユーモアはとりわけ便利なコミュニケーションのツールなのである。

たとえば，2人の友人が，意見の違いについて真面目に論じようとした場合を考えてみよう。この2人は延々と続く議論と反論に巻き込まれて，欲求不満や苛立ちの気持ちがますます大きくなるかもしれない。しかしながら，ユーモアを使ってお互いのものの見方について冗談を言ったならば，見解の違いが存在していることを認めるにしても，互いに意見が受け入れられ十分に評価されているという気持ちを通わすことが可能になる（Kane at al., 1977）。同様に，もし，両者の対立が2人の関係を脅かすようなところまでエスカレートしていったとしても，どちらかがジョークを使ってコメントを返せば，両者ともが面子を保ちながら論争を鎮めることもできるだろう。このようにして，ユーモアは人々の間の対立や緊張をなだめる手段となりうる。

この一方で，ユーモアは，もし，真面目に伝えたなら，決してよくは受け取られないだろうと思われるような批判的で軽蔑的なメッセージを伝えるのに使用されることもある。たとえば，友人同士のからかいでは，あまり賛成していない気持ちや非難といったようなメッセージがユーモアを使って伝達されている（Keltner et al., 2001）。もし，これが，相手の感情を害した場合には，「ジョークだよ」と相手に伝えることで，前言を撤回することもできる。事実，ユーモアの曖昧さは万人の知るところなので，このような前言撤回さえも普通は必要でないだろう。このようにユーモアは，人が自分や他者に対して「面子を保とうとする」時に使う1つの方法となることが多く，メッセージのどぎつさを和らげたり，相手がどのように反応するか「探りを入れる」ために使われている。

ユーモアのもつ社会的働きのなかには，非常に攻撃的なものや威圧的なもの，他者を操ろうとするものも含まれている。ユーモアは遊びの一形態にもかかわらず，必ずしも向社会的で好意的であるわけではなく，それどころか，どちらかといえば，かなり多くのユーモアには，何かしら自分たちと異なっていたり，それゆえに何かずれている人々の行動や特徴を笑いものにするような側面が見受けられる。ユーモアは人類が進化する過程において（その多くは狩猟採集集団という小集団で暮らすことだったのだが），集団内の社会的規範を強要することによって，集団のアイデンティティを高めるために転用され進化してきたようだ。外集団の成員を排除するためにもユーモアと笑いは使われてきた。ユーモアのこの働きは今日でも非常に顕著である（Alexander, 1986）。

ユーモアを使った「面子を保つため」のコミュニケーションがしばしば，当事者2人の間で起こるのに対し，もっと攻撃的で敵意さえ感じられるような形態のユーモアは通常は3人以上か集団間で生じている。つまり，ユーモアの発話者，それを笑う聴き手，そしてユーモアの「標的」となる相手である。標的は，その場にいる場合もあれば，いない場合もあり，ある特定の個人の場合だけでなく軽蔑する集団に所属する不特定の個人の場合もある。そうした集団には特定の性別，民族，宗教集団が含まれる。この種のユーモアにはその場でのユーモラスなコメントとお決まりの民族的，性差別的ジョークがある。このタイプのユーモアを使うことによって，内集団の成員が集団アイデンティティと凝集性を強め，その一方で外集団の成員を排除し，彼らとの違いを強調できるのである。このような攻撃的なユーモアは，他者を犠牲にしているにもかかわらず，内集団の成員にとっては極端におかしいと感じられ，心からの愉悦の感覚と笑いが喚起される。

つまり，他者をこけにしたユーモアと笑いを伴う愉悦の感情は，相手に生じた不幸から消極的におもしろさが引き出されること（ドイツ語では**シャーデンフロイデ**という興味深いことばで表現されている）や，もしくは何らかの方法で積極的に相手をいやしめ，当惑させ，あざ笑うことで得られ，これによって相対的に自分たちの位置を高めるのである。このようにして，ユーモアには「ともに笑う」という側面だけでなく「誰かを笑う」という側面がある。本書を読み進めれば，伝統的な理論の多くでは，攻撃性をすべての笑いとユーモアにおける基本要素だという立場をとっていることがわかるだろう。とはいえ，今日ここまで極端な見解をとるユーモア研究者は少ないが，攻撃的さらには敵意のある方法でユーモアを使う可能性を否定するわけではない。

誰かの笑いの標的になるのはつらいことであり，ほとんどの者が避けたいと思うことなので，攻撃的な形態のユーモアは，強制的に人々を望ましい行動に従わせるための方法として使用されるかもしれない。社会集団においては，集団外部の人間のちぐはぐな行為や特性を笑いものにしたり，集団内で逸脱した行為をしている者をからかうことによって，集団の規範が強要されることもある。このようにして，冗談やからかい，あざけり，さげすみといった攻撃的なユーモアは，集団から人を除外したり，権力と地位の違いを強化したり，集団の規範にそぐわない行動を抑圧したり，他者に対して強制力を及ぼすために用いられる。

これまでみてきたように，社会的遊びとしてのユーモアは，様々なメッセージを伝え，個人がある特定の時期にもっている社会的目標を達成するために用いられる。この社会的目標には，親切で向社会的なものだけではなく，より攻撃的で強制的なものも含まれる。したがってユーモアそれ自体は，友好的でも攻撃的でもないのだ。ユー

モアは楽しい感情を引き起こすための手段だが，ユーモア自体は好意的な目的と敵対的な目的のどちらの手段にもなりえる。これがユーモアをめぐるパラドックスである。もし，人間の絆を強め，対立をなくし，凝集性を高めることが目的であるなら，ユーモアはとても役に立つだろう。一方，他者を排除したり，いやしめたり，操ったり，もしくは他者を犠牲にして自分の地位を確実にすることがユーモアの目的であっても，やはりユーモアはとても役に立つだろう。どちらの目的でユーモアを使う場合にも，湧き上がってくるのは正真正銘の愉悦なのである。

緊張の緩和と逆境への対処（コーピング）

ここまで述べてきたものの他に，従来，注目されてきたユーモアの機能には，人生におけるストレスや逆境への対処機能がある（Lefcourt, 2001; Lefcourt & Martin, 1986）。その進化の過程において，ヒトはユーモアという非真面目な遊びという方法で，自分たちの幸福に脅威を及ぼすような数多くの出来事や状況を深刻でない笑いの対象とすることにより，認知的な対処をしてきたように思われる（Dixon, 1980）。ユーモアには，本質的に不調和や多重の解釈が含まれるため，ストレスがかかると感じていた状況を，ユーモアによってより脅威が弱められた新たな視点から再評価することが可能になる。このようなユーモアによる再評価の結果，その状況は以前ほどストレスに満ちたものではなくなり，ずっと扱いやすいものになるのだ（Kuiper, Martin, & Oliger, 1993; Martin et al., 1993）。

ユーモアに伴う愉悦のポジティブ感情は，不安，抑うつ，怒りなどという，ユーモアがなければ生じていたような感情と置き換わり，その結果，我々はより広い視野と柔軟性をもって思考し，創造的な問題解決を行うことも可能になるといわれている（Fredrickson, 2001）。さらに，このような感情には，ストレスに付随してネガティブ感情が引き起こされた場合に生ずる心臓血管系へのダメージの回復を早めるなどの生理学的な利点もあるかもしれない（Fredrickson & Levenson, 1998）。したがって，ユーモアは精神的健康に貢献する重要な感情制御のメカニズムとみなすことができる（Gross & Munõz, 1995）。

過酷な強制収容所といったような極限の逆境から生還した人々に関する研究をみてみると，苦痛を与える者やつらい状況に関するジョークの形でなされるユーモアは，ポジティブ感情を呼び起こし，集団のまとまりとやる気を保ち，統制感と希望と自尊心をもち続けるための重要な手段であることがわかる。それによって，一見希望がないような状況を生き延びることが可能になるのだ（Ford, & Spaulding, 1973; Frankl, 1984; Henman, 2001）。これほど極端ではないにしろユーモアが逆境に打ち勝ち，人生の艱

難辛苦に負けないための方法としての潜在能力を発揮している例は，多くの人の日常生活のなかに見受けられる。ユーモアと笑いのおかげで，がん患者は自分の病気をそれほど深刻に考えなくてすみ，常に楽観主義の精神を保ち続けることができる。同様に，死についても，ジョークによって，感情的に自分自身の死から距離を置くことができる。このようにして人生の避けては通れない不合理を笑い，人生の脅威を軽い遊びの対象として減殺するという点で，ユーモアは自分の幸福を脅かす人々や状況，たとえそれが，圧倒的なものであろうと些細なものであろうと，これらによって打ちのめされずに済む1つの方法なのである。

　先に述べたユーモアの攻撃的な側面も同様に，人生の過酷な状況への対処の役割を果たす。人間が経験する幸福な状況への脅威の多くは他の人々からもたらされる。したがって欲求不満を生じさせたり，イライラさせたり，悩みの種となったり，目的を果たす妨害となる場合，他者のおろかさ，ダメなところ，怠けぐせといった欠点をからかうことによって，惨めな気持ちを最小限にすることができ，そういった嫌な相手をだしに楽しい気分まで味わえるのである。こうした攻撃的ユーモアによる対処は，主にそのような状況をつくり出した人々やより広い社会集団の代表者一般，もしくは苛立ちをもよおさせる権力構造に向けられる。このような攻撃的ユーモアの使用は短期的には個人の幸福感を増幅する手段となるが，長期的には他者との間で不和の原因となり，大切な関係に悪い影響をもたらす可能性がある（Martin et al., 2003）。

　他の形態のユーモアと同様，逆境に対処するためのユーモアも社会的状況で生じる。典型的には人は1人では，自分の問題を笑ったり，それについてジョークをいったりすることはない。それに対してコーピングユーモアは，通常，逆境の最中あるいはその直後に，他の人と一緒に冗談を言ったり笑ったりする形で生じる。たとえば，格別にストレスのたまるようなある1日の出来事も仕事が終わって仲間たちと話し合ってみれば，苦痛を抗しがたく感じられていたはずにもかかわらず，今や滑稽でちぐはぐな出来事としてみることが可能になり，にぎやかで陽気な笑いの種となるだろう。ストレスとなる出来事によって引き起こされた感情的な覚醒と緊張が強ければ強いほど，後になって，つらい出来事をジョークで笑い飛ばす時の楽しい気分は増大し，笑い声も大きくなる。

　このようなユーモアに備わった緊張を緩和するという機能は長年にわたって様々な研究者によって注目され続けてきており，緊張緩和がすべてのユーモアを特徴づけるとまで言う研究者もいる。これはおそらく言いすぎだが，これは緊張緩和がユーモアと笑いのもっとも重要な機能のうちの1つであることを反映したものといえよう。人類の進化の過程で，ユーモアによる認知的遊びが課題や苦境に取り組み続けるための

手段として用いられるよう適応してきたことは，人類が生存競争を生き延び，繁栄することを可能にした柔軟性と対処能力に寄与するものだったのである。

5節　ユーモアの歴史の概観

今日の**ユーモア**ということばはきわめて包括的な用語であり，一般に肯定的で社会的に望ましいというニュアンスが付与されており，おもしろいと感じられる言動や，周りの人々の間に愉悦や笑いを呼び起こすような事柄は，何であれユーモアと呼ばれている。興味深いことにこのような広義のユーモアの意味が出来上がったのは比較的最近のことである。実際ユーモアということばの歴史は，とても興味深く，また同時に複雑で，当初は，今とはまったく違った意味をもっていた。それが何世紀もかかって次第に今日の新しい意味合いをもつようになってきたのである。文化史家のウィックベルク（Wickberg, 1998）はユーモアの歴史に関して詳細で魅力的な分析を行っている。これから述べることの多くがここからの引用である（Ruch, 1998a も参照）。

ユーモアの語源

ユーモアという語の始まりは流体や液体を意味するラテン語の *humorem* である。これは，眼の水様液（aqueous humor）や房水（vitreous humor）など，体液を示す用語として生理学に残っている。医学の父といわれているギリシャの医学者ヒポクラテス（紀元前4世紀）は，健康は4種類の体液つまり「フモール（humors）」のバランスに依存していると信じていた。その4つとは，血液，胆汁，黒胆汁，粘液である。後になって，ローマに住んでいたギリシャの医学者ガレノス（紀元後2世紀）は，この4種類の体液には固有の性格特性があり，いずれかの体液が他より量で優るようになると気質や性格として表れると考えた。たとえば，血液が多すぎる場合は，多血質つまり陽気な気質になり，黒胆汁が多すぎると憂鬱なつまり抑うつ的な性格となる，などである。

このように体液は，比較的に永続的な人格特性の基盤とみなされていたが，それにつけ加えて，体液の変動が原因となって一時的な気分状態が生じると考えられるようになった。永続する性格特性や一時的な気分状態を表すユーモアは，「上機嫌な人（good-humored person）」「機嫌が悪い人（in a bad humor）」という表現に表れている。このようにして，最初は生理学的な実体を指していたユーモアは，永続的な気質と気分の両方に関係する心理学的な意味を徐々にもち始めるのである。が，16世紀頃までは，

おもしろさや笑いとの関連はみられていない。

　英語においては，humorということばは（これはフランス語の*humeur*からの借用語なのだが）変化し続けた。気分屋な気質やパーソナリティ特性を意味するユーモアから転じて，16世紀には，社会の規範から逸脱する風変わりな行為を表すようになった。このようにして，「ユーモア」は　風変わりで，常軌を逸した異常な人を意味するようになったのである（ベン・ジョンソンの『*Every Man Out of His Humour*』〔1598〕を参照。Wickberg, 1998より引用）。そのような人々は滑稽で，笑いやあざけりの対象となることが多かったため，そこから，「ユーモア」がおもしろさや笑いと関わり，コメディに関する用語として認識されるようになるのに時間はかからなかった（Ruch, 1998a）。

　やがて笑いの的であった風変わりで奇妙な人は「ユーモリスト（humorist）」として知られるようになり，その一方で「man of humor」はユーモリストの変わった癖を真似するのが好きな人を表すようになった（たとえば，『*An Essay Toward Fixing the True Standard of Wit, Humour, Raillery, Satire, and Ridicule*』〔1744〕に登場するコービン・モリス。Wickberg, 1998からの引用による）。そして，ユーモアは人を笑わせる能力における才能とみなされるようになったのである。しかしながら，**ユーモリスト**という用語が現代と同じ意味をもち，他人をおもしろがらせるために「ユーモア」と呼ばれる作品を創りだすことができる人を表すようになるまでには19世紀の中頃から後半になるまで待たねばならなかった（Wickberg, 1998）。現在の意味における最初の**ユーモリスト**として学者たちが認める1人が，かのマーク・トウェインである。

笑いへの見方の変遷

　英語においても**ユーモア**という語の意味が変化しつつあったちょうどその頃，人々の「笑い（laughter）」と「おかしさ（laughable）」に関する考え方も変化の途上にあった（Wickberg, 1998）。18世紀より以前には，笑いは，否定的な語句として用いられていた。それはすべての笑いは相手をからかうことから生じると考えられ，「ともに笑う」と「誰かを笑う」との区別がなされていなかったためである。たとえば，聖書で笑いが出てくる場面のほとんどはあざけり，さげずみ，愚弄，からかい，軽蔑と関係している（Koestler, 1964）。笑いは本質的には攻撃の一形態であるという哲学における捉え方は，アリストテレスまでさかのぼることができる。アリストテレスの説明では，笑いとは常に他者の醜さやぶかっこうさに対して起こる反応であるが，たとえば，笑いの対象になる人物が，哀れみや怒りなどといった笑い以外の強い感情を引き起こす場合には笑いは生じないというのである。アリストテレス以来の長い伝統を受け継いだイギリスの哲学者であるトマス・ホッブスは，笑いを優越感および他者のなかに

自分より劣る部分を発見した時に生じる「突然の栄光（sudden glory）」に基づくと考えた。

　18世紀になると，ridiculeということば（ラテン語の *ridiculum* = joke and ridiculus = laughable ／おもしろい）は，今日の**ユーモア**（humor）と同じ意味で使われていた。つまり，笑いと愉悦を引き起こすようなものの総称として使われていたのである。しかしながら，今日のユーモアがもっている意味と比較すると，はるかに否定的で攻撃的な意味が含まれていた。laughterは受動的な反応だったが，ridiculeの方は能動的，攻撃的で，相手を非難する方法の1つだった。この頃，ヨーロッパ中で，ridiculeは自分の敵対者を笑いものにすることで，彼らの裏をかき，貶めるための常套手段だとみなされるようになっていた。そしてまた，社交場で人を喜ばせるための，社会的に認められた会話の術としても受け入れられるようになっていったのである。気の利いた発言で他者を辛辣に攻撃することで巧みに笑いを誘うことができる人は夕食のゲストとして特に歓迎された。この頃，ridiculeと並んでよく使われた語に，raillery（ひやかし）とbanter（からかい）があった。どちらの語も会話における攻撃的な機知に富んだ当意即妙の応酬を表していたが，banterはどちらかといえば下品とみなされ，品がなく，下流階級のことばであったのに対し，一方railleryの方はより洗練されていて，社会的に好ましいものを指していた。

　ridiculeへの見方が，社会的に容認されることばの技術として，楽しい会話において望ましいものへとしだいに変化していくなかで，侮蔑とあざけりの表出としてのlaughterの意味も，手際よさや巧妙な駆け引きへの反応という意味へと次第に変化していった。laughterに内在していた優越感の意味合いはすでに軽視され，二次的なものになり，感情的な部分より，知的な部分がクローズアップされることになった。この時laughterは，軽蔑，あざけり，優越感や攻撃性の表現などではなく，機知の競い合い，あるいは，既存の考えについて新奇な関係づけを行うことにより知的な驚きを生じさせることで自分の賢さを誇示する方法などを連想させるものにまでなっていたのである。19世紀の初頭までには，ホッブスの優越理論は，ユーモアの核心は不調和であるという理論に置き換わっていた。この理論は19世紀初頭の英国の作家であるウィリアム・ハズリットの次のことばに集約されている。「おかしさ（laughable）の核心は不調和である」（Wickberg, 1998, p.56より引用）。

　もともとあったユーモアの攻撃的な意味からのこのような転換は，19世紀のイギリスの中流階級の人々の新しい感性の表れでもあった。彼らは，洗練された人々に見受けられる，慈愛，親切さ，礼儀正しさ，思いやりの気持ちを重視していた。アダム・スミスの著書に表れているように（たとえば，『道徳感情論』〔1759〕, Wickberg, 1998

からの引用），新しい一連の人道主義的な価値観は，感情に基づく判断力を冷たい合理的な論理より上位に据えたのである。このような一般的な見方とあいまって，社会の改革を掲げる者たちは，同情に基づいた人道主義的な笑いの方が攻撃的な笑いよりもよいと主張しはじめたのである。このような状況のなかで優しさを基礎とする笑いを表現すべく新たな語が必要となったが，その要請に応えたのが**ユーモア**（humor）だったのである。これに代わって**ウィット**（wit）ということばは（古期英語の *witan* つまり"知ること"を意味する）もう少し攻撃的で，笑いを引き起こすような行動について使われ始めたのだが，それはかつて ridicule という包括的な単語によって記述される内容と重なるものである。このようにして，19世紀の初頭までには，ridicule という包括的なことばは，2つの対照的な語，**ウィットとユーモア**にとってかわられることになるのである。

ウィットとユーモア

ウィットとユーモアはともに不調和に基づいて笑いを引き起こす方法だと思われがちだが，その方法は根本的に異なっているとみなされていた。これら2つの概念の違いが最初に指摘されたのは劇場の喜劇においてであった。そこでは，ウィットは知性に基づいた喜劇と関係があり，一方ユーモアは登場人物の性格に基づいた喜劇と関係があるとされていた（Wickberg, 1998）。やがてウィットは ridicule がかつてもっていた意味を引き継ぎ，攻撃的な利口さやことばあそびを意味するようになったのだが，一方ユーモアの方は，同情や優しさを強調するものとなり，より肯定的で望ましい笑いの基盤とみなされるようになったのである。ウィットは知性的で，皮肉っぽく反感と関係があったが，ユーモアの方は情緒的で親しみがあり，「仲間意識」と関係が深かった。

この2つのことばは，関連する社会階級にも違いがあった。ウィットの方は上流階級やエリート主義と関係が深く，一方，ユーモアはブルジョア的，中産階級的概念で，普遍性や民主主義と関係が深かった。ウィットは，ユーモアに比べてより人工的で，学習や練習によって身につけることができるものであったが，ユーモアの方は，自然な生まれつきの才能であるとみなされていた。このようにして，笑いはおのずと攻撃的にも優しさに満ちた状態にもなりえると考えられていたが，現代で行われているような「誰かを笑う」と「ともに笑う」の区別は　それぞれウィットとユーモアという語を割り当てることによって行われたのである。

このような流れのなか，当然のことながら，ユーモアの方がウィットより，社会的に望ましいものとみなされるようになり，多くの作家によって，きわめて好意的なこ

とばで表現されている。たとえば，19世紀のある作家はユーモアを「愛，優しさ，同情，暖かい気持ちもしくは好意という要素におかしさのまざった化合物」と描写した。(Wickberg, 1998, p.65より引用)。その後，ユーモアという概念はユーモアと民主主義的価値が結合することによって（エリート主義と上流気取りのウィットに抗するものとして），アメリカの平等主義者の文化において，特に，南北戦争後あっという間に広がった。ジグムント・フロイトは彼の同世代人と同様，ユーモアについて書いた文章のなかで，ユーモアを優しく心理学的に健康なもの，ウィットを攻撃的で心理学的な価値には疑問のあるものとして，両者の区別をしている（Freud, 1960 [1905]）。

しかしながら，20世紀になってからは，ウィットとユーモアの区別は徐々に消えて行き，**ユーモア**はおもしろいことすべてを総称する包括的な語として優位に立つようになった。ユーモアはもはや（温和な）笑いを誘い出す方法の1つではなく，今や，以前であればウィットということばで表現されていたもっと攻撃的な笑いも含めた，すべての種類の笑いの原因を指すことばになったのである。そして，同時に，肯定的で社会的に望ましいという，ユーモアそのものがもっていた含意はそのまま保持されたため，すべての笑いは，本質的に優しさに満ちて同情的なものであるとみなされるようになったのである。laughableの一部としてウィットとは区別されてユーモアに帰されていたすべての肯定的な特徴が，今や，かつてウィットと呼ばれていた攻撃的な形態のものも含み込み，すべての笑いを呼び起こすような現象に適用されうると考えられるようになった。かつて，本質的に攻撃的なものとみなされていた笑いは，20世紀になる頃には，多くの理論家によって，常に同情的な要素が含まれているものだと考えられるようになった。笑いの優越理論を未だに支持する者でさえ，笑いの攻撃的側面は，真に攻撃的で悪意のあるものというよりも，同情や遊び心によっていくぶんか和らげられているという見解を取り始めている（Gruner, 1997を参照）。

このようにして，17世紀から20世紀にかけて，笑いに関する一般の概念は目覚ましい変遷を遂げ，優位性理論における攻撃的な敵意に始まり，中立的な不調和の理論へ，そして，笑いは時には同情的でさえありえるという見解へ，さらに同情はまさに笑いにとっての必要不可欠な要素である，といった見解へと移り変わっていったのである（Wickberg, 1998）。このような笑いの捉え方の変化は，一般的な社会規範の変化にも反映されている。1860年代には，アメリカでは人前で笑うのは失礼な行為であると認識されていた。20世紀の初頭でさえ，社会活動のある分野では（たとえば，宗教，教育，政治）ユーモアや笑いは不適切と考えられていた。今日ではユーモアや笑いは受け入れ可能とみなされているばかりでなくて，ほとんどすべての社会的環境において望ましいものとされていることは言うまでもない。

ユーモア感覚という概念の進化

　ユーモアの意味や笑いに対する態度の変遷に伴って,「ユーモア感覚,ユーモアセンス (sense of humor)」の意味もまた,ここ2世紀の間に変化している (Wickberg, 1998)。18世紀から19世紀の初頭にかけて,イギリスの哲学者たちは様々な審美的で道徳的な「感覚 (senses)」に関する概念を発展させたが,このような感覚とは,ある特定の物事の質を見分けたり,判断する感受性や能力としてみなされていた。このようにして,彼らは「美的感覚 (sense of beauty)」や「ユーモア感覚 (sense of humor)」「廉恥心 (sense of honor)」「良識 (sense of decency)」「道徳感 (moral sense)」そして「常識 (common sense)」について語った。「ばかばかしさの感覚 (sense of ridiculous)」はおかしな事柄に対する感受性を表現した初期の表現である。しかしながら,このことばは19世紀の中頃までには,「ユーモア感覚 (sense of humor)」にとってかわられた。

　ユーモアセンスは,初めは純粋に記述的な表現であったが,すぐにとても高く評価される価値となり,その頃,(ウィットとは反対に) ユーモアに関係する肯定的な意味合いを引き継ぐようになった。1870年代までには,ユーモアセンスには現在と同じでとても望ましい意味を付与され,きわめて重要な美徳を指すようになっていった。つまり,誰かにユーモアセンスがあるといえば,その人の性格を非常に褒めているわけである。事実,ユーモアセンスは人がもちうるもっとも重要な性格特徴のうちの1つにもなった。反対に,ある人にユーモアセンスが欠けていると言うことは,その人について述べる時の最悪の表現の1つとなった。ユーモアセンスがないということを自ら認めたいという人は皆無になったのである。

　20世紀になっても,ユーモアセンスという概念は望ましいものであり続けたが,ますます,曖昧で漠然としたものになっていった。他人を笑わすことができる能力や愉快さや笑いを楽しめることという意味は常に含まれていたが,およそ一般的に望ましいとされるパーソナリティの特性としての意味が挙がっていった。「ユーモアセンスをもっている」ということの意味は,主として「ユーモアセンスをもっていない」ことの反対の意味として特徴づけられるようになった。誰かがユーモアセンスに欠けていると述べることは,その人が生真面目すぎたり,狂信的であったり,自己中心的であったり,柔軟性がなかったり,気質が極端であるなどということになってしまったのである。ユーモアセンスに欠けているとすれば,それは,ある種の精神病 (特に統合失調症) の特徴とみなされ,不安定さとパラノイアを意味していた (Wickberg, 1998)。

　1930年代までには,多くの心理学者がユーモアセンスを精神的健康の基本的な要素だとみなすようになっていた。たとえば,オルポート (Allport, 1961) はユーモアセンスを,自己認識,洞察,寛容さなどと関連づけ,成熟していて,健康な人格の特

徴としてみなしていた。しかしながら，次のことを明記するのは大切である。つまり，オルポートはこのようなユーモアセンスをめったにないものと考え，より普通にみられるさほど健康的とは言えない「コミックセンス（the sense of the comic）」，つまり，ばかばかしさやしゃれや他人を貶めることなどに関連する笑いとは区別していたのである。要するに，ユーモアセンスをもっているということは，安定していて，よく適応しており，ストレスに順応でき，温和で，親しみがもて，怒りっぽくないことやおおらかな性格であることと同義だったのである。

　20世紀において，ユーモアは社会政治学的な意味合いももち，プロパガンダのために使われた。アメリカにおいては，「ユーモアセンスがあること」は特にアメリカ的価値とみなされるようになり，寛容や民主主義と関係があるとみなされた。対照的に，独裁制下に生きる人々，たとえば，ナチズムの時代のドイツ人や共産主義時代のロシア人などにはユーモアセンスがないと考えられていた。2001年9月11日の悲劇の後，多くのアメリカの評論家たちは，アルカイダのテロリストたち，そしておそらくすべてのイスラム教徒たちにはユーモアセンスがないという意見を述べたのである（しかしながら，オサマ・ヴィン・ラディンが映っているビデオでは，彼が同志たちと笑って，ジョークを言っている姿がはっきりと映し出されていたのだが）。

　19世紀には，あまりにユーモアが多すぎると，選挙に立候補する上でのマイナスと思われたりもしていたが，20世紀の中頃までには，ユーモアセンスは政治家，特に，大統領になろうと切望している者には，なくてはならない特徴となった。共和党員でも民主党員でも，相手をけなす一番よくある方法は，相手にユーモアセンスがないと言うことであった。また，ユーモアセンスには，性差別と関連した側面もあり，それは，ユーモアセンスは本質的に男性的な特徴であるというものだった。つい最近になるまでずっと，多くの著作家によって，概して女性はユーモアセンスに欠けていると仮定されてきたのである（Wickberg, 1998）。

　漠然とした概念であるユーモアセンスに関連のある，多くの好ましい人格特性は，翻って，人々がユーモアや笑いに抱く，より一般的な意味合いへとくみ取られていくことになった。20世紀の終りまでにはユーモアと笑いが，本質的に優しさに満ちたものであるとみなされたばかりか，精神的，肉体的健康の重要な要因であると考えられるようになったのである。この見解は著名な雑誌編集者，カズンズ（Cousins, 1979）の本の出版を契機として，非常に顕著なものとなった。カズンズは著書で，心から笑うこと（とビタミンＣの多量摂取）により，苦痛を伴う次第に衰弱していく疾患から自力で治癒できたと思われる体験を描いている。この本は，ちょうど伝統的な西洋医学に対して幻滅が感じられ，代替医学あるいは補完医療の気運が高まる時期に出版さ

れたのである。

　ユーモアや笑いが健康によいという考えは，精神神経免疫学における感情と免疫のつながりを示唆する研究によっても支持されているが，これによって，多くのヘルスケア関係者，たとえば，看護師，医師，作業療法士，ソーシャルワーカーなどの間で現在よく知られている「ユーモアと健康運動」の成長がもたらされた。病院に道化師を導入したり，コメディルームを作ることは多くの病院でよく見られる光景となったが，それはユーモアや笑いが慢性的痛みや癌やその他の病気にかかっている患者の回復を早める方法の1つであるとみなされるようになったからである。このようなヘルスケアにおける展開は，ビジネス，教育や心理療法などといったその他の領域への応用に関する興味を増大させることにもつながった。ユーモアに関する運動は，いつも本流ではなく周辺的な現象として見られてきたが，ユーモアと笑いの潜在的な利益に対して専門誌にとどまらず，マスメディアからもかなりの注目を集める契機になったのである。

　ユーモアと笑いに対する非常に肯定的な見解は我々の文化において，今なお，優勢を保ち続けている。ユーモアは時には攻撃的で不適切なものにもなりえるという見解はあるものの，それは異常な状態であると考えられている。「正常な」ユーモアとは同情的で優しさに満ちているというのである。現代の学者たちにとって，ユーモアが攻撃性に基づいているという理論は一般に，好ましくないため，もっと論調の穏やかな認知的不調和理論がユーモア理論の主流にとって代わろうとしている。このようにして，過去何世紀もの間に，ユーモアは幅広い肯定的な意味合いをもつにいたった。ユーモアは，もはや，ただ単に不調和の知覚，滑稽さ，愉悦，そして笑いを含むだけのものではない。それは，非常に有益で，望ましく，健康を増進させるものなのである（Lewis, 2006 による，現代アメリカにおけるユーモアに関する興味深い分析を参照）。

　急ぎ足で過去数世紀間に渡るユーモアと笑いの概念とユーモアに対する社会の捉え方の変化をみてきたが，これによって，現代におけるユーモアに関する前提とバイアスを歴史的観点から見直すことができるであろう。ユーモアと笑いは人間の普遍的な性質であり，おそらく自然選択の産物だが，ある特定の時と場所で人々がそれを利用し，表現する方法は文化的規範や信念，態度，価値観などによって強く影響される。今日多くの人は，ユーモアを本質的に肯定的で，優しさに満ち，望ましいものとして捉えており，ユーモアは生活のほとんどすべての領域で強く奨励さている。このようなユーモアに対する態度は普遍的ですべての文化に共通だと仮定してしまうことは容易である。しかし，ほんの少し昔にさかのぼれば，西洋文化においては，ユーモアは本

質的に攻撃的で悪意に満ち，決して望ましいものではなく，あまりに笑いすぎることは顔をしかめられる類のものだったのだ。比較的短い間に，このような多様な見解が存在することから，過去のユーモアに対する見解にも，また，現在の見解のいずれにも，いくばくかの真実が含まれていることがうかがえる。重要なのは，ユーモアは共感的な方法で使うことができるだけでなく，攻撃的な方法で使うこともできるということだ。つまり，ユーモアには「誰かを笑う」ことも「ともに笑う」ことも含まれているのである。

　もし，ユーモア研究に対して科学的アプローチをとりたいと願うならば，我々自身が文化から吸収し，我々自身の考え方に色濃い影響を与えている前提とバイアスを改めて意識の俎上にのせる必要がある。通説を鵜呑みにせずこれを評価するために，実証的研究方法を用い，ユーモアというテーマにできる限り客観的な方法で向かっていくよう試みなければならない。我々の理論や研究においては，人類に普遍的な側面とある時代や文化に特有の側面の区別をちゃんとするよう気をつける必要もある。

6節　ユーモアと心理学

　心理学とはしばしば行動の科学的研究であると定義される。ここでの行動という概念は非常に広義なもので，すべての顕在的行為（overt action）や発話，社会的なやりとりの他に，より観察が難しい思考，感情，態度，これらすべての基盤となる脳や神経システムにおける生物学的なメカニズムなども含まれる。このような広範な研究対象を有しているので，心理学というのはとても幅の広い学問であり，特定の行動に焦点を合わせた，数多くの下位分野に分かれている。このなかには，認知心理学，社会心理学，生理心理学，発達心理学，臨床心理学などが存在する。すでに述べたように，ユーモア研究はすべての分野に関係がある。心理学者は自らを科学者であると認識しているので，行動に関する理論や仮説を検証するためには，実証的で主に計量的研究方法を用いる。心理学的研究方法のなかには，1つの変数を操作し，他の変数にどんな影響を与えるかを観察する統制された実験室で行う実験研究や，操作的に定義され計量化された変数間の関係を多くの人のデータからみる相関研究などがある。

　すでに，ロッケレイン（Roeckelein, 2002）が述べているように，これまでユーモアの研究に関しては かなり多くの研究文献が存在するのにもかかわらず，現在にいたるまで，ユーモアの心理学は心理学の本流からは注目されずにきたことは特筆すべき点である。PsycINFO という心理学関係の出版物に関するデータベースで，humor, humour, laughter, irony や他の密接に関係したキーワードを使って調べたところ，2006 年の初頭までに出版された論文審査つきの学術雑誌で，3400 以上の論文が見つかった。しかしながら，研究文献がこれほど広範囲にわたるものであるにもかかわらず，ユーモアの心理学について，大学生向けの教科書や心理学の参考書に載せられることはめったにない。ロッケレインは 1885 年から 1996 年までに発売された心理学の入門書 136 冊を調べたが，ユーモアやその関連テーマについて述べていたのは，たったの 3 冊で，しかも，すべて 1930 年以前に出版されたものであった。心理学のある特定の分野（たとえば，社会心理学や発達心理学の分野）におけるかなり上級者向けの大学生の教科書では，時々ユーモアに関する記述が載せられているが，記述の量はきわめて少なく，表面的なものにすぎない。ロッケレインは，学術雑誌の「*Annual Review of Psychology*」における文献研究でさえ，ユーモア関係の話はほとんど載っていないか，載っているとしても大まかな記述であることにも触れている。社会心理学者のための主たる参考書で，2000 ページにも及ぶ『*The handbook of Social Psychology*』は，以前の版ではユーモアと笑いと遊びに関して 1 章を割いていたのだが（Berlyne, 1969; Flugel, 1954），最新の第 2 版（Gilbert et al., 1998）では，ユーモアについては，たった 1 つの箇所で短く言及されるだけとなった。

　このように，今日までユーモア研究が心理学の主流から無視されてきた理由として 2 点が指摘されている。1 つは，ユーモアが本質的に真面目ではなく愉快さや愉悦と関わっているため，かなりの研究者から，ユーモアは真面目な学問の研究対象とするには，あまりにも軽薄で重要度が低いとみなされていた可能性があるということだ。しかしながらバーライン（Berlyne, 1969）が，35 年以上も前に指摘したように，ユーモアが軽薄に見えることこそが，適応機能がより理解しやすい他の心理学的行動に比べて，研究対象としてもっと注目すべき理由なのである。すべての人間社会は，ユーモアや笑いに多くの時間と労力を費やしてきたが，ユーモアや笑いの目的は自明ではない。この事実こそが，ユーモアという難問を組織的にかつ丹念に研究を行うのに値するものにしている。

　バーラインの時代から何十年かに及ぶ研究を経て，様々な心理学的観点からユーモアというテーマに接近することによって，この難問に対する興味深い答えが与えられようとしている。たとえば，最近の進化モデルから我々の進化の歴史において社会集団の形成と維持に，ユーモアと笑いが重要な役割を果たしていた可能性が示唆されている。これは，ユーモアや笑いと人間の言語的，非言語的コミュニケーション，社会的組織との間の興味深い関わりを暗示する（Gervais & Wilson, 2005; Panksepp, 2000）。この観点からは，ユーモアはあまりにも軽薄で真面目な研究対象にはなりえないとい

う見解を擁護するすることはますます難しくなるだろう。

　幸い，ポジティブ心理学——人間の強さや肯定的な感情を特に研究対象にする心理学の分野（Aspinwall & Staudinger, 2003; Seligman & Csikszentmihalyi, 2000）——が発展していることからもわかるように心理学者は精神病理学や人間の欠点のような「深刻な」テーマだけを扱うべきだ，というような考えは，弱まりつつある。30年前，オコーネル（O'Connell, 1976）は「ユーモアの起源と発達の研究を始めたら，きっと，常軌を逸した奇人であると思われるだろう，つまり，真面目に心理学をしていないと思われるだろう」（p.316）と嘆いたが，心理学はその時の状況を越えて進歩してきたと期待してよいだろう。

　ユーモア研究が無視されてきた，2つ目の理由は，ディクソン（Dixon, 1980）によれば，ユーモアという現象が本当につかみ所がないということである。愉悦を引き起こす刺激と状況が多様なこと，ユーモアという概念自体に明確な定義がないこと，ユーモアを説明するために提唱されている理論もまた多様であること，統制された実験を実験室で行おうとしてもユーモアは扱いにくく研究しづらいことなどがあいまって，研究者はユーモアを研究対象とすることにしり込みしてしまっていたのかもしれない。

　しかしながら，ここでも，ユーモアという研究テーマが複雑でつかみ所がないことは，研究者にとってユーモアを理解するために，ますます努力し，技能を使い，創意工夫すべき理由となるのである。さらに，私が本書のなかで示そうと思っているのは，多くの研究者によるここ何十年かの間の様々な努力が蓄積され，この分野に関心が集まるようになってきつつあり，ユーモアに迫るような種々の理論や検証可能な仮説，それらを研究するための実用的で信頼性のある研究方法が生み出されているということである。このように，ユーモアは心理学者にとって取り組むべき興味深い挑戦であり続けることには変わりないが，もはや心理学の研究課題として手に負えないテーマではなくなっているように思える。

　ユーモアは，心理学のみならず，他の多くの学問分野，たとえば，人類学，生理学，コンピュータ・サイエンス，言語学，文学と文化研究，神経科学，哲学，宗教学，そして社会学などの分野のテーマでもありうる。ユーモアの数学というような学術的研究さえ存在している（Casadonte, 2003; Paulos, 1980）。国際ユーモア学会（The international Society for Humor Studies：ISHS）は様々な学問領域に渡るユーモア研究者のための組織で，年に1回の会議と「*Humor: International Journal of Humor Research*」というタイトルの学術雑誌を出版している（詳しい情報についてはISHSのホームページにアクセスされたい。www.hnu.edu/ishs/）。本書では折に触れ，心理学者の研究を補完するような，他分野の貢献についても触れていきたい。

なお，ユーモアは多くの医療関係者たち（医者，看護師，作業療法士，理学療法士など）やカウンセリング関係者，ソーシャルワーク関係者，教育関係者，そして実業界の人々にとっても興味のもてる話題である．ユーモア応用療法学会（The Association for Applied and Therapeutic Humor：AATH）は自分たちの専門分野でユーモアを応用することに関心がある数多くの職業の人のための専門的協会である（詳しい情報はAATH のホームページを参照．www.aath.org）．本書は心理学者に向けて書かれているが，同時に心理学以外の学問分野や職業でユーモアに興味をもっている方々に，ユーモアに関する心理学における研究の方法，理論，実証的発見を紹介することも目的としている．

7節　結論

　要約していえば，ユーモアとはほとんどの人が1日のうちに，そして，あらゆる種類の社会的状況で経験する普遍的な人間活動である．多くの証拠から，ユーモアと笑いには進化論的な起源があり，適応上の利益をもたらすことが示されている．同時に，ユーモアの使われ方や笑いが適切であるとみなされる状況に関しては，あきらかに重大な文化的影響がある．心理学的な観点からすれば，ユーモアの基本は愉悦と呼ばれるポジティブ感情である．このポジティブ感情は普通社会的状況における遊びとしての，深刻でない不調和を認知するという認知的評価過程によって呼び起こされるものであり，笑い顔や笑い声によって表出される．社会的相互作用において，ユーモアは様々な形で現われるが，そのなかにはあらかじめ用意されたジョーク，自然な気の利いた会話，意図せずなされた滑稽な発言や行動などが含まれる．

　ユーモアには，愉悦のポジティブな感情がもつ認知的，社会的利点として，社会的コミュニケーションや社会的影響を及ぼす手段としての，また，緊張を緩和し，感情を統制し，ストレスに対処する手段としての心理学的機能がある．ユーモアに関する見方は，この2～3世紀の間に劇的に変化した．すなわち，ユーモアは本質的に攻撃的で社会的には望ましくないものという見解から，肯定的で心理的にも肉体的にも健康に役立ち，社会的に望ましいものという見解へと変化したのである．**ユーモア**ということばは，最初はより攻撃的な意味を表すウィットとの対比で，温和で共感的な愉悦の原因となるものを指していたが，のちには，あらゆる種類の笑いの原因を表す包括的な用語となった．ユーモアには重要な心理学的機能があり，それゆえ心理学のどの分野にも関係しており，増加しつつあるかなり多くの研究文献があるのだが，今

日にいたるまで心理学の主流からは，ほとんど注目を浴びていない状況である。

　次に続く2つの章では，1980年代の初めまでになされた初期のユーモア心理学を概観する。ここでは，5つの主たる理論的アプローチを取り上げるが，これらはユーモアと笑いを概念化しようとする初期の哲学的な研究に根ざすものであり，長年にわたって心理学に顕著な影響を与えてきた。このような初期の研究の検討は，ここ20年間になされた研究に焦点を当てた残りの章をよりよく理解するための準備となるはずである。

　第4章から第8章までは，心理学の各基本的分野と関連するユーモア研究における理論，研究方法，実証的知見を紹介する。第4章は認知心理学，第5章は社会心理学，第6章は生理心理学，第7章は人格心理学，そして第8章は発達心理学である。第9章と第10章は臨床心理学，健康心理学と対応している章である。第9章では精神的健康について，第10章では身体的健康について，ユーモアの意義を検討する。最後に第11章では，ユーモアの応用について，精神療法とカウンセリング，教育心理学と産業組織心理学に関連する理論と研究を検討する。この本を読み終わった後，心理学のすべての領域においてユーモアが関連していることがあきらかになれば幸いである。

　ユーモアの学究的研究ほどおもしろくないものはないとか，ジョークを解説することほどジョークを味気ないものにしてしまうようなことはない，などとよく言われる。マッコマス（McComas, 1923）が観察したように，「科学に則って笑いに接近しようとするものは，それが笑いごとでは済まされないと気づく」のだ。国際ユーモア学会の取材に当たったジャーナリストは嬉しそうに，学者たちがユーモアに関して，重々しく，まったく愉しくない研究を発表しているという皮肉な状況を指摘していた。しかし，性行為に関する研究が官能的でなく，抑うつに関する研究が憂鬱なものでないのと同様に，ユーモアに関する研究も愉快でなくてもよいはずである。ただ，私の経験からは，ユーモアの研究者たちは真面目に研究には取り組んでいるものの，普段は他の人と同様に愉快であり，おそらく，もっとずっと愉快な部類に入る人々であるように思われる。

　ユーモア研究の学術書の伝統にしたがって，最初から，読者には注意を呼びかけたいと思う。この本がとりわけおもしろおかしいものだとは感じないだろうと。しかし，本書にワクワクして，まして役に立つと感じてもらえるなら，この上なく嬉しい。願わくは，本書が，読者の好奇心と情熱を刺激してさらなるユーモア研究へと没頭するきっかけとなりますように！

第2章
理論と初期の研究 I
精神分析と優越理論

Theories and Early Research I :
Psychoanalytic and Superiority Theories

「ジョークがわかった」という時，つまり，何かをおかしいと知覚する時に起こっている心的過程はどういうものなのか？　ユーモアと笑いが起こるために必要なもの（その必要条件と十分条件）とは何か？　なぜ，ユーモアはこんなに楽しいのか，そして，我々をユーモアへと駆り立てるものは何か？　これらの疑問は，何世紀もの間，思想家たちを悩ませ，ユーモアに関する多くの理論が哲学者，心理学者，言語学者その他の理論家によって提唱されてきた（より詳細な議論は，Keith-Spiegel, 1972; Roeckelein, 2002 を参照）。グレイグ（Greig, 1923）は，88種類もの理論を枚挙しているが，それらの多くがほんの些細な部分で互いに違っているだけにすぎないことを認めている。本章と次章では，私は心理学的なユーモア研究においてもっとも影響力をもってきた5つの一般理論的なアプローチに焦点を合わせたい。すなわち，精神分析理論，優越／非難理論，覚醒理論，不調和理論，反転理論の5つである。この章では，最初の2つの理論を，次章では残りの3つの理論を概観する。

　理論とは,情報を組織化し,少ない要素でできるだけ多くの現象を説明していくための手段である。そのため，理論は，正しいか間違っているかというより，現象を説明し，検証可能な仮説をつくり出す際に有用か否かによって評価される。つまり，よい理論とは研究の方向を示唆する「発見的な（heuristic）」価値をもっている。また，よい理論とは，明確に定義され，十分に特定されたものである。理論は，ある現象が起こる必要条件と十分条件の両方を明確に定義すべきである。さらに，よい理論は，潜在的に反証可能なものでもある。言い換えると，それは予測を導くものであり，もし

37

予測が間違っていることが立証されたならば，理論が棄却されたことを受け入れるか，あるいは少なくとも理論を修正されることを受け入れなければならない。

残念なことに，これまで提唱されてきたユーモアの一般理論のほとんどは，これらの厳格な基準を満たしていない。それらはしばしば，曖昧に定義された概念を用いており，したがってユーモアの必要条件と十分条件を特定できず，理論と食い違うようなどんな研究結果が得られても，それを説明する方法が見出されてしまうために反証可能とは言えない。とはいえ，諸々のユーモア理論は研究の道筋を示唆する点で役立つものである。多くの点で，種々のユーモアの理論は，象を触る6人の盲人の寓話とよく似ている。それぞれが象の異なる部分を触って象がどのようなものであるかについて異なった結論に達しているのだ（Berger, 1995）。したがって，各理論はユーモアのいくつかの側面やタイプのいくらかを説明するが，完全な見取り図は描きそこなっている。ユーモアをより広く理解するために，我々は諸理論のすべてから得た洞察を結びつけていく必要がある。

本章と次章での理論的争点のレビューは，各理論に導かれた初期の心理学におけるユーモア研究の概観を提供するものでもある。本章（第2章）で，私は特に，1980年代以前に実施された研究に注目することで，後章で言及するより新しい研究について議論するための準備としたい。後節でみていくように，時代によって異なる理論が流行するのにしたがって，様々な理論的アプローチにおける問題関心も，時代を経て変遷を辿ってきた。こうしたユーモア理論の人気の変化は，心理学史全体を通した，より広範な理論的アプローチや研究方法，研究トピックの流行りすたりと並行している。

ユーモアへの精神分析的アプローチは，1940年代から1950年代に支配的だったが，1980年代にはほとんどが消えていった。これは，心理学全体における精神分析理論の盛衰を反映している。1960年代から1970年代にかけての社会心理学者の間での感情における生理的覚醒と認知的評価の過程への関心は，ユーモアの覚醒理論の復活に反映されている。ほぼ同じ頃流行した攻撃性に関する研究も，ユーモアを攻撃性の一形式とみなす優越理論への新たな関心を引き起こすのに貢献した。1970年代には，心理学への認知的アプローチの勃興（コンピュータが広く利用可能になり人間の情報処理のモデルとしてみなされはじめた）とともに，ユーモアの認知的な側面に着目した不調和理論も流行している。

近年，心理学と関連する諸科学の分野において認知的アプローチが支配的になっているのに対応するように，ユーモアの認知理論が優勢となりつつある。しかしながら，後に本書を通じてみえてくるように，それぞれ伝統的な理論に基づくテーマの多くは今日の研究にも影響を与え続けている。現代の心理学の他の分野と同様に，ユー

モアのあらゆる側面を説明しようと試みる「統一理論（grand theory）」から，ユーモアのより限定された側面（たとえば，からかいや皮肉）に焦点化した「小理論（mini theory）」への移行を我々は目の当たりにしつつある。今日の研究者たちは，1つの理論的アプローチに傾倒し続けるというよりも，自分たちのモデルと仮説を発展させるために多様な理論の流れに乗る傾向がある。

1節　精神分析理論

　フロイト（Freud, S.）の精神分析的なユーモア観は，フロイト派理論が心理学界全体のなかで突出していた20世紀前半のユーモア研究において，もっとも大きな影響力をもっていた。フロイトによる心理学の一般理論は，我々1人1人が葛藤した動機と欲望の煮え立った大釜を具現した存在であると仮定した（Freud, 1935）。イドに蓄えられた子どもっぽく未熟で主として無意識の性的・攻撃的（リビドー的）欲動は，快感原則に基づきすぐに充足され表出されることを求めている。内面化された両親として具現される社会からの要求と命令をとりこんだ超自我は，イドの衝動を抑圧しようとする。現実原則に基づいて機能する自我は，イド，超自我，現実世界の間の適応的な妥協点を見つけようと試み，これらの葛藤し合う諸力の間で発生する圧倒的な不安から自分自身を守るために，適応的な防衛機制を多かれ少なかれ発動する。初期の著作でフロイトは，この心理学的ドラマにおけるユーモアの役割に関心を向けた。ユーモアに関するフロイトの理論的著述は，2つの作品に収められている。すなわち，著書『機知——その無意識との関係——（*Jokes and Their Relation to the Unconscious*）』（Freud, 1960 [1905]）と，シンプルなタイトルの論文「ユーモア」（Freud, 1928）である。

理論の概観

　フロイトは，著述家でもあった当時人気の哲学者スペンサー（Spencer, 1860）から，笑いの目的が余剰の神経エネルギーを放出することにあるというアイディアを借用している。この観点によれば，神経システムに作られたエネルギーがもはや不要になると，それは何らかの方法で放出されなければならず，笑いはそのための1つの方法なのだという。フロイトによると，笑いに関連する現象には3つの異なるタイプもしくはカテゴリーがある。(1) ウィットまたはジョーク，(2) ユーモア，(3) コミック。この3つのタイプごとに，それぞれ異なったメカニズムにより，心理エネルギーが貯蔵され，節約され，そして結果的に笑いの形で解消される。**ジョーク**（やウィット）は，

（通常は抑圧されている）イドから生じる無意識の攻撃的・性的な衝動を一時的に表出し，享楽するために，置き換え，圧縮，一体化，間接表現など，超自我の監視をそらすような巧妙な認知的「ジョーク・ワーク（joke work）」をたくさん利用する。通常はこれらのリビドーの衝動を抑圧するために必要とされるエネルギーが，ジョークの結果として一時的に余剰となり，そのエネルギーが笑いの形式において放出されるのである。フロイトは，リビドー的（性的ないし攻撃的）衝動の放出をジョークの**傾向的要素**（tendentious）とし，ジョーク・ワークに含まれる認知的なテクニックを**非傾向的要素**（non-tendentious）と呼んでいる。したがって，フロイトによれば，我々がこんなにもジョークを楽しむ理由は，ジョークが我々の原初的な性的・攻撃的衝動をいくらかでも放出するという禁じられた快楽を一時的にでも体験させてくれるからである。我々は，それには罪悪感を感じない。なぜなら，我々の超自我（良心）は，ジョークに含まれる巧妙な認知的なトリックに気をとられているからであり，我々はしばしばジョークがそうした攻撃的・性的なテーマをどれだけ含んでいるかを意識的には気づいてさえいないのである。

これらのアイディアは，次のジョークで例示できる（McGhee, 1979, p.9）。

> 1人の独身男が，もう1人の独身男に尋ねた。「ヌーディスト・キャンプでの滞在はどうだった？」「ああ」彼は答えた。「しばらくしたら慣れて大丈夫だったけど，最初の3日間は，さすがにハードだったよ。」

ここでのジョーク・ワークは，最後のハードという語がキャンプ体験のきつさと男性の勃起のいずれにも解釈しうるという二重の意味を考えて見つけなくてはならないという認知的努力を含む。最初の解釈では，否定的な意味合いを示唆するが，2つ目の解釈では，体験が実際には性的に刺激的で楽しいものだったことを示している。フロイト理論によると，ここでの単語の巧みな作業は，我々がジョークによって，裸の女性に囲まれた性的に未熟な男性（「独身男」）のエロチックな快楽を代理的に楽しんでいるという事実から注意をそらす。そこで普段は禁じられた楽しみを抑圧するために我々の意識が活用している心理的エネルギーが一時的に余剰化し，笑いの活性化に差し向けられるのである。

もう1つの例として，次のジョークをみてみよう（McGhee, 1979, p.9）。

> ブラウン氏：最低だね。ここの管理人は，この建物のすべての女性と関係をもっていることがわかったよ。たった1人を除いてね。

妻　：まあ，その 1 人というのは，あのお高くとまった 3 階のジョンソン夫人に違いありませんわ。

　ここでのジョーク・ワークは，一見したところ何気ない妻のコメントが導く論理的帰結への推論という心的過程を含んでいる。すなわち，彼女自身も管理人と性的関係をもっているというわけだ。このジョークのなかの傾向的要素もやはり最初は性的なものとして表れるが，より詳細に検討してみると，聞き手の快楽は実際には性的なものよりもむしろ攻撃性に由来することがわかる。我々は，うっかり夫への不実を露呈してしまう妻の愚かさだけでなく，おそらくこの後，嫉妬と怒りに苛まれるであろう，妻を寝取られた夫の不運をも笑うという攻撃を含んだ喜びを得ている。ここでも，ジョークの解釈に含まれる論理的過程の巧みさは，我々が，他者の痛みと愚かさという，普段我々にいくぶん罪の意識を感じさせる活動から快楽を引き出しているという事実から我々の注意をそらす。

　要約すると，ジョークが効果的であるためには，2 つの重要な要件がある。それは，ジョーク・ワークの巧みな使用と，それが抑圧された性的・攻撃的な衝動の表出を可能にすることである。いずれかの要素だけでも，快楽をもたらすかもしれないが，どちらも含まれないと真におかしなものとはならないだろう。

　フロイトは，ほとんどのジョークがこうした性的・攻撃的な衝動の解放を含むと信じていたが，攻撃的でもなく性的でもない（「非傾向的（non-tendentious）」または「無垢な（innocent）」）ジョークの存在を示唆しないというわけではなかった。つまり，その楽しみが，一時的に我々をより論理的でなく合理的でもない（すなわちより子どもっぽい）思考様式に退行させる，純粋に知的な認知過程（ジョーク・ワーク）に由来するジョークである。しかしながら，グロッチャン（Grotjahn, 1966）やグルーナー（Gruner, 1978）は，フロイト自身がそうした無垢なジョークの例を見つけることができなかったことを指摘している（事実フロイト自身が認めていたという）。これらの理論家は，そもそもすべてのジョークは傾向的なのであり，フロイトが見つけられなかったのもそんなジョークが存在しないからだという。

　フロイトの笑いに関する現象の第 2 のカテゴリーは，彼が**ユーモア**として言及した唯一のものである。それは，人が普通，恐怖・悲嘆・怒りといった否定的な情動を経験するストレスのかかる状況，あるいは嫌悪感を示すような状況で起こるが，こうした状況におけるおもしろい要素や不調和な要素を知覚することは，視点の変化をもたらし，これらの否定的な気持ちを体験することから逃れられるようにするのである。それまで痛みに充ちた情動と結びついていたが，結果として余剰化したエネルギーの放

出からユーモアの快楽（狭義のユーモア）が生じるのである。たとえば，最近深刻な経済的損失に見舞われたにもかかわらず，「物事のおかしな側面を見る」ことができる人は，この種のユーモアを実践しているのだろう。この種のユーモアは，とりわけ，自分自身の短所や弱点，社会的な失敗を笑うことができる能力にみられる。したがって，ユーモアは，特に愉悦と笑いの緊張 – 緩和の機能，それに第1章で議論したストレス対処のための使用に関わっているのである。

　フロイトが，彼の同時代人の多数と同様，ユーモアとウィットをはっきり区別していたことを指摘しておくことは重要である。ユーモアが，人生の不運における皮肉な側面に対する優しく共感的な慰みであるのに対して，ウィット（フロイトは第1にそれを決まり文句のジョークとして同定した）はより攻撃的で，あきらかに心理学的にはより不健康なものだ。前章でみたように，フロイトの時代以降，**ユーモア**ということばは，攻撃的なからかいや性的なジョーク，ドタバタ喜劇，それに皮肉まで，笑いを引き起こすあらゆる種類の現象を包含する幅広い包括的な用語に進化した。この語の用い方にみられる違いは，ひどく混乱を招くものであり，多くの研究者と理論家たちがフロイトのウィットとジョークの理論をユーモアの理論と混同する事態を招いてしまった。この点については，第9章でユーモアと精神的健康の関係について議論する際に，詳しく述べることにしよう。

　フロイトによると，（かつての狭い意味での）ユーモアは，不快な情動に圧倒されることなく，困難な状況に向かい合えるようにする防衛機制のうちの1つである。実際，フロイトによると，ユーモアは「防衛機制の最高のもの」である。なぜなら，それは状況の現実的な見方を維持しつつも不快な情動を回避することを可能にするからである。フロイト（1928）にとって，ユーモアはとても有益なものだった。

> 　ウィットやコミックと同様に，ユーモアはその内に解放する要素を保持している。しかし，それは，知的活動から快楽を引き出す洗練され高められた要素――これは他の2つの方法に欠けている――をもつものでもある。あきらかに，ユーモアが優れているのはナルシシズムの勝利であり自我の勝ち誇った金甌無欠の宣言なのだ。それは，現実の矢によって傷つけられることや強制されることを拒む。それは，外部世界でどんなに傷つこうとも，世界があくまで快楽を供給するための機会であることを強く求めて止まないのだ。

　ジョークとコミックは，ともにほとんどすべての人に楽しまれるのに対して，フロイト（1928, p.220）は，ユーモアを少数の幸運な人々だけがもち合わせることができ

る「希少で貴重な贈り物」だと記述している。興味深いことにフロイト（1928, p.220）は，ユーモアを，「見なさい！　見たところ危険な世界といっても，すべては要するにこんなところだ。子どもの戯れ――まさにふざけるべきものなのだ！」といって，不安な自我を慰め，元気づけようと試みる親としての超自我の行為とみなしている。これは，フロイト派の理論で典型的に描かれるような厳しく，懲罰的で，厳格な監督者としての超自我ではなく，もっと肯定的な超自我の見方である。後に第9章でみるように，（狭義の）ユーモアに関するフロイトの考えは，ストレスに対処し情動を制御する方法としての現代的なユーモア観とも密接に関わっている。

　ウィットとユーモアがことばに関わるものであるのに対して，フロイトの第3のカテゴリーである**コミック**は，ドタバタ喜劇やサーカスの道化師，バナナの皮で滑る人のような非言語的な事柄による愉悦に関わるものである。フロイトによると，そうした状況では，観察者は，何が起きるかを予期するために，一定量の精神的ないし観念的エネルギーを起動させる。予期されたことが起きなかった時，この精神的エネルギーは余剰化され，笑いとして放出される。また，フロイトは，コミックが自分自身や他者の子どもっぽい行動に対する楽しげな笑いを含むことを示唆している。彼は，その笑いを「失われた子ども時代の笑いの再獲得」（Freud, 1960[1905], p.224）だと記述している。コミックに関わる状況にも，リビドー的エネルギーの快楽的な放出をもたらす何らかの傾向的要素が含まれることがあるかもしれない。バナナの皮で滑る人が好例だ。彼が偉そうで目立ちたがりな人物であれば，攻撃的な衝動を表現できるようになり，そのシーンはよりいっそうおもしろおかしいものになる。もし，この災難が小さな子どもや我々が同情を抱くような人に起こったならば，決しておかしくはないだろう。このように，ウィットと同様に，コミックもしばしば何らかの攻撃性めいたものを含んでいるのである。

実証的研究

　様々な仮説がフロイト理論（とりわけジョークまたはウィットの理論）から引き出され，多くの初期の心理学的研究において検証されてきた。クライン（Kline, 1977）は，個人差に関わる仮説群を挙げている。たとえば，フロイト理論に基づくと，攻撃的・性的ジョークにおもしろさを見出す人々は，ふだん攻撃性やセクシュアリティが抑圧されている人々であることが予想される。一方，精神病質者は，ジョークをおもしろいと思うことはないだろう。なぜなら，彼らはこの方法で抑圧を解除する必要がないからである。ウィットに富んだ人々は，強力な無意識の攻撃衝動を抱えており，健常の人々よりも神経症的である傾向があるだろう。さらに，非常に抑圧されている人々

は,「単純な」ジョークよりも,複雑なジョーク・ワークを好むはずである。

1950年代に,心理学者のレヴァイン(Levine, J.)と彼の共同研究者たちは,この種の仮説を検証する数多くの研究を公にしている。レヴィンとレッドリッチ(Levine & Redlich, 1955)は,不安の除去という観点から,フロイトの心的エネルギーの放出というアイディアを再概念化したユーモアの不安低減理論を提唱した。ある人にとってとりわけおかしいものと受け止められるジョークは,通常は抑圧されている攻撃性やセクシュアリティなどの不安を喚起するテーマに関連していることを彼らは示唆したのである。すなわち,ジョークはまず最初に,リビドーに関わるテーマによる不安の感情を喚起し,そして,次にオチによってこれらの感情が突然低減する。ジョークの快楽は,この突然の不安の低減によるのであり,この低減の程度が大きければ大きいほど,快楽と愉悦の水準も高くなる。しかしながら,もし,ジョークによってつくり出された不安が大きすぎると,オチは不安を低減するのに不十分であり,反応は,反感や嫌悪,恥,あるいは場合によっては恐怖というものになるだろう。その一方で,もし,ジョークによってまったく不安が喚起されなかったとしたら,反応は無関心となるということになる。

この仮説を検証するために,レッドリッチら(Redlich et al., 1951)は,「愉悦反応検査(the Mirth Respon Test)」を開発した。テストは幅広く攻撃や性欲に関するテーマを引き出すと判断された36の漫画から構成されている。彼らは,このテストを用いて各人がどのタイプのユーモアを好むのかを調べ,それによって基本的な欲求と葛藤を推測しようとした。漫画が調査参加者に個別に提示され,自発的に行われた言語的,非言語的反応が記録された。愉悦と楽しさの反応を引き起こしたジョークは各人の心の底にある欲求や葛藤に関連したテーマを含んでおり,無関心だったものはその個人には関連のないテーマを含んでいるというのである。ジョークへの否定的反応,特にジョークの意味がわからないことに関連した反応は,その個人における強力で脅威となる未解決の欲求や葛藤の存在を示すものだと考えられた。

ある典型的な研究では,レヴィンとアベルソン(Levine & Abelson, 1959)は,入院中の統合失調症患者と不安障害の患者と健常群とを比較するために愉悦反応検査を用いた。まず,多くの精神科医によって,各漫画が,過度の攻撃性やセクシュアリティといった潜在的に戸惑いを感じさせるテーマをどれくらい喚起するかが評定された。精神病患者(おそらく多くの解決されない葛藤と抑圧された衝動を抱えていると思われる)の間では,漫画に対する愉悦反応は,治療家による戸惑いの評定と強い負の関係を示した。つまり,もっとも戸惑いが少なく思われた漫画が,もっともユーモラスで楽しいものとしてみなされたのである。対照的に,患者ではない統制群は,彼らの愉

悦反応と漫画の戸惑いの程度の間に曲線的な関係を示した。つまり，ほどほどに戸惑いを引き起こす漫画が好まれ，戸惑いの程度が低すぎたり高すぎたりするものは好まれなかったのである。これらの結果は，精神分析に基づく理論を支持するものとして受け止められた。

　フロイト理論に基づく，別の初期のユーモアテストは，オコーネル（O'Connell, 1960）によって開発された「ウィット・ユーモア評価検査」（WHAT）である。この検査は，30個のジョークから構成され，臨床心理学者の意見に基づいて，そのうちの10個は敵対的ウィット，べつの10個はナンセンス・ウィット，残りの10個はユーモア（フロイトのいう狭義のユーモア）として，それぞれ判断されたものである。調査協力者は，それぞれのジョークについて，好き嫌いの程度を評価するよう教示された。このテストに関するいくつかの研究で，オコーネルは，より適応的で，より敵対的でない個人は，敵対的なウィットよりも，ユーモアとナンセンスなウィットをよりいっそう好む傾向があることを示そうと試みている。しかしながら，結果として，この仮説は部分的にしか支持されなかった（O'Connell, 1969, 1976）。

　この検査に関する1つの理論的な難しさは，フロイトがジョークをウィットと同一視し，ユーモアをこれとはまったく異なるものとして概念化しているため，ユーモアについて，ジョークを用いて評価しようとする試み自体が彼の理論と整合しない点にある。さらに，後章でみていくように，人々が日常生活のなかでユーモアを健康的な方向で活かすか否かは，一般的に，どのようなタイプのジョークや漫画を楽しむのかとは関連がないのである。結果として，ジョークを評価させる検査は，ユーモアの精神的健康に関連した次元を査定するためにあまり適した方法ではない。それに対して，健康との関連をみるために開発された自己報告による尺度は，より高い妥当性をもっている（たとえば，Martin et al., 2003）。

　多くの初期の研究は，敵対的なジョークを楽しむことが抑圧された攻撃的衝動と関連しているというフロイトの仮説を検証しようとするものであった。しかしながら，精神分析の理論に反して，ほとんどの研究は，敵対性と攻撃性を抑圧しているとされる人々よりも，それをおおっぴらに表現している人たちの方が攻撃的なユーモアを楽しむことを示した。たとえば，バーン（Byrne, 1956）は，敵対的または非敵対的なテーマを描いた一連の漫画を，病院スタッフによって公然と攻撃的，ひそかに攻撃的（受動的な攻撃性をもつ），非攻撃的（従順）と判定された男性の精神病患者たちに呈示した。公然と，あるいはひそかに攻撃的と判定された患者は，そうでない患者に比し，敵対的テーマを反映した漫画をよりいっそう好む傾向があった。バーンは，これらの結果がフロイト理論に矛盾するものであり，むしろ行動の学習理論に一致するもので

あると述べた。学習理論によると，攻撃的行動は，正の強化を通して学習されるものであり，それゆえ，攻撃的な人にとって攻撃的なユーモアは強化子となり，楽しめるものだと感じることが予測される。同様の知見は，ウルマンとリム（Ullmann & Lim, 1962）によっても得られている。いくぶん異なるアプローチを用いて，エプシュタインとスミス（Epstein & Smith, 1956）もまた，実験参加者が敵意を抑圧している度合いと，彼らが敵対的・攻撃的テーマを含む漫画を楽しむことの間に相関関係がないことを示した。

他の研究者たちは，性的衝動を抑圧している人たちは性的ユーモアをより好む傾向があるというフロイト仮説を検証した。攻撃的ユーモアに関する調査と同様に，結果は精神分析の理論と矛盾し，性的により抑制されて**いない**実験参加者ほど，性的なジョークや漫画を好む傾向があることが示された。たとえば，ルフとヘル（Ruch & Hehl, 1988）は，男女ともに性に肯定的で，性的な経験と楽しみが多く，より高い性的リビドーと興奮を示し，さらに上品ぶっていない人は，性的なジョークと漫画を有意によりおもしろいと判断することを示した（Prerost, 1983, 1984 も参照）。興味深いことに，性に解放的な人は，内容にかかわらず，すべてのタイプのユーモアを，そうでない人たちよりも，いっそう楽しむことが見出された。したがって，フロイト理論に反して，性の抑圧よりも性的活動を行い楽しむことがユーモア一般やとりわけ性的な内容のユーモアに結びついているようだ。

ホームズ（Holmes, 1969）の研究は，容認されない衝動を抑圧する傾向をもたない精神病質者は，ユーモアをあまり楽しまないだろうという仮説に基づいている。精神分析の予測に反して，この研究では，「ミネソタ多面的人格目録」（MMPI）のスケールで精神病質的偏倚（PD）のスコアが高い精神病質的傾向の男性ほど，精神病質的傾向が弱い男性よりも漫画をよりすばやく理解し，さらに，ナンセンス漫画よりも性的・敵対的な漫画をよりいっそう楽しむことが示された。つまり，繰り返しになるが，衝動を抑圧することよりも表出することが，ユーモアを楽しむこと，そして，とりわけ性的なテーマや攻撃的テーマのユーモアを楽しむことに関連していると考えられる。

しかしながら，ローゼンヴァルド（Rosenwald, 1964）は，これらの研究の理論的根拠を批判して，攻撃性などの衝動を公然と表出することは，必ずしも衝動に対する抑制が存在しないことを意味するとは限らないと主張する。彼は，ジョークを楽しむことは，ジョークのテーマに結びついた無意識の葛藤や不安を単純に反映しているのではなく，むしろ個人が抑制や防衛をゆるめられる程度を反映しているのだと主張する。もし，人がジョークへの反応における抑制を強固にしてしまうのならば，彼／彼女はそれをおもしろがらないだろう。だが，もし，人が一時的に抑制的エネルギーを解放

できたなら、ジョークはおもしろいものとして感じられるはずだ。これらの仮説を支持するように、ローゼンヴァルドは、攻撃性に対する柔軟な抑制——「主題統覚検査」（TAT）で測定した——をもつ高校生男子が、過度に抑制的な生徒や衝動的で抑制を欠いた生徒と比べて、敵対的なユーモアをより楽しむことを示した。これらの知見は、フロイト理論を支持するものとして受け止められた。とはいえ、全体的にいえば、関連する多くの研究は、攻撃的・性的ユーモアを楽しむことが対応する衝動の抑圧と関連しているという仮説をほとんど支持していない。

　他の研究者たちは、精神分析理論に由来する様々な仮説を検証するために実験によるアプローチを採用した。シンガーら（Singer et al., 1967）は、攻撃性の表出に関わる抑制が増大すると、攻撃的ユーモアを楽しむ能力は減退するものの、非攻撃的ユーモアを楽しむことには影響しないという仮説を立てた。彼らは、実験参加者の攻撃性に関する抑制を喚起するために、実験群には極端な残虐さとサディズムを描いたゴヤの絵画について勉強させ、統制群にはより穏健なゴヤの作品を見せた。その後、すべての参加者が12の漫画のおもしろさを評価した。そのうちの4つはナンセンス漫画、別の4つは弱い対人的な攻撃性を、また別の4つは強い対人的な攻撃性を描いたものである。予想されたとおり、困惑させるアートを見せられた参加者（攻撃性への抑制があらかじめ呼び起こされていた）は、統制群に比べて攻撃性の強い漫画を有意におもしろくないと評定した。一方、ナンセンス漫画と弱い攻撃性の漫画については、両群の間に違いはみられなかった。これらの結果は、攻撃性に関する抑制が喚起されると攻撃的ユーモアは楽しみにくくなるというフロイトの見方を支持するものである。

　我々がみてきたように、フロイトは、成功した攻撃的なジョークにおけるジョーク・ワークは、聞き手の注意をそらすことで、彼らが笑っている攻撃的内容を十分には認識しないようにさせるのだと指摘した。この見方に基づき、ゴロブとレヴァイン（Gollob & Levine, 1967）は、もし人々が、ユーモアが攻撃的な衝動を表現しているという事実に注意を向けると、彼らの抑制が喚起されて、相対的にユーモアを楽しみにくくなるだろうという仮説を立てた。彼らは、女性の実験参加者に対して、なぜその漫画がおもしろいのかについての説明を求め、彼女らの注意を漫画の攻撃性に向けるよう操作した。予想されたとおり、事後のテストにおいて攻撃性の強い漫画のおもしろさは、攻撃性の弱い漫画やナンセンス漫画よりも有意に低く評価された。これは、おそらく、漫画を説明するという行為が注意を漫画の攻撃性に向けさせることで巧妙なジョーク・ワークの妨害効果を免れたためと考えられる。これらの結果は、フロイト理論を支持するものとされた。

　もし、ジョークが性的・攻撃的な衝動に捌け口を与えるものであるならば、精神分

析の理論が示唆するように，それらは関連するテーマと結びついた衝動が前もって賦活されている時にとりわけ楽しまれるはずである。加えて，これらのジョークは，前もって喚起された衝動のレベルを低減させるカタルシス的な効果をもつと考えられる。たとえば，ドゥオーキンとエフラン（Dworkin & Efran, 1967）は，男子大学生に対して，実験者がきわめて無礼で嫌味な扱いをすることで怒りの感情（すなわち攻撃性）を喚起するよう操作した。参加者は，その後，敵対的ユーモアないし非敵対的ユーモアあるいはユーモアが含まれない3種のテープを聞き，これらのおもしろさの評定を行うよう教示された。別の統制群の実験参加者は，怒りを喚起されることなく同様の評定を行った。その上でユーモアを評定する課題の前後での気分の変化を調べるために，形容詞による気分チェックリストへの回答が求められた。

　予想されたとおり，怒り喚起群はそうでない統制群よりも有意に敵対的ユーモアをおもしろいと評定した。他方，非敵対的ユーモアに関しては両群に差はみられなかった。また，怒り喚起群において両タイプのユーモアを聞くことは，自己申告による敵意と不安の感情を有意に低減させたが，ユーモアを含まないテープを聞いても，気分の変化は観察されなかった。すなわち，怒りの感情を活性化することは，敵対的ユーモアのより高い評価をもたらす（非敵対的はそうでない）が，敵対的ユーモア，非敵対的ユーモアともに怒りの感情を低減させるのである。後者の知見は，部分的にフロイト理論を支持する。なぜなら，フロイト理論は，非敵対的ユーモアよりも敵対的ユーモアにおいて怒りがより静められると予測するからである。その後，これらの知見を再現しようと試みられているが，その結果は，理論を支持するものと支持しないものが入り混じっている。いくつかの研究では，これを支持しており，敵意を喚起する状況への接触の後に敵対的ユーモアの快が増大することを見出している（たとえば，Prerost & Brewer, 1977; Strickland, 1959）。しかし，これらの知見は他の研究では再現されなかった（たとえば，Landy & Mettee, 1969; Singer, 1968）。

　また他の実験では，敵対性を喚起する状況に接触した後に起こる攻撃的な**行動**（自己報告による感情とユーモア評価だけではなく）に対するユーモアの効果が検討されている。攻撃的な行動は，（学習に関する電気ショックの効果に関する研究という見せ掛けのもとで）実験参加者が以前侮辱された誰かに対して命じる電気ショックの強さなどの様々な方法を用いて査定された。残念ながら，これらの実験結果も一貫するものではない。いくつかの研究では，あらかじめ怒りを喚起された実験参加者は，敵対的ユーモアに接した後に，自分を侮辱する人物に対して，より攻撃的には行動しなくなるが，非敵対的ユーモアではそうでないことが示されている（たとえば，Baron, 1978a; Leak, 1974）。これは，フロイト理論を支持する。しかし，他の研究では，敵対

的ユーモアではなく非敵対的ユーモアで攻撃性が軽減されることが示されている（たとえば，Baron & Ball, 1974）。さらに，他の実験では正反対の効果のパターンが示されている。つまり敵対的ユーモアへの接触の後に攻撃的な行動が**増加した**のである（たとえば，Baron, 1978b; Berkowitz, 1970; Mueller & Donnerstein, 1983）。したがって，敵対的ユーモアが攻撃的行動にもたらすカタルシス効果は，せいぜい決定的ではないと言うほかない。

　他の研究者たちは，性的な覚醒が性的なユーモアを楽しむことへ及ぼす効果を検証している。たとえば，ストリックランド（Strickland, 1959）は，男性の実験参加者に対して，実験者によって侮辱され否定的に扱われる（敵意喚起群）か，あるいは，裸の女性の写真を見せられた（性的喚起群）後，性的，敵対的または中立的（「ナンセンス（nonsense）」）なテーマを含む漫画を評定するよう求めている。統制群は，実験状況に連れてこられてすぐに漫画を評定するというものである。結果は，予想されたとおり，敵意喚起群の参加者は性的またはナンセンスな漫画よりも，敵対的な漫画を有意におもしろいと評定し，性的喚起群の参加者は他の2つのタイプの漫画よりも性的な漫画を有意におもしろいと評定することが示された。

　しかしながら，バーン（Byrne, 1961）では，きわめて似た実験計画による研究でありながら，これらの知見は再現されなかった。彼は，敵対的な漫画が三条件すべての参加者によってもっともおもしろいと評定されることを示した。別の実験で，ラム（Lamb, 1968）は性的に喚起する写真を見せられた参加者が統制群に比べて，すべてのタイプの漫画（敵対的・中立的・性的）についてもっとも高く評定することをあきらかにした。したがって，攻撃性に関する研究と同様，性にまつわるユーモアの性的な喚起へのカタルシス効果を検討した研究では，矛盾する結果が得られており，一定した結論を下せるまでにいたっていない。

　先行する研究では，ユーモア刺激の**鑑賞**（appreciation）や享受に焦点を合わせることでフロイト理論に由来する仮説を検証してきたが，ネヴォとネヴォ（Nevo, O. & Nevo, B., 1983）は，ユーモアの**産出**（production）に目を向けた。男子高校生たちに，ある人がもう1人をいらつかせる振る舞いをしている一連の絵を見せ，その後に，気に障る行動を受ける人が言うであろう返答を作るよう求めた。参加者の半分には，彼らの反応をできるだけユーモラスにするよう教示されたが，残りの参加者にはユーモアに言及する教示はされなかった。実験者が返答を評価したところ，精神分析の理論が予測するとおり，ユーモラスでない反応に比べて，ユーモラスな反応が有意に攻撃的・性的テーマを含んでいることがわかった。性的な内容が相対的に高い頻度で現れたことは，その絵が性的テーマを含んでいないのは明白であったという事実に照らすと

特筆すべきである。さらに，著者らは，置き換え，ことばあそび，不条理と幻想，対立物の表象などのフロイトによって記述されたジョーク・ワークの多くが，ユーモラスな返答にもみられたことを指摘した。著者らは，「実験参加者はまるでフロイトを読んでいたかのように彼の理論を適用した！」(p.192) と結論づけた。男女の参加者に TAT 図への反応として，ユーモラスまたはユーモラスでない物語を作らせたジブとガディッシュ（Ziv & Gadish, 1990）の最近の研究でも，同様の知見が報告されている。ここでも，ユーモラスでない物語に比べて，ユーモラスな物語は攻撃性や性的な要素を有意により多く含んでいたのである。

評価

　初期の研究に関するこの簡単なレビューからわかるように，ジョークに関する精神分析の理論から導かれる諸仮説を検証するために実施された多くの研究は，限定的で一貫性の低い証拠を示している。人々がユーモアの攻撃的な性質に注意を向けると攻撃的ジョークをよりおもしろくないものとみなすといういくつかの証拠があるが，習慣的に性的・攻撃的な衝動を抑圧している人ほどそうしたテーマを含むジョークをより楽しむという仮説，または，性的・攻撃的衝動の喚起が衝動にまつわるジョークをよりいっそうおもしろくするという仮説，あるいは，攻撃的・性的なジョークにはユーモアの体験によって衝動の喚起を減少させるカタルシスの効果をもつという仮説に対する一貫した支持はほとんど見出せなかった。他方，参加者がユーモアを産出するよう教示された時に示す反応についての研究でフロイトの理論をいくらか支持する結果が見出されている。つまり，ユーモアを産出するよう教示すると，攻撃的・性的テーマが増大するのである。研究で得られた証拠の一貫性の低さとは別の問題として，笑いを，余剰の緊張を「燃焼してしまう」1 つの方法とみなすフロイト理論が基づく心的エネルギーの「水力学モデル（hydraulic model）」は，神経システムに関する我々の現代的な理解とは整合しない。結果として，ユーモアの精神分析理論（フロイト理論一般と同様に）は，さらなる理論的研究が精神分析の文献に散見されるものの（たとえば，Sanville, 1999），1980 年代以降の実証的研究によってその大部分が放棄されていった。

　しかしながら，これら初期の研究はもっぱらフロイトのいうジョーク（またはウィット）の理論に焦点を合わせたものであり，フロイトのいう狭義のユーモアの理論についてのものではないことを指摘しておくことは重要である。その理由の一部は，方法論的なものである。というのは，ほとんどすべての研究が刺激としてジョークと漫画（本質的にはジョークの一種）を用いてきたからである。本来フロイトのユーモア理論

は，ジョークには適用しえないので，この種の刺激はユーモアについての仮説を検証するためには使えないのである。後章（第9章）で検討するように，一般には精神的健康とストレスコーピングにおけるユーモアの役割に関する最近の研究の証拠は，明示的にフロイト理論によって影響されたわけではないが，適応的な防衛機制として狭義のユーモアを捉えるというフロイトのアイディアをいくぶん支持するものとしてみることができる。

　また，防衛機制の概念は，必ずしも自分自身を精神分析的な志向があるとは思っていない現代の心理学者にも幅広く受け入れられている精神分析的な考えであることを指摘しておくのにも意味がある。ユーモアを発達的ないし健康的な防衛機制と捉える考え——ただし笑いを通してエネルギーが放出されるというフロイトの時代遅れの観念は使わずに——は，信頼性を持ち続けている（Vaillant, 2000）。実際，精神科医と臨床心理学者が心理学的疾病を診断する際に用いる『精神障害の診断と統計の手引き』の今日の版（DSM-IV；アメリカ精神医学会，1994）には，適応的ないし成熟した防衛としてのユーモアを含む防衛機制に関する項目がある。

　フロイト理論の限界は，対人関係の文脈やユーモアの社会的機能を考慮せず，個人内部で起こるダイナミックスにのみ注目した点にある。したがって，フロイトによってジョークは主として，通常良心によって抑圧されているリビドー的な衝動を表出し享楽することを可能にする心内的機能としてみなされたのである。後章でみていくように，最近のユーモア学者は，ジョークやその他のユーモアが本質的に人々の間のコミュニケーション・ツールであることを指摘し，ユーモアの社会的側面にいっそう注目し始めている。社会学者のマルケイ（Mulkay, 1988）は，ジョークの機能が心理内にある衝動の解放よりも文化的にタブーとされるトピックを社会的に表現することに関わっていると述べている。彼は，性や攻撃性といったトピックがほとんどの人にきわめて個人的に関わるものであるが，日常会話での議論には不適切と考えられていることを指摘する。ユーモアは，人々が社会的により受容されやすい形式で性的な情報，態度，情動をやりとりすることを可能にする。なぜなら，ユーモアにすることで話し手は「単にジョークを言ってるだけだ」と暗に示し，それゆえ真面目に受け取られないようにできるからだ。ユーモアを伴ったコミュニケーションの意味は本質的に曖昧さを含んでいるので，人々は真面目なコミュニケーションの時には表現できないことでもユーモラスにうまく言ってしまえるのだ。

　同様に，オーリング（Oring, 1994）は，性と攻撃性だけでなく，しばしばユーモアが文化内で居心地を悪くしかねない様々なトピックについてやりとりするためにも使われることを示唆している。たとえば，オーリングは，現代のアメリカ文化には，愛着，

やさしさ，賛美，同情といった感傷的な感情を直接的に表現することにおさまりの悪さを感じ，ユーモアがしばしばこの種の感情を間接的に伝えるために用いられることを指摘している。こうしたユーモアの使用の例は，敬意を払われるべき客人のパーソナリティや行動や偉業を友人や同僚がユーモラスに貶める「酷評（roasts）」や，愛情を間接的に表現するために使われる無礼なことばを書いたグリーティング・カードなどがある（たとえば，「あなたのことを思い出す時，いつも5セント硬貨があればよいのにと思うわ……ガムを買うためにね」）。表向きのメッセージは否定的だが，ユーモラスに伝えられることで実は反対の意味である——つまり，より愛着的な意味が意図されている——とわかる。このように，ユーモアが果たす本質的な性質である対人関係的性質に着目することで，現代の理論家や研究者たちは，ユーモアの心内的機能についてのフロイト独自のアイディアを再概念化し，ユーモアの社会的機能を理解するために適用しているのである。

　精神分析理論は（現代的な広い意味での）ユーモアについての完全に満足のいく説明を提供しないかもしれないが，いかなる包括的理論においても説明が求められるユーモアの側面にたしかに注意を向けさせた。とりわけ，ほとんどのジョーク（すべてではないが）で攻撃性と性的なテーマが優勢であること，ユーモアによって発生する感情的な喜びと楽しさ（すなわち愉悦），そして，それへの強い動機づけを指摘しておきたい。後章でもみていくように，ユーモアに関するこれらの側面は，今日の理論家と研究者にとって大きな関心の的であり続けている。

2節　優越／非難理論

　我々がみてきたように，フロイトは攻撃性をジョーク（ウィットの古典的な概念と同一視していた）の重要な側面として捉えた。実際，多くの（広い意味での）ユーモアが攻撃性と敵対性に基づくというたくさんの証拠がある。攻撃性が笑いの原理としてあるという考えは，古い文献では明白である。ケストラー（Koestler, 1964）は，旧約聖書のなかの29か所の笑いへの言及について，そのほとんどが軽蔑，愚弄，あざけり，さげすみに関わるものであり，わずかに2つだけが「喜びに満ちた陽気な気分から生まれた」（p.53）ものであることを指摘している。ユーモアにおける攻撃性は，あからさまだったり，知らぬ間に働くものだったりする。レフコート（Lefcourt, 2001）は，さらに極端にサディスティックで冷酷な形式のユーモアの例を挙げている。たとえば，第二次世界大戦時にナチスの兵——とりわけゲシュタポ——は逃げ惑うユダヤ

人たちを見て愉快そうに笑っていたことがよく知られている。人類学者のターンブル（Turnbull, 1972）は，アフリカの山間部族の遊牧民が，飢餓と災難の間，普通なら共感が湧く苦しみに対しておかしそうに笑う様子を記述している。ある事例では，盲目の老婆が険しい山道を踏み外し，崖に落ちて，峡谷の底で弱々しくもがいている光景を見て，一群の人々が大きく声を上げて笑っていたという。

ユーモアの攻撃的な側面は，よく子どもがお互いに言い合っている遠慮なしのからかいにもあきらかである。私は，4年生の時，太りぎみの女の子の椅子が壊れて倒れた時の悲しむべき出来事を思い出す。その後，数日もの間クラスのみんなからの騒々しい笑いとからかいが続いたのである。すべての子どもが知っているように，笑いものにされることは極度に苦痛に満ちたものであり，屈辱的なものだ。これほど厳しいものではなくても，我々の文化で人口に膾炙したジョークの大部分は，異性（ほとんどはしばしば女性に関わる）や外国人，異民族集団，おバカな人々といった他者への侮蔑を含んでいる。社会学者のデイヴィス（Davies, 1990a）は，世界中のあらゆる国々や地域で，自分たちと類似しているものの，そこで主流といわれる文化からは若干外れており，ジョークとしてあざけり笑いの種となってしまう国やサブカルチャーが生み出されていることを記述している。

理論の概観

第1章でみたように，古来続いてきた理論的アプローチは，攻撃性をあらゆるユーモアのある種の本質的特性とみなしている。この見方では，ユーモアは，実は攻撃性の一種なのである。この種の理論は，優越理論，非難理論，攻撃性理論，価値低下理論などと呼ばれてきた。これはユーモアに対するもっとも古いアプローチであり，少なくとも哲学者プラトンやアリストテレスにまでさかのぼる。プラトン（B.C.428-348）は，笑いが悪意に起因すると述べていた。彼によれば，我々が笑うのは他者のばかばかしさに対してであり，友の不幸を見る時でさえ我々は痛みよりも喜びを感じているという（プラトン『フィレボス』〔Morreall, 1987〕に転載）。同様に，アリストテレス（B.C.384-322）も，喜劇を平均よりも劣った人々を擬えたものとして捉え，「醜悪なものの一種」（『詩学』〔Morreall, 1987〕に転載，p.14）とみなした。アリストテレスによると，「過度にユーモアをもたらす人々は，下品な道化者と考えられる。彼らは，どんな犠牲を払ってでもおもしろくあろうとし，その目的は，礼節にかなった仕方で話すことよりも笑いを引き起こすことにあり，ジョークのターゲットに痛みを与えることを避けようとしない」（『ニコマコス倫理学』〔Morreall, 1987〕に転載，p.15）。アリストテレスは，あきらかにそれを望ましく思っていない。

17世紀イギリスの哲学者トマス・ホッブス（1588-1679）は，何世紀にもわたって一般に受け入れられてきた優越性という見方をさらに強めた。ホッブスによると，「笑いの情念は，他者や以前の我々自身との比較によって，卓越の観念が我々のうちに生じさせる突然の栄光に他ならない……それゆえ，人が笑われたりあざけられたりすることを，打ち負かされたと感じ，いやがるのも何ら不思議なことではない」（『人間論』〔Morreall, 1987〕に転載, p.20）。したがってユーモアは，他者あるいは過去の自分自身の失敗や愚かさをあざけることで生まれる優越の感覚に起因すると考えられるという。優越性による説明の諸要素は，その後，数世紀にわたり提唱されたユーモア諸理論に引き継がれることになる（たとえば，Bergson, 1911; Leacock, 1935; Ludovici, 1933; Rapp, 1951）。

現代においてこのアプローチをもっとも積極的に主張しているのは，ジョージア大学のスピーチ・コミュニケーション講座教授であるグルーナーである（Gruner, 1978, 1997）。グルーナーは，ユーモアを「遊びとしての攻撃性（playful aggression）」と捉える。それは，身体的に攻撃し人々を傷つける「本当の」攻撃性ではない。むしろ，子どもや幼い動物でみられるケンカごっこのような意味での攻撃性である。それゆえ，グルーナーが強調するのは，ユーモアが遊びの一種であるという考えである。とりわけ，彼が想定する遊び，勝者と敗者が存在するゲームや競争，コンテストといった類のものである。グルーナーは，ユーモアの楽しみは，長く厳しい争いの末に突然に接戦を制して勝利した直後に感じられる歓喜と勝利の感情に似ているという。「成功したユーモアは，スポーツやゲーム（人生というゲームを含む）での成功を楽しむのと同様に，**勝利**（winning; 我々が欲するものを手に入れること）と勝利の**突然**（sudden）という知覚を含んでいなければならない」とグルーナーはいう（Gruner, 1997, p.9, 強調は原文のママ）。

グルーナーは，競争と攻撃性を求める傾向が人間の生存と繁栄を可能にした主要な特性であるという進化論的な見方を彼の理論の基礎としている。ラップ（Rapp, 1951）の系統発生学的（すなわち進化論的）理論を受け継ぎ，グルーナー（1978）は，笑いが激しい闘い（典型的には男性間における）の後の「勝利の吼え声」に始まったと示唆している。他の人間との身体的闘争の過程では，アドレナリンが血流中に放出されることで，情動的・身体的エネルギーが多量に備蓄される。だが，闘いが突如として終わりを迎えると，勝者はこの余剰化した緊張を一掃しなければならず，彼はそれを笑いによって行うのだ。その時彼は，「歯を剥き出しにし，肩を上下させ，息を区切り喉の奥から声を出しながら，これらに対応した渋面（grimace）をしている」（p.43）。したがって，笑いは敵に対する勝利を伝達する心理学的機能と同様に，急速にホメオ

スタシスを回復する生理学的機能も有するのである（その間，敗者は泣くことで余剰化したエネルギーを排出している）。

　グルーナーによると，「勝利の吼え声を発する突然の勝利に反応した幾世代もの男性たちが，10万年にもわたって，人間の集合的無意識に溝をうがち，川床をこしらえたのだ」(p.52)。これが今日までいたる笑いの基盤であり，この初期の笑いの前身ともいえるものが，今日的なユーモアへと進化したのである。共同生活の営みを通して言語が進化してくると，人々は身体的攻撃に頼る代わりに，ことばで他人を軽く攻撃して楽しむことができるようになった。すぐに，身体的ないし精神的な欠点をもつ人のように劣った人が現れるとことばを使ってからかうことができるようになったのであろう。今日，この形式のユーモアは，ドタバタ喜劇と悪ふざけ，他人の不器用さや言い間違いを笑いものにしたり，「頭の弱い金髪女（ブロンド）」や他の民族集団をからかうジョークにして笑いの種にすることからもあきらかである。

　ユーモアの攻撃性理論に同意しない人たちは，理論が適用できないように思われるジョークの形式として，シンプルな謎かけや駄じゃれがあることを指摘する。この種のユーモアは，単なることばあそびからなっていて攻撃性や敵対性をまったく欠いているように思える。しかしながら，グルーナーによれば，謎かけと駄じゃれは，人々がことばづかいの巧みさを用いて自らの知的優位性を示そうとした古代の「ウィットによる決闘」に起源をもつのだという。今日でも，駄じゃれは，会話で他者を「打ち負かす」方法の1つである。人々が駄じゃれに敗北の承認であるぐうの音（groan）で反応する理由は，そのためである。常に駄じゃれで会話の流れを中断する人物は，他者から混乱をひきおこし困惑させるものと認識され，また，駄じゃれは社会的なやりとりをコントロールする方法であるようだ。駄じゃれの競争的性質は，2人の人物が互いにウィットに富んだことばの交換で相手を出し抜こうと試みる「駄じゃれの決闘」においてとりわけあきらかである。グルーナー（1997, p.136）は，次の例を挙げている。

　　ボブ：警官たちが昨日，ストリーキングをした人をつかまえたよ。
　　ロブ：おいまさか，そいつに，警官たちが何かを着せた（pin anything）んじゃないよな？
　　ボブ：あ，いや。その人は濡れ衣で（on a bum wrap）つかまったと主張しているよ。
　　ロブ：君は，その事件は赤裸々な（bare）事実で裏づけられていると思っているのかい。
　　ボブ：僕たち，たぶん今夜のテレビのヌードキャストで事件についてもっと知ることができると思うよ。

ロブ：明日のヌ̇ー̇ド̇ペーパーがさらなる詳細を伝えるだろうね。

　日常会話での駄じゃれは，聞き手を「打ち負かす」方法かもしれないが，オチが駄じゃれになっているお決まりのジョークは，ジョークの話者とともに聞き手に支配と優越の感情を共有できるようにする方法だと思われる。「冗談がわかる」能力は，仮想の他者――おそらく知能が低いためにそれを理解できない――に勝っているという，優越と勝利の感情を聞き手に与える。したがって，グルーナーにしたがえば，すべてのジョークには，どれほど無邪気に見えるものであっても，競争が含まれ，勝者と敗者が含まれるのである。

　グルーナー（1997）は，膨大な数にのぼる様々なタイプのジョーク事例を分析し，いかにしてそれらの各々が遊びとしての攻撃性の現れとして見ることができるかを示した。「ユーモラスな素材の断片を理解するためには，誰が，なぜ，どうやって，あざ笑われているのかを見つけることだけが必要だ」とグルーナー（1978, p.14）はいう。したがって，彼は，死や破壊や災害についてのジョークのなかに攻撃性を見出す。「病んだ（sick）」ジョーク（「死んだ赤ちゃん」ジョークやスペース・シャトル「チャレンジャー号」の事故のジョークなど），ドタバタ喜劇と子ども向けテレビ漫画，悪ふざけ，民族差別的あるいは性差別的ジョーク等々すべて攻撃性を含むというのだ。フロイトはセクシュアリティを攻撃性なしに作用しうるジョークのメカニズムとみなしていたが，それに対してグルーナーは，すべての性的，性差別的，そしてスカトロジー的な（トイレに関わる）ユーモアは攻撃性に基づくと力強く主張している。グルーナー（1997, p.109）によると，"汚い（dirty）"ジョークは，主題とことばにおいて"きれいな"ジョークから区別されるだけであり，形式や技術において区別されるのではない。いずれのタイプのジョークも，勝者と敗者を結果として生み出す競争の定式にしたがっている」。グルーナーは，自分の理論を適用して説明できないジョークやその他の笑える出来事には出くわしたことがないと主張し，1997年に出版された本のなかで，読者に対して何か1つでも反例を見つけ出せるかと挑発している。

　先に概観した，精神分析の理論に影響された研究の多くで使われたもののうち，敵対的ユーモアと非敵対的ユーモアの効果を比較するために使用された「無邪気な」あるいは「ナンセンス」なジョークや漫画のすべてについては，どうだろうか？　グルーナー（1997）は，ユーモアにおける攻撃性が時にはきわめて小さくかすかなものとなることを認識してはいるものの，たとえ見たところごく無害に思えるジョークでさえも，いくぶんかは攻撃性の要素を含んでいると力強く主張する。ここへいたるに及んで，彼の分析は，いくらか強引なこじつけめいたところがある。たとえば，彼は，

「嵐の夜に町から帰ってきた2人の酔っ払いが陽気に壁を上りつ下りつ，歩道と街路を行きつ戻りつしてよろめいている」(p.162)漫画について議論している。この漫画は，不調和とばかばかしさによる純粋に害するところのない楽しみのように思えるが，グルーナーは酒飲みをあざ笑うものとして解釈する。酔っ払いはあまりにも現実を気にとめないので，重力を無視することが不可能であることを理解せず，それに伴う危険に思いめぐらせて立ち止まることができないのである。別の例の漫画は，指で水道管の穴をふさいでいる配管工の耳から水が漏れているというものである。これもやはり，単なる害のない奇妙なばかばかしさにすぎないように思われるが，グルーナーはその漫画が，水道の水が配管工の脳細胞を通り抜けてダメージを与えることを読者に笑わせているのだと主張する。グルーナーの分析の多くは，ユーモアの攻撃的基盤についてまったく納得のいくものであるが，いくつかの例は，ここで挙げたようにいささか不自然に思われる。

　自己卑下的なユーモアはどうだろうか？　自分自身を笑うことは優越性理論によってどうやって説明できるのか？　ホッブスと同様に，グルーナーは，我々は我々自身の過去の愚かさや過ちを笑い，自身がかつて同じ立場にあった人物に対する優越を感じているのだと答える。さらに，現時点のことでさえ，我々は自分自身のある部分で別の部分を笑うことができる。たとえば，私がのんびりした気分の時，自分の野心的にすぎるところを笑うことができるし，野心を抱いている気分の時には，自分のだらしなさを笑うことができる。我々はみな，多様な役割，気分状態，葛藤する人格特性をもっているのであり，ユーモアセンスはこれら多様な側面のバランスを保つものである。ユーモアセンスのない人々とは，堅苦しく，1つの見方に捉われ，自分自身や自分の信念についておかしさをみることができない人々である。つまり，ユーモアの根源にある非難は，健全なやり方で自分自身に向けることもできるのである。

優越／非難理論からの示唆

　第1章でみてきたように，ユーモアが非常に好ましいものとして捉えられることの多い今日では，ユーモアを否定的に描き出す優越理論はきわめて不人気なものになってきている。彼らは，ユーモアには時に攻撃的・敵対的で，残酷でさえあるものもあることを認識しているのだろうけれども，今日ではほとんどの人は，ユーモアの大部分が攻撃性から自由（たぶん特に自分だけは！）であり，非敵対的で共感的で友好的で健康的なものであると信じたがっている。ユーモアを有益な特質をもつ（この点については第11章で議論する）ものとして推進する心理療法家，教育者，ビジネスコンサルタントは，しばしば「誰かを笑う」と「ともに笑う」を区別する。彼らは，レス

トランでの喫煙と同様に，民族差別的，人種差別的，性差別的なユーモアを礼儀正しい社会においては，不快で不適切なものとする「政治的に正しい（political correct）」考え方を支持しているのかもしれない。その代わりとして，彼らはより肯定的で思いやりのあるタイプのユーモアの活用を推進しようとする。しかしながら，グルーナーは，そのような人たちは単に思い違いをしているのであり，ユーモアを楽しむことの根源にある快楽の真の源泉という現実を否認していると指摘する。グルーナーによれば，もし我々がユーモアから攻撃性を消去するならば，我々はユーモアそのものも一緒に消し去ってしまうだろうというのである。

　ただ，同時に，グルーナーは，このユーモア観が実際の人間像を否定的なものとして描くという考えについては否定している。なぜなら，彼は，ユーモアに含まれる攻撃性が単なる遊びやゲームであり，深刻に受け取られるべきではなく，実際に危害を加えることを意図していないということを強調するからである。エスニック・ジョークをいう人は，必ずしもそれらのジョークが伝えるステレオタイプを信じているわけではない。グルーナー（1997）は，「ステレオタイプは，ジョークの内容を理解する基本的な枠組みを提供するのにかっこうの，ごく簡略化したものの言い方であるにすぎない」（p.99）という。もちろん，本当に敵意をもつ人種差別主義者や性差別主義者，反ユダヤ主義者がそれらのジョークを敵対性を表現するために使うこともあるかもしれない。しかし，そのような人々は，むしろもっと直接的であきらかに敵対的な方法で彼らの態度を表現しようとするだろう。これは，そのようなジョークを好むすべての人々が人種差別主義者や性差別主義者ではないことを意味している。社会学者のデイヴィスも同様の見方を表明していて，たとえば，「お金持ちのユダヤ人のお嬢様（Jewish American Princesses：JAPs）」を笑いものにするジョークは反ユダヤ主義に根ざしているのではなく，実際にはユダヤ文化の特性を肯定するものであるという（Davies, 1990b）。デイヴィスは，ユーモアの遊びとしての攻撃性を「現実世界」の攻撃性と混同しているとしてユーモアの優越性／攻撃性理論を拒否している（Davies, 1990a, p.326）が，グルーナーはこの反論が彼の理論の誤解を示しているにすぎないと述べている。

　グルーナーによって提唱された優越／非難理論におけるより肯定的な見解は（伝統的な優越理論の支持者による否定的な見方と対照的に）他の研究者がユーモアが自尊心や有能さの感覚，一般的な幸福感に対してもつ価値を強調する論拠になっている。このような見方は，ユーモアの敵対的で嫌味な，あざけりの側面に焦点を合わせるよりも，幸福と有能さのポジティブ感情と，他の人々をからかう時に経験される脅威や，通常は脅威や締めつけられると感じられる状況からの解放と自由の感覚を強調するもの

なのだ。ホランド（Holland, 1982, p.45）が指摘するように，「我々は，笑いの目的を，自己を称賛することにあるのではなく，自己を脅かす苦しみを最小化することにあるとおおよそ言い換えてもよい」のだ。同様に，カレン（Kallen, 1968, p.59）は，次のように書いている。「私は，自分を危険にさらすもの，貶めるものを笑い，私が大切に心に抱いているものを抑圧したり，無理に従わせたり，破壊しようとするが結局は失敗したものを笑う。私の笑いは，それらの脅威の失敗と私自身の解放を表している」と。

　同様の見方は，ユーモアが人生の制約からの解放と自由の感覚をもたらすという点を強調するユーモアへの実存的アプローチをとる論者によっても表明されている。たとえば，ノックス（Knox, 1951, p.543）は，ユーモアを「真剣な世界における遊びとしてのカオス」と定義し，「ユーモアは一種の解放である。ユーモアは，真剣で強制的な世界において遊びであり，まやかしでもあるカオスを見つめる時の特別な喜びを経験する際に訪れる解放である」という。同様に，ミンデス（Mindess, 1971）は我々の社会的役割が，我々の衝動と欲望の多くを抑圧し，周囲の環境と他者の期待に適応するよう要求することを指摘する。これらの制約と決まり事は，我々のような集団に依存した存在が生きていくためには必要なことであるが，それはまた，自己疎外を感じ自立した主体としての感覚の喪失を導くものでもある。ミンデスによると，ユーモアはこのパラドクスに対処するための手段であり，それによって社会的制約のなかでの人間生活を生き抜く上で，自由，支配，自尊心の感覚を獲得できるようになるのだ。ユーモアにおいて，我々は一時的にあらゆるルールを破るからこそ，標準的な物理的・社会的制約を拒否し，通常の行動の結果を無視して現実と戯れることができる（同様の視点を示すものとして，Svebak, 1974b も参照）。

　攻撃的なユーモアのこのコーピングとしての側面は，オブルドリック（Obrdlik, 1942）が抑圧的な体制下――第二次大戦期のナチス支配下――で人々が用いるジョーク形式として描いた**絞首台ユーモア**（gallows humor）にもあきらかである。絞首台ユーモアという用語は，有罪判決を受けた囚人が絞首台に向かう途中で発した呑気なジョークについてのフロイトの記述からとられている（たとえば，死刑執行の前に最後の一服のために煙草を差し出された囚人が「いや，禁煙中なんだ」と答える）。この語はやがて，見たところ望みのない，あるいは極度に悲惨な状況で正気を保つために用いられるグロテスクで不気味な性質をもつユーモア（「ブラック・ユーモア」）の攻撃的な形式を指し示すようになった。抑圧する者の無能と愚かさを笑い飛ばすことで，絞首台ユーモアは，あきらかな支配下であるにもかかわらず，人が権力からの自由の感覚を獲得し，完全に征服されてしまうことを拒否することを可能にする体制転覆的な活動となりうる。このようなユーモア形式は，かつてのソ連と社会主義時代の東欧

諸国でもやはりよく用いられていたのだった（Raskin, 1985）。

　フロイトの防衛機制としてのユーモア概念（狭い意味での）にしたがい，優越理論のアプローチはユーモアを日常生活におけるストレスに対処する方法とみなす現代的な見方の基礎を提供する（第9章で詳述する）。（フロイトのいう）防衛機制として，ユーモアは不都合な環境と結びついた痛々しい情動から我々を保護してくれる。（グルーナーのいう）我々の優越性を主張する方法として，多かれ少なかれユーモアは我々の幸福を脅かす人々や状況から圧倒されずに済むための手段になる。だが，対処行動としてユーモアを攻撃的に利用することは我々をよりよい気分にしてくれるかもしれないが，それが配偶者や親しい友だち，家族メンバーに対して向けられた時には，人間関係に悪影響を及ぼすことを理解しておかなければならない。

　ユーモアは，また，他者の悩みと問題に過度に情動的に巻き込まれることを回避させてくれるものでもある。マクドゥーガル（McDougall, 1903, 1922）は，我々を圧倒してしまうかもしれない過度の他者への共感を回避させてくれる「感情的麻酔」としてユーモアを捉えている。彼は，ユーモアと笑いが共感に対する解毒剤，すなわち周囲の人の落ち込んだ気持ちに巻き込まれないよう我々を保護する反応から進化してきたと考えている。つまり，自分自身の問題や他人の問題をジョークにする時，我々は我々自身を情動的な痛みから，少なくとも一時的には分離しているというのである。

実証的研究

　精神分析に関する節でみてきたように，ユーモアの攻撃性と敵対性に関して多くの研究が行われてきた。これらの研究の多くはフロイト理論に影響されたものだったが，優越／非難理論に関するものとして捉えることもできる。いずれのアプローチも攻撃性をユーモアの動機とみなすアイディアを共有するからである。すべてのユーモアが攻撃性に基づくという理論は，ジョークに表れた敵意の程度と知覚されたおもしろさとの間に正の相関関係があるだろうという予測を導く。グルーナー（1997）は，「通常，その他の点が等しければ，ユーモアに敵意が含まれるほどおもしろい」（p.110）と述べている。いくつかの研究がこの仮説を支持する結果を示している。マッコリーら（McCauley et al., 1983）は，別々の参加者のグループに，雑誌からとった異なるセットの漫画の攻撃性とおもしろさを評定させる6つの一連の研究を実施した。これらの研究のそれぞれにおいて，ユーモアと攻撃性の間に有意な正の相関関係が見出され（$r=.49$から$r=.90$），漫画が攻撃的であればあるほどおもしろいと認知されることが示された。これらの結果は，集団の年齢，社会経済的地位の高低，ネイティヴか外国出身かにかかわらず観察された。同時にシンガーら（1967）と，エプシュタインと

スミス（1956）も，敵意が含まれる漫画はそうでないものよりも楽しまれるという知見を見出している。

しかしながら，他のいくつかの研究は，ユーモアの敵対性や攻撃性が少なすぎたり多すぎたりするものよりも，ほどほどのものの方がおもしろいことを示唆している。ジルマンとブライアント（Zillmann & Bryant, 1974）は，攻撃してくる者に応じてくり出される「やりこめ（squelches）」は，報復が過小であったり過大であったりする場合よりも，適度で釣り合いがとれている時にもっともおもしろいことを見出している。同様に，ジルマンら（Zillmann et al., 1974）は，実験参加者に大統領選候補者を軽く，中程度に，あるいは強く侮って描いた政治的漫画を見せた時に，彼らは落選した候補者を軽く攻撃するものがもっともおもしろいと評価することを示した。ブライアント（Bryant, 1977）もまた，「やりこめ」の公正性が統制された時でさえ，こきおろすユーモアで表現された敵意がほどほどの時に，弱すぎたり強すぎる場合よりもおもしろいと評価されることを示した。それらは，敵対性とおもしろさとの間には線形というよりも，曲線（逆U字）の関係があることを示唆しており，これらの知見はユーモアを「遊びとしての攻撃性」とみなすグルーナーの理論を支持するものとして理解できよう。なぜなら，攻撃性のより極端な形式は，もはや遊びとしては認知されず，それゆえもはやおもしろさが期待されないからである。

非難のユーモアのおもしろみは，ユーモアを表出する側の敵意よりも犠牲になる側がどれだけ痛みを味わうかから生ずるとする証拠もある。デッカーとカー（Deckers & Carr, 1986）は，3つの研究を行い，様々な漫画の，おもしろさ，ユーモアを表出する側によって示された敵対性／攻撃性の，犠牲者によって経験された痛みの程度を調べた。その結果，当然敵対性と痛みの評価との間には高い相関がみられたが，おもしろさの評価は痛みの評価との間では有意に相関がみられたものの，敵意の評価との間に相関はみられなかった。おもしろさの評価は，痛みの評価が一定の高さに達するまでは増加し，それ以上に痛みが増大しても横ばいになった。したがって，犠牲者やジョークの標的が味わう痛みは，適度であれば痛みがない場合よりもおもしろいと知覚されるが，極端な痛みにはそれと同じかより少ないおもしろさしか知覚されない。それゆえ，優越／非難理論に一致するように，ユーモアの楽しさは，誰かが苦しんでいるのを（現実ではない遊びの文脈で）見ることから発生するようだ。おもしろさと痛みの評価との間の相関関係は，ウィッカーら（Wicker et al., 1981）によっても同様に示されている。

この研究は，ユーモアを攻撃的にみる視点を支持するように思えるが，ルフは，ジョークと漫画の因子分析を含む彼の徹底的な研究に基づいて，この理論に疑問を投

げかけている(たとえば,Ruch & Hehl, 1998)。一連の研究において(さらなる詳細は第7章で述べる),ルフと共同研究者たちは,年齢,社会経済的な背景,国籍の異なる実験参加者が多様なユーモア刺激に対して行った肯定的・否定的な反応について因子分析を行った。その結果,ルフらは,一貫して3つの安定した因子を見出し,そのうちの2つはユーモアの構造的側面(不調和の解決とナンセンス)に関わり,そして,残りの1つがユーモアの中身に関わる因子(性的なテーマ)であった(第7章で詳述する)。ユーモア刺激には,敵対性・攻撃性がテーマになっている多くのジョークと漫画を含むが,これらは独立した因子を作らず,ユーモアの構造に関わる2つの構造的因子のどちらかに負荷を示した。これは,敵対性が人々のユーモアに対する反応においてそれほど顕著な次元ではないことを示唆している。だが自分の理論を防衛するために,グルーナーはおそらく,こう言うだろう。あらゆるユーモアはその定義上攻撃性に基づいており,攻撃性が独立した因子として表れないのは驚くことではない,と。しかしながら,これらの因子分析の知見は,ユーモアにおける攻撃性と敵対性の重要性に関する疑問を突きつけるものである。また,これらの知見は,研究者自身によって敵対的または非敵対的なタイプとしてあらかじめ分類されたジョークや漫画に対して,参加者の反応を調べた過去の膨大な研究(先に検討した)の妥当性にもおなじく疑問を突きつけるのである。

　優越/非難理論に基づけば,より敵対的で攻撃的な人格特性をもつ人々は,そうでない人々に比べてあらゆる種類のユーモア(敵対的なユーモアだけでなく)をより楽しむという予測も成り立つ。しかしながら,いくつかの研究では,攻撃性についての様々な尺度と様々なタイプのユーモアの評価との間に有意な相関関係が見出されていない(Ruch & Hehl, 1998)。我々がみてきた他の研究は,攻撃的な人々がより敵対的なユーモア形式を好むことを示している(Byrne, 1956; Ullmann & Lim, 1962)。したがって,パーソナリティ特性としての攻撃性が攻撃性を含むユーモアを楽しむことと関わっているとしても,優越性理論の予測に反して,攻撃的なパーソナリティの人はユーモア一般を楽しむと結論することは必ずしもできないようである。

　これらユーモアにまつわるおもしろさと攻撃性との間の関係に関する研究に加えて,ユーモアによくあるカテゴリーとしての非難ユーモアすなわち「こきおろし」ユーモアに関するかなりの量の社会心理学的研究が行われてきている。実際,優越/非難理論は1960年代から1970年代にかけて社会心理学者の間でかなりの人気を博したのである。これは,とりわけ,インディアナ大学のジルマンと研究グループ(Zillmann & Cantor, 1976)と,カナダのウィンザー大学のラ・フェイヴの研究グループにおいて顕著だった(La Fave, 1972)。これらの研究の多くは,非難ユーモアの使用者・犠牲

2節 優越/非難理論

者・聴衆との間の社会関係によってユーモアのおもしろさがいかに左右されるかに注目していた。一般に，これらの研究者たちは，人々が嫌悪感を抱く人たちが不運に見舞われるとおもしろく感じるだろうという仮説を立てた。ユーモアに関する初期の実験の1つで，ウォルフら（Wolff et al., 1934）は，ユダヤ人と非ユダヤ人の参加者に一連の反ユダヤ的ジョークを呈示した。当然ながら，非ユダヤ人に比べてユダヤ人の参加者はこれらのジョークに肯定的評価を示さなかった。さらに，男性は女性よりも女性をあざけるユーモアをよりおもしろいと評価し，女性は男性をあざけるユーモアに男性よりも高い評価を示した。

しかしながら，単に特定の人種的ないし宗教的集団のメンバーであることは，その集団についてのジョークに対する個人の反応を予測するのに十分ではないかもしれない。ミドルトン（Middleton, 1959）は，白人をさげすむジョークの評価では黒人参加者が白人参加者を上回るが，反黒人的なジョークでは黒人参加者と白人参加者との間で違いがみられなかったことをあきらかにしている。この結果は彼のサンプルの黒人が主としてミドルクラスであり，ジョークで描かれるようなステレオタイプ的な下層階級の黒人ではなかったという事実ゆえであると彼は推測している。同様に，カンター（Cantor, 1976）は，大学生は男女のいずれも，最終的には男性が女性をだしにして笑うユーモアに対して逆の場合よりもおもしろさを見出すことをあきらかにした。さらに，実験参加者の性別にかかわらず，攻撃するのが男性であれ女性であれ，女性が犠牲者にしてあなどりの対象となるユーモアの方を男性が犠牲者になるものよりも好んだ。これらの知見は，女性解放が文化的なインパクトをもつ以前には，女性が男性の攻撃者に同一化できたことを示唆している。

この種の知見を概観して，ジルマンとカンター（Zillmann & Cantor, 1976）は，単に人々の集団に所属するか否かだけではなく，標的となる集団に対する個人の態度を評定することの重要性を強調している。彼らは，他者や他集団への傾倒の度合いが極端なポジティブ感情から無関心を経て極端なネガティブ感情にいたる連続体に分布するものと仮定する。彼らは，「ユーモアの向性モデル」を提唱し，次のように仮定する。「ユーモアの評価は，非難を向けられた人や対象に対して評定者がもつ肯定的な向性に反比例し，非難を行う人や対象にたいして評定者がもつ肯定的な向性に比例する」（p.100）。この著者たちによれば，ジョークの標的に向けられた向性は必ずしも永続的な特性ではなく，ジョークそれ自体の特徴を含む状況によって喚起される一時的なものであるかもしれないという。重要なことは，それにもかかわらず，彼らはユーモアが常に何らか形であなどりを含む点を強調していることである。「ユーモアの反応が起こるためには，悪意のあるものや潜在的に害を及ぼすものが発生する，あるいは少な

くとも，誰かや何かが劣っていることがほのめかされていなければならない（p.101）」。

ジルマンとカンター（Zillmann & Cantor, 1972）は，大学生グループと中年のビジネスマン・専門職のグループが主従関係（父親－息子，雇用主－雇用者など）の人々を含むジョークを見せられるという研究において，この理論を支持する証拠を見出している。予想されたとおり，学生は力の強い者が弱い者をあなどるジョークよりも逆の場合をよりおもしろいと評価し，専門職は反対のパターンを示した（Zillmann & Bryant, 1980 も参照）。

ラ・フェイヴと共同研究者による同様の調査（La Fave et al., 1976 でレビューされている）では，個人があるクラスやカテゴリーに対して抱く肯定的または否定的な態度－信念体系である「同一化クラス」概念を用いている。著者たちは，また，ユーモアの理解における自尊心の重要性も強調している。ある人にとって肯定的な同一クラスの価値を高めたり，否定的な同一化クラスの価値を下げるジョークは，個人の自尊心を増大させ，大きな愉悦と喜びにつながると想定されている。ラ・フェイヴら（1976）は，この理論がおおよそ支持されることを示している一連の5つの研究をレビューした。それぞれの研究は，宗教的信念や女性解放やカナダとアメリカの関係といった社会問題について対立する見解をもつ実験参加者のユーモア理解の反応を検証したものである。実験参加者は，これらの対立する見解の一方または他方として同定された人物が，さげずみの主体または標的のいずれかであるジョークのおもしろさを評価するよう求められた。予想されたとおり，参加者はジョークの使用者が肯定的に価値づけられた同一化クラスのメンバーである場合と，標的が否定的に価値づけられた同一化クラスのメンバーである場合に，ユーモアをよりおもしろいと評価した。

ユーモアの向性理論は，ユーモアが，我々が好ましく思わない相手が屈辱を味わうことに由来することを示唆するが，ジルマンとブライアント（Zillmann & Bryant, 1980）は，たとえ我々が嫌う相手であっても，一般には他者の不運に対しては楽しみや喜びを示してはいけないという強い社会的禁忌が存在することを指摘している。ジョーク（ジョーク・ワーク）の非傾向的要素が傾向的要素（攻撃的・性的）から注意をそらすというフロイトのアイディアにしたがい，これらの著者たちは，非難ユーモアの「誤帰属理論」を提唱している。この理論によると，もし状況につじつまの合わないあるいは妙な側面が存在し，我々が喜びを（誤）帰属させる余地があるならば，我々は我々が嫌悪感を抱いている相手の不運や失敗を笑い楽しむことを自分自身に許すのである。「たとえば，隣人が新車をバックさせて郵便ポストにぶつけたのを目撃したとする。もし我々の隣人に対する否定的な意向がこれを楽しませ，笑いを吹き出させようとしたのだとしても，我々はいつでも，自分が笑ったのは郵便ポストが曲がった

のが奇妙だったからとか，隣人の表情がおかしかったからとか，衝突の音が妙だったからとか，その他のおかしさの理由をいくらでも並べたてることができるのである」(Zillmann & Bryant, 1980, p.150)。

　ジルマンとブライアントは，参加者がまず初めに女性実験者から無礼に扱われる，あるいは特に何もされないようにして，女性実験者に対する否定的あるいは中立的な向性を誘導するという実験で，この理論を検証した。実験参加者はその後，次の3つの条件のうちの1つにおいて女性実験者を目撃した。(1) ユーモラスな情報による災難条件：びっくり箱が突然開き実験者が誤って熱いお茶をこぼす。(2) ユーモラスな情報がない災難条件：びっくり箱は閉じたままだが彼女が誤って熱いお茶をこぼす。(3) ユーモラスな情報による非災難条件：びっくり箱が開くが彼女はお茶をこぼさない。従属変数は，この出来事が起こった後に実験参加者が表出した愉悦の程度（笑顔と笑い）である。

　結果は，誤帰属理論の予測と一致するものであった。実験者に対して否定的な向性をもち，ユーモラスな合図で災難を目撃した実験参加者は，他のすべての条件の実験参加者よりもよく笑った。つまり，無害なユーモアの合図の存在は，嫌われている他者が不運に見舞われているのを見た際の愉悦の程度を増大させる脱抑制効果をもつのかもしれない。同様のプロセスは，否定的な向性をもった人に対して向けられた非難を楽しむ時に，人がおもしろみを矛盾や巧みなことばづかいといったユーモラスな要素に誤帰属する攻撃的なジョークにおいても起こっていると思われる。これらの知見は，超自我をごまかし，リビドー的な快楽を楽しませるというフロイトのジョーク・ワークのアイディアに一致するが，誤帰属という考え方は，総体として時代遅れとなったフロイトの精神分析の概念に代わり，より認知的な観点から説明するものである。

評価

　多くのジョークとその他のユーモアの形式において攻撃的要素が何らかの役割を果たしていることには，ほとんど疑いがないように思われる。ジョークにおける遊びとしての攻撃的な要素や他者の痛みの知覚（真剣ではない楽しい文脈に限られる）がユーモアのおもしろさに貢献するという相当数の証拠がある。また，状況のユーモラスな情報が脱抑制的効果をもち，嫌いな相手が経験した不運による愉悦を誤帰属させるという証拠もある。ジルマンとラ・フェイヴと共同研究者らによる非難ユーモアの研究は，人々がユーモラスなこきおろしを楽しむ度合いに影響するパラメータをある程度まで詳しく検討している。しかしながら，**すべてのユーモアが何らかの形での攻撃性を含み，敵対的な人々が非敵対的な人々よりもあらゆるタイプのユーモアを楽しむと**

いう，優越／非難理論の見方を支持する証拠はほとんどない。

　また，グルーナー（1978, 1997）版の優越／非難理論に関わるいくつかの問題もある。第1に，彼が提起する進化論は，根本的には時代遅れのラマルク主義的なものである。笑いとユーモアが，我々の祖先によってしばしば使用されたことで，人類に残存するというアイディアでは，それらの適応的価値を説明できない。すなわち，ユーモアと笑いが，生存と子孫繁栄のための闘争において個人に有利さを提供する筋道を説明しないのである。しかしながら，これは解決不可能な問題ではなく，現代の進化論の考え方にもより整合した理論を考え出すこともできるだろう。たとえば，アレキサンダー（Alexander, 1986）は，ユーモアと笑いの生存的価値を説明するために，集団からの排除や間接的な互恵性といった概念を用いて，優越／非難という観点に立った見方であるユーモアの進化理論を提案している（ユーモアの進化論については第6章で詳しく検討する）。グルーナーの理論では，フロイトと同様に，彼が時代遅れとなった笑いの緊張緩和モデルを主張している点で問題ではあるが，これは彼の理論の本質的な点ではない。

　これらの理論的問題とは別に，比較動物学研究では，笑いが攻撃性の文脈から進化したとするグルーナーの見解を支持しない知見が得られている。動物行動学的研究は，人間の笑顔と笑いの霊長類における相同な存在としてみなされる，猿の無言で歯を剥き出しにした口開けディスプレイ（プレイ・フェイス）が攻撃性の文脈ではなく，友好的な社会的かつ遊びの文脈で起こるものであることをあきらかにしている（van Hooff, 1972）。私は，この研究について第6章でより詳しく議論したい。

　グルーナー理論の主たる問題は，それが本質的に反証不可能なものであり，それゆえに実証的に検証しえないという点にある。グルーナーは，攻撃性に基づくとみなしえないユーモアのたった1つの事例を見つけることで，彼の理論が反証されうると主張する。しかしながら，グルーナーはそのユーモアの事例が彼の理論に適合するかどうかの判定者として自分自身を設定しているので，このテストを通過するジョークが発見されることはなさそうだ。すべての人にとって，どれだけ証拠が疑わしく思われたとしても，グルーナーは，一見するともっとも無害に思えるユーモアの事例においてでさえ攻撃性を見出すため，彼自身が困る事態は生じえない。たとえ，ジョークが巧みなことばあそび以外のものを含んでいなかったとしても，グルーナーはそれを巧みに思いついた人の優越感情をもたらすのだと主張できるのだから。

　実際，グルーナーはあらゆるユーモアにおいてだけでなく，人間のあらゆる活動に攻撃性を見出しうるのではないかと疑っている。グルーナーにとっては，人間は根本的に，彼のいう広い意味で攻撃的であるようだ。彼は攻撃性をとても広く定義してし

まったがゆえに，彼の理論はあらゆる人間活動を説明するかもしれないが，これは翻ってユーモアの独自性を説明するのに失敗することになっているように思える。さらに，あらゆるユーモアを攻撃性という単一のカテゴリーに押し込めることで，グルーナーは，攻撃性以外の多くの点を無視しているため，理論的・実践的に重要となるであろうユーモアの種類を相互に区別できなくなっている。

　好ましいものとしてのユーモアという見方が定着した今日の文化では，あらゆるユーモアが攻撃性を含むという極端な見方は，ユーモア研究者に好まれなくなっている。優越理論は，大部分が次章で議論する認知的不調和理論によってとって代わられた。さらに，ここ十年はユーモアと笑いを心理学的・身体的な健康の源泉とみなす観点の復活がみられ，心理療法，ヘルスケア，教育，職場でのユーモアの応用への関心が高まってきている。ユーモアを嘲弄と非難に根ざした攻撃性の1つの形としてみる視点は（たとえ楽しい攻撃性であろうとも），多くの人にとってはユーモアを健康への近道とみなす穏健な見方と相容れないように思われている。しかしながら，すでに指摘したことだが，実際には優越理論の観点は，ストレスと逆境に対処する方法としてユーモアを概念化するための理論的基礎を提供するのである。もしユーモアが，我々を脅かす他者や環境に対する勝利の感覚，あるいは迫害者に対する支配や人生への制約からの解放を嬉々として主張するものであるならば，それが逆境に直面した時にどれだけ我々の自尊心を維持し，まっとうでいるための重要な方法であるかは想像に難くない。したがって，優越理論は，実際には一般に思われているよりも，ユーモアをコーピング行動だとみなす見方とはるかに整合しているだろう。

　要約すると，ユーモアを攻撃性とみなす極端な見方は，今日では一般に否定されているが，ほとんどの研究者たちはユーモアがしばしば攻撃性を表現するために使用されることには同意している。からかいに関する最近の研究（第5章と第8章で議論する）は，ユーモアの攻撃的な側面への関心が続いていることを示している（Keltner et al., 1998; Kowalski et al., 2001）。これらの研究は，優越理論にとって中心的であるユーモアが，攻撃的であると同時に向社会的でありうるというパラドックスにも強調点を置いている。

結論

　本章では，過去何十年かにわたって強い影響力を保ち続けてきた2つの幅広い理論的アプローチである精神分析理論と優越／非難理論に注目し，ユーモア理論についての議論と初期の実証的研究のレビューを行った。いずれのアプローチもたくさんの興味深い研究を生み出し，ユーモアの心理学に関する我々の知識に実質的に貢献するも

のであった。それらは，今日では際立つものではなくなったが，ユーモアについての2つのアプローチは数多くの研究と理論家の焦点となり続けている疑問の多くに注意を促している。なぜ，それほど多くのユーモアがセクシュアリティと攻撃性の両方あるいはいずれかに基づくようにみえるのか？ なぜユーモアはこんなにも楽しいのか？ そして，なぜ我々はそれほどまでにユーモアに関わろうとするように動機づけられるのか？ ストレスに対処するためのユーモアの役割や対人関係におけるユーモアの機能について我々は，本書を通じてこれらのテーマに再び触れることになるだろう。次章では，ユーモア研究に強い影響を及ぼした他の3つの幅広い理論的アプローチの概念化と初期の実証的研究について考察する。すなわち，覚醒理論，不調和理論，反転理論の3つである。

第3章

理論と初期の研究 II
覚醒，不調和，そして反転理論

Theories and Early Research II :
Arousal, Incongruity, and Reversal Theories

　前章で我々はユーモアの精神分析理論と優越理論について検討した。ともに，ユーモアの感情的な側面を強調し，強い情動（すなわち，セクシュアリティと攻撃性）を遊びの枠組みのなかで表出させることを可能にする方法に焦点を当てることによって，ユーモアにおける楽しさの本質を説明しようとするものだった。これらは，現在，流行りの理論というわけではないものの，理論的にも実証的にも重要な問題を提供し続けている。

　本章では，さらに3つの理論的アプローチについて議論していこう。それらは，(1) ユーモアの心理学的そして生理学的覚醒の役割に焦点を当てた覚醒理論，(2) 認知的な側面を強調した不調和理論，(3) ユーモアを一種の心的遊びとして捉える反転理論である。これらの3つのアプローチには多くの共通の考えもあるが，それぞれの理論はユーモアの核心になる特有の側面を強調している。前章の議論も含め，これらのアプローチの洞察と知見とを結び合わせることによって，我々はユーモアという多面的な現象についてより統合的な理解を得ることができるだろう。

1節　覚醒理論

理論の概観

　前章でみたように，フロイト派や優越理論（少なくともグルーナー〔Gruner, 1997〕

による見解では)はともに，笑いの機能は過度の生理学的エネルギーの解放であるという仮説を立てた。笑いのエネルギー解放理論は19世紀の哲学者スペンサー(Spencer, 1860) の考えにまでさかのぼることができる。スペンサーはその当時流行していた，我々の体内で蓄積されたエネルギーが筋肉運動を通じて解放されるという，神経エネルギーの「水力学 (hydraulic)」理論 (蒸気エンジンにならってモデル化された) から強い影響を受けていた。スペンサーによると，笑いにおける呼吸と筋肉の活動は，身体の過剰な神経エネルギーを解放するために特殊化された身体的方法であり，蒸気エンジンにおける安全弁のようなものだという。もちろん，この考えは神経系に関する今日の我々の理解とは矛盾するものである。

　スペンサー以前，そして以後の他の理論家たちは，一般的にユーモアを蓄積された心理学的な緊張や負担を解き放つ方法として概念化してきた。たとえば，イマニュエル・カント (1724-1804) は「笑いは張りつめた予期が突然無に帰することにより生じる感情である」と述べた (『判断力批判』，Morreall, 1987, p.47 に再録)。20世紀初頭の叙述では，グレゴリー (Gregory, 1924) が緩和をすべての形のユーモアにおける共通要因であると述べている。グレゴリーによると，笑いを導く緩和は，闘争における成功，相手の弱さに対する突然の知覚 (グルーナーの理論と同様)，困難を予期し緊張とともに臨んだ課題が思ったほどでないことが判明したというようなことを含む多くの理由から生じる。それらは苦痛や恐怖，もしくは社会的に課せられた行動や言語の制限からの解放でもありうる。

　緊張緩和理論はユーモアの過程における心理学的そして生理学的な覚醒の役割に焦点を当てている。覚醒に関連したユーモアのより近代的な理論として，トロント大学のバーラインによる理論がある (Berlyne, 1960, 1969, 1972)。バーラインは，ユーモアだけでなく，美術の鑑賞や遊びの楽しさを含む一般的な審美的経験の心理学的側面に興味をもっていた。彼は特に，**照合変数** (collative variables) と名づけた，刺激を美術や音楽，文学の審美的な喜びを生み出すものにする様々な刺激特性に焦点を当てた。それらは新奇性，驚きの水準，複雑性，変化，多義性，不調和，剰余といった特性を含む。それらが照合変数と呼ばれたのは，刺激同士を比較・吟味する時，刺激の様々な要素を同時に知覚する必要があるからである。バーラインによると，ジョークとユーモラスな出来事もまた，驚き，不調和，多義性などの照合変数をもつ。バーライン (1960) は，心理学や生理学のレビューを行い，我々が照合変数に興味深さと非日常性を見出して強く注意を惹きつけられること，そして，そのことが脳と自律神経系における高覚醒と関連することを示している。

　ユーモアについての彼の理論において，バーライン (1972) は笑いが閉じこめられ

たエネルギーの解放によって引き起こされるというスペンサーの時代遅れの考えを否定している。その代わりに彼の理論は，生理学的な意味での覚醒と主観的に体験される快感情（Hebb, 1955）との間のよく知られた逆U字関係の概念に基づいている。この観点によれば，最大の快は中程度の量の覚醒と結びついているために，多すぎるもしくは少なすぎる覚醒は不快であるという。バーラインはユーモアにおける2つの覚醒に関連したメカニズムすなわち，**覚醒昇圧メカニズム**（arousal boost mechanism）と**覚醒減圧メカニズム**（arousal jag mechanism）を仮定している。覚醒昇圧メカニズムはジョークを語っている間やユーモラスな状況を知覚している間，覚醒が刺激の照合変数によって高められる時に働く。覚醒の増加は最適水準にいたるまでは快として経験される。

　覚醒減圧メカニズムは，覚醒が最適水準を超えて高められ，不快に感じられ始めた時に起動する。ジョークのオチは，ジョークが備えている覚醒を押し上げる特性を急に解消させ，これにより覚醒水準は再び急速に快の水準にまで低下する。この不快から快水準への覚醒の急速な減少がジョークの楽しさを増すというのである。覚醒昇圧と覚醒減圧に結びついた主観的な快感情は笑いによって表出される。したがって，バーラインは，笑いを過剰な覚醒を放出させる方法としてではなく，覚醒状態が最適水準（高すぎず低すぎずない）へ変化した結果生じた快の表出であると捉えた。同様の過程は美術の鑑賞と遊びにおいても生起するが，覚醒の変化が生じる時間間隔の短さ，真剣さを排除する手がかりの存在，とりわけ奇想天外な照合変数が含まれていることによって，ユーモアはそれら他のタイプの審美的経験とは区別されるとバーラインは述べている。

実証的研究

　ユーモアについての覚醒理論は1960年代と1970年代に多くの研究が行われた。この時期には一般的に情動における覚醒の役割について多大な興味が払われていた。それゆえ，多くの研究では，私が**愉悦**（mirth）と呼ぶ，ユーモア現象のなかでも情動の要素に注目していた。よく知られた実験であるシャクターとウィーラー（Schachter & Wheeler, 1962）の実験では，アドレナリン（交感神経系の覚醒を増加させる）やクロルプロマジン（交感神経系の覚醒を減少させる），偽薬としての生理食塩水のいずれかを注射することによって実験参加者の交感神経系の活性の程度を操作した。続いて，実験参加者にドタバタ喜劇の映画を観せた。アドレナリンを注射された実験参加者は偽薬群の実験参加者に比べて，映画をより楽しみ（微笑みそして笑った），また映画をより滑稽だと評定した。さらに，偽薬群の実験参加者はクロルプロマジン群の実験参

加者よりも，映画をより楽しみ，より滑稽だと評定した。したがって，それが薬物によって導入された場合であっても，自律神経系の覚醒水準が高いほど，ユーモア刺激に対する笑いの表出や楽しさは大きくなるのである。

　それらの結果は，感情が自律神経系の覚醒（それは感情の強さを決定する）と認知的評価（感情の質，あるいは正負を決定する）の双方を含んだものだという見方の根拠になるものだと考えられた。つまり，ジョークやユーモラスな経験によって引き出された愉悦の量は，認知的評価やユーモア刺激のおかしさの質の見積もり，そしてその時の生理的覚醒の関数であるようだ。興味深いことに，生理的覚醒はジョーク自体の要素によってだけではなくて，覚醒させる薬物の摂取のような，ジョークとは切り離された要因によっても生じるようだ。その後の研究（Gavanski, 1986）では，微笑と笑い（感情的愉悦の顔と声による表出）はユーモアの感情的楽しさ（ユーモア鑑賞）と結びついているのに対して，滑稽さの評定は認知的な評価の要素（ユーモア理解）とより強く結びついていることが示されている。

　覚醒がユーモアに対するポジティブな情動反応に及ぼす効果についての研究に加え，ユーモア刺激それ自体が自律神経系の覚醒の変化を生じさせるという多くの研究が行われている。これらは，刺激の滑稽さの知覚が覚醒水準と曲線的に関連（すなわち，逆U字関係）しているというバーラインの仮説を調べるものであった。レヴィ（Levi, 1965）は，女性事務員に4種類の映画（情動的に中立，恐怖喚起，怒り喚起，喜劇）をそれぞれ別の日に観せた。映画の後に毎回，彼は参加者から尿を採取し，交感神経系の活性と関連したホルモンであるアドレナリンとノルアドレナリンの量を分析した。感情的に中立な映画はこれらのホルモンを減少させたが，他の3種類の映画はいずれもこれらのホルモンを有意に増加させた。したがって，喜劇と関連した楽しさは，恐怖や怒りと同様に交感神経－副腎髄質系（闘争と逃走反応として知られている）の覚醒を生み出すといえる。より最近の研究では，喜劇が，通常はストレス反応と関連したホルモンであるコルチゾールの上昇と関連することも報告されている（Hubert, Moeller & de Jong-Meyer, 1993）。

　他の研究者は，参加者が喜劇を観ている間の交感神経系の覚醒と関連した様々な生理心理学的な変数を観察している。エイヴリル（Averill, 1969）は喜劇を観ている実験参加者の，いずれも交感覚醒のバロメーターとなる皮膚伝導率（感情と関連した発汗を測定するもの）と心拍数が上昇することを見出した。ランジュバンとデイ（Langevin & Day, 1972）は参加者の心理生理学的変化と一連の漫画のユーモアに対するおもしろさの評定値の間の関係を調べた。その結果，おもしろいと評価された漫画ほど，心拍数と皮膚伝導率の測定値は大きく上昇することが示された。つまり，バーラインの理

論に反して,覚醒とおもしろさの間の逆U字関係の証拠は見出されず,その代わりに,直線関係が見出されたのである。

ゴドクヴィッチ (Godkewitsch, 1976) は,一連のジョークの本体とオチを提示している間の実験参加者の生理的反応の測定に加え,主観的な覚醒水準およびジョークの滑稽さの事後評定によって,バーラインによる覚醒昇圧と覚醒減圧メカニズムの理論のさらなる評価を行った。よりおもしろいと評価されたジョークでは,ジョーク本体とオチを提示している間の皮膚伝導率のより大きな上昇,オチの間の心拍数のより大きな上昇,主観的な覚醒の事後評定値のより大きな増加がみられた。これらの結果は,バーラインのユーモアにおける「覚醒昇圧」メカニズムを支持してはいるが,「覚醒減圧」メカニズムは支持していない。オチは,想定された最適水準への覚醒の低下ではなく,ジョーク本体に比べてより大きな覚醒の増加をもたらすことが見出されたのである。

ゴドクヴィッチの研究結果と,心拍数や皮膚伝導率,血圧,筋肉の緊張など種々の心理生理的な変数について調べたいくつかの研究で得られた知見(たとえば,Chapman, 1973a, 1976; Goldstein et al., 1975; Jones & Harris, 1971)のいずれにおいても,バーラインの理論のような最適覚醒理論によって予想された逆U字関係の証拠はほとんど得られず,ユーモアに接することは交感神経系の活性を増加させるという一貫した証拠が示されている。このことから,ユーモアの喜びと自律神経系の覚醒の間の関係は線形であると考えられる。すなわち,覚醒が増加すればするほど,ユーモアをよりおもしろく感じ,より楽しくなるのである(McGhee, 1983b)。これらの知見は,ユーモアを,他の感情と同様に,根本的には生理的覚醒の上昇と関連した感情反応(つまり愉悦)とする観点と一致している。

ユーモア鑑賞の程度が感情的覚醒によって大きく左右されるという証拠に基づいて,カンターら (Cantor et al., 1974) は,強い感情に結びついた覚醒が残されていると,その感情がポジティブであってもネガティブであっても引き続いて生ずるユーモアの喜びを増加させるという「興奮転移 (transfer of excitation)」仮説を検証する実験を行った。実験参加者はランダムに快感条件(快・不快)と覚醒条件(高・低)の2×2の実験デザインに割り当てられた。低覚醒×快条件の実験参加者はやや興味深い新聞記事を,高覚醒×快条件の実験参加者は生き生きと描かれたエロチックな小説の一節を読むよう教示された。低覚醒×不快条件の実験参加者はやや不安な新聞記事を,高覚醒×不快条件の実験参加者はリンチ集団の残忍な拷問と幼い少年の身体切断についての生々しい描写を読むよう教示された。引き続いて,実験参加者は,別の実験という想定で,明確な性的もしくは敵意あるテーマが含まれていない一連のジョー

クや漫画のおもしろさを評定するように依頼された。

　予想されたように，高覚醒条件（正負の感情いずれでも）の実験参加者は低覚醒条件の実験参加者と比べてユーモア刺激をよりおもしろいと評定した。これらの結果は，感情的な覚醒が高められることが，その快・不快にはかかわらず，ユーモアをより楽しむことに貢献することを示している。またこれらの知見は，ユーモアの緊張緩和機能について，古い「蒸気エンジン」モデルよりも，より妥当性の高い説明を提供する。つまり不快もしくはストレスを強いる出来事によって引き起こされた恐怖，不安，怒りなどの否定的な感情と関連した覚醒は，後にユーモアに伴って生起する肯定的な愉悦の感情に転移し，愉悦の快感は否定的な感情の量に比例して強められ，強められた快感が笑いを通じて表出されるのである。

　シャークリフ（Shurcliff, 1968）は，ユーモアが強い感情からの突然の解放を表しているという仮説を検証するため，その感情として不安を用いた興味深い実験を行った。不安のレベルを操作するために，実験参加者は，ケージから出された白いラットに対していくつかの課題を行う必要があることを説明された。実験参加者は，単にラットを手で持つ条件からラットに大きな注射器を刺す条件まで，引き起こされる不安の程度が異なる課題条件にランダムに割り当てられた。実験参加者はケージのなかのラットに手を伸ばし，ラットを取り出した時，そのラットがただのゴムのおもちゃであることを発見する。その後，実験参加者に彼らの不安と経験のおかしさについて評定するように求めた。

　緩和理論によって予測されたように，おもちゃのラットの発見前に実験参加者がした不安の程度はおかしさの評定値との間で正の相関を示すことが見出された。すなわち，ラットに注射器で注射しなければならないと思っていた実験参加者はラットを単に手に持つだけでよいと考えていた実験参加者よりも，意外な展開をよりおかしいと感じた。しかしながら，不安からの解放という考え（つまり不安の低減）はこの研究で直接的に検証されたわけではない。ここでの実験結果は，急激な覚醒の減少によるというより，むしろ予期される不安が募った結果，覚醒が余剰の覚醒の転移によって，おかしさの感じと関連した愉悦の感情が高まったとする「興奮転移」の観点から，より適切に説明がなされるだろう。

評価

　覚醒理論に基づいたユーモア研究は，ユーモア過程の理解に重要な情報を提供してきた。バーラインの理論とそれに影響を受けた研究は，ユーモアが生理的な基盤に支えられた認知と感情との間の複雑な相互作用であるとの考えを支持するものである。

ユーモアは認知現象であると同様に明確な感情現象でもある。ユーモアの認知的側面における照合変数についてのバーラインの考えは、その後の研究であまり注目を浴びてこなかった。一方、ユーモアが自律神経系の覚醒と関連しており、覚醒の増加はその原因にかかわらず、ユーモアの感情的な楽しさを増すというユーモアの感情的側面についてのバーラインの考えは一貫して支持されている。しかしながら、覚醒水準と楽しさの間の逆U字関係を示す証拠はほとんどなく、代わりに、関係は直線的であるようだ。すなわち、ユーモアそれ自体は、感情的な覚醒水準の減少というよりむしろ、覚醒の増加に伴う感情的反応であり、笑い声と笑顔により表現されるものである。

　近年、ユーモアの感情的な要素について、研究者の関心が高まってきている。たとえば、ルフ（Ruch, 1997）はユーモアと関連するポジティブ感情について、エクマンとフリーゼン（Ekman & Friesen, 1978）の顔面のコーディングシステム（FACS：Facial Action Coding System）を用いて研究を行っている。ユーモア、愉悦、笑いの生物学的側面についての研究は、現在も続けられている。ここまでみてきた覚醒についての初期の生理心理学的な研究は、ユーモアや愉悦と関連した自律神経系、内分泌系、免疫系、脳における生理的過程のさらなる研究を導くものである。今日、ユーモアにおける脳の情報処理についての研究では、機能的磁気共鳴画像法（fMRI）のような複雑な方法論を用いて、この方向での研究が続けられている。それについては第6章で詳述している。

2節　不調和理論

理論の概観

　これまでみてきたように、理論の多くは、ユーモアの知覚や認知の側面について何らかの言及を行っている。たとえば、フロイトによる**ジョーク・ワーク**の考えとバーラインによる**照合変数**は、どちらも認知的要素に言及するものであった。ユーモアの不調和理論はユーモアの社会的あるいは情動的な側面にはあまり重きを置かず、とりわけ認知に注目した理論である。これらの理論は、何かがユーモラスであるかどうかを決定づける要因は、不調和を知覚することだと主張する。すなわち、おかしな事柄は、不調和で、驚かせ、変わっており、普通ではなく、我々が通常期待することとは異なっているというのである。第1章においてみたように、不調和がユーモアの基本であることは、250年以上前から多くの哲学者や理論家によって提唱されてきた。

　18世紀の作家ビーティは、「笑いは、2つかそれ以上の矛盾し、不似合いで、不調

和な部分，あるいは状況に関して，人がこれらの間の奇妙な関連に気づき，それを1つの複合的なまとまりとして認識したときに生じる」と述べた（Ritchie, 2004, p.48 から引用）。同様に，ドイツの哲学者アハトゥル・ショーペンハウアー（1788-1860）は「すべての笑いの原因は，要するに何らかの関係を通じて把握されたある概念とそれに関連して思い及んだ現実の対象との間に不調和を突然見出すことであり，笑いそのものがまさにこの不調和の表出なのである」と述べている（『意志と表象としての世界』，Morreall, 1987, p.52 に再録。）したがって，我々が何かに対して五感で知覚したこととその対象についての抽象的な知識や概念との間に不一致や衝突がある時に，ユーモアは生じるというのだ。ユーモアに関連する認知的な要素を要約して，アイゼンク（Eysenck, 1942, p.307）は「笑いは，実在のものとして経験された，矛盾や不調和な考え，態度，感情に対する突然の洞察に満ちた統合の結果として生ずる」と述べた。

ユーモアの不調和理論は，芸術的な創造性や科学的な発見も含めたユーモアに関連する心的過程の説明である**二元結合**の概念を提唱したケストラー（Koestler, 1964）によって，さらに精緻化されていった。ケストラーによると，二元結合は状況や出来事，考えが，それ自身では筋道が通っているものの，通常は両立しない，あるいはかけ離れた2つの枠組みを通じて，同時に知覚された時に生じるという。したがって，単一の出来事が「それぞれ2つの異なる波長で同時に反響する」のだ（p.35）。簡単な例としては，単語や文章の意味がそれぞれ2つあり，それが同時にもたらされる駄じゃれがある（たとえば，「なぜ人はパン屋になる？」「それは生地をこねた（knead the dough）／お金が必要だ（need the dough）からさ」〔訳注："dough"には俗語で現金の意味がある〕）。

以下のジョーク（Suls, 1972, p.90）は二元結合の考えを例示するものであるだろう。

> オライリーは武器を所持して強盗をした件についての裁判を受けた。陪審員が来て「無罪」と告げた。オライリーは「素晴らしい」「それは，盗んだお金を返さなくってよいってこと？」と言った。

このジョークのオチは，男性が無罪となった瞬間に暗に有罪を認めるという構成の不調和もしくは矛盾である。この驚くべき結末は，2つの両立しない考えを引き起こす。それは，彼が有罪であり同時に無罪であるというものだ。したがって，思考のユーモラスな様相において，通常の合理的な論理や真面目な思考とは対照的に，Xと非Xが同時に存在しうる（Mulkay, 1988）。まさに，この2つの矛盾した知覚の同時の活性化がユーモアの本質である。グルーナー（1997）のような優越理論の提唱者は，

無罪となった直後にうかつにも有罪を認めた犯罪者の間抜けさ（オライリーという名前は民族的ジョークにおいて頭の悪いアイルランド人のステレオタイプを示すものでもある）を我々が笑うのだと指摘するだろうことにも注意しておきたい。ケストラー (1964) は，二元結合が滑稽であるためにはいくばくかの攻撃性を伴う必要があることに同意したが，後の不調和理論を支持する研究者たちは一般的にユーモアの認知的側面にのみに焦点を当て，攻撃的な要素の重要性については軽視するか顧みないことさえある。一般的には何らかの形の不調和はユーモアの必要条件であると考えられているが，すべての不調和がおかしいとは限らない（歩道を歩いていたのに車にはねられることは不調和だがおかしくはない）。この「特別な何か」をなんとか説明しようとする理論もある。たとえば，不調和が突然起こる必要があると示唆している理論 (Suls, 1983) もあれば，不調和が楽しく脅威的でない文脈で起こる必要があると主張する理論もある (Rothbart, 1976)。1970 年代の認知的理論家の研究者には，不調和がおかしいと感じられるためには，不調和が解消され，あるいは何らかの形で「意味をなす」必要があるとするものも多かった。これらの「不調和解決」理論によると，ジョークにおける不調和の解決は，我々に「ジョークを理解する」ことを可能にさせる。マギル大学のシュルツ (Shultz, 1972) は不調和解決理論を発展させた人物である。彼は，ジョークのオチは，我々がジョークの前フリについて初めて理解していたこととは両立しない情報をもち込むことにより，不調和をつくり出すと指摘した。この不調和は，聴き手にジョークの設定に立ち返り，初めの理解とは異なった解釈を導き，オチに意味を見出すことを可能にするような曖昧さが含まれていないかを探し出すよう駆り立てる。不調和の解決を導く曖昧さは，韻，語彙，表層構造，深層構造，非言語的な多義性といった多くの様々な形をとることができる。

これらの考えは次のジョークでよくわかるだろう (Ritchie, 2004, p.62)。

> ある女性が洋服屋に行き，「ショーウィンドウにある（で）あれ試着してよいかしら (that dress in the window)？」と尋ねた。「ええ」店員はいぶかしそうに答えた。「でも試着室を使用されたほうがよいと思いますが？」と続けた。

このオチは，初めはジョークの冒頭の部分と矛盾しているので，おかしなやりとりにみえる。このジョークを理解するために，我々は設定についての曖昧さを探し「ショーウィンドウにある／で (in the window)」が多義的であることを見出す。我々はこの前フリの部分を聞くと，初め洋服の現在の位置を指しているものとして解釈するが，オチの後では，我々はそこに別の意味があることに気づく。つまり，買い物客が洋服を

試着したいと願っている場所だという意味もある。店員が第2の意味で理解していることに気がついた時,我々は不調和を解決し,それによってジョークを「理解」する。

当時ニューヨーク州立大学アルバニー校にいたサルス (Suls, 1972, 1983) は,シュルツと同じく,ユーモア研究者によって頻繁に引用されるユーモア理解の二段階モデルを提唱した。この理論もまた,ユーモア理解を一種の問題解決課題だとみなすものであった(図3-1)。このモデルによると,ジョークの前フリは聴き手にありそうな結末を予想させる。オチがその予想と一致しないと,聴き手は驚いてオチが前フリにあった事柄にしたがうような認知的なルールを探す。この認知的規則が見つかった時,不調和は取り除かれ,ジョークはおかしなものとして知覚され,結果として笑いが生起する。もし認知的規則が発見されなければ,不調和は残り,ジョークはユーモアではなく,ただ困惑をもたらす。したがって,この観点によれば,ユーモアは,不調和の存続ではなく,不調和の除去あるいは解消によって生じるというのである。

2段階モデルは以下のジョークにうまく表されている (Raskin, 1985, p.106)。

> イギリス人の司教が,彼の教区である村の司教代理から以下の手紙を受け取った。
> 「閣下,私の妻が亡くなったことをお知らせするのは,大変残念なことです。週末に,代わりを送って下さいませんか?」

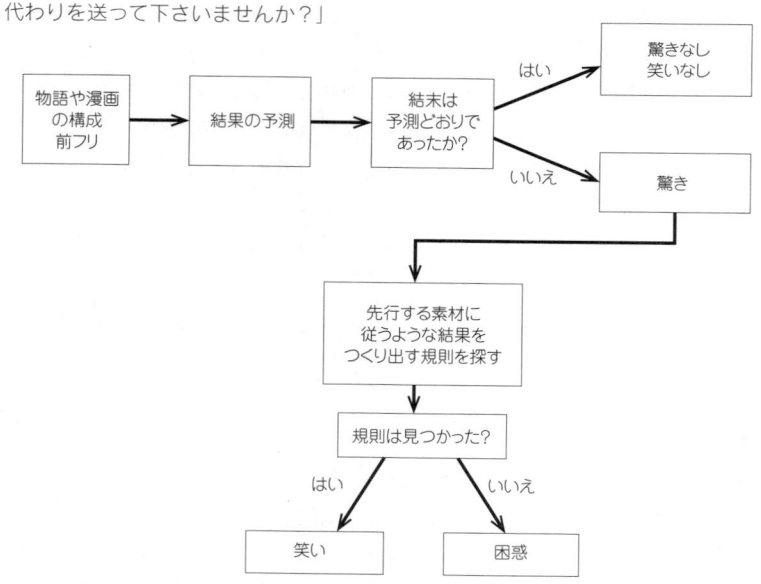

図3-1 サルスの不調和解決モデル。ユーモアの理解は問題解決の過程として捉えられる。
(Suls, 1972 より引用)

ジョークの前フリにおいて，我々は司教代理（地方の聖職者）が司教に，司教代理の妻の死を知らせる手紙を送ったことを知る。このことは我々に，おそらく司教代理は司教に何らかの方法で同情を示すことを求めるだろうという，ありそうな結末を予測させる。だが，オチにおいて，代わりの人物を求める司教代理の要求は驚くべきこと（不調和）であり，死んだ妻の代わりを週末までに送るように司教に依頼しているようにみえる。この予期しない結末のもたらした困惑は，聴き手にジョークの前フリにまで立ち戻らせて，驚くべき結末をこの状況に適合させる「認知的なルール」を探すよう導く。実際は司教代理が妻の喪の間に教会の仕事をしてくれる別の聖職者を送るように依頼していることに気がついた時，ジョークは意味を成し（不調和は解決し），我々はそこに楽しさを見出すのだ。したがって，このモデルにおいて，ジョークの理解と評価は本質的には認知的な問題解決課題なのである。

　もう一度注意してみると，フロイトならこのジョークに重要な性的局面を見ようとしただろう。オチについての我々の初期の解釈は，妻が死んですぐ（あからさまに週末に）別の女性を求める司教代理は特に性行為に興味をもっているというものであった。しかしながら，不調和理論は，精神分析理論と優越非難理論において強調されるユーモアの「傾向的」（性的そして攻撃的）要素を無視する傾向がある。実際，認知的な観点を強調する何人かの研究者は，精神分析理論や優越非難理論を不調和理論の一部として取り込もうとしている。たとえば，サルス（Suls, 1977）はジョークの攻撃的で軽蔑的であると通常考えられている側面は実際に攻撃的なのではなく，不調和の解決のために必要な情報を提供する手段であると論じた。サルスは以下のジョークを用いてそれを示している（p.42）。

　　質問：もしあなたの息子が学校を退学させられ，無学で反社会的だとしたら，彼は何に
　　　　　なれるだろう？
　　回答：イタリアの警察官。

優越非難理論の観点から考えると，このジョークはイタリア人の国民性，特にイタリアの警察官を軽蔑するものであるため，イタリア人を嫌っている人を楽しませるだろう。しかしながら，不調和解決理論の観点からこのジョークを分析すると，攻撃的な要素は単に不調和を解決するための手段を提供しているだけだとサルスは指摘する。教育がなく，無教養で，反社会的であることと警察官になることは一致しないように思われるので，このジョークにはジョークの前フリとオチとの間に不調和がある。しかし

ながら，イタリア人が愚かであるというステレオタイプの存在を認識した時に，この不調和は解決する。

サルスはこのジョークを「理解」するためには我々が実際にこのステレオタイプを信じている必要があるかもしれないと指摘したが，他の著者は実際にそのステレオタイプに同意していなくても，そのようなステレオタイプがあることをただ知ってさえいれば，ジョークを楽しむことができると論じている（たとえば，Attardo & Raskin, 1991）。これらの著者によると，ユーモアについて攻撃的にみえる形態（たとえば民族差別や性差別）は実際にはまったく攻撃的ではない。それらは，楽しく頭を使って遊ぶために，一般的なステレオタイプを用いているだけなのだという。ゴールドスタインら（Goldstein, Suls & Anthony, 1972）は，ジョークにおける攻撃性と性的な要素の目的が，不調和を解決するために必要な情報を目立たせるためであるとし，この考えを**顕著性仮説**（salience hypothesis）と呼んだ。このようにして認知理論は，ユーモアからかつて本質的と思われていた攻撃性や他の傾向性要素のいかなる残余も取り除き，ユーモアを完全に清潔なものにすることができたのである。

不調和解決理論者は解決をジョークに対してユーモア反応が生ずるために不可欠であると捉えているが，彼らは不調和が決して完全には解消されないことを認めている。フォラボスコ（Forabosco, 1992）によれば，解決はジョークという架空の世界のなかでのみ意味をもつ，実際のところは「擬似解決」にすぎないと指摘した。もしジョークが真に意味をもち，不調和が完全に解決されるのであれば，ジョークはジョークではなくおかしみのない難問となってしまうだろう。同様に，マギー（McGhee, 1972）は，より真面目な認知的過程である「現実的統合」をジョークにおいて起こる「空想的統合」と区別した。またピエンとロースバート（Pien & Rothbart, 1977）は，ジョークの解決はしばしば愉快さを増加させる新しい不調和をもたらすとも述べている。

実証的研究

ユーモアの不調和解決理論については，シュルツらによって一連の研究が行われた。シュルツ（Shultz, 1974b）は大学生に一連のジョークを提示し，それらのジョークにある種々の要素に気づくものがあれば順番を振るように示した。その結果は，シュルツの不調和解決理論を支持するものであり，参加者はオチの不調和が彼らに解決を探させるまで，ジョークの前フリでは多義的な要素に隠された意味に気がつかなかったことを報告した。言語的ジョークの代わりに視覚的漫画を用いた第2の研究でも，参加者は不調和の解決をもたらす細部に気づく前に，多義的な要素の存在そのものには気がついている傾向が示された。

またシュルツらは，ジョークと漫画をもとに，不調和を除去したものと解決を除去したものを作成することによって不調和と解決の役割について調べた。もし不調和と解決がユーモアにとって不可欠であるならば，そのうちどちらかを除去すると感じられるおもしろさが減少するはずである。たとえば，オリジナルジョークの1つは以下のものである。

母親：お医者様，すぐに来てください。赤ちゃんが万年筆を飲み込んでしまいました！
医者：すぐに行きます。着くまでの間，どうすればよいかわかりますか？
母親：鉛筆を使います。

このジョークにおいて，オチにおける母親のおかしな返答は，「着くまでの間赤ちゃんをどのように取り扱うか」と「万年筆の代わりに何を使うか」のどちらの意味にもとれる医者の質問の多義性を認識することによって解決される。シュルツは不調和を除去したジョークではオチを「どうしてよいかわかりません」に変更した。このバージョンでは，ジョークの前フリとオチとの間に不調和はなく，それゆえ解くべき謎はない。一方，シュルツは解決を除去したジョークでは，両親に万年筆の代わりにラバーバンドを赤ちゃんが飲み込んだと言わせた。そうするとオチ（「鉛筆を使います」）は依然不調和でありかつ困惑させるものとなるが，解決はない。それは，赤ちゃんがラバーバンドを飲み込んだことと両親が鉛筆を使うこととの間に論理的なつながりはないからである。

シュルツとホリベ（Shultz & Horibe, 1974）は複数のジョークをもとに同様に作成したものを1, 3, 5, 7学年の子どもたちに提示した。子どもたちはジョークの滑稽さを評定するよう依頼され，実験者はそれらのジョークに対して子どもたちがどの程度微笑みや笑いを見せるか観察した。予想されたように，3年生以上の子どもたちは，オリジナルのジョークが解決を除去したものよりも，また，解決を除去したものは不調和を除去したものよりもおもしろさを見出すという結果が示された。したがって，解決のない不調和は不調和がない場合よりおもしろいのだが，不調和の解決はさらにおもしろいというのである。同様の結果は，漫画となぞなぞを用いた場合でも示された（漫画：Shultz, 1972; なぞなぞ：Shultz, 1974a）。

おもしろいことに，シュルツとホリベ（1974）の研究では，1年生の子どもたちにはオリジナルと解決を除去したものは，どちらも不調和を除去したものよりもおもしろいと評定されたが，それらの間に違いは示されなかった。彼らは，発達の初期の段階（具体的操作期の思考が発達する前）においては，不調和はそれだけで十分なユー

モア反応を引き出すのに対し,より後期の段階では不調和と解決の両方が求められることを示唆している。だが,ピエンとロースバート（Pien & Rothbart, 1976）は,簡単に理解できるユーモアについては,幼い子どもたちもジョークの解決によってよりおもしろさを感じることを見出している。

しかしながら,何人かの研究者は,これらの実験の方法論の問題点として,ジョークの他の要素を一定に保ちながら,ある要素を変えることは困難であると指摘している（Nerhardt, 1977; Pien & Rothbart, 1977）。たとえば,ジョークや漫画から解決を除去することはいくぶん不調和を取り除くことにもなるかもしれない。解決が除去されたジョークよりもオリジナルジョークを参加者が好んだとしても,それが解決部分での差によるのかそれとも不調和によるのかを分離することは困難である。テキサス大学オースティン校のウィッカーの研究グループ（Wicker, 1981）は異なるアプローチを用いることでそれらの問題を回避しようと試みた。彼らは,実験参加者に数々のジョークを提示し,おもしろさの尺度に加えて,不調和解決,優越,精神分析理論,覚醒理論などユーモアの種々の理論で示唆された次元を測定する13の尺度に対しても評定を求めた。それらの評定は,驚き,ナンセンス,解決,難しさ,感情移入,優越,同情,苦痛,自由,不安を含むものであった。各尺度に対する実験参加者の評定はジョークごとに平均化され,評定の平均値を用いて因子分析が行われた。

この分析により3因子が見出された。それらは(1)認知的な不調和解決の要素（驚き,解決,オリジナリティ）,(2)優越,(3)感情の要素（不安,痛み,重要さ,感情移入）に関連するものであった。おもしろさの評定が認知因子でもっとも負荷量が大きいため,おもしろさは主として不調和と解決に関連する情報処理メカニズムによって決定されると解釈された。感情因子もおもしろさと相関したが,この関連は不調和と解決の評定に媒介されたものであった。ユーモア評価の感情（優越理論と精神分析理論によって記述されたような）要素の効果は,ある程度まで不調和解決理論によって記述されたような巧みな認知処理に依存するのかもしれない。以上の知見は不調和解決理論の支持者によって提唱された顕著性仮説を支持するものと考えられた。

しかしながら,すべての認知論者が,不調和解決理論が示す証拠に納得したわけではない。たとえば,スウェーデンのストックホルム大学の心理学者ネルハルト（Nerhardt, G.）は,ユーモアには不調和だけで十分であり,不調和の解決は必要ではないと論じた。ネルハルト（Nerhardt, 1970）はユーモアにおける認知過程についての実験において,刺激として漫画とジョークを使用することに満足していなかった。ジョークは,多くの測定されない,また,統制されない言語的要素と感情に関わるテーマを含んでいるため,どの次元が実験参加者のおもしろさの評定の原因となっているかを知るのは

きわめて難しいとネルハルトは論じている。また，参加者がジョークのおもしろさを評定するように依頼された時，ユーモアについての彼ら自身の予想と暗黙裡の理論が彼らの反応に影響を与えたのかもしれない。これらの問題を回避するために，ネルハルトは不調和を期待からの逸脱として定義し，それを実験的に操作する方法として**重さ判断パラダイム**（weight judgement paradigm）と呼ばれる巧妙な方法を開発した。

このパラダイムでは，実験参加者は精神物理学の実験に参加するとの説明を受け，見た目が同じ一連の重りを基準の重りと比較するように求められた。まず，多くの非常に類似した重さの重り（平均 500 ±50g）が比較され，次に標準より非常に軽いもしくは非常に重い重り（50g もしくは 3000g）が参加者に提示された（詳細な方法の説明については Deckers, 1993 を参照）。興味深いことに，実験参加者がこの極端に重さの違う重りを持ち上げた時，彼らはしばしば微笑んだり，くすくす笑ったり，大声を出して笑いさえした。そしてネルハルト（1970, 1976）は，他の比較の平均からこの重りがかけ離れていればいるほど，参加者はよりそうした愉悦の表出をすることを見出した。したがって，不調和の大きさ（重みにおける差）は直接的に微笑みと笑いの量に関連しているのだ。さらに，このパラダイムを使用したいくつかの研究では，これらの愉悦の反応の強さと実験参加者によるこの体験についてのおもしろさの評定値がかなり大きな相関をもつことが示された（Deckers, 1993; Deckers et al., 1977; Deckers, Pell & Lundahl, 1990）。このことは，微笑みと笑いがユーモラスな楽しさの反映であり，単なる困惑や緊張感によるものではないことを示している。重み判断パラダイムは，ジョークや漫画のような固有のユーモア刺激を用いることなく不調和を操作的に定義する方法であり，微笑みや笑いによって表出される感情を伴った愉悦反応を生み出す方法として信頼できるようだ。

ボール州立大学のデッカーズ（Deckers, L.）らは，この方法を用いた一連の実験で，いろいろなパラメータを変化させ，愉悦反応におけるその効果を調べた。たとえば，重さの差が愉悦の表出を引き出すためには，重さの予期が必要だが，デッカーズとカイザー（Deckers & Kizer, 1975）は予期の形成に必要な初めの段階での最少比較試行数の値を見出した。さらに，初期の重りと最終の重りとの間の差の程度を操作した研究では，差の量と微笑みや笑いの量について増加率が減少していくという関係性が示された。つまりある時点までは，より大きな差は，より大きな愉悦反応を引き出すが，それ以降は差を増加させてもさらに大きな愉悦反応は生み出されないのである（Deckers & Edington, 1979; Deckers & Salais, 1983; Gerber & Routh, 1975）。

予期しない重さと予期しない軽さの効果を比較した研究では，重りが予想よりも重い時には予想よりも軽い時に比べ，よりおもしろさを引き起こした（Deckers & Kizer,

1974; Gerber & Routh, 1975)。参加者に一連の刺激に対する重さもしくは高さを判断するように求める実験では，参加者が判断した次元で，極端な差が提示された時に，より大きな愉悦反応が示された（Deckers et al., 1981）。

ネルハルト（1976）とデッカーズ（1993）は，重り判断の知見は解決のない不調和がユーモアを引き出すことができることを示しており，これは不調和は解決されて滑稽となるとする不調和解決理論とは矛盾すると論じた。同時に，彼らは不調和がユーモア反応を引き出すためには，不調和の他に必要条件があることに気がついた。興味深いことに，ネルハルト（1976）は，初めは消費者調査のふりをして鉄道の駅で重さ判断パラダイムを用いた実験を行ったが，ユーモア反応を引き出すことはできなかった。彼は鉄道の乗客に一連のスーツケースの重さを判断するように求めたが，乗客はスーツケースが予想外に重かったり，軽かったりしても愉悦の表出を示さなかった。これはあきらかに，乗客がどこかへ移動するために急いでいるなど，きわめて真面目な気持ちで実験に参加していたため，ユーモア反応を発生させるために必要な遊びとしての心構えを簡単にはもてない傾向にあったからだ（Apter, 1982 を参照）。実験パラダイムを実験室に移動させて，心理学研究に慣れた学生参加者を用い，実験参加者がくつろげるように工夫したことで，極端な重りによって微笑と笑いが引き出されるようになった。すなわち，不調和の解決はユーモアに必ずしも必要ではないが，知覚者の感情の状態や心理的な構えといった，不調和以外の別の必要条件もあるようだ。要するに，不調和はユーモアの必要条件だが，十分条件ではないのである。

不調和解決理論者によって提案された顕著性仮説もまたいくつかの研究によって検討されている。前章の精神分析理論で論じたように，初期の研究では怒りを誘導された参加者はより攻撃的なユーモアを，性的に覚醒した後の参加者はより性的なユーモアを楽しむことが示されている（たとえば，Strickland, 1959）。これらの知見は精神分析学者たちによって，欲動理論を支持するものとして解釈された。対照的に，不調和解決理論者のゴールドステインら（Goldstein, Suls & Anthony, 1972）はそれらの実験的操作は単に性的そして攻撃的テーマの顕著性を増加させただけであり，それによって対応したジョークをよりたやすく理解するための認知的構えが形成されたのだと示唆している。

この考えを検証するために，ゴールドステインら（1972）は，実験参加者に暴力もしくは自動車のシーンを描写した写真を提示する実験を行った。写真の審美的な価値について評定した後，参加者は主要な要素として攻撃性あるいは自動車を含んだ多くの漫画の滑稽さを評定するように求められた。顕著性仮説によって予測されたように，攻撃的な写真に接した者は攻撃的ユーモアをより滑稽だと評定し，一方で自動車の写

真に接した者は自動車の漫画をより好んだ。

　第2の研究において，彼らは，音楽に関連したジョークに触れさせると結果として音楽に関連した他のジョークの楽しさを増加させ，一方で医療に関連したジョークに触れさせると結果として医療に関連した他のジョークの楽しさが増加することを示した。自動車の写真や音楽，医療についてのジョークが特定の欲動を喚起させるとは思えないので，実験の結果は，欲動の喚起というよりも，内容の顕著性によって，よりおもしろく感じられるようになったとする仮説を支持するように思われる。論文の著者たちは「顕著性仮説はナンセンス・ユーモアの評価だけでなく攻撃的，性的ユーモアも同様に説明することができるので，データについてもっとも簡潔に説明するならば欲動は説明概念から除外される」と結論づけた（p.169）。

　しかしながら，これに続くクールマン（Kuhlman, 1985）の研究では，顕著性仮説はあまり支持されなかった。クールマンは実験参加者に通常の授業，試験前，試験の途中のいずれかにおいて一連のジョークのおもしろさを評定させることによって，実験参加者に気づかれないように顕著性を操作した。3分の1のジョークは，社会的タブーに関連したテーマ（性，不敬，暴力），3分の1は大学の試験に関連したテーマ（顕著性ジョーク），3分の1は中立的なテーマを扱ったものであった。滑稽さに影響するであろう難しさ，不調和の構造，長さなどのジョークの特性を均等にするよう努力が払われた。顕著性仮説は，テストに関連したジョークは通常の授業よりもテスト中やテスト前の実験参加者により楽しまれることを予測するはずである。

　しかしながら，結果はすべての条件でタブーを含むテーマが他の2つのタイプよりも選好されたことを示した。これらの結果は，顕著性仮説を支持するよりもむしろ，精神分析理論と優越非難理論のような動機づけ-感情の観点を支持しているようであった。さらなる知見として，いずれのテーマを扱ったジョークでも試験中の実験参加者は他の2条件の参加者よりもより楽しいと評価した。この結果は，ユーモアの覚醒理論と一致しており，ユーモア評価は状態不安の水準の増加によって引き上げられることを示唆する。デルクスとアローラ（Derks & Arora, 1993）の研究もまた顕著性仮説をほとんど支持しなかった。顕著性仮説について現時点での証拠は一貫していない。これはさらなる研究を行うに値する話題の1つである。

　不調和理論によると，ジョークの滑稽さはオチの意外さあるいは驚きに依存している。したがって，もっとも滑稽なジョークはもっとも予想外の驚くべき結末のものである（たとえば，Shultz, 1976; Suls, 1972）。しかしながら，実際の研究結果は予測可能な結末のジョークが予測不可能な結末のジョークよりもおもしろいことを示す傾向にあり，この仮説は支持されていない。たとえば，ケニー（Kenny, 1955）は実験参加

者の集団に，多くのジョークについて，そのオチが彼らの予測とどの程度一致しているのかの評定を求め，別の集団には同じジョークのおもしろさの評定を求めた。2つの尺度の平均の評定値がジョークごとに計算され，それらの間の相関係数が算出された。不調和解決理論の予測に反して，有意な正の相関が見出された。つまりもっとも予測可能なオチをもつジョークがもっともおもしろいと評定されたのである。

ケニーの研究の難点は，予測可能性の評定がすでにオチを聞いた後の実験参加者によって回顧的になされており，それゆえ実験参加者には特定のオチをどの程度予期していたかを正確に判断をすることが難しい事である。この問題を修正するために，ポリオとメルス（Pollio & Mers, 1974）は参加者に，ビル・コズビーとフィリス・ディラーによるコメディトークの多くの録音テープを聞かせた。録音はジョークのオチの直前で止められており，参加者はどのようなオチがあると思ったかを書くよう指示された。調査者は続いて，コメディアンにより提示された実際のオチと予期したオチとがどの程度一致したかを評定するよう求めた。この類似性の評定は同じ録音に対する別の参加者集団におけるおもしろさの評定，微笑，笑いと正の相関をもった。そこでは，もっとも良く予期されたジョークがもっともおもしろいと評価されていたのである。ケニー（1955）の知見と同様に，これらの結果は不調和理論とは反するようにみえる。人々は「オチを予測できた」時の方が，まったく予期できない場合よりも，ジョークをよりおもしろいと判断するらしい。ポリオとメルスは「笑いは不調和を通した驚きの表出というより，むしろうまくできたことに対して漏らす感嘆の声の一部である」と結論づけている（p.232）。

評価

不調和理論は，我々のユーモア理解に重要な貢献をしてきた。1960年代後半から1970年代初頭にかけて不調和理論が発表された時，それは精神分析理論や優越非難理論，覚醒理論のような他のアプローチにおいては，二次的な重要性しかもたなかったユーモアの認知的，知覚的な側面に対して研究者の注意を惹起した。不調和理論は膨大な量の研究を促し，それらはさらなる理論に発展して今日にまで引き継がれている（より最近の認知理論と研究は次章で議論する）。攻撃性，性欲動，覚醒のようなトピックがユーモア研究の主要な関心事だった1967年，ジグラーら（Zigler, E. et al.）は研究者たちが「笑いの程度を規定する認知的な要因の重要性を過小評価する」傾向に気がついた（p.332）。しかしながら，その時から状況は反転し，ユーモアに対する認知的アプローチはより広く普及し，感情的な側面はほとんど研究されないようになった。このようにユーモア研究において認知がより重視されてきたことは，言語学などのよ

うな関連した分野と同様に，心理学全般において情報処理アプローチが盛んになってきたことに対応している。しかしながら，より最近になって，感情的な側面に再び興味がもたれるようになってきている。特に，ユーモアの感情としての特性は近年の脳画像研究によって強調されている（Berns, 2004）。「ポジティブ心理学」として知られる現代の動きは，ポジティブ感情一般と特に愉悦の感情の研究に新たな興味を惹き起こしている（たとえば，Aspinwall & Staudinger, 2003; Fredrickson, 2001）。

　これまでの研究上の証拠は，一般的に言って，ある種の不調和がユーモアの本質的な要素であるとの考えを支持している。ユーモアが通常は両立しない2つの参照枠の活性化と関連するというケストラーのアイディアに基づく種々の考えは，今日のほとんどのユーモア理論の基礎を形成している。しかしながら，不調和の概念は依然として曖昧であり十分に定義されたものとはいえないことを知っておく必要がある（Ritchie, 2004）。さらに，不調和理論と不調和解決理論は，不調和の機能についていくぶん異なる概念化を行っている。たとえば，シュルツの理論とサルスの理論においては，ジョークが滑稽と知覚された時には不調和は「解決」されており，もはや存在していない。これは，不調和が除去されるよりもつくり出されることでユーモアが生ずるとするケストラーの本来の考えである「二元結合」（つまり，進行中の不調和）とはまったく異なっている。リッチー（Ritchie, 2004）はまた，シュルツの理論とサルスの理論は基本的には交換可能であるとしながら，微妙だが重要な違いがあると述べている。彼は，それらの異なる理論はすべてのジョークやましてやすべてのユーモアについてというより，むしろジョークのうち特定の下位集合に当てはまるのかもしれないと示唆した。次章でみるように，理論家と研究者たちは初期の不調和理論者の考えと方法を改良しながら研究を続けている。

　しかしながら，ある種の不調和（その定義がどうであれ）は，すべてのタイプのユーモアに必要であるように思えるが，解決も必要であるという考えの証拠はほとんどない。不調和解決の観点に立つ理論家は，理論の基礎を主にユーモアの典型としてのジョークに置き，彼らの仮説をジョークと漫画を用いた研究により検証した。対照的に，解決なしのユーモラスな不調和の証拠の多くは，重さ判断パラダイムのようなジョークとは関連しないユーモアに基づくものである。ジョークに関連するプロセスは，自然な会話的ユーモア（たとえば，機知，洒落，言い間違い，スプナー語法）や非言語ユーモア（たとえば，ドタバタ喜劇）のようなユーモアの他の形態と同じとは限らない。不調和解決理論は，特にある種類のジョークや漫画に適合し，他のジョークや他の形態のユーモアにおいては，解決は重要ではないのかもしれない。第7章では，不調和の解決を含むか否かに基づいて，ジョークと漫画が2つの一般的カテゴリーに

分類されることを示したルフ（たとえば，Ruch & Hehl, 1998）の研究について論じる。

ロングとグレーサー（Long & Graesser, 1988）によると，ジョークと漫画は文脈に依存せず，理解に必要な情報がすべてそれら自身のなかに含まれているため，ほとんどのような状況においても楽しむことができる。他のユーモアの形態ではより文脈に依存しており，ユーモアが生ずるためには状況から生じる情報を必要とする。これが，後者のユーモアが文脈から取り出して記述された時，しばしば滑稽さを失う（「そこにいたらよかったのに」となる）ゆえんである。社会的なやりとりの過程において生じるより自然なユーモアの形態は，実験室で作り上げるのが難しくほとんど研究されていないのに対して，ジョークと漫画が文脈から独立していることはユーモア研究においてそれらがもっとも一般的に使用されてきた理由となってきた。しかしながら，ジョークと漫画の研究は，他のより自然なタイプのユーモアについては限られた情報しか提供しないのかもしれない。なぜならジョークと漫画がほとんどの人の日常生活において演じる役割は比較的重要ではないため（Mannell & McMahon, 1982; Martin & Kuiper, 1999; Provine, 2000），研究者にとってはジョーク以外のユーモアの形態を含む認知過程を研究することが重要なのである。幸運にも，次章でみるように，理論家と研究者は近年ジョークに関連しないユーモアの認知過程にも注意を払い始めている。

不調和解決理論のもう1つの弱点は，それらがジョークが語られている社会的文脈を考慮に入れずにジョークの理解に関連する認知的過程を説明しようと試みている点である。聴き手が予期しなかったオチによって驚くもしくは困惑するという指摘は，聴き手がユーモアを，矛盾した情報に当惑し，落ち着かないような，真面目なコミュニケーションとして理解しようとしていることを想定している。しかしながら，より近年の理論家が注目しているように（たとえば，Norrick, 2003; Wyer & Collins, 1992），ジョークが通常の社会的文脈で語られる時，聴き手には通常これから聞くのがジョークだという前口上の手がかりが与えられ注意が喚起される（「こういうの聞いたことある…」）。研究のなかでジョークが刺激として用いられる状況においてさえ，参加者はジョークが提示されることを聞かされているか，それらのおもしろさを評定することを教示されることによってこの事実に気づいている。通常聴き手はジョークを聞くことを知っているので，彼らはより積極的に結果の予期を行い，不調和解決理論が指摘するオチによる驚きはない。実際のところユーモアにおいては，不調和は予期されているので，予期しないあるいは驚くというというよりも，本当に不調和が**欠如**していたとすれば驚くだろう。ジョークを聞かされることを知っている人々は，不調和を予想して探す傾向があり，彼らの不調和予測能力はジョークのおもしろさを高めさえするかもしれない。これはもっともおもしろいジョークは参加者がもっともよくオチを

予測できたものだというポリオとメルス（1974）の知見を説明するだろう。したがって，ある種の不調和の知覚がユーモアの中心的な役割を演じているように思えるのだが，不調和を楽しむために予想外である必要はないのかもしれない。これはジョークとユーモラスな出来事が何度も繰り返し聞かされても愉しまれ続けるという事実についても説明するものであろう（Eysenck, 1942）。

　不調和理論と他の認知的アプローチは，ユーモアの研究に重要な貢献をしているけれども，それらがユーモアのすべての側面を適切に説明できているわけではないことに注意することもまた重要である。特に，それらの理論は他の理論が焦点を当てている感情的，社会的な状況を説明していない。ここまででみてきたように，多くの認知的理論家はそれらの「傾向的」要素を認知的メカニズムに帰属させようと試み，ユーモアにおけるそれらの重要性を否定してきた。これらの理論家による種々のジョークに対する分析を読むと，一見したところあきらかに性的，攻撃的，そして他の感情を喚起する側面について，彼らがいかに完全に無視しているかに驚かされる。しかしながら，これまでみてきたように，認知的メカニズムとは別に，性的，攻撃的な要素がユーモアの楽しさに貢献しうることについてはかなりの証拠がある。したがって多くのジョークは，認知的過程のみに基づいて説明することは難しい。以下のジョークについて考えてみよう（Gruner, 1978, p. 35）。たとえば，

　　ある女性の車が男性の運転する車をこすった。女性は車から降り，事故について謝罪した。男性は言った。「大丈夫です，ご婦人。すべて私の責任です。私は半マイルも前から，あなたの車を運転しているのが女性だということがわかっていましたし，道を外れて車を周辺の野原に避難させてこうした事態を回避するチャンスはいくらでもあったんですから」

不調和解決理論によれば，このユーモアの主な源となる不調和は，この男性が，自分が引き起こしたのではない事故の責めを負い，野原に車を移動させることによって事故を避けるべきだったなどと言ったことになると示唆されるだろう。この不調和は，女性は本来ひどいドライバーなのであり，女性ドライバーには事故の回避など不可能で，それゆえ女性ドライバーに責任を負わせることはできないというステレオタイプを参照することによって解決される。攻撃的にみえるのは，単にジョークを「理解」した結果であり，これ以外に解釈のしようはない。しかしながら，不調和の理論に基づく説明はユーモアの感情に関わる特性を無視し，純粋に知的なエクササイズに変換しているようにみえる。このジョークの快の源は何であろうか？　それは単に当惑させる

不調和で遊び，その解決を探す知的な楽しみなのだろうか，あるいは攻撃のジャブを遊びとして女性ドライバーにあびせる感情的楽しさなのだろうか？　おそらく両者の結合したものであろう。不調和と解決に関連した認知的過程はジョークをおもしろくするが，一方で攻撃的な要素は楽しさの感覚を高める。ユーモア特有の認知的要素なしには攻撃性はおもしろくはないが，攻撃性（もしくは他の感情的な要素）がないと不調和はさほど愉快ではない。また，ユーモアにおけるいかなる攻撃性も遊びとしてのものにすぎないのであって「真剣に」受け止める必要がないことに留意することも大切である（Gruner, 1997）。

　ユーモアの非認知的要因の重要性は，現代の不調和理論の基礎としばしばみなされる二元結合の概念を唱えたケストラー（1964）によっても強調されている。彼はユーモアにおける「攻撃－防御的もしくは自己主張的傾向」（p.52）について語り，二元結合はユーモラスであるためには何らかの攻撃性の色合いを伴っていなければならないことを示唆した。すべてのユーモアが攻撃性を含んでいるというのは言いすぎのようで，ユーモアは各種の感情を喚起するテーマによって強度が高められる感情的な経験を含むと言ったほうが正確だろう。攻撃性以外の性や単なる熱狂的な愉快さを含む他の感情を喚起するテーマもまたよく機能を果たすだろう。サルス（1983）がためらいがちに認めているように，不調和に基づいた認知理論は**ユーモア鑑賞**ではなく**ユーモア理解**についての理論のようだ。それらはジョークを「把握」し，了解するために必要な要素を記述するが，ユーモア経験をとても楽しいものにしている感情的な側面については説明していない。

3節　反転理論

理論の概略

　第1章で述べたように，ユーモアは真面目ではない遊びとしての活動である。チンパンジーが取っ組み合いの遊びやくすぐりの状況において笑うことは，チンパンジーと共通した我々の祖先における笑いもまた遊びと関連しただろうことを示唆している。子どもの笑いもまた遊びの状況において発生する頻度がもっとも高く，大人にとっては，ユーモアがことばや思考を遊び道具として用いながら，夢中になって遊ぶ手段であり続けているに違いないだろう。しかしながら，驚くべきことに，初期の理論家たちのなかでユーモアの遊びとしての本質的な特性を認識していたものはほとんどいなかった。たった1人の例外は，「ユーモアは遊びである…。それゆえ，**遊びであることと真**

剣であることとの区別に基づかないユーモアの定義やウィットの理論，滑稽さの笑いの説明は，決して説得力をもたないだろう」（p.15）と述べたイーストマン（Eastman, 1936）であった。彼は，過去の多くの理論家たちによって書かれた真面目な調子のユーモアの記述から，ユーモアが遊びとしての，陽気な活動であることを知る者はだれ1人いないのだろうと指摘した。より最近では，バーライン（1969）がユーモアと遊びとの間の密接なつながりを述べ，グルーナー（1997）はユーモアにおける攻撃性の遊びとしての特性を強調した。フライ（Fry, 1963）もまたユーモアを本質的には遊びの一形態であると捉えている。

ユーモアを遊びとして捉える考えは，英米系の心理学者であるアプター（Apter, 1982; Apter & Smith, 1977）によって提唱された反転理論（Apter, 2001）と呼ばれる，動機づけとパーソナリティについてのより広範囲な理論から導き出されたユーモアの理論において明白にされた。今まで論じてきた他の理論ほど知られていないが，ユーモアについてのアプターの理論はきわめて包括的であり，他の理論の多くの長所を取り込んだもので，多くの研究の知見を説明することができる。私はアプターの理論をユーモアの統合的理論のための有望な枠組みであると考えるため，ここで紹介しよう。

遊びとは何であろうか？ アプター（Apter, 1991）によると，遊びはある「心の状態であり，ものの見方，在り方，世界とそのなかでの我々の行動に対する特別な心的な"構え"」（p.31）である。ユーモアを経験するためには，この心の遊びとしての状態を我々は必要とする。彼は，遊びを現実世界に関して我々がもつ真剣な懸念から自分たちを分離させる「心理学的な安全地帯」である「防護フレーム」によって特徴づけられるものだと提案している。遊びについて，アプターは次のように述べている（p.14）。

> 我々は，扱いやすい小さな私的世界を作る。それはもちろん，他者とも共有できる。その世界においては，少なくとも一時的には外界はいかなる重要性ももたず，外界の現実問題は当然のことながらそのまま侵入してくることはない。もし「現実世界」が何らかの形で入ってくる時には，変換，殺菌され，その過程において，それはもはや現実そのものではなくなり，危害を及ぼすこともできなくなる。

アプターは心の遊びとしての枠組みを**活動志向状態**（paratelic mode）と名づけ，より真面目な活動に基づく**目標志向状態**（telic mode）と区別した。彼は，通常の1日の生活のなかでは，我々はその時々でこれら2つの心の状態を行き来する（それゆえ**反転理論**と名づけられた）と示唆している。

真面目な目標志向状態では,第1に重要な目標を達成することに関心がもたれ,目標に到達する手段は二次的である。対照的に,遊びとしての活動志向状態では,活動自体の楽しみのために活動が続けられ,目標は二次的な重要性しかもたない。目標志向状態は未来志向であり,一方,活動志向状態は現在志向である。覚醒と感情との関係に関して,アプターはバーラインの理論(先述した)のような伝統的な最適覚醒理論を否定した。その代わりに,彼は,人が目標志向と活動志向のどちらの状態であるかに依存して,覚醒が異なって経験されることを示唆した。目標志向状態においては,高覚醒は不快(不安)であり低覚醒(リラックス)がより選好され,一方,活動志向状態においては,低覚醒は不快(退屈)であり高覚醒(興奮)が楽しさとなる。

　アプター(Apter, 1992)は活動志向状態にある人々が,ローラーコースターやハングライダーなどのような種々のリスクを伴った興奮する活動によって覚醒水準を高めようとする様子を描いている。ホラー映画の人気に示されるように,活動志向状態にある人には,通常の負の感情でさえ興奮して楽しめるものとして経験されるに違いない。活動志向的な興奮として,ユーモアもまた覚醒を楽しむことを含んでいる。アプター(1982)によると,ユーモアに含まれるかもしれない性や攻撃のテーマのような感情的に覚醒させる要素は,覚醒の快感を高める手段であり,ユーモアをよりおもしろくする。同様に,人の心が遊びとしての状態にある時,通常は負の感情によっても快の覚醒が加わるため,恐怖や反感,嫌悪(ホラー映画のユーモラスなパロディや「病んだ」ジョークなどなどのような)のトピックを含んだユーモアが楽しまれるのかもしれない。このように,この理論は覚醒昇圧効果の観点からユーモアにおける「傾向的」な側面を説明する。これはまた,高水準の生理的な覚醒がユーモアのより大きなおもしろさと結びついており,肯定的であれ否定的であれ感情刺激に接したことによる余剰の覚醒がユーモアの楽しさを増加させるという先述した知見と一致する。

　反転理論は不調和理論が焦点を当てたユーモアにおける認知的な側面をも扱う。アプター(1982)は認知過程を描写するために,同じ対象に対して心のなかに同時に2つの矛盾した考えもしくは概念が抱かれるという「シナジー」の概念を用いた。これは先述したケストラー(1964)の二元結合の概念に非常に類似している。ケストラーのように,アプターはこのプロセスがユーモアと同様に,芸術的な創造性や審美的な喜びにおいても生じると信じた。アプターによると,遊びとしての活動志向状態において,シナジーは喜ばしいものとして捉えられ,バーラインの理論における照合変数のように,覚醒の程度を高めると考えられる。アプターは不調和解決理論に同意せず,代わりにユーモアが不調和の除去(解決)よりもむしろ,不調和や矛盾した観点を同時に認識することに関連すると主張した。彼はジョークのオチには,それを解決する

よりもむしろ，不調和シナジーを作り上げる機能があると論じた。

　ユーモアと芸術はいずれもある種の認知的シナジーもしくは不調和を伴うが，アプターは両者の違いとして，芸術においては，対象の価値は高められるのに対して，ユーモアにおいては対象について同時に抱かれる観点の一方に価値の低下もしくは価値の減少が起こると論じた。したがって，ユーモアにおける不調和は人や対象，活動，状況に対して，最初の時の見かけに比べ，より重要ではなく，威厳がなく，真面目でなく，価値がなく，尊敬に値しない，などのように我々に捉えさせるというのである。つまり価値の減少がなければ不調和やシナジーは滑稽ではないというのだ。ほとんどの不調和理論において言及されていないけれども，この価値の減少の考えは，「笑いは，意識が偉大な事柄から小さな事柄へと不意に変換された時にだけ自然に生じる。これは我々が**下降性**（descending）の不調和と呼ぶであろうことが生じる時だけである」と述べたハーバート・スペンサーによって19世紀に提案されていた（『笑いの生理学』，Morreall, 1987, p.108に再録。強調は原文のママ）。したがって，アプターはユーモアにおいてしばしば生ずる攻撃的な要素（優越／非難理論によって注目された）について，ユーモアにおける価値の減少を作り上げるための1つの方法として軽蔑があると説明している。しかしながらアプターは，価値の減少はかならずしも攻撃的である必要はないとして，ユーモアには常に攻撃性もしくは軽蔑が含まれるとした優越理論の観点には同意しなかった。つまり価値の減少は，単に最初に見た時よりも実際はより平凡もしくはつまらない何かであると知覚されただけであってもよいのである。

　要約すると，アプターの理論においては，ユーモアは対象についての2番目の解釈には最初の時と比較して価値の減少が生じる認知的シナジーの知覚（つまり，同じ対象についての2つの同時的な矛盾した解釈）を伴い，これが遊びとしての，すなわち活動志向的な心の状態で経験される。個人はユーモラスな出来事に出会う前からすでに遊びとしての状態にあるか，出来事がその人を活動志向状態に切り替えるかのいずれかである必要がある。この時，他者の笑い声や楽しげな表情のような環境的手がかりは心を活動志向的な枠組みに導く手助けをするかもしれない。ジョークや状況（そして笑い声によっても導かれた）における感情的な要素と結びついた覚醒は，経験されるユーモアの楽しさの増加に寄与する。そのような覚醒を増大させる要素は驚き，性，暴力，タブーの話題，嫌悪を含む。また，同時にもしくは短い時間内に複数のシナジーが生じることによって，──特にそれらがお互いに内的につながって拮抗している時には──さらなる喜劇効果が生み出され，おもしろさは高められる（Coulson, A. S., 2001）。

　イリノイ大学の心理学者であるワイヤーとコリンズ（Wyer & Collins, 1992; Wyer,

2004 も参照) は，スキーマ理論を用いた社会的認知の観点（次章においてより詳細に述べる）から，アプターのシナジーの概念を再構築かつ拡張した「理解精緻化理論 (comprehension-elaboration theory)」を発展させた。彼らは，人々が社会的文脈においてユーモアを理解する方法を調べ，理解の難しさや認知的な精緻化のような情報処理についての要素を検討することによって，アプターの理論を拡張した。彼らは，ユーモアは理解するために難しすぎたり簡単すぎたりするよりもむしろ中程度の心的な労力が必要とされる時，そしてそれに伴う認知的シナジーを精緻化する十分な機会がある時におもしろさは高められることを示唆した。ワイヤーとコリンズ (1992, p.667) は反転理論の考えを例示するために，以下のジョークを用いた。

> 若いカトリックの司祭が町を歩いていた時，売春婦に声をかけられた。「20 ドルで短いのどう？」彼女は訪ねた。
> 司祭は困惑し，彼女を振り払って歩き続けた。しばらく歩くと別の売春婦が彼を呼び止めた。「短いの 20 ドルでよいわよ」彼女は申し出た。再度，彼は逃げだし，道を歩き続けた。その後，田舎の彼の家の近くまで来た時，彼は 1 人の修道女に出会った。「すみません，シスター」彼は尋ねた。「短いのって…」「ええ 20 ドルでけっこうですわ」と彼女は言った。「街と同じです」

このジョークのシナジーは，オチによって突然解釈が移行することに関連している。ジョークの前フリで我々に司祭の質問である「短いのって？」は「"短いの"の意味は何ですか？」と解釈されるべきであるとの信念を導く。しかしながら，修道女の返答は異なる解釈，すなわち「"短いの"の値段はいくらですか？」を導く。そこでは二次的に，解釈において我々の知覚が修道女から売春婦へと移行する。それぞれの矛盾した知覚において，両者の解釈は同時的に生じる。価値の減少の基準は，最初に貞淑で神聖な女性であると思われた修道女がその正反対の売春婦であったという事実によって満たされる。ワイヤーとコリンズによって言及されてはいないが，このジョークにはその楽しさを増加させるであろう性的テーマを含んでいる。通常貞淑な修道女を性的にルーズな売春婦とした企みは，いくぶん性的に刺激的である。関連して生ずる何らかの覚醒の増加も愉しさの感情を高めたであろう。

　アプター (1982) と同様にワイヤーとコリンズ (1992) はユーモアにおける社会的文脈を考慮に入れることの重要性を強調し，ユーモアは一義的には社会的コミュニケーションの形態であることを指摘した。たとえば，彼らは重り判断パラダイム（先述）を用いた研究の知見を社会的な文脈における認知的な再解釈と価値の減少の観点

から説明した。それらの実験において前の刺激よりも極端に重いもしくは極端に軽い重りを持ち上げた実験参加者は，自分たちがだまされ，実験はやはり真面目な重さ判断実験などではないと気づき始めるのだと彼らは指摘した。言い換えると，実験参加者は単に重りについてではなく，実験という全体的な社会的状況を再解釈し，その実験を元々考えていたよりも重要ではないと知覚した。この再解釈が愉快さを引き出したのだ。さらにワイヤーとコリンズは，彼らの精緻化した反転理論が幅広いタイプのジョークに加え，会話における機知（皮肉，風刺，からかい，洒落），意図しないユーモア（言い間違え，不格好な動作），ドタバタ喜劇を含むすべてのタイプのユーモアを説明するために用いることができることを論じている。彼らの理論の詳細な説明とその応用は，ここでの議論の範囲を越える。それらの考えのいくつかについては次章で述べることにしよう。

4節　実証的研究

　ここまでで述べた多くの研究的知見は，反転理論によるユーモアの説明を支持するものとして考えることができる。すでに述べたように，生理的覚醒とユーモアの愉しさとの間の右肩上がりの直線相関（曲線関係ではなく）を示す研究は，最適覚醒理論よりも反転理論に一致する（たとえば，Godkewitsch, 1976）。理論は，ポジティブであれネガティブであれ，感情からの覚醒の剰余がユーモアの愉しさを結果的に高めることを示す「興奮転移」研究によっても支持された（Cantor et al., 1974）。実験参加者が，ケージからラットを取り出すことを予期し，それがゴムのおもちゃであることを見出すシャークリフ（1968）による研究もまた反転理論と一致する。ゴムのおもちゃの発見は，必然的にその科学的実験としての真面目さと重要さを減少させ，活動志向モードへ移行させ，事前に生じていた不安と関連した覚醒の量は，ユーモアの楽しさの程度に影響を与える。重り判断パラダイムを用いたネルハルト（Nerhardt, 1976）の実験での最初の困難——鉄道駅での実験で愉悦反応を引き出すことが難しかったこと——は，ユーモアが生ずるための参加者の心的な構えの重要さを示した。反転理論は，ある場所から別の場所への移動という目的志向型の活動に従事していた鉄道駅実験の参加者は目標志向状態にあり，ユーモアに必要である活動志向状態へ移行することができなかったことを示唆するだろう。

　ミオとグレイサー（Mio & Graesser., 1991）も，メタファーを用いた非難理論の検証を意図した研究だが，反転理論における価値の低下仮説の検証として捉えることが

できる。この研究では，大学生が多くの比喩のペアのおもしろさについて評定するように求められた。それぞれのペアのうち一方の比喩はその文章のトピックを褒め，もう一方は侮るものであった。価値の低下仮説と一致して，侮る比喩はもう片方の褒めた比喩よりもユーモラスであると知覚された。

　私自身の研究において，私は目標志向優位性尺度といくつかのユーモアの測度との間に有意な負の相関を見出している（Martin, 1984）。これは，いかなる時も活動志向状態である傾向の高い人はより頻繁に微笑みそして笑い，環境のユーモラスな局面に気づき，ユーモアを楽しみ，そしてストレスコーピングのためにユーモアを用いる傾向があることを示唆する。同様の結果はルフ（Ruch, 1994）によっても見出されている。スベバクとアプター（Svebak & Apter, 1987）は，ユーモラスな素材の提示は，通常目標志向状態にとどまる傾向が強い人においてさえ，活動志向状態へと導く傾向があることを見出した。これらの知見はユーモアが遊びとしての活動志向状態と結びついているという観点を支持するものである。

　ワイヤーとコリンズ（1992）も反転理論におけるいくつかの仮説を検証するための2つの研究を行った。そのうち1つの研究では，実験参加者は，異なる2つの解釈ができるストーリーを読んだ。それらのうち1つは，他方よりも自然に解釈される傾向が少ないものであった。いずれの場合でも，気づかれにくい方のストーリーはより日常にありふれたものであり，それゆえ価値の減少を伴った。たとえば，あるストーリーでは，2人の人物が殺人を計画しているようにみえるが，一方でピクルスの瓶がなかなか開かないことを議論しているように解釈することもできる。別のストーリーではある女性と愛を交わす男性のコメントのようにみえるが，一方で犬を洗っている状況のようにも解釈することができる。別のバージョンのストーリーでは，気づかれにくいテーマを多少わかりやすくするための手がかりが挿入された。実験参加者はそれらのストーリーを，理解するために読む（彼らが雑誌記事を読む時のように），もしくはそれらのユーモアを評価する目的で読む，のいずれかを教示され，すべての実験参加者はその後でそれらのおもしろさを評定するように求められた。

　反転理論で予測されるように，気づかれにくいテーマが活性化する記述が含まれていた場合，実験参加者はストーリーをより楽しいと評定する傾向にあり，この差異はユーモア評価条件よりもストーリー理解条件においてより大きかった。この後者の知見は,直感に反するようにみえるが,参加者の動機づけ状態に基づいた反転理論によって説明することができる。心のなかに目的をもってストーリーを読むことを教示された実験参加者は，その目的がユーモアの判定に関連したものだとしても，目的志向の目標志向状態であった。それゆえ，彼らは特定の目的をもたないでストーリーを読み，

その活動が遊びとしての活動志向状態である実験参加者よりも，ユーモアに対して反応しない傾向にあった。付随的だが，これらの知見は，実験参加者に種々の刺激のおもしろさを評価するように教示を行う何十年も行われてきた実験に関して疑問を呈する。つまりこれらの実験では，心の真面目な目標志向状態がユーモアの楽しさを妨げてきたかもしれない。これは，それらの研究において，なぜおもしろさの評定が通常かなり低い値だったのかをある部分説明してくれるかもしれない。

　第2の研究において，ワイヤーとコリンズ（1992）は実験参加者に，司祭と修道女の「短いの」ジョークを何種類か提示した。彼らは，あるバージョンにおいて，司祭の質問と修道女の素性について，どちらか一方の解釈の余地を除去した。さらに，いくつかのバージョンにおいては第1の解釈で修道女だったものが，第2の解釈で売春婦に置き換わる（不調和解決理論）ものであったが，別のバージョンでは2つの矛盾する解釈（修道女と売春婦）が同時に適用されるようにした。それぞれのバージョンのジョークについての実験参加者によるおもしろさの評定を比較したところ，司祭の質問と修道女の素性に関してよりありふれた意味として解釈されるようにした2つの変更がおもしろさへ与える効果は独立的で加算的であるという予測を支持した。しかしながら，2つの解釈が同時に保持されることは解釈が置き換わることよりもより滑稽であるだろうという予想は支持されなかった。反転理論仮説をより明確に検証するために，広い範囲のユーモア刺激を用いたさらなる研究が必要である。

評価

　反転理論によるユーモアの説明は，これまで論じてきた他の理論からの多くの考えを統合したものである。精神分析の理論や優越性理論のように，反転理論はユーモアにおける攻撃的，性的，そして他の感情に関わる要素を説明する。これらの構成要素は覚醒を増加させるために機能すると考えられ，人が，ユーモアと結びついた心の遊びとしての枠組みの状態である時に，この覚醒が愉快な興奮として経験される。また，この理論はユーモアの愉しさ，そして遊びの愉しさと関連して人々がユーモアへ強く動機づけられることをも説明している。ユーモアを味わうことにおける覚醒の役割について，反転理論はバーラインの理論のような最適覚醒理論よりも，これまでの研究的知見と一致しているようである。ワイヤーとコリンズ（1992）とワイヤー（Wyer, 2004）によって提唱された理論のさらなる発展は，ジョークのみならず異なる形態の多くの日常的なユーモアにおける認知的過程を理解するための枠組みも提供した。我々が議論してきた他の多くの理論とは異なり，この理論はユーモアが起こる社会的な文脈により明白な焦点を当てている。したがって，ユーモアを対人関係コミュニケーショ

ンの形態として社会心理学の見地から研究するための扉を開くものでもある（第5章において検討する）。

　ユーモアについての反転理論はストレスコーピングにおけるユーモアの役割についても説明を提供する（Svebak & Martin, 1997）。活動志向状態を導くユーモラスなシナジーの力は，ストレスのかかる状況を深刻な脅威としてではなく，遊びとしての方法でアプローチすべき挑戦として経験することを可能にするかもしれない（Martin et al., 1987）。さらに，ユーモアのシナジーにおける価値低下効果は，不安を喚起する出来事や問題を，ユーモアによって最初に感じたよりもより脅威の少ないものとして再構築するために用いられるかもしれないことを意味する（Kuiper et al., 1993）。反転理論はユーモア研究者に広く知られたものではないが，それはさらなる研究に値する多くの仮説を提供する。

　より一般的に言えば，遊びとしてのユーモアという観点は我々にユーモアは生真面目な思考とは異なる非真面目な遊びとしての活動であることを思い出させる。ユーモアについての多くの理論はこの事実を忘れているようであり，ユーモア理解において関連する認知過程を真面目な情報処理であるかのように描き出す。人間の認知的構造とメカニズムは，通常は「真面目な」目的で意味を見出すよう生存のために進化してきたが，ユーモアはこれらを一時的に「楽しむものとして」操作し遊びとして扱う手段として捉えられるかもしれないことを，遊びとしてのユーモアという観点は示唆する。ジョークの話者も聴き手も，不調和な要素を話に取り入れることで，出来事の複数の解釈が活性化され，念入りにそして楽しく作り上げられる遊びとしての活動に協同して取り組んでいるのである。ユーモアのより自然な形態において，人々は言語と考えで遊ぶか，もしくはお互いにユーモアを用いてからかうかもしれない。しかしながら，ユーモアは遊びにあふれ，非真面目であるが，それはユーモアが重要な機能をもたないことを意味するのではない。たとえば，ユーモラスなからかいは，真面目な調子で説教することが困難である場合には，その人に対する非難や批判を表現する手段になるかもしれない。もし批判が首尾良く受け止められなかったら，いつでも「ただのジョークだよ」と言うことができる。ユーモアにおけるこのような対人関係上の機能は第5章においてより詳細に検討する。

5節　結論

　第2章と第3章で検討してきた各理論はユーモアの各側面を強調しており有益な全

体的展望に寄与する。これらすべての理論からの要素を結合することによって，我々はユーモアという多面的な現象についてより完全な理解を得ることができる。精神分析の理論は多くのジョークにおいて優勢な攻撃性と性的なテーマ，ユーモアによって発生する感情的な快と楽しさ，多くの人々をユーモアに向かわせる強い動機づけについて我々の注意を喚起した。それはまた，ユーモアの愉しさに貢献するいくつかの要素が我々の意識的な気づきの外側にあるかもしれないことを示唆した。優越非難理論はユーモアの社会的そして感情的な側面を強調し，向社会性と攻撃的要素との結合というユーモアの逆説的な特性に対する注意を喚起した。またこのアプローチは，我々に脅威を与える状況と人々に対しての勝利を主張する手段として，我々を圧迫する人生の状況を制御する手段として，人生の制約から解放されるための手段として，ユーモアを捉える観点に理論的な基礎を与える。

　覚醒理論は，ユーモアが，我々の脳と神経系といった生物学的基盤に基づいた認知と感情についての複雑な心身の相互作用の現れであることを強調する。不調和理論は，我々が人や状況，出来事を2つあるいはそれ以上の一致しない，あるいは矛盾するような見方から同時に捉えさせる方法としてのユーモアにある認知的知覚過程をあきらかにした。最後に，他の理論の多くの要素を結びつけた反転理論の見方は，ユーモアが，対人関係の文脈において不調和そのものが楽しまれるという遊びの形態の1つであることを強調する。それはまた，ジョークや非言語ユーモア，会話における機知，コーピングメカニズムとしてユーモアの基礎となる人生の逆境へのユーモラスな見方など，種々のユーモア経験に光を当てるものでもある。

　ユーモアについての初期の心理学的研究における我々のレビューでは，ユーモアについての古典的な哲学的な疑問に答えるため，研究者によって用いられてきた実証的方法を紹介した。これらの初期の研究における知見に基づき，また，他の領域の心理学が理論的方法論的な成熟に伴って，ユーモアの研究者が用いる理論や研究手法は何年間もかけて徐々に発展しつつある。初期の研究の考えや方法論のなかには現在では時代遅れにみえるものもあり，そして彼らの提供した多くの回答は未だ暫定的なものにすぎないが，いくつかのパターンがあきらかとなってきている。これらの研究は，次の段階の研究の舞台を準備し，現在進行中の問いを導き，将来有望な研究テーマを指し示す。次章では，より近年の発展について，心理学の各分野におけるユーモア研究の論点，方法，知見について論じる。

第4章
ユーモアの認知心理学

The Cognitive Psychology of Humor

　第1章でみてきたように，ユーモアは社会的な文脈，認知的過程，そして，情動的な反応（笑いを通して表現される）を含んだ一種の遊びである。本章では，認知的過程——ユーモアの基盤としての不調和の知覚へといたる心的事象——に注目する。つまり，「ジョークがわかる」こと，あるいは，状況や出来事がおもしろいと知覚されることに関係している心的過程とはどのようなものかをみていく。次にユーモアが認知的過程（とりわけ，記憶や創造的思考）へ与える影響について検討する。ここでは，我々は真面目な情報よりもユーモラスな情報をより憶えていやすいのか，また，ユーモアを経験することで，人はより創造的に考えるようになるのかについて論じていく。
　これらは，「思考，感情，行動における，人間の心的過程と，その役割についての研究」（Kellogg, 1955, p.4）として定義される認知心理学の領域で扱われる問題である。一般に，認知心理学者は，実験的な手法を用いて知性（mind）がいかに働くかを研究している。彼らは，脳がコンピュータとまったく同じように機能しているとは考えてはいないものの，心的過程を概念化する上で，コンピュータの比喩を用いることが有用であると考えている。このため，情報がいかに感覚器官から取り入れられ，符号化され，貯蔵され，記憶から検索されるか，そして，これらの情報が言語の理解や産出，問題解決，創造性，意思決定，推論のために，どのように用いられているかを理解するために，情報処理アプローチの立場をとっている。要するに，認知心理学とは，意味の心的表象とこれらの表象を操作する際の心的過程に関係した研究領域なのである。
　たいていの認知心理学者は，ユーモア研究にあまり興味をもってはいない。事実，認知心理学の教科書の索引を見ても，ユーモアや笑い，あるいはそれらに関連する話

題については，ほとんど言及されていない。これは，ほとんどの認知心理学者が，注意，知覚，記憶といった，より基礎的な心的過程に興味をもっているためである。しかしながら，認知心理学のなかでも，ユーモアについて関心が寄せられている分野が皆無というわけではない。そのような下位領域の1つとして，心理言語学が挙げられる。心理言語学とは，その名前が示唆するように，言語の理解と産出に関係する認知過程を研究する領域である。ユーモアの多くは，言語に基づいているため，心理言語学は当然ユーモアの認知的側面をあきらかにするために適切な領域ということになる。この領域のなかでも，とりわけ字義的でない言語（比喩など）に興味をもつ研究者は，皮肉（Colston et al., 2000; Giora et al., 1998）や嫌味（Gibbs, 1986; Katz et al., 2004）といった，言語のユーモラスな側面にも興味をもってきている。

そもそも，認知心理学は，認知科学として知られるより広い学際的な研究の取り組みの一部である。認知科学には，神経科学，コンピュータ・サイエンス（人工知能），言語学といった領域が含まれ，それぞれの領域で，独自の手法と理論的なアプローチを適用することで，ユーモア研究にも重要な知見が得られている。したがって，これらの他領域での貢献に触れずしてユーモアの心理学をレビューすることは難しい。そこで，本章では，言語学やコンピュータ・サイエンスの領域から得られた，ユーモアの認知的側面の理解についても簡単にレビューしていくことにしよう。ただし，神経科学における知見については，第6章であきらかにしていくことにする。

第3章でみてきたように，18世紀以降，ユーモアの認知的側面に注目する理論が多くの哲学者（たとえば，ショーペンハウアー）によって提唱されてきた。1970年代には，これらの考えをより厳格で検証可能な形で系統立てて説明するために，いくつかの心理学的理論が発展してきた（Rothbart, 1976; Shultz, 1976; Suls, 1972）。また，これらの理論は，数多くの心理学的研究に刺激を与えており，多くの興味深い知見が得られている（たとえば，Dechers & Salais, 1983; Shultz, 1974b; Wicker et al., 1981）。しかしながら，これらの理論は未だ曖昧であり，明確化されているとは言いがたい。だが，ここ20年の間に，とりわけ言語学（たとえば，Attardo, 1994; Raskin, 1985）や心理言語学（たとえば，Giora, 1991），コンピュータ・サイエンス（Ritchie, 2004）における研究者によって，従来の論理を刷新する動きが相次いでみられている。それぞれの学問領域における理論的，実証的，方法論的な進歩に基づく系統立った説明は，ユーモアの認知的側面についての新たな仮説を生み出してきている。とはいえ，心理学者によるそれらの仮説の検証は始まったばかりである（たとえば, Vaid et al., 2003）。このような進展は，ユーモアの認知的過程について研究する心理学者のさらなる興味を喚起するものと期待される。

第4章 ユーモアの認知心理学

　本章では，まず，人がユーモラスな不調和を心的に処理する過程を理解するために，認知的側面に注目する研究者が，スキーマ理論の概念をどのように利用してきたのかについてレビューする。そして，近年，言語学者によって提案されたスキーマ・ベースの理論のいくつかを簡単にみていくことにする。その後，認知心理学者がスキーマや関連する認知過程を研究するために開発してきた方法について議論をした上で，これらの方法が，ジョークや皮肉な発言といったユーモラスな情報の理解過程を研究するためにどのように応用できるのかを述べる。このように，ユーモア理解の認知メカニズムやその過程の研究について概観した後で，今度は他の認知的側面，とりわけ，記憶と創造性に与えるユーモアの効果に注目した研究について議論していく。そして，コンピュータ・サイエンスの領域における人工知能の研究者による知見について議論する。最後に，ユーモアが認知的な遊びの一種であるという考え方がもつ示唆について言及する。

1節　ユーモア，不調和，そしてスキーマ

　前章でみたように，一般に認知的側面に注目する理論家や研究者は，ある種の不調和を，ユーモアを定義づける特徴として考えている。不調和を定式化する初期の試みとしてケストラー（Koestler, 1964）の**二元結合**という概念が挙げられる。二元結合とは，2つの参照枠——1つ1つは矛盾なく内的な整合性があるが，通常は互いに両立せず，共通点がない——に基づくそれぞれの視点から，1つの状況，人，出来事，ないし観念が，自発的に知覚されることを指す。アプター（Apter, 1982）の**認知的シナジー**（cognitive synergy）という概念も同様の意味をもつものである。すなわち，認知的シナジーとは，同じ対象や出来事についての2つの相容れない，あるいは矛盾している解釈が，同時に考えのなかに活性化していることを指す。典型的には，ユーモアは状況に対する1つの解釈とともに始まり，その後，矛盾した第2の解釈が突然活性化されることで生起するとされる。

　不調和のみでユーモアが生まれるために十分である（Nerhardt, 1977）のか，それとも，不調和は何かしらおもしろいものとして解決（resolve）されなければならない（Shultz, 1972; Suls, 1972）のかについては研究者によって意見が分かれてきた。これについては，第3章でみたように，実証的な知見から，不調和解決理論は特定の種類のジョークに適用することができるものの，すべてのユーモアを説明することはできないことが示唆されている（たとえば，Nerhardt, 1977）。また，研究者によっては，不

調和がユーモアを生起させる条件として,不調和が突然生起しなければならない(Suls, 1983),不調和が情動的な楽しく,安全で,脅威とならない文脈のなかで起こらなければならない(Rothbart, 1976),不調和が極端な,あるいは奇抜な食い違いを含まなければならない(Berlyne, 1972),不調和を遊び心のある真面目ではない心的状態で知覚しなければならない(Apter, 1982)ことを示唆している。さらに,アプターの理論を継承したワイヤーとコリンズ(Wyer & Collins, 1992)は,不調和がおもしろくあるためには,価値低下,すなわち,状況や出来事が初めの解釈によって提示されたものよりも,重要性や価値が低下し,見劣りするものとして受け止められることが必要であることを指摘している。

スキーマ,フレーム,スクリプト

認知科学の観点から,これらの不調和という概念はいかに理解されるのであろうか。認知心理学者は,知識がいかに心的に表象され,統合されるのかについて,これまで膨大な研究を行ってきた。これらの研究は,情報がスキーマと呼ばれる知識構造に統合されていることを示唆している(Bartlett, 1932; Mandler, 1979; Rumelhart & Ortony, 1977)。スキーマという概念は,もともとは人工知能研究に共通して採用されているパスカル(Pascal)やリスプ(Lisp)といったプログラミング言語で利用されているデータ構造に基づいたものである(Ritchie, 2004)。人はこの**スキーマ**(schema)というダイナミックな心的表象をもっていることで,世界についてのメンタルモデルを構成することが可能となる。マンドラー(Mandler, 1979)流に言えば,スキーマとは「対象,場面,あるいは出来事についての過去の経験に基づいて形成され,物事がどのようにみえるのか,かつ/または,それらが起こる規則についての一連の(通常は無意識な)期待から構成される(p.263)」ものである。

スキーマは,物事や出来事の一般的な特徴を記述するものであり,特定の状況に応じて値が異なることが想定される何らかの変数やスロットを含んでいる。たとえば,鳥のスキーマは,鳥に関する変数(羽,足,くちばし,尾,胴体の種類など)を含んでおり,これらの変数には,個々の鳥ごとに異なる具体的な事例が当てはめられる。鳥によって各変数に具体的に当てはまるものは異なるものの,多くの種類の鳥には,一般的なスキーマが当てはまる。これらの変数は,対象や出来事の原型としての特徴を表象するものとしてのデフォルト値をしばしばもち合わせている。このため,我々は,物語のなかで鳥の姿を一目見たり,さえずりを聞いたりした時,鳥についてのスキーマが活性化され,我々が矛盾する情報を得ない限り,デフォルト値に準拠した相応の鳥を期待する。だが,あるスキーマにおいて変数の取りうる値には一定の制約がある。

たとえば、もし、我々が飛行機のプロペラのような羽をもつ鳥の絵を見た時、この絵は、鳥のスキーマとして期待される変数に当てはまらず、それゆえ、この絵は、我々がもつ鳥についてのメンタルモデルに対して「計算できない」ものと認知される、すなわち、不調和が生起する。

フレーム（Minsky, 1977）とスクリプト（Abelson, 1981; Schank & Abelson, 1977）は、それぞれ、物理的環境と習慣的な行動についての知識に特化したスキーマである。たとえば、シャンクとアベルソン（Schank & Abelson, 1977）は、通常レストランへ行くことに含まれる一連の出来事を統合されたレストランのスクリプトとして記述した（席に着く。メニューから注文をする、料理が運ばれる、食べる、お金を払う、レストランを後にする）。我々は、誰かがレストランに行くことについての話を聞くと、このスクリプトが活性化され、これによってスクリプトに通常関連づけられる特有の行動を期待する。話のなかで語り手が大部分の詳細を省略しても、我々が理解できるのは、デフォルト値として自動的に情報を補完しているためである。

また、このスクリプトがあることで、話のどの部分が適切で関連性があるのかを考え、人々の行動をどのように評価すればよいかを判断できる。ワイヤー（Wyer, 2004, p.199）が指摘するように、もし、1人の男がレストランへ行き、服を脱いでギターを弾き始めたと聞くと、これは、我々がレストランについてもっているスクリプトで期待される変数とは調和しないため、不調和として知覚される。このことが、この状況を再評価し、スクリプトを修正したり、あるいは、この情報を説明できるであろう別のスクリプトを探したりするように働きかけるのである。その結果、たとえば、この話がヌーディストの共同体にあるレストランについてのものであるとわかると、我々はギターを持った男が、レストランの客ではなく、エンターティナーである、と推測するのである。

スキーマ理論のユーモアへの適用

これらのスキーマ、フレーム、スクリプトといった概念はユーモアにおける不調和の特性を説明するために有用であり、これらの考えに基づいた多くの心理学的、言語学的理論が提唱されている（たとえば、Norrick, 1986; Raskin, 1985; Wyer & Collins, 1992）。総じてこれらの理論は、次のように想定している。まず、我々がジョークの前フリを聞くと、その後に入力される情報の意味を理解できるように、スキーマ（あるいはスクリプト）が活性化される。しかしながら、ジョークのオチに含まれる情報はこのスキーマに適合せず、そのことが、筋が通るような別のスキーマを探索するように働きかける。この第2のスキーマは、多くの場合この状況について初めの見方をわ

ずかに修正するというよりも，まるで異なる（時に矛盾さえする）解釈を導く。だが，第2のスクリプトは，第1のスクリプトに完全に置き換わることはなく，2つのスクリプトが同時に活性化することになる。この2つの矛盾したスクリプトが同時に活性化することが，ユーモラスな不調和にはなくてはならないものであり，このことが楽しく，わくわくする気持ちとして経験される。これらの心的過程についての説明に対して，スキーマに基づくいくぶん異なる理論も提案されている。この理論は，ジョークだけではなく，会話のなかでの機知に富む発言や意図しないユーモアといった，ジョークと関連しないユーモアを説明することを試みたものである。

　社会的認知に関連したスキーマに基づく心理学の理論の例として，ワイヤーとコリンズ（1992）は，ユーモア生起（elicitation）についての理解精緻化理論を提唱している（Wyer, 2004 も参照。より広い社会的認知の理論の文脈から，このモデルについてさらなる議論を行っている）。彼らは，ユーモアには，1つの状況や出来事を理解するための2つの異なるスキーマが同時に活性化することが含まれると示唆した。加えて，活性化される第2のスキーマが，第1のスキーマによる解釈よりも，価値や重要性を低下させるような解釈を生み出す時にのみ，ユーモアが誘発されると彼らは主張している。つまり，ユーモアには，初めに考えられていた行動や状況が，より見劣りするもの，より些細な（つまり，深刻さが低下した）ものとして再解釈されることが常に含まれるというのである。

　さらに，ワイヤーとコリンズは，代替となるスキーマが活性化するために不可欠となる，概念を特定し適用するための時間および努力の量が中程度の時，生起するユーモアがもっとも大きくなると仮定している。つまり，第2のスキーマを見出すのが難しすぎたり，易しすぎたりする場合，生起するユーモアは少なくなるというのである。また，生起するユーモアの量は，出来事やその含意（implication）に関係して行われる認知的な精緻化の量にも依存しているという。ここでいう認知的な精緻化とは，互いに関連しながら思い出されたり予想されたりすることで活性化されたスキーマの程度と関係する事柄であり，さらなる概念や心的なイメージを誘発するものである。そして，ユーモラスな出来事をきっかけに認知的な精緻化が行われれば行われるほど，その出来事は楽しまれ，おもしろいと知覚されるという。さらに，ワイヤーとコリンズは，ユーモアが起こる社会的な文脈についても議論している。つまり，ユーモアの生成を説明するためには，話し手と聞き手との役割に関連した期待，規範，動機，そして情報処理が行われる際の目標を考慮すべきであるというのである。このように仮定することによって，ジョークやおもしろい談話におけるユーモアだけではなく，社会的な状況のなかで自然と起こる，しゃれや皮肉を込めた発言，思いがけない出来事に

ついての説明についても，この理論が適用できることをワイヤーとコリンズは示している。

ワイヤーとコリンズによって提唱されたスキーマに基づく認知理論は，ジョークだけではなく，すべての種類のユーモアについて説明を試みるきわめて包括的な理論である。このことは，今後の研究のために数多くの興味深い仮説を提供する。ただし，ワイヤーとコリンズの仮説の多くは先行研究における知見とも調和するものではあるが，今後，実証的に検討が必要である。とりわけ，社会的な文脈において意図せず（自然に）引き起こされた，ジョークではないユーモアについての仮説に関しては，ほとんど研究がなされていない。

また，彼らが示した仮説のうち，情報を処理するために中程度の時間をかけた時にもっともおもしろく，理解するために難しすぎたり，易しすぎたりするとおもしろさが低いという仮説は支持されていない。彼らは，理解の困難さとおもしろさとの間に曲線的な（逆U字の）関係を示唆しているのだが，これとは対照的に，ウィリアム・アンド・メアリー大学のデルクスの研究グループは，ジョークの理解の困難さと，おもしろさについての実験参加者による評定との間には，強い負の相関があり，曲線的な関係はみられないことを見出している（Derks, Staley & Haselton, 1998）。つまり，理解が容易なジョークほど，おもしろいとされたのである。

同様に，カニングハムとデルクス（Cuningham & Derks, 2005）は，より素早くパラグラフをジョークとして同定することができた実験参加者ほど，ジョークにおもしろさを見出したことを示している。彼らは，ユーモアの理解が，言語や多義性についての洗練された暗黙の知識を含む，自動化され熟達した技術として捉えるべきであると示唆している。結果として，(聞き手の関連性に基づく検索能力と熟達によって）ユーモラスなメッセージを自動的に把握できるほど，それが心を惹きつけ，楽しいものであると感じるというのである。これらの知見は，ワイヤーとコリンズの理論をいくぶん修正する必要があることを示唆するものの，理論全体を突き崩すほど深刻な問題点を突きつけていることにはならない。

第3章で言及したように，重り判断パラダイムを用いた不調和についての研究においては，先行する一連の試行での重りに比べ，極端に重さが異なる重りを持ち上げた時，ユーモアが生起することがあきらかになっている。スキーマ理論から重り判断パラダイムを再概念化したデッカーズとブットラム（Deckers & Buttram, 1990）は，初めの重り判断によりあるスキーマが活性化し，最後の重りがこのスキーマに対する不調和として知覚されることを示唆している。そして，彼らは，重り判断課題とジョークの処理に含まれる心的過程の間の類似点を描き出している。彼らは，ユーモアを生

み出す2つの種類の不調和があると示唆している。すなわち，1つ目は，(重り判断パラダイムでみられる)1つのスキーマの変数に期待された値と，実際に知覚された値との間の不調和であり，2つ目は，(ほとんどのユーモアで生じる)2つの異なるスキーマの間の不調和である。彼らは，いずれの場合においても，ユーモアを生み出すのは不調和であり，不調和の解決ではないと，主張している。

　これに対して，ワイヤーとコリンズ(1992)は，重り判断課題について多少異なる概念化を行っている。彼らは，単に期待された重さと観察された重さとの間の違いのみに焦点化するというよりも，より広い社会的認知の観点を取り入れ，実験参加者による実験条件全体の知覚に関与すると思われるスキーマという点から，このパラダイムを議論している。初めに，実験参加者は，実験者が真剣に科学的な活動を行っていると捉えている。しかし，実験参加者は極端に軽かったり重かったりする重りに出会うと，実験者は自分たち参加者にいたずらをしているのではないかと疑い始める。つまり，実験者は，かろうじて識別できる重さの違いを比較するよう求めた後で，突然こんなにもあきらかに重かったり軽かったりする重さをテストさせるのはなぜかと実験参加者は考えるのである。そこで，その状況に関する新しいスキーマ(「これはジョークではないだろうか」)が引き起こされ，このスキーマが笑みや含み笑いのきっかけとなるために十分だ，というのである。アプター(1982)の用語を用いるならば，重り判断課題の手続きが，実験参加者の心的状態を，真面目で科学的な状態から，遊びとしての活動志向的な状態へと一時的に移行させるものといえるだろう。このため，ワイヤーとコリンズのアプローチは，過去のほとんどの研究者や理論化が行った，ジョークやその他の刺激のみに狭く焦点を当てるものではなく，すべてのユーモアのより広い社会的文脈を考慮するものである。重り判断課題において生起する不調和についての，これらの競合する仮説は，これから簡単に記述するスキーマ・ベースの方法論のいくつかを用いる研究によって，将来検討されていくことだろう。

2節　ユーモアへの言語学的アプローチ

　近年，言語学者によって相当数の研究がなされ，ユーモアの厳密な理論が発展してきている(レビューは，Attardo, 1994を参照)。当然のことながら，ユーモアに興味をもつ言語学者は，悪ふざけやドタバタ劇といった非言語的なユーモアよりも，言語を通じてやりとりされる類のユーモアに注目している。言語学は，音韻論(語音についての研究)，統語論(許容可能な文章の形式を特定する文法規則についての研究)，意

味論（言語の意味についての研究），そして語用論（文脈における言語の適切な社会的使用と解釈の規則についての研究）という下位領域から構成される。このうち，とりわけユーモア研究に関連する領域は意味論と語用論である。

意味論の領域で研究する言語学者は，私がこれまで議論してきた問題の多くについて，ユーモラスな談話（「テキスト」）が，おもしろいものとしていかに処理され，理解され，解釈されるのかに関して興味をもっている（Norrick, 1986; Raskin, 1985）。語用論の領域の言語学者は，ユーモアが日常会話においていかに伝えられているかや，ジョークをいうこと，からかいや皮肉といったユーモラスなコミュニケーションが，個人間のやりとりにおいてもつ機能について興味をもっている（Graham et al., 1992; Norrick, 2003）。語用論については，本章では，後ほど簡単に触れるのみにし，第5章においてユーモアの社会心理学との関連においてより詳細に検討することにする。本節では，とりわけ意味論の領域における言語学的理論について注目していこう。

パデュー大学の言語学者ラスキンと，ヤングスタウン州立大学のアッタルドによって開発されてきたスクリプト・ベースの意味理論は，もっとも充実した，そして，心理学者にもっともよく知られたユーモアの言語学的理論である（Attardo & Raskin, 1991; Raskin, 1985）。この理論は言語上のユーモアの理解を，ジョークに特化してモデル化しようと試みている。この理論はスクリプト（先述）についての考え方を取り込み，深層構造——用いられた実際の語である表層構造に潜在している意味——に関係した，チョムスキー（Chomsky, 1957, 1971）の変形生成文法の概念にも影響を受けている。オリジナルとなったラスキン（Raskin, 1985）のユーモア意味スクリプト理論（Semantic Script Theory of Humor：SSTH）は，ユーモア能力（つまり，テキストがどのようにユーモラスであると認識されるか）の厳密なモデルを提供するためのものであった。

そのため，この理論の目的は，ユーモラスなテキストが意味を成すような情報処理システムの仮説的なモデルを提供することであり，それは必ずしも実際に人が行っているような処理である必要はない。そこで示されるモデルは，理論上は，最終的にユーモアを処理するためのコンピュータ・プログラムに翻訳できるものである。つまり，言語学的なアプローチにおいては，理論が人の実際の情報処理を記述しているかどうかにはそれほど関心はなく，したがって，言語学者は，典型的には人を実験参加者として，彼らの理論を検証するために実験を行うことはない。その代わりに，言語学者は，理論に内的一貫性があるかどうか，そして，広い範囲のテキスト例（つまり，ジョーク）を説明できるかどうかを判断するために，理論的な検証を行うのである。すなわち，理想的な検証とは，理論をコンピュータ・プログラムに実装し，ユーモラスなス

クリプトと，ユーモラスでないスクリプトとを区別することができることを示すということになるであろう。

ラスキンの理論は，スクリプトを語彙節点と，語彙節点同士の意味上のつながりから構成されたグラフとして描き出すものである。複数のスクリプトは，スクリプト同士が蜘蛛の巣状に張り巡らされているものとして仮定される。理論上は，特定の言語におけるすべてのスクリプトは，ひと続きのグラフを形づくるものであり，話し手がもっている話し手自身の文化についてのすべての情報を含んだ多次元の意味ネットワークを構成していると想定される。文章中の単語は，単語に関連づけられた単一の，あるいは複数のスクリプトを喚起すると考えられている。また，この理論では，テキストによって喚起されるスクリプトが取りうるすべての意味を結合させる一連の結合法則も想定されており，この法則に基づいて，テキストの意味のすべてが一貫して理解されたり，一貫した解釈を生み出さないスクリプトが排除されたりすると想定されている。

これらの概念に基づいて，ラスキン（1985, p.99）は，彼の理論の主要な仮説を次のように述べている。

> テキストは，以下の条件がいずれも満たされる時，ジョークを伝える（a single-joke-carrying）テキストとして特徴づけられる。(1) テキストが，一部にしろ全部にしろ，2つの異なるスクリプトと両立する，(2) テキストが両立しうる2つのスクリプトが，特別な意味で対立している。

つまり，人がジョークを理解しようとした時，ジョークの前フリにおいて記述された出来事が意味をなすように，1つのスクリプトが心のなかで活性化する。しかしながら，ジョークのオチは元々のスクリプトとは両立しえない要素を導入する。これが1つのスクリプトから他のスクリプトへと移行するきっかけとなる。このオチは，聞き手に初めの解釈を思い止まらせ，それとは異なる解釈（すなわち，代替となるスクリプト）が適用可能であると認識させる。そして，このテキストがユーモラスであると受け止められるためには，この第2の，新たに重ね合わされたスクリプトが，初めのスクリプトと対立していなければならない。この時，複数のスクリプトが対立する一般的な方法として次の3つが挙げられる。それは，現実と非現実，常識と非常識，可能性と不可能性である。これは，より具体的な水準では，スクリプトは，善と悪，生と死，猥褻と非猥褻，富と貧，高い地位と低い地位，清潔と不潔，機知と愚鈍といった対によって対立が示される。

ラスキンはこのモデルがどのように働くかを描き出すために次のジョークを挙げている。

「ドクターは，家にいらっしゃいますか？」気管支を患った患者は，ささやいた。「いいえ」医者の若くてかわいらしい奥さんはささやき声で返事をした。「どうぞ，お入り下さい」

ラスキンの理論によれば，このジョークの最初の部分は，患者が，病気を治療するために医者の住まいを訪れており，そのためしわがれた声なのだが，医者が不在であると伝えられるという標準的な「医者」スクリプトを喚起する（これは，おそらく聞き手の意味ネットワークのなかに蓄積される）。しかし，医者の妻が患者を家に招き入れたことは，どう考えても「医者」スクリプトにはそぐわない。このため，聞き手は，先の解釈を思い止まり，そのテキストを再評価する。医者の妻が若くかわいらしいという情報と，その妻が，夫の不在時に患者を家へ招き入れているという情報は，異なった（つまり，「間男」）スクリプトを活性化する。この「医者」スクリプトと「間男」スクリプトは，いずれもテキストと矛盾せず，両立するものであると同時に，これらの2つのスクリプトは互いに性的と非性的という点で対立するものである。結果として，このジョークは，ラスキンによる理論の必要条件を満たすものであり，ユーモラスであると評価されることになる。ここで留意すべきは，ラスキンの理論は，一方のスクリプトが他方に置き換わるというよりも，2つのスクリプトが同時に活性化される点で，シュルツやサルスの不調和解決理論よりも，ケストラーの「二元結合」やアプターの「認知的シナジー」と共通するものだということである。

さらに，アッタルドとラスキン（Attardo & Raskin, 1991）は，ラスキンのオリジナルのユーモア意味スクリプト理論（SSTH）をより広い言語学的な理論へと拡張し，改訂した。これは，一般言語ユーモア理論（General Theory of Verbal Humor：GTVH）と呼ばれており，意味論に加えて語用や談話分析といった言語学の他の領域についても言及している。この改訂された理論は，ユーモラスなテキストの認知的な解釈と分析に必要だと考えられる仮説的なデータベースとして，6つの知識資源（Knowledge Resource：KR）が階層的に配置されていると仮定するジョーク解釈のモデルである。この6つの知識資源は，もっとも抽象的なものからもっとも具体的なものの順に，スクリプトの対立（Script Oppositions：SO），論理メカニズム（Logical Mechanism：LM），状況（Situations：SI），対象（Targets：TA），叙述方略（Narrative Strategies：NS），言語（Language：LA）である。ラスキンのユーモア意味スクリプト理論と共通する

のは，スクリプトの対立（SO）であり，この意味で，ユーモア意味スクリプト理論は，より広い理論である一般言語ユーモア理論のごく一部として位置づけられる。論理メカニズム（LM）は，ジョークにおいて代替となるスクリプトを活性化するために用いられる「ジョークの技術」あるいは「擬似（pseudo）理論」を指す。これらには，図と地の反転，並置（juxtaposition），類推，対句法といったメカニズムが含まれる。状況（SI）は，特定のジョークに含まれる，人，対象，活動といったものを指す。対象（TA）は，ジョークの「標的」，つまり，笑いの種となり，ジョークの犠牲となる者を指す（ただし，すべてのジョークに存在する必要はない）。叙述方略（NS）は，ジョークの「ジャンル」，つまり，種類を指す（たとえば，なぞなぞや説明文）。最後に，言語（LA）はジョークの実際の言い回し，ことばづかいのことである。

　アッタルド（Attardo, 1997）は，一般言語ユーモア理論（GTVH）と伝統的な不調和解決理論との関係性について論じている。そこで，彼は，「2段階（不調和－解決）」というよりも，「3段階（前フリ－不調和－解決）」をジョーク理解のモデルとして主張している。アッタルドは，不調和がスクリプトの対立（SO）の要素と関係し，解決は論理メカニズム（LM）の要素と共通し，そして，前フリがこの2つのスクリプト同士の重なり合いを指すものであることを示唆している。この説明は，解決を不調和以前に現れるものであると考える点で，伝統的な不調和解決理論とは異なっていることに注意して欲しい。つまり，この理論では，（アッタルドが解決であるとした）論理メカニズムが代替となるスクリプトを活性化させ，それが初めのスクリプトとの間に不調和を生起させるというのである。したがって，GTVHは（それが包含するSSTHと同様に），2つの互いに矛盾したスクリプトが同時に活性化されることによってユーモアが生起すると仮定している。このため，ケストラー（1964），アプター（1982），そしてワイヤー（2004）と同様の見方であり，不調和が終了した（つまり，解決された）後にのみ，ユーモアが引き起こされると仮定するシュルツ（Shultz, 1976）やサルス（Suls, 1972）の不調和解決モデルとは異なっているのである。

　また，アッタルドら（Attardo et al., 2002）は，グラフ理論と集合論を用いてさらに論理メカニズムの概念を発展させ，このモデルの系統立った説明を提案している。そして，アッタルド（Attardo, 1998）は，ジョークよりも長いユーモラスなテキストの分析ができるように，一般言語ユーモア理論を拡張した。このために，前フリ（jab-line）とオチ（punch-line），マクロ叙述とミクロ叙述，談話の水準，行束（ひとまとまりの行：strands of lines），行束群（stacks of strands），テキスト間のジョークといったさらなる複数の概念を導入した（これらの概念の説明は，ここでの議論の射程を超えるため割愛する）。この上で，アッタルドは，テレビのホームコメディ番組の一部を

事例として分析することで，このより複雑なモデルがいかに適用できるかを示している。このように，型にはまったジョークに加え，自発的な会話でのユーモアを説明できるように，一般言語ユーモア理論の拡張が試みられている。

以上のような簡単な概観では，ユーモアの言語学的理論を正当に取り扱うものとはならなかったことはあきらかであるが，言語学者によって開発されてきた理論の種類について，心理的観点から興味を示す読者にいくらかでもその意味が伝わったはずである。これらは，心理学的な研究において，検証可能な情報源として潜在的に利用できるだろう。たとえば，アッタルドとラスキンと共同研究を行った心理学者ルフ（Ruch, Attardo & Raskin, 1993）は，一般言語ユーモア理論のいくつかの側面について検証するためのデザインを組み，実証的な検討を行っている。とりわけ，2つのジョークの間でより高い階層の知識資源が異なっているほど，実験参加者に知覚されるジョークの間の類似性は，線形に（直線的に）減少していくという仮説を彼らは検討している。実験参加者は，知識資源の階層の様々な水準で互いに異なっているジョークの対を提示される。たとえば，ジョークに含まれるスクリプトの対立，あるいは，論理メカニズムだけが異なり，それ以外はすべて同一であるような2つのジョークが提示されるのである。そして，実験参加者は，それぞれの対でジョークがどの程度類似しているかを評定するように教示される。その結果は，階層構造のより低い水準で違いがあるジョーク同士で，より類似していると判断されるというものであり，概して予測と適合するという。だが，一般言語ユーモア理論で仮定された知識資源の正確な順序とは，一貫しないものもあることが見出されている。それは，とりわけ理論メカニズムの場合であり，このことは，この側面については理論を修正する必要があることを示唆している。

この他に，イタリアの心理学者，フォラボスコ（Forabosco, 1994）によって，一般言語ユーモア理論（GTVH）を用いた実証的研究が報告されている。フォラボスコは，ユーモア刺激を連続して提示することがジョークのおもしろさを味わうことへ与える影響を検討する2つの実験を行っている。とりわけ，人がすでに見たことがあるのと似たジョークを見た時，連続して提示されるジョークのうち，感じるおもしろさが減少するのかどうかを確かめることに，彼は関心がある。ジョーク同士の類似の程度は，一般言語ユーモア理論の枠組みを用い，ジョークが共有する知識資源の数を変えることによって操作された。予想されたとおり，ジョーク群が類似しているほど，連続提示による影響がみられるという。すなわち，一連のジョークのうち，ジョークが似ているほど系列効果がみられ，先に提示されたものに比べ，後に提示されたものは，感じられるおもしろさが低いと評定された。これらの研究は，ユーモアの言語学理論が

心理学的研究に対して示唆を与えるものとして，いかに利用できるか，そして，言語学理論を心理学的研究の手法によっていかに検証しうるかを例示するものである。

3節　ユーモアにおけるスキーマの研究に対する心理学的アプローチ

意味距離

　認知心理学者は，スキーマ理論に由来する仮説を検討するために，数多くの実証的手法を開発してきた。初期のアプローチにおいては，SD（semantic differential）法に基づく語や概念同士の意味的距離という考え方が利用されてきた。この方法論は，意味が心のなかでどのように表象されているかをあきらかにするための方法として，オズグッドの研究グループによって開発されたものである（Osgood et al., 1957; Snider & Osgood, 1969）。この方法では，大量の実験参加者に，特定の語や概念を，一連の評定尺度（各尺度は反対の意味をもった形容詞対という形で1つの次元を表象している）を用いて評定させている（たとえば，熱い-冷たい，速い-遅い，好ましい-好ましくない，など）。そして，これらの評定値について，評定値の分散の大部分を捉えることができる少数の基本的な次元（因子）を特定するために因子分析が行われている。

　複数の概念についての評定値と，多くの異なる参加者から得られた標本を用いることによって，オズグッドらは直交する基本的な3つの因子を繰り返し見出している。これらの因子は，それぞれ，活動性（能動的な-受動的な），価値（よい-悪い），力量性（強い-弱い）と命名されている。これらの3因子は，人が広い範囲の概念に接する際に，意味を心的に組織化する基本的な次元であると考えられる。このため，この3因子は，人が心のなかで語や概念を貯蔵する，3次元の認知「空間」の次元として概念化することができる。したがって，特定の語や概念のそれぞれの因子への負荷は，この空間のなかでその概念がどこに貯蔵されているかを特定するために利用することができる。つまり，意味の似通っている概念は，3つの因子に対して互いに類似した負荷をもつため，この仮定された意味空間のなかで近接して貯蔵される。これに対して，意味の大きく異なる概念は，互いに異なる負荷をもっているため，離れた位置に貯蔵されることになる。これにより，語や概念の間の意味的距離を，意味的に異なる因子への負荷の違いを利用することで数量化できるのである。この手法によって，認知研究者は，知識や概念の意味が，人の心のなかでどのように組織化されているかを検討することが可能になる。

　ユーモア研究でも，トロント大学のゴドクウィッチ（Godkewitsch, 1974）によって

この方法は，2語の間の意味距離から不調和を数量化する手法として応用されている。実験参加者は，形容詞と名詞の対を提示され，この対のおもしろさとウィットの程度を評定するよう教示される。そして，実験参加者の微笑みと笑いの程度についても観察する。各対の語同士の意味距離については，SD尺度の因子への負荷に基づいて算出される。分析の結果，不調和理論によって予測されるように，意味空間において互いに離れている形容詞-名詞対は，よりおもしろいと判断され，より笑顔を引き起こすことがあきらかになっている。たとえば，意味尺度の因子において，いずれも類似した負荷である語の形容詞-名詞対「幸せな子ども」は，あまりおもしろいとは評定されない。対照的に，中程度の距離である「賢い卵」はよりおもしろいとされ，意味距離が大きい「熱い詩人」は，それ以上におもしろいと評定される。これらの語の対によって引き起こされるユーモアがそれほど大きくはないことは認めざるを得ないものの，ユーモアが，いずれの対に含まれる語同士の意味距離と体系的に関係しているということは，ユーモアの不調和理論を支持するものである。

このような不調和と同様に，単純な言語刺激での解決の概念をモデル化するために，ヒルソンと私は，意味距離の手続きを利用している（Hillson & Martin, 1994）。ヒルソンと私は，意味空間のある次元（不調和）において非常に離れており，かつ，他の次元（不調和の解決）では非常に近接している語の対は，いずれでも離れているものや，すべての次元で近接しているものに比べおもしろいと仮定した。その上で，領域相互作用アプローチと呼ばれる手法を用いている。これは，他の研究者が比喩の研究のために用いているものである（たとえば，Trick & Katz, 1986）。そこでは，ユーモア刺激として，2つの概念を「Aは，Aの領域のBだ」という形で結合する，単純な比喩のような言説を用いる（たとえば，「ジョージ・ブッシュは，首脳界のハゲタカだ」といったもの）。用いられた領域は，俳優，首相，鳥，自動車会社，食物，雑誌であり，そしていずれの領域でも，4つの名詞を用いている（たとえば，シルベスター・スタローンとウディ・アレンは，俳優のうちの2つということになる）。

この名詞と領域の名前に対する，ある実験参加者の集団によるSD評定を因子分析した結果，4つの因子が見出されている。これらのうち，2つの因子は領域-識別因子と命名されている（つまり，同じ領域内の名詞では，これらの2つの因子においては非常に似通った負荷が見出され，異なる領域からの名詞はより負荷に距離がみられる）。一方，これ以外の2つの因子は，領域-非識別因子であると命名されている（つまり，同じ領域内の名詞であっても，これらの因子においては負荷がまったく異なる）。これらの因子負荷に基づいて，（領域-非識別因子の負荷を用いる）領域内距離と（領域-識別因子の負荷を用いる）領域間距離という2種類の名詞間での意味距離が計算

された。すなわち，領域間距離によって不調和を操作的に定義でき（距離が長い＝不調和の程度が大きい），領域内距離によって不調和の解決を操作的に定義できる（距離が短い＝解決の程度が大きい）と想定したのである。

続いて，ヒルソンと私は，異なる領域の名詞対を用いた比喩のような文章を作成し，先の実験参加者とは別の集団に，これらの対のおもしろさを評定させている。予想されたとおり（そして，ゴドクヴィッチ〔1974〕の知見と一貫して），それぞれの文章に含まれる名詞対の領域間距離（不調和）は，ジョークのおもしろさの評定との間に有意な正の相関が見出された。すなわち，領域間距離が大きい名詞対ほど，よりおもしろいと評定されたのである。一方，領域内距離（解決）でも，予想されたとおり，おもしろさの評定を予測する上で，おもしろさとの単純な相関はみられず，領域間距離との有意な交互作用が見出されている。とりわけ，領域間距離（不調和）が大きく，領域内距離（解決）が小さい場合に，文章はもっともおもしろいと評定された。たとえば，ユーモア評定の平均値が比較的高いとされた文章は，「ウディ・アレンは，俳優界のキッシュ（チーズ，ハム，海鮮，野菜を使ったフランスのパイ料理）だ」というものである。ウディ・アレンとキッシュの間で領域間距離は長い（この次元では，俳優は料理と非常に異なっている）。しかし，領域内距離は短い（ウディ・アレンとキッシュはそれぞれの領域で，いくつかの点で非常に似通っている）。つまり，このような文章には，不調和が存在するものの，不調和に対するある種の解決も存在している（すなわち，何らかの形で不調和が「意味を成す」）のである。

意味距離のアプローチは，単純な言語の素材に対するおもしろさの評定を体系的に予測することができるため，ユーモアの関連する次元を捉えているように思われる。また，このアプローチは，不調和や解決以外にも，ユーモアに関連する様々なパラメータを検討するための方法として有用であろう。しかしながら，この手法には限界もある。それは，このアプローチが提供するのは，意味の組織化についての静的な素描だけあり，これゆえ，ユーモラスな情報が処理されていく際に，認知的な構造（スキーマ）が活性化される過程を検討するためには有用ではないということである。また，この手法では，組織化された意味空間が，すべての人に共通していると仮定し，多くの実験参加者の評定が平均化されているため，ユーモア理解における個人差の研究には用いることはできない。加えて，この手法は，複雑な実際のジョークや自然な形で生み出されたユーモラスな素材ではなく，あくまで単語対からできた単純な「擬似（pseudo）ジョーク」を研究する時にのみ利用できる。

意味プライミング法

　最近になって，認知心理学者は，より自然な刺激を用い，リアルタイムでスキーマの活性化を研究するためのより洗練された実験手法を数多く開発してきている。このような手法の例として，先行する情報にさらされた結果としてある特定のスキーマが活性化された（プライムされた）かどうかを測定する，語彙決定課題の利用が挙げられる。この課題において実験参加者は，コンピュータの画面に提示されるつづりが，実際にある語か無意味つづり（ランダムなつづり）かを，それぞれの選択肢と関連づけられた2つのキーのいずれかを押すことで，できるだけ早く指摘するように教示され，応答を示すまでの反応時間がミリ秒単位で計測される。

　従来，語彙判断課題を用いた研究では，ターゲットとなるつづりが，単語を構成している場合の試行においては，画面上の単語が，先行して活性化された（「プライムされた」）スキーマに意味的に関連していると，関連していないスキーマの場合と比べ，実験参加者はより早く反応する——おそらく，情報が心のなかで敏速に接近可能な状態にある——ことが示されている。たとえば，仮に実験参加者が猫について考えていると（それゆえ，猫のスキーマが活性化されると），自動車について考え，自動車のスキーマが活性化されている場合に比べ，**頬ひげ**という単語により素早く反応するだろう。このため，この方法論を用いることで実験者は，ある特定の時点で，特定のスキーマが実験参加者のなかで活性化しているか否かを測定することができる。たとえば，心理言語学者は，人が談話テキストを読んでいる時に，様々なスクリプトがどのように活性化されるかを特定するために，このような語彙決定課題を利用している（たとえば，Sharkey & Mitchell, 1985）。

　ユーモア理解の研究においても，近年，心理言語学者は，語彙決定意味プライミング課題といった手法を使い始めている。たとえば，テキサスA＆M大学のヴァイドらの研究グループ（Vaid et al., 2003）は，ジョークを読んでいる間のスキーマの活性化を研究するために，この手法を用いている。不調和理論に基づき，彼らは，ジョークの前フリの間に，初めのスキーマ（S1）が活性化され，ジョークの後部で，第2の驚く，あるいは不調和をきたすスキーマ（S2）が活性化されると仮定している。たとえば，先述の患者と医者の妻についてのジョークでは，S1は，「医者」スクリプトであり，S2は，「間男」スクリプトである。これらの研究者は，S2が前フリを読んでいる間の比較的早い段階で活性化されるのか，それともオチが提示されるまで活性化されないのかを特定することに関心をもっている。また，S2がS1に置き換わるのか，それゆえ，S2のみがジョークの終わりまで残っている（「選択注意」の立場）のか，それとも，S1とS2のいずれもが，ジョークの終わりにいたるまで同時に活性化され続

けている(「同時生起」の立場)のかを特定することが目的である。この疑問は,不調和解決理論から導かれる対立した予想——サルス(1972)やシュルツ(1976)が提唱する不調和の後に解決がみられるとする理論と,アッタルドとラスキン(1991)やワイヤーとコリンズ(1992)が提唱する同時活性化を想定した理論——と関連している。

ヴァイドらは,実験参加者にコンピュータの画面に映し出された一連のジョークを提示した。いずれのジョークも,3つの部分に分けられており,初めの2つが前フリの部分であり,最後の三番目がオチの部分である。いずれの区分の後でも,第1のスキーマ(S1)あるいは第2の(不調和をきたす)スキーマ(S2)のいずれかに意味的に関連する単語を含んだ語彙決定課題が,実験参加者に提示される(使用するスキーマには,異なる参加者による事前テストによって特定されたものを用いる)。もし,ジョークに含まれる特定の区分の後で,単語-非単語を弁別する反応時間が,ベースライン試行における反応時間と比較して短くなるならば,その時点までのジョークの処理において特定の単語と関連したスキーマが活性化されたことを示すことになる。

この実験の結果,第1のスキーマ(S1)は,ジョークに含まれる初めの2つの区分が提示される間に(つまり,前フリの最中に)活性化されるのに対して,不調和をきたす第2のスキーマ(S2)は,第2の区分において(つまり,前フリの後半において)活性化されることがあきらかになっている。しかし,予想外なことに,最終の区分(オチの直後)においては,S1,S2のいずれに関連するスキーマも活性化されないことが見出されている。この結果は,説明することが難しい。この結果は,ジョークの終わりまでに,S2がS1よりも強く活性化されるわけではないため,「同時生起」の見方を支持するものにもみえる。だが,その一方で,最終部分でいずれのスキーマも活性化されないことは,いずれの仮説とも一貫しないものである。この知見については,確かな結論を下す前に,追試を行う必要があるだろう。ただ,S2がオチの前によくプライムされたという知見は,不調和を見出す前であっても,潜在的に多くのスキーマが活性化していることを示唆する点で興味深い。この知見は,第3章で議論したように,オチを聞く前に,ジョークの受け手が期待していない——不調和解決理論が示唆するもの——というよりは,ジョークの「本当の」意味をあらかじめ予想しているという,ケニー(Kenny, 1955)やポリオとメルス(Pollio & Mers, 1974)の知見と一貫したさらなる証拠を提供するものであると考えられる。

第2実験において,ヴァイドら(2003)は,実験参加者がジョークの意味を処理するために十分な時間を与え,ジョークを提示してから4秒以上経過した後での2つのスキーマの活性化を同じ手法によって検討した。その結果,第2のスキーマ(S2)のプライミングがみられたものの,第1のスキーマ(S1)にはみられないことがあきら

かになった。これらの知見は，ジョークが完全に処理された時には第2のジョークの意味のみがプライムされたことから，選択注意の見方を支持するようである。しかしながら，この研究では，ジョークの終わりに近接した時間を扱った語彙決定課題を含めていないため，これらの結果は，決定的なものとはいえない。これらの研究を追試し，ジョークの提示中のあるいは，提示後といった複数の時点でのスキーマのプライミングについて検討する研究が今後必要である。

　スキーマの活性化についての心理言語学的な研究のために開発されたその他の手法も，ユーモアに関連する研究課題に適用できる。その1つの例として，クロスモーダル（感覚様相間）語彙プライミング課題が挙げられる。スチュワートとヘレディア（Stewart & Heredia, 2002）は，比喩の理解する間のスキーマの活性化を研究するためにこの手法を利用している。この手法では，音情報（たとえば，ジョークやおもしろい談話）が，実験参加者にヘッドフォンを介して提示され，まさに音情報が提示されている間に，様々なスキーマと関連する検査用の単語がコンピュータの画面に視覚的に提示される。参加者は，これらの単語をできるだけ素早く読むように教示され，語を読む反応時間が記録される。その時点で活性化しているスキーマに意味的に関連している語は，関連していない語に比べ，より素早く読まれるため，特定のスキーマがプライムされているか否かを検証するもう1つの方法となる。

　これ以外の手法として，断片語完成テスト（Word Fragment Completion Test）が挙げられる（たとえば，Giora & Fein, 1999）。この手法では，実験参加者は，断片的な（部分的につづられている）単語について，最初に思いついた語として完成させるように教示される。その時点でプライムされているスキーマにごく関連している語は，より素早く完成される。したがって，これらの手法は，特定のスキーマが，ジョークやユーモラスなテキストが処理される間の特定の時点で活性化しているか否かを判断するために利用することができる。

　これまで概観してきたとおり，これらの種類の技法は，ユーモラスなテキストを処理する際に生起するスキーマの活性化の時間的経過に関する個別の仮説を，研究者が検証することを可能にし，ユーモアの認知的研究にとって非常に有用であると期待できる。観察されたパターンを明確にし，探求の視野をより広げるために，ヴァイドら（2003）による最初の知見について追試する研究が必要である。また，ヴァイドらは，未だ解明されていない数多くの研究課題を挙げている。それは，スキーマの活性化の正確なタイミングや継続時間，ジョークの処理における個人差の役割，ユーモラスな素材に出会うことを実験参加者が期待しているかどうかの操作，ジョークの処理における意味の活性化が方略的制御と自動的制御のいずれによるものかの程度，そして，会

話のなかで自発的に生起したユーモア（たとえば，皮肉や機知）といったジョーク以外の種類のユーモラスなテキストに関係している問題である。これらの種類の研究は，ユーモアに含まれる認知的過程の理解をより豊かにすることに加え，ユーモアの基礎としての不調和と不調和解決についての議論といった，長年に渡って紛糾している議論を扱うことを助けることにもなる。

4節　会話上のユーモアの認知的プロセス：皮肉と嫌味

　従来，ユーモアの認知的側面についての理論的研究，実証的研究は，特にジョークに注目してきた。たとえば，アッタルドとラスキンの一般言語ユーモア理論は，そもそもジョーク理解を説明するためにデザインされたものである。しかしながら第1章で述べたように，我々が日常生活のなかで出会うほとんどのユーモアは，「お決まりの」ジョークの形式をとってはいない（Martin & Kuiper, 1999; Provine, 2000）。多くの日常的なユーモアは，たとえば，機知に富んだ即興的な受け答え，ことばあそび，冗談，からかい，皮肉，嫌味，言い間違い，いたずら，ヘマといった，人々が互いにやりとりしている際の，自発的な意図的・無意図的な言語・非言語的な行動によって生起する（Long & Graesser, 1988; Norrick, 1993, 2003）。ジョークは文脈から独立で，自己完結しており，多くの会話の文脈において話すことができるので，比較的容易に分析ができ，実験的な研究へも導入しやすい。しかしながら，会話上のユーモアは，常に変化している社会的な文脈に依存しており，それゆえ理論家や研究者にとって取り組むのがより困難なものである。だが，近年，この領域について，認知心理学者（とりわけ心理言語学者）と言語学者（初め語用論と談話分析の領域で研究していた言語学者）によって，理論的，実証的研究が多少なりとも行われている。たとえば，ワイヤーとコリンズ（Wyer, 2004; Wyer & Collins, 1992）は，ユーモア生成の理解精緻化理論が，多くの種類の機知に富んだ発言，意図しないユーモアに加え，非言語のユーモアですら説明するために利用できることを示した。同様に，ノリック（Norrick, 1986）は，いわゆるジョークだけではなく，機知に富んだ即興的な受け答え，皮肉，そして一行ジョークを含んだ，会話上の多様な機知に富んだ発言に対してスキーマの対立理論を適用した。また，リップマンとダン（Lippman & Dunn, 2000）も，駄じゃれの感知と記憶について一連の実験を行っている。

　近年，理論的，実証的に注目されている会話上のユーモアの一形式として，皮肉がある。皮肉とは，発言とは正反対の内容を相手に伝える言葉の綾である。たとえば，寒々

しく悲惨な日に「なんて素晴らしい日なんだ！」と言った人は，実際には，「なんてひどい日なんだ！」ということを伝えているのである。皮肉は，いつもおもしろいとは限らないが，ユーモアの素材となりうる。皮肉は，嫌味と密接に関連しており，発言が嫌味となるかは，「通常，個人に向けられる，手厳しく，辛辣な，あるいはその他の皮肉的な言葉」としての効果があるかどうかに依存している（Gibbs, 1986, p.3）。たとえば，誰かが不親切な相手に「おまえはホントよい友だちだよな」といった時，これは皮肉であり，また，嫌味でもある発言となる。

　テル・アヴィブ大学の心理言語学者，ジオーラ（Giora, R.）は，語用論に基づき，主として皮肉に注目したユーモアの段階的顕著性理論（Graded Salience Theory；訳注：発言の意味を理解する際に，注意が向けられる意味が顕在的なものから次第に潜在的なものへと段階的に移り変わると想定する理論）を提唱した。ジオーラ（Giora, 1985, 1995）は，人が会話（「談話」）に参加している際にしたがう暗黙の規則があることを示唆した。それは，(1) すべてのメッセージは，会話の話題と関連しなければならない（関連性の要件），(2) 連続したメッセージは，それ以前のものより，次第に情報を増さなくてはならない，情報が減ってはいけない（段階的な情報付加の要件），(3) 先の2つの規則からの逸脱は，「ところで」や「結局のところ」といった接続詞を用いて，顕在的に「明確化」されなければならない。会話のなかで他者の発言の意味を理解しようとする時，我々は，「段階的な顕著性原則」——すなわち，顕著な意味（すなわち，より慣習的で，一般的で，馴染みのある，原型としての意味）が常に最初に活性化されるという原則——にガイドされる。だが，顕著な意味が，文脈と適合しない（意味をなさない）と，より顕著でない方の意味が活性化される。そして，この活性化された意味は，保持されたり，関連のないあるいは秩序を乱すものとして抑圧されたり，あるいは，失われてもよいとされる，という文脈的な統合の段階がある。

　ジオーラ（1995, 1998）によれば，会話のなかでの皮肉な発言は，会話の現在のトピックについて情報を示すため，関連性の要件を満たす。しかし，皮肉な発言は，突出した情報が多すぎる，あるいは，少なすぎるような，ありえそうにないメッセージを提示するものであるため，段階的情報付加の要件に反している。この皮肉的な発言を理解するためには，聞き手はまずその発言の突出した（文字どおりの）意味を活性化するものの，これが文脈において意味をなさないため，次に「言及されていない」解釈（「含意」）を活性化しなければならず，この両方の意味が，比較されるために活性化されたままとなる。活性化された2つの意味の間にある不調和によって，皮肉はユーモラスなものとなる。皮肉の説明に加えて，ジョークの理解に対しても，ジオーラ（Giora, 1991）は段階的顕著性理論を当てはめている。この理論は，ラスキン（1985）

のスクリプトに基づく理論と似通っている部分も多いものの,ジオーラの理論は,ユーモアの社会的文脈も考慮することで,ジョークと関係しないユーモアにより適用することが可能である。事実,ノリック（Norrick, 2003）は,ジオーラの理論を,駄じゃれや楽しい逸話を含む,多様な会話のなかでの認知に適用している。

ジオーラの理論は,皮肉的な発言の理解には,2つの意味の活性化が含まれるため,皮肉でない発言の理解に比べ時間がかかること,また,両方の意味は,皮肉的な発言の「本当の」意味が理解された後にも活性化したままであることを示唆している。これらの予測は,他の理論（たとえば,Clark & Gerring, 1984; Gibbs, 1994; Sperber, 1984）が,文脈についての情報が十分に与えられれば,皮肉（そして,その他の字義通りでない言語）が,字義通りの言語と同じように処理される（処理均等仮説〔Processing Equivalence Hypothesis〕として知られている）と想定していることとは対照的である。この観点によれば,皮肉の理解においては皮肉的な意味のみが活性化されるため,字義通りの言語の理解と比べても,時間が長くかかることはないことになる。

いくつかの研究（Gibbs, 1986）では,処理均等仮説を支持する知見が得られているものの,ジオーラ（1995）は,これらの知見を自身の理論から再解釈している。加えて,ジオーラらは,段階的顕著性理論を支持し,処理均等仮説と対立する証拠を示すいくつかの実験を行っている。たとえば,ジオーラら（Giora et al., 1998）は,発言が皮肉的なバイアスのある文脈（すなわち,ストーリーの最後で,発言があきらかに皮肉として受け止められるような文脈）においては,字義的なバイアスのある文脈（先行する話が字義的な解釈を支持する文脈）に比べ,同じ発言であっても読むためにより長い時間がかかることを示し,皮肉の理解ではより多くの処理が行われることが支持されている。先述の語彙決定意味プライミング法を用いた別の実験においても,字義的なバイアスのある文脈では,文章の字義的な意味のみが活性化されるが,皮肉的なバイアスのある文脈では,文章の皮肉的な意味と字義的な意味の両方とが活性化されていることがあきらかにされている。さらに,ジオーラとフェイン（Giora & Fein, 1999）は,意味の活性化を検証するために断片語完成手続きを用いた実験でも同様の結果を見出している。

この問題について,最近の研究では,処理均等仮説と段階的顕著性仮説との間の対立は,社会的な文脈を考慮することで解決できるのではないかと示唆されている。ウェスタンオンタリオ大学の心理学者カッツ（Katz, A.）の研究グループは,個人が,関係性の程度や会話の参加者同士で共有された知識といった個人間の文脈に関する情報が提供された際に,嫌味な発言がどのように処理されるかについての研究をまとめている（Katz et al., 2004）。これらの研究は,人が発言を嫌味として認識する際の速度

は，文脈についての先行する情報に依存していることを示している。

　たとえば，いくつかの研究では，ある発言が男性によるものであると教示された場合，実験参加者は，嫌味な発言を読む際に字義的な発言を読むよりも時間がかかることはない（処理均等仮説を支持する）。これに対し，この発言が女性によるものであると教示された場合，嫌味な発言を読むほうがより時間がかかる（段階的顕著性仮説を支持する）。これらの知見は，男性は一般に嫌味を用いるものであると受け止められているため，男性による発言の嫌味の意味は，あらかじめ理解する過程で利用しやすいことを示唆する。対照的に，女性が嫌味な発言をした時，嫌味な意味に到達する以前に，字義的な意味が字義通りに活性化しやすく，結果として処理により時間がかかると考えられる。これと同様の違いは，実験参加者が話し手の職業についての情報を与えられている場合と，与えられていない場合の処理時間においても見出されている。嫌味な発言は，話し手がコメディアンや工場労働者として記述された場合に非常に素早く処理されたが，話し手が司祭や教師——典型的に嫌味を言う機会が少ないとみられる職業——であると記述された場合には，より長い処理時間が必要であった。

　カッツら（Katz et al., 2004）は，これらの知見を説明するために，制約充足（constraint-satisfaction）モデルを提唱している。この理論によれば，社会的な文脈についての異なる情報源（すなわち，制約）は，発言の異なる可能な解釈（たとえば，字義的か嫌味か）が支持できそうな程度を提示する。そして，これらの制約は，文章が処理されるのと平行して処理されている。制約がすべての側面で1つの解釈を支持できそうだと示していれば，選択肢間の競合は素早く解決される。しかし，制約が異なる選択肢について，ほぼ同数の支持を示していると，解釈にはより長い時間がかかる。すなわち，皮肉や嫌味な発言が発せられた社会的文脈が，これらの発言が解釈される際の効率性を決める重要な役割を果たすというのである。もし，制約が示す支持が，初めからまっすぐユーモラスな解釈に向かっていると，ユーモアの不調和は非常に素早く解釈されることになるだろう。

　近年，これ以外にも，ユーモラスな字義通りではない言語の理解についての心理言語学的な研究では，人間関係の文脈を考慮することの大事さについてのさらなる証拠が示されている。たとえば，カルガリー大学のペックスマンとズワイズヌ（Pexman & Zvaigzne, 2004）は，参加者同士の親密さが，「皮肉な侮辱」と「皮肉なお世辞」の理解へ与える影響を調べている。皮肉な侮辱とは，批判として受け止められることを意図したポジティブな発言（たとえば，誰かが親切にしてくれなかった時に「君はよい友達だなあ」と言うこと）であり，皮肉なお世辞とは，ポジティブに受け止められることを意図したネガティブな発言（たとえば，誰かがホームランだけで得点した時

に「野球ができなくて残念だったよ」と言うこと)である。実験参加者には，親密な友人か，それとも，ちょっとした知り合いのいずれかが，ポジティブ／ネガティブな状況で，ポジティブ／ネガティブな発言をしているという内容の写真を見せられ，いくつかの次元について，これらの発言を評定するように教示される。

　予想された通り，発言のポジティブさが文脈のポジティブさと不調和を引き起こした時(たとえば，ネガティブな文脈でのポジティブな発言がなされた時)，この発言は，発話者が親しい友人であっても，ちょっとした知り合いであっても，実験参加者に皮肉として受け止められる。しかしながら，友人関係の親密さは，これらの皮肉な発言に対して知覚されるおもしろさに影響しているという。つまり，親密な友人の間での皮肉は，ちょっとした知り合いとの間での皮肉に比べ，よりユーモラスであると評定される。そして，これの効果は，とりわけ，発言が皮肉なお世辞である時にみられる。親しい友人間での皮肉は(ちょっとした知り合いに比べ)，好意的なからかいであると受け止められやすく，友人同士の関係性に，ポジティブにもネガティブにもあまり影響しないと評定される。興味深いことに，皮肉なお世辞は，字義的なお世辞に比べポライトネス(丁寧さ)が低く評定されるのに対し，皮肉な侮辱は，字義的な侮辱に比べポライトネスが高く評定される。このすべての結果を踏まえ，ペックスマンとズワイズヌは，皮肉という形式をとるユーモアは，親密な関係性を構築し，維持する役割を果たすと結論づけている。加えて，人間関係の親密さや連帯感は，これらの字義的でない発言を理解するために必要な二次の推論を促進することで，発話者の皮肉な意図を解釈するための情報としての機能をもつ。このように，皮肉の理解には，言語的な要因に加え，社会的な要因が重要なのである。

　このように，全体的にみて，近年では心理言語学者の間で皮肉や嫌味の理解に含まれる認知的過程に関した議論がなされ，これをきっかけとして相当量の興味深い研究が行われている(レビューは Creusere, 1999 参照)。さらに，心理学者はジョークの研究を超えて，日常の会話でみられるユーモアへと研究対象を移しつつあるため，言語的な要因と同様に，ユーモアの認知的処理における社会的要因の影響について検討していくことを通して，人間関係の文脈を今後ますます考慮するようになるだろう。また会話のなかでみられる皮肉や嫌味以外の種類のユーモアについての研究でも，人間関係の文脈を考慮して研究していくことが望まれる。そのなかで，これまで議論してきたスキーマの活性化を検討する手法は，この領域でのさらなる創造的な研究を行うための有用なツールとなる可能性を秘めている。

5節　ユーモアの認知への影響

　ここまでは，ユーモア理解に含まれる認知過程を検討してきた。ここで，認知の他の側面（とりわけ，創造性と記憶に焦点化して）へユーモアが与えうる影響についての議論へと話題を移すことにしよう。

創造性

　多くの理論家や研究者が，ユーモアと創造性との関係について指摘している。ケストラー（1964）は，ユーモアが科学的発見や芸術的創造と同様に，いずれも先述の二元結合という過程を含んだ創造性の現れであると考えている。不調和，驚き，そして，新奇性といった要素は多くの理論家によってユーモアの必要条件であると考えられており，これらはまた創造性の理論家によって，創造性を定義する特徴であると考えられている（たとえば，Besemer & Treffinger, 1981; Mednick, 1962）。このように，ユーモアと創造性には，いずれも視点の転換，すなわち，新たなものの見方をすることが含まれている。事実，多くの創造性についての研究者は，ユーモアを本質的に創造性の一種であると考えている。それゆえ，創造的な能力や創造的なパーソナリティの尺度のなかには，ユーモアを評価する項目を含んでいるものもある（たとえば，Davis & Subkoviak, 1975; Torrance, 1966）。

　また，実験参加者がつくり出したユーモラスなものに含まれる創造性についての研究もいくつかなされている（Derks, 1987; Derks & Hervas, 1988）。ムードックとガニム（Murdock & Ganim, 1993）は，ユーモアと創造性についての理論的な文献をレビューし，ユーモアが創造性の部分集合であると結論づけ，同様の概念的枠組みをもって研究することを奨励している。しかしながら，オークインとデルクス（O'Quin & Derks, 1997）は，この見方に反対している。先行研究の知見に基づいて，両者には理論的なつながりがあるものの，創造性とユーモアとは別個の，しかしながら，部分的に重なり合う領域であると考えるべきだと結論づけている。

　多くの研究が，特性としてのユーモアセンスの尺度と創造的特性・能力についての尺度との間の関係を検討している。その結果，両者には中程度の関係があることが示されている（レビューは O'Quin & Derks, 1997 を参照）。つまり，よりユーモアセンスがある人は，他の領域において，より創造的であるという傾向がみられるのである。ただし，これらはあくまで相関研究であり，因果的に影響力をもつということを示すものではない。事実，オークインとデルクス（1997）は，両者が関係しているのは，知

能といった第3の変数が共通して影響することによる可能性を指摘している。ともかく，本節では，特にユーモアが創造性へ与える影響について考えたい。すなわち，人はユーモアにさらされることで，より創造的な思考ができるようになるのかどうかについて考えていこう。ユーモアが創造性に影響する可能性として，少なくとも2つのメカニズムが考えられる。それは，第1に，ユーモアが生起する過程に含まれる，不調和を処理する際の柔軟な思考プロセスや複数のスキーマの活性化が，創造性に必要な柔軟で多様な思考を促進するというものである（Belanger et al., 1998）。そして，第2に，ユーモアと結びついたポジティブな情動（すなわち，「楽しさ」）が，緊張や不安を低減し，結果として，堅苦しく考えることがなくなり，多様な素材を関連づけ，統合することができるようになるというものである（Isen et al., 1987）。

人はユーモアにさらされると創造性の素質を高めることが，多くの研究で示されている。イスラエルの心理学者，ジップ（Ziv, 1976）は，10年生の生徒を対象に，人気のあるコメディアンの録音を聞かせた子どもと，ユーモラスでない活動に参加した子どもとの間で，2種類の言語的な創造性を調べるテストの成績を比較している。その結果，統制群に比べ，ユーモア条件の子どもは，総合的な創造性に加え，思考の流暢さ，柔軟さ，独創性についての得点が有意に高いことが示されている。

1980年代，メリーランド大学のアイゼンの研究グループは，ポジティブな情動が，創造性を促進的する影響を検討した一連の研究を行っている（Isen et al., 1987, 1985）。これらの研究において，創造性は，遠隔連合テスト（Remote Associate Test），非日常語の連合，創造的な工夫が必要な問題解決課題を含む様々な方法で測定された。アイゼンらは，彼らの知見を，ユーモアに特化したものというよりポジティブな感情一般によるものであると概念化しているものの，これらの研究では，ポジティブな情動を引き起こす1つの方法として，コメディ映画を用いている。大まかな結果としては，実験参加者は，コメディを視聴した群では，情動的に中立，あるいはネガティブな統制群と比較してより創造的な反応がみられた。この結果は，ポジティブな情動がユーモラスでない方法によって喚起された場合でもみられたため，ユーモアの創造性を促進する効果は，ユーモアにおける複数のスキーマの活性化が，認知的な柔軟性を増すといった認知的なメカニズムというよりも，楽しさ（ユーモアの情動的な内容）による，認知への影響であるようである。これ以外の研究でも，ポジティブな情動の状態（ユーモアに関連した楽しさを含む）が，記憶，判断，リスクを冒す意思，認知的体制化，そして，意思決定といった多様な認知過程に影響することが示されている（Isen, 1993, 2003; Isen & Daubman, 1984）。

以上のように，これまでのところ，ユーモアにさらされることが創造的な思考を促

進すること，そして，その効果がユーモアに結びついたポジティブな情動（すなわち，楽しさ）に媒介されている可能性を示す証拠がある。これらの知見は，教育やビジネス（第11章で議論する）といった領域での創造的な思考や問題解決を促進するために，ユーモアを応用するための実践的な示唆となるだろう。

記憶

ユーモアは，記憶を促進するのであろうか？ より端的には，ユーモラスな素材は，ユーモラスでないものに比べ，よく思い出されるのであろうか？ 教育者や広告関係者は，ユーモラスな講義や広告が記憶へ有益な効果をもつと長い間信じてきた。ユーモアが記憶を促進すると期待されるのには以下のような理由が挙げられる（Schmidt, 1994）。第1に，ユーモアと結びついたポジティブな情動は，ユーモラスでない情動的な覚醒で示されているのと同様に，記憶にポジティブな効果をもっている。第2に，ユーモラスな不調和に含まれる新奇性や驚きが，刺激に向けられる注意を増す。第3に，ユーモラスな素材は，ユーモラスでないものに比べリハーサルされやすく，結果として，保持が増す。最後に，ユーモアは，検索方略に影響し，ユーモラスでない素材よりも前にユーモラスなものが検索されるようにバイアスをかける。

ユーモアの記憶を促進する効果についての初期の研究――教育（Kaplan & Pascoe, 1977; Kintsch & Bates, 1977）や広告（Duncan et al., 1984; Gelb & Zinkhan, 1986）を扱っている――では，はっきりとした結果は得られなかった。だが，これらの多くには共通した問題点，すなわち，記憶されるべき素材の情動的な内容といった潜在的に交絡した要因を統制する適切な操作が行われていないという問題点があった。近年，中部テネシー大学の心理学者，シュミット（Schmidt, S.）が，ユーモアによる記憶の促進効果を示す，よく計画された一連の実験を実施し，関連したメカニズムに関する対立した多くの仮説を検討している（Schmidt, 1994, 2002; Schmidt & Williams, 2001）。

一連の6つの実験において，シュミット（1994）は，ユーモラスな文章とユーモラスでない文章のリストを実験参加者に提示することで，ユーモアによる文章記憶への影響を検討している。文章間でのユーモアでない側面にある潜在的な違いを統制するために，同一の文章のユーモラスなバージョンと，ユーモラスでないバージョンが用いられた。予備調査によって，奇妙さ，困難さ，有意味性，親しみやすさの評定において違いがないのに対して，ユーモアの評定は大きく異なることを確かめている。そして，ユーモラスでない文章よりもユーモラスな文章は，両方の種類の文章に提示された時，よりよく再生されることがあきらかになった。実のところ，このようなユーモラスな文章の再生が促進される効果は，同じリストのなかにあるユーモラスでない

文章記憶への注意配分が劣ることが原因しているようである。言い換えれば，ユーモラスな文章とユーモラスでない文章とが同じリストで提示された時，文章が個別に提示された時の成績と比べ，参加者のユーモラスな文章の再生成績はよく，ユーモラスでない文章の再生成績は悪かったのである。だが，これら2つの種類の文章が同種のリストに別々に提示された時，両者の再生において違いはみられなかった。この結果から，ユーモラスな文章の記憶に組み込まれたメカニズムとして，シュミットは，単純な覚醒，驚き，検索によるという仮説ではなく，ユーモラスな素材は，そうでないものに比べ，注意が配分されやすく，リハーサルされやすいという仮説が支持されると結論づけている。

　さらに，シュミットとウィリアムズ（Schmidt & Williams, 2001）は，ユーモラスな文章の代わりに漫画を用いてユーモアが記憶へ与える影響を検討している。実験参加者は，オリジナルの漫画の要点を，ユーモラスでない，あるいは，同じ漫画の「改変した」バージョン（しかしおもしろくない）よりも再生できる。だが，これらの記憶の違いは，表題の正確なことばづかいといった，漫画の詳細な情報についてはみられない。また，ユーモアがもつ記憶への効果における生理的な覚醒の役割を検討するために，シュミット（Schmidt, 2002）は，漫画の刺激を用いて，実験参加者の心拍を測定する追試を行っている。その結果，デッカーズとヒリシク（Deckers & Hricik, 1984）による予測に反してユーモラスな素材に対しては定位反射が促進されることは支持されていない。しかし，ユーモラスな漫画を見る際に，二次性徐脈（訳注：心臓以外の原因で生じる脈拍の減速）が大きくなったことは，ユーモラスでない刺激とユーモラスな刺激の符号化において異なる処理が行われていることを示唆している。これらの知見は，全体としては，ユーモアが記憶を助ける手法や記憶補助としての機能をもち，その結果，情報をより精緻化し，それゆえ長期記憶への転送とそこでの貯蔵を促進するということを示唆するものである。

　もし，ユーモアが記憶を助けるのならば，ジョークを思い出すことがしばしば難しいのはなぜだろうか。シュミットとウィリアムズ（2001）は，彼らの知見がこの現象を説明する上で有用であると述べている。すなわち，素材の要点については，注意が配分され，リハーサルもされることで，ユーモアは記憶を促進するものの，その一方で正確なことばづかいといった詳細については，これらが起こらず促進することはない。つまり，ジョークのおもしろさは，それが大まかにどのようなものであるかについては記憶を助けるものの，オチの正確なことばづかいについては記憶を助けるものではないのである。このため，ジョークを後で思い出すためには，ジョークを記憶するために，反復した維持リハーサルや精緻化リハーサルが必要となるようだ。シュミット

とウィリアムズは，ユーモアを引き起こさない奇妙な漫画は，記憶には影響しないという実験結果から，従来の研究で指摘されている，奇妙なイメージが記憶を助ける効果（「奇妙さ効果」）は，奇妙さ自体というよりも，おもしろさによるものであることも示唆している。

　ウィリアム・アンド・メアリー大学のデルクスの研究グループは，シュミット（1994）と同様の実験上の手続きを用いて，「傾向的」（つまり，性的な，あるいは，攻撃的な）ユーモアと，傾向的でないユーモアとを比較し，両者が記憶に及ぼす相対的効果を検討している（Derks, Gardner & Agarwal, 1998）。彼らは，シュミットが示したユーモラスな素材の記憶を促進する効果についての知見を部分的に追試している。そして，傾向性による強い影響を見出し，セクシャリティや攻撃性といった情動的に覚醒させる要素が，記憶効果をさらに促進することを示している。リップマンとダン（2000）もまた，駄じゃれを用いてユーモアの記憶を促進する効果に関する証拠を見出している。

　以上のように，これらの研究は，ユーモラスな情報とユーモラスでない情報とが同時に提示された時，ユーモラスな情報がユーモラスでない情報よりも，再生されることを示している。しかし，ユーモラスな素材のみが提示されると，記憶に及ぼす効果はみられなくなる。このため，ユーモラスな素材がより再生されるのは，同時に提示された，ユーモラスでない情報についての記憶を犠牲にしているようだ。これらの知見は，潜在的には教育や広告への示唆を含んでいる。たとえば，ユーモアは，ユーモラスな情報の記憶を促進するものの，講義や広告に含まれるその他の情報についての記憶を打ち消す可能性がある。したがって，ユーモアは，授業の内容や製品と統合されたものでなければならない。さらに，ユーモアを絶えず利用しても，記憶の保持へ与える影響はわずかしかない。ユーモアは，このように利用するのではなく，背景や周辺的な素材ではなく，重要な概念を説明するために利用すべきである。

6節　ユーモアへの計算論的アプローチ

　ユーモアをつくり出し，かつ／または，理解するコンピュータをプログラムすることは可能であろうか？　人工知能（AI）の領域の研究者は，その多くがユーモアに興味をもってはいないが，真に知的なコンピュータシステムを開発する試みは，究極的には，ユーモアの問題に言及しなくてはならないことが議論されている。エディンバラ大学の言語学と人工知能の研究者，リッチーの研究グループは，計算論的ユーモアの領域において，現在もっとも活動的な研究者である（Binsted & Ritchie, 1997, 2001;

Ritchie, 2001, 2004)。リッチー（2001）は，ユーモアの人工知能研究が，我々のユーモア理論を明確にする手助けとなり得るだけではなく，人間の知性，言語，問題解決，そして，より一般的な情報処理についての重要な発見を導くと示唆している。

さらに，ロボットといった人工知能システムは，今後ますます洗練されていくなかで，ロボットがやりとりする人間とより効果的に，親しみやすく意思疎通するために，ロボットがユーモアを生み出したり，理解したりできるようになることは重要である。より哲学的な考えとしては，真に知性的なロボットにとって，現実世界のなかで自律的に機能している知性的な存在と，そのやりとりしている他の知性的な存在との間の対立する不調和をきたす，あるいは，一貫しない観点をうまく処理するために，ユーモアセンスが**不可欠でさえある**と，我々は考えることができる。このような考え方からは，ユーモアが，対立した観点を扱う際の人間関係におけるコミュニケーションの状態として（Mulkay, 1988），あるいは，生存に必要な認知的な対処メカニズムとして（Dixon, 1980）進化したものであり，単なる贅沢品以上の価値をもつことが示唆される。これらの疑問は，現実世界のなかで機能する人工的な知性システムに，何らかの情動と相似する機能が必要であるかいなかについての疑問（Trappl et al., 2002）と同様のものである。

リッチー（2001, 2004）は，コンピュータ・プログラムを，認知的な（とりわけ，言語的な）ユーモアの理論を検証する方法として利用する，「実験人工知能」を提唱している。理論をコンピュータ・プログラムに実装するためには，その理論は，形式化され，正確で，詳述され，厳密に一般的な言語学や人工知能の原則にしたがっている必要がある。したがって，人工知能研究は，理論的な形式化にあきらかに当てはまらない，曖昧な思考や誤った論理を識別するための方法となりうる。リッチーによれば，残念ながら，従来のユーモアの理論は，人工知能に用いるためには，曖昧で不正確すぎるという。たとえば，リッチー（Ritchie, 1999）は，伝統的な不調和解決理論（第3章で論じた）を批判し，不調和と解決という概念が，十分明確に定義されていないこと，そして，異なる理論では，これらの概念が異なって用いられていることを指摘している。とりわけ，同一視されやすいシュルツ（1976）の理論——リッチーは「驚愕曖昧除去モデル」と呼んでいる——とサルス（1972）の理論——いわゆる，「二段階理論」——は，詳細な分析をしてみると，まったく異なるものであるという。これら2つの理論は，異なる示唆をもち，異なる種類のジョークに適用することができるものである（Ritchie, in press）。リッチー（Ritchie, 2004）は，先述のラスキンとアッタルドの一般言語ユーモア理論も，コンピュータで実装するためには，曖昧すぎるとして批判している。

リッチーによれば，多くの理論の曖昧さと不正確さの理由の1つに，あまりに多くの種類のユーモアについて説明を試みていることが挙げられるという。リッチーは，現時点で「ユーモアの統一理論（grand theory）」を探究することを強く拒否している。その代わりに，完全に特徴づけられ，コンピュータに実装できる要素を特定する必要があると主張している。この試みを多くの種類のユーモアについて行った後にのみ，すべての種類のユーモアを説明できる包括的な理論を築き上げることができるという。この考えにしたがい，リッチーは，言語のジョークのなかでも，より狭い特定の言語メカニズムを共有する特定のジョーク（たとえば，駄じゃれを含んだなぞなぞ）に焦点を絞ってきている。

論理的には，送り込まれた言語的なテキストが，おもしろいかどうかを特定する処理ができるプログラムを開発することができるものの，実践的には，ユーモラスなテキストをつくり出すために，理論に基づくプログラムを適用することから始めるべきだと，リッチーは示唆している。そして，プログラムの出力が実際におもしろいかどうかを人間が判断するのである。プログラムの振る舞い（すなわち，生み出されたジョーク）を観察することで，理論がもつ弱点についての有益な洞察が得られる。これに基づいて，理論を修正し，プログラムを「微調整」することができる。つまり，この研究の目標は，プログラムそれ自体だけではなく，その背景となる理論を修正していくことにあるのである。

ビンステッドとリッチー（Binsted & Ritchie, 1997）は，このアプローチによって，駄じゃれを含んだなぞなぞとして知られる特定の種類のジョークを生み出す，ジョーク分析・産出エンジン（Joke Analysis and Production Engine：JAPE）と呼ばれるコンピュータ・プログラムを開発している。これは，駄じゃれに基づいた問答形式のジョークである（たとえば，問い：毛深い犬とペンキ屋の間の違いはなに？　答え：一方は，毛のコート〔coats〕を脱ぐ〔shed〕が，もう一方は，倉庫〔coat〕を塗る〔shed〕）。ビンステッドとリッチーは，まず，なぞなぞに含まれる意味の組み合わせやテキストの形式について，一連の記号規則を特定することで，この種のなぞなぞの背景にある駄じゃれのメカニズムに関する形式的なモデルを開発することから始めた。そして，これらの規則は，プログラムとして組み込まれ，人工知能研究で一般的に用いられる，大規模自然言語語彙集（辞書）と接続できるよう設定される。この語彙集は，多くの語を，その音韻論（語の発音），語彙論（語の用法），意味論（語の意味）についての情報と一緒に含むものである。重要なのは，この語彙集には，あらかじめ「おもしろい」と知覚されるべき情報が含まれていないことである。それにもかかわらず，記号規則に記述された基準にしたがって，適切な語の対を語彙集から検索し，様々な

なぞなぞの基本構造に適用することによって，このプログラムは，実質的に際限なく新しいなぞなぞをつくり出すことが可能である。

以下にJAPEによって作られたよりおもしろいなぞなぞを，いくつか例示する。

　　恐ろしいヌードを何という？　グリズリー・ベア（bear 熊／bare 裸）
　　殺人鬼によって食事を邪魔されたら，何を食べる？　シリアル・キラー（a cereal／a serial killer 連続殺人鬼）
　　葉っぱと自動車の違いは？　一方は，人が払い落として（brush）かき集める（rake），もう一方は，人が衝突させて（rush）壊れる（brake）
　　馬とワゴンの違いは？　一方は，逃げて（bolts）飛び跳ねる（jumps），もう一方は，ガタガタ揺れて（jolts）ぶつかる（bumps）。

ビンステッドら（Binsted, Pain & Ritchie, 1997）は，8～11歳の子どもを評定者として，JAPEの出力を評価する研究を行っている。彼らは，これらの実験参加者に，JAPEが産出したなぞなぞから無作為に選出したもの，人が産出したなぞなぞ（出版されているジョーク本から採録した），意味を成さないジョーク以外の文章，そして，意味をなすジョーク以外の文章を提示する。子どもたちは，どのテキストがジョークであるかどうか，もし，ジョークであるならば，どれくらいおもしろいか，そして，そのジョークを以前に聞いたことがあるかどうかを判断するように教示される。その結果，JAPEが産出したなぞなぞは，人が産出したものと同程度に信頼できるジョークであると特定され，いずれもジョークでない文章から容易に識別できることがあきらかになっている。JAPEが産出したジョークは，人が産出したものに比べ，平均していくぶんおもしろさが低く評定されるが，JAPEによるなぞなぞのいくつかには，人によるものと同じ程度おもしろいと評定されたものもある。JAPEによって産出されたなぞなぞのうち，おもしろさが低く評定されたものについて，さらなる分析を行うことが，今後このプログラムを修正していくことにつながり，同時に，この種のユーモアの言語学的理論をより精緻にしていくことになるだろう。

JAPEに加えて，ビンステッドとリッチー（Binsted & Ritchie, 2001）は，その他の種類のジョーク——彼らは「物語駄じゃれ」と呼んでいる——の，構造と形式的な規則性を分析し，計算論的に実現しうる駄じゃれ産出モデルについて，いくつかの示唆を与えている。また，リッチー（2004）は，多様なアプローチをとる他の研究者が開発した数多くのコンピュータ・プログラムについても記述している。たとえば，カッツ（Katz, 1993）は，コネクショニスト・アプローチをとり，ユーモアにおける不調

和に加え，覚醒や性的，攻撃的なテーマ，そして快楽の傾向（すなわち，楽しさ）を組み込んだニューラル・ネットワークモデルを開発している。

　これまでみてきたように，JAPEといった計算論モデルは実に前途洋々であるように思われるものの，リッチー（2001, 2004）自身も認めるように，これらは未だ発展のごく初期段階にある。このプログラムの背景にある実装された規則は，なぞなぞを産出できるからといって一般的な実際のユーモアについての仮説を制約するものではない。そして，このモデルは，いかに他の種類のユーモアへ一般化することができるかについては明確ではない。加えて，完全なユーモアの計算論的モデルのためには，究極には，洗練された推論能力と結びついた豊富な知識という広大な基盤をもつ真の知性システムを開発する必要がある。それでもなお，リッチーは，この究極的な目標に向かうためには，問題を小さい問題群に分解することで，特定の種類のユーモアを同定し，現存する技術を用いて実装できる厳密な形式的な記述を開発していくという段階の必要性を強く主張している。リッチー（2001, p.132）は主張する，「私が言いたいことは，ユーモアの計算的モデルを開発する試みが，人工知能とユーモアに興味をもつ研究者の両方にとって意義のある仕事であるということに集約される。だが，我々は限られた基盤から取りかかり始めたところだ。しかし，それゆえに，1つ1つの挑戦が重要なのだ」と。

　リッチーは，ユーモアの認知理論をコンピュータ・プログラムに実装することは，理論の検証を可能にし，モデルの弱点を知ることにつながるため，言語学者だけではなく心理学者にとっても有益であると主張している。しかしながら，心理学者にとっては，コンピュータ・シミュレーションが，人の認知的処理と同じように課題を遂行することが重要である。たとえば，コンピュータのチェスのプログラムは，ほとんどの熟達者に勝つことができるものの，このプログラムでは，人の操作とは大きく異なる処理が行われている。このため，人がチェス競技において行っている認知についての理論を検証するためには有用ではない。同様に，JAPEのようなプログラムが，人と同じようにユーモアを生み出しているのか否かは，完全にはあきらかではない。

　研究者の目標によって議論の分かれるところではあるが，リッチーが推奨する個別の種類のユーモアに狭く焦点化することは，心理学的なユーモア研究においても有用な示唆であろう。もし，研究者の目標が，ユーモアを他の人の活動と区別し，その一般的な特徴を特定することにあるならば，より広い一般的な理論が適切であろう。これに対して，特定の種類のユーモアにおいて，人がいかに認知的処理を行っているかについて，詳細に記述することが目標であるならば，今後の発展は，狭く焦点化した理論から生まれた個別の仮説を検証することを目的とした研究によって達成されるだろ

う。しかしながら，ユーモアの心理学的側面の理解という目的からは，おそらく，きめ細やかな区別をすること（たとえば，駄じゃれを数種類に識別すること）は必要ではないし，心理学者は，人工知能研究者とは異なる方法で，ユーモアの領域を分割する（「自然な区分を反映して現象を分類する」）ことにも有用性を見出すであろう。いずれの場合であっても，心理学者にとって，ユーモアの人工知能研究が進展することは，今後，実証的研究で検証すべき，数多くの仮説を提供するものとして捉えられることだろう。実際に，リッチー（1999）は，人工知能だけでなく，心理学の研究にも当てはまる多くの研究課題を示している。

7節　認知的遊びとしてのユーモア

　ほとんどの認知的理論を提唱する研究者は，ユーモアに含まれるプロセスを説明することを発展させてきた。しかし，彼らは，ユーモアの何がそのように楽しいものにしているのかという疑問については，言及していない。彼らは，人がジョークをどのように理解し，いかに対象をおもしろいと認識するかについて説明する。だが，彼らは，人がなぜ日常生活において様々な形のユーモアを探し求め，その参加者となるよう動機づけられているのかについては説明していない。事実，イーストマン（Eastman, 1936）は，しばしばユーモアの理論家がユーモアをごく真剣な事柄として議論しているにもかかわらず，彼らの著書を読んでもユーモアというそもそも楽しいものを扱いたくなるのかについて知ることはできないことを，すでに何年も前に指摘している。
　以前の章で指摘したように，ユーモアは認知的側面だけではなく，情動的，社会的側面を含むものである。一般に，認知と情動の間の関係は，認知心理学において，困難ないばらの途であり，ほとんどの認知心理学者がこれを研究活動の射程の内には考えていない。しかし，究極的には，人の一般的な認知を完全に理解するためには，情動の役割を理解する必要があると思われる。事実，意志決定といった純粋に理性的だと思われるプロセスにも，何らかの情動的な入力（input）がなければ不可能であることが示されているのだ（Damasio, 1994）。
　認知的遊びとしてのユーモアの見方は，認知，情動，そして社会的要素との間の相互作用を考えるための枠組みを提供するだろう。子どもは（そして大人も）物理的な対象を用いて，普段とは異なる新しい使い方を探索し，新たな使い方を見つけた時に喜び感じるのと同様に，われわれがユーモアに関する活動に参加する時，言語や思考（スキーマ，スクリプト）を用いて遊んでいるのである。子どもにとって，ただの棒は，

複数のスキーマを同時に活性化することで,飛行機や,人,ライフルとなりうる。これまで議論してきたユーモアの不調和は,思考を用いた遊び——そこでは,言語や概念が,驚くような,通常ではあり得ない不調和な方法で用いられ,通常関連づけられていない方法でスキーマが活性化する——の現れである。以前の章で議論したように,アプター(1982)は,複数のスキーマの遊びに充ちた精緻化を「シナジー」と呼んでいる。そして,我々が遊びのある真面目でない心的状態にある時,このような活動が楽しいものとなると指摘している。

　認知的な遊びとしてのユーモアという見方は,ここまで議論してきたジョークのメカニズムを浮き彫りにするものでもある。ジョークの話し手と聞き手は,ジョークが意味を成すよう試みるために自発的に複数のスキーマが活性化していくことで,遊びのある認知的シナジーに参加できるようになる。フォラボスコ(Forabosco, 1992)が指摘するように,ジョークに含まれる「解決」は,字義的には意味をなしていないため,実際には「擬似解決」にすぎない。つまり,これらは,現実世界での意味を探すという,より「真剣な」文脈においてわれわれが普段用いている認知的メカニズムを使った創造的な遊びの一種なのである。

　情動の進化理論は,情動が,特定の状況を回避したり,他者に接近したりする(Plutchik, 1991)ことで,生存や再生産のために有益となるような行動を動機づけるために進化したことを示唆している。第1章で指摘した(そして,より詳しくは第6章で議論する)ように,霊長類とその他の動物についての研究は,ユーモアに含まれる遊びのある認知的活動は,哺乳類の社会的な取っ組み合いの遊びから進化したことを示している。パンクセップ(Panksepp, 1998)は,適応的な遊びのある活動(ユーモアを含む)と,これらに関連づけられたポジティブな情動の背景にあると考えられる脳内の「遊び(ludic)」情動システムを提唱している。ユーモアという認知的な遊びが楽しさのポジティブな情動を引き起こすという事実は,このような柔軟で,探索を促す認知行動が,適応的な機能をもつことを示唆する。それは,おそらく,遊びのある認知行動が,柔軟な思考,創造性,そして,問題解決(Fagen, 1981)にとって有用であるため,あるいは,社会的なやりとりやつながりの手段(Panksepp & Burgdorf, 2003)として有用であるためであろう。先に挙げたように,アイセンらは,ポジティブな情動状態それ自体が,社会的な応答性や有用性や寛容さといった向社会的な行動を増すだけではなく,創造的な思考や問題解決を促進することを示している。これら進化的な問題については,第6章で改めて立ち返ることにしよう。

8節　結論

　ユーモアの認知的プロセスについて，我々は何を学んだだろうか？　何らかの種類の不調和が,すべてのユーモアの基礎であるという考えは,一般的に支持されているようである。しかしながら，不調和が正確にはいかに定義され，概念化されるべきかについてや，不調和がすべてのユーモアに適用できる唯一のメカニズムか，それとも異なる種類のユーモアに対しては異なる種類の不調和を引き起こす必要があるのかについては，あきらかというには程遠い。スキーマとスクリプトの概念に基づく近年の理論は，今後より精緻で厳密なものにしていく必要があるものの，我々が理解するために大きく寄与するものであった。これらの理論は，ジョークに含まれる不調和の「解決」が,1つのスキーマが他のものと置き換わる——初期の不調和解決理論が示唆する——というよりも，複数の概念が同時に活性化するメカニズムとして捉える方が適していることを示唆する。認知心理学者は，情報が処理の間に，特定のスキーマが「オンライン」で活性化していることを検討する多くの手法を開発してきた。これらの方法論を用いたさらなる研究は，スキーマに基づく理論から生み出された仮説の実証的な検証を行うために有益である。

　過去の理論的,実証的研究の多くは，ユーモアの原型としてジョークに注目していた。しかしながら，ほとんどの人の日常生活において，ジョークは，ユーモアの素材としてはそれほど重要ではなく，これらの含まれる認知メカニズムも，これ以外のユーモアについてのメカニズムとはいくぶん異なるだろう。したがって，ジョークの分析のみに基づいてユーモアの一般的な理論を構築することは危険である。幸い，認知心理学者や言語学者の間で，会話のなかでの機知や，皮肉，駄じゃれ，嫌味といったジョーク以外の種類のユーモアについての興味が増してきている。そこでは，ユーモアの意味論だけではなく，語用論ついての興味も増す傾向にある。

　人が日常的な会話ややりとりのなかで,実際にどのようにユーモア(ジョークを言うことも含まれるが，これに限られるものではない)を用いているのかを調べることで,ユーモアの認知的な側面だけではなく，社会的な側面をより理解することができるだろう。ジョークが，日常的な社会的やりとりの文脈（心理学の実験室という社会的文脈も含む）において，いかに認知的に処理されるかは，語用論を考慮しない意味論的な理論で想定される理想的な処理とは，まったく異なったものであろう。事実，我々がみてきたように，近年の理論は社会的な文脈についての情報が，会話でみられる種類のユーモア——皮肉や嫌味——の理解において重要な役割を果たすことを示してい

る。さらに，言語的な種類のユーモアだけではなく，ドタバタ喜劇やアクシデントのユーモアといった非言語的なユーモアについても取り組み始めなければならない。

　ユーモアについての認知的な側面に注目する研究のもう1つの限界は，ほとんどの研究がユーモアの産出よりも理解に特化しているということである。このことは，言語の理解についての研究は，言語の産出のついての研究をはるかに凌ぐという，心理言語学や言語学の一般的な現状を反映するものでもある。これとは独立した心理学者によるユーモアの産出に含まれる認知的プロセスに取り組みの試み（Shultz & Scott, 1974）はあるものの，今後の研究が待たれるトピックである。

　ユーモアへさらされることが認知過程，とりわけ記憶と創造性に与える影響については，多くの実証的な支持がある。ユーモラスな素材に対して記憶が促進される効果は，ユーモラスでない要素を犠牲にして，ユーモラスな要素に選択的に注意が配分され，より多くの精緻化が行われることによると考えられる。また，ユーモアが創造性へ与える影響は，純粋に認知的なメカニズムというよりは，情動的なメカニズムによるものであるようだ。ユーモアの情動的な内容は，認知的な側面から研究する心理学者や言語学者からはそれほど注意を向けられていない。これについては，ユーモアを認知的な遊びとして捉える視点が，ユーモアの楽しい情動的な側面と認知的なメカニズムとを統合する枠組みとなりうるだろう。

　認知科学一般でみられるように，ユーモアの認知的研究には，心理学だけではなく言語学が重要な貢献を示している点で，学際的な性質が現れている。事実，ここ数十年でみられた多くの重要な理論的発展は，心理学よりも言語学に起源をもつ。しかし，とりわけ皮肉や嫌味における研究では，心理言語学者が，少数ながら中核として価値のある理論的，実証的な知見を提供しているのもまた事実である。

　現在，ユーモアの認知的側面に関する今後の心理学研究のための土壌ができ上がっている。この章を通して指摘してきたように，多様な理論が生み出した実に多くの研究課題や仮説がある。そして，これらは，心理学者が利用できる実験的手法を用いて実証的に検討できるものである。今後，ユーモアの認知的側面について研究することは，ユーモアの普遍的な現象についてよりよい理解につながるだけでなく，他領域の心理学者にとっても興味深い，基本的な疑問——たとえば，認知と情動の間の接合点や曖昧な意味の理解，人間関係における言語的，非言語的なコミュニケーションなど——を浮き彫りにするものでもある。そして，これらユーモアの認知的側面に関連した研究課題は，来たるべき多くの秀逸な修士論文，博士論文の土台ともなるだろう。

第5章
ユーモアの社会心理学

The Social Psychology of Humor

　すでに述べてきたように，ユーモアはその根本からして社会的な現象である。多くの場合，我々は独りでいる時よりも他人と一緒にいる時の方が頻繁に笑ったり，冗談を言ったりする(Martin & Kuiper, 1999; Provine & Fischer, 1989)。1人きりで笑うことはめったにないが，読書をしている時やテレビ番組を観ている時，そして他の人と一緒に経験したおもしろい出来事を思い出した時などの「擬似社会的(pseudo-social)」状況では笑うことがある。ユーモアの対人的な側面については特に，社会心理学において関心がもたれてきた。社会心理学とは，「個人の思考，感情，行動がどのように他者の影響を受けるかに関する科学的研究」と定義されている (Breckler et al., 2006, p.5)。本章でこれからみていくように，ユーモアは，人々が相互にそして複雑に様々な影響を与えるために用いる伝達（表現）手段の1つである。社会心理学者たちは，社会的知覚，対人魅力，コミュニケーション，態度，偏見，説得，親密な関係，集団プロセスといったことについて研究を行ってきている。

　社会心理学は，社会学や人類学，言語学といった他のいくつかの学問領域と密接に関連しているが，それぞれの学問領域では，ユーモアが果たす社会的な側面について理解するために重要な知見が得られている。そのため，本章では，ユーモアに対する心理学における知見に加え，これらの他領域における知見の一部についても論じよう。本章では，初めに，対人コミュニケーションに影響を与えるための手段としてのユーモアについて述べる。さらに，ユーモアの多様な社会的機能を概観し，これらがユーモラスなからかいとどのように関連するのかを探っていく。さらに，笑いやユーモアに関連した発声や表情による情動表出が果たす社会的な側面について述べる。本章の

終わりでは，社会的知覚と対人魅力，説得，態度と偏見，親密な関係，そしてジェンダーを含む社会心理学の主要なテーマにおけるユーモアの役割に関する研究の知見を概観していく。

1節　社会的なやりとりとしてのユーモア

　ユーモアの心理学に関する古典的な理論や過去の研究は，多くの場合ある個人の内部で起こる認知過程や情動過程に注目しており，ユーモアが果たす対人的な側面を無視してきた。初期の研究のほとんどが，実験室におけるジョークや漫画に対する実験参加者の反応を検証しているが，このような実験からは，日常生活においてユーモアが一般的にどう表現されるかについて多く知ることはできない。しかしながら，近年，心理学者たちは，他の学問領域と同様に，ユーモアが果たす社会的な側面，特に個人間コミュニケーションや説得において発揮される機能に目を向けつつある。こうした研究の観点の変遷は，研究の焦点が，ユーモアの原型としてのお決まりのジョークから，日常会話のなかで自発的に現れる，からかいや皮肉，機知に富んだ冷やかしといった他の形態のユーモアへと移ってきたことと密接に関係している。

　これまでの議論のなかで提案してきたように，ユーモアは，認知の要素（深刻でない不調和），情動の要素（愉悦），そして表出の要素（笑い）を含む，遊びの一形態として捉えることがもっとも適している。これらの要素は，すべて社会的な特徴を含むものである。そもそもユーモアを引き起こす深刻でない不調和は，一般的に，人のおかしな言動と関係しており，ジョークの対象になるものは，ほとんどの場合，動物や無生物ではなく人間である。愉悦という情動も，他者と共有されるのが普通である。シオタら（Shiota et al., 2004）が論じているように，愉悦の情動を共有する経験は，親密な関係を築き，保つことや相手の魅力やコミットメント（commitment）を促進すること，そして，活動が有益になるようお互いに調整することといった重要な社会的な機能をもっている。さらに，笑いは，愉悦という情動状態を他者に伝えるだけではなく，聞き手の情動を誘発するという意味でも，本質的に社会的なものなのである（Owren & Bachorowski, 2003; Russell et al., 2003）。したがって，ユーモアは，それ自体を楽しむ遊びの一形態であるものの，その一方で進化的に適応的な（生存に役立つ）社会的機能を果たしているのである。第1章で論じたように，ユーモアが果たす社会的な機能のなかには，人が進化の過程でより高い言語能力や認知能力を備え，より複雑な社会集団を形成していくのに伴って，遊びに関連したおもしろい活動が転用され，個人

間でのコミュニケーションや社会的な影響における幅広い目的のために適応していった結果として現れたものもある（Gervais & Wilson, 2005）。

　社会学者であるマルケイ（Mulkay, 1988）は，人間は，真剣なモードとユーモラスなモードという2つのコミュニケーションのモードを用いて交流し合うと論じている（ラスキン〔Raskin, 1985〕はそれぞれ「真実〔bona-fide〕のモード」と「偽り〔non bona-fide〕のモード」として言及している）。マルケイによると，これら2つのモードはどちらも日常会話における一般的な話法であるが，根本的にはそれぞれ異なる原理にしたがって用いられているという。我々が真剣なモードを用いる場合には，自分の発言が論理的に整合し，首尾一貫するよう心を配り，曖昧さや矛盾を避けようと努める。また，このモードでは，すべての人によって共有されている単一の外的な現実が存在するという前提に立っている。しかしながら，このコミュニケーションのモードは，時に不適切である。なぜならば，個人や集団が異なると，現実の認識の仕方は単一のものではなく大きく異なり，出来事の解釈にもいろいろな相違が生じるためである。人々が意思の疎通をしようと試みる時，これらの多面的な現実が頻繁に対立し，その結果として，真剣な会話のモードでは容易に対処することができない矛盾や不調和が起こり，筋道が立たなくなってしまう。

　マルケイによれば，社会的な遊びの活動は，進化の過程で，他者との意思の疎通をする上で生じる矛盾や多様性に対処する方法として転用していったのだという。アーサー・ケストラーの提唱した**二元結合**（第1章，第3章そして第4章で論じられている）の概念を用いて，ユーモアが対人関係に付随する矛盾や不調和，曖昧さを取り込み，受け入れ，そして歓迎しさえするための方法であるとマルケイは言う。したがって，ユーモラスなモードでは，同時に反対の意味を表現することで，矛盾を避けるというよりもむしろ受け入れるという考え方の枠組みが共有され，真剣なモードでは対処が難しい対人場面をうまく切り抜けることができるようになる。

　たとえば，真剣なモードでは問題を解決できないばかりか，むしろ関係を不安定にし，互いに怒りが増してしまうような決着のつかない議論をする代わりに，ユーモラスな冗談を言うことやふざけてからかい合うことは，意見があきらかに対立するような話題について，親密な関係にある配偶者やその他のパートナーとやりとりするための方法の1つなのである。ユーモラスなモードでは，お互いに強く対立する意見を表明することや葛藤を認め合うことを可能にすると同時に，その場での関係に参加し続けているという，それとは反対のメッセージを相手に伝えることができる。したがって，コミュニケーションの参加者は，お互いが相手に対してもっている感情と態度の間にある矛盾や不調和を笑ったり，ふざけ合ったりするためにユーモアを用いている

のである。このような遊びのある不調和を知覚することで愉悦といったポジティブな感情が生み出されたり，笑いが共有されたりすることによって，お互いの見解自体は対立したままであるにもかかわらず，相手に対する愛着やお互いの関係についてのポジティブな感情を維持することができる。もちろん，これは様々な関係の一例にすぎないが，いずれにしてもユーモアは，真剣なモードでは素直に受け入れられないであろう自分の信念や態度，動機，感情や欲求という情報を相手に伝えることを可能にするものなのである。このコミュニケーションの様式は情報を伝えるだけではなく，愉悦の情動や笑いを生み出し，さらには相手の感情や態度に影響を及ぼす。

　第1章で述べたように，ユーモアはあらゆる社会的な文脈において起こりうるやりとりの一般的な形態であり，その形態は様々である。たとえば，これらの形態には，お決まりのジョーク，個人の体験談，自発的なウィットに富む発言，皮肉なものの見方，駄じゃれ，からかい，嫌味，掛詞などが含まれる。また，ユーモアは，言い間違いや不恰好な仕種（たとえば，つまずいたり，飲み物をこぼす）をした人を笑ってしまうというように，無意識的に喚起されることもある。

2節　ユーモアの対人的機能

　文字をもたない社会について研究している人類学者は，冗談を言い合える関係である「冗談関係（joking relationships）」が広く存在していることを述べている（Radcliffe-Brown, 1952）。冗談関係においては，ユーモアのあるやりとり――冗談やからかい，冷やかし，あざけり，悪ふざけを含む――を行うことが期待されるという（Apte, 1985に詳しい）。たとえば，冗談関係は，これから親密になろうとする者同士や義理の兄弟や祖父母と孫の間といった親族関係にある個人間や，あるいは異なるクラン（一族〔clan〕）の成員同士という様々な関係性のなかで起こる。冗談関係のパターンや形態は文化ごとに異なるが，それらはすべて社会的なやりとりを調整し，社会的な調和性（人の和）や安定性を維持するという重要な機能を有すると考えられる。産業化社会においても，仕事場や友人グループにおいて集団のアイデンティティを構築し，部外者を排除する働きをもつ冗談関係やからかい関係といった同様の関係が存在することを示唆する比較文化の研究が多くある（Apte, 1985）。

　ユーモアは，このような冗談関係においてだけではなく，すべての対人的なやりとりにおいて様々な機能を有している（Kane et al., 1977; Long & Graesser, 1988; Martineau, 1972; Norrick, 1993）。これらの機能は，ユーモアがそもそも両義的に解釈

でき，時に矛盾するため，異なる解釈が同時に成立することと関連している。誰かがユーモラスに発言した時，彼もしくは彼女は「冗談を言っただけだよ」と言うことで，いつでも発言を取り消すことができる。実際のところ，すべての人がユーモアの多義的な性質を認識しているため，時としてそのような発言を付け加える必要すらないかもしれない。このように，ユーモアは自分自身や他者の「面子を保つ（save face）」ことを可能にする。「面子（face）」という概念はゴッフマン（Goffman, 1967）による社会的なやりとりの分析に端を発するものである。ゴッフマンは，**面子**を「社会的に承認された属性という観点から描写された自己のイメージ」と定義している（p.5）。ゴッフマンによると，人々は自分自身や他者を気まずくて厄介な立場に置かせるといった，面子を脅かすようなコミュニケーションを避けるように強く動機づけられているという。ユーモアは，多義的な性質と発言内容を撤回できる可能性をもっている。そのため，ユーモアは，ポライトネス（丁寧さ）と同様に，自分自身や他者の面子を守るための有益な方略となりえるのであり，ユーモアは社会的なやりとりを促進するために重要な役割を担っているのである（Keltner et al., 1998; Zajdman, 1995）。

　ユーモアが特定の目的のために「使用される」と述べる場合，このことは個人がこれらの機能についていつも意識的に気づいており，意志に基づいて方略的にユーモアを使用している，ということを意味するわけでないということに注意する必要がある。ユーモアは，たいていの場合，無意識的で意図されずに表現されるため，人々はユーモアの体験として愉悦や楽しさ以上のことは何も知覚しないのが普通である。それにもかかわらず，多くの例で示されるように，ユーモアというのは，自分自身でも十分には気づいていない多種多様な目的のために機能している可能性がある。実際のところ，ユーモアとして振る舞えば，いかなる真剣な意図であっても否定できること――自分自身の言動を否定することにも当てはまる――は，多様な社会的なやりとりの場面において，ユーモアが非常に効果的である理由の1つであろう。

　コミュニケーションにおいてユーモアを用いることには，いくつかの目的がある。このテーマに関して，草分けとなる初期の研究を行った社会心理学者であるケインら（Kane et al., 1977）は，ユーモアは「人々の行動の責任を主張したり放棄したりするための起点であり，度胸を示したり，困惑を解消させたりするものである。そして規範的なコミットメントを呼び起こす一方で，コミットメントから人々を解放するものであるかもしれない」と述べている（p.13）。以下の節では，これまであきらかとなったユーモアの対人的な機能について議論していこう。もちろん，ユーモアが同時に複数の機能を果たしている可能性を示す膨大な例があるように，これらの機能は相互に独立して作用するわけではない。

自己開示，社会的探索および規範からの逸脱

　ケインらの研究グループ（1977）は，他者の価値観や態度，知識，情動状態，動機づけ，意図を把握するために，人間は社会的な環境を探索し続けていることを指摘した。この種の情報は，他者とやりとりしていくなかで，相手との親密さを増すこと，望ましい賞賛と報酬を得ること，そして，他者に対して影響を与えることといった目標を達成するために必要である。この種の情報について直接的に尋ねることは，面子を脅かしてしまう恐れがあるため，暗黙のルールや社会のマナーとしてしばしば制約される。そうしなければ，我々の動機が誤って解釈されてしまったり，押しつけがましい質問で相手を激怒させたり，場合によってはお互いが困惑してしまうといった危険性が生じてしまうかもしれないからだ。ユーモアは，しばしばそのような情報を得るための，より間接的で受け入れられやすい方法となりうる。態度や感情，意見に関してユーモアを含む言い方をすることで，自分自身についてある程度は打ち明けることができる。また，仮に発言内容がうまく相手に伝わらなかったとしても，それを否定することができる。さらに，ユーモラスな発言に対して相手が笑って反応したり，同じようにユーモラスなことばで応じるかどうかを観察することで，彼らが自分と同様の意見を共有しているかどうかを確認することができるのだ。

　特に，性的なことに関する態度や動機を相手に伝えることは，誤解や拒否される危険に満ちており，ユーモアは艶ごとを扱うためにしばしば用いられる。性的な意味を暗に含む単語が非常に多いのは，人々が安全に性的なことについて話し合うために，そういった意味を暗示するユーモラスなことばあそびやほのめかしを多用するからかもしれない（Long & Graesser, 1988）。社会学者ワレ（Walle, 1976）はニューヨーク北部にある終夜営業のレストランでの客と店員の会話を観察し，男女が性的な関係になることへの関心をお互いにユーモアを用いてどのようにほのめかすのかを記述した。もし彼らが真剣なモードでお互いに話してしまったら，相手の気分を害してしまい，その結果として自分が拒否されるという恥をかいてしまうだろう。だが，色沙汰を匂わす性にまつわる冗談やユーモラスなことばを使えば，相手の関心の程度を測ることが可能になり，もし相手が関心を示さなかったとしても，面子を保つことができる。ユーモアが，性的なコミュニケーションにおいて，自己開示と社会的探索の機能をもつことは，社会心理学であるデイヴィスとファリナ（Davis & Farina, 1970）による初期の実験からもあきらかにされている。この実験において，実験参加者である男性大学生は，魅力的な女性の実験者とそれほど魅力的ではない女性の実験者のどちらかに割り当てられ，攻撃的な漫画と性的な漫画のどちらかのおもしろさを評定するよう求められた。おもしろさの評定は，実験者に口頭で伝えるか紙に書く方法のどちらかによっ

て行われた。この実験では、男子大学生が漫画のおもしろさをもっとも高く評定するのは、性的な漫画の評定を口頭で魅力的な女性に伝える時であったということがあきらかになった。デイヴィスらは、ユーモアに対するこうした反応は、彼らが実験者の女性に対して、性的な関心を伝えるための社会的に受け入れられた手段であると示唆している。

性的な話題に限らず、ユーモアは政治や宗教観といった多様な問題に関する他者の態度や信念を探索し、自己開示する場合にも用いられる。これは、民族や国民性、職業、そして性別が異なる他者に対する態度においても同様である。人種差別への関わりや性差別主義への関わりは、ユーモラスな方法で示してみることで、自身の発言が他者に許容され、共有されるかどうかを判断することができる。その他にも、ユーモアは、困難に直面した人々の感情的な反応を探ることを可能にする。たとえば、極度の圧力がかかる仕事場や、戦時中における戦闘の直前といった、ストレスや危険が迫っている状況においては、苦痛や恐怖を表すことは弱さとして解釈される恐れがあるため、毒舌なユーモア（gallows humor）は他者がネガティブな情動を感じている程度を判断するために役立つ（Kane et al., 1977）。このように、ユーモアは、社会的比較（social comparison）のための有用な道具であり、自分自身の感情や行動を評価する上で他者について情報を探る手段となるのだ（Morse & Gergen, 1970）。

ユーモアは、社会的な常識を打ち破り、聖域（不可侵領域）を攻撃し、社会的な規範に反抗することにも用いることができる。たとえば、ユーモアは真剣に受け取るものではないとすべての人が知っているので、衝撃的な内容や猥褻なことばをユーモラスな言い方で発言することで、相手が腹を立てる可能性を低減しつつ、社会的な規範を侵すことができる。つまり、真剣な言い方ではなく、ユーモラスな言い方をするのであれば、多様なタブーを破ったり、偏見をもった態度を表明したり、粗暴な振る舞いを行ったのにもかかわらず、何の罰も受けなくてすむ可能性が高まるのである。民衆にとっては、風刺やコメディといった従来の慣習を打破するユーモアは、広く支持されている常識に挑み、社会の悪を暴き、社会に変化をもたらすために用いられることが指摘されている（Ziv, 1984）。

関与度を低下させること

人々は、しばしば、なにか失敗をしてしまった時や、悪い企みがまさに暴かれそうな時、嘘が見破られた時、不適切な行為をしてしまった時などに、ユーモアを使って面子を保とうとする（Kane et al., 1977）。ユーモアを用いることで、相手に対して自分が行ったり、行おうとした過去の行動は冗談のつもりであって、深刻に捉えるべき

ものではないということが伝えられる。その結果、その行動から自分自身の「関与度を低下させること（decommitting）」で面子を保てるのである。たとえば、人物Aが人物Bに何らかの攻撃の姿勢を示しており、このことが人物Bから反撃の姿勢を示す場面を考えてみよう。この場合、人物Aは、相手に対するそもそもの脅しを冗談に変えることで、自分が反撃されるのを回避できる。もし、人物Bが最初の脅しに対して快く応じず、人物Aがさらなる脅し（「やれるならやれ、できないなら黙っていろ」）を加えようとする場合、人物Aは、脅す代わりにユーモアを用いることで、信頼できる人物であるという評判を維持したまま、両者の葛藤が激化するのを避けることができる。人物Bはユーモアに笑うことで、彼は最初の脅しを真面目に受け取っていないことを人物Aに示すことができる。同様に、意見の相違が議論に発展するのを了解した2人の友人は、ユーモアを織り交ぜることで、緊張を緩和できるだけではなく、どちらかが引き下がることによって面子を失ってしまうのを避けられるのである（Long & Graesser, 1988）。

　パルマー（Palmer, 1993）は、1年間に渡って、ニューファンドランド州の小さなコミュニティを調査対象として、言語的・身体的攻撃性が大きく関わる男性の室内ホッケーの観察研究を行った。その結果、中年のプレイヤーたち（他のプレイヤーとの友情を築き、保つことに興味がある人々である）はあきらかな攻撃的行動をする一方で、競争により強い関心を向ける青年や若い成人と比較して、ユーモア（微笑、笑い、ユーモラスな発言）をより多く用いていることが見出された。加えて、技術レベルが異なるプレイヤー間の方が、技術レベルが同等なプレイヤー間よりも、ユーモアを伴った攻撃行動が行われやすかった。これは、おそらく技術の食い違いがある個人間において、一方が傷つけられ、もしくは困惑させられるという潜在的な危険性が存在しているためである。したがって、攻撃的もしくは刺激的な行動と解釈されうる行動に併せてユーモアを用いることは、関与度を低下させる方法の1つであると考えられる。つまり、この行動は真剣に受け取っていないことをお互いに伝え合い、彼らの関係の本質は友情であることをお互いに再確認することができるのである。

社会的規範と統制

　ロングとグレーサー（Long & Graesser, 1988）は、ユーモアが違反を犯すのに用いられる一方で、社会的規範を強化し、他者の行動を間接的に操作することにも利用されることがあると指摘している。集団の成員は、特定の態度や行動、パーソナリティ特性を笑いの種にする皮肉やからかい、嫌味、風刺を使用することで、集団のなかで許容される行動に関するルールや期待を暗に伝えることができる。この種のユーモア

は，外集団の成員をばかにする形態をとるか，もしくは，内集団に含まれる特定の個人の逸脱した行動を直接的に言及することが含まれる（Martineau, 1972）。いずれの方法でも，この種のユーモアは，集団の成員がきまり悪くなるという懸念から，暗に存在する規範にしたがうことを強要するよう高圧的に働く。

同様に，ユーモアは「正体を暴く戦略（unmasking tactic）」としても利用できる（Kane et al., 1977）。ある人が他者をからかうことで，その他者から投影されているアイデンティティの受け入れを拒否することを伝え，他者の意図を露見させ，動機を弱めさせるというのである。このようなメッセージはユーモラスな方法で伝えられるため（したがって，いくつかの解釈が同時に成立するため），からかいを受けた者が，決まりが悪くなり反撃するのに十分な理由を与えない。したがって，ユーモラスなコミュニケーションは，より真剣なコミュニケーションでの対立では起こりうる敵意や憎しみが生起する危険性を減少させるのである。なお，からかいについては，本章で後ほど詳細に議論することにしよう。

デューら（Dew et al., 1995）は，他者を批判したり賞賛したりする際に，直接的な表現を用いる場合と，皮肉な表現を用いる場合とで効果を比較する実験を行っている。皮肉を用いた批判の例としては，試合内容が悪かった選手に対して，「素晴らしい試合だったね」と言うことが挙げられる。一方，皮肉を用いた賞賛の例としては，とてもよいプレーをした選手に対して「君はこの試合まったく駄目だったね」と言うことが挙げられる。当然のことであるが，この実験から，直接的な表現よりも皮肉な表現の方がおもしろいと知覚される程度が高いことが示された。より重要であるのは，皮肉を用いた表現は，伝達されたメッセージの語調を弱めるということである。つまり，皮肉を用いた批判は，直接的な意思表示よりも，より攻撃的でなく，侮辱的でないと知覚されるのに対して，批判を用いた賞賛は，直接的な賞賛よりも，よりポジティブでないと知覚されるという。つまり皮肉は，批判と賞賛を間接的にしかも曖昧に表現することができるために，お互いのやりとりのなかで話し手と聞き手が面子を失うのを避けるように取り繕う社会的機能を果たしている。

集団地位と階級の維持

ユーモアが他者の行動を操り，社会的規範を強化する役割を果たすことは，集団のなかの自分の地位を補強する目的でユーモアが用いられる場合があることを暗に意味している。たとえば，あなたは，他の人より地位が低く，あまり権力をもっていない集団のなかでよりも，あなたがリーダーであったり支配的な地位にあったりする集団のなかでの方が，軽口を叩いて他者を楽しませる頻度は増すだろう。この点に注目し

た初期の研究のなかで，しばしば引用されるものとして，社会学者コーサー（Coser, 1960）が，精神科施設のスタッフ会議で用いられるユーモアについて行った観察が挙げられる。高い地位にいる年配のスタッフ（精神科医）は，若いスタッフ（研修医や看護師）よりも頻繁にユーモアを言う傾向があり，批判的なメッセージや誤りを訂正するメッセージを伝える手段として，若いスタッフにユーモアを言う頻度が多かった。一方，若いスタッフは，自己卑下や部外者を笑いものにする方法としてユーモアを用いる傾向があるものの，年配のスタッフにユーモアを向ける頻度は少なかった。コーサーは，ユーモアは「複雑な社会的構造のなかに内在する矛盾と曖昧さを克服する，すなわち社会的構造を維持する（p.95）」助けとなると結論づけた。これらの知見は，精神科のスタッフ間でのユーモアを扱った他の研究によっても支持されている（Sayre, 2001）。

ロビンソンとスミス-ロヴィン（Robinson & Smith-Lovin, 2001）は，6人一組で課題に取り組むよう教示された29組を対象として，会話中で使用されたユーモアを事象履歴回帰（event history regression）と呼ばれる統計的手法で分析した。その結果，ユーモアを地位の高さに関連した活動であると捉えるモデルを支持する結果が得られた。会話のなかで他者の発言を遮る頻度が高い（このような行動は地位の高さを意味する行動である）人は，集団の話し合いへ参加する頻度を統制した後でも，ユーモアを言ったり，他者を笑ったりする頻度が高かった。反対に，自分の発言を遮られる頻度が高い（これは地位の低さを反映している）人は，ユーモアを生み出す頻度が低かった。また，実験参加者たちは，集団の階層構造（ヒエラルキー）における自分の地位を確立する手段として，集団での話し合いを行う前にユーモアを用いることも示唆されている。男女が入り混じった集団においては，男性（様々なやり方で支配的に振舞う傾向がある）は，女性と比較して，ユーモアを表出し，他者を笑わせるという。男性と女性という伝統的な性役割にみられる地位の差の観点を用いることで，男性は女性より冗談を生み出す傾向がある一方で，女性は男性のユーモアに対してより笑う傾向があるという多くの研究結果を説明できるかもしれない（性役割に関しては，本章で後述する）。

地位の優勢さを維持するためにユーモアを使用しているという仮説を支持する証拠が，アメリカン・バーのバーテンダーと接客係のやりとりを扱ったスプラドリーとマン（Spradley & Mann, 1975）の民俗学的研究からも示されている。これらのやりとりのなかで起こるユーモアは，嘲り，性的な侮辱，猥褻な発言として表れ，その多くは男性のバーテンダーから女性の接客係に向けられたものであった。スプラドリーらは，冗談関係は，お互いの関係のなかで構造的につくり出される葛藤による緊張を解

消する手段とみなし，冗談関係という観点からこのようなユーモアについて議論している。ただし，マルケイ（1988）は，このようなユーモアは，女性の接客係にとって緊張を解放するよりも欲求不満を強める傾向があり，主として男性バーテンダーが女性の接客係に対する優位性を保つために用いられる方略であると指摘している。女性の接客係は，バーテンダーの下品で侮辱的な発言に腹を立てることが許されない一方で，男性は，女性のユーモラスな発言が行きすぎた場合，その発言に異議を唱えることができるのである。現在においては職場ハラスメントとみなされるであろうこの種のユーモアは，長い間，女性や力をもたない少数集団を低い地位に引き留めるために利用され続けてきたと言えよう。侮辱は真剣なモードではなく，ユーモラスなモードで行われるため，ユーモアの話し手は「冗談を言っただけ」と言い逃れることができ，ユーモアの対象となった者が不満を言うのを難しくする。実際，ユーモアの話し手は，「全員が楽しんでおり」，ユーモアの対象となった者が立腹する理由はまったくないと自分自身で納得しさえする。

取り入り

地位の高い個人が，他者への優勢さを保つためにユーモアを利用する可能性がある一方で，地位の低い個人が他者からの注意や評価，好意を受けるための**取り入り戦略**（ingratiation tactic）として，ユーモアを用いる可能性もある（Kane et al., 1977）。取り入りとは，高い地位にいる他者から好意を得ることを目的に，他者をもち上げ，意見に同調し，あるいは自己卑下したり，表面的に同一化するといった行為を指す。真剣なモードでコミュニケーションを行った場合，取り入りは相手に対する不誠実さを暴露してしまう危険性があるが，それは，とりわけ相手から好意を得ることがあきらかに利益となる時や，相手の地位が非常に高い時に顕著にみられる。それに対して，取り入りが，皮肉なほめことばといったユーモアを交えて行われた場合，相手から不誠実であると非難される可能性は低くなる（Long & Graesser, 1988, p.54）。たとえば，相手から取り入りと思われないようにするために，ある人はバスケットボールの花形選手に対して，「あなたは素晴らしい選手だ」と言う代わりに「あなたに足りないのはドリブルを覚えるくらいかな」と言うかもしれない。

相手の冗談を笑うことも，取り入りの1つである。高い地位にいる話し手が多くの人を前に言う冗談やおもしろい体験談は，聴衆の笑いを引き起こしやすい（Kane et al., 1977）。加えて，取り入りは，自分自身を犠牲にして他者を楽しませようとすることにも関係している。たとえば，他者を笑わせるために不適切でばかげた行動をすること，過度な自己卑下を行うこと，からかいや嘲りの対象になった時でさえ他者と一

緒に笑うことなどが，取り入りの例として挙げられる。第9章でも述べるが，自虐的ユーモアを行う頻度が高い個人は，ウィットに富んでおもしろい人物であるかもしれないが，低い自尊心と高い神経症傾向を有しているために，対人関係に一定の満足度を維持できない傾向を示す性格を有する人であることが指摘されている（Martin, R. A. et al., 2003）。

集団アイデンティティと凝集性

　ユーモアは地位の違いを補強していく役割を果たすだけではなく，凝集性や集団アイデンティティの感覚を促進する手段にもなりうる。ファイン（Fine, 1977）は，**独自文化**（idioculture）という用語を用いて，知識や信念，習慣の体系——これによって小集団が規定される——を記述し，こうした体系があることで，その集団の成員は所属意識や凝集性が高まることを指摘した。その上で，ファインは，友好的なからかいをしたりおもしろいニックネームをつけたりすることや，内輪の冗談やスラングを共有するといったユーモアは，成員の間で現実や意義を共有していくことで，集団の独自文化を形成するために大きな影響を与えると指摘している。この機能は，結婚したカップルといった親密な二者関係においても起こりうる。2人でだけ通じるユーモアは共有されたアイデンティティをつくり出し，それゆえ凝集性の感覚を強めるのである。

　職場の集団といった課題遂行を目的とした集団において，成員間のやりとりには(1)集団の目標を達成する，(2) お互いの関係を円滑に保つ，という2つの重要な機能がある（Robinson & Smith-Lovin, 2001）。ユーモアは，課題を達成することへのプレッシャーが強くなり始めた時に，ストレスを緩和するよう機能することで，お互いの関係を円滑に保つのに有効である。ヴィントン（Vinton, 1989）は，家族経営の小企業で働く会社員が用いるユーモアを観察するフィールド研究を行い，ユーモアが社員同士の絆をつくり出し，仕事の目標達成を促進していたことをあきらかにしている。

　テリオンとアッシュフォース（Terrion & Ashforth, 2002）は，オタワにあるカナダ警察学校を対象として，上級警察官になるための6週間にわたる管理職の訓練課程を観察し，「他者をこき下ろすユーモア（putdown humor）」の機能を分析している。彼女たちは，他者をこき下ろすユーモアは，秩序を乱すというよりも，「一時的に集まった人々を，ある程度の凝集性を有する集団へと融合させる顕著な役割を果たす」と結論づけている。彼女たちは，6週間にわたってこの種のユーモアを観察し，自分自身をこき下ろしの対象にしたユーモアから，共有しているアイデンティティや外集団，そして最後には集団の他の成員を対象にしたユーモアへと順に変化していくことをあき

らかにした。他者をこき下ろすユーモアは，適切な対象や方法，反応を選択しなければならないという集団内の暗黙のルール――自尊心や集団の明るい雰囲気を保つという機能を果たす――に影響を受けているのかもしれない。

たとえば，集団の成員をこき下ろす場合は，比較的重要度の低い特徴を対象とするのに加えて，ユーモアに対して怒らずに一緒に笑ってくれる個人だけに向けられる。興味深いことに，集団のなかで起こった特定のユーモアのやりとりについて後日面接を行った際に，彼らはしばしばその出来事の意味を異なって解釈していたのにもかかわらず，彼らは自分自身の解釈が他の全員にも共有されていると推測していた。このように，ユーモアの意味の多様性と曖昧さは，お互いにあたかも自分たちの知覚が共有されているかのように相互に影響を与える。その結果，実際には解釈には相違があるにもかかわらず，共同体であるという感覚が育まれていくのである。このような観点から，テリオンとアッシュフォースは，ユーモアは，暗黙の規範によって規定され集団の連帯感を強化させる集合的な社会的儀礼としての機能を果たす可能性を示唆した。

談話管理

会話中においては，会話の参加者は何が話されているかという内容に注意を払うだけではなく，会話の流れを監視し，管理する必要がある（Ervin-Tripp, 1993）。会話とは，相互に理解し，納得する議論を行うために，すべての参加者の協調が求められる双方向的な活動である。たとえば，会話には，話者の交代や主導権の交換，会話の調子やスタイルの調節，話題の導入，話題の転換，意味の確認，視線の方向，繰り返し，言い換え，会話の終結といった活動が含まれる。ユーモアはこれらのいずれの目的のためにも用いられる可能性がある。

ノリック（Norrick, 1993）は，会話分析を用いた研究を行い，これらの機能について詳細な検討を行っている。ノリックは，ユーモアの機能として，脅威を与えうる話題を別の話題へ転換することや会話の深刻な調子をより軽い調子へと変えるといった機能があることを報告している。たとえば，会話中で用いられた単語を用いて語呂合わせを作ることは，ある人の発話内容に含まれる曖昧さに注意を喚起させる手段の1つとなる。ユーモアは，会話の参加者同士で共有された知識がほとんどない状況（たとえば，初対面の場面）において，会話の導入のためにも用いることができる。たとえば，言わなくてもわかりきったことを真剣に発言すると平凡であるとみなされてしまうのに対して，天候に関する機知に富んだ発言は，その後の会話を生み出すかもしれない（Long & Graesser, 1988）。

ユーモアの談話管理の機能は，カナダのウィンドソル大学に属する社会心理学者ラ・

ガイパ（La Gaipa, 1977）によって研究されている。彼は，男性の友人同士の 22 組について，大学内にある飲食店での自発的な会話をビデオで撮影した。逐次解析（訳注：標本数が漸次増加する分析手法）により，集団成員の 1 人がユーモラスな発言をした直後に，会話のテンポがあきらかに増加し，成員全員が会話に参加する割合が増加することを見出している。さらに，ユーモアのタイプと対象は，会話のテンポに様々な影響を与えていた。たとえば，友好的なこき下ろし（親しげなからかい）は，外集団の成員に関する場合よりも，内集団の成員に向けられた場合の方が会話のテンポを増加させた。それに対し，より攻撃的で敵意的な場合，この傾向は逆になった。つまり，嫌味なユーモアが内集団の成員に向けられると会話のテンポは遅くなるが，外集団の成員に向けられると会話のテンポが増すのである。ユーモアの種類ごとに生み出される笑いの量は異なっていたものの，生成された笑いの量を統制した後においても，ユーモアが会話の流れに与える効果は変わらなかった。

　ユーモアの使用は，会話を促進するだけではなく，会話の参加者が同一の目標を共有しているかどうかによって，会話を混乱させてしまうこともある。たとえば，他者の発言した多義的な単語に応じて駄じゃれを頻繁につくり出す人物は，話の焦点を進行中の話題から自分自身の賢さへの誇示へと逸らしてしまうことで，会話の流れをかなり混乱させてしまう。同様に，冗談を言うことは，聞き手が笑うのを期待する振る舞いであるため，会話を比較的長く引き伸ばし，その結果，会話を統制する方法となる（Norrick, 2003）。もし会話に参加する他の人が真剣なモードで議論したり，公平なやりとりをすることを望んでいるとしたら，ユーモアを用いることは煩わしいだけでなく，攻撃的であるとさえ判断されてしまう可能性がある。

社会的遊び

　社会的なやりとり相互作用の場面におけるユーモアの「真面目な」機能に加えて，ユーモアは社会的な遊びの望ましい形態であるため，それ自体を純粋に楽しむこともできる。この種のユーモアは，友人同士や同程度の社会的地位にいる親戚が集まり打ち解けた場面などでもっとも頻繁に起こる。すでに述べたとおり，アプター（Apter, 1982）はユーモアを，それ自体を楽しむという活動志向的な（paratelic）行動であると捉えており，日常生活の多くの場面でみられるような，真剣で，目標志向的で，覚醒を回避する目標志向的な（telic）状態とは異なると論じている。

　一般的に，社会的遊びとしてのユーモアを行う場合，参加者は少なくとも一時的には会話の真剣な目標を忘れて自由奔放に振る舞う。彼らはお互いに盛り上がって，多義的な単語や考え，不条理な出来事や経験に関するおかしい体験談をおもしろがり，し

ばしばユーモラスな効果を最大限に引き出すために誇張やジェスチャーや表情を用いる。参加者はしばしば愉悦を強く経験し，笑い声は大きくなり，のびのびとしたものとなる。こうしたユーモアはそれ自体楽しいものであるといえるが，それだけではなく，集団凝集性を高めたり，外集団を笑ったり，社会的絆を強化するといった付加的な対人的な機能を果たすことがある。

3節　からかい

　からかいは，特殊なユーモアの形態であり，すでに述べたような数多くの対人的な機能をもつ。他のユーモアの形態と同じように，からかいは向社会的な機能と攻撃的な機能を併せもつという逆説的な特徴を有している。ケルトナーらの研究グループ（Keltner et al., 1998）が指摘するように，「からかいは批判と同時に賞賛であり，攻撃であると同時に人々を親密にし，侮辱であると同時に親愛の表現である (p.1231)」。シャピローら（Shapiro et al., 1991）によると，からかいは，攻撃性，ユーモア，曖昧さという3つの要素を含むという。このような観点から，近年，社会学者や人類学者，言語学者だけでなく，社会心理学者も研究対象としてからかいに注目している（Keltner et al., 2001; Kowalski et al., 2001 を参照）。

　社会心理学者であるケルトナーらの研究グループ（Keltner et al., 2001）は，社会的なやりとりの場面において，面子を保つことの重要性を論じたゴッフマン（1967）の考えに基づき，からかいを「面子への脅威」という観点から分析する手法を提案している。その理由として，からかいがみられるやりとりは，対立を含み，話し手や聞き手を困惑させる可能性がある情報を伝えることと特に関わりが深いからである。ケルトナーらは，からかいを「なにかしら対象者に関係する事柄についての発言と一緒に，遊びであるというオフレコの目印を伴う意図的な刺激 (p.234)」と定義した。ここで，「刺激（provocation）」という語で表されているのは，からかいが，その対象となる者に何らかの効果を与え，対象となる者から反応を引き出すことを意図した言語的もしくは非言語的な行為であるということである。一方，オフレコの目印とは，からかいに伴って表現される言語的・非言語的手がかり（たとえば微笑，誇張，声の抑制）を意味しており，これらの信号があることによって，からかいが冗談であると受け取られる。それは，直接的ではなく間接的に伝えられることで，からかいというコミュニケーションを曖昧にすると同時にユーモラスなものにするからである（Brown, P. & Levinson, 1987）。からかいがもつユーモラスで曖昧な特徴は，真剣なモードで伝達し

た場合には相手の面子を脅かし、おそらく受け入れられないであろう内容を話すことをも可能にする。なぜなら、コミュニケーションがうまく聞き手に受け取られなかったとしても、話し手はいつでも「冗談を言っただけだ」と弁解できるからである。

からかいは、親しみのある向社会的な目的から敵意のある悪意を伴った目的にいたるまで、様々な目的で使用される。からかいの攻撃性は、アイデンティティを脅かす程度と、曖昧さとユーモアの量によって決定される（Kowalski et al., 2001）。親密な友人同士の遊びとしての親しみを込めたからかいでは、もし文字通り受け取ったとしたら屈辱的で批判的と思われることを相手に言うかもしれない。しかしながら、遊びのあるからかいは、発話内容が文字通りに受け取られることを意図してはいないだけでなく、実際には、反対の——皮肉なやり方で褒める——意図があることを伝えているのである。この遊びとしての攻撃性は、人間や動物の子どもが遊びのけんかをするのと類似している。したがって、こうした親しみを込めたからかいの背後には、攻撃的なものであるというよりも、二者間の関係性の強さの確認——それは、お互いに否定的なことを言うことができるほど、また、それを言われても腹を立てずにいられるほど親しいという事実を浮き彫りにするため——というある暗黙の意味が隠されている。話し手とからかいの対象となった人が互いに笑い合うことは、どちらもからかいを真面目には受け取っていないことを表す信号となり、この信号は親密さの感覚をさらに強める働きをする（Terrion & Ashforth, 2002）。

この種の親しみを込めたからかいは「酷評（roasts）」においてもみられる。酷評とは、友人や同僚が交代で主賓をユーモラスにけなしたり、グリーティング・カードで表面上はあきらかな侮辱のメッセージを装い、その背後に愛情や感傷の気持ちを間接的に伝えたりすることを指す(Oring, 1994)。からかいはお互いによく知らない者同士では不適切な方法であるとみなされるが、この種の親しみを込めたからかいは、単なる知り合いからより親密な段階へ進展したいという欲求を相手に伝える方法にもなりうる。ただし、こういったからかいは本質的には攻撃的ではないのだが、もしからかいの受け手がユーモアの意図を誤って知覚してしまったり、メッセージを真剣に受け取ってしまったりした場合には、逆効果となる可能性が常に存在する。また、ほとんどの親しみをこめたからかいにおいて、からかいを受けた人は、からかった人よりもポジティブな感情を表出する傾向が少ないことが示されている（Keltner et al., 1998）。

悪ふざけ（practical jokes）はユーモアの形態の1つであり、親しみを込めたからかいと密接に関連している。からかいというのは、一般的に屈辱的であるとみなされる発言を伴うのに対して、悪ふざけは、より意地の悪いいたずらを他の人にすることを伴う。からかいと同様に、悪ふざけは、遊びとしてのいたずらに耐えられるほど、お

互いの関係性が強いことを間接的に示す（試す）方法の1つである。もし，悪ふざけの受け手が怒り出したら，話し手は「ふざけただけだよ」と言うことで，巧みに悪ふざけの発言を撤回することができる。それに対し，もし悪ふざけの対象となった人が笑ったとしたら，こうした好意的な意図が確認されたことや悪ふざけに耐えられたことによって，彼らの互いの親密さは増すことになるだろう。悪ふざけをした本人は，対象となった人よりも悪ふざけを楽しみ，おかしさを見出しやすいため，典型的には悪ふざけの対象となった人は，「おあいこ」であることを示すために，同じようにやり返したいと感じる。その結果，悪ふざけは，相手の感情を刺激するために，お互いが無礼な悪戯を考え出そうと試みるという，仕返し（tit-for-tat）ゲームになることがある。このゲームをお互い楽しみ続けているうちは，仕返しゲームによって楽しい友情がますます育まれる。しかしながら，この悪ふざけの応酬には，どちらかが悪ふざけをもはや楽しめない段階へと発展してしまう危険性が常に存在し，関係を不安定にさせてしまう可能性をも同時に秘めている。

　親密な友人や恋人，親子の間で頻繁に行われるからかいのなかでも，いくぶん攻撃的なものとしては，穏やかに相手を非難することや，相手の習慣や行動，嗜好についての不満を言うことが挙げられる（Keltner et al., 1998）。たとえば，友人があきらかに過度の要求をしたり，融通が利かないと感じた場合，行動の行きすぎに注意を向けさせるための手段として，からかいを利用できる。こうしたユーモアの使用により，対象となった人が意固地になる危険性が下がり，注意や指摘を受け入れやすくなることで，両者は共に面子を保つことができる。したがって，この種のからかいは，ユーモアを社会的影響の1つとして用いることを意味する。それを支持するように，この種のからかいの受け手はいくつかの研究によって，話し手と一緒に笑うというよりも，からかいの対象となった行為を正当化したり，説明したりするというように，しばしば暗に示されたメッセージに対して，遊びとしてではない反応を示すことがあきらかにされている（Keltner et al., 1998）。

　からかいのなかでより攻撃的なものの場合には，対決がますます直接的になり，ユーモアやメッセージの曖昧さが低減する。からかいのもっとも攻撃的な形態としては，いじめ（Whitney & Smith, 1993）や暴力行為（Arriaga, 2002）の形をとる。ただし，こうした攻撃的なからかいにおいてさえ，からかいが有するユーモラスな本質によって，からかう側は攻撃的な意図を否認し，冗談としての意図を主張することができる。このことは，からかわれる側が怒りを表出するのを困難にする。その意味で，攻撃的なからかいは，非常に高圧的であり，他者を巧みに操るものであるかもしれない。

　カルフォルニア大学バークレー校に所属する，ケルトナーらの研究グループは，か

らかいがもつ「面子への脅威」という観点から導き出される仮説を検討するために，2つの実験を行っている（Keltner et al., 1998）。1つ目の研究では，大学の社交クラブにおける地位の高い成員と地位の低い成員に対してお互いにからかい合うよう求め，その後でお互いの感情を評定するよう求めた。予想されたように，地位の低い成員は相手を向社会的な方法でからかうのに対して，地位の高い成員は攻撃的なやり方で相手をからかっていた。全般的な結果としては，一般的にからかいが相手の欠点や規範からの逸脱を指摘する目的で用いられるという考えと一致しており，ほとんどのからかいは，ポジティブな面ではなくネガティブな面に関するものであった。ただし，地位の低い話し手が地位の高い人物をからかう場合には，ポジティブな面についてのからかいを行いがちであった。予想されるように，パーソナリティ特性の1つである調和性（agreeableness）の得点が高い個人は，攻撃性を含まないからかいを行う傾向を示していた。また，からかいがもつ攻撃性は，からかいの受け手が話し手よりもネガティブな感情を表出したり，報告したりしたという事実からも示されている。さらに，地位の低い成員は，困惑や苦痛，そして恐怖の表情を示したのに対して，地位の高い成員はからかう場合とからかわれる場合の両方において，敵意の表情を示していた。

2つ目の研究では，先の研究と同様の研究手法を用い，交際中の男女に対してお互いにからかい合うよう求めた。お互いの関係に満足していない実験参加者は，交際相手をより攻撃的なやり方でからかった。先の研究と同様に，からかいは，相手のポジティブな面よりもネガティブな面に関するものが多く，からかいの受け手は話し手よりもネガティブな感情を表出した。より向社会的な側面が強いからかいは，話し手と受け手の両者においてポジティブな感情を生み出していた。また，からかいの攻撃性に関しては，男女差はみられなかったものの，女性は相手からからかわれた時にポジティブな感情を経験することが少なく，ネガティブな感情を経験することが多かった。以上のように，これら2つの研究は，からかいが，面子を保ちつつ相手に対する非難や優越性を表現する手段として捉えられるという見解をおおむね支持する結果を示している。

攻撃的なからかいは，からかいの直接の受け手ではない聴衆に対して，どのような影響を与えるのだろうか？　ウェスタン・オンタリオ大学の社会心理学者ジェーンズとオルソン（Janes & Olson, 2000）は2つの実験から，ユーモラスに冷やかされている（からかわれている）他者を観察することによる抑制効果を検証している。彼らはこうした抑制効果を「冷笑の圧力（jeer pressure）」と呼んでいる。彼らは大学生にビデオを観せ，ビデオに写る男性が，他者を冷やかしているのか，それとも自分自身について中傷的な発言をしているのか，もしくは，中傷的ではないユーモアを用いてい

るのかを判断するよう求めた。いずれの研究でも，他者を中傷するビデオを観た実験参加者は，他のビデオを観た実験参加者と比較して，いくつかの課題において，遂行成績が抑制されることが示された。特に，彼らは評定課題において他者の見解への同調（conformity）を示したり，輪投げ課題でリスクを犯すことに消極的になったりというように，失敗への恐れを示していた。さらに，単語識別課題において，彼らは拒絶に関連した単語により早い反応を示し，拒否のスキーマが活性化されることを物語る結果を示した。

　ジェーンズとオルソンは，これらの結果の解釈として，他者が冷やかしや攻撃的なからかいを受けているのを目撃した人は，自分自身が拒絶される危険性が増していると知覚し，自分がからかいの対象になる恐れのある目立つ行動を避けるのではないかと論じている。実験参加者はただ単にビデオを観ただけであり，そのため，自分自身がからかいの対象となる可能性はほとんどなかったにもかかわらず，このような強い効果がみられたのは非常に驚くべきことである。このように，これらの研究は，攻撃的なからかいが，からかいの受け手に対してだけではなく，からかいの目撃者に対しても有害な効果をもつかもしれないことを示唆している。

4節　笑いの社会的側面

　第1章で述べたように，笑うことは，自分が愉悦の情動を感じていることを他者に伝える表出行動である。笑い声が大きく，かつ独特な音声と表情から構成されているのは，他者の注意を引いたり，感情に関する重要な情報を伝えたり，他者の感情を同様に活性化したりするためのコミュニケーションの手段であるからである。つまり，笑いとは，本質的に社会的な行為であるといえる。先行研究において，人は独りでいる時よりも誰か他の人といる時の方が30倍笑いやすいことが示唆されている（Provine & Fischer, 1989）。また，笑いの起源は，コミュニケーションの手段としての言語が発達するかなり前までさかのぼる。つまり，笑いは「言語獲得以前の聴覚的なコミュニケーションとしての独特で，太古から続く様式の1つであり，現在ではこうしたコミュニケーションの様式は現代での発話や言語に平行して行われている（Provine, 1992, p.1）」と考えられる。

　笑いはどのような対人的な機能をもつのであろうか？　第1章で述べたように，人間における笑いは，チンパンジーや他の類人猿にみられる，呼吸を素早く行う，あえぐような発声から進化したと考えられている。類人猿たちのこうした発声は，彼らが

社会的な取っ組み合い遊びを行う時に，リラックスして口をあけた表情である「プレイ・フェイス（play face）」を伴って観察される（Preuschoft & van Hooff, 1997; van Hooff & Preuschoft, 2003）。こうした根拠をもとに，多くの理論家が，笑いは愉悦という遊びとしての感情状態を経験していることを他者に伝えるためのコミュニケーション上の信号であると指摘している。この観点から言うと，笑いの意味は「これは遊びである」というメッセージを相手に伝達することである（たとえば，van Hooff, 1972）。

ただし，最近になって，研究者のなかには感情を誘発するものとしての笑いという視点を提案しているものもいる。この視点からは，笑いは他者に認知的な情報を伝えるだけでなく，他者の行動に影響を及ぼしたり，笑っている人に対して好ましい態度を促したりするために，他者のポジティブな感情を誘発し，際立たせる機能をもつと主張されている（たとえば，Bachorowski & Owren, 2003; Owren & Bachorowski, 2003; Russell et al., 2003）。これらの研究者は，笑い特有の音が，（おそらく，脳内のある特定の回路を活性化することによって），笑っている人の情動状態と同様のポジティブな情動に関わる覚醒を誘発する，直接的な効果があると論じている（Provine, 1996）。ジャーヴェイスとウィルソン（Gervais & Wilson, 2005）は，これらの脳回路が，ミラー・ニューロンやミラー・マッチングシステムと類似している可能性を示唆している。これらのシステムは社会神経科学における最近の研究でよく扱われる対象であり，他者の行動や感情を正しく認識し，自分自身も経験する機能をもち，我々が社会的な関係を築くために不可欠な神経基盤であるとみなされている（Rizzolatti & Craighero, 2004）。これについては，第6章において，脳画像を用いた最近の研究をいくつか紹介することにする。これらの研究では，他者の笑いを聞いた時に脳のどの領域が活性化しているかを検証しているものである。

笑いが他者の愉悦の情動を誘発するという視点は，なぜ笑いがこんなにも感染するものなのかを説明する助けとなる。我々は，他者が心から笑っているのを聞いた時，無意識のうちに自分も笑い始めてしまうことがある。おそらく，こういった笑いの感染の例で「絡め取られている（caught）」のは愉悦の感情だと考えられる。他者の笑いを聞くことは，我々のポジティブな感情を誘発し，その結果，笑いを引き起こす。いくつかの実験では，実験参加者に対してユーモラスな刺激（たとえば冗談，マンガ，コメディ映像）を提示し，その際に，他者の笑い声がない場合（統制群）と比較して，笑っている他者が周囲にいる場合（実験群1）や録音された他者の笑い声を聞く場合（実験群2）とでは，実験参加者の笑う程度が異なるか否かが検討されている。その結果，統制群と比較して他の2つの群において，実験参加者はより多くの笑いを表出するという（Brown, G. E. et al., 1981; Donoghue et al., 1983; Fuller & Sheehy-Skeffington,

1974; Martin, G. N. & Gray, 1996; Porterfield et al., 1988)。この実験結果は，テレビのコメディ番組において，視聴者の感じる楽しさやおかしさを促進するために，録音された笑い声が一緒に流されることが広く行われている理由をうまく説明できる。また，他の実験からは，狭い空間に過剰に人が詰め込まれていない限りは，観衆が多くなればなるほど，彼らはよりコメディアンの演技に対して笑いを表出することが示されている（Prerost, 1977）。

プロヴァイン（Provine, 1992）は，「笑い箱（laughter box）」を用い，ユーモラスな刺激が提示されていない場合においても，他者が笑う音声だけで，十分にほとんどの聞き手の笑いを引き起こせることを示した。しかしながら，同じ笑い声が繰り返し提示されることは，すぐに不快感をもたらし，数回の繰り返しの後には，もはや聞き手の笑いを引き起こさなくなる。同様の文脈において，バチョロウスキらの研究グループは，多様な音響的特性を含んでいる笑い声は，単純に繰り返される笑い声よりも，楽しいと評定される程度が高いことをあきらかにしている（Bachorowski et al., 2001）。

笑いの社会的側面に関する初期の研究は主に実験室で行われた研究であり，人工的に録音された笑い声を聞くことが，ジョークや漫画，コメディ映像に対して感じるおもしろさにどう影響するかを検証するものであった。しかしながら，近年，研究者たちは実験室から離れ，より自然な社会的なやりとりの場面における自発的な笑いを研究対象にし始めている。メリーランド大学のプロヴァイン（Provine, 1993）は，公衆の場所で会話をしている小集団を密かに観察し，誰かに笑いが生じた時の直前の会話を記録している。得られた1200の会話サンプルから，笑いはほとんどの場合もっぱら発話文の途中よりも終わりに起こり，「笑いは発話を中断させる」ことが示唆された（ただし，母子の相互作用において発話と笑いが同時に起こるという証拠もある。詳しくは Nwokah et al., 1999 を参照）。さらに，プロヴァインは，人々は，他者が何かを話した後よりも，自分が何かを言った後により笑うことをあきらかにしている。また，女性は男性よりもより多く笑う傾向があることを報告している。

興味深いことに，プロヴァインはこれらの自然な会話において，ほとんどの笑いが他者の言った冗談や，あきらかに意図されたユーモアの試みに対する反応として起こったものではないと述べている。その代わりに，一見したところ平凡な主張や質問（たとえば，「私もあなたにお会いできてよかったです」「どういう意味ですか？」など）の後に頻繁にみられるという。こうした現象に依拠して，プロヴァインは，我々が日常的に行う笑いの多くは，実際にはユーモア**それ自体**とはほとんど関係しておらず，むしろ友情やポジティブな感情を伝える社会的な信号であると論じている。しかしながら，このような笑いについては，実験参加者が実際におかしさを感じており（すなわ

ち，発言が何らかの深刻でない不調和を含んでいた），したがって，経験された真の愉悦の情動を反映するものであるか，それとも，プロヴァインが論じたような友情を表す社会的な信号であるのかどうかは定かではない(Gervais & Wilson, 2005)。プロヴァインは，笑いが起こる前に話されていた発話文を記録しただけであるため，会話のより大きな文脈がこれらの発言をおもしろくした可能性を判断するには，情報が不足している。たとえば，われわれは冗談を前置きなしにオチだけを聞いたとしても，おそらくおもしろさを感じない。これは，さらなる検討を行う価値のある研究課題である。

社会的なやりとりにおける笑いを対象とした他の研究として，ベルリンにあるフリー大学に所属するヴェティンとトッド（Vettin & Todt, 2004）による研究が挙げられる。その研究では，自然な場面での友人同士と初対面同士の2者の間で行われる会話を48時間テープに録音した。ヴェティンとトッドは，そのテープを分析し，会話の10分毎に平均5.8回（範囲は0〜15回）の笑い——一回の呼気によって発せられた「は・は・は（ha-ha-ha）」という連続音として定義された——が起こることをあきらかにしている。この笑いの生起率は，笑いの自己報告形式の日誌法によって報告された頻度よりもかなり高いようだ（Mannell & McMahon, 1982; Martin, R. A. & Kuiper, 1999）。この結果の食い違いは，人々は日誌を記録する時に，彼らが笑った頻度を過小に見積もる傾向があり，笑っている時に自分自身でそれに気がついてさえいない場合があることを示唆している。興味深いことに，この研究では，平均すると，親しい友人に対する笑いの生起頻度と見知らぬ人に対する笑いの生起頻度とではほぼ同程度であることが示されている。

プロヴァイン（1993）の調査においてみられたように，ヴェティンとトッドの研究においては，会話の相手の発話ではなく，自分自身の発話の後により笑うことが示されている。また，プロヴァインの示した知見と同様に，話し手は一般的に発話文の途中では笑わない。しかしながら，プロヴァインの研究とは異なる点として，話し手が発話している最中であっても聞き手はしばしば笑うことが示されている。従来，笑いの音響分析によって，笑い声には個人内でも個人間でもかなり多様性があることがあきらかになっている（Bachorowski et al., 2001 を参照）。加えて，この研究では，笑いの音響的な測定値が文脈によって体系的に変化し，笑ったのが話し手であるのか聞き手であるのかによっても異なることが示された。これらの結果は，笑いが非言語的なコミュニケーション上の手段であることを示しており，笑いがもつ対話としての特徴をより際立たせている。

種類の異なる笑いに対する聞き手の感情的な反応を研究するため，ヴァンダービルト大学に所属するバコロウスキとオーレン（Bachorowski & Owren, 2001）は，5つの

実験を行っている。この実験では、男性と女性の実験参加者が、様々な種類の笑い声が録音されているテープを聞いた後に、いくつかの評定を行うよう教示された。なお、笑い声のテープには、男性によるものと女性によるものがあり、よく響く、歌うような（songlike）笑い声だけではなく、あえぐような（gruntlike）笑い声、鼻を抜ける（snortlike）笑い声、甲高い（cacklelike）笑い声などが含まれている。その結果、聞き手が自分自身の感情的な反応や、他者の予想される反応、笑いに対する知覚された態度（たとえば好意度や性的魅力、もしくは笑っている人に会うことへの興味）を評価するかどうかにかかわらず、それぞれの研究において、歌うような笑い声は他の笑い声よりも肯定的に評価されていた。これらの結果に基づいて、バコロウスキとオーレン（2001）は、笑いにおける音響的な多様性は、聞き手の様々な反応を幅広く引き出すことを可能にするという点で、感情を誘発する機能のために重要であると示唆している。

さらに、スモスキとバコロウスキ（Smoski & Bachorowski, 2003）は、社会的なやりとりの場面における笑いの役割を検証している。スモスキとバコロウスキは、相手の笑っている間や笑い終わった直後に起こる笑いとして「応答笑い（antiphonal laughter）」を指摘し、この応答笑いが、やりとりの相手との間の親和行動や協力行動を促進する感情誘発過程の一部であるという考え方を提唱している。その上で、スモスキとバコロウスキは、応答笑いの頻度が、友情が発展していくに連れて増していくという仮説を検証するために、彼らは、同性同士のペア、異性の友人同士のペア、初対面同士のペアに対して、笑いを促進する簡単なゲームを行わせ、その会話をテープに録音した。予想されたとおり、応答笑いは、全体的な笑いの発生率を統制した後においても、初対面同士よりも友人同士の会話においてより多くみられた。また、異性同士の友人においては、女性は男性よりも応答笑いをより多く行いやすく、また女性は男性によるポジティブな感情表現に特に同調しやすい可能性のあることが示唆されている。

これらの研究の知見を総合すると、笑いはポジティブな感情を表現し、他者のポジティブな感情反応を引き起こすための、社会的なコミュニケーションの表れであるという見解をかなり支持するものである。笑いは、集団成員間の感情をつなぎ合わせることを通じて、社会的なやりとりの調整を促したり、助けたりすることによって、社会的な円滑さと人と人との結びつきをつくり出すという重要な機能を果たしていると考えられる（Gervais & Wilson, 2005; Provine, 1992）。

5節 ユーモア，社会的知覚および対人魅力

我々はどのようにして他者の情報を集め，印象形成を行っているのだろうか？　ある人々のことを魅力的に思ったり，嫌いになる要因は何であろうか？　これらの社会的知覚と魅力が形成される過程は，我々が友人を選択したり，誰かとより親密な友情を形成したりする際の意思決定にどのような影響を及ぼしているのだろうか？　この種の問題に対して，社会心理学者は強い関心をもち続けてきた。以下の節では，これらのすべての過程において，ユーモアがどのように重要な役割を果たしているかについて論じていく。

社会的知覚

他者と最初に出会った時，我々はすぐに相手の印象を形成し，その人は親切であるか信頼できそうな人であるか，どのような動機をもっている人かなどのパーソナリティ特性を判断する（Jones, E. E., 1990）。実際のところ，他者に関する比較的正確な印象を，素早くかつ効率的に形成することができる能力は，進化の歴史において，生存していくために必要不可欠なものとして存在し続けてきたのかもしれない。他者についての最初の印象を形成する情報源の1つは，相手がどのようにユーモアを表現するかである。既に述べてきたように，ユーモアは対人的なコミュニケーションの一種であり，したがってよいユーモアセンスは，一般的に望ましい重要な社会的スキルである。

ユーモアセンスは，概してポジティブな特性としてみなされているが，他者のユーモアが我々の印象形成にどう影響するかは，その相手に対して我々があらかじめもっている期待に一部は依存しているようである。対人知覚におけるユーモアの役割に関する初期の研究に，大学生の実験参加者がビデオテープに録画された講義を観た後に教授を評価するよう求めるというものがある（Mettee et al., 1971）。講義を観る前に，実験参加者には教授のパーソナリティ特性についての要約が与えられる。実験参加者の半数に渡された要約には，その教授は冷淡で，ユーモアがない人物であると書かれており，残りの半数に渡された要約には，その教授はいくらかおどけることがあり，ユーモアの使用について慎重さに欠けると書かれていた。各実験参加者には，同一の教授が行った内容がほぼ同一の講義のビデオテープを観せたが，実験参加者の半数には講義のなかで一回だけ教授が冗談を言うビデオを観せ，残りの半数にはまったく教授が冗談を言わないビデオを観せた。冗談を言うビデオを提示された群において，冷淡でユーモアのない人物であると教示で誘導された実験参加者は，教授がおどけやす

く下らないユーモアを言う人物であると教示された実験参加者に比較して，教授をより有能であると評定していた。しかし，実験参加者に対する教示の内容が，教授が冷淡な人物であるか，ふざけた人物であるかにかかわらず，教授が冗談を言わないビデオを観察した場合よりも，教授が冗談を言ったビデオを観察した場合に人物評価はより好ましいと評定されていた。

　他者に対する我々の知覚は，その人が使用するユーモアの種類やユーモアに対する周囲の反応，さらにはユーモアを言った社会的な文脈によっても影響を受けているようである。デルクスとバーコウィッツ（Derks & Berkowitz, 1989）の研究は約800名の大学生男女をランダムに分け，いくつかのバージョンのストーリー文を読むよう求めている。ストーリー文は，男性（女性）が気の利いた（下品な）冗談を友人（見知らぬ人）の集団にパーティー（仕事場）で言い，みんな笑う（誰も笑わない）という文章であった。ストーリー文を読んだ後，実験参加者は，冗談を言った人に対する印象を回答するよう求められた。その結果，下品な冗談を言った人物は，気の利いた冗談を言った人物よりも，誠実さに欠けている，友好的ではない，知的ではない，思慮に欠ける，感じが悪い，と低く評定されていた。下品な冗談は特に，友人ではなく見知らぬ人に言ったストーリーの方がよりネガティブに評定され，また，女性の方が男性よりもネガティブに評定していた。このことから，下品な冗談を言うのは，他者にポジティブな第一印象を形成させる方法としてはあまり適切ではないと言える。

　冗談の種類にかかわらず，聴衆がその冗談を笑った場合と笑わなかった場合とを比較したところ，聴衆が冗談に笑った場合の方がその冗談の話し手はより魅力的であると評定されたが，それと同時に誠実さに欠けるとも評定される傾向にあった。男性は，仕事場において周りを笑わせる冗談を言った人物を特に魅力的であると評定しがちである。それに対して，女性は，パーティーにおいて周りを笑わせる冗談を言った人物をもっとも魅力的であると評定しがちである。全般的に，仕事場で冗談を言った人物は，パーティーで冗談を言った人物と比較して，より友好的であると評定された。この結果は，帰属理論（Kelley, H. H., 1972）からも，うまく説明できる。帰属理論では，他者の特定の行動が，そういった行動が一般的に期待されていない状況で起こった場合，その行動の原因はパーソナリティ特性に帰属されるというものである。それに対して，そういった行動がかなり期待される状況においては，外的な原因に帰属されるという。この理論に基づけば，人々は一般的に，仕事場よりもパーティーで冗談を言う頻度が多いため，仕事場で冗談を言うことは，友好性といったその人の内的な特性からそれが引き起こされたものと帰属されがちであると考えられる。

　デルクスらの研究グループによる最近の研究では，これらの結果が追認され，さら

に拡張されている（Derks et al., 1995）。この研究では，周りの人を冗談で笑わせることに失敗することは，周りの人が冗談で笑った状況と比較して，冗談の話し手がより攻撃的で，親しみに欠けると知覚させることが示されている。このように，総じていえば，印象形成におけるユーモアの効果は，ユーモアの種類，社会的な文脈，他の人が楽しんでいるか否か，といった様々な要因に規定されるのである。

対人魅力

　一般的に，我々はユーモアセンスのある人物に魅力を感じる傾向がある。対人魅力（Cook, K. S. & Rice, 2003）の基礎となる費用便益分析（訳注：かけた労力（コスト）に対して，どの程度効果（ベネフィット）が得られたのかに基づいて効率性を評価する方法）の観点からは，他者のユーモアセンスは，相互の関係の知覚に影響を与え，ベネフィット（笑いに伴う心地よい感情）の増加をもたらすことで，知覚されるコストを低下させる（相手がすぐに怒ったり，ネガティブな感情反応によって自分を困らせたりする可能性がより低い）。フレイリーとアーロン（Fraley & Aron, 2004）によると，初対面の際にユーモラスな経験を共有することは，双方により高い親密さの感覚をもたらすという。この実験では，初対面である同性同士のペアが，ユーモアを生み出すような課題とユーモアを含まない課題のどちらかを行うように割り当てられた。これらの課題が終了した後，彼らは相手に対する知覚に加えて，相手に対して親密さを感じている程度についての自分自身の現在の感情を評定するよう求められた。

　ユーモラスな課題を行った実験参加者は，ユーモアを含まない課題を行った実験参加者よりも，笑う頻度が有意に多く，課題をよりユーモラスであると評定しており，ユーモアの操作が成功していることを示していた。同時に，2つの課題は同程度に楽しいものであると評定された。予想されたように，ユーモラスな課題を行った実験参加者は，ユーモアを含まない課題を行った実験参加者よりも，課題後に相手に対してより親密さを感じ，お互いをより魅力的であると評定していた。さらに，これらの効果は，単に条件設定の楽しさに起因しているわけではなく，知覚されたおもしろさの違いに起因しているという。

　フレイリーとアーロンはさらに，ここで観察された，共有されたユーモアの効果を媒介したり，調節したりする要因に関するいくつかの仮説を検証している。彼らは，知覚された親密さに対するユーモアの効果は，部分的に「自己拡張（self-expansion）」の感覚（ものごとに対する新たな視点を獲得し，そして，それが他者とのやりとりによるものであるという大きな気づきの感覚）に媒介されていることをあきらかにしている。また，この効果は，見知らぬ人と初対面の場面で生じる不快感をまぎらわせる

ことによって媒介されていたものの，他者から受容されている感覚や自己開示の知覚によっては媒介されていなかった。さらに，親密さに対するユーモアの効果は，ユーモアセンスの高い人や不安型の愛着スタイルを有する人において強く表れる。以上のように，見知らぬ他者と初対面の場面においてユーモアを共有することは，自己の感覚をお互いに拡張し，不快さや不安を低減することで，親密さの感覚を促進し，相互の魅力を高めるようだ。特に，こうした効果は，ユーモアセンスが高い人々や，親密な関係について不安を感じる傾向がある人々の間でみられる。

　我々は，初めて出会った時に，ユーモラスなやりとりをすることができた人物に対して魅力を感じる傾向があるが，とりわけ，自分の言った冗談に笑ってくれる人物に対して魅力を感じるかもしれない。なぜならば，自分の冗談に相手が笑ってくれるということは，お互いにユーモアセンスを共有していることを意味するからである。カンらの研究グループが行った実験にこのようなものがある。実験参加者には同性の初対面の他者（実際は実験参加者のサクラ）に対して冗談を言うよう教示される（Cann et al., 1997）。この実験では，実験参加者の半数には，冗談を言った時に初対面の相手が笑うように，残りの半数には，冗談を言った時に初対面の相手が笑わなようにしてある。さらに，実験参加者の半数には，社会的な問題に対する初対面の相手の信念や態度が，あなたと似ているという教示が与えられ，残りの半数は，あなたとは異なる信念や態度をもっているという教示が与えられる。その後，実験参加者は，相手に対する知覚と相手に感じた魅力を評定するよう求められた。

　予想されたように，自分と相手の態度が類似しており，冗談に対して相手が笑うほど，相手に対してポジティブな知覚を行ったり，魅力があると高く評定している。興味深いことに，相手の笑いの効果は，態度の不一致が対人魅力に与える揺るぎないネガティブな効果を打ち消すほど強力であった。つまり，異なる社会的な態度をもつ他者が笑うことは，同様の態度をもつ他者が笑わない場合よりも，よりポジティブに知覚されたのである。カンらは，他者が笑うことは，その人物がユーモアセンスをもつことを示しているだけでなく，お互いにユーモアセンスを共有していることをも意味し，これらは相手に対するポジティブな魅力を形成するのに寄与すると論じている。これらのユーモアの知覚は，類似した態度や信念の共有といった，よく研究されてきた効果よりもずっと重要であると思われる。別の観点からこれらの結果をみると，他者の言ったおもしろいことに笑うことは，自分が相手に魅力を感じていることを表現するだけでなく，他者が感じる自分自身の魅力についても促進することを示唆しているのである（Grammer, 1990）。

友情や恋人の選択における望ましい特性としてのユーモア

　第1章で述べたとおり，何世紀にもわたって，ユーモアセンスはパーソナリティ特性として高く評価されるが，ほとんどの人はユーモアセンスが何であるか，かなりぼんやりとしか思い描いていない。身体的な魅力が高く評価され，多くの望ましい特性と関連して知覚されるのと同様に，我々は，ユーモアセンスをもっていると知覚した個人に対して，ポジティブなステレオタイプをもつ傾向がある（Eagly et al., 1991）。たとえば，優れたユーモアセンスをもつ人は，他の望ましい特性（友好的である，外向的である，思いやりがある，愛想がよい，おもしろい，想像力がある，知的である，洞察力が鋭い，感情的に安定している）をもっていると，人々は思い込む傾向があることが，いくつかの研究で示されている（Cann & Calhoun, 2001）。このポジティブなステレオタイプがあるために，我々は，しばしば友人や恋人を選ぶ際の目安として，相手のユーモアセンスを参考にする。シュプレッヒャーとリーガン（Sprecher & Regan, 2002）は700名の男女を対象とし，その時々の性交渉の相手やデートの相手，結婚相手，同性の友人，異性の友人についての属性に関する好みを検討する調査を行っている。ここに挙げたすべての関係性において，よいユーモアセンスをもっていることは，温かさや率直さと並んで，もっとも高く評価された特性であった。他のいくつかの研究からも同様の結果が得られている（Goodwin, 1990; Goodwin & Tang, 1991; Kenrick et al., 1990）。

　独身者向けの雑誌や新聞に掲載された恋人募集の個人広告を対象として，相手に望む特性の種類を分析した結果，女性は男性パートナーに対して特にユーモアセンスを求めるのに対して，男性は女性のユーモアセンスにも高い価値を置いているものの，身体的魅力をより重視しているという（Provine, 2000; Smith, J. E. et al., 1990）。いくつかの調査研究においても同様の性差が報告されている（たとえば，Daniel et al., 1985）。恋人選択の好みに関するメタ分析によると，パートナーになる可能性がある相手のユーモアセンスの重要度に関して，比較的小さな傾向ではあるが，男性よりも女性の方が重きを置くことが統計的にも有意であることがわかっている（Feingold, 1992）。

　ランディらの研究グループは，自己卑下的ユーモアと身体的魅力が，様々な異性関係での将来の交流をもちたいかどうかに与える効果を検証する実験を行っている（Lundy et al., 1998）。まず，大学生の男女に対して，異性の人物（ターゲット）の写真とその人物が回答したインタビュー内容を記録した紙を提示し，その後，実験参加者は，魅力的な人物が映った写真を提示される群と魅力的ではない人物が映った写真を提示される群にランダムに割り当てられる。加えて，インタビューの内容に自己卑下的でユーモラスな発言を含む群と含まない群にランダムに割り当てられた。次に，

実験参加者は，写真の人物といくつかの種類の男女関係（デートをする，性交渉をもつ，長期的に付き合う，結婚する，結婚して子供をもつ，を含む）をもつことについて，相手の資質という観点から，どの程度関心かあるかを回答するよう求められる。
　先行研究においてみられたように，男性は，すべての種類の関係において，身体な魅力に富む女性をもっとも望ましいパートナーとして評定していた。男性においては，相手としての望ましさの評定には，インタビュー中のユーモアの有無に影響はみられなかった。それに対して，女性では，男性の身体的魅力は望ましさの評定に直接的な影響を与えないが，相手としての望ましさの評定は，ターゲットの身体的魅力とインタビュー中でユーモアがどれだけ表現されたかとの間の交互作用による影響がみられた。すなわち，もし男性ターゲットが身体的な魅力を有していた場合では，ユーモアはその男性に対する望ましさの評定を高めていたのに対し，男性ターゲットが身体的な魅力を有していない場合では，ユーモアは何の効果も示さなかった。この結果は，短期的な関係と長期的な関係のどちらにおいても共通している。したがって，自己卑下的なユーモアは，女性が男性に感じる魅力を増加させるが，それは身体的魅力といった他の変数が好ましい時に限定されることを示唆している。さらなる分析において，女性は，身体的に魅力的ではあるがユーモラスではない男性に対しては，身体的にも魅力がありユーモラスな男性よりも，思いやりがない人物として評定することが示されている。
　ユーモアが知性の指標として知覚されやすいことを報告した先行研究（Cann & Calhoun, 2001）に反して，実験参加者は，男女ともに，ユーモラスなターゲットを，ユーモラスではないターゲットよりも**わずかに知的ではない**と評定していた。ただし，この研究の結果は，ユーモアの自己卑下的な特徴によるものであって，ユーモア全般には当てはまらないかもしれない。特に，この実験で用いられたユーモアは，ターゲットが「ユーモアセンス」——このステレオタイプと結びついた多くのポジティブな特性を伴う——をもつと参加者に知覚させるのに適しておらず，実験材料としては不十分であったかもしれない。異なる種類のユーモアを用いても，これらの結果が再現されるか否かを判断するためには，さらなる研究が必要である。この他にも女性がユーモアセンスをもっていることは感情的に安定していることと同様に，たとえ身体的魅力が比較的低くても，それを埋め合わせられるだけの効力をもち，結果的に男性から恋愛の相手として見られやすいことを示唆する研究がある（Feingold, 1981）。これに関連する研究については，第6章において，ユーモアの進化的理論に関する議論のなかで，紹介していくこととする。
　全体的にみれば，社会的知覚，魅力，そしてユーモアに関する研究は，ユーモアセ

ンスをもつ人物に対して，我々がポジティブな態度をもつ傾向があることを示唆している。ユーモアセンスをもつ人物は，一般的に，いくつかの他のポジティブな特性ももっていると仮定され，この特性は友人や恋愛相手を選択する場合においてかなり望ましいものである。これまでみてきたように，他者の笑い声は，聞き手のポジティブな感情を誘発することがあきらかとなっている(Bachorowski & Owren, 2001)。誰かと笑いを共有することで引き起こされるポジティブな感情は，お互いに感じる魅力を強め合う，ポジティブな感情を強める，信頼感と誠実さの感覚を浸透させる，親密な関係の発展を促進するといった働きをするのである（Smoski & Bachorowski, 2003)。

6節　ユーモアと説得

　ユーモラスなメッセージは深刻なメッセージよりも説得効果があるのだろうか？テレビやラジオで幅広くユーモアが使用されていることは，広告主が，商品を購買するように，人々を説得する有効な手段としてユーモアを捉えていることを意味している。また，政治家たちは演説をする時にユーモアを多用するが，これはおそらくユーモアを用いることが，自分に投票してくれるように人々を説得する上で役に立つと信じているからであろう。だが，驚くべきことに，ユーモラスなメッセージが，ユーモラスではないメッセージよりも，総じて説得性を増すという結果を支持する研究は少ない。関連した研究をレビューしてみると，広告におけるユーモアに関する5つの研究ではユーモアの説得効果が示されているが，他の8つの研究では効果はまちまちであるか，まったく効果がないことが示されている。他の1つの研究では，逆にユーモラスな広告はそうでないものよりも説得効果が**劣る**ことが示されている(Weinberger & Gulas, 1992)。

　宣伝以外のユーモアと説得に関する研究（説得力のあるスピーチや論文に関する研究）において，真面目なメッセージよりもユーモラスなメッセージが全体的に優れていることを示す研究はなく，7つの研究では中立か，はっきりしない結果しか示されておらず，1つの研究では，むしろユーモアが説得を妨げるという結果が示されている（Weinberger & Gulas, 1992)。したがって，ユーモラスなメッセージを作成すれば，それがすぐに説得性を高めるわけではない。この結論はおそらく初めに考えたほど驚くことではない。もしユーモラスなメッセージが常に説得力をもつのであれば，広告主や政治家はそれをすでに把握していると思われるし，テレビのなかにはユーモラスな宣伝が溢れ，政治家は宣伝演説のなかで，絶え間なく冗談を言い続けるという光景

を目の当たりにしているはずである。

多様な研究から，説得におけるユーモアの役割はもっと複雑であり，ユーモアが説得に有効であるかどうかは状況によって異なることが示唆されている。たとえば，見る人が製品についてポジティブな態度をすでにもっていれば，ユーモラスな広告はユーモラスでない広告よりも効果的である（Chattopadhyay & Basu, 1990）。さらに，押しつけがましくないように穏やかに売り込む宣伝方法にユーモアを盛り込むことは説得力を高めるが，強引な宣伝方法にユーモアを盛り込むことは，実のところ，逆に説得性を低下させることがあきらかになっている（Markiewicz, 1974）。ヴァインベルガーとグーラシュ（Weinberger & Gulas, 1992）は，宣伝におけるユーモアの有効性は，達成しようとしている目標，ターゲットとなる聞き手，宣伝される製品，そして使用されるユーモアの種類によって規定されると示唆している。

説得においてユーモアが担っている複雑な役割は，一般的に説得と関連があることがあきらかとなっている要因を考慮することで，より理解できるかもしれない。たとえば，先行研究では，メッセージの説得力は，メッセージそれ自体だけではなく，聞き手の注意，注意散漫の程度，関与の程度，動機づけ，自尊心，知性といった特徴によっても規定されることがあきらかとなっている。ペティとカシオッポ（Petty & Cacioppo, 1986）が発展させた精緻化見込みモデルによると，説得とは，中心的な処理ルートと周辺的な処理ルートという2つのルートによって達成されうるという。**中心ルート**（central route）とは，聞き手によって行われる積極的なメッセージの精緻化と関連しており，メッセージが個人的に関連していることに気づいたり，その対象についてすでに考えや信念をもっていたりする時に生起する。中心ルートにおいては，論拠に論理的に同意せざるをえないことを聞き手が理解した場合は，聞き手はその論拠に納得するだろう。これに対して，**周辺ルート**（peripheral route）とは，気分や感情，聞き覚えのあるフレーズ，もしくは情報源に対する態度（たとえば，情報源の専門性の程度，情報源に対する好ましさや自己本位の動機がないことを知覚することなど）といった「ヒューリスティックな（経験則の）」手がかりに基づいて，考えずに思いつき的な反応を伴う。このルートは，聞き手が注意を向けていない場合や動機づけがない場合，メッセージを理解できない場合，さらには，複雑な情報を扱いたくない時に生起する。そのため，このルートでは一般的に態度と行動がより不安定に変化する。

これまでの研究は，説得に関するユーモアの効果が，中心的な処理ルートよりも周辺的な処理ルートとより強い関連があることを示唆している。とりわけ，ユーモアは，メッセージの理解といった認知の側面よりも，好感やポジティブな気分という感

情の側面に対して効果的であるようだ（Duncan, C. P. & Nelson, 1985）。それは、ユーモアが情報源の信頼性を増加させたり、メッセージの理解を改善するということを示す証拠がほとんど存在しないからである（Weinberger & Gulas, 1992）。それに対して、ユーモアが聞き手をよりポジティブな感情にする情動に関わる効果があることを示す多くの証拠がある（Moran, C. C., 1996）。また、ユーモアは、情報源や宣伝対象の製品に対する聞き手の好感を促進することも報告されている（Weinberger & Gulas, 1992）。さらに、ユーモアは、メッセージのユーモラスな側面に人々の注意を向けさせたり（Madden & Weinberger, 1982），論理的な議論の脆弱さから注意を逸らせたりする（Jones, J. A., 2005）といったように注意の配分を操作する効果も併せもつ。総合すると、これらの結果から、ユーモアは認知的な効果というよりも感情的な効果を引き起こし、説得の中心的な処理ルートではなく、周辺的な処理ルートにおいて効果を発揮する可能性が示唆される。

　リトル（Lyttle, 2001）は、ユーモアは周辺的な処理ルートに影響を及ぼすいくつかの可能性を指摘している。1つ目は、聞き手のポジティブな感情をつくり出すことで、説得的なメッセージに反対しにくくするという可能性である。2つ目は，情報源に対する好感を増し、お互いに価値を共有している感覚を暗に伝えることで、情報源をより信頼できる人物であるかのように見せるという可能性である。3つ目は、聞き手の注意を逸らすことで、メッセージに対する反論を考え出すのを妨げるという可能性である。4つ目は、自己卑下や自己を控えめに表現するユーモアは、情報源となる人物がたとえ説得したとしても個人的に得をすることはないという印象を伝えるために、情報源に対する聞き手の信頼感を高めるという可能性である。

　マッキーとワース（Mackie & Worth, 1989）は、ユーモアが誘発するポジティブな気分がメッセージの説得性に与える効果を検証する実験を行っている。実験参加者は、ユーモラスなビデオテープ（「*Saturday Night Live*」というテレビ番組の一部）を観てよい気分を喚起される群と、ワインについてのドキュメンタリー映像を観てニュートラルな気分を保つ群にランダムに割り当てられた。実験参加者には、その後、銃規制についての説得的なメッセージ（参加者自身の意見とは反する）が与えられた。このメッセージは、論拠が強いバージョンと弱いバージョンがあり、さらに情報源が専門家である場合とそうではない場合というように工夫されている。次に、実験参加者は、銃規制に関する自分の態度を評定するよう求められた。評定の結果、ユーモラスなビデオを提示された実験参加者は、論拠の強弱にかかわらず自分の態度を変化させる傾向がみられたが、特に、情報源が専門家ではない場合と比較して、情報源が専門家であった場合の方が、より強く影響を受けることがあきらかとなった。このことか

ら，実験参加者は，意思決定をする際に論拠の強さの代わりにヒューリスティックの手がかりに頼っており，中心的な処理ではなく，周辺的な処理を行っていたことが示唆される。対照的に，ユーモラスではないビデオを提示された実験参加者は，論拠の弱いメッセージよりも論拠の強いメッセージに強く影響を受けていたが，この効果は情報源が専門家であってもそうでなくても変わらなかった。したがって，彼らは，情報源の信憑性という経験則の手がかりではなく，論拠の強さに焦点を当てながら中心的な処理を行っていたといえるだろう。

　同様の結果が，宝くじの小額の賞金を獲得させることによって実験参加者のポジティブな気分を誘発する実験からも得られている。この実験では，説得に関連したユーモアの効果は，認知的側面よりもポジティブ感情を誘発することに起因することが示されている。したがって，ユーモアは，中心的処理を経由する論拠の強さよりも，周辺的処理を経由する経験則による手がかりに人々の注意を向けさせることで，聞き手のポジティブな気分を誘発し，その結果として，メッセージの説得力に影響を及ぼしているようだ（ポジティブな気分と情報処理の複雑な関係については Wegner et al., 1995 を参照）。これらの結果は，政治家（の一部）が演説に幅広くユーモアを織り混ぜることをも，うまく説明できるようだ。ユーモアを利用することで，投票者たちが彼らの政策という中心的な情報について批判的な思考をせず，周辺的な内容に反応するように誘導していると考えられる。

　ユーモアは周辺的な処理ルートと関連するため，問題について考えることを避けようと動機づけられている人々を説得する方法として特に有効であるかもしれない。この仮説は，皮膚がんを防ぐために日焼け止めの薬を使うことや，性感性症を防ぐためにコンドームを使用することといった，聞き手に脅威を与えうる話題に関して，ユーモラスな説得的メッセージがもつ効果について検討した2つの研究によって検証されている（Conway & Dube, 2002）。この研究の仮説は，男性性の高い個人に対しては，ユーモラスなメッセージは真面目なメッセージよりも効果的であるが，男性性の低い個人に対しては有効ではないというものであった。男性性とは主張の強さ——独立，権力，支配に特徴づけられる——の志向性から構成される特性である（この特性は男性と女性どちらにも適用することができる）。先行研究から，男性性の高い人は特に不快さを感じることを嫌悪し，脅威を与える話題に対して，否定したり，注意を逸らしたり，もしくはポジティブな点を強調したりすることによって，その話題について考えるのを避けることがあきらかになっている。

　これらの仮説は，実験参加者の男女に対してユーモラスなメッセージと真面目なメッセージのどちらかを提示することで検証されている。メッセージは，ともに，上

記の話題について同程度の情報を含むものであり，実験参加者は，予防的行動（研究1では日焼け止めの薬の使用，研究2ではコンドームの使用）を将来どの程度行うつもりであるかを回答するよう求められている。予想されたように，男性性の高い実験参加者（男性，女性ともに）は，真面目なメッセージよりもユーモラスなメッセージによってより強く説得されるのに対し，男性性の低い実験参加者はどちらのメッセージによっても同程度に説得されるという結果が得られている。この実験から，コンウェイとデュベは，予防的行動を促進するためのユーモラスな宣伝は，男性性の高い個人に対して効果的であると論じている。それは，ユーモアは説得的メッセージの中心的な処理よりも周辺的な処理を行いやすくするため，男性性の高い個人が典型的に行う，脅威を喚起する話題を回避するという反応の仕方と合致するためだというのである。

　これまで議論してきた研究は，広告などの説得的メッセージにおけるユーモアの有効性に焦点を当ててきている。それに対して，オークインとアロノフ（O'Quin & Aronoff, 1981）は，対人的な販売場面におけるユーモアの効果を検証する実験を行っている。実験参加者には，絵画の買い手となって販売員役を演じる他の参加者（実際は実験者のサクラである）と値段交渉をするようにといった教示が与えられる。値段交渉をする際に，サクラがユーモラスな値引きをする条件（「うーん，値引きはもう100ドルだけだ。そのかわり私の飼っているカエルをおまけしよう」）とユーモラスではない値引きをする条件が設けられている。この実験において，交渉中にユーモラスな値引きを受けた実験参加者は，ユーモラスではない値引きを受けた実験参加者よりも，平均して，最終的により高い売値に同意したことがあきらかとなった。したがって，販売者がユーモアを使うことは，販売交渉において有利になると考えられる。興味深いことに，さらなる分析から，こうしたユーモアの効果は，ユーモアが単純に販売員の好感度を上げるという理由によるものではないことが示されている。これらの結果に対して，オークインとアロノフは，本章でも先に議論したユーモアが面子を保つという効果に基づいて，これらを解釈している。つまり，販売人がユーモアを利用することで，自分は現在の状況を真剣な状況として受け取っていないというメッセージを買い手に伝えるため，買い手はより高い値段を支払うとしても，面子が保たれるのである。この仮説については，今後さらに検証していく必要があるだろう。

　以上のように，ユーモアと説得の関係は単純なものではない。それは，説得におけるユーモアの役割が，行われる情報処理の種類（周辺的か中心的か）だけでなく，聞き手や話題，情報源の特性によっても規定されるためである。

7節　ユーモア，態度および偏見

ジョークの多くは，特定の集団についてのステレオタイプを利用することで，聞き手が不調和を解決し，ジョークの意味を「理解」できる。イングランドの古いなぞなぞ（Raskin, 1985, p.189 から抜粋）をみてみよう。

　Q スコットランド人の口を利けなくさせたり，耳を聞こえなくさせたりするにはどうすればよいか？
　A 慈善基金へ寄付をするよう求めればよい。

慈善基金へお金を寄付するよう求めることが，なぜスコットランド人に突然口を利けなくさせたり，耳を聞こえなくさせたりするのかという謎を解くためには，イングランド人の間にスコットランド人は非常にケチであるというステレオタイプがあることを知っておく必要がある。多くのジョークにこの種のステレオタイプが存在することは，女性や文化的および人種的に不利な状態にいる集団の人々，同性愛者といった人々を笑いものにするジョークが，ネガティブなステレオタイプを強め，偏見や差別を生み出してしまうのではないかという問題を提起する。第3章で述べたとおり，顕著性仮説（salience hypothesis）では，この種の中傷的なジョークを楽しむためには，人々は必ずしもステレオタイプに賛同する必要性はないこと，そして，それゆえ，この種のジョークは本質的には，攻撃的であったり，侮辱的であるわけではないことが示唆されている（Attardo & Raskin, 1991; Goldstein et al., 1972）。

本章ですでにみてきたように，ユーモアはしばしば矛盾を含む曖昧なメッセージを伝えるために利用される。人々はユーモラスに他者を中傷するような発言をしたとしても，「本気で言っている」のか「冗談のつもり」であるかを明確にしないままにできるし，中傷するようなユーモアの対象となった人が怒るべきかどうかも曖昧なままにしておくことができる。ユーモアの意味の曖昧さは，近年多大な論争を巻き起こしている「差別語の禁止」に関する議論のなかでも取り上げられている。少数民族や女性といった歴史的に不利な状態にいる集団が，仕事場や公的な場における中傷するようなユーモアを用いることを非難し始めた時，他の人々はその種のユーモアはすべて楽しむためのもので，真面目に受け取るものではないと主張し，自分たちの言論の自由が根拠もなく制約されていると感じるとして反論する（Saper, 1995）。

このような一般の人々の間での議論と同様に，ユーモア研究者たちの間でも，この

問題に関する意見は分かれている。このことは，19人のユーモア研究者たちが電子メールを通じて議論を行い，この議論の内容がその後「*Humor: International Journal of Humor Research*」に掲載されたことからも示されている（Lewis, 1997）。たとえば，ルイス（Lewis, P.）といった研究者たちは，性差別的なユーモアや人種差別的なユーモアにおける下品な内容は，ネガティブなステレオタイプを正当化し，永続させる働きをするだけでなく，偏見の文化を助長すると論じている。バーガー（Berger, A. A.）といった他の研究者は，ユーモアは本質的に慣習を打破する性質があり，規範，ルールやその他の制限に反抗するために非常に有効であるため，ユーモアの使用を制限すべきではないと反論している。さらにジョン・モリオールといった他の研究者は，冗談の攻撃性はその内容に規定されるのではなく，その冗談が言われた文脈とその言い方に規定される可能性を示唆している。ユーモア研究者たちの意見にみられるこのような相違は，「わがままに育てられたユダヤ系アメリカ人の女性：JAPs」を笑いものにするジョークを分析した2つの社会学的研究においてもみられ，それぞれ根本的に異なる結論に達している。スペンサー（Spencer, 1989）は，これらのジョークは基本的にユダヤ人差別であり，ユダヤ人に対するネガティブなステレオタイプや偏見を助長すると結論づけているのに対して，デイヴィス（Davies, C., 1990b）は，これらのジョークはユダヤ人を差別するものではまったくなく，実際にはユダヤ人の文化の素晴らしさを肯定するものであると逆の効果について論じている。

　第2章ですでにみたように，フロイト（Freud, 1960 [1905]）は冗談を，攻撃性や敵意といった衝動を社会的に受け入れられる形式で表現する手段として捉えている。加えて，ジルマンとカンター（Zillmann & Cantor, 1976）が提唱したユーモアの向性（disposition）理論では，人々は中傷の対象となっている集団に対してネガティブな態度をもっているか，もしくは中傷を行った人に対してポジティブな態度をもっている時に中傷するジョークを楽しむことが示唆されている。実際に，この理論を支持する結果が，いくつかの研究によって示されている（Cantor, 1976; La Fave et al., 1974; Wicker et al., 1980）。近年では，ビルとナウス（Bill & Naus, 1992）の行った実験において，性差別的な態度や行動に関連する出来事をよりユーモラスであると知覚する人々は，自分自身をより性差別的ではなく，社会的に受け入れられると考えていたことが示されている。他のいくつかの研究においても，性差別的で女性を中傷するユーモアの楽しさやおかしさをより高く評定した回答者は，レイプに関する信念や性差別的な態度を承認しやすく，自由主義で男女同権主義的な態度をもちづらいことがあきらかとなっている（Greenwood & Isbell, 2002; Henkin & Fish, 1986; Moore et al., 1987; Ryan & Kanjorski, 1998）。

ウェスタン・オンタリオ大学に所属するトーマスとエセス（Thomas & Esses, 2004）は，敵意を伴う性差別傾向の得点が高い男性は，得点が低い男性と比較して，女性を中傷するユーモア（男性を中傷するユーモアではなく）をよりおかしく，攻撃的ではないと評定し，このジョークを他者に繰り返し言うだろうと回答する傾向があることを発見した。さらなる分析から，これらの相違は，単純に女性に対する偏見やステレオタイプ的な態度によるものではなく，敵意のある態度によるものであることがあきらかとなった。このように，かなりの数の研究によって，性差別的なユーモアや人種差別的なユーモアという他者を中傷するユーモアが楽しまれるのは，部分的には，対象となった集団へのネガティブな感情や態度を社会的に受け入れられやすい形式で表現できるためであることがあきらかにされている。

　他者を中傷するユーモアに楽しさを感じる程度から，対象となった集団に対するネガティブな態度が浮き彫りになることを示唆する研究に加えて，この種のユーモアへの接触が実際に聞き手の態度やステレオタイプに影響を及ぼすのかという疑問に取り組む研究が行われ始めている。たとえば，ウェスタン・オンタリオ大学に所属するオルソンらの研究グループ（Olson, J. M. et al., 1999）は，他者を中傷するユーモアへ接触することで，対象となった集団に関連したステレオタイプや態度がより極端なものになったり，より活性化されたりするかどうかを検討するために，3つの実験を行っている。実験条件群に割り当てられた参加者は，男性を中傷するユーモア（実験1と実験2）か，弁護士を中傷するユーモア（実験3）が提示された。一方，統制群の参加者には，中傷を含まないユーモアが提示される群，ユーモラスではなく中傷する情報が提示される群，まったく情報を提示されない群に分けられた。従属変数は，対象となった集団に対するステレオタイプ的な態度の評定や，対象となった集団についてのステレオタイプを示す語についての判断課題での反応潜時（偏見スキーマの活性化の程度の測度）である。

　3つの実験を通して全部で83の分析が行われたが，予想とはあきらかに異なる結果が一貫して報告されている。つまり，中傷的なユーモアの提示によって，ステレオタイプや態度を極端化し，活性化しやすくするといったことを明確に示す効果はみられない。したがって，特定の集団を中傷するユーモアを聞いただけでは，聞き手がその集団に対してよりネガティブな態度をもつようになるということはないようだ。ただし，これらの実験の問題点として，嘲笑の対象となった集団（男性と弁護士）が，文化的に比較的有利な立場の集団であることが挙げられる。もし，ジョークがもっと不利な状態にある集団を対象にしたものであったならば，異なる結果が得られたかもしれない。オルソンらは文化的な配慮から，冗談の対象となる集団を女性や少数人種で

はなく，こうした集団を選択している。しかしながら，これらの実験から示されたネガティブな結果を考慮すると，今後，実際に不利な状態にいる集団を対象とし，他者を中傷するユーモアを用いてこれらの結果を追試することが重要となる。そこでもし同様の結果が示されたとしたら，中傷的なユーモアは聞き手の態度に影響を及ぼさないという決定的な根拠となるはずである。

オルソンらの研究では，他者を中傷するユーモアを聞くことが，聞き手によりネガティブなステレオタイプや態度を形成するという仮説を支持する結果はほとんど得られなかったが，同じ研究グループが行った他の研究では，他者を中傷するジョークを**言うこと**が，話し手のステレオタイプに影響を与えるという結果が示されている。ホブデンとオルソン（Hobden & Olson, 1994）は，弁護士は強欲であるというステレオタイプを喚起するような弁護士を中傷するジョークを実験参加者に言わせた後，弁護士に対する参加者の態度を測定するという実験を行っているが，その結果によると，弁護士を中傷するユーモアを自由に言わせることによって，実験参加者は弁護士に対してよりネガティブな態度を示すようになるという。

マイオら（Maio et al., 1997）の行った他の研究では，実験参加者は，ニューファンドランド人を中傷するユーモアを朗読する群と中傷しないユーモアを朗読する群に分けられて検討されている。ニューファンドランド人は，カナダでは比較的不利な立場に置かれているという。実験参加者はその後，建前上は異なる研究であると教示を受け，ニューファンドランド人に対する態度やステレオタイプについて回答するよう求められた。ニューファンドランド人を中傷するユーモアを朗読した群の実験参加者は，中傷しないユーモアを朗読した群の実験参加者よりも，よりネガティブなステレオタイプ（ニューファンドランド人の知能は低い）を報告することが示された。しかしながら，ニューファンドランド人に対する態度（たとえば，良い／悪い，好き／嫌いの評定）は，こうした操作による影響を受けなかった。

これらの知見を総合すると，他者を中傷するジョークを口にすることは（単に中傷するジョークを聞くのとは対照的に）対象となっている集団へのネガティブなステレオタイプを強め，さらには増加させることが支持されると言えそうだ。ただし，ジョークを朗読した結果として実験参加者がよりネガティブな態度やステレオタイプをもつにいたったのか，それとも，ジョークを言うことですでに存在していた信念が顕在化し，記憶から活性化しやすくなっただけであるのかは明確ではない。他の解釈として，次のようにも考えられる。すなわち，他者を中傷する冗談を言うよう求めるという教示自体が，その状況において自分がすでにもっているネガティブな態度やステレオタイプを表現しても受け入れられやすいという認識をつくり出してしまうのかもしれな

い。それに対して,統制群はそのような態度が抑制されるのかもしれない。こうした結果の解釈を詳細に検証していくさらなる研究が望まれる。

　他者を中傷するユーモアに接触することで,聞き手の態度がよりネガティブになることはないとしても(Olson, J. M. et al., 1999の研究で示唆されている),そのようなユーモアを用いることが,偏見を含む態度が社会的に受け入れられやすいという判断をもたらし,その結果,差別に対する寛容さを増してしまうかもしれない。特に,このことは,ユーモアの対象になっている集団へのネガティブな態度をすでにもっている人々に当てはまる可能性がある。フォード(Ford, T. E., 2000)は,これらの仮説を検証する3つの実験を行っている。実験1においては,実験参加者に対して性差別的なジョーク,中立的な(性差別を含まない)ジョーク,ユーモラスではない性差別的な文章のどれかを提示し,次に性差別的な出来事(仕事場の上司が若い女性を横柄な態度で扱っている様子を示す写真)の受け入れやすさを評定するよう求められた。その結果,あらかじめ敵意を伴う差別主義の傾向が高いと同定されていた実験参加者(男女ともに)は,性差別的なジョークを提示された後に,性差別的な出来事に対してより強い寛容を示したが,中立的なジョークやユーモラスではない性差別的な文章を提示された後にはこれらの結果はみられなかった。これらの結果は,敵意的な性差別主義の程度が低い実験参加者においてはみられなかった。したがって,ユーモラスな方法(深刻な方法ではなく)で伝えられた性差別的な態度に接触することは,すでに性差別的な態度をもっている人々に対して,性差別に対してより寛容にしてしまうと考えられる。

　これらの結果は,さらなる2つの実験によって再現されている。その実験では,文脈的な手がかりや明確な教示(ジョークの話し手の所属する集団に関する情報など)が与えられた結果として,ユーモアが真剣で批判的に解釈された場合には,性差別的なユーモアによって,敵意を伴う性差別主義な傾向の強い実験参加者が性差別に対して寛容になるという効果はみられなくなることが示された。したがって,これらの結果から,性差別的なユーモアが性差別に対する寛容さを増加させるのは,批判的ではない考え方が活性化する(ユーモラスなコミュニケーションの自然な副産物と推測される)ことによるものであることが示唆される。このことは,ユーモラスではない真剣なコミュニケーションがたとえ性差別的な内容を含んでいたとしても,なぜ同様の効果をもたないかを説明する。これを支持するように,その後の研究において,敵意を伴う性差別主義の傾向の強い人々は,性差別的ユーモアに接することで,社会的規範が性差別に対して寛容であると認識することを助長し罪悪感をもたずに性差別的に振る舞うことにつながることが示されている(Ford, T. E. et al., 2001)。

以上の知見を総合すると，性差別的なユーモアやその他の他者を中傷するユーモアに接触するだけでは，人々の態度，ステレオタイプ，偏見（どちらかと言えばかなり安定したスキーマである）を変化させることはないといえる。しかしながら，この種のジョークを言うことは，話し手自身がもっているステレオタイプをよりネガティブなものに変化させるだけではなく，ステレオタイプを聞くことは，聞き手のネガティブなステレオタイプをより顕在化させるかもしれない。加えて，他者を中傷するジョークによって強調された性差別的な態度や人種差別的な態度は，これらの態度が真剣に表現された場合よりも，批判的には解釈されないかもしれない。そればかりではなく，この種の態度をすでにもっている個人は，ユーモアとして表現されることで性差別や人種差別をより社会的に受け入れられやすいと認識し，その結果として，差別的な行動をより容認するようになるかもしれない（Ford, T. E. & Ferguson, 2004）。もちろん，このことは，他者を中傷するユーモアを楽しむ人すべてが必ず性差別主義者や人種差別主義者，同性愛嫌悪者になることを意味しているわけではないが（Attardo & Raskin, 1991），他者を中傷するユーモアと差別的態度が関連し合うという確かな傾向が示唆されていることは間違いない。さらに言えば，単に他者を中傷するようなユーモアを言うだけでは，対象となった人たちに対する聞き手の感情を変化させることはないとしても，すでにそのような態度をもっている人たちに対しては，偏見に対する社会的な寛容さを暗に伝えることになり，差別や社会的な不平等の存続を助けてしまう可能性があるのだ。

8節　ユーモアと親密な関係

　多くの人々が，ユーモアセンスを，友人や恋人がもっている特性のなかでもかなり望ましいものであるとみなしているのはすでにみてきたとおりである。我々はほとんどの場合，優れたユーモアセンスをもっている人物は，そうではない人物と比べて，満足できる関係をもてそうであると推測する。ユーモラスな人物は，一緒にいて楽しく，困難な状況にいる時に励ましてくれるだけではなく，問題を抱えている時でも，極端に不機嫌になったり，周りの人を困らせたりはしないと思われている。だが，これらのステレオタイプは正確なのだろうか？　ユーモアが実際によりよい関係に貢献したり，関係の満足度を高めたりするという証拠はあるのだろうか？
　同じユーモアのスタイルを共有しているカップルは，お互いの関係により満足するという考えは一般的なものである。大学生のカップルを対象とした研究から，この仮

説を支持する結果が示されているものの（Murstein & Brust, 1985），結婚しているカップルを対象とした最近の調査では，実はこの仮説は支持されていない（Priest & Thein, 2003）。後者の研究で対象となった夫婦たちは，全般的にお互いに類似したユーモアスタイルを有していたのだが，類似性は結婚の満足度とは関連がみられなかった。そのため，現時点では，ユーモアの好みを共有することが，関係性の満足度と関連しているかどうかは依然としてあきらかではない。

その一方で，付き合っている最中のカップルと結婚しているカップルを対象とした研究では，いずれもお互いの関係の満足度と，相手のユーモアセンスについてのポジティブな評価との間には関連するという一貫した証拠が示されている。つまり，お互いの関係に満足しているほど，同じ種類の冗談が好きかどうかにかかわらず，パートナーはよいユーモアセンスをもっていると報告するのである（Rust & Goldstein, 1989; Ziv & Gadish, 1989）。また，幸せな結婚生活を送っている人々は，しばしば結婚の満足度を相手と共有しているユーモアに部分的に帰属することが示されている（Ziv, 1988a）。結婚生活が50年を超える男女が，結婚が安定して長続きしている秘訣を尋ねられた時に，もっとも多く行う回答の1つが「一緒によく笑うこと」であるという（Lauer et al., 1990）。しかしながら，そういった関連性が報告されたとしても，ユーモアが結婚の満足度に対して因果的に影響していることを実証しているわけではないことには注意が必要である。これらの研究は，（どんな理由であれ）幸せな結婚生活を送っている人々は，パートナーのユーモアセンスを含む多くの点について，相手を褒める傾向があるということを意味しているだけかもしれないのだ。

何十年もの間，心理学者ゴットマン（Gottman, G.）の研究グループは，結婚の満足度と結婚期間の長さを予測する要因を研究してきた（Gottman, 1994）。彼らの主な研究方法は，結婚しているカップルが，子どものしつけや財政などの結婚生活に関わる問題について話し合っている場面を，ビデオで録画するというものであった。これらの話し合いは，実験室で行われたものであるが，カップルたちはしばしば感情的になることが観察されている。そのため，彼らが日常生活で問題について話し合う時に普通に行っているものと，実験室のなかでの話し合う時の振る舞いはかなり似通っていると考えられる。ビデオテープの分析によって，夫婦間の葛藤を解決する際のスタイルや，言語的および非言語的な感情表現などが，現在と今後の関係性の安定性や結婚の満足度をどの程度予測するかについて検討された（Gottman, 1993）。

この研究で取り上げられた変数として，話し合いの間にパートナーが温かな（嫌味ではない）ユーモアを用いる程度が挙げられる。結婚に満足している実験参加者は，結婚に満足していない実験参加者と比較して，問題について話し合っている間に笑い合

う頻度が多く、ユーモアの程度がより高いことが示唆された（Carstensen et al., 1995; Gottman, 1994）。これは、問題について話し合っている際にユーモアを使用する頻度が多いことは、結婚が円満であることの指標となることを示している。しかしながら、こうした現在の状態だけを取り上げた分析では、因果的な方向性を解明することはできない。すなわち、ユーモアの使用が現在の結婚の満足度の原因なのではなく、結果であるかもしれないのだ。

　ある時点でのユーモアの表現が、その時点の結婚満足度を統制しても数年後の結婚の安定性を予測するかを縦断的に研究していくことで、ユーモアの原因的な役割について説得力のある検討を行うことができる。ただし、この種の研究が示す結果は、必ずしも明快でわかりやすいものではない。ゴットマンらは、夫婦が問題を話し合う際に、ネガティブな感情（怒りや軽蔑）ではなく、ポジティブな感情（喜びや愛情）を表現する頻度が多ければ多いほど、長期的な結婚の安定性と強い関連があることを一貫して示している。しかしながら、この予測に対してユーモアが寄与しているかについては一貫した結果は得られていない（Gottman, 1994）。たとえば、ゴットマンとレベンソン（Gottman & Levenson, 1999）は、実験室での15分間の話し合いの間で夫婦によって表現された愛情、怒り、嫌悪感、悲しさの量に基づいて、その後4年間で結婚生活が安定するか、それとも離婚するかを93％の正確性で予測できることを見出している。しかしながら、話し合いの際に観察されたユーモアの量は、4年後に離婚や別居している夫婦と、一緒に生活を続けている夫婦との間で有意な差がみられなかった。

　同様の方法論を用いた他の研究から、結婚の安定性にユーモアが与える効果は、いくつかの付加的な要因によって規定されており、さらに、その効果は男女によって異なる可能性が指摘されている。たとえば、新婚の夫婦を対象としたコーハンとブラッドベリ（Cohan & Bradbury, 1997）の研究は、ゴットマンと同様の研究方法を用い、話し合いの際に、夫婦の生活での主要なストレスフルな出来事に関連したユーモアを**夫が言う場合**、その夫婦は18ヶ月後に離婚や別居をしている可能性が高いことをあきらかにしている。ストレスを感じる状況下で夫がユーモアを用いることは、積極的に問題に取り組んで解決しようとせずに、一時的に問題を逸らし、話し合いで不安が喚起されるのを避ける手段であるかもしれないとコーハンとブラッドベリは示唆している。したがって、夫婦の生活での主要なストレスという文脈において夫がユーモアを表現することは、短期的な悩みの程度の低さと関連するものの、結婚の長期的な安定性とは関連しない可能性がある。

　それに対して、ゴットマンらは、もう1つの研究から、問題について話し合ってい

る際に**妻が**ユーモアを表現するほど，6年にわたる結婚の安定性がより高まることをあきらかにしている。ただし，こうした効果がみられたのは，妻のユーモアが会話中の夫の心拍数を低下させる場合だけであった（Gottman et al., 1998）。男性は一般的に，結婚生活の問題を話し合っている最中に妻よりも感情的に覚醒しやすいことがあきらかになっている。そのため，この結果は，夫を感情的に穏やかにする方法として妻がユーモアを用いる場合に，ユーモアは有効となる可能性を示唆している。したがって，ストレスを感じた際に夫がユーモアを使用することは，問題への対処からの回避となりうる一方で，妻がユーモアを用いることは，夫が問題に対して取り組み続けるよう励ます際に夫の感情を穏やかにするのを助けると考えられる。このように，ユーモアの用い方が夫婦間で異なることは，結婚の長期的な安定性に対して異なる効果をもっているのかもしれない。

　これまで議論してきた研究知見から，夫婦によってお互いに伝えられたユーモアの量は，現在の結婚の満足度と関連するものの，結婚の長期的な安定性を常に予測するわけではないことを示唆している。より若い未婚のカップルを対象とした最近の研究においては，ユーモアセンスは，関係性の維持に**有害**ですらあり，それは特に異性関係の初期段階で顕著であることを示唆している。たとえば，私が指導した学生の1人であるドリス（Doris, P., 2004）が行った博士論文の一部で，大学生の交際関係におけるユーモアが検討されている。この研究から，親和的ユーモアの尺度得点が高い男女であるほど，5ヶ月以内に関係が破局している可能性が**高く**なることが示された。特に，パートナーがその時点で関係について不満足であると表現している場合，その傾向が顕著であった。同様に，ケルトナーらの研究グループ（1998）は，交際関係にあるカップルを対象とした研究を行い，お互いにからかい合うように教示した時，より向社会的で親しげなからかいを行うカップルは，より攻撃的なからかいをしあったカップルと比較して，7ヶ月以内に関係が破局する傾向が**強い**ことをあきらかにしている。

　これらの驚くべき結果の解釈として，よいユーモアセンスをもっている人々は，他者から特に魅力的であると見られるため，現在の相手との関係が悪くなってきた時に，容易に他の異性と関係を築くことができるというように考えることもできる。その結果として，彼らは交際関係を続けたり，起こり得る問題を解決しようと努力するよりも，その交際関係をすぐに止めてしまうのかもしれない。したがって，皮肉なことに，他者から恋愛相手として望ましいと思われる特性は，実際には，時間とともにお互いの関係を不安定にさせてしまう傾向があるようだ。同様の文脈で，交際関係における「破滅的な魅力（fatal attraction）」の研究では，ユーモアセンスは交際する可能

性がある相手として最初の魅力を感じさせる特性かもしれないが，後に相手に感じるイライラの元となり，関係の破局を導いてしまう可能性があることが示唆されている（Felmlee, 1995）。たとえば，ある女性の実験参加者が「交際相手の男性がおかしくて楽しかったので魅力を感じたが，彼は一貫してくだらない振る舞いをして，お互いの関係を真剣に受け止めようとしなかったため，嫌いになった」と報告したという例が挙げられる（Felmlee, 1995, p.303）。今後，より高いユーモアセンスをもつ交際相手ほど，関係を**不安定**にするという直感に反した結果が，結婚といった深く自己が関与する関係においても同様にみられるのかを検討することが望まれる。

　以上のように，交際関係中のユーモアに関する研究は，ユーモアセンスが交際相手にかなり望まれる特性とみなされているものの，長期的にその関係をより安定させたり，満足できるものとしたりする可能性を，必ずしも高めるわけではないことを示唆している。ユーモアセンスという概念は，いくつかの肯定的なニュアンスや想定を伴っているという通説が一般的になっているが，これらは必ずしも正確ではない。ここまでみてきたように，ユーモアは社会のなかで幅広い目的のために用いられ，ある側面は凝集性や楽しさに貢献するものの，他の側面はより攻撃的で，他者を操作するものである。そのため，ユーモアがお互いの関係に対して有益であるかどうかは，ユーモアがどのように用いられるかに規定されるのである。

　近年，この領域の研究者たちは，ユーモアが関係性のなかで果たす役割を調査することを通して，ユーモアを単一で純粋にポジティブな構成概念とみなすのではなく，ユーモアの有益な使用と有害な使用とを区別する必要性を強調し始めている。たとえば，関係におけるユーモアを研究する測度として最近開発された，関係性ユーモア調査尺度（Relational Humor Inventory; de Koning & Weiss, 2002）には，ユーモアのポジティブな使用，ネガティブな使用，道具的使用を区別して測定する尺度が含まれている（Martin, R. A. et al., 2003 も参照）。この種の測度を用いた友人関係と同様に交際関係や結婚におけるユーモアのポジティブな効果とネガティブな効果を検証した研究については，第9章で紹介することとしよう。

9節　ユーモアとジェンダー

　ユーモアの諸側面での性差を検証する研究は，過去40年にわたって行われてきた。そのすべてが特にジェンダーを焦点とした研究ではないのだが，付加的に男性参加者と女性参加者の反応を比較した結果を報告している。その結果，ユーモアにおける性

差に関する膨大な研究結果が存在している（これらの論文のレビューとして Lampert & Ervin-Tripp, 1998 を参照）。初期に行われた研究の多くは，女性運動が出現する以前のものであり，「ユーモアに関して，男性はより冗談を言い，からかう傾向があるが，女性はユーモアをつくり出すよりも，理解のある聞き手として振る舞う傾向がある」と論じている(Lampert & Ervin-Tripp, 1998, p.235)。ユーモア理解に関する一般的な研究からも，男性は女性よりも，攻撃性や性的（傾向的な）テーマを含むユーモアを楽しむ傾向がある一方で，女性は「ナンセンス（nonsense）」ユーモアや傾向的でない（性や攻撃的な内容を含まない）ユーモアをより好むことが示されている（Groch, 1974; Terry & Ertel, 1974; Wilson, W., 1975）。さらに，男女ともに，男性が対象となった冗談よりも女性が笑いものにされる冗談を好む傾向があることを支持する結果もある（Cantor, 1976; Losco & Epstein, 1975）。

　より最近になって，研究者たちは，これらの初期の研究で用いられた研究手法にはいくつかのバイアスがあることを指摘し，先行研究で導かれた結論に対して異議を唱えている（たとえば，Crawford, 1989）。初期に行われた研究のほとんどが，ジョークや漫画の理解に関する性差を検討しており，より自然な社会的文脈において生み出される自発的なユーモアを扱ってこなかった。男性と女性のどちらにとっても，ジョークや漫画というのは，社会的な状況で起こる自発的なユーモアと比較して，日常生活におけるユーモアの起点としては比較的なじみのないものである(Graeven & Morris, 1975; Martin, R. A. & Kuiper, 1999; Provine, 1993)。さらに，ジョークを言う傾向は，男性のユーモアに比較的みられる特徴であるが，女性はユーモラスな身の回りの体験談を好む傾向がある（Crawford & Gressley, 1991）。その結果，ジョークの楽しさを検証する研究は，女性のユーモア（あるいは，男性のユーモアさえも）をより一般的に表すものとはいえない。

　加えて，性的なジョークと攻撃的なジョークは，しばしば女性を中傷するものであるため，結果として女性が男性よりもそれらのジョークを楽しまなかったとしても驚くべきことではない（Chapman & Gadfield, 1976; Love & Deckers, 1989）。実際，性差別的ではない性的なジョーク（たとえば，男性も女性も中傷しない，セックスに関する冗談）を刺激として用いた研究においては，楽しさの評定に性差はみられていない（Chapman & Gadfield, 1976; Hemmasi et al., 1994; Henkin & Fish, 1986; Prerost, 1983; Wilson, D. W. & Molleston, 1981）。これらの研究は，ユーモアが女性をさげすむものではない場合には，男性と同様に女性も性的なユーモアを楽しむことを示唆している。さらに，研究者たちは，女性が性的なジョークや敵意のあるジョークの楽しさを低く評定することは，性的な抑制や慣習を示す証拠であると解釈している。しかしながら，

彼らは，敵意や性的な緊張を解放するという以外の社会的な機能として，女性が抑制的でなく，慣習にとらわれないユーモアを使う可能性をほとんど考慮してこなかった。要するに，ユーモアの性差を検証した先行研究の多くが，実験に用いる話題や刺激の選択，変数の操作，結果の解釈を行うなかで性的なバイアスを有しているということである（Crawford, 1989）。

　ある研究者たちは，実験室研究におけるこうした性差のバイアスを解決するために，話し手の性別とユーモアで中傷される対象の性別を変えたり，男女同権のユーモアを含めたりしている（Brodzinsky et al., 1981; Gallivan, 1992; Stillion & White, 1987）。しかしながら，これらの研究は，実験者によって選択されたユーモア刺激の理解に焦点を当て続けていたため，男性や女性が実際にどのようにユーモアを生み出すのかや，日常生活での他者とのやりとりのなかでユーモアをどのように使用しているかは，未だ検証していない。最近，この領域の研究者たちは，ユーモアに関する社会心理学的な研究を行っている研究者と同様に，ジョークの理解ではなく日常会話におけるユーモアの使い方に注意を向け始めている。質問紙法，日誌法，会話分析などの手法を用いて，より自然なユーモアの性差を検証することを試みている。

　たとえば，クロフォードとグレスレイ（Crawford & Gressley, 1991）は68項目からなる質問紙を男女に実施し，典型的なユーモアの感じ方やつくり出し方を検討するために，幅広い話題，スタイル，種類のユーモアについて回答を求めている。その結果，男性と女性の回答からは，相違点よりも類似点の方がより多いことがあきらかになっている。たとえば，ユーモアを産出する際の創造性，自分自身を笑う傾向，新聞や雑誌の漫画に感じる楽しさについて性差はみられない。しかしながら，男性は敵意のあるユーモアに感じる楽しさ，お決まりのジョークを言う傾向，ドタバタ喜劇（slapstick comedy）により強く楽しさを感じると報告していた。一方で，女性は，自分自身や他者に起こったおかしい出来事について詳述するといった逸話的なユーモアをより多く使用すると回答していたのである。

　また，共同研究者であるカイパーと私は，参加者に対して3日間にわたって自分を笑わせた経験をすべて日誌に記録するよう求めるという，笑いの自然的研究を行っている（Martin, R. A. & Kuiper, 1999）。その結果によると，ユーモアを引き起こすものは，メディア，自発的な社会的な状況，お決まりのジョーク，過去のユーモラスな経験の想起，の4つのカテゴリーに分類できる。笑いを報告した全般的な頻度に性差はみられなかったが（平均して1日17.5回笑った），女性は，男性と比較して，社会的状況において自発的に起こったユーモアに対して，多く笑う傾向を示していた。それに対し，他の3つのカテゴリーでは男女間にあきらかな違いはみられなかった。

ヘイ（Hay, 2000）は，成人の友人で構成された小集団（すべて女性，すべて男性，男女混合を含む）で行われた会話を録音した18個のテープを対象として，ユーモアの対人的な機能を分析している。会話はすべて集団成員の自宅で行われ，参加者たちは会話が録音されていることは知っていたが，ユーモアが研究対象になっていることには気づいていなかった。会話中でのユーモアの異なる機能が同定されているが，それは大きく3つのカテゴリーに分類できる。各カテゴリーは，(1) 権力に基づくユーモア（たとえば，攻撃的なからかい），(2) 連帯感に基づくユーモア（たとえば，ユーモラスな思い出の共有，親しみのあるからかい），(3) 心理学的ユーモア（たとえば，問題に対処するためにユーモアを使用する）である。この分析から，女性は，女性だけの集団と男女混合の集団のどちらにおいても，男性よりも集団の連帯感を保つためにユーモアを使うことが示唆された。また，この機能をもつユーモアが使用される頻度は，男性よりも女性の方が8倍以上も多くみられた。特に，女性は個人的な情報を含むユーモラスな会話に関して連帯感に基づくユーモアを用いており，こうしたユーモアは，会話の相手が話し手をより理解し，信頼感をもつことを伝えることを可能にすると考えられる。

　親しみのあるからかいと攻撃的なからかいはともに，男女混合の集団よりも同性だけで構成される集団において頻度が多く，女性だけの集団と比較して，男性だけの集団においてわずかに多くみられた。したがって，男性が同性の友人をからかうのとほぼ同じ程度で，女性は同性の友人をからかうのだ。また，コーピングのためのユーモアの使用も，男女混合の集団よりも同性の集団においてより多くあった。しかし，コーピングのユーモアをどのような方法で用いるかに関しては，男女の間に差異がみられる。男性は「文脈的（contextual）」コーピング（会話の文脈において起こった即時的な問題に対処するためにユーモアを用いること）を行っていたのに対し，女性は「文脈的ではない（noncontextual）」コーピング（会話の文脈以外の人生の問題について話す時にユーモアを用いること）を行っていた。ランパートとエルヴィン-トリップ（Lampert & Ervin-Tripp, 1998）やロビンソンとスミス-ロヴィン（2001）の行った研究においても，このような自然な会話におけるユーモアの男女差が検討されている。

　最近の研究が示しているように，ユーモア研究の関心が全体として，実験室におけるユーモア鑑賞から，自然な文脈における自発的なユーモアの対人的な機能の解明へと移っていることは，ユーモアとジェンダーの関連についての研究者の考えに変化を与えてきている。もちろんこれらの結果が他の母集団においても一般化できるかを検証するさらなる研究が必要である。しかしながら，上記のデータからは，全般的にいえば男性と女性は，ユーモアを創造したり，楽しんだりする点において異なるもので

はなく，ユーモアの使用に関してかなり類似点があるものに対して，ユーモアを用いる社会的な目的はいくぶん異なる傾向があることが示されている。

ユーモラスな会話におけるこれらの性差は，より一般的な社会的なやりとりにおいてジェンダーが示される際の表現方法という観点から理解することができる (Crawford, 1992, 2003)。たとえば，タネン (Tannen, 1986, 1990) によると，男性と女性とでは会話における目標がいくぶん異なるという。つまり，女性にとっては，親しげな会話の一番の目標は親密さを築くことであるが，男性の目標はポジティブな自己呈示なのだという。こうした目標の違いは，男性と女性がユーモアを用いる方法の違いにも反映されるだろう。女性は，自己開示と穏やかな自己卑下を通して，集団の連帯感と親密さを促進する目的でユーモアをしばしば使用するのに対し，男性は自分自身を他者に印象づけたり，おかしさをアピールしたりするために，そして，ポジティブな個人的アイデンティティを形成するためにしばしばユーモアを使用する。したがって，ユーモアは，より真剣なコミュニケーションと並んで，コミュニケーションのモードの1つであり，ジェンダーに関連する目標を達成するために使用されるものといえよう。

10節　結論

本章では，日常生活における幅広い社会的文脈で起こるコミュニケーションのモードの1つとして，ユーモアを取り上げてきた。ユーモアは，遊びとしてや真剣ではないものとして，あるいは軽率で取るに足らないものとして，受け止められている。だが，ユーモアは，社会的行為のあらゆる側面に拡張しうる，「深刻な」機能を有している。社会学者であるフランシス (Francis, 1994) は，「ユーモアがなぜおかしいのかよりも，ユーモアについて説明すべきことは多い。人々は，ユーモアを使う理由とユーモアによって達成しようと望む目標をもっているのだから」と指摘している (p. 157)。

最近の理論によると，ユーモアの対人的機能の多くは，複数の意味を伝達できることから得られる，曖昧さという本質的な性質に起因するという。これらの曖昧さのおかげで，ユーモアは，真剣で曖昧さのないコミュニケーションのモードで対処するのが困難な状況を扱ったり，特定のメッセージを伝えたりするのに有益な手段となる。重要なことは，ユーモラスに伝達されたメッセージは，真剣に伝達されたメッセージよりも，容易に撤回でき，もしメッセージがうまく伝達されなくても，話し手と聞き手の双方の面子を保てるということである。多くの研究者や理論家は，ユーモアが曖昧

さと面子を保つ可能性を有するという洞察を応用して，ユーモアの多様な社会的使用——自己開示，社会的探求，脱関与，葛藤の抑止，社会的規範の促進，社会的統制の行使，地位の構築と維持，集団凝集性やアイデンティティの促進，談話管理，社会的遊び——を説明している。

　ユーモアがもつ多様な対人的機能は，ある種のソーシャルスキルや他者との間でのコンピテンスの1つとして考えられている可能性を示唆している。人はユーモアを巧みに利用することで人間関係に関わる目標を達成することができる。しかしながら，このことはユーモアが常に向社会的な方法で用いられることを意味しているわけではない。もし特定の状況における個人の目標が，相手と意味のある関係を築き，親密さを促進し，葛藤を解決することであるのならば，ユーモアを慎重に使用することはこれらの目的を遂行するために有効な手段となるだろう。その一方で，もし目標が，優位性の獲得，他者の操作や支配，他者をけなすことであったとしても，ユーモアは同様にこれらの目的を実現するための有益なスキルとなりうるのだ。

　ユーモアは本質的に曖昧さを含んでいるため，相反する多様な目的のために使用される可能性がある。ユーモアは，人々をお互いに近づける一方で他者を排除し，社会的規範を破る一方で規範を強化し，他者を支配し操作する一方で，他者と自分自身を結びつけるのである。さらに，ユーモアは，ステレオタイプを促進する一方で偏見を打ち破り，関係における葛藤を解決する一方で問題に対処するのを避けさせ，愛情や寛容さを伝える一方で中傷や敵意を表現するものでもある。ほとんどの人々は，異なる文脈で異なる時に様々な目的のためにユーモアを使用する。たとえば，あなたが仕事場にいる時に，地位を強化するためにユーモアを使う一方で，友人と一緒にリラックスしている時には，集団の凝集性を高めるためにユーモアを使うのである。

　このようにユーモアは，それ自体が社会心理学における興味深いテーマであるが，対人知覚，対人的魅力，説得，態度と偏見，親密な関係，ジェンダーによる差異といった，社会心理学における他の領域のテーマを理解する点においても，重要な示唆を与えるものである。これらの領域においてユーモアが果たす役割を研究することは，コミュニケーションの真剣なモードのみを扱うだけではあきらかにならないであろう新たな知見を得ることにつながる。

　ユーモアの役割は，最初考えられていたよりもさらに複雑であることがあきらかになってきている。たとえば，ユーモアセンスは，一般的には友人や交際相手において望ましい特性としてみなされてきた。しかしながら，ユーモアセンスがどのような方法で用いられるのかによって，関係性についての満足度や安定性に対してよい効果と悪い効果を併せもっていることが示唆されている。同様に，説得に関する研究領域に

おいても、ユーモラスなメッセージは特定の話題や相手に対しては説得効果が得られるものの、他の場合であると説得力を減少させてしまう可能性が指摘されている。

社会心理学の多くの研究領域でユーモアが果たす役割は、すでに研究対象となっている他の要因と同様に重要なものである。たとえば、対人的魅力という領域において、すでにかなりの研究がなされてきた類似性と身体的魅力といった要因よりも、ユーモアがより強い影響を及ぼすことを支持するいくつかの証拠（Cann et al., 1997; Feingold, 1981）が存在する。説得と偏見、ジェンダーによる差異、親密な関係といった研究領域におけるユーモアの重要さは、これらの領域の先行研究から一般的に認識されているよりも重要な意味をもっているかもしれない。したがって、社会的行動のほとんどの行為の側面をより理解するためには、研究者たちはユーモアが果たしている多様な貢献に注意を向ける必要があることはあきらかである。

社会的なやりとりのいたるところにユーモアが存在しており、ユーモアがあきらかに重要な社会的機能を果たし、社会心理学で興味をもたれているほとんどのすべてのテーマと関連しているという観点からみれば、ユーモアが社会心理学において顕著なテーマであると期待する人がいるかもしれない。しかし、驚くべきことにユーモアに関する研究は比較的知られておらず、研究の主要な流れからはかなり無視されてきたのである。たとえば、『*Handbook of Social Psychology*』の最新版（Gilbert et al., 1998）は2巻組みになっている「必読書」であり、2,000 ページ以上にもわたるが、ユーモアに関してはたった一言短く述べられているだけである。全般的にみて、社会心理学者は、社会的なやりとりにおける真剣なコミュニケーションにもっぱら焦点を当てており、ユーモラスなモードがもつ重要な機能を無視していると考えられる。

本章でみてきた、ユーモアの対人的使用に関する最近の研究は、さらなる研究の仮説や新たな興味深い理論モデルの基礎となるだろう。この考えが広く知られるようになるにつれて、ユーモアに関する研究領域は、社会心理学者たちの間での興味を喚起することになるものと期待している。ユーモアは幅広いテーマであるので、より焦点を絞り、特定のユーモアの構成要素や過程についての理論的なモデルが発展することで、大きな進展へとつながるだろう。この領域では、比較的焦点を絞ることで経験的に有益さが示されている理論的なモデルのよい例として、ケルトナーらの研究グループ（2001）が発展させた、からかいを面子への脅威という観点から扱う分析手法がある。このモデルからは、数え切れないほど多くの検討すべき研究課題と仮説が生み出されている（Keltner et al., 1998 を参照）。

これまでみてきたように、ユーモアが本質的にもっている社会的な性質を認識することは、心理学の他の領域にとっても重要な示唆を与えるだろう。たとえば、第4章で

10節　結論

述べたように，皮肉や嫌味の理解に関与している認知的プロセスに関する研究は，この種のユーモアの対人的な側面の影響を考慮に入れつつある。また，第7章で述べるように，ユーモアの対人関係という観点は，近年のユーモアセンスの個人差に関する研究に対しても影響を及ぼしている。さらに，第8章において，幼児期や児童期におけるユーモアや笑いの発達の社会的側面についての検証にも大きな影響を与える。そして，第9章でみていくように，ユーモアの精神的な健康と関連する側面や人生におけるストレスのコーピングにおいて果たす役割を理解するために，他者との関わりという観点はかなり有益である。総合すると，ユーモアに関する現在の社会心理学的研究は，ユーモアの対人的な機能に関していくつかの興味深い洞察をもたらしているだけではなく，すべての心理学領域にとって重要な示唆を与えうる，今後の研究にとって実り豊かな分野であり続けているのである。

第6章
ユーモアと笑いの心理生物学

The Psychobiology of Humor and Laughter

　他のすべての心理現象と同じく，ユーモアは，脳神経系の複雑多様な生物学的プロセスによって成立する。ユーモアを経験する人はまず，刺激となる出来事に含まれる滑稽な不調和を知覚しなければならないが，この知覚過程において，視聴覚情報の知覚，言語理解，社会的認知，論理的思考などに必要な大脳皮質の様々な領域のシステムが働く。ユーモアが知覚されると，これらの認知過程によって前頭前野や大脳辺縁系にある情動系が刺激され，愉悦や悦楽の快感情が生じる。情動系は数種類の生化学分子を放出し，自律神経系や内分泌系を介して脳や全身にいっそうの変化をもたらす。さらに，愉悦の感情は微笑み（smile）や笑い（laugh）といった表出反応を引き起こし，この際に脳幹，脳幹と前脳の結合部や，顔面・喉頭・呼吸器系の筋肉につながる神経が働く。

　ユーモアに関わるこういった生物学的プロセスについての研究は，行動と身体，特に脳との関係を研究する学問分野である生物心理学（心理生物学，または生理心理学とも呼ばれる）の領域に含まれる。生物心理学は，神経生理学，神経解剖学，脳生化学などを内包する広い研究領域である神経科学の一部をなすものである。ユーモアと笑いは，生物心理学においてはあまり注目されていない研究テーマであったが，この数年間に，この話題を扱う研究が少数ながらも着実に発表されるようになってきた。最近では，機能的磁気共鳴画像法（fMRI）を用いた研究（たとえば，Azim et al., 2005）や，ユーモアと笑いの進化についての論文（たとえば，Gervais & Wilson, 2005）がいくつか発表されており，この話題への関心が高まっていることがわかる（Vaid, 2002も参照）。

これからみていくように，ユーモアと笑いについての生物学的研究は，ユーモアの認知的な側面だけでなく情動的な側面に光を当てている。そのため，より一般的に情動と認知の相互作用について研究するための興味深いテーマとしても，ユーモアが注目されるようになっている。また，心理生物学におけるユーモアの研究は，新たに発展しつつある領域である情動の神経科学（affective neuroscience）のテーマの1つとして理解されることもある（Panksepp, 1998）。ユーモアの生物学的な側面についての考察は，笑いの性質や機能についての数多くの興味深い疑問へとさらに深く引き込まれるきっかけともなるだろう。

　本章ではまず，愉悦の快感情の表出である笑いについて論じるところから始めたい。さらに，笑いの音響，呼吸，発声，顔面表情についての研究を概観し，自律神経系と身体に対する愉悦の情動の影響についての研究をまとめたい。また，ヒト以外の動物の笑いについての議論を通して，ユーモアと笑いと遊びとの間の強いつながりを強調したい。それに続いて，病的な笑い，笑いと脳，笑いを引き起こす刺激であるくすぐりなど，笑いに関わる話題をいくつか取り上げたい。さらに，ユーモアの認知や情動に関わる脳領域についての研究に眼を向けたい。局所的な脳損傷患者のユーモアについての研究や，健常者を対象にしたEEG（脳波）やfMRIを用いた研究などを取り上げる。そして最後に，ユーモアと笑いの進化的起源や適応的機能に関する理論について考察したい。

1節　笑いとは何か

　多くの人が認めていることだが，激しい笑いは，実に奇妙な行動がいくつも組み合わさったものである。大きく吠えるような音声，横隔膜の痙攣とそれに伴う呼吸の変化，口の開きと表情筋の収縮による表情のゆがみ，皮膚の紅潮，心拍数の増加と全般的な生理的覚醒，涙，手足の脱力，激しくくねる体の動き（Askenasy, 1987; Keith-Spiegel, 1972を参照）。もしも宇宙人がこれを見たならば，きっと様々な特徴に気づいてその奇妙さに驚くことだろう。激しい笑いは衝動的で抑えようもなく全身を支配し，心を覆い尽くさんばかりの大きな悦楽感情を表しているようである。また，笑いはとても伝染しやすく，演じることが難しい（van Hooff & Preuschoft, 2003）。ユーモアに対して人間は何と風変わりな反応をすることか！

　ケストラー（Koestler, 1964）は，笑いを生理的反射とみなし，複雑な知的刺激（つまり，ユーモア）が定型化された反射的反応をもたらす唯一の例だと考えている。し

かし，ファンホーフとプルーショフ（van Hooff & Preuschoft, 2003）が指摘しているように，**反射**（reflex）という語を用いるのは正しくない。なぜなら，笑いは反射とは異なり，動機や感情の状態と社会的な文脈に大きく左右されるものだからだ。笑いはむしろ，「定型的な動作パターン」とみなすべきだろう。笑いは，儀式化によってかなり定型化された行動パターンで，コミュニケーションにおいてはシグナルとして働く。

笑いと情動

ダーウィン（Darwin, 1872）が『人及び動物の表情について』のなかで述べているように，笑いは情動の表出行動，つまり，ある情動を感じていることを他者に伝える行動である。笑いは，快や不快の様々な情動を伝えるために脳に広く組み込まれた数多くの行動パターンのうちの１つなのである。人間は，顔面表情（しかめ面など），音声（あえぎ声や悲鳴など），身体動作（身震いや握りこぶしを振る動作など），話し方の変化（大声で叫ぶ，鼻声を出すなど）といった様々な情動の表出行動をもっている。笑いによって伝えられる情動は，喜びと密接につながる愉悦の感情である。第１章で触れたように，研究者たちはまだ，この情動に対して誰もが認める共通の専門的名称を与えていない。研究者ごとに「楽しさ（amusement）」「ユーモア鑑賞（humor appreciation）」「愉楽（exhilaration）」など，呼び方が異なるのである。私は**愉悦**（mirth）という語を好んで用いているが，この語にはその情動の特質と，ユーモアや笑いとの連関という２つの意味が込められている。

まず，愉悦の情動が起こり，それに笑い声や微笑みが伴うことで情動表出行動となる。情動が強ければ強いほど，情動表出行動も激しくなる。愉悦の情動が弱い時にはかすかな微笑みが生じるだけだが，情動が強くなるにしたがってより大きな微笑みとなり，さらにくすくす笑いやはっきりした笑い声が生じるようになる。愉悦の情動がとても強い時には，大きなゲラゲラ笑いに加えて，頭を後方へ激しく動かす，体を揺する，太ももを叩くなどの身体動作や顔面の紅潮がしばしば生じる。のちほど触れるように，微笑み（smile）と声を伴う笑い（laugh）は異なる進化的起源をもつことを示唆する研究があるのだが，人間においてはこれらは非常に強く結びつき合っており，情動の強さにしたがって連続的に変化するのである。また，笑いと微笑みでは同じ表情筋が働いており，微笑みに比べて笑いではより強い筋収縮がより長く生じる（Ruch, 1993）。微笑みと笑いの強い結びつきは，笑いの開始においてきまって微笑みが見られることや，笑いが終わる時にもゆっくりと滑らかにまた微笑みに戻るという事実からもあきらかである（Pollio et al., 1972）。

他のすべての情動と同じく，愉悦の情動は行動，生理，経験という３つの成分を含

んでいる。つまり，笑いの表出における音声，表情，身体動作といった行動だけでなく，脳や自律神経系，内分泌系で生じる生理的な変化や，楽しさや愉快さといった主観的な感情経験を伴うのである。以降の節では，これらの成分のそれぞれについて論じていきたい。後でも触れるように，笑いで表される愉悦の情動は遊びにおいても生じる。幼児期に見られる笑いの多くは，かけっこ，追いかけっこ，取っ組み合いなどの身体運動を伴った遊びや，「いないいないばあ」などの遊びのなかではぐらかしにおける活気に満ちた喜びを表すものだろう。

社会的遊びは哺乳類のすべての種の子どもたちに見られる重要な活動である。したがって，遊びにおける愉悦や笑いの進化的起源は，おそらく約6000万年前の哺乳類の祖先にまでさかのぼれるだろう。人間の子どもたちは，認知能力や言語能力の発達が進むと，身体運動遊びにおいてだけでなく，ことばや観念，概念を遊びとして操作することによって生じる不調和，つまり「ユーモア」にも反応して笑うようになる。このように，ユーモアは認知的・言語的な遊びの一形式だとみなすことができ，身体運動遊びと同様に，笑いで表現される愉悦の情動を引き起こす。

愉悦の情動や笑いを引き起こす刺激はユーモアだけではない。他のいくつかの刺激，たとえば亜酸化窒素（N_2O,「笑気」）やくすぐり（Niethammer, 1983; Ruch, 1993）によっても，この情動は引き起こされる。個々の場面においては，様々な要因によって人が愉悦を感じる閾値が上下する。たとえば，社会的な文脈（安全であるという感覚や笑っている他者の存在など）や，その時の気分（陽気なのか憂鬱なのか；Deckers, 1998; Ruch, 1997），健康状態，疲労の度合い，アルコールや向精神薬の摂取（Lowe et al., 1997; Weaver, J. B. et al., 1985），または，より長続きする要因としてはユーモアのセンスなどの個人の性格特性が，愉悦を感じるかどうかに影響してくるだろう。

笑いの音響特性

笑いを人間の他の活動とはひと際異なったものにしているのは，笑いにおいて発せられる独特の大きな音声である。後でも触れるように，笑い声の機能は，喜びに満ちた陽気な情動状態にあることを他者に伝えるとともに，聞き手にもこれと同じ情動状態を引き起こすことだと考えられている（Gervais & Wilson, 2005）。最近になって，笑い声の音響（音の特性）についての研究がなされるようになってきたが，その際，動物行動学者たちが鳥のさえずりなどの動物の音声研究に用いてきた方法が採用されている。このような研究では，録音された人間の笑い声をデジタル化した後，コンピュータ上の音声スペクトログラフを用いて，音声の波形，周波数の変化パターンや，その他の音響特性が分析される。これらの研究で分析の単位となるのは，たいてい，一息の

呼気の間に発せられる「ハッハッハッ」という音の一続きである。研究者たちは，このような笑いの一単位を**笑い声バウト**（laughter bout）と呼んでおり，「ハッ」という個々の音素を**一声**（calls; Bachorowski et al., 2001），**一音**（notes; Provine & Yong, 1991），あるいは，**一拍**（pulses; Ruch & Ekman, 2001）と呼んでいる。

　メリーランド大学の心理学者，プロヴァインとヨン（Provine & Yong, 1991）は，大学の学生と教員（男女を含む）による51の笑い声バウトの音響特性を分析している。笑い声を録音するために，彼らはテープレコーダーを持って公共の場所にいる人に近づき，「思いきり笑う真似をしてください」と頼んだ。ほとんどの人は意図的に笑うのをとても難しいと感じ，彼らの最初の試みはどれも不自然でわざとらしいものだった。これはおそらく，彼らが，普通ならば笑いによって表現される愉悦の情動を実際には経験していなかったためだろう。しかし，この活動自体のおかしさに加えて，実験者によるおどけやいたずらも功を奏し，実験参加者たちは愉快な気分になって自然な笑い声を発するようになる。この後の分析に用いられたのは，これらの自然で自発的な笑い声バウトである。

　この分析によって，笑い声バウトは平均すると4つの音素から構成されていることがわかった。音素の数はとても変化しやすく，1音から16音までいろいろの値をとったが，普通は8音以下であるという。また，笑い声バウトに含まれる1つ1つの音素は，長引く無声の気音（声帯を振動させない「h」音）で始まることがわかっている。これに続いて，平均75ミリ秒ほどの力強い有声の母音様音声が起こる。その後に再び，平均135ミリ秒ほどの無声の気音が起こり，さらに次の有声の母音様音声が続く。したがって，1つ1つの完全な「ハッ」という音素の持続時間は約210ミリ秒であり，1秒間に発せられる音素数は5音くらいであることが普通だということになる。また，当然のことではあるが，男性の声は女性の声より低いため，笑い声の基本周波数（fundamental frequency；知覚される音の高さと対応する）は男性（平均276ヘルツ）の方が女性（平均502ヘルツ）よりも低い。1つ1つの笑いの音素ははっきりした倍音構造（harmonic structure）をもっており，基本周波数の整数倍の周波数をもつ多数の倍音を含むため，豊かに美しく響く音となる。

　プロヴァインとヨンはさらに，1つ1つの音素の長さに個人差がほとんどないといった彼らの分析結果に基づいて，笑い声が定型的な行動であることを強調している。1つの笑い声バウトに含まれる音素の数にかかわらず，個々の音素の長さ（音素の始まりから次の音素の始まりまでの長さ）は210ミリ秒でほぼ一定となるようだ。しかし，各音素の有声音（「母音様音声」）の部分は，笑い声バウトの終わりの方に行くにしたがってわずかずつ短くなっていく。一方，それに対応して間にある無声の部分（「h

音)は長くなっていき,全体として各音素の長さは一定に保たれるのである。プロヴァインらは有声音部分の大きさ（音の強さ）も計測しているが，バウトの終わりの方に行くにつれてだんだんと減少していくことがわかっている。興味深いことに，笑い声バウトの音を逆向きに再生してみても，だんだんと音量が小さくなる代わりに大きくなるということを除けば，特に違和感は感じられない。これは，人間の言語音を逆再生するとまったくおかしなものに聞こえるのとは対照的である。

プロヴァインとヨン（1991）の分析は，笑ってくださいと要求された人からの比較的少数の笑い声のサンプルしか扱っていないため，様々な社会的な場面において起こる自然な笑い声のすべてを表しているとは言えないだろう。つまり，彼らは，笑い声を実際よりも定型的で変化の少ないものだと結論しているかもしれない。もっと最近になって，ヴァンダービルト大学のバコロウスキらの研究グループ（Bachorowski et al., 2001）が，97名の大学生の男女から録音した1024の笑い声バウトを用いて，笑い声のより詳細な音響分析を行っている。広範囲の自然な笑い声のサンプルを得るために，実験参加者は一人で，または同性か異性の2人組で落ち着いた研究室に招かれ，滑稽なビデオを鑑賞している時に発せられた笑い声が録音された。

プロヴァインとヨンが笑い声の定型性を強調したのとは対照的に，バコロウスキらは，笑い声の音響特性がいかに多様で複雑であるかをあきらかにしている。笑い声の音素はいくつもの種類に区別することができ，有声の「歌のような（songlike）」笑い声，無声の「あえぐような（gruntlike）」笑い声，無声の「鼻を抜ける（snortlike）」笑い声や，「声門の拍動音（glottal pulses）」，「声門の笛様音（glottal whistles）」などがあるという。1つの笑い声バウトのなかに異なる数種の音素が含まれることもしばしばある。また，各実験参加者において，笑い声バウトに含まれる音素の種類はバウトごとに異なっており，一貫性はほとんどみられない。一方，いくつか性差も観察された。女性では，有声の「歌のような」笑い声を含むバウトの割合が有意に高いのに対して，男性では無声の「あえぐような」笑い声の割合が高い。しかし，無声の「鼻を抜ける」笑い声の頻度には，男女で差がみられない。また，滑稽なビデオに対する笑い声バウトの総数には男女で差がないが，男性の笑い声バウトは女性よりやや長く，バウトあたりの音素の数も多い傾向がみられる。

平均すると1つの笑い声バウトには3.4個の音素が含まれており，持続時間は870ミリ秒であったが，これらの値はバウトごとに大きく変動する。笑い声バウトはかなり長い音素（280ミリ秒つづく）で始まり，その後に短い音素の連続（それぞれ130ミリ秒）が生じるのが普通であった。プロヴァインとヨンと同様に，バコロウスキらも，音素間にある無声の「h」音がバウトの初めでは短く，後に行くにしたがって長

くなることを確認している。音素の基本周波数の分析も笑い声がとても変化に富んでいることを示しており，個人間でも個人内でも値は大きく変動する。それどころか，1つ1つの音素内においても基本周波数はしばしば変動しており，音の高さが上がったり下がったりする。長い笑い声バウトは，短いバウトと比べて平均基本周波数が高く，各音素内の周波数変動も大きい傾向がある。

　有声の音素における母音について分析したところ，言語発話における母音ほど明瞭ではなく，はっきりと分節化されたものではないことがあきらかにされている。笑いにおける母音は，もっと中立的で不明瞭な**あいまい母音**（schwa；「about」における「a」音のような）に近いものであった。また，プロヴァインとヨン（1991）の観察とは異なり，「ホッホッ」や「ヘッヘッ」といった笑い声はきわめてまれで，「ハッハッ」という笑い声が普通であった。しかしながら，各個人の笑い声を詳細に分析してみると，母音やその他の音響特性がわずかに異なる笑い声を区別することができる。バコロウスキらは，プロヴァインとヨン（1991）が主張したよりも笑い声の定型性はずっと低いと結論し，笑い声は「いくつかの音声の一覧」だとみなすべきだという。笑い声はコミュニケーションにおいて重要な社会的機能を果たしているとされるが（第5章で議論した），笑い声においてこれらの異なる音声を様々に組み合わせることで，微妙に異なる情動の意味を他者に伝えることができるのだと彼女らは言う。

　ベルリン自由大学のキッパーとトット（Kipper & Todt, 2001, 2003a, 2003b）は，やや異なったアプローチによる一連の実験によって笑い声の音響について研究している。彼らはまず，コンピュータを用いて自然な笑い声バウトの様々な音響パラメータに変更を加えた。つまり，笑い声の音素の長さ，基本周波数，大きさ（音量）を体系的に変換した笑い声をつくり出しているのだ。続いて彼らは，変換された笑い声バウトを実験参加者に聞かせて，それらが通常の笑い声のように聞こえるかどうか，また，それらを聞いてどのように感じるかを評定させた。興味深い知見がいくつもあきらかになったが，まず，笑い声を様々な音響パラメータにかなりの程度まで分解しても，通常の笑い声として認知されることが示されている。さらに，音素間での変動の大きい笑い声バウトは，変動の少ない定型的な笑い声バウトよりも自然な笑いだと認知されやすく，よりポジティブな情動反応を引き起こす。これらの知見は，笑い声は非常に定型的な音声であるという見方にさらに疑問を投げかけるものであった。この研究で得られた別の結果からは，笑い声が快の情動を他者に伝え，同様の情動反応を他者にも引き起こすということが確認されている。たとえば，笑い声バウトが自然なものだと評定される場合ほど，よりポジティブな情動反応が引き起こされた（笑い声の音響学的研究については以下も参照のこと：Mowrer, 1994; Mowrer et al., 1987; Nwokah et al., 1999; Vettin & Todt, 2004)。

笑いにおける呼吸と発声

あの笑いに独特の発声がなされる時には，呼吸や喉頭，発声器官を調節するいくつもの筋肉が働く（詳しい説明は Ruch & Ekman, 2001 を参照）。人間の通常の呼吸周期は，吸気，吸気休止，呼気，呼気休止で構成されている。この周期のどこで笑いが起こるかにかかわらず，笑いはまず力強い呼気で始まり（Lloyd, 1938），肺容量がほぼ通常の呼気後の容量にまで減少する。その後に，一連の浅い呼気の素早い繰り返しが続き，発声を伴う場合には「ハッハッハッ」という笑い声になる。この呼気による笑い声バウトが終わる時には，肺容量は息を吐ききった状態にまで減少している。このように，笑い声は肺容量が少ない状態で生じるものであり，通常の呼吸よりも多くの空気が肺から押し出されることになる。笑い声バウトの後には，素早い吸気によって肺は再び通常の容量にまで戻る。この後に次の笑い声バウトが続いて生じることもある。このように呼気容量が例外的に大きいため，笑いにおける呼吸量は通常の呼吸の 2.5 倍も多くなる。

笑いにおける呼気優位の呼吸パターンは，横隔膜，腹筋（**腹直筋**），胸郭の筋肉（**胸横筋**）など，通常の呼気においては活動的でない筋肉の断続的な収縮によって生じる（Ruch & Ekman, 2001）。また，呼吸に関わるこれらの筋肉の運動だけでなく，上気道と気管を分ける弁の働きをしている喉頭によっても，笑いにおける呼吸は調節されている。まず，喉頭の声門（声帯）は，空気が早く外に出てしまわないように初めは閉じているため，声門より下側の空気圧が高められる。続いて，披裂軟骨に支えられた声門がリズミカルな開閉運動を始めるため，加圧された空気が小刻みに放出される。声門が狭く閉ざされるたびに声帯が振動し，「ハッハッ」という音が生じる。この振動が起こっている間にも声門は動き，形を変え続けているため，生じる音の基本周波数（音の高さ）は一定に保たれず，1つ1つの音素内においても音素間においても上下に変動する。また，声門が大きく広がるごとに声帯の振動は止まるのだが，抜け出る空気によって，有声の音素の間に無声の「h」音が生じる。

これらの音の振動は声道を通るのだが，声道の形状によって音の様々な周波数特性が増幅されたり弱められたりした後に，最後は口か鼻から外に出ることになる。笑い声の音質はさらに，声帯の緊張度や，喉頭・舌・あごの位置，口と唇の形状，様々な表情筋の収縮度合（これはその人のその時の情動状態を反映しているだろう）の影響も受ける。笑い声の音響特性についての研究（Bachorowski et al., 2001）でみられたように，笑いにおける呼吸と発声のパターンにも個体内および個体間で変動が大きい

(Fry, W. F. & Rader, 1977; Svebak, 1975, 1977)。つまり，それぞれの人はそれぞれに「異なる筆跡の笑い声」をもっているようであり,声で個人を識別できるように笑い声でも個人を識別できるのである。しかし一方で，それぞれの人の笑い声の音響特性は，その時々の情動状態などに応じた多様な変化も見せる。純粋な愉悦の笑い声だけでなく，恐怖におびえた笑い，当惑した笑い，攻撃的な笑いなど，他の情動の色合いを帯びた笑いも見られるのである。

笑い（laugh）と微笑み（smile）の表情

独特の「ハッハッハッ」という大きい音声だけでなく，微笑みとよく似た独特の顔面表情も笑いの大きな特徴だ。この情動的な表情も，笑いをコミュニケーションにおけるシグナルとして機能させている要素の1つである。カリフォルニア大学サンフランシスコ校のエクマンとその研究グループは，微笑みや笑いなどの情動的な表情に関する広範な研究を行っている（Ekman et al., 1990; Ekman & Friesen, 1978; Frank & Ekman, 1993)。エクマンらは18種類もの微笑みの表情を区別しているが,純粋な楽しさや悦楽と結びついているのがはっきりしているのは，そのうちの1種類だけであった。エクマンらは，1862年にこの種類の微笑みを初めて認めたフランスの解剖学者の名をとって，これを**デュシェンヌ・ディスプレイ**（Duchenne display）と呼んでいる。他の種類の微笑みが生じるのは,楽しんでいると見せかけている場合（「見せかけ」の微笑み）や，当惑や不安といった不快な情動が楽しさに混じっている場合である。

デュシェンヌ・ディスプレイでは，顔面の**大頬骨筋**（zygomatic major）と**眼輪筋**（obicularis oculi）で同時に滑らかな左右対称の筋収縮が生じる。大頬骨筋は頬にある筋肉で,唇の両端を上方と後方に引っぱる働きをしている。一方,各眼窩の周囲に分布する眼輪筋は，眼尻にしわをつくり出す筋肉である（いわゆる「カラスの足跡」)。ほとんどの種類の微笑みは大頬骨筋の収縮を伴うが，眼輪筋の収縮も起こるのは本当に楽しい時の微笑みだけである。それは，眼輪筋は意図的な制御を受けにくいからである。微笑みにおいて，これらの2つ以外の表情筋が作動している場合には，純粋な悦楽以外の情動（不快なものであることが多い）が生じていると考えてよいだろう。たとえば，微笑みにおいて額の筋肉が収縮している場合，不快な情動が起こっていると普通は考えられる（Brown, S. L. & Schwartz, 1980)。

デュシェンヌ・ディスプレイは,微笑み（smile）だけでなく,声を伴う笑い（laugh）においても見られる。ただし，声を伴う笑いの場合には,口を開ける筋肉やあごを下げる筋肉など，いくつかの筋肉が追加で使用されることが多い（Ruch & Ekman, 2001)。研究者たちは（または，社会的なやりとりを注意深く観察する人なら誰でも），デュ

シェンヌ・ディスプレイがあるかどうかに注目することで，ある人の微笑みや笑いが嘘偽りのない自発的な愉悦を表しているのか，あるいは，他の情動を表したり，楽しんでいると見せかけたりしているのかを見極めることができる。特に，目尻に「カラスの足跡」のしわがあるのを見れば，それが本物の悦楽感情によるものであることがわかる。

エクマンとフリーゼン（Ekman & Friesen, 1978）は，顔面動作のコーディングシステム（Facial Action Coding System：FACS）を開発している。このシステムについての訓練を受ければ，異なる情動を表わすために異なる表情筋によって制御されている様々な顔面動作ユニットを記述できるというものである。これを用いるにはある程度の訓練と練習が必要だが，これによってデュシェンヌ型の笑いと非デュシェンヌ型の笑いを区別できるため，笑いに関心をもつ研究者にとって大変有用である。デュシェンヌ・ディスプレイを伴う笑いと伴わない笑いとでは，心理学的な意味がまったく異なるということが多くの研究で示されている。

デュシェンヌ型の笑いと非デュシェンヌ型の笑いの相違点は，カリフォルニア大学バークレー校のケルトナーとボナーノ（Keltner & Bonanno, 1997）の研究でもはっきりと示されている。彼らは，半年前に配偶者を亡くした人へのインタビューをビデオ撮影し，インタビューの間に実験参加者が見せた笑いをFACSで評定している。デュシェンヌ型の笑いは，幸福感や喜びのような快の情動が強い時に有意に多く，怒り，苦悩，罪悪感といった不快な情動が強い時には少ない。また，社会的適応がうまくいっている場合や，亡くなった配偶者との良好な関係を記憶している場合，現在他者と良好な交友関係を築けている場合にも，デュシェンヌ型の笑いの頻度は高い。一方，非デュシェンヌ型の笑いはこれらの変数の影響を受けないことが示されている。

ケルトナーらはさらに，このビデオテープから音声を消去したものを大学の学生たちに見せ，いくつかの点から評定するよう求めている。配偶者を失った実験参加者がデュシェンヌ型の笑いを多く見せている場合には，それを見た学生たちは，自分自身の情動をよりポジティブなものだと自己評価した。また，実験参加者についての評価もよりポジティブなものとなり，健康そうで，うまく環境に順応しており，失望はしておらず楽しい気分にあると評定された。このように，笑いの表情のかなり微妙な違いによって伝えられるデュシェンヌ・ディスプレイの有無により，まったく異なる情動状態が示され，それを見る者にも異なる情動反応を引き起こしているのである。情動コミュニケーションの一形態として笑いがいかに重要な役割を果たしているかが，このことからもわかるだろう。

2節　自律神経系および身体への愉悦の作用

　笑いによって表わされる愉悦の情動も，他の情動と同様に，自律神経系と内分泌（ホルモン）系を介して身体の各所に変化をもたらす（Cacioppo et al., 2000）。1960年代以降，愉悦の情動に伴う心拍数，皮膚電気伝導力，血圧，皮膚温度，筋張力などの変化を多くの研究者が調べてきている。これらの研究の実験参加者たちは，電極とセンサーによってポリグラフ装置に接続された状態でコメディビデオなどのユーモラスな刺激に接し，その間に心理生理学で扱われる様々な変数が測定される。比較対照群では，ユーモラスではない情動的に中立な刺激や，他の情動（恐怖，悲しみ，怒りなど）を引き起こす刺激などが用いられる。いくつか互いに矛盾する結果も出されているが（たとえば，Harrison et al., 2000; Hubert & de Jong-Meyer, 1991），これらの研究の多くは，愉悦の情動が，有名な「闘争と逃走」反応で働く交感神経系（自律神経系の1つ）の活動増加と結びついていることを示している（初期の研究の総説は McGhee, 1983b を参照）。

　レヴィ（Levi, 1965）は，喜劇映画を観ている人のアドレナリンおよびノルアドレナリンの放出量（尿サンプルから計測）が，情動的に中立的な映像を見ている人よりも有意に増加していることをあきらかにしている。ユーモア刺激によって生じたこの増加量は，恐怖や怒りを起こさせる映画を観た時に生じる増加量に匹敵するものであった。他の様々な実験からは，愉悦の情動によって，心拍数や皮膚電気伝導力の増加など，交感神経の活性化に伴う変化が生じることがあきらかになっている（Averill, 1969; Foster, P. S. et al., 2002; Godkewitsch, 1976; Goldstein et al., 1975; Hubert & de Jong-Meyer, 1990; Jones, J. M. & Harris, 1971; Langevin & Day, 1972; Marci et al., 2004）。これらの結果は，交感神経－副腎髄質系（SAM系）の活性化を示している。これは，視床下部の支配を受けた交感神経系の活性化による有名な「闘争と逃走」反応であり，恐怖や怒りのようなストレスを伴う情動反応においても生じるものである。これらの実験のうちのいくつかでは，実験参加者はユーモア刺激のおもしろさを評定するよう求められているが，おもしろさの評定と生理学的興奮の増量は正の相関関係にあることがわかっている。つまり，楽しさの度合いが高まれば高まるほど（そして，おそらく愉悦の感情が強まれば強まるほど），交感神経系の活性も高まるのである。

　さらに，愉悦の情動が長引くと，SAM系だけでなく視床下部－下垂体－副腎皮質系（HPA系）も活性化し，典型的なストレス反応によって副腎皮質からコルチゾールが血流中に放出されることがわかってきている。ユーモラスなアニメーションを短時間

(9分間)観ただけでは唾液中のコルチゾール濃度は上昇しないが(Hubert & de Jong-Meyer, 1990)，もっと長く（90分間），よりおもしろい映像（モンティ・パイソンの映画）を観た場合には，情動的に中立な映像を観た時よりもコルチゾール濃度が有意に上昇したという（Hubert et al., 1993)。後者の研究では，実験参加者の半数で HPA 系が活性化することが示されている。喜劇映画の開始から約1時間後に，ベースラインよりも有意なコルチゾール濃度の上昇が始まり，映画が終わってから1時間後まで続く。コルチゾール濃度の増加量は，実験参加者による映画のおもしろさの評定と相関することもわかっている。映画をおもしろいと感じるほど（つまり，強い愉悦の情動が経験されるほど），多量のコルチゾールが放出されるということである。

ここで注目すべきことは，これらの生理学的な興奮は笑い**そのもの**の結果としてではなく，愉悦の情動によって引き起こされているようだということだ。ユーモラスな経験を鮮明に思い出させたり想像させたりすることで実験参加者に愉悦の情動状態を経験させれば，実際に笑わなくても，心拍数と皮膚電気伝導力が有意に上昇するのである（Foster, P. S. et al., 2002)。さらに，おもしろさの評定と生理学的指標の変化との間に相関関係があるという結果も，興奮の度合いが笑いの量よりも主観的な愉悦の感情と関係しているという見方を強めるものである。つまり，笑いが生理学的興奮を引き起こすというよりも，笑いと自律神経末梢の興奮は（相関はしながらも）互いに比較的独立であり，それぞれが愉悦の情動状態の結果なのだと考えた方がより正確だろう。

全般的にいってこれらの研究は，精一杯の活動ができるように身体の状態を準備する「闘争と逃走」反応とよく似た興奮状態が，愉悦の情動によっても引き起こされることを示している。しかし，よく言われるように「愉悦によって筋肉は弛緩する」ということを示す証拠もいくつか出されている。激しく笑う時に我々はしばしば手足が脱力したと感じるし，時には床に崩れ落ちることさえある。また，「笑いで力が抜ける（weak with laughter)」といった表現は多くの言語に共通してみられるものである (Overeem et al., 1999)。初期の研究からは，笑いによって前腕の筋緊張が減少することがわかっている（Paskind, 1932)。もっと最近では，オーブリームら（Overeem et al., 1999）が，誘発筋電図の H 波に対する愉悦の情動の影響を調べている。これは，足の神経を電気刺激した際に隣接する筋肉の活性によって生じる H 波を，筋電図（EMG）によって測定するというものだ。この波の強さ（振幅）は，脳からの遠心性神経線維によって支配されている。振幅の大幅の減少は運動抑制や筋力低下が生じたことを示しており，筋緊張が失われて突然に虚脱状態におちいる脱力発作の症例などでみられる。

オーブリームらの研究は，人がユーモラスなスライド映像を観て笑っている時にはH波が約90％も減少することをあきらかにしている。また，この効果は笑いを引き起こす愉悦の情動によるものであって，笑い自体の呼吸や運動の結果ではないことが，そののちの研究であきらかになっている（Overeem et al., 2004）。つまり，笑いが筋力低下を引き起こすという言い方は間違ってはいないが，より正確に言うと，筋力低下を引き起こすのは笑いの原因である愉悦の情動の方だということになるだろう。笑いは，人が非生産的な行動をするのを防ぐための「抑制機構（disabling mechanism）」だという理論（Chafe, 1987）があるが，笑いによる筋力低下という現象がその論拠となっている。また，精神療法の際にリラックス状態へと誘導する手段としてユーモアと笑いが使えるだろうという理論（Prerost & Ruma, 1987）も同様に，笑いによる筋力低下をその論拠としている。

　快の情動である愉悦が，ストレスと結びつく不快な情動である恐怖や怒りと同じパターンの生理学的興奮を引き起こすことについて，やや不可解に思われる方もあるかもしれない。愉悦はおそらく健康にもよい快の情動であるのに，健康に害のあるストレスにつながる不快な情動と同じ生理学的効果をもっているのは，一体どうしてなのだろうか？　考えられる１つの説明は，笑いを伴うこの快の情動が取っ組み合いの遊び（rough-and-tumble play）に起源をもつという仮説と関連している。脅威を感じた時に，闘うか逃げるという激しい活動に備えて多くの身体組織が素早く反応するのと同じように，活発な楽しい追走，逃走，ジャンプ，レスリングといった哺乳類型の社会的遊びにおいても，多くの同じ身体組織が活性化するのかもしれない。また，ストレス由来の疾患は，長期にわたる交感神経の活性化とそこからの不十分な回復によって引き起こされることが多い（Mayne, 2001）。つまり，段階的に作用する短期間の愉悦での興奮によって望ましくない結果が生じることはなさそうである。

　また，愉悦の情動により生じる生理学的興奮と，ストレスと結びつく不快な情動により生じる生理学的興奮とが，同じものなのか異なるものなのかということはまだよくわかっていない。愉悦などの快の情動は，不快な情動とは全般的に異なるパターンの生理学的変化を示すと言われている（Christie & Friedman, 2004; Harrison et al., 2000）。たとえば，快の情動は，不快な情動よりも血圧の上昇が少なく，自律神経系の活性化の程度は全体的に弱いようである（Cacioppo et al., 2000）。しかし，現在までの研究はまだ決定的なものではなく，自律神経系活性の「情動特異性」については議論が続いている。

　このような指摘の一方で，自律神経系や内分泌系の末端での変化に情動ごとの違いを見つけようとするのは誤りだと指摘する研究者もいる（たとえば，Gray, 1994;

LeDoux, 1994)。なぜなら，自律神経系や内分泌系は，エネルギー要求，代謝，組織修復など，多くの異なる情動が共通にもっている機能と関わっているからだ。彼らは，もっと重要な違いは，異なる情動の基盤をなす脳内機構の方に見つかるだろうと論じている。つまり，愉悦に伴う身体変化が怒りや恐怖といった不快な情動による変化と類似していたとしても，これらの情動を生じさせる脳内機構には重要な違いがあり，脳内で産生される生化学分子（たとえば，神経ペプチド，神経伝達物質，脳内麻薬様物質）も異なるようなのである（Panksepp, 1993, 1994）。これらは免疫系に異なる効果を及ぼし，また違った形で健康とも関わってくるだろう（Kennedy et al., 1990）。これは，今後調査していくべき重要なトピックである。身体の健康へのユーモアと笑いの効果については，第10章でより詳しく論じたい。

3節　人間以外の動物の笑い

笑うことのできる動物はヒトだけだと論じる者もいるが（たとえば，Stearns, 1972），他の動物（特に我々にもっとも近縁な類人猿）にも，ヒトの笑いと起源を同じくする行動があることを示す十分な根拠がある。笑いを喜びと幸福という快の情動の表出だと捉えていたダーウィン（1872）は，くすぐられている時に若いチンパンジーが発する笑い声についての記述を残している。この観察は霊長類の最近の研究からも支持されている。ヒトの笑いは，サルや類人猿に見られる**リラックスした口開けディスプレイ**（relaxed open-mouth display）または「**プレイ・フェイス（play face）**」と呼ばれる行動と相同（つまり，進化的な起源が同じ）だと考えられている（Preuschoft & van Hooff, 1997; van Hooff, 1972; van Hooff & Preuschoft, 2003）。

プレイ・フェイス

ファンホーフとプルーショフ（2003, p.267）は，この表情を次のように記述している。

> 口は大きく開けられ，口の両端が少し後ろに引かれているだろう。霊長類の多くの種では（すべてではないが！）唇が引かれることはなく，歯は唇に覆われたままである。また，多くの種では，急速でリズミカルに断続する浅い呼吸（笑い声）と身体のしなやかで激しい動きがこの表情にしばしば伴う。顔の表情にも体の姿勢や動きにも，攻撃や威嚇，恐怖の特徴である緊張感，硬さ，そっけなさは見られない。

プレイ・フェイスは，その名の示すとおり，動物たちが社会的遊びをしている時に見られる。遊びは子どもたちがよく行う活動であるが，霊長類だけでなくすべての哺乳類の種に見られ，鳥のなかにも遊ぶ種がいる。遊びにおいては，狩り，闘争，交尾，逃走，移動（ジャンプ，滑走，旋回）のような生存にとって重要な多くの活動が「ただ楽しむためだけに」行われ，はち切れんばかりの活力とエネルギーが注ぎ込まれる。霊長類の子どもたちは，闘い遊び，攻撃遊び，追いかけっこ，レスリング，くすぐり合いに多くの時間を費やす。これらの遊びはおそらく，大脳の様々な神経機構をプログラムするのに役立っており，また，のちの生活においてこれらの活動をより「真剣な」文脈で行う際に必要となる社会的スキルを身につけるのにも役立っているだろう（Gervais & Wilson, 2005; Panksepp, 1998）。これらの多くは通常なら攻撃と解釈されるような行動であるため，真剣に報復されたり怪我を負ったりすることもありうる。そこで，これらの活動は真剣なものではなく，ただ「楽しもう」としているだけだということを，相手にはっきりと伝える手段が必要になる。霊長類のプレイ・フェイスは，まさにこのためのコミュニケーション・シグナルであり，いくつかの種ではそれに呼吸様のあえぎ声である笑い声が伴う。

　動物たちがプレイ・フェイスをもっているということから，動物たちには現実とフリ，真面目と遊びを区別する能力があることがわかる。この能力は，第1章と第5章で触れたように，ユーモアのもっとも重要な要素である。つまり，笑いだけでなく，原初的なユーモアがヒト以外の動物にも見られるといえるのである。興味深いことに，コミュニケーションの手段として手話を教えられたチンパンジーやゴリラたちは，ことばを遊びとして用いるところが観察されている。彼らの見せる駄じゃれや，ユーモラスなからかいのことば，不適当なことばづかいなどは，彼らに原初的なユーモアのセンスがあることを示している（総説として Gamble, 2001 を参照）。さらに，類人猿たちがユーモラスな手話を見せる際にはプレイ・フェイスをしていることが普通であり，言語的ユーモアと遊びが強く結び付いていることがここからもわかる。

　認知能力と言語能力が高度に発達した我々人間は，この遊び行動を概念や観念の領域にまで広げ，遊びで仮想現実をつくり出して言語によってそれを他の人と共有することができる。このように，人間のユーモアは，哺乳類が古くからもつ情動行動である社会的遊びから始まったと考えられる。おもしろいことに，霊長類以外の多くの哺乳類にもプレイ・フェイスにあたる表情が見られる。たとえば，イヌ科（イヌ，オオカミ，キツネ）やクマ亜科（クマ）の動物は，口を大きく開けるプレイ・フェイスをもっている（上の歯は露出しない）。この表情を見せる動物たちは荒々しく元気に

跳ねまわりながら，霊長類の笑い声とよく似た素早い呼吸音も発する（van Hooff & Preuschoft, 2003）。つまり，人間の笑いへと進化したと考えられるプレイ・フェイスの起源は，数千万年前にまでさかのぼれるようである。

類人猿の笑い：声を伴う笑い（laugh）と微笑み（smile）

　ダーウィンがチンパンジーで観察した「笑い」では，素早く繰り返される浅い呼吸に合わせて断続的にしわがれたあえぎ声が発せられ，リラックスした口開けディスプレイ（プレイ・フェイス）も伴うことが多かった。このような行動パターンはゴリラ，オランウータン，マカク猿など，他の多くの霊長類にも見られるが，音声がはっきりしない種もいる（van Hooff & Preuschoft, 2003）。ヒトとチンパンジーの笑い声の相違点として，次のようなことが指摘されている。チンパンジーの笑い声では，浅い呼気と吸気が交互に急速に繰り返され，1つ1つの音はそれぞれの呼気と吸気において発せられていた。しかし，ヒトの笑い声では，これまでにみてきたように一息の呼気において「ハッハッハッ」という一連の多数の音が生じ，間に挟まる吸気においては，音声は生じない。その結果，チンパンジーの笑い声とヒトの笑い声はかなり違って聞こえることになる（Provine, 2000）。つまり，両種の笑い声の進化的起源は同じだと考えられるが，チンパンジーとの共通祖先からヒトが分岐してからのおよそ600万年の間に，それぞれかなり異なるものへと変化してきたようだ（Gervais & Wilson, 2005; Owren & Bachorowski, 2001）。

　動物園のチンパンジーの子どもたちと人間の飼育員との遊びの交渉を見れば，チンパンジーの笑い声やプレイ・フェイスをすぐに観察できるだろう。チンパンジーたちがよく笑い声をあげるのは，リラックスした雰囲気のなかで信頼できる相手とくすぐりや「いないいないばあ」のような驚きの要素を含む遊びをする時であり，人間の赤ん坊と同様だといえる。チンパンジー同士の遊びでは，プレイ・フェイスと笑い声は，荒々しい取っ組み合いのレスリングや追いかけっこ遊びにおいて生じる。チンパンジーたちは，これらのプレイ・シグナルによって互いの行動を調整し，追う役割と追われる役割を交代し合う（van Hooff & Preuschoft, 2003）。これらのことは，取っ組み合いの遊びにおいて人間の子どもたちが激しく笑い声をあげるのとてもよく似ている。また，人間の大人のユーモアのような，ことばや概念を用いたより知的な遊びの一歩手前にあると言ってよいだろう。

　霊長類のプレイ・フェイスや笑い声は，闘い遊びや「擬似攻撃（からかい）」（Butovskaya & Kozintsev, 1996）の文脈で生じるのだが，敵を威嚇し，嘲ることで，相手への優越性を示す攻撃誇示行動が笑いの起源であるという見方は比較行動学的研

究では支持されていない（Gruner, 1997 を参照）。むしろ，笑いは本来，遊びにおける幸福，喜び，精神の高揚の表現であるというダーウィンの見方を支持する研究が多いのである（van Hooff & Preuschoft, 2003）。また，実験室のネズミの遊びにおける神経基盤の研究を行ったパンクセップ（Panksepp, 1998）は，遊びと攻撃が異なる大脳神経系によって調節されていることを示す重要な証拠を提示している（Fry, D. P., 2005 も参照）。

しかし一方で，研究者たちは，遊びと同様に笑いも競合的となり，攻撃的に使われることもあるかもしれないと考えている。実際に，パンクセップ（1998）は，すべての哺乳類の取っ組み合い遊びは「激しい競い合いを伴う楽しい社会交渉」だと書いている（p.284）。動物たちの遊びでは，一方の個体が相手を組み伏せるなどして他方より優位な態勢となるのがしばしば見られる。しかし，遊びの交渉が持続するためには，この優位な個体は弱い相手にも頻繁に「勝たせる」必要がある。また，これと同じように，からかいなどのことばによる人間の遊びも友好的な競い合いだといえるが，相手をからかう者は，相手からからかわれることをも楽しく受け入れることが求められる。

興味深いことに，微笑み（smile）は，声を伴う笑い（laugh）とは異なる進化的起源をもつようである（van Hooff & Preuschoft, 2003）。声を伴う笑いの起源はリラックスした口開けディスプレイだと考えられているが，人間の微笑みはまた別の表情である，**声を発さない歯列露出ディスプレイ**（silent bared-teeth display）から生じたと考えられているのである。この表情は，霊長類や，他の哺乳類の多くの種に見られる。動物たちは口をほぼ閉じた状態で口角を引き，唇をもち上げ，歯列を露出させる。劣位の個体がこの表情を見せる場合には，それは相手を恐れて服従していることを示し，相手を宥めるシグナルとなる。優位な個体がこの表情を見せる場合，それは相手に対する敵意がないことを示し，相手を安心させる友好的なシグナルとなる。このように，微笑みは単に笑いが抑えられて強度が低くなったものではなく，笑いとはまったく異なるシグナルから発生してきたものだと考えられるのである。微笑みと笑いの機能上の相違は人間においてもある程度はみられる。たとえば，挨拶，宥和，困惑といったユーモラスではない文脈においては，笑いよりも微笑みの方がよく生じる。

しかし，微笑みと笑いは動物の異なるディスプレイから進化してきたと考えられるのだが，人間において両者はとても密接につながっている。同じ情動状態の強弱に対応すると考えられることも少なくない。つまり，微笑みはジョークを穏やかにおもしろがっていることを表し，一方，笑いはもっと強く楽しんでいることを示していると考えられている（Ruch, 1993）。このことは多くの言語にも反映されており，微笑みを

指す語は笑いを指す語に縮小辞のついた形であることが多い（たとえば，フランス語の「sourire」と「rire」）。微笑みと笑いの進化的起源については，後章でもう一度議論したい。

ネズミの「笑い」？

　ここまで，人間の笑いの起源は少なくとも，もっとも近縁なチンパンジーとの共通祖先にまで，または，全霊長類の共通祖先のプレイ・フェイスにまでさかのぼれるだろうという見方を紹介してきた。ところが最近，ボーリング・グリーン州立大学の心理生物学者であるパンクセップらが，ネズミにも笑いがあるという興味深いデータを発表した（Panksepp, 2000; Panksepp & Burgdorf, 2000, 2003）。彼らは，実験室のネズミたちが取っ組み合いの社会的遊びをしている時や，人間にくすぐられている時に，高周波（およそ 50 キロヘルツ）の超音波のチャープ音（chirp）を発していることを見出している。人間は特別な音響装置を用いなければこの音声を聞くことができないが，ネズミ同士のコミュニケーションに用いられる範囲内の音声である。

　ネズミは「全身の」くすぐりも楽しんでいるようだったが，もっともくすぐったい部位は首筋のようである。人間の手でくすぐられると，ネズミたちはひっきりなしにチャープ音を発しながら，その手にしきりに近づこうとするようになる。ネズミたちは，彼らを抱いただけの手よりも，くすぐりをした手の方に近づく。このネズミの「笑い」も人間の笑いのように伝染しやすいようで，若いネズミたちは，年長のネズミのなかでチャープ音をよく発する個体と一緒にいることを好む傾向がある。このチャープ音の「笑い声」は，古典的条件づけやオペラント条件づけも容易に成立させることができる。すなわち，ネズミたちはくすぐられて「笑う」ために迷路のなかを走ったりレバーを押したりするようになるのである。また，遺伝的な選択交配によってネズミの「笑い」を増加させたり減少させたりできることから，この音声が遺伝性の情動特質を反映していることがわかる。後章で触れるように，人間の「ユーモアセンス」にも，これと類似の遺伝性の特質が関わっているようである（Ruch & Carrell, 1998）。

　このチャープ音の「笑い」は，ポジティブな喜び（愉悦）の「情動作動システム」を形成する「遊び（ludic, ギリシャ語の *ludos* より）」の脳神経回路の働きによって生じると，パンクセップとブルクドルフ（Panksepp & Burgdorf, 2003）は言う。この脳神経回路は社会的遊びの際に活性化するもので，すべての哺乳類に共通すると考えられている。パンクセップらは，遊びに伴う喜びは，哺乳類において社会交渉を促進して絆を強める重要な働きを担っていると考えている。それは協力的な社会交渉を促進し，社会の組織化を助けるのである。他の動物モデル（訳注：人に応用することを

想定し，実験が容易な動物を用いて実証していく際のモデル）が恐怖や怒りといった不快な情動の脳神経機構をあきらかにするのに使われてきたのと同じように，チャープ音の「笑い声」を伴うネズミの取っ組み合いの遊びは，遊びや笑いに関連する快の情動を成立させる脳構造を研究する研究者にとって有用な動物モデルになるとパンクセップらは考えている（Panksepp, 1998）。

このモデルを用いた研究によって，遊びの快情動の脳神経基盤がすでに解明されつつある。たとえば，脳の特定部位で産出されるモルヒネ様物質であるエンドルフィンなどの脳内麻薬様物質が重要な役割を果たしていることがわかってきている。少量のモルヒネを投与するとネズミの遊び量は増加するが，麻薬拮抗剤のナロキソン（麻薬様物質の効果を阻害する）を投与すると遊び量は減少するのである（Panksepp, 1998）。これらの研究結果は，人間の陽気なユーモアや笑いにも脳内麻薬様物質が関わっていることを示唆している。人間の笑いはネズミの超音波のチャープ音の笑いとはまったく異なっているので，多くの研究者は，この2つに何らかの進化的なつながりがあると考えるには無理があると信じている（Gervais & Wilson, 2005）。しかしながら，この2つはどちらも，すべての哺乳類に共通する相同の脳構造に基づいているといえるのである。つまり，社会的情動を働かせるという重要な機能をもち，社会的遊びに関わっている，哺乳類が古くからもっていた脳構造である。これらの動物研究から，我々人間がユーモアに対して感じる陽気で愉快な感情は，すべての哺乳類に見られる取っ組み合いの社会的遊びにおける楽しさを起源としていることが示唆される。

4節　病的な笑い

神経学の分野では病的な笑いを伴う脳障害がよく知られており，1800年代から多数の症例が報告されている（Duchowny, 1983; Forabosco, 1998; Poeck, 1985）。病的な笑いとそれを生じさせる脳の異常についての研究によって，神経科学者たちは，正常な笑いを引き起こす脳部位を特定しようとしてきている。病的な笑いは自然な笑いによく似ているが，異常な運動パターンを伴ったり，愉悦の情動経験が欠落していたり，ユーモラスな刺激のない不適切な社会的文脈において生じたりすることから，異常だとみなされる。

デュコウニー（Duchowny, 1983）は，病的な笑いを，異なる臨床的徴候と解剖所見を示す以下の3つの種類に大別している。(1) 過剰笑い，(2) 強制笑い（強迫笑い），(3) てんかん性笑い発作の3つである。**過剰笑い**（excessive laughter）の症状は，情

動的に不安定となり，愉悦と幸福感によって感情が高揚し，笑いを抑えることができなくなって，自分の笑いの異常さもわからなくなってしまうというものである。これらの症状は主に成人に現れるもので，統合失調症，躁病，認知症などの疾患と関わっていることが多い。これらの疾患は，大脳辺縁系や前頭葉にある情動の発生と調節に関わる脳部位に影響を与えるようだ。

病的な笑いの2つ目である**強制笑い**（forced laughter）の患者は，不随意の激しい笑いが止まらなくなるという症状を経験する。さらに，心拍数，血管の収縮の調整，括約筋の筋緊張といった自律神経関連の障害を伴うことも多い。周囲の人からは患者が本当に楽しさを感じて笑っているようにも見えるのだが，患者たちは笑いに通常伴う愉悦の快情動を感じていないことが普通で，むしろ，不快に感じて困惑しながら発作を我慢していることが多い。この症状に苦しむ患者の多くは，笑いの発作が泣きに移行したり，泣きが再び笑いに移行するといった，病的な泣きの症状も示す。時には，それが笑いなのか泣きなのかを判別するのが難しいことすらある。このことから，笑いと泣きをコントロールする脳中枢の一部は，互いに非常に近接して存在していることがわかる（おそらく，脳幹の一部である脳橋にある）。つまり，社会的遊びにおける快の情動と，社会的隔離における悲痛の情動は，密接なつながりをもっているようだ（Panksepp, 1998）。

強制笑いの症状は成人になってから始まることが多く，様々な疾患がその原因となる。たとえば，パーキンソン病や多発性硬化症（MS），筋萎縮性側索硬化症（ALS）のような徐々に脳が衰えていく疾患や，脳血管障害（脳卒中）や脳損傷による脳の様々な部位での腫瘍と障害が原因となりうる。**前兆的大笑い**（fou rire prodromique）と呼ばれる症状では，30分かそれ以上の間笑いを抑えることができなくなるが，この症状から脳幹で脳卒中が始まることがわかる。非常に痛ましい症例では，患者が文字通り笑いながら死んでしまうこともある。病的な「強制笑い」の症状は，大脳皮質の前頭葉・側頭葉や錐体路，中脳腹側部，小脳，脳橋などの，様々な脳部位の障害によって生じると考えられている（Wild et al., 2003; Zeilig et al., 1996）。多くの場合は，これらの障害によって興奮性の効果が生じるのではなく，笑いを引き起こす神経回路に対する慢性的な脱抑制（笑いを正常に抑制したり，調整したりできなくなること）が生じるようである。

病的な笑いの3つ目の種類である**てんかん性笑い発作**（gelastic epilepsy；ギリシャ語の *gelos* =「笑い」より）は比較的まれなてんかん症状で，発作が主に笑いの形をとるものである。この笑い発作には，しばしば身体けいれんや，眼球運動異常，自律神経関連の障害が伴う。発作の間には，患者は普通（いつもではないが）意識を失ってし

まうため，笑い発作が起こっていることに気づかない。発作の間にも意識を失わない症例では，愉悦の情動を感じたという患者もいるが，笑いを不適切なものと感じ，不快に思う患者もいる。笑いが1分続くことは少ないが，複雑部分発作の際にはもっと長くなることもある（Arroyo et al., 1993）。てんかん性笑い発作は普通幼少期に始まるが，新生児からの報告もあり，笑いに関わる神経回路が出生時には完成していることがわかる（Sher & Brown, 1976）。

笑い発作と関連するいくつかの脳領域が，脳画像研究によってあきらかにされている。なかでも重要な部位は，視床下部，側頭葉，前頭葉内側部である（Arroyo et al., 1993）。もっともよく見られ，よく研究されている種類の笑い発作は，視床下部において非腫瘍性の組織が異常に発達する視床下部過誤腫によるものである。この種の発作では，視床下部ホルモンと脳下垂体ホルモンが放出されることが研究からわかっている。また，発作の際の視床下部での異常な電気活動は興奮性の効果をもっており，隣接する大脳辺縁系や脳幹の領域に広がって心理生理学的に笑いを引き起こすようである（Wild et al., 2003）。これらの知見は，視床下部が正常な笑いにおいても重要な役割を果たしていることを示唆している。視床下部は，すでに述べたように「闘争と逃走」反応における自律神経系の興奮調節の中枢であり，また，空腹感や性的興奮といった動機づけの状態を調節していることがよく知られている（心理学の教授はしばしば，視床下部は4つの「f」を司っていると学生らに説明する。つまり，採食（feeding），闘争（fighting），逃走（fleeing）と性交の4つである）。

5節　笑いと脳

微笑みや笑いに関わる脳内神経回路には，随意的で情動を伴わない笑いを生じさせるものと，不随意的で情動的な笑いを生じさせるものの2種類があることが，脳損傷の患者を対象とした研究からわかっている。脳卒中やその他の脳障害によって随意的に表情筋が動かせなくなった（随意的顔面神経麻痺の）患者でも，おかしいと感じることがあれば（つまり，愉悦の情動を感じれば）正常にほほ笑んだり笑ったりできる人がいる。一方，（パーキンソン病のように）大脳基底核などの皮質下核に損傷を受けた患者には，楽しいと感じている時でも自然で情動的な表情表出ができないが，意図的に微笑みを作ることはできる人がいる（Wild et al., 2003）。

表情の随意的運動においては，大脳皮質の運動野で生じた信号が，錐体路運動系の皮質脊髄路を通って顔面に直接届くようである。一方，不随意の情動的な表情動作に

おいては、皮質下核で発生した信号が、大脳基底核・大脳辺縁系・脳幹にある多くの情動関連領域からなる錐体外路系を通って顔面に届くようである（Frank & Ekman, 1993）。また、笑いの随意的調節には中脳や脳橋の背側部が関わっているのに対して、笑いの情動的な調節ではこれらの腹側部が関わっているという（Wild et al., 2003）。これらの知見によって、すでに議論した本当の笑い（デュシェンヌ）と作り笑い（非デュシェンヌ）における表情の違いについても理解することができる。

　情動を伴う笑いと随意的な作り笑いには別々の神経基盤が関与していることは、脳画像技術である陽電子放射断層撮像法（positron emission tomography：PET）を用いた最近の研究からもわかってきている（Iwase et al., 2002）。この研究では、ユーモラスなビデオを観て自然と微笑んでいる時と、ユーモラスではないビデオを観て作り笑いをしている時のそれぞれにおいて、健常者の脳の状態が調べられている。その結果、この2種類の表情表出では、異なるパターンの局所脳血流（regional cerebral blood flow：rCBF）が生じていることがあきらかにされている。情動を伴う微笑みでは、視覚情報の処理・統合に関わる大脳皮質領域（両側後頭葉、両側後頭側頭葉、左前部側頭葉）や、大脳辺縁系とのつながりが強く、情動的報酬とも関わっている大脳皮質領域（腹内側眼窩前頭皮質、内側前頭前野）で大きな活性がみられる。一方、情動を伴わない作り笑いでは、随意的顔面動作に関わる前頭葉皮質領域（左一次運動野顔面領域、両側補足運動野）で大きな活性がみられる。

　作り笑いと情動を伴う笑いでは別々の脳神経回路が働いているという知見に加えて、ユーモアの認知には情動や運動に関わる領域とは別の機構が働いているようだということが、脳への電気刺激を行った事例からわかっている。てんかん発作の治療のために脳手術を行う際、脳外科医は普通、除去すべき部位と除去すべきでない部位を特定するために、露出させた脳表面の様々な部位に電気刺激を施す。患者たちは、意識のある状態でこの処置を受ける。このような電気的な探査によって患者の笑いが引き起こされることがあるが、愉悦の情動が伴う場合もあれば、伴わない場合もある。

　フリードら（Fried et al., 1998）は、左前頭葉皮質の補足運動野にある狭い領域を刺激されると必ず笑い始めたという16歳の女性患者の症例を記述している。この患者は、笑う時に愉悦の感情も感じていることが示された。興味深いことに、電気刺激によって笑うたびに、彼女は自分の笑いが周囲の様々な刺激に起因するものだと考えていたという。たとえば、彼女は、自分が笑ったのはふと眼に入った馬の写真がおかしかったからだとか、部屋のなかにいる人たちがおもしろい振る舞いをしたように見えたからだと言うのだ。ただし、この患者のてんかんの発作では、笑い発作の症状は見られないという。

正確な脳内機構は完全にはわかっていないが，注目に値するこの症例から，ユーモア認知に関わる領域が愉悦や笑いの情動・運動に関わる領域とどのような関係にあるのかがわかる。我々の通常の経験では，高レベルの認知過程が働いてユーモラスな不調和を知覚すると，大脳辺縁系や脳幹が刺激され，愉悦の情動経験が生じて笑いが起こる。しかし，この同じ愉悦の感情や笑いが電気的刺激によって人為的に引き起こされた場合には，脳は認知・知覚的な不調和をつくり出して，これらの情動経験の原因を説明しようとするのである。

　病的な笑いの症例，脳への電気刺激，動物の研究で得られた証拠に基づいて，神経科学者たちは，愉悦の快情動や笑いの発生に関わる脳神経回路について，まだ詳しくはわからない部分も多いものの，全容を解明しつつある（Arroyo et al., 1993; MacLean, 1987; Parvizi et al., 2001; Wild et al., 2003）。他の情動系と同様に（Panksepp, 1998），愉悦や笑いに関わる脳神経系も脳全体に分布しており，大脳新皮質，大脳基底核，間脳，大脳辺縁系，脳幹などが含まれている。

　パルビジら（Parvizi et al., 2001）は，愉悦と笑いの情動誘発に関わる脳部位と，情動作動に関わる脳部位を区別している。通常の情動を伴う笑いは，ユーモラスな不調和を認めたり，ユーモラスな記憶を思い出すことで引き起こされるが，この過程には大脳皮質連合野が関わっている。これらは，愉悦の情動を「発生させる」終脳（大脳皮質と大脳辺縁系）の様々な**情動誘発**（emotion induction）部位を活性化する。情動誘発部位には，腹内側前頭葉皮質，側頭葉底部，前部帯状回，扁桃体，腹側線条体（大脳基底核の一部）が含まれているようだ。ユーモアの認知・情動の基盤となるこれらの脳部位については，脳画像研究について触れる後の節でより詳しく述べることにする。

　情動誘発部位が活性化すると，**情動作動**（表出；emotion effector）部位への働きかけが起こる。情動作動部位には，大脳皮質の運動野や運動前野（顔面表情や身体動作を起こす），視床下部（心拍数増加や紅潮などの自律神経系の反応を促進する），視床，中脳水道周辺灰白質，網様体，脳神経核（顔面・喉頭の動きや呼吸を調節する）や，脳幹のいくつかの部位が含まれており，これらすべてが愉悦の情動表現である微笑みや笑いに関わっている。研究者の多くは，脳幹（おそらく脳橋背側部）に笑いの決定的な神経回路があり，笑いにおける呼吸や，喉頭・顔面の動きを調整していると考えている（Wild et al., 2003）。様々な情動作動部位からの入力によってこの部位が作動すると笑いが生じ，ここから様々な脳神経にシグナルが発せられて，関連身体部位の筋肉が活性化する。

　笑いを引き起こすこのような興奮性の入力だけでなく，脳幹へは脳内の様々な上位

中枢から抑制的なシグナルも届いており，不適切な笑いを抑制している。研究者の多くは，先に触れた病的な笑いのうちの「強制笑い」タイプが生じるのは，皮質延髄路（前頭葉から発し，脳橋と脊髄の脳神経運動核に達する運動経路）の損傷によって，笑いの抑制機構がうまく働かないためだと信じている（Mendez et al., 1999）。パルビジら（2001）は，小脳が笑いの強度と持続時間を調節しているのではないかという仮説を提唱している。この仮説によると，小脳は，現在の社会的・情動的文脈についての情報を大脳皮質や終脳から受け取り，この情報を様々な作動部位に送っているという。

　このように，笑いは社会的・情動的な状況（たとえば，パーティや葬式への参加など）における適切さに応じて，抑制されたり強められたりしているようである。しかし，脳卒中などの疾患によって小脳の特定の部位やそこにつながる関連の構造や神経路が損傷を受けると，この調節がなされなくなり，社会的・情動的に不適切な文脈において病的な笑いが生じるようになる（Parvizi et al., 2001）。以上をまとめると，笑いに関わる脳部位や神経路の正確な配置をあきらかにするためにはさらに研究が必要だが，笑いは認知・情動・運動を含む複雑な活動であり，大脳皮質，大脳辺縁系，脳幹などの脳の様々な領域が統合的に働く必要があるということがあきらかになったといえるだろう。

6節　くすぐり刺激による笑い

　我々はなぜ，くすぐられると笑ってしまうのだろうか？　自分で自分をくすぐることはどうしてできないのだろうか？　すでに触れたように，多くの動物の子どもたちは遊びのなかでくすぐり合いをする。人間は子どもも大人もくすぐられるとしばしば笑い声をあげるが，これは，チンパンジーなどの霊長類でも同様であり，ネズミにも見られるものだと言われている（Panksepp & Burgdorf, 2000）。プロヴァイン（Provine, 2004）は，楽しいくすぐりの相互的なやりとりが哺乳類の社会的遊びの原型だろうと考えている。くすぐりによる笑いには，ユーモアへの笑いに伴う情動と類似の楽しい愉悦の情動が伴うようである。しかし，くすぐりは非常に嫌なものにもなりうるものであり，伝えられるところによれば，中世においては拷問の一種としても用いられていたようである。また，くすぐりがなされる社会的な文脈も重要である。安全で相手を信頼できる状況でなされた場合にしか，くすぐりは笑いを引き起こさないのである（Harris, 1999）。

　くすぐりや，くすぐりと笑いやユーモアの不思議な関係については興味深い問いが

いくつもあるが，ソクラテスやアリストテレスの時代から哲学者たちも同様の問いについて考えてきた。くすぐりと笑いに関する最初の調査研究は100年以上も前になされているが（Hall & Allin, 1897），くすぐりについての体系的な実験研究は最近ようやく始まったばかりである。

パンクセップ（Panksepp, 2000）は，くすぐりによる楽しさや笑いの情動を司る脳領域はユーモアへの笑いの場合と同じだと主張している。だからこそ，くすぐりによるネズミの「笑い」に関わる脳神経機構の研究によって，人間のユーモアや笑いの神経基盤についても多くのことがわかるはずだと彼は考えているのである。この考え方は，ダーウィン（1872）が早くから提唱していたものと類似している。ダーウィンは，くすぐりは本質的にユーモラスな経験であり，ユーモアと同じ情動メカニズムによって笑いを引き起こすのだと考えていた。つまり，ユーモアもくすぐりも同じ愉悦の情動を引き起こし，この愉悦の情動が笑いによって表現されると考えていた。ほぼ同じ頃にヘッカーというドイツ人の生理学者も似たような考え方を主張していたため，この考え方はダーウィン-ヘッカー仮説として知られるようになった。

しかし，この仮説に関して現在までの研究で得られている結果には，賛否の両方が混在している。カリフォルニア大学サンタバーバラ校のフリドランドとロフティス（Fridlund & Loftis, 1990）は，質問紙調査によってこの仮説を支持する結果を得ている。自分はくすぐったがりだと答えた人ほど，ジョークなどのユーモアに対しても，よく笑ったり，ほほ笑んだりすると答えたのである。同様に，カリフォルニア大学サンディエゴ校のハリスとクリステンフェルド（Harris & Christenfeld, 1997）は，実験参加者が実験室でくすぐられた時に実際に観察された笑いや微笑みの程度と，コメディのビデオを観て彼らが笑った程度との間に正の相関関係があることを見出している。これらの研究は両方とも，くすぐりに対してよく笑う人はユーモアに対してもよく笑う傾向があることを示しており，笑いを引き起こす要因として，くすぐりとユーモアが密接につながるものであることを示唆している。つまり，ダーウィン-ヘッカー仮説を支持しているといえる。

しかし，ハリスとクリステンフェルドの研究の2つ目の結果からは，くすぐりとユーモアが互いに「ウォームアップ効果」をもつというこの仮説の予測は裏づけられなかった。コメディ映画を観た後と，ユーモラスではないコントロール刺激の映画を観た後とで，くすぐりに対する実験参加者たちの笑いの起こりやすさに変化がなかったのである。同様に，コメディ映画を観ている時の実験参加者たちの笑いの量は，映画を観る直前にくすぐりを受けた場合と受けなかった場合とで差がなかった。これらの結果は，くすぐりとユーモアはどちらも同じ愉悦の快情動を引き起こすというアイディア

に疑問を投げかけるものだといえる。もしこのアイディアが正しいならば、くすぐりによって愉悦の情動が生じれば、その直後のユーモアに対する笑いが起こりやすくなるはずであり、逆もまたそうなるはずだからだ。くすぐりによる笑いの起こりやすさとユーモアへの笑いの起こりやすさは、人それぞれで比較的共通した傾向をもってはいるが、この2種類の笑いは共通の情動によるものではないとハリスらは結論づけている。

ハリスとアルバラード（Harris & Alvarado, 2005）による最近の実験結果は、ダーウィン-ヘッカー仮説にさらに疑問を投げかけるものであった。彼らは、くすぐりを受けて笑ったりほほ笑んだりしている実験参加者の表情を、FACSを用いて分析し、その表情と、コメディの録音テープを聞いたり、手をよく冷えた水に浸して苦痛を感じている時の同じ実験参加者の表情とを比較している。くすぐりに対してもコメディに対しても、デュシェンヌ型の笑いや微笑みが見られたが、苦痛に対してこの表情が見られることはなかった。しかし、くすぐりに対しては非デュシェンヌ型の微笑みもよく見られ、不快な情動や苦悩を示す顔面動作が伴うこともあった。これらは苦痛条件でも見られたが、コメディ条件では見られないものであった。また、実験参加者が感じていた楽しさのレベルはくすぐり条件の方がコメディ条件よりも低く、くすぐり条件ではコメディ条件よりも強いレベルの不快感、不安感と当惑が生じていた。さらに、くすぐり条件では、デュシェンヌ型の微笑みは実験参加者が感じた快の感情だけでなく不快な感情とも相関があったが、コメディ条件では快の感情とのみ相関していた。以上の結果をまとめると、くすぐりによる笑いは、ユーモアによる笑いのように純粋に愉快で楽しいものとは言えないことが示唆される。

最後に挙げた2つの研究の結果は、ユーモアとくすぐりがどちらも同じ愉悦の情動を引き起こし、それが笑いによって表現されるというダーウィン-ヘッカー仮説に対して疑問を投げかけるものである。ユーモアによる笑いが楽しい情動状態によって生じるのに対して、くすぐりへの笑いはもっと反射的であり、情動を伴わない反応なのだと、これらの研究者たちは考えている。もしこういった結論が正しいのだとすると、くすぐりと愉悦とユーモアの間に強い結びつきがあるという考えは疑わしいということになり、くすぐりに対するネズミの「笑い」が愉悦の情動を研究する際のモデルとして使えるというパンクセップ（2000）の意見もおかしいということになってしまう。この問題については、くすぐりとユーモアによって活性化する脳部位を、脳画像技術を用いて比較するなど、今後さらに研究を積み重ねる必要があるだろう。

我々はどうして、自分で自分をくすぐることができないのだろうか？　同じ皮膚刺激であるのに、自分でやった場合と他の人がやった場合でまったく異なる経験が生じ

るということは，脳のなかにこの2つの刺激源を区別する何らかの仕組みが備わっていて，自分でやった場合にはくすぐったさを取り消す働きをしているのに違いない。プロヴァイン（2004）が書いているように，そのような仕組みが備わっていなければ，人はひっきりなしに自分で自分を意図せずにくすぐってしまうことになるのだ！　ある研究は，実験参加者が自分の手を自分でくすぐった場合と，実験者がくすぐった場合の脳活動の違いを，fMRI（機能的磁気共鳴画像法）を用いて検討している（Blakemore et al., 1998）。その結果，くすぐりを自分で行った場合には，他の人にくすぐられた場合よりも小脳の活動が少ないことがわかっている。つまり，この2つの刺激の区別は，後脳のこの部位で行われているようなのである。すでに触れたように，小脳は，社会的な文脈に関する情報に基づいた笑いの調整にも関わっている部位である（Parvizi et al., 2001）。

　我々は自分で自分をくすぐることはできないが，人間ではない機械によるくすぐりは可能だという研究がある。ハリスとクリステンフェルド（Harris & Christenfeld, 1999）は，目隠しをした実験参加者に，これから「くすぐり装置」の手，あるいは人間の手のどちらかによってくすぐられるのだということを告げた後，実際には両条件とも実験助手が同じように手でくすぐるという実験を行っている。その結果，くすぐり装置によるくすぐりだと思い込んでいる場合と，人の手によるくすぐりだと思っている場合で，実験参加者の笑いの量に差がないことがあきらかにされている。つまり，くすぐりによる笑いには，刺激が人間によるものかどうかということは影響しないようである。

　この調査によって笑いとくすぐりの興味深い現象にスポットライトがあてられるようになったわけだが，さらに調査が必要な疑問点がまだたくさんある。特に，くすぐりやユーモアに関わる脳部位についての研究が進めば，くすぐりによって生じる情動はユーモアで生じる愉悦の情動と同じなのか（Panksepp, 2000），それともかなり異なるものなのか（Harris, 1999）という問いに答えることができるだろう。また，さらに研究を積み重ねることによって，くすぐりに対する笑いの進化的意義を解明する糸口もつかめるかもしれない。くすぐったさは，（何人かの理論家が主張しているように）攻撃に弱い身体部位を防衛するという闘争能力を発達させるものとして進化したのだろうか（Gregory, 1924; Harris, 1999）？　それとも，他の研究者が提唱しているように，楽しい遊びの文脈において社会的な絆の形成を促すものとして進化したのだろうか（Panksepp, 2000; Provine, 2004）？

7節　ユーモアの認知過程の神経基盤

　この章ではこれまで，笑いと，笑いによって表現される愉悦の情動に注目してきた。本節では，ユーモアの認知的側面の神経基盤に関する研究に目を向けてみたい。ユーモアの認知過程（第4章で議論した）を「ソフトウェア」または「知的プログラム」と捉えるならば，ここで議論することになるのは，これらのプログラムを「実行」する脳構造や神経回路といった「ハードウェア」である。ユーモアの脳神経基盤についての知見は，様々な研究から得られている。脳損傷の患者におけるユーモア理解の欠如についての神経心理学的研究や，健常者のユーモア処理における脳波（EEG）の研究，また最近では，ユーモア刺激を受けた時に活性化する脳部位を，fMRIを用いて特定する脳画像研究がある。

ユーモアと脳損傷

　脳卒中などの脳障害による右脳半球損傷（RHD）の患者の臨床的観察から，右半球がユーモアの処理において重要な役割を果たしているようだということが言われてきている。RHDの患者はたいてい通常の言語能力をもっているが，しばしば（いつもではないが）性格特性に著しい変化を示したり，社会的に不適切な行動を行ったり，ユーモラスであるが不作法で無礼な発言をしたり，不適切な笑いを発したりする（Brownell & Gardner, 1988）。彼らは他人の話や行動を理解できないことも多く，他の人々が言ったジョークを理解できないことや，話の重要なポイントを把握できないことがある。話の細部については理解しているのに，それらを統合して首尾一貫した解釈をくだすことが彼らにはできないようなのである。さらに，コミュニケーションの含意やニュアンスを理解するのが難しいことも多いようで，皮肉や間接的な要求を誤解してしまうことがある。

　それとは対照的に，左脳半球損傷（LHD）の患者は，そのような性格特性の変化や不適切な社会行動をほとんど見せない。彼らはしばしば失語症となるが（言語機能は右利きの人では左半球に備わっているので彼らの言語機能には著しい障害が生じる），社会的な認識力や理解力という点では正常である。さらに，彼らの言語能力が許す範囲では，彼らは話や会話の重要なポイントを理解でき，含意を読み取ることもでき，話の細部を統合して一貫した話として理解することもできることが多い。これらの臨床的観察から，少なくともある種のユーモアを理解することがRHDの患者には難しいようだということがわかる。

ボストン大学医学部のビールレらは，RHD と LHD の患者のユーモア理解力を比較する研究を行っている(Bihrle et al., 1986)。LHD の患者には言語機能の障害が生じることが多いため，各群の違いが単に言語能力の差を反映したものとなることを防ぐためには非言語的なユーモア刺激を用いることが重要である。そのため，実験には，文字による説明のない 4 コマ漫画がユーモア刺激として用いられている。4 つの絵のパネルが 1 つのストーリーを構成しており，最後の絵で言語によるジョークのオチのようなユーモラスな結末が提示されるというものである。実験参加者たちは，最初の 3 枚のパネルを見せられた後，2 枚の絵からよりユーモラスな結末となる方を選択するように教示される。どの試行でも，2 枚の選択肢のうち 1 枚はオリジナルのユーモラスな「オチ」の絵であり，（おもしろさの少ない）もう一方は様々なレベルの不調和（驚きを与える要素）とその解決（先行する物語との首尾一貫性の発見）を含むものである。実験参加者が間違ってオリジナルではない方の絵を選んだ場合にそれがどのようなタイプかを検討することによって，この実験を行った研究者らは，実験参加者らのユーモア理解のどの部分に障害が生じているのかを見分けることができることが示されている。

　全体的な傾向として，RHD の患者は LHD の患者よりも正しいジョークの結末を選択できた割合が有意に低く，ユーモア理解に右脳が重要な役割を果たしていることがあきらかにされている。より具体的に言うと，RHD の患者は，LHD の患者よりも，不合理で不調和な内容を含んでいるがそれまでの物語との首尾一貫性がないタイプの誤った結末をよく選択するという。つまり，RHD の患者は，解決されない不調和を含んだ結末を誤って選択することが多いということだ。彼らはたとえば，おもしろい方の正しい結末を選ばないで，ストーリーとは関連のない，ドタバタ喜劇的な結末（バナナの皮を踏んで滑って転ぶ人の絵など）を選んでしまうことがよくある。つまり，彼らは，ユーモアが何らかの不調和（そして，しばしば攻撃的な要素）を伴うものであることはわかっているようであり，不調和の存在に気づくこともできるようだが，どういった不調和がストーリーのなかで意味をなす結末なのかを判別するのが難しいようである。このように関連性や首尾一貫性についての理解が難しいということが，RHD の患者が社会的に不適切な（社会的な状況との関連性のない）ばかげたユーモアをしばしば発するという臨床的に観察される事実の原因と考えられる。一方，LHD の患者が間違った結末を選ぶ場合には，不調和が含まれていない，話に単に驚きのない普通の完了を与えるような結末を選ぶことが RHD の患者よりも多かった。つまり，彼らは，不調和の認知にいくらか障害があるということだ。

　ビールレらの研究（1986）の後半部では，ことばのユーモアでも似たパターンの障

害がみられるかどうかを確かめるために，同様の方法でRHDの患者だけを対象とし，ユーモア刺激として漫画ではなくことばのジョークを用いた実験が行われている。結果は非言語的なユーモアでの結果と同様で，RHDの患者は，首尾一貫性のない，解決されない不調和を含むジョークのオチ（しばしば，ドタバタ喜劇的なもの）を誤って選択することが多かった。似たような結果は他の研究からも得られている（Brownell et al., 1983; Wapner et al., 1981）。以上の結果をまとめると，脳の左半球が不調和の認知に関わっているのに対して，右半球は，不調和を社会的な文脈のなかで理解する（つまり，不調和を解決する）上で，重要な役割を果たしていると言えそうだ（Bihrle et al., 1988; Gillikin & Derks, 1991; McGhee, 1983b）。

最近の研究では，RHDの患者にとってのユーモア理解の難しさの一部は，彼らに「心の理論」が欠けていることと関係があると考えられている（Brownell & Stringfellow, 2000）。心の理論とは，他者が信念や意図をもっていることを理解し，それによって他者の行動を説明したり予測したりする能力のことである。ハッペら（Happé et al., 1999）は，RHDの患者，LHDの患者と脳損傷のない実験参加者を対象に，おもしろさをちゃんと理解して楽しむためには複雑な心の理論が必要となる漫画と必要としない漫画（いずれも非言語的なもの）を用いて，ユーモア理解についてのテストを行っている。心の理論が必要となる漫画では，登場人物の誤解や登場人物の知らない事柄がおもしろさを生み出すようになっていた。たとえば，ある漫画は，1人の男性が高層アパートのバルコニーでギターを弾きながら歌っているのを2人の女性が聞いているというものである。2人の女性のうちの1人は男性の上の階のバルコニーに，もう1人は下の階のバルコニーにいて，両方の女性がうっとりと歌に聞き入っている。それぞれの女性が，男性は自分に対してセレナーデを歌ってくれているものと思っているようなのである。このジョークを理解するためには，それぞれの登場人物がもっている知識の違いについて認識できなくてはならない。

実験参加者たちは，オリジナルのユーモラスな漫画と，ユーモアの鍵となる要素に変更が加えられた漫画の2つを提示され，2つのうちのどちらがよりおもしろいかを尋ねられた。その結果，RHDの患者は，LHDの患者や健常者と比べて，心の理論が必要となる漫画の場合に正答率が有意に低くなることがわかった。しかし，心の理論を必要としない漫画の場合には，他群との間に差はみられない。これとは対照的に，LHDの患者は，いずれのタイプの漫画の場合でも，脳損傷のない実験参加者と同じくらいの正答率をみせた。

RHDの患者に心の理論が欠落していることは他の研究からも示されている。ブラウネルとストリングフェロー（Brownell & Stringfellow, 2000）によると，これまでの研

究で指摘されてきたRHD患者のユーモア理解にみられる障害も，心の理論の欠落によって説明できるという。特に，RHDの患者にはとりわけ困難だとされるユーモアの不調和の解決（不調和に「意味を見出す」能力）には心の理論が必要であることが多い，と彼らは推察している。心の理論は適切な社会的行動や情動表出をするためにとても重要なものであり，RHDの患者がしばしば社会的に不適切なユーモアを見せることも心の理論の障害で説明できるのかもしれない。これらの仮説を十分に検討するためには，さらに研究が必要である（心の理論の欠落を伴うとされる自閉症やアスペルガー症候群におけるユーモアについては Lyons & Fitzgerald, 2004 の議論も参照すること）。

　ユーモア理解において右脳半球が重要な役割を果たしていることは以前から指摘されていたわけだが，トロント大学のシャミとスタス（Shammi & Stuss, 1999）は，なかでももっとも重要なのは右前頭葉だと考えている。彼らは，前頭葉（右側，左側，または両側），あるいは前頭葉以外の部位（右側，または左側）に一か所だけ脳損傷箇所のある患者と，それらに対応する年齢クラスの健常者を対象に実験を行った。ユーモア理解やユーモア評価の様々な側面を調べるため，実験参加者たちはいくつかのユーモア課題を与えられる。課題には，言語的ユーモアと非言語的ユーモアの両方が用いられた。この研究でも，従来の研究と同様，RHDの患者においてユーモア理解に関する障害が確認されたが，それは右前頭葉に損傷のある患者にだけであった。さらに，右前頭葉に損傷のある患者は，どんなユーモア刺激を与えられた場合にも，他の脳部位を損傷した患者に比べて情動的反応（微笑みや笑い）のレベルが低い。

　シャミらによると，前頭葉，特に右前頭葉は大脳辺縁系などの多くの脳皮質部位と連絡しており，認知と情動の統合に深く関わっているようだという。認知と情動の統合に加えて，物語言説，抽象解釈，非字義的な意味の理解，ワーキングメモリ，問題解決，皮肉・嫌味・情動を示す抑揚などの直接的でない形式のコミュニケーションなど，ユーモアの理解のために重要と考えられるいくつもの認知機能に前頭葉が決定的な役割を果たしていることがわかってきている。

脳波（EEG）研究

　脳損傷の患者におけるユーモア理解の障害についての研究に加えて，健常者を対象として，頭皮上電極によって脳の電気的活動を計測する脳波計測技術を用いて，ユーモアに関わる脳部位を調べる研究も行われている。右半球と左半球のどちらがユーモアに対してより活性化するのかをあきらかにするため，当時ノルウェーのベルゲン大学にいたスベバク（Svebak, 1982）は，コメディ映画を観ている実験参加者の左右の後

頭葉におけるアルファ波の活動量の違いを計測している。映画を観て笑い声をあげた実験参加者（つまり，おそらく映画をとてもおもしろいと感じた実験参加者）は，笑わなかった実験参加者と比べて，左右の脳半球におけるアルファ波の活動量の差が小さかった。つまり，愉悦が生じている時には，両方の脳半球が同じくらい活動するようだということがあきらかにされている。

この結果は単に笑いによる呼吸の影響である可能性もあるため（血中酸素量の変化が脳活性に影響したのかもしれない），この点を検討するために，2つ目の研究では，ユーモラスな映画とユーモラスでない映画の両条件に加えて，実験参加者に呼吸をたくさんしてもらう条件と少しだけしてもらう条件が設定されている。その結果は1つ目の研究結果と同様で，両脳半球でのアルファ波の活動量は，笑いのあった場合には一致する傾向があり，さらにこの結果は，単に笑いによる呼吸量の変化によって引き起こされたものではないということもあきらかになった。以上の研究結果から，ユーモアによって愉悦の情動が生じる際には，片方の脳半球が他方よりも活性化するのではなく，両方の脳半球が協調して作動することが示唆された。

ユーモアに関する脳波研究としては，国立航空宇宙局（NASA）のデルクスらが行った，ジョークの理解や評価における事象関連電位（ERPs）の研究もある（Derks et al., 1997）。事象関連電位というのは，ある出来事の直後に急激に生じる正または負の電位を帯びた脳波活動のことであり，これをみることによってどのような種類の情報処理が起きたかがわかると考えられている。頭皮上の様々な部位に置かれた21本の脳波計測用電極によって，コンピュータのスクリーン上に表示されることばによるジョークを見た時の実験参加者の脳波が調べられた。また，実験参加者がジョークをおもしろいと感じたかどうかを調べるために，顔面の大頬骨筋の筋電図（EMG）を記録して，微笑みや笑いの有無をあきらかにしている。

その結果，微笑みや笑いの有無にかかわらず，ジョークのオチの約300ミリ秒後には必ず正の電位を帯びた脳波の山（P300）が生じることがわかった。また，大頬骨筋の活動を伴うジョークの場合には，さらに約400ミリ秒後に負の電位を帯びた脳波の山（N400）が生じる。一方，このN400の脳波は，大頬骨筋の活動を引き起こさなかったジョーク（つまり，おそらく実験参加者がおもしろいと感じなかったジョーク）の後には生じない。

先行研究から，P300の波は分類という認知活動が行われたことを表していることがわかっている。また，もう一方のN400の波は，一度行われた分類が不調和や予想外の要素によって混乱し，分類過程の拡張が起こる時に生じるということがわかっている。第4章で議論した「スキーマ」の観点からは，ジョークの直後のP300は，ジョーク

に含まれる情報の意味を理解するためのスキーマの活性化を表していると考えられる。また，N400の方は，不調和の発見による混乱と，前のスキーマに代わる別のスキーマの探索を表していると考えられる（「フレーム・シフト」）。N400の脳波は，実験参加者がジョークをおもしろいと感じた場合にのみ生じていた。つまり，ジョークをおもしろいと感じる時に代替のスキーマが活性化するのだといえるだろう（これは，ユーモアの2段階理論における「解決」の段階にあたる）。第4章で触れたように，互いに相容れない2つ以上のスキーマが同時に活性化するのがユーモアの特徴である。このように，脳波についてのこの研究でも，すでに議論したスキーマに基づく認知研究とよく似た証拠が得られたといえる。さらに，スベバク（1982）の結果と同様に，この研究でも両方の脳半球の活動が同程度であることが確認され，両方の脳半球がユーモア処理に関わっていることが示唆されている。

カリフォルニア大学サンディエゴ校のクールソンとクタス（Coulson, S. & Kutas, 2001）によるもっと最近の脳波研究では，ユーモラスな文章を提示した後にはN400の脳波が生じているが，ユーモラスではない文章の場合には生じないことが示されている。つまり，デルクスらの研究と同様の結果が得られたわけだが，異なる部分もある。クールソンらの研究でも正の電位を帯びた脳波が確認されたが，それはユーモア刺激の500から700ミリ秒後に山があり，デルクスらの観察よりもかなり遅いタイミングで起こっていた。また，ジョークについて高いレベルの理解を示した実験参加者では，この時間帯に正と負の両方の脳波が別々の脳領域で同時に生じていた。

クールソンらは，正の電位はジョークの処理における驚きの要素を，負の電位は首尾一貫性を再確立するためのフレーム・シフトを反映するものだと解釈している。これら2つが同じ時間帯に生じるという事実から，彼女らは，ユーモア理解における驚きと首尾一貫性の確立という各要素は異なる脳部位で同時に起こるものであり，ユーモアの2段階「不調和解決」モデル（たとえば，Suls, 1972）で言われているような継時的パターンを示さないのだと主張している。以上をまとめると，これら2つの研究にはいくつか相違点もあるのだが，どちらも，正と負の事象関連電位がそれぞれユーモア理解における不調和とその解決に対応するものであることを示しているといえるだろう。

脳画像研究

fMRIなどの脳画像技術の最近の進歩によって，健常者の様々な心理過程を司る脳領域について研究できるようになってきている。fMRIは，急速に振動する強磁場を用いて脳をスキャンし，脳の特定部位の血中酸素濃度の微細な変化（神経細胞の活動

変化を表す）を探知する方法である。いくつかの研究がこの方法を用いてユーモアについて調べている。これらの研究によって，ユーモアの認知的な理解に関わる大脳皮質領域や，愉悦の情動反応を引き起こす大脳辺縁系の皮質下領域があきらかになってきている。

　ロンドン大学ユニバーシティー・カレッジで行われた研究では，音声的なジョーク（ことばの音に基づく単純な駄じゃれ）や語義的なジョーク（ことばの意味に基づくより複雑な不調和を伴う）を含むなぞなぞと，対照群としてユーモラスではないなぞなぞを聞いた時の実験参加者の脳の活動を調べるために MRI が用いられた（Goel & Dolan, 2001）。それぞれのなぞなぞを聞いた後，実験参加者たちはそれをおもしろいと感じたかどうかについて，キーを押すことで示すよう指示される。また，スキャンが終った後にもジョークをもう一度思い出して，そのおもしろさを評定するよう教示される。分析の結果，2つの異なる種類のジョークに対して活性化する脳領域は異なっており，いくらか異なる神経ネットワークが関わっていることがあきらかにされた。語義的なジョークは，言語の意味処理に関わっている左右の側頭葉領域に強い活性を引き起こした。一方，音声的なジョークは，駄じゃれにおいて重要な言語音の処理に関わっているとされる左前頭葉領域に強い活性を引き起こした。このように，異なる種類のジョークの認知処理には，異なる脳領域が関わっているようである。

　これらの認知過程の他に，この研究はユーモアの情動に関わる側面についても調べている。分析の結果，おもしろくないと評定されたジョークの時には反応せず，おもしろいと評定されたジョークにだけ反応して活性化する脳領域が特定されている。おもしろさの評定は，それぞれの刺激が実験参加者に愉悦の情動を引き起こした程度を反映していると考えられる。これらの分析から，ジョークの種類にかかわらず，おもしろいジョークは腹内側前頭前野に有意に強い活性を引き起こすことが示されている。この領域は脳の前部にあり，認知処理と情動処理の統合に重要な役割を果たしている大脳辺縁系とつながる部分である。また，これは，すでに触れた岩瀬ら（Iwase et al., 2002）の研究において，随意的な作り笑いではなく情動的な笑いの際に活性が確認された部位の1つでもある。

　スタンフォード大学で行われた fMRI による別の研究でも，有名な中脳辺縁系報酬系などの脳の情動関連中枢がユーモアに対して活性化するという証拠が得られている（Mobbs et al., 2003）。この研究の実験参加者たちは，42 のユーモラスな漫画と，ユーモラスな要素を取り除かれた 42 の対照刺激の漫画がランダムな順序で表示されるのを見ている間に，MRI 装置でスキャンされた。データの分析によって，ユーモラスな漫画とユーモラスでない漫画に対して異なる活性を示す脳領域が特定されている。

ユーモラスな漫画に対してより大きな活性を示したいくつかの領域は，左脳半球の大脳皮質にあり，ユーモラスな情報の認知処理に関わっていると考えられる。これらには以下の部位が含まれている。(1) 左側頭葉と左後頭葉の接合部分（モッブスらによると，ユーモアの不調和や驚きの要素の認知において重要な役割を果たしているという），(2) 左前頭葉のブローカ野を含む領域（意味処理や言語と長期記憶の統合に関わるとされ，それゆえ首尾一貫性の獲得や不調和の解決に重要な役割を果たしていると考えられる），そして，(3) 左前頭葉の補足運動野（微笑みや笑いの表出における運動の側面に関わっていると考えられる）である。最後の部位は，脳外科手術の際に電気刺激を行うと愉悦の情動を伴う笑い声が生じることをフリードら（Fried et al., 1998）が見つけた部位である。

これらの大脳皮質領域に加えて，皮質下のいくつかの領域でもユーモラスな漫画に対してより大きな活性が生じることがモッブスらの研究からわかっている。たとえば，視床前部，腹側線条体，側坐核，腹側被蓋野，視床下部，扁桃体といった領域である（図6-1）。これらの領域は，ドーパミンを主な神経伝達物質とするいわゆる中脳辺縁系報酬系の核となる部分である。この報酬系については多くの研究が行われており，情動的報酬や快を伴う様々な活動に関わっていると考えられている。たとえば，ヘロインやアルコールなどの気分を変化させる薬物の摂取，食事，性行為，楽しい音楽を聞く，魅力的な顔の写真を見る，テレビゲームで遊ぶといった活動である（総説として，Schultz, 2002）。つまり，神経学的知見によると，ユーモアによって引き起こされる快の情動は，これらの他の活動において生じる快感情と密接なつながりをもつと考えられるのである。特に興味深いのは，心理的作用や薬物による報酬において重要な活動をするとされる側坐核の活性度と各漫画のおもしろさの評定値とが，正の相関を示したという結果である。このことから，側坐核が，ユーモアに伴う快の情動の発生に特に重要な役割を果たしていると考えられる。

ユーモラスな漫画とユーモラスでない漫画による大脳皮質領域と皮質下領域のこのような活性化パターンは，その後に行われた3つの調査でも再確認されている。そのうちの2つはスタンフォード大学の同じチームの研究者による調査で（Azim et al., 2005; Mobbs et al., 2005），もう1つはカリフォルニア工科大学の研究者らによるものである（Watson, K. K. et al., in press）。これらの研究のうちの1つでは，ユーモアに対する脳の反応の性差も調べている（Azim et al., 2005）。男性も女性も全般的にはよく似た脳活動パターンを示すが，女性では左前頭前野や側坐核を含む中脳辺縁系領域により大きい活性がみられ，女性の方が漫画をより楽しむ傾向があることがうかがわれる。これらのうちのもう1つの研究は，個人の性格特性とユーモアに対する脳活動

反応の相関関係を調べている（Mobbs et al., 2005）。その結果，神経質傾向を示す指標の値が低い実験参加者ほど，側座核を含む中脳辺縁系報酬系の神経回路の活性レベルが高いことが示されている。つまり，情動状態の安定した人ほど，ユーモアに対して強い快の反応を生じるようである。また，内向的な実験参加者よりも外交的な実験参加者の方がユーモアに対する脳の活性度が大きく，外交的な人ほどユーモアへの反応性が高いということもあきらかにされている。以上の結果は，これらの性格特性と様々な指標によって示されるユーモアの感覚との間に見つかってきた相関関係は，生物学的な基盤をもつものであることを示唆している。

　以上をまとめると，様々な種類のユーモアの認知処理に関わる大脳皮質領域と，ユーモアの認知によって引き起こされる愉悦の快情動を生み出す大脳皮質および皮質下領域（大脳辺縁系）についての興味深い証拠が，これらの脳画像研究から得られたといえる。脳損傷の患者のユーモアについての研究では，特に右脳半球が重要な役割を果たしていると考えられていたが，脳画像研究は（脳波研究と同様に），両方の脳半球の様々な部位がユーモアに関わる活動を連携して行うことをあきらかにした。すでに述べたように，ユーモアに対して右脳半球が活動するという脳損傷事例からの知見は，ユーモアを社会的な文脈のなかで理解するために重要となる「心の理論」などの社会的状況理解能力が特に右半球の働きによることを反映しているのだろう。脳画像研究

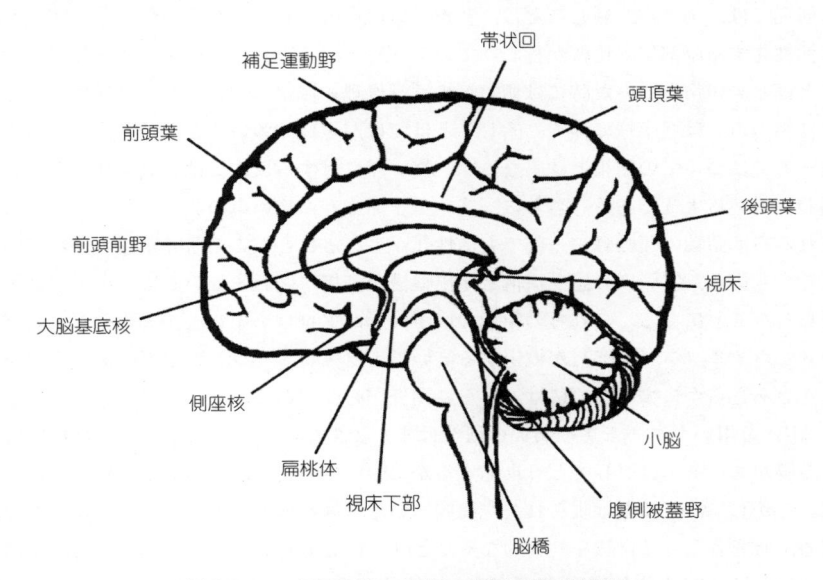

図 6-1　ユーモアや笑いの認知・情動に関わる脳部位

は，ユーモアの他の側面の処理には左脳半球も大きく関わっていることを示唆しているといえる。

　ジョークの理解と鑑賞に関わる脳領域を調べた研究だけでなく，笑い声の音によって活性化する脳領域を，fMRIを用いて調べた研究もいくつかある。第5章で触れたように，プロヴァイン（Provine, 2000）は，笑い声の音に特異的に反応することによって笑いの伝染を引き起こす脳内中枢があるはずだと考えている。この中枢の働きによって，笑い声を聞くと愉悦の感情が生じ，聞き手も笑い声をあげるようになると考えられている。ジャーヴェイスとウィルソン（Gervais & Wilson, 2005）は，笑いに反応するこの中枢はミラーニューロンが特殊化したものだと考えている。ミラーニューロンというのは神経細胞の一種で，ある人がある動作を行う時だけでなく，他の誰かが同じ動作をした時にも活性化するというものである（Rizzolatti & Craighero, 2004）。これまでの研究から，ミラーニューロンのなかには，他人の情動を認知した時にも反応し，共感を引き起こすものがあることが知られている。

　サンダーとシャイヒ（Sander & Scheich, 2001）が行ったfMRIを用いた研究では，笑い声を聞いた時にも泣き声を聞いた時にも，扁桃体で強い活性が生じることがわかっている。扁桃体は大脳辺縁系の一部であり，すでにみてきたようにユーモアによって生じる情動の処理において重要な働きをする中枢器官である。fMRIを用いたもっと最近の研究では，笑い声，話しことば，音声以外の音のそれぞれを実験参加者が聞いた時に活性化する脳部位の比較が行われている（Meyer, M. et al., 2005）。その結果，話しことばと笑い声を聞いた時には側頭葉の聴覚処理領域が活性化したが，活性化の度合いは笑い声では右半球で強く，話しことばでは左半球で強いことが示された。つまり，ユーモアについての結果とは異なるが，笑い声に対する反応には右脳半球がより強く関わっているようである。さらに，笑い声を聞くと，笑い声の発声に関わっているとされる右前頭葉の運動野の一部でも活性化が生じることがこの研究からわかっている。ここでもまた，笑い声の感受機構と産出機構が密接に関わっていることを示す証拠が得られたことになる。これらの領域のいずれかがプロヴァイン（2000）やジャーヴェイスとウィルソン（2005）が仮定する笑いのミラーニューロンの中枢にあたるのかどうかをあきらかにするためには，さらに調査が必要である。

　fMRIを用いたユーモアや笑いの研究はまだ数少ないのではあるが，これらの研究から脳がユーモアに対してどう反応するかについての興味深い情報がわかってきている。しかし，MRI装置は限られた空間内にいる実験参加者を調べることしかできないため，研究者たちは自然な社会的なやりとりを通して起こる自然なユーモアの産出や認知における脳活動をMRIで研究することができない。したがって，MRIによる研

究は，ジョークや漫画の理解・鑑賞や，録音された笑い声への反応といった内容に限られてしまうのである。また，MRIを用いた研究の間でいくつか結果に食い違いがあるのだが，これはおそらく，ユーモア刺激の種類や実験パラダイムの違いによるものだろう。このように方法上の制約はあるが，この手法から得られるものは欠点を補ってなお余りあるものであり，今後も刺激的な研究領域であり続けるだろう。

8節　ユーモアと笑いの進化理論

　いくつかの証拠から，ユーモア，愉悦の情動，笑いは自然選択の産物だと考えられている（Gervais & Wilson, 2005; Weisfeld, 1993）。ユーモアや笑いはヒトという種に普遍的にみられ，また，愉悦の情動の表出である笑いは生後の早い時期に現れる。赤ん坊は，生後4ヶ月頃から周囲の社会的刺激に対して笑うようになる。また，新生児にもてんかん性笑い発作の症例がみられることから，笑いが生じるメカニズムは出生時にすでにできあがっていることがわかる(Sher & Brown, 1976)。笑いが模倣によって学習されるものではなく，生得的な行動パターンであることを示す証拠は他にもある。生まれつき目が見えず，耳も聞こえない子どもたちも，正常に笑うことができるのである（Goodenough, 1932）。また，すでに触れたように，病的な笑いや脳損傷に関する研究や，脳画像研究から得られた証拠はいずれも，ユーモア，愉悦の情動，笑いのそれぞれを引き起こす特別な神経回路があることを示唆している。さらに，ヒト以外の動物の遊びに伴う快情動や笑いについての研究結果も，ユーモア・愉悦・笑いが進化の産物であることの証拠といえる。

　すでに議論したように，人間のユーモアと笑いの起源は哺乳類の社会的遊びに求められることが動物研究から示されている。つまり，ユーモアの適応的機能は，より広く遊びの機能と強く結び付いていると考えられる。多くの理論家たちは，遊びは様々な適応的な技能の発達を促進するという役割を進化の歴史のなかで果たしてきたと考えている（Bateson, 2005; Panksepp, 1998）。たとえば，社会的絆や協力を促進する行動や，社会的順位，リーダーシップ，コミュニケーションを促進する行動など，競合的または非競合的な社会的スキルは遊びを通して学習されると考えられている。また，遊びは身体の健康や認知能力，創造性の促進といった社会的なもの以外の機能をもつと主張する研究者もいる（Smith, P. K., 1982）。パンクセップ（1998）は，幼少期に遊びを剥奪されたネズミの成熟後の行動についての研究結果をまとめている。遊びの経験が豊富なネズミと比べると，遊びを剥奪されたネズミは，他個体との競合的な遭遇

場面でうまくふるまうことができず，他個体からは社会的パートナーとして認められなかった。また，社会的な状況でより臆病であり，ある種の問題解決能力も劣っていた。

　進化の過程で大型の大脳皮質や言語，抽象思考，自己意識，心の理論などの能力が発達したことにより，人間はユーモアという遊びの心的活動において概念やことば，仮想現実で遊ぶ能力を発展させ，遊び・愉悦・笑いの機能を拡張した（Caron, 2002）。ワイスフェルド（Weisfeld, 1993）はユーモアの適応的機能についての進化理論を提唱しているが，そのなかで彼はユーモアと遊びの連続性を強調している。彼の理論によると，動物の身体遊びが競合的または非競合的な社会的・身体的生存のためのスキルを実際の脅威のない状況で練習する機会となっているのと同様に，人間のユーモアは，社会的認知や対人行動に関わる重要なスキルを，遊びを通じて練習する手段になっているという。ユーモラスな出来事やからかい，ジョーク，しゃれを通じて，人間は性，攻撃，社会的地位といった話題に関わる社会的に微妙な問題について安全に探ることができるのである。また，これらを通じて人間は，遊びの競合状態を楽しむこともでき，通常と異なる不調和な事例について探究することなどもできるようになる。つまり，社会的な文脈における遊びとしての認知活動であるユーモアの適応的機能は，哺乳類の身体遊びがもともともっていた機能を認知の領域に拡張したものだといえるだろう。

　このような認知的側面での利益に加えて，ユーモアの適応的機能の一部はユーモアに伴う快の情動とも関連があるかもしれない。フレドリクソン（Fredrickson, 2001）の「拡大・構築」理論によると，ユーモアに伴う愉悦の情動を含む快の情動一般の適応的機能として，まず，個人の注意の焦点範囲が**拡大**することでより創造的な問題解決ができるようになり，行動反応の選択肢の幅も広がることが挙げられるという。さらに，快の情動によって，人生における試練に対処するのに使える身体的・知的・社会的な資源を**構築**することもできるという。この理論を支持する証拠が，フレドリクソンらが最近行った愉悦などの快の情動についての研究から得られている（Fredrickson & Branigan, 2005; Fredrickson et al., 2000）。この考え方は，ユーモアに伴う愉悦などの快の情動は対人関係の調整に重要な役割を果たしているという，シオタら（Shiota et al., 2004）が最近提示した考え方とも一致している。

　ヒトの笑いは遊びのなかから生じたと考えられるが，ヒトともっとも近縁な現生種であるチンパンジーとヒトが約 600 万年前に分岐して以来，進化の過程でヒトの笑いには大きな変化が生じたようである。すでに触れたように，ヒトの笑い声は，チンパンジーなどの他の霊長類の笑い声とは音響的にはかなり異なっており，異なる呼吸パ

ターンに基づいて発声される。つまり,ヒトの進化史において,笑い声の音響特性には何らかの淘汰圧がかかっていたと考えられる。ジャーヴェイスとウィルソン(2005)はこの変化を儀式化,つまり,「シグナルの形態が変化して,より目立つ,間違いようのないものとなり,容易にそれとわかるようになる」過程 (p.415) だと捉えている。

　このようなヒト特有の笑い声の特徴はいつ進化したのだろうか？　プロヴァイン (2000) は,類人猿のような笑い声からヒトの笑い声が生じたのは,約 400 万年前にヒト科の祖先(おそらく**アウストラロピテクス亜科**)が直立二足歩行を獲得した後だと主張している。四足歩行では胸郭が物理的な圧迫を受けるが,二足歩行ではこのような圧迫がなくなるため,ヒトの笑い声(および言語発話)に必要な呼吸の調節が可能となったのだとプロヴァインは考えている。一方,ジャーヴェイスとウィルソン (2005) は,ヒト型の笑い声ができあがったのは,言語の進化(約 200 万年前の**ホモ・ハビリス**の時代に始まったとされる)が起こる前だと考えている。なぜなら,脳研究によると,笑いを生じさせるのは他の霊長類ももっている皮質下領域や,大脳辺縁系,脳幹であり,言語を成立させる新しく進化した大脳新皮質領域ではないからである。この推論が正しいとすると,現在のような人間の笑い声ができあがったのは約 200 万年から 400 万年前だということになる。

　どうして人間の笑い声はこのように儀式化されたのだろうか？　ジャーヴェイスとウィルソン (2005) は,笑いを情動誘発機構と捉える最近の見方に基づいた理論を提唱している。そのなかでジャーヴェイスらは,笑い声の音響構造に生じた変化によって,遊びによる愉悦の快情動を集団の他のメンバーによりいっそう引き起こしやすくなったため,彼らを社会的遊びに誘いこみやすくなったという議論を展開している。社会的遊びとそれに伴う快の情動は,すでに議論したように適応という面での様々な利益をもたらすと考えられる。安全な状態にある時に遊びの気分になりやすく,笑い声によって他者にも遊びの気分を引き起こすことの多い個体は,集団内での適応度の上昇による利益を得ることができるだろうと考えられる。さらに,よく笑うメンバーで構成されている集団は,そうでない他の集団よりも競合において有利かもしれない。(笑いの進化についてのもう 1 つの理論である「利己的な遺伝子」理論については,Owren & Bachorowski, 2001 を参照すること。)

　ユーモア・愉悦・笑いの遊びに関わる機能に加えて,ユーモアは,人類進化の過程で他の場面にも取り込まれるようになり,いくつかの他の機能も果たすように適応してきたようである。様々な理論家たちが,こういった他の機能を指摘している(ユーモアの進化理論の総説として,Vaid, 1999 を参照)。たとえば,第 5 章で触れたように,ユーモアは対人コミュニケーションでのモードとして転用されるようになったと

マルケイ (Mulkay, 1988) は指摘する。同様の視点から，アレクサンダー (Alexander, 1986) は，ユーモアの攻撃性や連帯形成の側面を強調したユーモアの進化理論を提唱している。そのなかで彼は，ユーモアは，社会集団における自分の地位を上げて繁殖成功のための資源アクセスを向上させる手段として進化したのだということを，オストラシズム (訳注：「排斥」の意) と間接互恵性の概念を用いて論じている。他集団のメンバーを笑いものにして軽んじるようなジョークなどのユーモアは，彼らの地位を下げて除外するための手段であるが，友好的なユーモアは，自分の地位を上げて仲間同士の結束を高める方法だといえる。

ミラー (Miller, 1997, 2000) は，ユーモアの攻撃性ではなく創造性に注目した理論を提唱し，ユーモアの進化において性淘汰が重要な役割を果たしたと論じている。この見方によると，ウィットのきいたユーモアは，言語能力や創造性のように，優れた知的才能を示すものだとされる。また，この才能は，資源競合を有利にすすめる能力を高める遺伝的特徴だと考えられる。つまり，ユーモアは「適合者の証」であり，「優秀な遺伝子」をもつことを示すシグナルであるため，ユーモアのある人物は配偶相手としてより望まれるということになる。すべての文化の人々が将来の配偶相手に望むこととして第1にユーモアのセンスを挙げており，特に女性が男性のパートナーを選択する際にこの傾向が強いことがわかっているが (Feingold, 1992)，多くの研究からあきらかになっているこのような結果（第5章で議論した）もミラーの理論によって説明が可能である。ユーモアのセンスのある配偶相手を選択するというこの傾向によって，ユーモアの創造や理解を支える脳神経回路の形成に関わる遺伝子が，長い時間をかけて集団内に広まったのだろう。

ミラーの性淘汰理論から導き出された仮説を検討する研究が，最近いくつか行われている。ブレスラーとバルシャイン (Bressler, & Balshine, 2006) は，2名の人物の写真（両方とも男性，または両方とも女性）を数枚ずつ用意し，その横に写真の人物が書いたと思われるコメントを添えて大学生の男女に対して提示する。一方の人物のコメントにはすべてユーモアが含まれており，もう一方の人物のコメントには含まれていない。実験参加者らはこれらを見せられた後，この2名についていくつかの性格特性を評定し，さらに親交を深める相手として望ましいと思う方を選択するように求められる。その結果，女性の実験参加者はパートナーとしてユーモラスな男性をユーモラスでない男性よりも好むことがあきらかになったが，男性が女性を選ぶ際や，同性のパートナーを選ぶ際にはこのような傾向はみられなかった。これらの結果は，ユーモアセンスは特に男性が女性の配偶相手を魅了するために進化した，というミラーの理論を支持するものだと解釈できる。

男性も女性も配偶相手となる異性にユーモアのセンスを望んでいるという研究結果があるが（Daniel et al., 1985; Feingold, 1992），性淘汰理論では，ここで望まれているユーモアセンスの性質が性によっていくらか異なると考えられている。女性は，彼女らを笑わせてくれる男性をユーモアセンスのある相手だと考えるようだが，男性は，自分たちの発したジョークで笑ってくれる女性をユーモアセンスのある相手だと考えるようだ。ブレスラーらの最近の研究で，この仮説を支持する結果が得られている（Bressler et al., 2006）。実験参加者に異性の2名の人物についての記述を提示し，どちらが恋愛対象として魅力的だと感じるかを尋ねたところ，女性は自分のユーモアを楽しんでくれる男性よりもユーモアによって彼女らを笑わせてくれる男性を選択する傾向があったのに対し，男性はユーモアを産出する女性よりも自分のユーモアを楽しんでくれる女性を選択する傾向があった。

　ユーモアの適応的機能についての進化理論は，他にもいくつか提唱されている。たとえば，ユーモアや笑いは，非生産的な行動をするのを防ぐ「抑制機構」だとする議論や（Chafe, 1987），霊長類における毛づくろいのように社会的連帯を促進する「音声による毛づくろい（vocal grooming）」だとする議論（Dunbar, 1996）がある。さらに，笑いは，「刺激や出来事が重要でも深刻でもないことを他者に伝える誤った警報（false alarm）」だとする議論もある（Ramachandran, 1998）。これらの理論の多くは実にもっともらしく感じられるのだが，これらを支持する調査結果はほとんど得られていない。進化心理学全般にいえることだが，ユーモアの進化理論についても，反証可能で検証可能な仮説をたてることによって，ただ単に「こうだからこうなのだ（just so）」というお話（Gould, 2002）以上の議論をしていく必要がある。結局のところ，我々は，ユーモアの起源や適応的機能についての決定的な解答を手にすることはできないかもしれない。しかし，これらの進化理論がおもしろい新たな仮説を生み出し，新しい研究の流れをつくり出し，この現象についてのより深い理解をもたらすのであれば，この種の理論も有益なものだといえるだろう。

9節　結論

　ユーモア・愉悦・笑いの心理生物学的な研究は，心理学の他の領域で得られた知見に加えて様々なことをあきらかにしており，興味深い新たな研究の展望や洞察をもたらしてきている。ユーモアへの生物学的アプローチは，特にユーモアの情動的な側面に我々の目を向けさせる。ユーモアの認知・知覚処理は，情報処理に関わる多くの大

脳皮質神経回路を用いて行われている。ユーモラスな不調和を発見すると，特有の愉悦の情動状態が引き起こされる。ヒト以外の動物を対象とした比較研究は，この愉悦の情動が，重要な適応的機能をもつ社会的な活動である遊びに起源をもつことを示唆している。動物モデルや人間の脳画像を用いた最近の脳研究は，愉悦の情動を生み出す特別の脳構造や神経回路，つまり，愉悦の「情動作動システム」についてあきらかにしつつある。これらの研究はすでに，ドーパミン作動性の有名な中脳辺縁系報酬系や，脳内麻薬様物質や様々な神経ペプチドがこの現象に関与していることを示唆している。近年大きな発展を見せている情動の神経科学にも含まれるこの領域でさらに研究が進めば，興味深い発見が数多くもたらされるだろう。神経回路についての発見だけでなく，ユーモアに対する愉悦の情動発生時の脳生化学や，これに関与する生化学物質と内分泌系や免疫系といった身体の他のシステムとの相互作用などについてもあきらかになってくるだろう。

　愉悦の情動は普通，その人がこの情動状態にあることを他者に伝える表出行動である笑いも引き起こす。笑いは，特有の音声・呼吸パターンや顔面表情によって特徴づけられる。我々はしばしば，笑いを自律神経の興奮や脳生化学的変化の「原因」と捉えがちだが，これらすべてが愉悦の情動の結果だと考えた方がよいようだ。笑いは本来，社会的な行動であり，対人コミュニケーションにおいて機能する定型的動作パターンである。笑いは伝染性をもっており，笑い声を聞いた他者にも愉悦の感情が誘発されて，彼らも笑うことになる。

　生物学的アプローチは，ユーモアの進化的基盤にも目を向けさせる。ヒトにもっとも近縁な類人猿であるチンパンジーは遊びをする際に笑い声をあげるが，同様のことは他の霊長類の仲間にも見られる。また，ヒトの笑いと相同と考えられるものはネズミが遊ぶ時にも起こると言われており，愉悦の情動や笑いの起源は哺乳類の祖先までさかのぼれる可能性がある。ヒト以外の動物のプレイ・フェイスや笑い声は，現実とフリ，真面目と遊びの区別を表しており，原初的なユーモアの存在を示していると言ってよいだろう。大脳皮質の指数関数的な増大と，それに伴う言語，抽象思考，自己意識，心の理論などの認知能力の向上により，ヒトは社会的遊びを新たな領域にまで広げた。競合的な取っ組み合い遊びと同じように言語や概念で遊ぶことにより，つまり「ユーモア」と呼ばれる活動によって，身体による遊びの場合と同じ情動系脳神経回路が活性化され，同様の自律神経の興奮や表出行動が生じる。多くの動物の遊びは主にコドモ期に見られるものであり，ヒトにおいても取っ組み合い遊びは，普通は子ども時代で終わってしまうが，ユーモアによるヒトの遊びは大人になってもずっと重要な活動であり続け，重要な社会的機能を果たしている。進化心理学の研究は，様々な

9節 結論

ユーモアの進化理論から導き出される仮説を検証することによって，ユーモアの適応的機能をあきらかにし，ユーモアについての研究を興味深い新たな道へと進めてくれるだろう。つまり，心理生物学の領域の研究は，ユーモア・愉悦・笑いの起源や，その性質，生物学的基盤についての我々の理解を大いに深めてくれたが，今後もさらに刺激的な研究が行われる領域となるだろう。

第7章
ユーモアセンスとパーソナリティとの関係

Personality Approaches to the Sense of Humor

　あなたなら友人の特徴を他の人にどのように伝えるだろうか。身長や髪の色などの身体の特徴に加えて，その人のやさしさ，知的能力，競争力，寛大さを挙げるというように，いろいろなパーソナリティ特性を述べることもあるだろう。また，「彼女はよく私を笑わせる」とか「彼はよくおかしなことを見つける」などと言って，その人のユーモアセンスを挙げることも大いにありそうである。このようにユーモアセンスは，日常生活でユーモアを知覚し，楽しみ，そして産出するという一貫した傾向に言及するパーソナリティ特性の1つ（より正確には，一連の互いに緩く結びついた諸特性の組み合わせ）とみなされる。

　パーソナリティとは「個人の世界に対して考え，感じ，知覚し，反応する上での習慣化したやり方」(Magnavita, 2002, p.16) に関するものである。パーソナリティ特性とは，仮定された構成概念であり，これによって我々は，ある人が他の人とどのように異なるかを記述し，いろいろな状況でどのように振る舞うかを予測できる。個人の行動は状況の要因によって影響されることもある（たとえば，葬式よりもパーティの方がジョークを言いやすいであろう）けれども，個人は状況の違いを超えてある程度の一貫性も示すものである（どんな状況でも，よくジョークを言う人もいる）。

　あるパーソナリティ特性は，ある人は尺度の極端に高いあるいは低いところに位置し，他の人はその両端の間に位置するというように，ある尺度を用いることで誰もがその上に位置づけられる1つの次元であると考えられる。パーソナリティ心理学の研究者は，個人間での行動的側面，認知的側面，感情的側面での差異を説明するいろいろな特性を特定し，それらの特性を測るために信頼性と妥当性のある尺度を用いて，

これらの諸特性が特定の行動や感情を予測する力をもつか否かを検討していくことで，そのような個人差を説明する生物的，社会的，心理的な要因を探究している。

　研究者が研究対象にしている多くの特性のなかでも，ユーモアセンスはパーソナリティ心理学の研究者が古くから関心を抱いてきたテーマである。非常に影響力のある初期のパーソナリティの実証研究者やパーソナリティ理論家——アイゼンク（Eysenck, 1942）やキャッテル（Cattell & Luborsky, 1947），オルポート（Allport, 1961），フロイト（Freud, 1960 [1905]）といった主張の異なる思想家を含む——には，ユーモアを研究の対象として自らの理論体系のなかに位置づけている者がいる（レビューについては Martin, 1998 を参照）。この数十年間，パーソナリティ特性の1つとしてのユーモアセンスの研究は，ユーモア心理学の研究において非常に積極的に研究が進められている領域の1つとなっている。ユーモアセンスという構成概念のいろいろな側面や構成要素を測定する多くのテストが開発されてきており，多くの研究によってユーモアに関連する特性が他のパーソナリティの次元とどのように相関するかや関連する行動をどのように予測するかがあきらかにされてきている。

　最近の多くの研究にみられる関心は，ユーモアセンスが精神的な健康の維持やストレスへの対処で果たす役割についてである。ユーモアセンスが精神的な健康にどのように関わるかは第9章で論じることにしよう。本章では，ユーモアの個人差を概念化して測定すること，そしてユーモアの個人差と他のパーソナリティ次元との関係について絞ってみていくことにする。まず手始めに，ユーモアセンスが意味するものは何かを探り，この概念がいくつかの次元で構成されていることについて論じる。次に研究者がこの概念を定義し測定するのに用いてきたいろいろな方法を論じ，これらの異なるユーモアの測度と他のパーソナリティ特性との関係を検討している研究を概観することにする。その方法には，個人が異なるタイプのユーモアを楽しむ程度を評価するユーモアの鑑賞の測度，ユーモアセンスを構成する様々な要素についての自己報告に基づく測度，ユーモアを産出する能力の測度，そしてユーモアスタイルを評価するためのQ分類の技法などがある。続いてこれらの異なる測定方法の相関関係を検討する因子分析による研究について論じる。最後にプロのコメディアンのパーソナリティ特性を調査した研究のいくつかを概観することとする。

1節　ユーモアセンスとは

　第1章でみたように，ユーモアセンスの概念は19世紀に発展し，その後，変遷し現

在にいたっている。その元々の意味としては，審美的なニュアンスをもっており，美的感覚をもち合わせていたり，音感がよいというように，ユーモアを知覚する，あるいはユーモアを感じる能力や力量を指すものであった。その当時，**ユーモア**（humor）という語は，今日の意味よりも狭い意味で使われており，悲哀（ペーソス）と結びついた共感という娯楽の形式に言及するものであり，より攻撃的であり社会的により望ましくないとみなされていたウィット（wit）とは区別されるものであった（Ruth, 1998a; Wickberg, 1998）。そのため，このポジティブな娯楽の形式にふれる性格特性としてのユーモアセンスは，社会的に非常に望ましいニュアンスをもつようにもなり，人ができるだけもつべき非常にポジティブな特性とみなされるようになった。しかし幾多の年月を経るにしたがい，ユーモアの意味はあらゆるタイプの愉快な現象を含むように拡大され，**ユーモアセンス**（sense of humor）もまた非常にポジティブなニュアンスを残したまま，非常に広範囲のユーモアに関連した特性を含むように拡大されてきている。こうしてユーモアセンスは，非常に望ましいパーソナリティの特徴であるとされるものの，明確に定義づけられていないパーソナリティ特性となっている。

たいていの人が自分にはユーモアセンスがあると思っている。アメリカのエッセイストのフランク・ムーア・コルビーが言うように，「男たちは国家への反逆行為，殺人，放火，そして義歯，かつらであることは認めるかもしれない。だが，自分がユーモアに欠けると言う男がいるであろうか」（Andrews, 1993, p.431 に引用されている）。オルポート（1961）の研究によると，自分のユーモアセンスを評価するように求められると，実験参加者の94％が平均か平均以上と評定し，平均以下のユーモアセンスであると自認するものはわずか6％のみであった（もちろん統計的には全体の50％が平均以下である）。レフコートと私（Lefcourt & Martin, 1986）は，この研究から25年後に大学生を対象とした研究で同じような結果を得ている。

我々は一般的にユーモアセンスを，単にユーモアを産出したり，楽しんだりする傾向であるというのではなく，多くの望ましい特性と結びつけて考えている。実験参加者に，「平均以上のユーモアセンスのもち主」と「平均以下のユーモアセンスのもち主」と添えて，ある架空の人物のパーソナリティ特性を評定するように求めると，高いユーモアのもち主とされる人は，友好的である，愛想がよい，協調性がある，おもしろい，想像力がある，創造的である，賢い，賞賛すべきである，知的である，洞察力がある，そして不平を言わない，冷たくない，下品でない，消極的でないと評定されやすい（Cann & Calhoun, 2001）。しかし，高いユーモアのもち主は同時に，衝動的である，自慢する，落ち着きがない，成熟していないとも評定されており，ユーモアセンスの概念には，あまり望ましくない特徴も含まれることが指摘されている。この

研究はまた，有名なパーソナリティに関する5因子モデル（Five Factor Model：FFM; McCrae & John, 1992）の主要なパーソナリティ次元について，ユーモアセンスが平均以上の人はユーモアセンスが低い人より，情動が安定している（情緒不安定性が低い），外向的である（外向性が高い），進んで経験する（経験への開放性が高い），愛想がよい（調和性が高い），そして誠実ではない（誠実性が低い）とみなされることをあきらかにしている。

　いろいろな望ましい資質や特徴と結びついていると思われているユーモアセンスを自分がもっていると誰もが信じようとしているが，ユーモアセンスとは何であるかは正確にわかっていないようである。実際，カンとカルホーン（Cann& Calhoun, 2001）は，このよく知られているが漠然とした概念が，特定の一貫するものを指し示しているか，むしろ単に社会的に望ましい諸特徴が大まかに並べられたものにすぎないのでないかと疑問を呈している。オムワク（Omwake, 1939, p.95）が65年以上前に述べているように，ユーモアセンスとは，「すべてのことを含み，最高級の評価を伴っていることから，ある人を指して"彼は素晴らしいユーモアセンスをもっている"と言うことは，"彼は頭がよく，スポーツマンだから，大好きだ"と言っているようなもの」なのだ。だが，ユーモアセンスがパーソナリティ研究において，信頼性と妥当性をもって測定される科学的に有用な特性としての概念となるためには，より注意深く正確に定義されなければならないことはあきらかである。

　前章で述べたように，ユーモアとは日常生活の多くの側面に関係する複雑な現象であり，それは，社会的，認知的，情動的，そして表出的な構成要素からなるある種の知的な遊びである。それは，お決まりのジョークや会話のなかで自然に発せられる機知に富んだ発言，皮肉，しゃれ，掛詞，おもしろい体験談，意図せずに生じたおかしな言動などを含む多くの形式をとる。さらには，ユーモアは愉悦という快の情動による認知的，社会的な効用——たとえば向社会的にも攻撃的にもなるような対人コミュニケーションや影響，あるいは緊張の緩和やストレスへの対処——を含む広汎な心理的機能を果たすものである。我々は人を楽しませたり，笑わせたりするユーモアの送り手であり，そして人が作ったユーモアに反応する受け手でもある。したがってパーソナリティ特性あるいは個人差の変数としてのユーモアセンスの概念は，これらのユーモアの構成要素，形式，機能に関連したものでありうる。実際のところ，この特性を検討している研究者は，それぞれがこの複雑な現象のどの側面に注目するかによって，異なるアプローチで研究を行っている。当然ながら，ユーモアセンスの概念化のされ方が異なると，関連する人間の行動や認知，パーソナリティの側面も異なることになる。

第7章 ユーモアセンスとパーソナリティとの関係

「ある人にユーモアセンスがある」と言う時,それは多くのことを意味しているようである。パーソナリティ心理学者アイゼンク（Eysenck, 1972）は,ユーモアセンスには3つの意味が考えられると指摘している。第1に,ある人がユーモアセンスがあると言うことは,我々が笑うのと同じ対象をその人が笑うことを意味している（質的意味）。第2に,その人はよく笑う,そしてすぐにおかしがることを意味している（量的意味）。第3に,その人は人におかしな話をしたり人を楽しませたりすることで,「その座の中心人物」であるという意味である（産出的意味）。アイゼンクは続けて,この3つの「ユーモアセンス」は互いに高く相関している必要はないと論じている。

へルロとルフ（Hehl & Ruch, 1985）は,アイゼンクが挙げたユーモアセンスの3つの側面を拡大して,ユーモアセンスの個人差は,次のことと関連づけられると述べている。それは,(1) ジョークや他のユーモア刺激を**理解する**能力（すなわちジョークを「わかる」こと）,(2) ユーモアや笑いの量的,質的な**表現**の仕方,(3) ユーモラスな発言やものの見方を**つくり出す能力**,(4) いろいろなタイプのジョークや漫画,その他のユーモア素材の**おもしろさを味わうこと**（appreciation）,(5) 喜劇映画やテレビ放送などの笑わせる情報源を積極的に**求める程度**,(6) 日常で生じたジョークやおかしな出来事を**覚えておくこと**,(7) ユーモアを**ストレスに対処するメカニズム**として用いる傾向である。また,ババッド（Babad, 1974）はユーモアの**生産**（ユーモアをつくり出す能力）と**再生産**（人から聞いたジョークを繰り返して言う傾向）とを区別しており,この2つは相関関係にないことを指摘している。さらにユーモアセンスと広く結びついているもう1つの意味は**自分自身を深刻に捉えすぎないこと**であり,自分の欠点や弱点を笑う能力である。

以上から,ユーモアセンスとは,**習慣化された行動パターン**（よく笑う,ジョークを言ったり機知に富む発言で人を楽しませたりする,人のユーモア作品を笑う傾向）,**能力**（ユーモアを創作する,人を楽しませる,「ジョークをわかる」,ジョークを覚えているなど）,**気質的な特性**（普段の陽気さ,遊び心）,**審美的な反応**（特定の種類のユーモア素材をたのしむこと）,**態度**（ユーモアやユーモアのある人に対する肯定的な態度）,**世界観**（人生に対するのんびりした,深刻でない見通し）,**ストレスに対する対処方略**あるいは**防衛機制**（不運な出来事に直面してユーモアのある展望を維持する傾向）として概念化をすることができよう。

こうしたユーモアセンスを概念化する諸方法は,パーソナリティ研究における測定方法の開発にも役立つ。たとえば,ジョークや漫画のおかしさの評定を求めるユーモア鑑賞テストは,「ユーモアセンスとは審美的な反応である」と定義した場合の測定尺度として用いることができる。ユーモアセンスを習慣化された行動と考えるならば,

質問項目が回答者に特有のユーモアに関連する行動や思考，感情，態度をどの程度表しているかを回答者自らが評定するという自己報告に基づく尺度によってユーモアセンスを測定した方がよいであろう。あるいは，いろいろなユーモア行動を数量化するためには，その人をよく知る仲間や訓練を受けた観察者が行う評定を用いることができる。さらに，認知能力としてのユーモアセンスの測定には，知能や創造性の測定で用いられる成績を測るテストと同様に，実験参加者が産出したユーモア作品のおもしろさや独自性が判定される課題を用いることができる。これからみていくように，多くの研究者によってこうしたユーモアセンスを概念化し測定するいろいろな試みが行われてきた。

以上をまとめると，ユーモアセンスは単一の特性ではないようだ。むしろ，ユーモアの様々な構成要素，形式，機能に対応する一群の特性や能力であると考えられる。その構成要素，形式，機能は互いに緊密に関係しているものもあれば，またはっきり区別されたりするものもあるようである（Martin, 2003）。たとえば，ユーモアをつくり出す能力をもった人は，他の人を笑わせて楽しませることもあるが，日常生活でのストレスに対処するのにユーモアを用いることはないということもありうる。ユーモアセンスに関する仮説を検討しようとしている研究者は，どのような側面の構成概念が理論的に自分の研究課題にもっとも関係するかを明確にして，適切な測定方法を選択する必要がある。

2節　ユーモア鑑賞に現れる個人差

ある人がどのようなタイプのユーモアにおもしろさを感じるかは，その人のパーソナリティがどのようなものかを物語るのだろうか？　何世紀もの間，人々に受け入れられてきたこの考え方は，ドイツの詩人のヨハン・ウォルフガング・ゲーテが「自分がおかしいと思うことよりも，自分の性格を示すものはない」（Ruch & Hehl, 1998, p.109 に引用）という考察のなかにもみることができる。臨床家のなかには，この考えに基づいて，心理療法を受けに訪れた患者に自分の好きなジョークを尋ねることは，患者の抱える問題を診断し，解決されない欲求や葛藤をあきらかにする有効な一種の投影法の検査になると主張する者もみられる（Strother et al., 1954; Zwerling, 1955 など）。

この見解は，過去50年にわたってパーソナリティ研究者が，いろいろなパーソナリティ特性を間接的に評価するために開発してきた多くのユーモア鑑賞テストの基盤ともなっている（Cattell & Tollefson, 1966 など）。実際のところ，1980年代以前のユー

モアセンスの個人差に関する多くの研究が，このユーモア鑑賞に注目した方法に基づいており，それは今日まで続いている。この方法は，実験参加者に一連のジョークや漫画といったユーモア刺激を提示して，そのおもしろさ，楽しさ，不快感などの次元について評定するように教示するというものである。これらのユーモア刺激は，理論的根拠や因子分析によって，いろいろなカテゴリーに分類され，カテゴリーごとに実験参加者の評定値を合計して別個の得点が算出される。したがって，この方法では，ユーモアセンスは，特定のタイプあるいはカテゴリーのユーモアをどの程度個人が楽しむかによって測定されることになる。

理論に基づく内容に注目したアプローチ

研究が始まった初期のユーモア鑑賞テストの多くでは，それを構成するユーモア刺激（多くはジョークか漫画）は実験者や他の専門家がその内容やテーマに基づいて分類してきた。このような内容による分類カテゴリーは，もっぱらユーモアに関する特定の理論に基づくものであり，そのためにこれらのテストはその理論を検証するための研究として用いられた。たとえば，抑圧した性的衝動や攻撃的衝動がユーモアを通じて解放されるとするフロイトの理論を検証するために，ジョークや漫画は多くの場合，性的，攻撃的，ナンセンス（無害な，あるいは「傾向的でない」とも呼ばれることもある）のカテゴリーに分類された。第2章で述べたように，ユーモアの精神分析理論に関わる研究の多くが，この方法をとっている。たとえば，レッドリッチら（Redlich et al., 1951）が開発した「愉悦反応検査（the Mirth Response Test）」は，性ならびに攻撃に関連するいろいろなテーマを扱っていると判断された36枚の漫画から構成されている。これらの漫画に対する実験参加者のポジティブ反応とネガティブ反応は，そのテーマに関連する無意識での欲求や解決されない葛藤を明示するものと想定されている。

ユーモア理論から引き出された内容の異なるユーモアを鑑賞させる方法をとる研究には，個人がいろいろなタイプのジョークや漫画を楽しむ程度が特定のパーソナリティ特性に関連づけられることをあきらかにしているものもある。たとえば，初期に行われたある研究では，知的な内容に基づくユーモアよりも性的内容や攻撃的内容のジョークを好む実験参加者は，「主題統覚テスト（Thematic Appercention Test：TAT）」で創作した物語により攻撃的なテーマを含み，知能テストにおいて得点が低い，心理的複雑さがみられない，外向性得点が高いという（Grziwok & Scodel, 1956）。他の研究でも，外向性と性的ユーモアの好みとの間には正の相関関係がみられている（Wilson & Patterson, 1969など）。

さらには，保守的な態度を示す実験参加者は，「安全な」ユーモアのタイプ（しゃれなど）を好む傾向がある。他方でリベラルな見方を是認する人はあきらかに「リビドー」タイプのユーモア（病気ユーモアや性的ユーモアなど）によりおもしろさを感じる（Wilson & Patterson, 1969）。一般的に，不安傾向の高い人はそうではない人に比べて，ユーモア刺激をあまり楽しまないことがあきらかにされている。ただし，研究によっては，この効果がすべてのユーモアタイプについて（Hammes & Wiggins, 1962），あるいは攻撃的ユーモアのみについて（Doris & Fierman, 1956），ナンセンス・ユーモアのみについて（Spiegel et al., 1969）みられるというように様々であることが指摘されている。またある研究では，肛門に関するテーマを含むジョークに対する実験参加者によるおかしさの評定と，頑固さ，悲観的な態度，敵意，清潔好き，倹約家といった「肛門期」パーソナリティ特性の諸測度との間には有意な相関関係がみられると指摘されている（O'Neill et al., 1992）。

ユーモア鑑賞テストは，こうした精神分析の考え方に啓発された研究と同じく，ユーモアに関する非難理論（第2章にレビューされている）を検討する多くの研究で用いられている。ここでのテストは，通常研究者によって特定された，ジョークの構成要素や攻撃の標的に基づき分類された敵意を含んだユーモアから構成されている。これらの研究を総合的にみると，我々は自分が何らかの反感をもっている対象人物をからかうことが含まれる非難ユーモアをより楽しむ傾向にあることがあきらかにされている（La Fave et al., 1976; Wicker et al., 1980; Wolff et al., 1934; Zillmann & Cantor, 1972, 1976）。第5章で述べたように，性差別的な態度と性差別ユーモアを楽しむことを検討した研究でも同様の方法が用いられている（Henkin & Fish, 1986; Moore et al., 1987; Thomas & Esses, 2004 など）。

以上のように，長年にわたって，理論的に想定される内容を基にしたユーモア刺激のカテゴリーを含むユーモア鑑賞テストを用いた多くの研究が行われてきている。これらの研究の多くが1980年代以前に行われたものであるが，つい最近まで，「病気」ジョーク（Herzog & Bush, 1994; Herzog & Karafa, 1998），性差別ユーモア（Greenwood & Isbell, 2002; Ryan & Kanjorski, 1998），「視点取得（perspective-taking）」ユーモア（訳注：いやな出来事から適切な心的距離を保ち，取り組み続けるために用いられるユーモア）（Lefcourt et al., 1997）といった特定のタイプのユーモアを実験参加者がどのように鑑賞するかをあきらかにするために，この方法を用い続けている研究者もみられる。

このユーモア刺激を分類するという方法によって興味深い結果も多少は得られているものの，いくつかの問題点が指摘されている（Ruch, 1992）。この領域の大方の研究

者は，彼らが行うユーモアの分類の信頼性と妥当性の検討を行っていない，あるいは，ある特定のカテゴリーに入るユーモア刺激に対して実験参加者の反応が等質であるという仮定を検証していない。アイゼンク（1972）が言うように，人によってジョークや漫画のどのような側面に目が向けられるのか，あるいはジョークや漫画を何故におかしい，おかしくないとみなすのかにおいて一致しないことは多い。そのため，研究者がユーモア刺激をカテゴリーに分ける際に用いる次元は，実験参加者自身によるそのユーモア刺激の捉え方や反応の仕方とは関連しないかもしれない。この点に関しては，ランディスとロス（Landis & Ross, 1933）による初期の研究において，実験参加者にジョークのカテゴリー名称とその定義づけを提示した場合であっても，多数のジョークについての実験参加者による分類の仕方と実験者による分類の仕方との間には関連がみられなかったことが示されている。

　さらには，この分析方法を用いる研究者は，彼らが取り上げる理論に合致するユーモア刺激のみを選択していたために，彼らのとる分類システムがすべてのユーモアの種類に当てはまるのか，それとも，そこで選び出された一部のユーモアにだけ当てはまるのかを判断することができなかった。最後に，ユーモア鑑賞テストの多くが，個々の研究者によって1つか2つの研究で用いられたにすぎないため，研究同士の間で結果の比較ができないという問題が挙げられる。こうした弱点があるために，この分析方法は，ユーモアセンスとは何かについての情報を蓄積することにはつながらなかった。

因子分析による研究

　ユーモア理論に基づく内容の違いからユーモア刺激を分類する別の方法として，因子分析の技法が用いられている。この分析方法は，ある特定の理論からテストを構成するのではなく，実証的に取り出される因子の次元から理論を構築しようとするものである。因子分析は，多数の変数の間の相関係数を算出して，その分散の最大を説明するより少ない次元（すなわち因子）をあきらかにする統計技法の1つである。この方法は特にパーソナリティ研究者によって，すでに述べた性格の5因子モデルといった基本的なパーソナリティ特性を探るのに用いられてきたものである。ユーモア研究者もまた長年にわたって，ユーモア鑑賞の基本的な次元を特定するためにこの技法を用いている。

　この分析方法の一般的に行われる手順は，まず全体の領域を代表すると考えられる多数のジョークや漫画，その他のユーモア刺激を集めることである。次いで，これらのユーモア刺激を多数の実験参加者に示して，そのおもしろさの評定を求める。この評

定値を因子分析にかけることによって，研究者はユーモア鑑賞の基礎にある隠れた次元を決定することができる。評定値が互いに高い相関関係にあるジョークや漫画は同じ因子にまとまる傾向にあり，評定値が互いに相関関係にないジョークや漫画は別々の因子に分かれる。それぞれの因子を負荷するユーモア刺激が共有する特徴を検討することによって，研究者はこれらの刺激を実験参加者が評価するのに暗黙のうちに用いている次元を特定することができる。

ユーモア鑑賞の因子分析を用いた研究は，有名なドイツ系イギリス人のパーソナリティ研究者であるアイゼンクによって行われたことに始まる（Nias, 1981 にレビューされている）。アイゼンクは，ユーモアに関する理論の多くが哲学者によるものであり，その多くが推測に基づくものであることを踏まえて，実証的な証拠に基づく理論を展開しようとした。アイゼンクは，収集した言語ジョークや漫画，不調和な写真を 16 名の実験参加者に提示した（この実験参加者数は，今日の統計の基準からすると非常に少ない）。そして，ユーモア刺激のおかしさを順位づけし，どのユーモア刺激がおもしろかったか指摘をするよう求めた（Eysenck, 1942）。このデータについての因子分析では説明力の小さい一般因子の存在があきらかにされたが，この因子は，ユーモアの種類の違いを越えておかしいとみなす程度の個人差を意味するものであった。さらなる分析によると，3 つの特殊因子あるいはユーモアの次元があきらかにされた。それは順に，(1)「性的ユーモア」対「性的ではないユーモア」，(2)「単純なユーモア」対「複雑なユーモア」，(3)「個人的なユーモア」対「個人的ではないユーモア」と命名された。

アイゼンクは，実験参加者のこの 3 つの因子に関するユーモアの評定値とパーソナリティ・テストの得点との間の相関係数についても検討している。外向的な人は，性的ジョークと単純なジョークを好み，内向的な人は複雑なジョークや性的ではないジョークを好むという。この因子分析による研究の結果は，ジョーク，漫画，滑稽な五行戯詩（limerics）などの 5 種類のユーモア刺激を，イギリス社会の広範な階層にわたる 100 名の成人に提示したアイゼンクによる研究（Eysenck, 1943）でもおおよそ確認されている。

アイゼンク（1942）はこうした因子分析による研究に基づいて，ユーモアの複雑さに対応する認知因子，動機づけや衝動の表出を扱う動能（conative）因子，情動の側面に関係する感情的因子という 3 つの構成要素からなるユーモアの理論モデルを提唱している。彼はさらに，動能因子と感情因子を結びつけ，「優越感による適応の快楽（joyful consciousness of superior adaptation）」をユーモアと結びつけて**オレクティック**（orectic）という語で表している。そして彼は，伝統的なユーモア理論は，これら

の側面のうち1つないし2つのみに注目していると指摘している。認知因子はユーモアの不調和理論で強調され，動能因子は優越性理論もしくは非難理論で強調され，感情因子は笑いと結びついた快い情動を中心に置く理論で強調されている。アイゼンクの考えでは，フロイトの理論はこの3つの構成要素のすべてを結びつけたものであるという。

アイゼンクはまた，それぞれの構成要素はジョークに含まれるが，ジョークごとにその程度が異なるため，ユーモアセンスの個人差は，どのようなジョークをどの程度楽しむかによって説明されるとも指摘している。たとえば，内向的な人は，認知因子が優位なユーモアを楽しむ傾向があり，外向的な人は**オレクティック**な側面（訳注：動能因子と感情因子）が強いユーモアをより好む傾向があると示唆している。この見解は，実験参加者の外向性得点と性的ジョークに対する評定値との間に有意な相関関係をあきらかにしたウィルソンとパターソン（Wilson & Patterson, 1969）の研究によっても支持されている。しかしながら，後節でみていくように，この結果を再確認していない研究もみられる（Ruch, 1992）。総じていえば，アイゼンクはユーモア鑑賞の因子分析による研究に基づいてユーモアセンスの一般的理論を開発しようとした研究の先駆けをなした1人といえる。

キャッテル（Cattell, R.）は，ユーモア鑑賞に関して早くから因子分析を行い，パーソナリティ研究を進めたもう1人の著名な開拓者である。キャッテルとルボルスキー（Cattell & Luborsky, 1947）は，幅広くユーモア全般について，文化的な背景からの影響が比較的小さいと思われる100種類の代表的なジョークを収集した。男女50名ずつの大学生の集団に，2度に分けて各ジョークのおもしろさについて評定するように求めた。その評定についての因子分析によると，十分な内的一貫性と再テスト信頼性をもつ，13のジョークのクラスターの存在があきらかにされた。引き続いて，このクラスターごとの実験参加者の得点を再び因子分析にかけた結果，5つの直交（すなわち相関しない）因子が取り出された。各因子を負荷するジョークのテーマに基づいて，因子は（1）おだやかな自己主張，（2）反抗による優位性，（3）おおらかな色好み，（4）嘲笑をかうこと，（5）洗練されていること，と命名された。キャッテルとルボルスキーは，これらのユーモア鑑賞のクラスターや因子は，キャッテル（Cattell, 1947）がパーソナリティ特性についての因子分析によって特定した12〜16の一般的なパーソナリティ因子に関係づけられると示唆している。

ルボルスキーとキャッテル（Luborsky & Cattell, 1947）は，この考えを検証するためにその後の研究で，13のジョークのクラスターごとの個人のおかしさ得点と個人の「ギルフォード＝マーティンの気質インベントリー（the Guilford-Martin temperament inventory)」で測定した10のパーソナリティ次元の得点との間の相関関係を調べている。その結果，このパーソナリティ次元のうち6つが，ジョークのクラスターごとのおかしさの評定と有意な相関関係を示しており，クラスターの名称を整理することができた。これらの知見から，ユーモア鑑賞因子をより一般的なパーソナリティ次元を評価する方法として使うことが可能であるとキャッテルらは考えた。たとえば，あるジョーク因子は外向性と相関していることから，こうしたジョークはこの特性の客観的な測度になりうるというのである。この見解はのちにより一般的なパーソナリティ特性を間接的に測る方法として，因子ごとのユーモアの好みを評定しようとする「パーソナリティのIPATユーモアテスト (the IPAT Humor Test of Personality)」(Cattell & Tollefson, 1966) に取り入れられている。

IPATユーモアテストを発展させる試みがなされているものの，このテストにはいくつかの弱点があり，広く用いられることはなかった。この尺度の信頼性はかなり低く，因子構造の安定性にも疑問がもたれたのである。他の研究者が同じジョークの系列について因子分析を行ったところ，まったく異なる因子構造が取り出されている (Yarnold & Berkeley, 1954)。この問題点の理由の1つは，強制選択の回答方式を用いたことによって，多数の不明確で安定しない因子を過剰に抽出し，より明確で安定した因子をうまく抽出することができなかったという結果をもたらしたと考えられる (Ruch, 1992)。また，一般的なパーソナリティ特性の測度としてのユーモア因子得点の妥当性を評価する研究はほとんど行われてきていない。この検証は，公にされている研究としては，効果的なカウンセラーのパーソナリティ特性 (Kush, 1997)，ユーモア鑑賞と自覚される身体的健康との関係 (Carroll, 1990)，ユーモア鑑賞の性差 (Carroll, 1989; Hickson, 1977) などのトピックに関してわずかにあるだけである。

ルフの因子分析による研究

ユーモア鑑賞に関して行われた初期の因子分析による研究は，調査対象者が少数であることや多くの方法上の弱点を抱えることに限界があった。オーストリアの心理学者で現在はスイスのチューリッヒ大学に籍を置くルフ (Ruch, W.) は，1980年代の初めにユーモア鑑賞の因子構造を，詳細で体系的な方法で検討する研究に着手した（このレビューについてはRuch, 1992を参照）。彼はユーモアのいろいろなタイプを包括的に代表するものを取り出すため，幅広い情報源から約600個のジョークと漫画を収集した。そのジョークや漫画の多くは，一般雑誌やジョーク本からランダムに採用されたものであり，他に従来のユーモア研究で議論されたカテゴリーを代表するものとして選択されて実験で使用されたものである。

ルフと共同研究者が行った一連の因子分析による研究では，初めにプールしておいたジョークや漫画の系列をそれぞれの研究で一部重複するように，幅広い年齢，社会階層，職業，健康状態を代表する多数の男女の実験参加者に実施している（Hehl & Ruch, 1985; McGhee et al., 1990; Ruch, 1981, 1984, 1988; Ruch et al., 1990）。このジョークや漫画はいくつかの言語に翻訳され，オーストリア，ドイツ，イギリス，トルコ，フランス，イタリア，アメリカでも調査が実施されている（Forabosco & Ruch, 1994; Ruch & Forabosco, 1996; Ruch & Hehl, 1998; Ruch et al., 1991）。

　以上の因子分析による研究では，ユーモア鑑賞の分散のほとんどを説明するように思われる，3つの安定し頑健な因子が示されている。その3つの因子は，ユーモア刺激や研究対象となった母集団が異なっても一貫していた。興味深いことに，このうち最初の2つの因子はユーモアのテーマ内容よりも構造の側面と関係している。その第1因子は**不調和解決**（incongruity-resolution: INC-RES）**ユーモア**と命名されたものであり，オチ（punch-line）によって引き起こされた不調和が，そのジョークのなかの他の箇所にある情報によって解決されるというジョークや漫画などがこれに含まれる。こうしたジョークでは，いったん不調和が解決されると，「ポイントをつかんだ」，すなわちジョークを理解したという感じが得られる。我々が対人場面でよく発する前フリとオチから構成される「お決まりの」ジョークは，このカテゴリーに当てはまる。このタイプのユーモアは第3章で議論した不調和解決の2段階モデルに対応するものである（Suls, 1972 など）。

　ナンセンス（nonsense: NON）**ユーモア**と命名された第2因子もまた，ジョークの内容よりも構造に関係するものである。このカテゴリーに入るジョークや漫画には，驚かされる要素，あるいは不調和な要素が含まれるものの，この不調和は十分には解決されない。また実際にはありえないのだが，あたかも意味があるようにみえる。このタイプのユーモアは，奇妙な，非現実的な，突拍子もない，おどけたものと表現できる。このユーモアでは，ジョークが「わかった」という感じはみられず，むしろただ現実的ではない不調和を楽しむ感じがある。『モンティ・パイソンの空飛ぶサーカス（*Monty Python's Flying Circus*）』のおどけたユーモアやガリー・ラーセンの『ずっと向こうに（*Far Side*）』に収められた漫画の多くが，この因子の負荷量が大きいという（Ruch, 1992, 1999）。このようにルフの研究では，ユーモアはその内容とテーマによって分類されるとした初期の研究者が提唱した仮説とは相容れず，ユーモアの好みは内容よりも構造に関係することが指摘されている。

　性的ユーモア（sexual humor: SEX）と命名された第3の因子は，明確に性的な内容のテーマを含むジョークや漫画からなる。つまり，我々が一貫して性的ユーモアを

楽しむ，あるいは好まない傾向があることを示している。こうした性的ユーモアが強いジョークや漫画の多くは，この因子に加え，そのユーモアに含まれるのが，解決される不調和か解決されない不調和かによって，前述した2つの構造に関する因子のどちらかを第2位の因子負荷としていた。第1因子としてSEX因子を負荷し，第2因子としてINC-RES因子を負荷するジョークの例を次に挙げる。

　バケーションから帰ったばかりの娘に父親がきいた。
「スコットランドはどうだった？　みんながバグパイプを持ってるんだって？」
「そんなこと，ばかの1つ覚えよ」と娘は答えた。「私が出会ったのは，みんな普通のだったわ」

　この娘の返答にみられる不調和は，彼女がバクパイプについての父親の質問を誤解してスコットランド男性の性器の外見について答えていると認識した時に解決される。対照的に第1因子としてSEX因子を，第2因子としてNONを負荷している漫画では，めんどりが仰向けになって脚を上に突き出し，おんどりに向かって「一度だけ…変わってみよう」と言っている。いわゆる「宣教師の体位」で性交を望んでいるめんどりは不調和な存在であり，この不調和は「ジョークがわかる」ようになる付加情報を見つけて解決されることはない。
　ルフがあきらかにしたなかでジョークの内容に関連する唯一の因子であるSEX因子は，他の因子分析研究でも一貫して取り上げられている（Eysenck, 1942; Herzog & Larwin, 1988など）。前にみたように，これまでの研究者の多くはユーモア刺激を，特定の理論に基づいて攻撃的ユーモア，敵意ユーモア，性差別ユーモア，糞便ユーモア，肛門ユーモア，病気ユーモアなどの内容が付け加えられたカテゴリーに分類してきた。ルフの研究では，用いたユーモア刺激にそうしたあらゆる種類のユーモアを含めるように努めているにもかかわらず，ジョークの内容に関する因子は取り出されなかった。そして，これらのテーマを含むユーモアは，性的ユーモア以外は，いつも構造に関する2つの因子のいずれかに負荷していた。このように我々は，性的ユーモア以外に関しては，ジョークや漫画に対してそのトピックに基づいて一貫した反応をすることはないようだ。それよりむしろ，我々がユーモアを楽しむ程度は，第1には不調和が解決されるか否か，すなわち何らかの形で「意味を成す」か否かに影響されるようだ。
　ルフはユーモア**刺激**を因子分析する以外にも，ユーモアに対する実験参加者の**反応**の因子構造についてみている。いろいろな肯定－否定の評定尺度を用いて，(1) 肯定的に楽しむこと，すなわち**おもしろさ**（funniness）因子と (2) **不快感**（aversiveness）

すなわち拒否（rejection）因子の2つの反応因子をあきらかにしている。この2つの因子は，弱い負の相関関係にあった。このことは，特定のジョークをおもしろいとする人が必ずしも不快感を低く評定するわけではないことを意味している。たとえば，ある人は性差別的なジョークや人種差別的なジョークを非常におもしろいと評定するが，同時に非常に不快であるとも評定するのである。そのため，人のユーモアに対する反応を適切に評価するためには，おもしろさや楽しさを評定させるだけでは十分ではなく，同時に，その人の否定的な反応を評価することも重要である。ガバンスキー（Gavanski, 1986）は，こうしたおかしさや不快感の評定は，その人の情動的な反応（体験される愉悦の程度）——表出される微笑みや笑いの量によって測定される——ではなく，その人のユーモア刺激に対する認知的な評価を反映するものであると指摘している。ユーモアに対する認知反応と情動反応とが部分的に分離していることは，多くの研究において，おかしさの評定と微笑や笑いの程度との間に弱い相関関係しかみられないことの理由を説明するものである。

　ルフ（Ruch, 1983）は，因子分析による研究に基づいて見出された3つの因子によってジョークや漫画に対するおもしろさと不快感についての評定値を調べる「3WD（**機知次元**）ユーモア検査」を構成した。そこでは50項目の版（形式K）と各35項目からなる2つの並行版（形式AとB）を利用することができる。この検査は，冊子にジョークと漫画が印刷されており，回答者は6段階尺度でそれぞれのおもしろさと不快感を評定するように求められる。因子ごとのおかしさならびに不快感の全体得点は，適切な内的一貫性ならびに再テスト信頼性をもつものであった。この3因子の得点は中程度の正の相関関係にあり，これはあるタイプのユーモアを楽しむ（あるいは嫌う）人は，他のタイプのユーモアも楽しむ（あるいは嫌う）傾向があることを意味している。

3WDの次元とパーソナリティの関係

　3WDユーモアテストの3つの因子の得点といろいろなパーソナリティ特性との相関関係をあきらかにする研究が数多く行われている（レビューは Ruch, 1992; Ruch & Hehl, 1998 を参照）。3因子のおもしろさの評定値を合計したものは外向性との間に弱い相関関係がみられる。これは，外向的な人は内向的な人よりも，あらゆる種類のジョークや漫画をやや楽しむ傾向があることを示している。さらには不快感の全体得点は神経症的傾向と弱い相関関係にあるが，これは不安や抑うつ，罪悪感といったよりネガティブな情動をいつも体験している人は，あらゆる種類のジョークや漫画を好まない傾向にあることを意味している。このことは，内向的な人でもあり，また感情

移入や他者への関心，寛容さ，民主的な価値観と関係づけられる構成概念である優しい心（tender-mindedness）の高い神経症的傾向の人に特に当てはまるものである。以上の研究結果は，外向性が高い人，そして神経症的傾向が低い人は，ユーモラスな漫画を提示された時の脳の大脳辺縁系にある報酬中枢の活動がより活発であるという最近の fMRI の研究結果（第 6 章で議論している）とも符合する（Mobbs et al., 2005）。興味深いことに，3WD のおかしさの得点の合計は，宗教上の原理主義や正統主義との間に負の相関関係がみられる。これはこの種の宗教に対する保守的な態度をとる人には，すべてのタイプのジョークや漫画を楽しみにくい傾向がみられることを意味する（Saroglou, 2003）。

ルフの研究の多くが，ユーモアの 2 つの構造次元（NON と INC-RES）に関係するものとして，保守的態度，曖昧さに対する寛容さ，刺激希求性に関連するパーソナリティ特性に焦点を当てて研究している。ルフは，ナンセンスのユーモアのおもしろさを味わうには，未解決の不調和や奇妙さ，ばかげたことに寛容であり，またそれを楽しむことさえ求められることから，このタイプのユーモアは曖昧さに対する寛容さが高く，いつも刺激を求める（刺激希求）傾向にあり，複雑で新奇で構造化されない刺激を好む人がよく楽しむだろうという仮説をたてた。それに対し，INC-RES ユーモアは，曖昧であったり，複雑であったりすることがなく，その不調和を解決するのにステレオタイプな方法を当てはめることから，このタイプのユーモアをよく楽しむ人は，保守主義が強く，構造化され，単純で安定している，安全な形式の刺激作用をいつも求める傾向があると予測したのである。

その結果，ルフらが行った研究では，こうした予測をかなり支持する知見が得られている。保守主義や権威主義のパーソナリティ特性や態度は，INC-RES ユーモアに対するおかしさの評定ならびに NON ユーモアに対する不快感の評定と一貫して正の相関関係にあった（Hehl & Ruch, 1990; Ruch, 1984; Ruch & Hehl, 1986a, 1986b）。このように，保守的態度（少数者に対して寛容でないこと，軍国主義，宗教上の原理主義，従順であるように教育を受けること，伝統的な家族観，資本主義的な価値観，経済を重視する態度，伝統的価値観に関する尺度で測定される），ならびに権威主義態度（厳罰主義，曖昧さに対して寛容でないこと，法と秩序に厳格な態度）を支持する人は，不調和が解決される，つまり，「ジョークがわかる」ことができるユーモアをより楽しむのに対して，「意味を成す」ようには思われない奇妙なユーモアやおどけたユーモアを好まない傾向にある。

たとえば，ルフらによる研究の 1 つでは，実験参加者に詐欺，強盗，強姦，殺人などの広汎な犯罪について，その犯人にどの程度の処罰をすべきかを指摘するように求

めている（Ruch, Busse & Hehl, 1996）。予測されたとおり，INC-RES ユーモアを楽しむ人ほど，すべての犯罪についてより厳しい処罰（すなわちより長期の刑期）が下されるべきであると判断するという結果が示された。もし罪を犯すようなことがあれば，この種のジョークを楽しむ判事の裁判は，できることなら避けたいものだ。当然のことながら，年長者ほど若年者よりも保守的であるのが一般的であるから，年長者もまた INC-RES のジョークをより楽しむ傾向にある（Ruch et al., 1990）。

　刺激希求性とは，変化する，新奇な，複雑な刺激作用と体験を求めること，ならびにあえてリスクを冒すことに関係したパーソナリティ特性である。刺激希求性が高い人は，芸術や音楽，旅行，食事を通して新奇で刺激的な体験を楽しむ，また幻覚を誘発する薬物を摂取したり，世間のしきたりからはずれた生活スタイルをとったりする傾向がある。3WD を用いた研究では，刺激希求性が高い——同様に，冒険心や享楽主義的態度が高い——人は，不調和解決ユーモアよりもナンセンス・ユーモアを有意により楽しむことがあきらかにされている(Hehl & Ruch, 1985, 1990; Ruch, 1988)。NON ユーモアを楽しむことは，FFM の次元のうち経験への開放性とも正の相関関係がみられた（Ruch & Hehl, 1998）。さらには，NON ユーモアをより楽しむことは知能の高さと弱い関係がみられ，他方で INC-RES ユーモアを楽しむことは知能の低さと相関する傾向がみられた（Ruch, 1992）。

　刺激の不確定性と複雑さに対する好みをこうしたユーモア鑑賞の構造に関わる因子との関連から検討した研究がいくつかみられる。ある研究は，実験参加者にプリズムの眼鏡を掛けさせて，通常の視野が上下と左右を逆転させて歪んで見えるようにしている。NON ユーモアに対するおもしろさの評定がより高い人ほど，眼鏡を掛け続ける時間や眼鏡を掛けたまま動き回る時間が長かった。これは，この新奇な体験を伴う実験に進んで関わろうとする姿勢の表れである（Ruch & Hehl, 1998）。NON ユーモアを楽しむことは，より複雑で抽象的な美術の形式を好むことと有意な相関関係にあり，他方で INC-RES ユーモアを楽しむことは，より単純でより具象的な美術の形式を好むことと関係していた。この研究での実験参加者に，白と黒のプラスチックの立方体を美的に好ましい構成に配置するように求めると，NON ユーモアをよりおもしろいと感じる人の作品は，複雑であると判定されやすかった（Ruch & Hehl, 1998）。

　以上をまとめると，この２つのユーモアの構造は，いくつかのパーソナリティ特性の対極（たとえば「単純‐複雑」）のそれぞれを代表としている面があり，また他方でまったく異なるパーソナリティの次元に関連している面もあるように思われる。特に，INC-RES ユーモアは，保守的ならびに権威主義的態度や価値観と相関する傾向にあり，他方で NON ユーモアは想像や幻想を含む変数に関係している。保守的な**態度**

や**価値観**と INC-RES ユーモアを楽しむこととの間に関係がみられることは，ステレオタイプ化した態度（たとえば特定の人種集団に対する態度）が，この種のほとんどのジョークの不調和を解決するためには呼び起こされる必要があるという事実に起因するのかもしれない。より保守的な態度をもつ人ほど，その不調和を解決するのに必要とされる情報に接近しやすく，またその人の信念体系が支持されることからより多くの満足感を覚えるとも考えられる。その一方で，**想像**や**幻想**がNONユーモアを楽しむこととより強く関係していることは，このタイプのユーモアを楽しむためには現実からより大きく逸脱することが必要とされ，進んであり得ない出来事を受け入れて幻想の世界に入ることが求められるという事実によって説明されるだろう。

性的なユーモアという内容の因子に関しては，3WDを用いた研究によってこのカテゴリーのユーモアを楽しむことが，「強固な心」対「優しい心」という社会的な態度の次元ともっとも強く関係していることがあきらかにされている。強固な心は，自立的であり，合理的であり，自己充足的であり，そして空想的ではない性格傾向という特徴がある。一方，やさしい心は，感情移入，他者への関心，感傷的であること，寛容さ，民主的価値観と関連がみられる。ジョークや漫画の構造に関わりなく，強固な心の人は性的ユーモアをより楽しむ傾向にあり，他方でやさしい心の人はそうしたユーモアをより不快に感じると評定する傾向がある（Ruch & Hehl, 1986b）。さらに，性的因子の負荷量が大きいジョークや漫画ほど，そのおかしさに対する評定と「強固な心」対「やさしい心」の次元との間の相関関係は強いものとなる。このことは性的ユーモアを楽しむことが，強固な心の態度の指標となることを示唆している（Ruch, 1992）。

SEXユーモアを構造に基づいてNONとINC-RESタイプに分けてみると，いくつかの相関関係がみられることが見出されている。たとえば不調和解決の構造をしている性的ユーモアを楽しむことは，保守的態度と強固な心のいずれとも正の相関関係にあり，ひいては権威主義的態度，曖昧耐性，政治的ならびに経済的保守的態度，技術への関心，服従することへの教育の支持などの変数と正の相関がみられ，美的な関心や社会的な関心との間で負の相関がみられた（Hehl & Ruch, 1990; Ruch & Hehl, 1986b, 1987）。以上のように，不調和解決に基づく性的ユーモア（すなわち我々が社会的状況で頻繁に言い合う普通の性的ジョーク）を楽しむことは，性行為**そのもの**とほとんど関係がないが，強固な心の保守主義（権威主義）に関係する。興味深いことに，権威主義的な人は自分の「性にまつわる振る舞い」について大げさに見せる傾向があるので，不調和解決タイプの性的ユーモアを楽しむことは，性行為に寛容であることや性的な満足を得ることよりも，性行為への杓子定規な先入観と関連するようだ（Ruch, 1992）。

他方で，より風変わりで奇妙である性的ユーモア（NON SEX）を楽しむことは，それがナンセンスの構造に基づくことから，強固な心とは関係づけられているが保守的態度とは関係づけられていない。しかし抑圧への反発，刺激希求性，享楽的な態度，性行為への関心，性的なリビドー，性に対する寛容さ，性的快楽，性体験とは正の相関関係にある（Hehl & Ruch, 1990; Ruch & Hehl, 1986b, 1988）。以上のように，性に対する肯定的な態度や体験と関係しているのは，ナンセンスの構造をもつ性的ユーモアに対するおかしさだけである。

　要約すると，ルフによる3WDを用いた研究は，ジョークや漫画の鑑賞にどのような個人差があるのかをうまくあきらかにしている。その重要な研究知見は，ジョークや漫画を楽しむかどうかは，ユーモアの内容によってではなく，ユーモアの構造によって決まるということである。特に，不調和が解決されて，「ジョークがわかった（ジョークをつかんだ）」感じがあるジョークや漫画に対してと，不調和が解決されずに，奇妙な，風変わりな，突拍子もない，おどけたなどと表現されるようなジョークや漫画に対してとでは，まったく異なる反応がみられる傾向にある。それに対して，性的なテーマは，ユーモアの内容のなかで，唯一，一貫した反応傾向がみられる領域である。

　以上の研究は，ある人が楽しむジョークのタイプが，その人のパーソナリティを物語るという長い間信じられてきた見解が正しいことを示している。しかしながら，ユーモア鑑賞と結びついた特定のパーソナリティ特性は期待されたほど明白なものではなかった。社会的な文脈でもっともよく語られる種類のジョーク（すなわち不調和解決ジョーク）を楽しむ人は，保守的な態度や価値観をもつ傾向があることは，意外なことかもしれない。また，そうしたジョークが性的な性質をもつ場合，それを楽しむことは，強固な心の，思いやりのない，寛容さのない，権威主義的な態度の指標ともなる。その一方で，より奇妙で風変わりなナンセンスなユーモア（録音されたジョークよりも漫画や，小説，映画として見聞きする機会が多いユーモア）を楽しむことは，他者への開放性，曖昧耐性，刺激希求性，知性が高いことや，新奇性や複雑性を楽しむことを示している。ナンセンスなユーモアに性的なテーマが含まれる場合，それを楽しむことは（未だ強固な心の態度であるが）よりリベラルな態度や，そしてより性に寛容であり性を楽しむことを示している。

3節　ユーモアセンスの自己評定による測度

　前節で論じたユーモア鑑賞の側面からユーモアセンスを概念化し，測定する方法は，

3節　ユーモアセンスの自己評定による測度

　これまでの章で指摘したように，我々が日常で遭遇するユーモアの形式のほんの一部にすぎないお決まりのジョークや漫画にばかりに目を向けていた。さらに，この方法はこのような種類のユーモアを楽しむ傾向に限定されており，我々がユーモアを自発的に創造したり日常生活のなかで他者を楽しませたりする傾向を含んではいなかった。結局，このユーモアセンスへのアプローチは多くの興味ある結果をもたらしたけれども，ユーモアに関する個人差のごく限られた側面だけしかあきらかにしてきていないように思われる。
　1970年代の半ばに，研究者はこうしたユーモアに関連した個人差の次元を探索するために，ユーモア鑑賞の側面に代わる方法としてユーモアセンスについての自己報告による測度の開発を始めた。この方法上の変化は，対人関係を維持することや，ストレスに対処すること，精神的な健康や身体的な健康を支援する際にユーモアが果たす役割といったユーモアの日常生活における機能へと関心が移行してきたことと関係している。このような研究上の疑問が，我々が日常生活でユーモアを創造し，ユーモアを楽しみ，ユーモアに関心をもつ程度を評価する測度を必要としたのである。そして，この観点から研究を行う研究者は，ユーモア鑑賞に注目した測度がこうした目的に鑑みて適切なものであるか否かについて問題を提起している (Lefcourt & Martin, 1986)。
　ユーモア鑑賞の側面からのアプローチは，特定のタイプのユーモアを楽しむ人のパーソナリティ特性についての相当量の興味深い知見をもたらしたけれども（そして実のところ，ルフはおおよそ同じ時期にこのテーマについてのより体系的な研究を始めたばかりであった），この方法はこの新世代の研究者にとって関心のあるユーモアセンスの諸次元を捉えているとは思われない。個人がジョークや漫画をおもしろいと評定したからといってその人が必ずしも日常生活でユーモアに関わっていることを意味しているわけではないからだ。事実，ババッド（1974）はユーモアセンスに関する諸特性をいろいろな方法でみる研究によって，個人のユーモア鑑賞テストの得点と，日常でユーモアを味わい，ユーモアを生み出し，ユーモアを再生する傾向についての評定（仲間による評定もしくは自己評定のいずれも）との間に関係はみられないことをあきらかにしている。対照的に，ユーモアのこれらの次元に関する自己評定は，仲間による評定との間に有意な相関があることがわかっている。
　このように自己報告による測度は，ユーモアセンスのユーモア鑑賞によっては触れられない側面を評価しており，より妥当性のある方法であるように思われる。当初，研究者は自己報告によるユーモアテストが社会的望ましさのバイアスを特に受けやすいのではないかと懸念していた。言い換えれば，ユーモアセンスは望ましい性格特性であるため，研究での実験参加者は自分のユーモアセンスを評定する時に客観的にな

れない，また過大評価する傾向にあるのではないか，という懸念である。このことは，一般的に，自分のユーモアセンスを評定するように求められる時，大いに起こりうることではあるが，その後の研究では，ユーモアに関連する特定の行動や態度に注目した質問であれば，社会的望ましさの影響を強く受けることはないことがあきらかにされてきている（Lefcourt & Martin, 1986）。長年にわたって，多くの自己報告尺度が開発されてきている。これらは，それぞれユーモアセンスのいくぶん違った構成要素や側面を測定するように作られている。以下の節では，広く利用されているいくつかの測度について論じていく（より詳しくは，Ruch, 1998b を参照）。

スベバクのユーモアセンス尺度

ノルウェーの心理学者，現在ノルウェー科学工科大学トロンドハイム校に所属するスベバク（Svebak, 1974a, 1974b）は，ユーモア鑑賞に注目したジョークや漫画のおもしろさの評定を用いる方法をやめ，自己報告形式の質問表による測定を始めた草分けとなる研究者の一人である。スベバク（1974b）は，パーソナリティ特性としてのユーモアセンスを明確に打ち出した理論に関する初期の論文のなかで，社会が円滑に機能するには共通の合理的な「社会」という枠組みを構成することが求められるとしている。しかしながら，その「社会」に対する共通する見方は，かなり恣意的なものであり，また強制的なものであり窮屈なものでもある。ユーモアセンスは，創造性と同じく「非合理的な社会という世界を想像する能力であり，（中略）外在する（現実の）社会的枠組み**のなか**で，そうした幻想にしたがって振る舞うことで枠組みが崩壊にいたらないようにする能力である」（Svebak, 1974b, p.99）。それゆえ，「ユーモアは，身体の不快感に対する防衛というよりも，文化の単調さに対する防衛であるといえるかもしれない」（p.100）というのだ。

スベバクによれば，ユーモアセンスの個人差は，(1) **メタメッセージの感受性**（meta-message sensitivity：M 尺度），すなわち社会という世界をあるがまま以上にみるという，状況に対して非合理的でおかしな見通しをもつ能力，(2) ユーモアやユーモアのある人の役割に対する**個人的な好み**（personal liking：L 尺度），(3) **情動の表出**（emotional permissiveness：E 尺度），すなわち幅広い状況でよく笑う傾向，の 3 つの次元における違いが関係するという。これまでの議論したユーモアの構成要素に関しては，この 3 つの次元のうち，第 1 のメタメッセージへの感受性は，認知的要素（これは，基本的に，物事を深刻に捉えすぎないことやものの見方を創造的に転換する能力に関連する）に言及するものである。第 2 の個人的な好みの次元は，遊び心の態度とユーモアに対して身構えることがないことと関係しており，第 3 の情動の表出の次

元は，楽しさという快い情動を体験すること，ならびにその情動を笑いとして表出することに関係している。

スベバク（1974a）は，その理論のなかで設定された3つの次元を各々7項目で測定するユーモアセンス尺度（the Sense of Humor Questionnaire：SHQ）を作成している。それぞれの下位尺度の質問項目の例としては，メタメッセージの感受性では，「私はたいていの場合，滑稽なものやウィットのあるもの，ユーモアのあるものを見つけことができる」，個人的な好みでは，「おかしな存在であろうとする人は実際のところ自信のなさを隠そうとしてそうしていると思う」（反転項目），情動の表出では，「ある状況を非常に滑稽だと思うと，他の誰もがそれをおかしいと思わなくても，真面目な顔を続けることができない」などが挙げられる。この測度に回答する個人は，それぞれの質問項目がどの程度自分自身を説明していると思うかについて4段階のリカート尺度を用いて評定するように求められる。最初の研究では，M次元とL次元，M次元とE次元の間に中程度の相関関係がみられたが，L次元とE次元の間には相関関係はみられなかった。この結果は，3つの次元が比較的独立していることを示している。

その後の研究では，M尺度とL尺度については心理測定法上の十分な条件（信頼性と妥当性）が満たされたが，E尺度については十分な値が得られなかった（Lefcourt & Martin, 1986）。以上から，この測度を用いた研究では，最初の2つの下位尺度のみを用いることが多い。この2つの尺度の妥当性は，仲間によるユーモアの評定値ならびに（以下で述べるような）他の自己報告式のユーモアテストとの有意な相関関係によって確認されている。この測度は，第9章で述べるユーモアセンスによるストレス緩衝効果に関する研究で用いられている。また，スベバク（Svebak, 1996）はのちに，この当初のSHQのMとLの各尺度から取り出した3項目ずつからなる全6項目の短縮版（SHQ-6）を発表している。これらの6項目は，およそ1,000名の実験参加者のSHQのデータを因子分析した場合にも，単一の因子を構成することがあきらかとなっており，尺度の信頼性の分析の結果，十分な内的一貫性が示されている。このSHQ-6もまた，ユーモアとストレスの関係の研究に使われている（Svebak, Götestam & Jensen, 2004）。スベバク（1996）は，ユーモアセンスについての回答に手間取らない短縮版の測度を必要とする大規模な調査では，このSHQ-6を使うことを薦めている。

状況的ユーモア反応尺度

レフコートと私は，ウォータールー大学でユーモアセンスによるストレス緩和効果をみる研究に用いるために，「状況的ユーモア反応尺度（Situational Humor Response Questionnaire：SHRQ）」を開発している（Martin & Lefcourt, 1984）。この尺度の開

発では，特にユーモアを構成する情動表出の要素，すなわち微笑みと笑いに注目している。そこでは，ユーモアセンスは，ある人が微笑したり，笑ったりする頻度，また広範囲な状況でおもしろがる様子を示す頻度として定義されている。レフコートらは，この定義にしたがって，表出される微笑みや笑いという表情が，人が日常生活においてユーモアを知覚したり，創造したり，楽しんだりすることによって生起する愉悦の情動の指標となると想定している。

　この尺度は 18 項目から構成されており，状況についての簡単な記述（たとえば「レストランで友人と食事をしていると，ウェイターがあやまって飲みものをあなたにこぼしたとする」）を添えた項目を実験参加者に提示する。この項目には，状況の一般的か具体的かの程度，状況の特異さの程度，そして愉快さの程度が異なる状況が含まれている。回答者には各項目について，その状況でどの程度笑うかを，「特におもしろいとは思わなかったであろう」から「心から笑ったであろう」までの 5 つの選択肢を用いて評定するように求めた。尺度にはこの 18 項目に加えて，実験参加者が広範囲な状況で全般的に笑い，微笑む頻度について述べる自己記述式の 3 項目が含まれている。

　この SHRQ は，十分な内的整合性と再検査信頼性があることがあきらかにされている（Lefcourt & Martin, 1986）。SHRQ の平均得点には，男女間の差はみられなかった。SHRQ の妥当性は外的基準で支持されている（Lefcourt & Martin, 1986; Martin, 1996 を参照）。たとえば，SHRQ 得点が高い人は，非構造化インタビューの最中の自発的な笑いの頻度が多く持続時間が長いことが示されており，また 3 日間の日記には，1 日のうちでより頻繁に笑うと記録されている（Martin & Kuiper, 1999）。SHRQ の得点は，実験参加者の笑いの頻度についての仲間による評定値ならびにストレスに対処するためにユーモアを用いる傾向とも有意な相関関係がみられた。さらには，この得点は実験室で実験参加者が作った話のおもしろさについての評定と有意な相関関係を示した。また，SHRQ 得点の高い人は，ユーモアを含める必要のない創作課題でも自発的によりユーモラスな発言をすることもあきらかとなった。SHRQ は，社会的な望ましさの測度と相関関係がみられず，これは弁別妥当性の証拠となっている（Lefcourt & Martin, 1986）。この測度は，第 9 章と第 10 章で論じることになるユーモアセンスの精神的健康ならびに身体的健康に対する関係についての研究でよく用いられている。

　デッカーズとルフ（Deckers & Ruch, 1992b）は，SHRQ がルフのユーモア鑑賞の 3WD 測度の全体得点あるいは 3 因子ごとの得点のいずれとも有意な相関がみられなかったとしている。つまり，レフコートと私（Lefcourt & Martin, 1986）が想定したように，回答者がジョークや漫画のおもしろさや不快さを評定するやり方であるユーモア鑑賞テストは，SHRQ のような自己評定によるユーモア測度によって評価される

ものとはまったく異なる構成概念だといえる。3WDに含まれる特定のジョークや漫画を非常にユーモアがあると評定したとしても，その人は，必ずしも日常生活で多くのユーモアに関わっているわけではないのだ。

一方で，SHRQは，外向性との間に正の相関が見出されている（Ruch & Deckers, 1993）。これは，広汎な状況でよく笑う人（SHRQで高得点であることが指標となる）は，社交的，他者志向的，活動的，おしゃべり，楽天的，娯楽好き，陽気な，などの外向性の特性をもち合わせる傾向があることを示唆する（Deckers & Ruch, 1992a）。加えて，SHRQは外向性と関連した変数である刺激希求性との間にも相関がみられた。これは，よく笑う傾向にある人は，高い覚醒を引き起こすスリルや冒険，いろいろな体験を求め，すぐに飽きる傾向にもあることを意味している（Lowe & Taylor, 1993）。興味深いことに，SHRQが高得点で付き合い酒の機会が多い人は，アルコールの消費が高いこともあきらかにされている。他の研究（Cook et al., 1998）によると，外向的な人は，内向的な人よりも飲酒傾向にあると指摘されているので，この結果は外向性の影響かもしれない。

SHRQは，ユーモアセンスを単に笑う頻度によって測定しているという点で批判を受けている（Thorson, 1990）。実際のところ，すでに述べたように，笑いはユーモアがなくても生じるし，笑いのないユーモアも存在する（Martin, 1996）。それにもかかわらず，SHRQといろいろなパーソナリティやウェルビーイングの測度との相関は，「ユーモアによる対処尺度（Coping Humor Scale）」（次項で論じる）といった他の自己報告によるユーモアの測度についてみられる相関の程度に匹敵するものであった。このことは，SHRQが単に笑う傾向以上のより一般的なユーモアセンスを査定していることを示唆するものである。ローレイとマクラクラン（Lourey & McLachlan, 2003）は，SHRQがユーモアの知覚に関係するものであり，単なる笑いの頻度とは関係しないことを示している。さらに，実験参加者のSHRQの得点とユーモアをつくり出す能力との間に正の相関を見出した研究では，SHRQはユーモアの創造に関連するものであり，単なる笑いの反応を示しやすいこととは関係しないことが指摘されている。この測度について構成概念の妥当性が広く見出されているのは，不快な，あるいは適度なストレスをもたらす状況を記述する多数の項目を尺度に含めたためだと考えられる。つまり，SHRQは不快な出来事，あるいは当惑するような出来事に直面した時にも，ユーモラスな見方を維持する傾向を扱っているため，単に笑う頻度を評価する以上のものであるようだ。

ただし，この測度のより重大な欠点は，それぞれの項目に記述されている状況が，大学生の体験に（特にカナダの大学生の体験に）特有のものであり，他の集団に必ずし

も当てはまらないということである。さらに，各項目に記述されている状況は，いくぶん時代遅れの内容になってしまっており，多くの人にとって，今日の状況と結びつけて考えるのが難しいようである。以上の理由から，SHRQ はこれからの研究に用いるには，慎重な改訂を行うことが望ましい。

ユーモアによるストレスコーピング尺度

ユーモアによるストレスコーピング尺度（The Coping Humor Scale：CHS）は，レフコートと私が，ストレスを緩和するパーソナリティ特性としてのユーモアセンスについて研究するなかで開発した別の尺度である（Martin & Lefcourt, 1983）。この尺度が目的とするのは，広くユーモアセンスという概念を評価しようとするのではなく，個人がストレスに対処するのにユーモアをどの程度用いるかという，より狭い意味でのユーモアセンスを測定するものであった。そのため，この尺度では，ユーモアの特定の機能に焦点を絞っている。CHS は，「私は抱えている問題のなかによくおかしなことを見出して，その問題がとても小さなことに感じられることがある」や「何かに挑戦する状況でも，笑いとばしたり冗談にしてしまうことができる」などの7項目から構成される。CHS を用いた研究では，内的整合性はあまり高くないものの，再検査信頼性は十分に高いことが示されている（Martin, 1996）。

この尺度の構成概念の妥当性についても，かなり十分な証拠が得られている（Lefcourt & Martin, 1986; Martin, 1996 に要約されている）。たとえば，CHS の得点は，ユーモアを用いてストレスに対処する傾向と自分自身を深刻に捉えすぎない傾向についての他者評定との間に有意な相関がみられた。さらに CHS は，ストレスをもたらす映画を観ながら実験参加者がつくるユーモラスな台詞について評定されたおもしろさと有意な相関がみられたが，ストレスをもたらさない創作の課題での自発的な反応のおかしさとの間には有意な相関はみられなかった。このことは，この尺度がストレス状況でユーモアを生み出すことと特に関係することを示唆している。別の研究では，CHS が高得点である歯科を受診している患者は，歯科の手術を受ける以前に冗談を言ったり笑ったりすることがよくみられると報告されている（Trice & Price-Greathouse, 1986）。

この測度は全般的に社会的望ましさとは相関がみられない。このことは，この測度の弁別的妥当性の証拠となる。CHS は，他のパーソナリティ特性に関して，自己評価，自己概念の安定性，現実的な認知評価，楽観的態度，首尾一貫性の感覚，外向性との間に正の関係があり，反社会的な態度，神経症的傾向との間には負の関係がみられる（Martin, 1996）。そのため，この測度は基本的に，外向的で情動の安定したパーソナ

リティのタイプにおけるユーモアセンスを評価しているように思われる。CHSを用いた精神的健康ならびに身体的健康に対する関係をみる研究は第9章と第10章でみることとする。しかしながら，CHSは，いくつかの心理測定法上の問題を抱えている。それは，特に尺度のいくつかの項目については尺度項目間の相関が低く，内的整合性が比較的低いということである。

ユーモアスタイル尺度

　自己報告によるユーモア尺度の多くは，精神的健康や身体的健康にユーモアがどのように関係するかの研究のために開発されている。そのほとんどが，ユーモアセンスは本来的に健康やウェルビーイングに役に立つという仮説に基づいている。しかしながら，これまでの各章でみてきたように，ユーモアはいつも心理的に有益な形で用いられるわけではない。たとえば，第5章で議論したようにユーモアを敵対的に，他者を操作するように，また高圧的に用いることが，健康的な人間関係に役立つとは考えにくい。実際のところ，ユーモアは精神的健康に対して本質的に中立であり，そのよしあしをあらかじめ判断することはできない。なぜなら，健康に対するユーモアの意味合いは，その人が他者とやりとりするなかでユーモアをどのように用いるかに依存しているからである。しかしながら，多くのユーモアの測度は，ユーモアを適切に用いるか，不適切に用いるかの区別をしていないため，本質的に害を及ぼす側面を研究する場合，これらの測度を用いることには限界がある。

　最近，我々は，「ユーモアスタイル尺度（the Humor Styles Questionnaire：HSQ）」という，基本的に有益なユーモアスタイルと有害なユーモアスタイルを区別した測度を開発している（Martin et al., 2003）。この測度は，我々が日常生活のなかで，特に人間関係をもつことや生活上のストレスに対処する場面で，自発的にユーモアをなんのために用いているかに焦点を当てたものである。これまでに出された理論研究や実証研究のレビューに基づき，4つの主要な次元が仮定されている。その2つは，比較的に健康的，あるいは適応的なもの——親和的ユーモア（affiliative humor）と自己高揚的ユーモア（self-enhancing humor）——であり，後の2つは比較的健康的でない，あるいは基本的に害を及ぼすもの——攻撃的ユーモア（aggressive humor）と自虐的ユーモア（self-defeating humor）——である。

　親和的ユーモアとは，人を楽しませるために，関係を深めるために，あるいは人間関係にみられる緊張を軽くするために，おかしなことを言う，ジョークを言う，そして進んで機知のあるからかいをする傾向（「人を笑わせるのが楽しい」などの質問項目が対応する）を指すものである。これは，自分と他者とを受け入れる，そしておそら

く2人の関係の親密度を高めるユーモアの寛大な――敵対的にではなく――用い方であると仮定される。**自己高揚的ユーモア**とは，他の人とうまくいっていない場合でも，人生に対してユーモアのある見通しを維持する，人生における不調和をしばしばおもしろがる，たとえストレスや災難に直面してもユーモラスな展望を維持する，そしてそれに対処するためにユーモアを用いる傾向（「人生に対してユーモアのある見通しをもつことで，大いに悩んだり抑うつの気分になったりしないでよい」などの質問項目が対応する）を指している。このユーモアスタイルは以前に作成した「ユーモアによるストレスコーピング尺度」によって調べられる構成概念と緊密に関係している。

他方，**攻撃的ユーモア**とは，本質的に攻撃的なユーモアの形式（人種差別的なユーモアや性差別的なユーモアなど）を用いるのと同様に，皮肉，からかい，あざけり，あざ笑い，けなすユーモアにみられるように，人を非難したり支配したりするためにユーモアを用いる傾向である（「失敗した人がいたら，その人をからかうことがよくある」などの質問項目が対応する）。これには，社会的に受け入れられない場合でも，ユーモアを無理矢理に表現することも含まれる。このタイプのユーモアは，他者との関係を犠牲にして，自己を高揚させる手段として用いられるユーモアであると考えることができる。

最後に**自虐的ユーモア**には，自嘲的ユーモアを過度に用いること，自分を犠牲にしておかしな言動をして人を笑わせようと企てたり，自分がからかわれ，けなされることで他者と一緒に笑うこと（「自分の弱点や失敗，欠陥についておかしなことを言って，人を喜ばせたり，自分を受け入れてもらったりすることがよくある」などの質問項目が対応する）が含まれる。これは第5章で論じたように，他者に取り入るユーモアを用いることと関係している。またこれには，自分のなかに潜在するネガティブな感情を隠すために，あるいは問題を建設的に扱うことを回避するために，防衛機制の否認の形式としてユーモアを用いることも含まれる。このユーモアスタイルは，自分を犠牲にして人の注意と承認を得る試みとしてのユーモアである。

HSQは日常生活でユーモアを「使用する」方法を査定するものではあるが，その使用が意識的に，あるいは戦略的に選択されたものであるかどうかについては，なんら仮説が立てられていないということに注意してほしい。それよりむしろ，我々はほとんど自発的にユーモアを求める傾向にあり，ある状況でユーモアの社会的機能や心理的機能について気づかないことが多いという仮説を立てている。このことから，この尺度の項目は，防衛機制に関する自己報告型の測度と同様に，間接的に関連する機能を表現するように注意深く項目の表現が工夫されている。

HSQは，構成概念に基づく尺度構成の手続きをとり，14歳から87歳までという幅

広い年齢のかなり多くの実験参加者を対象に行われた一連の研究を通して開発された (Martin et al., 2003)。この研究方法をとった結果，検証的因子分析によって4つの安定した因子が取り出された。最終的な測度は，適切な内的整合性をもつ各々8項目の4因子から構成されている。HSQ は多数の言語に翻訳されており，北米，南米，ヨーロッパ，アジアの諸国で実施されているが，この4因子の構造は現在にいたるまで研究されたすべての文化で再現されている（Chen & Martin, in press; Kazarian & Martin, 2004, in press; Saroglou & Scariot, 2002）。

　この尺度の下位因子間の関係に関しては，自己高揚的ユーモアと親和的ユーモアとの間と攻撃的ユーモアと自虐的ユーモアとの間に中程度の相関関係がみられた。このことは，2つのポジティブスタイルと2つのネガティブスタイルが，概念的にも実証データによっても区別されるが，ある程度まで共変動することも示している。さらには，攻撃的ユーモアは親和的ユーモアと自己高揚的ユーモアの両者に対して弱く相関しており，ポジティブなスタイルにも何らかの攻撃的要素が含まれていることを物語っている。

　これまでに行われた研究では，各因子の構成概念妥当性と4つの因子間での弁別妥当性について確認する証拠が示されている（Doris, 2004; Kazarian & Martin, 2004; Kuiper et al., 2004; Martin et al., 2003; Saroglou & Scariot, 2002）。たとえば，各因子の得点はその対応する次元についての他者評価による評定値との間に有意な相関がみられる。親和的ユーモアと自己高揚的ユーモアは，SHQ, SHRQ, CHS という他の妥当性のある自己報告による尺度との間で正の相関関係にあり，他方で攻撃的ユーモアと自虐的ユーモアは他のユーモア測度との間で正の相関はみられない。これは，他の尺度が，この2つのおそらく有害なユーモアのスタイルをうまく測定できていないことを示している。

　自己報告による測度の1つである多次元ユーモアセンス尺度(the Multidimensional Sense of Humor Scale：MSHS; Thorson & Powell, 1993a) は，HSQ の4つのすべての尺度と有意な正の相関関係がみられた。これは，この以前につくられたユーモアテストが，ユーモアの本質的に有益な使用と有害な使用を区別しておらず，ユーモアの精神的健康に果たす役割を研究するにはあまり有効ではなかったことを示唆している。予想されたとおり，自己高揚的ユーモア尺度の得点は，概念的によく似たユーモアによるストレスコーピング尺度（Kuiper et al., 2004）との間で非常に強い相関がみられた。自己高揚的ユーモア尺度は CHS よりも信頼性において優るので，この新しく作成された測度は，ストレスコーピングのメカニズムとしてのユーモアに関する研究で使用するのに適切な道具になると期待される。

この2つの「健康的な」ユーモアのスタイルの測度は，他のパーソナリティや気分の変数に対しては，自尊心，ポジティブ情動，楽観的な態度，ソーシャルサポート，親密さといった心理的な健康やウェルビーイングの指標と全般的に正の相関関係にあり，抑うつや不安などのネガティブな気分とは負の関係にあった。これとは対照的に，攻撃的ユーモアは，敵意や攻撃性と正の相関関係にあり，人間関係の満足度とは負の相関関係にあった。同じく自虐的ユーモアは，抑うつ，不安，敵意，精神病的症候などを含む心理的な悩みや機能障害と正の相関関係にあり，自尊心，ウェルビーイング，ソーシャルサポート，人間関係の満足度と負の関係にあった。これらの結果は，異なるユーモアのスタイルはウェルビーイングの諸側面に対して異なる関係をもつという見方を支持するものである。

　この4つの尺度は，FFM——パーソナリティ特性の変異のほとんどを説明する5つの主要な次元をみる——の各測度との間に異なる相関関係がみられた（Martin et al., 2003; Saroglou & Scariot, 2002）。英語を使用するカナダ人とフランス語を使用するベルギー人の実験参加者とでは，相関関係のパターンがいくぶん異なるものであったが，外向性は親和的ユーモアや攻撃的ユーモアとの間に正の関係がみられ，自己高揚的ユーモアとの間にはより弱いが正の相関がみられ，自虐的ユーモアとの間には相関関係がみられなかった。他方で，神経症的傾向は，親和的ユーモアとの間には関係がみられず，自己高揚的ユーモアとの間には負の相関がみられ，攻撃的ユーモアと自虐的ユーモアとの間には正の相関関係がみられる。また親和的ユーモアと自己高揚的ユーモアは，経験への開放性の傾向との間に正の相関関係にあり，攻撃的ユーモアと自虐的ユーモアは，いずれも調和性と誠実性との間に負の相関関係がみられる。以上のように，これらの4つのユーモアのスタイルのそれぞれは，FFMによって示されるパーソナリティ空間のまったく異なる領域に位置づけられるように思われる。このことは，この4つのユーモアスタイルが，異なるパーソナリティ特性をもつ人の日常生活でのユーモアの表現や体験の仕方の違いを表していると示唆するものである。

　さらに，HSQと，個人主義や集団主義などの文化に規定されたパーソナリティ特性との間の関係性をみる研究も始められている（Kazarian & Martin, 2004, in press）。全般的に，親和的ユーモアは集団主義志向——より広範囲の社会集団について個人の相互依存が強調される——と関係するようであり，他方で攻撃的ユーモアは個人主義——個人の欲求が集団の欲求よりも優先するとみる——とより関係する。HSQの諸次元が，異なる文化の人々にみられるユーモアスタイルの違いを反映しているかを判断するには，さらなる比較文化研究が必要である。たとえば，より個人主義的傾向にある西欧文化は，より攻撃的ユーモアスタイルがみられると予測され，他方でより集団

主義的な東洋文化の人々は親和的ユーモアに重きを置くように思われる。

興味深いことに，男性と女性の間では，ポジティブとみなされる2つのユーモアスタイルに関して差異はほとんどみられなかったのに対し，害を及ぼすとみなされる2つのユーモアスタイルに関しては，男性が女性より有意に高い得点を示す傾向にあった。これは男性が女性よりもユーモアをネガティブな形式で用いる傾向にあることを示唆している（Crawford & Gressley, 1991 を参照）。より高齢の実験参加者は若年者よりも親和的ユーモアと攻撃的ユーモアの両方で低い得点を示すが，これは加齢にしたがって，より外向性に関わるユーモアに参与する傾向が減少することを示唆している。自己高揚的ユーモアは女性では，若年者よりも高齢者の方がより高い得点を示すが，これは年齢を重ね，人生経験を積むにつれて，対処としてのユーモアが増すことを示唆する。しかしながら，こうした年齢差が生涯発達における変化によるのか，それともコホート効果（世代間の差）によるのかを検証するには，さらに縦断的な研究が必要である。

以上を総じていえば，HSQ は，以前の尺度では触れられていないユーモアの次元を評価するものである。特に，ウェルビーイングにとって望ましくない，あるいは本質的に有害だと考えられるユーモアの社会的，心理的機能を自己評定によって測定する最初の尺度である。第9章では，この測度をユーモアと精神的健康との関係をみる研究に用いた別の調査について議論することとしよう。

状態・特性快活さインベントリー

ある人のことをユーモアセンスがあると言う時，その人は他の人が苦しむような状況でさえ，愉快な気分であったり深刻にならず，遊びのある態度をずっと維持する傾向にあると言うこともできる。このようなユーモアの情動に関わる要素と，余裕をもち深刻にならないという特徴に注目してユーモアセンスを概念化する方法が，レベンタールとセイファー（Leventhal & Safer, 1977）によって提起されている。最近では，ルフらが特性としての快活さの研究に，この観点を取り入れている。彼らは，この特性としての快活さをユーモアセンスの気質的な基盤として考えている（レビューについては，Ruch & Köhler, 1998 を参照）。

この見解によれば，ユーモアセンスの個人差は，快活さや真剣さ，不機嫌さについてのおそらく生得的で習慣的な差異に基づくことになる。こうした快活さなどは，一時的な状態や気分とみなされうるが，そうした状態をどのように一貫して体験するかに関しては，個人ごとに特性としての差異があると仮定できる。**特性としての快活さ**は，普段から愉快な気分や笑いがみられることや全般的に機嫌のよい人間関係のスタ

イルをとることや容易に微笑み，そして笑う傾向，不利な生活環境に対しても落ち着いた見方をできることを含んだ感情特性や気質である。**特性としての真剣さ**（対「遊びの傾向」）は，日常の出来事でも重要なこととみなし，前もって計画し長期にわたって目標を設定し，合理的な目標をもつ活動への好み，誇張や皮肉の表現を避けた冷静で率直なコミュニケーションのスタイルを含む，習慣化された世界に対する心的な枠組みや精神的な態度である。アプター（Apter, 2001）流に言えば（第1，3，4，5章で論じている），個人がどの程度，活動志向的な（paratelic）モードであるかに対して，目標志向的な（telic）モードであるかの傾向の方と関連している。ユーモアセンスがあるとみなされる人は，この特性が低い人であろう。**特性としての不機嫌さ**（trait bad mood）は，普段から悲しげで，元気のない，苦しい気分でいる，全般的に機嫌がよくない（むっつりした，気難しい，ぶつぶつ言う）人間関係のスタイル，愉快な気分が喚起される状況や人物に対する否定的な反応を含む感情の傾向である。ここでも，ユーモアセンスが高い人は，この次元で低い傾向にある。

　ルフらは，習慣的な快活さ，真剣さ，不機嫌さを評定するために「状態・特性快活さインベントリー特性版（the State-Trait Cheerfulness Inventory：STCI-T）」を作成している（Ruch, Köhler & Van Thriel, 1996）。この尺度は，十分な内的整合性と再テスト信頼性を示すものである。数か国で収集したデータの因子分析によると，3つの分離した因子の存在が繰り返し確認されている。快活さは，真剣さと弱い負の関係，不機嫌さと中程度の負の相関関係にあり，その一方で，真剣さと不機嫌さは弱い正の相関関係にある。また，より短期間の3つの気分状態を評定するために「状態・特性快活さインベントリー状態版（STCI-S）」も作成されている（Ruch, Köhler & van Thriel, 1997）。

　多くの研究によって，STCI-T の妥当性が十分に高いことが示されている。3つの特性得点は，同じ次元に関する他者評価による評定値と（Ruch, Köhler et al., 1996），また STCI-S の測度の対応する気分状態と（Ruch & Köhler, 1999）有意な相関を示した。その後の研究では，特性快活さ尺度で高得点者は低得点者に比べて，黒い壁で照明が暗く，窓のない雰囲気の悪い部屋で，もの悲しい物語を読む，あるいは一連の退屈な作業をするといった否定的な気分を誘導する手続きのもとに置かれても，抑うつした気分や真剣な心の状態となることがなかった（Ruch & Köhler, 1998, 1999）。

　同様に，特性としての快活さで高得点を示す者は低得点を示す者に比べ，（ほんものの笑いであるデュシェンヌの表情で）より微笑み，笑う傾向にあり，また亜酸化窒素（笑気ガス）を吸入する，おどける実験者の様子をみる，急にびっくり箱から物が飛び出すなどの笑いを引き起こす状況で，状態としての快活さの感情が高まる傾向を

示す（Ruch, 1997; Ruch & Köhler, 1998）。こうした結果は，快活さの特性が高いことは，普段からネガティブ気分に関する閾値が高く，微笑みや笑い，ポジティブ気分全般に関して閾値が低いことを示しており，特性としての快活さの妥当性を支持している。

STCI-T の特性としての真剣さの妥当性を検証するために，ある研究では一連の漫画にユーモアのあるキャプションをつくって付けるように実験参加者に求めた。予測されたとおり，特性としての真剣さが低い得点の人（ふだんからより遊び心のある人）は，より多くのユーモアのあるキャプションをつくり，そのキャプションはよりおもしろい，ウィットがある，独創性があると評定された（Ruch & Köhler, 1998）。ルフの 3WD によるユーモア鑑賞の測度についてみると，真剣さの低得点の人は高得点の人よりも，不調和解決ユーモアよりもナンセンス・ユーモアをより好む傾向にあった。また，真剣さに関してより高い得点は，すべてのタイプのユーモアに対して不快感の評定と関係していた。これは，真剣さの特性的な程度が高い人ほど，あらゆる形式のユーモアを拒絶する傾向にあることを示している（Ruch & Köhler, 1998）。以上の研究結果は，真剣さという特性は，遊びとしてのものの見方をすることとユーモアを受け入れることに特徴づけられる一般的な態度あるいは心の枠組みとして存在することを支持している。

STCI-T 尺度と，FFM や肯定的－否定的情動性のモデルといったより一般的なパーソナリティ次元との関係をみる研究もみられる（Ruch & Köhler, 1998）。全体として，快活さは，外向性の高さ（活発である），調和性の高さ（友好的である），情動安定性の高さ（神経症的傾向の低さ），そしてポジティブな情動性と関連している。このように特性としての快活さは，調和性が高く，情動安定性が高く，外向性が高いことに特徴づけられる人である。それと対照的に，不機嫌さはまったく反対の相関関係を示したが，情緒不安定性と否定的な情動性に対して強く関係し，外向性と肯定的な情動性に対して弱く関係していた。したがって不機嫌さは，気むずかしく神経症的で内向性の人の特徴だといえる。最後に，真剣さは一貫して，低い精神病質的傾向，誠実さ，そして低い外向性（内向性）と関係していた。

要約すると，気質に基づくアプローチは，ユーモアセンスがもつ意味に関して興味深い展望を示している。この観点からは，「ユーモアセンスがある」と述べられる人は，普段から快活な気分に満ちており，人生に対して遊び心のある真剣でない態度をもち，不機嫌な気分になることはあまりない人である。ユーモアのスタイルは，3つの特性がどのような組み合わせで寄与するかと関連している。たとえば，辛辣で手厳しいユーモアセンスには，低い真剣さ，中程度の快活さ，高い不機嫌さが含まれる。他

方で，人のユーモアを容易に楽しむが，自分自身はまったくウィットがない人は，高い快活さ，低い不機嫌さ，比較的高い真剣さという特徴がみられるだろう。

特性としての快活さは，実験研究でのポジティブ気分の頑強さの指標であるとされてきたため，この構成概念はストレスに対処したり心理的な健康を高めたりするのに役立つ特性としてのユーモアセンスを概念化するのに非常に有用な方法となるようにも思われる。ルフとケーラー（Ruch & Köhler, 1998, p.228）が示唆するように，特性としての快活さが高い人は，「日常生活で出会う腹の立つ出来事や災難が及ぼす否定的な衝撃に対して身を守るに十分な"心理的免疫系"をもっている」と言えよう。そのため，この測度は，ユーモアが身体的健康と精神的健康に及ぼす有用さを，特に社会的な心的ストレスに対するレジリエンス（回復力）としてのユーモアという文脈で探る研究において役立つと思われる。

4節　能力としてのユーモアセンス

ユーモアセンスは，ある種の創造能力あるいは適性として概念化されることがある。このアプローチでは，ユーモラスな不調和を知覚する，ジョークや滑稽な物語，その他のユーモアのある作品を創作する，そして他の人を笑わせる能力は，絵を描いたり算数の問題を解いたりする能力と同じように，ある種の技能であるとみなしている。このユーモアを創造する才能を備えている人は，おそらく，友人たちを「笑いこけさせる」，そして「パーティの花形」となるアマチュアのコメディアンであり，さらに少数の優れた才能のもち主はプロのコメディアンや喜劇作家になるのであろう。この考え方に基づくユーモアセンスは，自己評定尺度によって評価される典型的な行動ではなく，作業を評価する能力テストによって的確に測定されるように思われる。数人の研究者は長年にわたってこの方法を用いている。

エール大学に籍を置く研究者フェインゴールド（Feingold, A.）は，長い間，ユーモアセンスをある種の適性であるとみなす見解を提案してきている。フェインゴールド（1982, 1983）は，ジョークに関する知識についての質問から構成されるユーモアの理解テストならびにユーモアの知識テストを開発している。そのテストでは，実験参加者は有名なジョークを完成させることを求められる（例：「うちの女房を連れていってくれ，＿＿＿／うちの女房を，＿＿＿（Take my wife, ＿＿＿）」；正解：「頼む／喜ばせてくれ（please）」等）。また特定のジョークと連結しているコメディアンの名前を特定させる（たとえば，「人から尊敬されることなんてない」という言い回しと結びつい

ているロッドニー・ダンガーフィールド)。これらのテストでの回答者の得点は，正しく回答した質問の数に基づいているが，このテストでの得点は知能と正の相関関係にあり，(意外なことではないが)高得点者はテレビのコメディ番組の熱心な視聴者でもあった。

　フェインゴールドとマッゼラ (Feingold & Mazzella, 1991) は，当初の研究を発展させている。2種類の言語的なユーモアの能力あるいは機知，すなわち (1) 結晶化知能 (crystallized intelligence) に似ていると仮定される**ユーモアの記憶** (memory for humor) と (2) 流動性知能 (fluid intelligence) に対応すると考えられる**ユーモアの認知** (humor cognition) を取り上げ，実験参加者にその評価を求めるテストを開発している。ユーモアの記憶は (フェインゴールドの当初の研究で用いたユーモアの理解に似た) ユーモアについての情報とジョークに関する知識のテストによって評価され，ユーモアの認知はユーモアについての推論とジョークの理解のテストによって評価されるものである。これらはいずれも正答の数によって測定されるテストである。研究結果によると，これまでの言語的知能の測度とユーモアの認知のテストの間に有意な相関関係がみられたが，ユーモアの記憶と知能との間には強い関係はみられなかった。ユーモアについての推論は，創造的思考の測度である「遠隔連合テスト (Remote Associates Test)」との間でも相関がみられた。

　フェインゴールドとマッゼラ (Feingold & Mazzella, 1993) はその後の論文において，この言語的な機知というものは，ユーモアの認知という知的能力の次元に加え，ユーモアの動機づけやコミュニケーションに影響する社会的，気質的因子との組み合わせから構成される多次元的な構成概念として想定されると示唆している。そのため，全体としていえば，フェインゴールドとマッゼラによるユーモア能力の概念化は，よく知られたジョークと有名なコメディアンに対する個人の知識にのみ関連したかなり狭い構成概念であるように思われる。また，彼らが用いた測度の測定上の特徴は十分に安定したものではなく，他のユーモア研究者から広く受け入れられているわけではない。

　他にもユーモア産出テストが長年にわたって，ユーモアを創造したり産出したりする能力の個人差を調べるために開発されてきている。これらのテストの多くが少数の個人を対象とする研究で用いるように計画されたものであり，そのほとんどは標準化されていない。こうした研究では，実験参加者はキャプションのない漫画や無声の映画などの刺激を提示され，これらの刺激に当てはまるおもしろい反応をできるだけ多く考え出すように求められる。次にこれらの反応のおもしろさについて実験者が判定することで，ユーモア産出能力の得点が算出される。こうした研究のなかには，ユー

モア産出能力と他のパーソナリティ特性との関係を検討するものもある。

たとえばターナー（Turner, 1980）は，ユーモア産出能力と，自己モニタリング（self-monitoring）――社会的な状況についての外的な手がかりに感受性があり，それに応じて自分の行動を調整できる程度に関係するパーソナリティ特性――との関連を検討している。ここでは，ユーモア能力は2通りの方法で評価されている。1つは，実験参加者にもともと付けられていたはずのキャプションを取り除いた一連の漫画に，うまく当てはまる機知に富んだキャプションを新たにつくるように求めるというものである。2つ目は，実験参加者はまずテニスシューズ，腕時計，クレヨン箱などの雑多なものが多く置かれているテーブルに着いた後，30秒間の考えをまとめる時間を与えられ，それらのものを使って3分間の笑い話をつくるように求めるというものである。この2つの方法による実験参加者のユーモアのある産出について，判定者はその機知の程度を評定するのである。

その結果は，予測されたとおり，自己モニタリングの得点が高い人は低い人に比べて，いずれのユーモア産出テストにおいても，より機知に富んだものであると評価されるようなものを生み出していた。これについて，ターナーは，自己モニタリングの高い人は，社会的な手がかりや他者の反応に注意して反応する傾向があるため，日常生活のなかでうまくユーモアをつくって表現する技能を発達させていくことを示唆している。対照的に，自己モニタリングが低い人は，人の反応にそれほど注意を向けない傾向にあるため，人の反応から積極的に学ぶことがなく，それゆえユーモアを産出する技能がそれほど向上することはない。他の研究でも，自己モニタリングと，対人場面においてユーモアを自分から始める行動傾向についての自己評定との間に正の相関関係がみられるというように，この研究結果に符合する結果がみられている（Bell et al., 1986）。このように自己モニタリングは，ユーモアを産出する能力を開発するのに役に立つ重要なパーソナリティ特性であると言えよう。以上の研究結果から，ユーモアの創造性は社会的スキルの1つとみなすべきであると示唆される（ユーモアセンスの発達を進化的な立場から説明するDewitte & Verguts, 2001も参照）。

この他にユーモアの産出能力とより一般的な創造性との関係を検討するために同様のユーモア産出テストを用いている研究がみられる（O'Quin & Derks, 1997がレビューを行っている）。第4章で論じたように，多くの理論家が，ユーモアと創造性には共通して拡散的思考や不調和，驚き，新奇性が含まれることを指摘し，ユーモアと創造性との間のの緊密な結びつきについて触れている（Ferris, 1972; Murdock & Ganim, 1993; Treadwell, 1970; Wicker, 1985; Ziv, 1980）。たとえばケストラー（Koestler, 1964）は，ユーモア，科学上の発見，芸術の創造には，いずれも二元結合（bisociation）の

過程が含まれており，創造性がそれぞれ異なる形式となって現れたものであるという考え方を提唱している。

こうした仮説を確認しようとする研究者は，漫画（Babad, 1974; Brodzinsky & Rubien, 1976; Ziv, 1980）やTATの図版（Day & Langevin, 1969）にユーモアのあるキャプションをつくって付ける，機知のある連想語を考え出す（Hauck & Thomas, 1972），大統領選挙のおもしろいスローガンを作成する（Clabby, 1980）といった様々な課題に対する反応について，おもしろさを評定することで，実験参加者のユーモア創造能力を評価している。全般的にみて，これらの研究では，おもしろさの評定と，「遠隔連合テスト」（実験参加者は2つの関連がないようにみえる単語に結びつける概念を見つける課題）や実験参加者がレンガなどの日常でみられるものの普通とは異なる使用法を考えるテストなど創造性のいろいろな測度との間に中程度の正の相関関係があきらかにされている。こうした研究についてのメタ分析によると，ユーモアの産出能力と創造性との間の相関係数の平均値は，.34であるという（O'Quin & Derks, 1997）。オクィンとデルクスは，創造性とユーモアの産出には同様の心的過程が含まれるが，それでもこの2つは別のものであると結論している。ユーモアのある事柄はおおよそ創造的であるが，おもしろさを含んでいなくても個人は創造的であり得るというのだ。

ユーモアの産出能力は，ユーモアセンスの他の次元とはどのように関連づけられるであろうか。これまで議論してきたように，研究では全般的に，ユーモアの産出の測度とユーモア鑑賞の測度の間には，ほとんどあるいはまったく関係がないと指摘されている（Babad, 1974; Köhler & Ruch, 1996; Koppel & Sechrest, 1970）。このことはいくぶんか意外であるが，ユーモアをうまくつくり出せる人は，必ずしもいろいろな種類のジョークや漫画を楽しんだり愉快な反応をしたりしないことを意味している。それに対して，ユーモアの産出能力と，SHQ, CHS, SHQの「メタメッセージの感受性」尺度，STCI-Tの真剣さ尺度（低い得点）を含む自己評定のユーモア尺度との間には，全般的に弱い相関関係が見出されている（Köhler & Ruch, 1996; Lefcourt & Martin, 1986; Ruch, Köhler et al., 1996）。

ユーモアの産出という能力測度を用いることは，今後の研究にとって有益なアプローチである。この方法は，自己モニタリングや創造性だけではなく，ユーモアの産出に役立つそれ以外の変数（たとえば，知能，曖昧耐性，好奇心など）を評価するために有効であるように思われる。

5節　ユーモラスな振る舞いのスタイルとしてのユーモアセンス

　ある人についてユーモアセンスがあると言う場合，その人が幅広い状況でいろいろなユーモアに関連した行動をとるのが頻繁に観察されてきたことを暗に示していることがある。たとえば，その人がジョークやユーモアのある話をしたり，機知のある発言をしたり，いろいろなおもしろい出来事を笑ったりしているのを見るというような場合である。こうした観察に基づいて，その人のいろいろな面での全般的なユーモアのスタイルを，**熟慮的，皮肉な，非礼の，冷笑的**，などの記述のことばを用いて特徴づけることもできよう。つまり，ユーモアセンスの概念は，ある人に典型的なユーモアに関連した行為を社会の枠組みのなかで記述するものとして考えることができる。言い換えると，ユーモアセンスは，その人との関係のなかでの観察に基づいてその人に貼りつける一連のラベルとしてみることができる。それでは，日常の行為にみられるユーモアのスタイルの違いを分類できるようにする基本的な次元は何であろうか。また，それらの次元と関連したユーモアの行動パターンとは何であろうか。こうした疑問に答えるために，カリフォルニア大学バークレー校のクレイクらは次のような研究を行っている（Craik et al., 1996; Craik & Ware, 1998）。

　クレイクらは，まず観察できる行動から分類を行うユーモアの次元を探るために，日常のユーモアのある行為についてのあらゆる重要な側面を表す100項目の記述リストを開発した（Craik & Ware, 1998）。この記述の例としては，「人を心地よくするのに品のよい冗談を用いる」「真面目な状況で笑いたくなる気持ちを抑えるのは難しい」「相手に知的に挑戦するような機知のある発言をして楽しむ」「ジョークを全部言わないうちに笑ってしまうとジョークが台無しである」といったものがある。これらの記述をそれぞれ別々のカードに印刷したユーモラスな行動のQ分類カード（the Humorous Behavior Q-sort Deck：HBQD）が作成され，これを使って標準的なQ分類技法が行われた。この方法では，観察者に全カードを示し，それぞれのカードに記述された内容が，あるターゲットとなる人物の特徴をどの程度表しているかによって順序を決め，分類することが求められる。

　ある研究（Craik & Ware, 1998）では，高いユーモアセンスをもつ架空の人を記述するには，このカードをどのように分類するかを回答するよう，実験参加者に求めている。各実験参加者によるカード分類の仕方間には高い相関関係があり，ユーモアセンスをもつ人とはどんな人なのかについてはある程度共有されていることがあきらかになった。この研究では，すべての実験参加者によるカード分類を平均化することで，

このユーモアセンスの概念に，（正負いずれにも）関連するユーモアのスタイルと，関連しないユーモアのスタイルを特定することができた。ユーモアセンスの概念と正の相関関係にあるのは，品のよい機知ある発言，陽気な傾向，巧みなユーモアの能力に関係する項目であった。負の相関関係にあるのは，ユーモアに関して攻撃的，不適切，要領の悪いやり方に関係する項目であった。知的なジョークや人種に関わるジョークを楽しむこと，人に取り入るようにユーモアを用いることは，このユーモアセンスの概念とは関係がみられなかった。このように，この方法は，多くの人がユーモアセンスを典型的にはどのように概念化しているのかを探るのに有効であった。

　もう1つの研究（Craik & Ware, 1998）では，実験参加者はデビッド・レターマン，ウディ・アレン，ビル・コズビーなど数名の有名なコメディアンのユーモアのスタイルを記述するためにHBQDを分類するよう求められている。ここでも，評定者間で高い信頼性が得られた。次にそれぞれのコメディアンのユーモアのスタイルがどの程度類似しているかを検討するために，コメディアンごとのカード分類の平均値について相関係数を計算した。たとえば，アルセニオ・ホールとウーピー・ゴールドバーグはかなりよく似たスタイルであると受け止められており，ウディ・アレンとルーシー・ボールはあまり似ていないとされた。このQ分類の方法は，研究者が夫婦や友人のような一組の人間の間でユーモアのスタイルが類似している程度を数量化するための有効な技法となりうる。これらの類似性の得点と結婚の満足度や友情の長期にわたる安定性といった他の対人関係の変数との間の相関関係を検討することで，ユーモアのスタイルの類似性がこれらの対人関係の諸側面に影響を及ぼしている程度を検討することができる。

　その他の研究では，ユーモアのスタイルが異なるとみなされるのを規定する主要な次元を特定するために，多数の大学生に自分のユーモアのスタイルについてHBQDを用いて記述するように求めている。これらのカード分類についての因子分析を試みた結果では，5つの両極因子が見出されている（Craik et al., 1996）。それぞれ(1)「社会的にあたたかい」対「冷たい」，(2)「思慮深い」対「がさつな」，(3)「有能な」対「無能な」，(4)「気どらない」対「抑制された」，(5)「優しい」対「意地悪な」ユーモアのスタイルと名づけられた。これらの5つの因子は暗に他者のユーモアセンスを特徴づける際の主要な次元であることが示唆されている。将来，この手続きを用いて研究するならば，個人のユーモアのスタイルは（自己による，あるいは訓練された観察者による）HBQDを用いたカード分類によって記述されることになる。そして，5つの各因子についての因子得点がその個人別に集計される。その後，これらの得点は，研究者が関心のあるパーソナリティ変数や社会的な変数，情動に関わる変数との間で

相関関係を検討するために用いられる。

そうした研究の1つとして，クレイクら（1996）は，ある大学生集団について（自分で分類した）HBQDの因子得点と外向性の得点との間の相関関係を検討している。（内向性に比べて）より外向的であるほど，より社会的にあたたかく，そしてよりがさつなユーモアのスタイルと関連していた。しかし，他の3つのユーモアのスタイルは，外向性－内向性の次元とは関係がみられなかった。また，別の研究では，HBQD因子と「カリフォルニア心理検査（the California Psychological Inventory）」の下位尺度（Craik et al., 1996）ならびにFFMの主要なパーソナリティ次元（Craik & Ware, 1998）との間での相関関係が検討されている。その結果，これらの一般的なパーソナリティ次元の各々が特有のユーモアのスタイル群によって特徴づけられることが示された。このことはパーソナリティ特性が異なる人は，それに対応して異なるユーモアのスタイルを示すことを意味する。たとえば，FFMの調和性の次元で高得点の人は，社会的にあたたかく，有能である，優しいユーモアのスタイルを特徴とする傾向にある。一方で，神経症的傾向の人は（「有能である」に対して）無能なユーモアのスタイルと関連していた。こうした研究結果を追認し，他のパーソナリティを構成する要素との関係を探るさらなる研究が必要である。さらにいえば，この方法は，対人関係において，またストレス対処において，精神的健康全般について，異なるユーモアのスタイルがどんな役割をするといった問題を調べる将来の研究には有用なものとなるであろう。

要約すると，HBQDはユーモア鑑賞や自己報告，ユーモア制作の測度を用いたアプローチとは異なる視点から，ユーモアセンスを調べる方法を提供している。しかしながら，これまでのところ，このアプローチを用いた研究は限られており，この方法によってユーモアセンスの他の側面をあきらかにする可能性については，その多くが残されたままである。これからの研究に必要と思われる第1段階の手順は，取り出された因子の安定性と再認性を確かめることである。この点に関して，最近行われたHBQDの項目を因子分析した研究では，当初の因子構造を追認できていない（Kirsh & Kuiper, 2003）。ただし，この結果が得られたのは，当初の研究で用いられたQ分類の方法ではなく，リッカート尺度による自己評定方式を用いたためかもしれない。HBQDは当初，訓練された観察者が用いるように開発されたものであるため，自己評定方式で用いることができるかは疑わしい。また，項目の多くは訓練を受けていない評定者には理解が困難であり，また自己観察ではわかりにくい行動に言及している。たとえば「絶妙の間でおもしろさを高めるセンスがある」や「偉そうにしている人がへまをしたのを見逃さず大いに楽しむ」などの項目が含まれている。とはいえこのアプローチは，当

初に意図されたように用いられるならば，将来の研究にとって非常に興味深い方向性を切り開くように思われる。

6節　ユーモアセンスは何種類あるのか？

　本章の初めでみたように，ユーモアセンスは，一般に使われている意味としては，まったく曖昧で，明確に定義されていないにもかかわらず，多くの人はユーモアセンスを単一の構成概念と考えているように思われる。パーソナリティ研究者は長年にわたって，この概念の意味をいろいろな方法で定義づけたり測定したりして，明確に規定しようとしてきた。この研究領域の現状では，測定尺度の急増に伴い，ユーモアセンスは非常に多くの区分される特性次元からなるように思われる。3WDで測定されるユーモア鑑賞の3因子，多くの自己評定のユーモアの尺度によって測定される多数の構成概念，HBQDによって評価される5つのユーモアのスタイル，そしてユーモア産出能力といった数多くの構成要素が挙げられている。初めは単純に考えられていたユーモアセンスは，今ではきわめて複雑なものとなってしまっている。

　しかしながら，ユーモアの個人差を意味のあるように記述するためには，このように多くの異なる特性概念が実際に必要なのであろうか。パーソナリティ心理学者にとっては，これらの異なる特性がどの程度互いに相関するかをあきらかにすること，そして，ユーモアの個人差をできるだけ少数の基本的次元で捉えるようにすることが望ましい。研究者は，以上の疑問に答えるためには，異なる文化にわたる，そして幅広い階層の大勢の人を対象に既存のあらゆる測度を実施することが望まれる。そうして得られたデータに対して，基本にある構造をあきらかにするために因子分析を行うのである。これは，パーソナリティ特性についてのFFMを展開する際にとられたアプローチに似ているように思われる（John, 1990）。さらに，ユーモアセンスがよく知られたパーソナリティとどの程度重なるのか，それともかなり独自のものであるかを見極めるためには，ユーモアの中核としての明確な因子とFFMのようなより広汎なパーソナリティ次元との間の関係をあきらかにするさらなる研究が必要である。この方向にある研究は，これまでは非常に数少なく，それも自己報告の測度に絞られた研究しか行われていない。

　ルフ（Ruch, 1994）は，一般的なドイツの成人を調査対象とするデータを用いて，SHRQ, CHS, SHQ, そしてジップ（Ziv, 1981）が作成したユーモア鑑賞とユーモアの創造の測度を含む4つの自己評定測度からとった7種類のユーモアセンス尺度につい

て因子分析を行っている。これに,関係する目標志向優位性尺度(the Telic Dominance Scale:TDS)――すなわち,いつも遊びとしてのユーモア的な心的状態にあることのまったく反対である(Murgatroyd et al., 1978)――の3つの下位尺度(真剣さ,計画性,覚醒回避性)も含めている。この分析では2つの因子しか見出されなかったが,すべてのユーモアセンス尺度に高い正の因子負荷量をもつ第1因子は,**快活さ**と命名されるものであった。「**抑制すること**」対「**表出すること**」と名づけた第2因子は,SHRQ スペバクの SHQ の「情動の表出」尺度,そして(負の方向であるが)TDSの下位尺度と関係がみられた。

　ルフは,各ユーモア尺度にこの2つのユーモア因子を加えたものと,外向性,神経症的傾向,精神病質――アイゼンク(Eysenck, 1990)がパーソナリティのもっとも基本的で生物学的に基礎づけられると考えた気質の次元――との間の関係を検討している。すべてのユーモアセンス尺度は,外向性との関係が強く,このことは,因子分析で取り出された第1因子(快活さ)でも同様であった。このように,すべての自己報告によるユーモア尺度は,主として外向性――社交的である,元気のよい,行動的である,独断的である,刺激希求性が高い,のんびりしている,支配的である,心地よい気分を体験する傾向がある,などの特性を含む――という一般的なパーソナリティ次元と関係づけられるようである。つまり,全般的には,ユーモアセンスは,内向的な人よりも外向的な人の特徴のようである。さらには,(第2因子と関連する)SHRQ と SHQ の「情動の表出」尺度は,他のパーソナリティ特性のなかでも,衝動の統制ができないことに関連する精神病質と関係が強い。これは,普通笑うことが適切ではない状況で笑うことを記述している SHRQ ならびに SHQ-E 尺度の項目の内容に起因するものであろう。

　意外ではあるが,ユーモア尺度には神経症的傾向と強く関係するユーモア尺度はみられない。ただし,SHQ-M 尺度のみが,この神経症的傾向と弱く関係していた。このように,ユーモア尺度において高い得点を示す人は,低い得点を示す人よりも不快な情動をあまり体験しないというわけではない。一般的に流布している意見とは対照的に,これらの自己報告尺度によって測定されるユーモアセンスを強くもつ人は,必ずしも情動的に安定し,適応的であるということはなかった。この研究は全体として,いろいろな自己報告によるユーモア尺度は基本的に異なるユーモアの次元を評価しているのではなく,非常に強く外向性と関係している1つの主要な因子を形づくっていると指摘している。この研究のなかで検討されてはいないが,ルフは,ユーモア鑑賞とユーモアを産出する能力についての測度は,これらの気質の次元とは関係づけられないようであると示唆している。

その後の研究として，ケーラーとルフ（Köhler & Ruch, 1996）は，別のドイツ人の成人を対象にして，23 のユーモアに関連する自己報告尺度について同様の因子分析を行っている。この分析では，先の研究で用いた尺度に加えて，STCI-T の快活さと真剣さの側面の下位尺度，多次元ユーモアセンス尺度（Multidimensional Sense of Humor Scale：MSHS; Thorson & Powell, 1993a），それにユーモア表出尺度（Humor Initiation Scale：HIS; Bell et al., 1986）が用いられている。ここでもやはり 2 つの因子のみが抽出されており，再び**快活**さと名づけられた第 1 因子は，STCI-T の**真剣**さの側面を除いてすべての尺度と関係があった。真剣さと名づけられた第 2 因子は，STCI-T の真剣さ尺度について，強い正の関係があり，残りのユーモア尺度のほとんどについては，全体として弱い負の関係を示していた。

　ケーラーとルフは，この結果がユーモアセンスが気質に基づくというルフのモデル（前述）を支持するものであると結論している。多くの自己報告のユーモアテストは，特性としての快活さと強く関係しているように思われるし，真剣さの低さや遊びの傾向の要素の程度を捉えているようであった。この研究でも再び，第 1 因子は外向性と強く関係しており，神経症的傾向と弱い負の関係を示していた。さらには，第 2 因子も精神病質的傾向と関係があり，より精神病質的傾向の高い人ほど，真剣さの低さと遊びの傾向の強さと関連していた。以上のように，自己報告のユーモア尺度の得点の変動の多くは，アイゼンクの言う外向性と精神病質的傾向，またそれほど強く言えないが（低い）神経症的傾向という気質の次元によって捉えられるように思われる。

　この研究では，ユーモア鑑賞（3WD）とユーモア産出能力の検査（漫画にキャプションを付ける課題）も同様に測定しているが，因子分析を行っているわけではない。それに代わり，相関分析を行っているが，その結果によると，前の研究でみられたとおりに，ユーモア鑑賞とユーモア産出の測度との間には，互いに関係はみられなかった。さらに，ユーモア鑑賞を評価するとされている自己報告の測度は，3WD でのユーモア鑑賞との間で弱い相関関係にあるだけであり，その一方で，自己評定尺度のうち，ユーモア産出を評価するという測度は，全般的に実験参加者による漫画のユーモア産出能力とは（SHQ-M 尺度を除いて）関係がみられなかった。総合的に，結論づけるならば，これらの研究結果は，明確に区別されるユーモアの構成概念は，(1) ユーモア鑑賞（3WD），(2) ユーモア産出，(3) 自己報告尺度，の測度によって評価される。また，そして最後の自己報告尺度の測度は，快活さと，程度はまちまちであるが（低い）真剣さという 2 つの包括的な次元を反映していると示唆している。今後の研究では，これらの研究結果を他の集団を対象として追認し，HSQ や HBQD などの最近開発されたユーモアの測度との関係も検討する必要がある。

7節 プロのユーモリストのパーソナリティ特性

　プロのコメディアンは，他の人とは異なるパーソナリティ特性をもつのであろうか。一般的には，コメディアンは表面の陽気さという仮面の背後に情緒的な不安を隠している抑うつ的な人である場合が多いという見方が支持されている。古くからこんな話がある。「抑うつと失意の気持ちを訴えに医者に行く男が出てくる。医者は，とてもおもしろい有名なコメディアンが公演することになっているから，それを観に行くように勧めた。そうすればきっと気分が高揚するというのだ。すると，その患者は，そのコメディアンが私なんですよ，と答えた」

　プロのコメディアンのパーソナリティ特性を検討した2つの研究がある。ジャナス（Janus, 1975, 1978）は，精神分析の立場から，成功しているといわれている著名な55名の男性と14名の女性のコメディアンの知能，学歴，家族の背景，パーソナリティ構造について検討した。臨床的診断，若い頃の思い出，夢，筆跡の分析，投影法，「ウェクスラー成人用知能テスト（WAIS）」を用いてデータを収集した。ジャヌスはこれらのデータを解釈して，コメディアンは知能，怒り傾向，不信感，抑うつ傾向が高いと結論している。また，かれらの若い頃の生活は，傷心，孤独感，喪失感を特徴としており，抑圧した怒りを身体的攻撃からことばによる攻撃に転換させ，不安に対する防衛としてユーモアを用いているという。

　また，多くのコメディアンは，臆病で，傷つきやすく，共感性のある人であり，その喜劇での成功は，聴衆が抱く恐れや欲求を正確に認識する能力が一因となっているようであった。これらの結果は全体として，プロのコメディアンを一般的に不幸な人としてみる世間の評価を支持しているように思われる。しかしながら，この結果の妥当性に関しては，問題点が残されている。それは，いくつか信頼性に欠ける評定方法を用いていることに加え，統制群がないことから，これらの特徴がコメディアンに独自のものか，それとも喜劇の領域以外のエンターティナーと共通するものかが不明だからである。

　フィッシャーとフィッシャー（Fisher & Fisher, 1981）は，43名のプロのコメディアンとサーカスの道化師（まとめて「喜劇俳優」と呼んでいる）のパーソナリティ特徴と児童期の自伝的記憶に関するより統制された研究を行っている。この研究では，有名な役者であるという喜劇とは関係しない側面の変数を統制するために，同じ年齢層のプロの俳優を比較の集団として取り上げた。そして，ロールシャッハテスト，TAT，その他の標準化されたパーソナリティ質問紙を用いて，全参加者に半構造化したイン

タビューを実施した。

　この2つの集団は，抑うつに関するいくつかの測度や全般的な精神的健康の程度において差異はみられなかった。これはコメディアンが他の人よりも心理的な障害を抱えているという見解に疑問を抱かせるものである。しかしながら，この2つの集団には，他に統計的に有意な差異が多くみられている。喜劇俳優の回答は普通の俳優の回答に比べて，善と悪，価値のないこと，自己非難，義務と責任，自己を隠すこと，狭量さというテーマに有意により関心が向けられることがあきらかとなった。加えて，喜劇俳優は普通の俳優に比べて，父親のことをよりポジティブなことばで述べ，母親のことをよりネガティブに述べていた。以上の結果は，彼らにみられる喜劇の素養の起源が，発達初期の家族関係にあることを示唆している。

　プロの喜劇俳優の多くは，自分の喜劇能力は児童期の初期に発達したものであると述べている。そして多くの者が学校では「クラスの道化師」であった。フィッシャーとフィッシャーは，児童期の人間関係が喜劇俳優になることに関係する可能性をさらに詳細に調べるために，自己報告式の質問紙を用いて，クラスの道化師とみなされる子どもとそうでない子どもに関して，その親のパーソナリティの特徴や態度を比較する研究を行っている。このパーソナリティについての調査によると，おどけて楽しませようとする子どもの母親はそうでない子どもの母親に比べて，自分の子どもに対して，親切ではなく，共感性がなく，親密でなく，親しく関わらない，そして利己的であり，感情を抑えることがあきらかになった。また母親は子供が自ら進んで早く成長することを望んでいた。一方，おどけて楽しませようとする子どもの父親についてみると，そうでない子どもの父親よりも消極的な性格であった。

　フィッシャーとフィッシャーは，この2つの研究の結果に基づいて，次のように理論化している。すなわち，プロの喜劇俳優は，児童期に母親の愛情やあたたかさが不足していること，早い時期から大人としての責任を負わされること，物事には見せかけとは違う裏の面があるとしばしば感じることを特徴とする，気持ちが通じにくい家族環境において，人を楽しませたり，自分を認めてもらうこと，あるいは，自分の人柄のよさを主張する手段としてユーモアの技術を発達させているというのである。さらに，彼らは子どもの頃に，普通は親に求められるような面倒を見る役割を肩代わりするようになることで，ユーモアのあるペルソナ（仮面）によって親に心理的な支援や安心をもたらす手段を習得していくようになる。彼らはおかしなしぐさで親を笑わせることで，情愛のない拒否的な親から注意を惹きつけ，認められることができる。このように，この人たちのユーモアは，全般的に冷淡で気持ちが通じない家族環境と関連した不安や怒りの感情に対処する手段であるようだ。

以上をまとめると，この研究は，プロのコメディアンは抑うつ的か，心理的な障害を負っているという一般的な見解を支持してはいないものの，こうした人々のユーモアは人生の早期に見舞われた逆境を乗り越える防衛機制や対処メカニズムとしての役割を果たしていることを示唆している。喜劇俳優として成功するために必要とされる磨き上げた喜劇技能は，人生の早期で失ったものと生きにくさを補償する手段として発達したともいえよう。第8章でみるように，同様のメカニズムが，プロのコメディアンにはならない一般の人（少なくともその一部の人）が示す喜劇的なユーモアセンスの発達にも関与しているかもしれない。

8節　結論

ユーモアセンスは多くの人にとって重要なパーソナリティの特徴であると考えられている。それは他の人の特徴として挙げようとする場合の主要な次元の1つであり，友人や恋人となりそうな人がもっていてほしいと望まれる非常に好ましい特性であると考えられている（Sprecher & Regan, 2002）。では，そのユーモアセンスとは正確にはどのようなものであるのだろうか。これまでにみてきたように，この概念は，長年にわたって，次第に曖昧で，うまく規定しにくくなっていると同時に，多くの肯定的な意味合いをもつようになってきている。本章で概観してきた研究は，ユーモアセンスが単一の構成概念ではないことを示唆している。ユーモアセンスは，むしろ，それぞれがユーモアの異なる側面に焦点を当てる様々な観点から概念化され，測定されている。さらには，こうしたユーモアセンスを別個に定義すると，互いの間には必ずしも高い相関関係はみられず，またパーソナリティ特性との間の関係性も異なってくる。

多様なユーモアセンスの測度を用いた研究は，ユーモアに関連した特性が他のパーソナリティや行動の次元とどのように相互作用するのかを示すことによって，そのユーモアの性質との間の相関関係をあきらかにすることから始まった。ユーモア鑑賞によるアプローチの研究として，ルフの3WDを用いた研究は，ジョークや漫画の形式ごとにみられるユーモアを楽しむ際の個人差を理解するために多くの貢献をしている。興味深いことに，この研究は，これまでの多くの研究者が出した仮説とは反対に，ユーモア鑑賞における個人差がジョークの内容や主題よりも構造の側面により関連していることをあきらかにしている。こうした研究から，ユーモア鑑賞の構造的な次元と，多くの一般的なパーソナリティ特性との間には非常に興味深い相関関係があることがあきらかにされてきている。たとえば，個人が楽しむユーモアのタイプは，その

人の「保守的社会態度」対「リベラルな社会態度」，刺激希求性，強固な心などを反映することを示している。

また，ユーモアセンスとは，ユーモアを産出し，他の人を楽しませる能力であると定義し，能力としての側面からアプローチする研究者もみられる。この種の課題にうまく回答する人は，おそらく，巧みなユーモアの特徴である，深刻でない不調和をつくり出すのに必要な認知能力に秀でているであろう。このアプローチを用いた研究では，自分の行動に対する他の人の反応をよく感じ取り反応する人（自己モニタリングの高い人）は，全般的に創造的で拡散的思考ができる人と同様に，うまくユーモアを創ったり，人を笑わせたりする傾向を示すことを指摘している。以上のように，ユーモア産出能力は創造性とともに，ある種の社会的スキルとみなすことができる。

これまでに作成されてきた多様な自己報告式の測度は，ユーモアセンスの異なる構成要素や側面を評定しようとするものであった。これらの測度のいくつかについては，信頼性と妥当性に関してかなりの証拠が得られている。しかしながら，因子分析による研究によると，これらの自己報告式の尺度の多くがわずか1つか2つの主要な因子から構成されることを示唆している。そのなかでもっとも強い因子は，快活な気質と外向的，社交的な傾向に関係し，もう1つの因子は遊びの傾向を示すものであり，真剣ではない態度に関係するものである。これらの次元は，ルフのユーモアセンスに関する気質モデルを支持しており，これまでに議論してきたユーモアの社会的，情動的，認知的な構成要素についても反映したものとなっている。

最近まで残されたままであった自己報告式のユーモアの測度の限界は，それが特にユーモアの肯定的で望ましい側面のみに焦点を当てていることであった。それに対し，HSQ は，社会的なやりとりでのユーモアの否定的で社会的に望ましくない機能についても考慮するようになった最近の研究者の傾向を表している。第9章でみていくように，研究者は最近になって，こうした否定的なユーモアのスタイルと，対人関係やウェルビーイングとの関連性を探り始めている。また，HBQD は，ユーモアのスタイルの個人差を，観察者によるQ分類評定を用いて探るという非常に興味深いもう1つの方法を示している。この方法は，個人間のユーモアのスタイルの類似性と差異性を数量化する方法をもたらし，いろいろなユーモアのスタイルと他のパーソナリティ特性や行動との間の関係を探るだけではなく，ユーモアセンスとはどのようなものかについての一般的な考え方を検討するために特に有用であるように思われる。

こうした研究のなかであきらかになるのは，パーソナリティ特性の違いによって，それが反映されるユーモアの次元が異なるということである。言い換えると，我々は特定のパーソナリティ特性を，自分自身のユーモアを通して表現するのである。つまり，

外向的な人と内向的な人とでは，ユーモアの表現の仕方は異なり，両者は異なる特徴をもったユーモアを楽しむのである。同様に調和性の高い人は，友好的なユーモアのスタイルをとる傾向にあるのに対して，敵対的な人は，ユーモアの攻撃的な用い方をする傾向にある。その他のユーモアのスタイルは，開放性や誠実性，そして神経症的傾向と情動の安定性にそれぞれの側面において異なる形で関連している。

　本章を要約すると，かなりの数の研究が，パーソナリティ特性の1つとしてのユーモアセンスの様々な次元をあきらかにしてきており，これによって言語と思考を使って遊ぶという人類に普遍的な傾向についての科学的な理解が進んできているのだといえる。次章以降は，ユーモアセンスの様々な構成要素が児童期にどのように発達するのか，またそれらの構成要素が心理的健康や身体的健康にどのように関係するかを検討している研究について論じていこう。

第8章
ユーモアの発達心理

The Development Psychology of Humor

　ここまでいくつかの章にわたって，ユーモアが，多くの心理学的機能を含む複雑な現象であることをみてきた。その心理的機能には，知覚，言語，概念形成，記憶，問題解決，創造性に関係する認知プロセス，遊びと情動，社会的な人間関係やコミュニケーション，そして，脳で生起し他の身体部分へと広がっていく生物的なプロセスが含まれる。ほとんどすべての人は，ユーモアにはある程度関わりをもっているものの，人によってユーモアの理解や産出の仕方は異なり，楽しいと感じるユーモアの種類にはそれぞれ違いがみられる。さらに，日常生活のなかでユーモアをどのように活用し，またユーモアをどのように表出するかにも人によって違いがある。本章では，このような視点から，人の誕生から児童期そして成人期にいたるまでのユーモアの発達の過程についてみていくことにしよう。

　子どものユーモアの典型的な発達パターンとはどのようなものだろうか。認知的・社会的・情動的な能力の発達は，ユーモアを理解し，楽しみ，そして表現するための能力とどのように関連しているのだろうか。子どものユーモアセンスの個人差をもたらす遺伝的あるいは社会環境的な要因とはどのようなものだろうか。ユーモアは大人になっていくなかでどのように変わっていくのか。また，何がユーモアの社会的また情動的な機能を変えるのか。ユーモアに関する発達心理学の領域において過去40年にわたり，これらの問いやその他の関連する問いに着目した数多くの研究が積み重ねられてきている。

　発達心理学者は，生涯にわたる心理発達を検討するために，いろいろな実証的なアプローチを用いてきた。そこでは，観察研究・実験研究・調査研究・事例研究・回想

法・横断的研究・縦断的研究デザインなどの方法を用いて,認知・言語・情動・社会的機能,あるいはその他の変化プロセスを理解しようとしてきている。発達心理学者たちは,心理的発達は,遺伝的ないしは生物的要因と,両親や家庭からの影響やその他の社会的環境の要因との複雑な相互作用の影響を受けて発達すると考える多角的な立場をとっている。一般に,心理的発達に関するすべての視点は,ユーモアの発達においても同じように当てはまる。本章では,ユーモアに関する発達心理学における理論とこれまでの研究の知見について論じていく。すなわち,乳幼児期にみられる微笑みと笑いの発達,児童期の遊びにみられるユーモアの起源,ユーモアと認知発達との関連,児童期や青年期における情動的コーピングとしてのユーモア,ユーモア発達における社会的側面,ユーモアの個人差,そして成人期やその後のユーモアの様相についてみていくとしよう。

1節 乳幼児期および児童期前期における微笑み (smiling) と笑い (laughter)

乳児は,定型的には生後1ヶ月の間に,保育者の声にあわせた触覚刺激(くすぐったり,肌をなでたりなど)に対する反応として微笑みを始める。そして,1ヶ月を過ぎると,動いているものや光といった視覚的刺激に反応して微笑みを示すようになる。その後,一般的な人の顔の形を認識する時に微笑むようになり,最終的には親やきょうだいのような特定の人の顔を認識する時に微笑むようになる。このことは対象物に対する認知的スキーマ(すなわち,心理的な表象能力)が発達したことを示すものである。微笑みは,対象を認識するのに必要な心的努力が中程度の(少なすぎず,多すぎない)時,もっとも生じやすいとされている (McGhee, 1979)。

笑いは,生後10〜20週の間に,子どもと養育者とのやりとりの文脈のなかで初めてみられ,そしてすぐに子どもと養育者間のやりとりのなかで頻繁にみられる行為(レパートリー)の1つとなっていく。幼児と母親とが向かい合った遊びの場面では,10分間に1回から4回の笑いが典型的に現れることが観察されている (Fogel et al., 1997)。ミネソタ大学のスロウフェとヴンシュ (Sroufe & Wunsch, 1972) による初期の研究では,母親に子どもとともにいろいろな行動——たとえば,唇をはじくような音,くすぐり,おかしな表情を見せる,「いないいないばあ」遊びなど——をさせることによって,生後1年ではどのような刺激が笑いを引き起こすのかを検討している。その結果によると,生後1年の間に,笑いの頻度が増え,より多様な母親の振る舞い

1節　乳幼児期および児童期前期における微笑み (smiling) と笑い (laughter)

に反応するようになるという。さらに，笑い（笑い声を伴う笑いのこと。以下，同様）を引き起こす刺激の種類も1年の間に変化していく。たとえば，くすぐりや聴覚的刺激（お腹の肌へのキスや馬の鳴きまねなど）は，7～8ヶ月では比較的高い割合で笑いを引き起こすものの，12ヶ月頃までにはだんだん減少する。その代わりに，視覚的また社会的行為（よちよち歩きの誇張や「捕まえちゃうぞ」遊び）は，8ヶ月の時よりも12ヶ月になると笑いを引き起こすようになる。スロウフェとヴンシュは，笑いを引き起こすのにもっとも有効な刺激とは，それぞれの発達段階の子どもにとって認知的負荷が最大になるようなものであると指摘している。

　全般的にみれば，笑いを引き出す行為とは，子どものその時点で発達している認知的スキーマとの関連において，予期されなかったり不調和を引き起こすものである。たとえば，お母さんがペンギンのように歩いたり，赤ちゃんの哺乳瓶をしゃぶったり，口から布の切れ端をたらしたりする時，これらの行為は子どもが期待する慣れ親しんだ母親の行動から逸脱した行為となる。これらの観察をもとに，スロウフェとヴンシュは，乳幼児期の笑いについて不調和に基づく認知理論を提唱している。この説によれば，笑いは，予期しなかったり不調和を引き起こすような子どもの認知的な水準には適合するものの，発達しているスキーマとは一致しない出来事に対する反応として生起するという。このような不調和を引き起こす出来事は，初めは子どもの注意を惹きつけ，その情報を処理する努力を生じさせ，そして，生理的な覚醒を引き起こす。もし，子どもがその出来事を不安定な感情や怖れといった感情を引き起こすネガティブなものとして解釈すると，子どもは泣き，回避行動を示す。しかし反対に，安全で楽しい状況を引き起こすポジティブなものとして解釈すると，微笑みや笑いをみせ，そのような行動に対し接近行動を示す。

　また，スロウフェとヴンシュは，笑いがポジティブな情動とネガティブな情動が混在して同時に生起する両面感情と結びついているという他の研究者による考え方を彼らのデータがほとんど支持しないことを指摘している。むしろ，彼らの観察では，子どもは初め不調和を引き起こす刺激に対して不安とためらいを示すことがあるものの，いったん笑いが始まれば，情動的には純粋にポジティブで，どうしようか迷うということはなく接近行動のみが伴って見られた。したがって，乳幼児の笑いは，安全で楽しく，リラックスした社会的文脈において，不調和を引き起こす対象や出来事に対する反応として生起するのである。第4章で述べたように，近年の理論家は，深刻でない不調和を知覚することが成人のユーモアの基礎にもなることを示唆している。

　その後の実験研究では，「いないいないばあ」ゲーム場面を用いて，不調和を引き起こす出来事に対する反応として乳児が示す微笑みや笑いの量に影響を及ぼす多様な要

因が検討されている。このゲームは，子どもと親しい人が，数秒の間，顔を隠し，そして突然子どもの前に「いないいないばあ」と言って，再び顔を出し，笑いながら子どもと目を合わせるというものである。6〜12ヶ月の子どもは再び現れる顔を見つめて頻繁に微笑みと笑いを表出する。楽しい文脈のなかで親しい人の顔が隠れ，そしてまた現れることは，「対象の永続性」，つまり，対象が子どもから見えなくなっても存在し続けていることを認識することを獲得する発達段階にある子どもにとっては，特に楽しめるようだ（Shultz, 1976）。

また，マクドナルドとシルバーマン（MacDonald & Silverman, 1978）の研究では，1歳の子どもがより微笑みや笑いを表出するのは，このゲームを面識のない人とするよりも自分の母親とする時（親和性と安全性の認識の重要さを示す）や，母親が子どもから離れて動くよりもすぐに近づく時（覚醒水準が増すことの重要性を示す）にみられることが示されている。

ジョージタウン大学のパロットとグレイトマン（Parrott & Gleitman, 1989）は，標準的な「いないいないばあ」の試行に，時々「トリック（しかけ）試行」を入れて，6〜8ヶ月の子どもの楽しみ方について検討を行っている。このトリック試行では，標準的な試行とは異なり1人の人が隠れ，その隠れた場所から違う人が出てくる，あるいは同じ人が再び現れるものの隠れたのとは違った場所からでてくるというものである。その結果，乳児は，トリック試行においては，標準的な試行よりも微笑みや笑いの反応が少なかった。それだけでなく，眉をつり上げることが多かった。このことは，人が出てくることを楽しむというよりも，驚いたり，困惑したことを示している。

これらの結果は，この年齢の乳児では，隠れた所から現れる人が同一であることや隠れたのと同じ場所から現れることについては十分に構造化された期待をもち，これらの期待と一致することがこのゲームを楽しむことにつながっていることを示している。そのため，これらの期待から大きく逸脱するような場合には，楽しみというよりもむしろ困惑をもたらすということを示唆する。期待からの逸脱が非常に大きい場合には，乳児はその逸脱を全体にわたってスキーマに同化し，何らかの形で意味づけることで不調和を「解決する」ことができないと，パロットらは示唆している。このように，乳児は，年長児や大人と同様に，どんな種類の不調和や期待からの逸脱であってもいつも楽しめるというわけではなく，意味づけて再解釈することが可能な逸脱を好むのである。また，これらの認知的側面からの説明に加えて，乳児の体験から非常に逸脱しているトリック試行は，乳児に深刻で楽しむことができない困惑の反応をもたらし，ユーモアに必要な遊びのある心的状態を妨害するものになったと考えられる。

笑いにおける社会的要因の重要性は，以下に示す研究によって示されている。幼児

1節　乳幼児期および児童期前期における微笑み（smiling）と笑い（laughter）

は，人が「いないいないばあ」をする状況では，頻繁に微笑みあるいは笑いを表出するにもかかわらず，おもちゃを使って「いないいないばあ」を模した実験状況——おもちゃが隠れて突然現れる——では，まったく微笑みも笑いも表出しなかった（Shultz, 1976）。このことは，笑いが，その最初の時点から社会的コミュニケーションの一種であることを物語っている。つまり，幼児の笑いは，それに反応して笑いを返す両親や養育者との相互作用の間に起こるということである。

　パデュー大学のヌウォーカー（Nwokah, E.）らは，幼児と養育者との間の情動を伝える手段としての笑いがもつ社会的な性質について，さらに詳細に研究している（Fogel et al., 1997; Nwokah & Fogel, 1993; Nwokah et al., 1999; Nwokah et al., 1994）。たとえば，ヌウォーカーら（1994）は長期的な研究のなかで，2歳までの幼児と母親との自由遊び場面での笑いを観察し，対人的なやりとりにおける笑いのタイミングと時系列的変化を検討している。その結果，子どもの笑いは，生後1年の間に頻度が増していき，2歳まではほとんど安定した状態にとどまるようになる（2歳までには1分間に平均0.3回の笑い）。一方，母親の笑いの割合は，生後2年にわたってずっと安定していた（1分間に平均0.55回の笑い）。また，2歳までは笑いの割合と継続時間は，母親と子どもとの間に有意な相関がみられた。このことは，母親の笑いが多いとその子どもの笑いも多いことを意味している。したがって，笑いは1歳までは母親によってモデルが示され，2歳までには子どものなかに安定してくるようである。

　1歳までには，母親も子どもも，声のトーンや表情や振る舞いを変えることでお互いに相手から笑いを引き起こすことができると予想できるようになる。もちろん，笑いを引き起こすことができるか否かは，タイミング，驚きにつながる題材，母親と子どもの情動の状態，子どもの注意といった諸要因に依存するのであるが，たとえば，母親は頭におもちゃをのせるといったような不調和な行動をとることによって，子どもに笑いを引き起こすことができる（Fogel et al., 1997）。このように，笑いはあきらかに社会的な過程であり，情動を伝えるという機能をもっているのである。

　子どもは，幼稚園や保育園に進むにつれ，養育者に対してだけではなく，周りの子どもとの楽しいやりとりの文脈のなかで表出される笑いも次第に増えていく。テネシー大学のバイナム（Bainum, C.）らは，保育園児3, 4, 5歳を対象に観察研究を行い，構造化された遊びと構造化されていない遊びにおける微笑みと笑いを検討している（Bainum et al., 1984）。その結果，どの年齢でも，微笑みや笑いの全体的な頻度においては，女児と男児との間に違いはみられなかった。また，他の子どもとやりとりしている際に表出される微笑みと笑いは全体の95％を占め，1人でいる際に表出されるのはわずか5％しかなく，微笑みと笑いがもつ社会的な性質が改めて示された。笑

いは3歳から5歳にかけて頻度が増し，一方微笑みは減少していった。5歳までに，子どもが遊びの間に示す笑いの頻度は，1時間に平均で7.7回となった。また，3歳では微笑みと笑いは，非言語行動（たとえば，おかしな顔や体の動きなど）に対する反応として表出されることが多かったが，5歳になると愉快な言語行動（たとえば，おかしなコメント，話，歌，普段とは異なることばの使い方など）に対する反応として表出されることがより頻繁にみられるようになった。

　3歳では，無意図的に引き起こされたおかしな出来事よりも，意図的なユーモアに対する反応として，笑いがもっとも頻繁に生起しやすい。ただ，興味深いことに，子どもは，他者の行動よりも，むしろ自分自身が言ったり行ったりしたおかしなことに，いくぶん多く笑いを表出する傾向がみられた。このことは，特定の行動がおかしなことを意味すると指し示すためのシグナルとして，笑いがよく用いられることを示している。笑いの多くは，社会的に肯定的，あるいは少なくとも中立的であるユーモラスな行動に対して生起するが，社会的に否定的な行動——からかいや，押したり，あざけったりすることなど——に対して笑いが生起する比率は，3歳から5歳になるにつれて高くなっていた。

　微笑みは，意図的にばかばかしくしたり，ふざけたりする出来事という文脈のなかで，笑いと一緒に生起することもあるが，笑いと比較して，より広い出来事，特に（意図的なおかしさではなく）偶発的な出来事に対する反応としても生起する。このため，微笑みのなかには，楽しさの水準が低いことを指し示すという，笑いが縮小した形式としてみなされるものもあるものの，微笑みは笑いよりも広い範囲の社会的機能を果たすものでもあるといえよう。

　子どもの笑いの聴覚的な特性とはどのようなものだろうか。ヌウォーカらは，3歳児が母親と関わっている時にみられた50例の笑い声について，音響的特性の点から分析を行っている（Nwokah et al., 1993）。これらの子どもには4つの異なった笑い声のタイプがみられた。(1) **コメント・ラフズ**：標準的な話しことばの基本周波数（ピッチ）に近い1つの笑い声の音節や音調を含み，200ミリ秒くらい続くもの，(2) **チャクル・ラフズ**：2つピークのある1つの音調あるいは2つの音調で構成されており，ある程度高いピッチで全体として500ミリ秒くらい続くもの，(3) **リズミカル・ラフタ**：チャクル・ラフズと同様の基本周波数で，複雑な調和構造をもつ3つ以上の音調で構成されており，1秒から1.5秒続くもの，(4) **スクウィール・ラフタ**：きわめて高いピッチの基本周波数をもった1つの音調を含み，500ミリ秒くらい続くもの，の4つである。

　上記の4つに示されるようなそれぞれの笑い声にみられる個々の音調や音節（スクウィール・ラフタは例外）は，大人の笑い声（およそ200ミリ秒から220ミリ秒）と

大変類似している。このような,音響的な構造について観察される大人の笑い声と子どもの笑い声との違いは,多くの場合子どもが発声器官を大人ほどうまくコントロールできないことによるものである。ヌウォーカーらは,多様な笑い声が,質的に異なる情動の体験はもとより,情動の強度の違いをも伝えるために用いられると結論づけている。たとえば,チャクル・ラフズは,自分自身が達成した時に生起するが,リズミカル・ラフタは,幅広い社会的文脈でコミュニケーションの相手もまた笑っていることも多い覚醒が高く喚起された状態で生起する傾向がある。

2節　ユーモアと遊び

　これまでの章でみてきたように,ユーモアは遊びと密接な関係がある。第6章でふれたように,チンパンジーや他の動物の笑い声の研究は,笑い声の進化的な起源が取っ組み合い遊びといった社会的文脈のなかで生じるということを示唆している。また,ユーモアを研究している発達心理学者たちは,ヒトの子どもの笑いとユーモアが,遊びの文脈のなかで発達することを指摘し,ユーモアを特定の形式の心的な遊びであるとみなしている研究者も多い (Barnett, 1990, 1991; Bergen, 1998b, 2002, 2003; McGhee, 1979)。

　遊びとは,正確にはどのようなものなのだろうか？　この漠然とした概念をいかに定義するのかについて,研究者や理論家のなかでも一致した見解はほとんど得られていないものの,遊びとは,楽しむことができ,即時的には明確な生物的な目的はなく (Berlyne, 1969),その活動自体を目的として行われる自発的な活動であるという点においては,ほとんどの研究者が同意している。また,アプター (Apter, 1982) は,遊びは特定の種類の活動という特性よりも,むしろ心的な状態としてみなすべきであると示唆している。つまり,深刻でない,活動志向的な (目標志向的でない) 心的構えをもってさえいれば,ヒトはほとんどどんな活動であっても,遊びとして行うことができるのである。

　ユーモアと遊びとの間には,多くの類似点がある (Bergen, 2002)。笑いも遊びもどちらも乳児期の同じような時期 (4〜6ヶ月頃) に出現し,どちらも類似した社会的文脈のなかで促される。ユーモアと遊びはどちらも楽しむことができるものであり,動機づけ,働きかけ,現実性といった諸側面に関して類似した特性を共有している。たとえば,いずれも,「まるで〜のように」といった構えを含み,深刻な目的が明確にあるのではなく,その活動自体を楽しみ,しかもそれは信頼できる人との安全な状況のな

かで生じる。また,そこには新しく獲得したスキルや概念を強固にし,習熟すること が含まれている。さらには,ユーモアと遊びに対して,子どもは,いずれにも共通し た文脈のなかで,養育者の共通した働きかけを通して参加していく。親は,「遊びの枠 組み」のなかに子どもを参加させると同時に,「これは遊びだ」というシグナルとなる 声の出し方や振る舞い方に気づかせていく。さらに,親は,表情や誇張した行動,発 声によって,子どもに「ユーモアの枠組み」がもっている意味を教え,「これがおもし ろいのだ」ということを指し示す言語的な名称についても教える。

　オハイオのマイアミ大学の発達心理学者ベルゲン (Bergen, 1998a) は,1歳から7歳 の子どもの両親を対象に,子どもが自分でおもしろさを見出した出来事の内容を記録 し続けるよう依頼した。子どものユーモアの例として記録されたものの多くは,遊び の文脈で起こっており,ことばや行為の遊びのある操作を含んでいた。共通するもの としては次のようなものが挙げられる。たとえば,支配や動きの遊び(くすぐりゲー ムや追いかけっこ),おどけ(表情や体の動きや声の誇張した表現),その場に合わな い行為をすること(赤いマットを丸めて,それを「フルーツロール」といって食べる ふりをすること),音や文字の意味で遊ぶこと(意味のない単語を繰り返し言ったり 歌ったり)などによって楽しさが表出されていた。

　ユーモアと遊びの密接な関係は,よりユーモアセンスをもつ子どもほど,全般的によ り多くの遊びを行う傾向があることを示す研究にも表れている。バーネット (Barnett, 1990) は,下位尺度にユーモアセンス尺度を含む子どもの遊び傾向 (playfulness) 尺 度を開発した。ユーモアセンス尺度には,冗談をいうこと,からかって遊ぶこと,お かしい話をすること,友達と笑うことの頻度に関連した項目が含まれている。子ども の遊び傾向を大人の観察者が評定に利用できるようデザインされているこの尺度には, ユーモアに加えて,身体的,社会的,認知的な自発性と明確な楽しみについての項目 も含まれている。この尺度を用いた研究では,ユーモアセンス尺度が,児童期の全般 的な遊び傾向に関する他の多くの測度との間に有意に相関していることがあきらかに なった。これはユーモアと遊びとの密接な結びつきが,さらに支持されたことを示し ている (Barnett, 1991)。同じように,マギーとロイド (McGhee & Lloyd, 1982) は, 保育園児を対象としたユーモア研究において,子どもの言語的,行動的なユーモアの 始まりと笑いの反応をもっとも予測する要因が,社会的遊びを行う頻度であることを 示している。

　このように,ユーモアと遊びとの間には密接な関連があるが,両者はまったく同じも のではない。小さな子どもがお母さんのお気に入りのドレスを着て,ハイヒールを履 いて,口紅をつけることは,楽しいごっこ遊びであったとしても,この子どもは,必

ずしもおもしろさや「おかしさ」を感じる必要はない。しかしながら，服を前後ろ逆に着て，靴を手にはめ，口紅をおどけて顔につけていたりすれば，この子どもはこのことをユーモラスなものとして受け止め，他の人に笑ってもらうとことを期待しているのである。このように，ユーモアには，遊びとしての態度に加えて，普段のやり方からの大きな不調和，奇妙さ，逸脱，ずれがみられることが不可欠なのである。

　ユーモアは，子どもの発達のどの時点で，他の形式の遊びから最初に分岐してくるといえるのだろうか。6ヶ月の乳児が「いないいないばあ」に反応して笑っているのをみると，我々は子どもがユーモアを体験しているのだという仮説を立てたくなる。しかしながら，一部の研究者によると，実状は必ずしもそうとは限らないという。つまり，幼児期における笑いは，様々なポジティブな情動をやりとりするために用いられており，まさにユーモアだというわけではない。では，子どもは，単に「楽しい（fun）」というのではなく，いつ「おもしろい（funny）」ことに笑い始めるようになるのだろうか。これは，発達心理学者の間で議論を醸してきたトピックの1つである。

　初期の研究者であるヴォルフェンシュタイン（Wolfenstein, 1954）は精神分析の観点から児童期のユーモアを捉えているが，彼女によると，ユーモアはごっこ遊びが，「真剣な」ごっこ遊びと「冗談」のごっこ遊びの2つに分化し始める時期である2歳までには現れないという。いずれのごっこ遊びでも，子どもは現実のふりまねをする（子どもは現実ではないことを知っている）。そして，真剣なごっこ遊びにおいては，現実についてのふりまねや錯覚に焦点があるのに対し，冗談のごっこ遊びでは強調点が非現実の認識にある。このように，真剣なごっこ遊びをしている子どもは夢中で役割を演じて，「お母さん」や「トラック運転手」になりきり，本物の母親やトラックの運転手とよく似た行為を行う。しかしながら，ユーモアでは，意図的に現実をゆがめ，誰かを笑わせることを意図して，普段とは異なったり，誇張したりするやり方で振る舞う。

　ユーモアの発達についての初期の著名な研究者マギー（McGhee, 1979）もまた，ユーモアとごっこ遊びとの間に密接な関連があることを指摘している。ユーモアの発達に関する彼の理論は，スイスの著名な心理学者ピアジェ（Piaget, 1970）によって提唱された，より一般的な認知発達の理論に強く影響を受けている。ヴォルフェンシュタインと同様に，マギーは，純粋なユーモアがファンタジー・ふりまね遊び・ごっこ遊びの能力が発達し始める時期である2歳の半ばまでには生じないと主張している。これはピアジェの理論でいう感覚運動期の段階から前操作期の段階へと移行する時期と一致する。これは，世界に関する知識を獲得するために，対象の直接的な操作に頼る代わりに，スキーマを内的に表象し始めるようになる段階である（認知的スキーマの概

念については第4章で議論した)。

　この年齢でのもっとも意義ある発達は，他の対象物を表象するのに，シンボルやサイン（ことばも含まれる）を用いる能力である。ピアジェ派の理論によると，子どもが特定の対象や出来事に関する既有のスキーマと適合しないような情報を知覚した時，不調和を体験するという。そして，この不調和をきたす情報を意味づけるために，通常子どもは，知覚した情報を既有のスキーマに適合するように再解釈する（ピアジェの用語で，**同化**）か，あるいは，新しい情報を取り込むことができるように既有のスキーマを修正する（ピアジェの用語で，**調節**）という。このようにして，不調和は解消されていき，子どもの知能は発達していく。

　マギー（1979）によれば，出来事を意味づける過程には次の2つがあるという。1つは，より真剣で現実に基づく「現実の同化」であり，もう1つはより遊びのある，ふりまねやごっこ遊びをする「空想の同化」である。ユーモアの本質である後者の同化では，あるものをあたかも別のものであるかのように扱い，遊びとして対象に対して誤ったスキーマを適用することで，子どもは不調和に反応する。これにより，子どもはそれが現実には起こりえないことを理解しているのだが，ファンタジーの世界を積極的に体験することができる。したがって，マギーの視点からは，ユーモアには，空想の同化を伴った不調和の知覚を含むことが不可欠だということになる。

　たとえば，子どもは鉛筆を使って髪を櫛で梳くふりまねをする。これは，鉛筆のスキーマが櫛の特性を含みこむことができるように，スキーマを拡張しているのである。このような空想の同化においては，現実の同化においてなされるのとは異なり，スキーマはずっと変更されているのではなく，一時的に普段とは異なる形で適用されているにすぎない。ピアジェらの発達研究に基づき，子どもは18ヶ月あたりで象徴的遊びの能力を獲得するまで，このような空想の同化を行うことはできないとマギーは主張している。つまり，マギーの見解では，「いないいないばあ」に反応して笑う生後6ヶ月の子どもは，不調和な状況を認識し，あきらかにそれを楽しんではいるとしても，本当にはユーモアを体験しているわけではないということになる。

　ヴォルフェンシュタインやマギーとは対照的に，ピエンとロースバート（Pien & Rothbart, 1980）は，象徴的な遊びの能力と空想の同化は，ユーモアを味わうことに必ずしも必要ではないと主張している。そのかわり，ユーモアに必要なのは，遊びなのだという解釈を伴う不調和を認識することのみであることを提唱している。そして，この不調和を認識し，遊びとして解釈するという能力は，子どもが初めて笑いを表出する生後4ヶ月頃までにすでに存在しているという。この年齢の子どもは，内的なメンタルモデルとしてのスキーマを獲得してはいないものの，物理的世界との相互作用

に基づいた感覚的なスキーマや運動スキーマは発達しており，この時獲得しているスキーマに関して不調和を引き起こす事象を認識できる。この見解を支持するものとして，先に挙げたスロウフェとヴンシュ（1972）の研究を引き合いに出し，子どもがすでに親しんでいる感覚運動的なスキーマからのズレを含んだ視覚的，社会的出来事に対して笑うことを指摘している。

　ピエンとロースバートは，ごっこ遊びが前操作期になるまでは始まらないというマギー（そして，ピアジェ）の見解を支持しているものの，子どもは，4ヶ月になるまでに物を使って練習や探索，操作する遊びといった単純な形式の遊び行動や運動遊び，社会的遊びができることを指摘している（Garner, 1998 も参照）。彼らはピアジェに倣って，遊びを，既有のスキーマを刺激に合わせて調整する試みはほとんどあるいはまったく行われることのない同化を含んだ，その活動自体を楽しむために行われる行為として定義している。彼らは，不調和がユーモアとして認識されるために不可欠なのは，遊びとして反応する能力のみであると主張している。そして，不調和に対して遊びとして反応するためには，安全で怖れのない状況におかれさえすればよいという。つまり，彼らの見解では，「いないいないばあ」で笑う6ヶ月の子どもは，実際にユーモアを体験しているのである。

　子どもがユーモアを最初にみせるのはいつなのかという問いは，おそらく解決できないだろう。なぜなら，この問いは，ある部分では研究者がユーモアをどのように定義するのかによるからである。おそらく今いえることは，ユーモアの起源が遊びにあり，子どもの認知能力が発達するにつれて，だんだんと他の種類の遊びから分化していくということである（Bergen, 2003）。今日，多くの研究者は，微笑みや笑いのような顕在的な行動に対象を絞り，ユーモアといった主観的な体験の認知についての言及を避けることで，子どものユーモアの起源はいつなのかという問いを避けているようだ。それでもやはり，ほとんどの研究者は，2歳までにユーモアと他の形態の遊びとが分化していくことについては一致した見解を示している。これは，子どもの言語スキルが発達するのにしたがって，特定の出来事について笑うだけではなく「おかしい」とか「ばかばかしい」といったことばで表現できるようになることで，主観的な体験についても検討できるようになるということでもある。

3節　ユーモアと認知発達

　本章と前章で述べてきたように，多くの研究者と理論家たちは，不調和をユーモア

に不可欠な構成要素であると考えてきた。不調和とは，人が通常期待する内容から逸脱していたり，ずれがあったりすることである。4章でも考察してきたように，これらの期待は，その人の記憶のなかに貯蔵されている心的表象である認知的スキーマに基づいている。大人と同様に子どもも，既有のスキーマと一致しない対象や出来事を笑う傾向がある。スキーマは，児童期に世界を体験し，熟知していくことを通して次第に発達していくため，獲得したスキーマとの関連からみて不調和であると知覚され，ユーモラスであると知覚される対象や出来事も時間の経過に伴って変化していくのである。つまり，年少の時に不調和でおかしいと思われた事柄も，認知発達が進むとごくありふれたものになり，ユーモラスであるとは感じなくなるのである。反対に，年長の子どもは，より精緻なスキーマを獲得しているため，年少の頃には理解できなかった新しい種類の不調和やより複雑な形式のユーモアを楽しむことができるようになる。つまり，児童期のユーモアセンスは，認知発達と並行して発達するのである。1970年代初頭から，認知発達がユーモアの理解と鑑賞へ与える影響に注目した多くの理論的研究や実践的研究が行われてきている。

ユーモア発達に関するマギーの4段階モデル

多くの研究結果をふまえて，テキサス大学のマギー（1979）は，認知発達における全般的傾向に対応して，児童期におけるユーモアについて4つの発達段階を提唱している。先述のとおり，子どもが認知発達の前操作期へと進み，ごっこ遊びや想像遊びができるようになる2歳半ばまでは，ユーモアを味わうことはないと，マギーは述べている。ユーモア発達の第1段階――マギーはこれを**対象に対する不調和な行為**と呼んでいる――は，2歳半ばで始まるとしている。マギーによれば，この年齢の子どもは，対象を内的な心的スキーマとして表象でき，この段階での子どものユーモアは，遊びとして通常は用いられないスキーマへ対象を同化することによって成り立つ。

たとえば，子どもは葉っぱを耳にあて，それが電話であるかのように話をする。その行為の不適切さに対してもっている子どもの認識は，ユーモアを構成する重要な要素である。すなわち，もし子どもが誤っているという認識なしに，単にスキーマを適用し損ねているだけならば，（観察していた大人は笑ってしまうかもしれないとしても）子どもが笑うことはない。実際，子どもは，自分自身のうっかりした誤りが，意図せず親や他者に笑いを生じさせたということから，ユーモラスな振る舞い方を学ぶこともよくある。いったんこのような不調和な行為が笑いを引き起こすことを見出すと，他者を笑わせるために意図的にこのような振る舞いをするようになる（Bariaud, 1988）。

マギーによるユーモア発達の第2段階——**対象および事象に対する不調和な名前づけ**と呼ばれる——は，ことばを遊びとして用いることができるようになる3歳初めに始まる。この段階では，ことばのユーモラスな用い方として，対象や出来事に通常とは異なるラベル（名前）をつけるというものである。たとえば，この年齢の子どもは，犬を「猫だ」，手を「足だ」，目を「鼻だ」などと呼ぶことをとてもおもしろがる。このようなラベルづけをユーモアとして受け取るためには，子どもは，まずことばの正しい意味を理解し，その上で，それをあえて不適切に使っているということに気づく必要がある。したがって，語の正しい使い方を獲得することが，子どもがユーモアを産出するために遊びとして通常とは異なるラベルづけをする時期を規定する重大な要因であるようだ。

マギーによるユーモア発達の第3段階——**概念的不適合性**と呼ばれる——は，（ピアジェ流に言えば）ことばというものが，（概念）特性を定義するような特定の主要な意味をもつ一連の対象や出来事を指し示すものであることを認識し始める3歳頃に始まる。この段階のユーモアには，単純なラベルづけではなく，概念についての単一または複数の属性が通常とは異なるように適用されることが含まれている。たとえば，この段階の子どもは，単純に猫を犬と呼ぶことでおもしろさを見出すかわりに，「にゃーお」ではなく「モーモー」と鳴くたくさんの猫を描いた絵を見たり，それをイメージしたりすることでおもしろさを感じる。

しかしながら，近年，ジョンソンとメルビス（Johnson & Mervis, 1997）は，第2段階から第3段階への移行の認知的基盤について疑問を呈している。すなわち，この年齢で「前概念」から「真の概念」へと移行するというピアジェ派の見解は，子どもの初期の概念発達についての研究において十分に支持されてはいないというのである。そこでは，むしろ，子どもが用いる前言語的なカテゴリーは，大人が用いるカテゴリーと同じ原理に基づいているらしいという。そのため，彼らは，マギーのモデルにおける第2段階から3段階への移行は，単に子どもがどのようなことを話す傾向があるかの変化を反映するものであると主張している。したがって，（ジョンソンとメルビスによれば）初めに子どもは，ものの名前を覚えることで，通常とは異なるラベルづけを含んだ第2段階のユーモアを生み出すことができるようになり，その後，対象の属性を示す語を学び始めることで，不調和をきたす属性を含んだ第3段階のユーモアを楽しむことができるようになる。

また，この間に，子どもは，複雑な文を構成する能力が発達することで，ことばのリズムを繰り返したり，意味のない語を産出する（たとえば，「リンゴ，ディンゴ，ビンゴ」）といった，様々な種類のことばあそびをするようになる。この年齢の子どもは，

単純な「なぞなぞ」を楽しむようになる。ただし，典型的には，この「なぞなぞ」の構造は，のちの発達段階でみられる「なぞなぞ」のようなことばや概念についての遊びを含まないため，いわば「前なぞなぞ（preriddles）」と呼ぶにふさわしいものである（Yalisove, 1978）。

マギーによるユーモア発達の第4段階——**意味の多重性**と呼ばれる——は，ピアジェの認知発達理論（Piaget, 1970）でいえば，前操作期から具体的操作期へと移行する7歳あたりに始まる。具体的操作期にある子どもは，具体的に対象を動かす行動をとらなくても，様々な行為の結果をイメージすることで，心のなかでスキーマを操作することができる。彼らはまた保存の概念も理解することができ，物体が何もないところから現れたり，あるいは形が変わっても消えたりしないということも認識している。さらに，子どもは，保存についての可逆的思考を行うこともできる。すなわち，物体に対して可逆的な操作が可能であり，その逆の操作によって効果が無効となるということを認識ができるのである。また，この段階の子どもは自己中心性が次第に薄れ，他者がもつ視点は自分自身の視点とは違うということを認識でき始める。これらの認知能力はすべて，現実をより複雑に操作して遊ぶといういっそう洗練されたユーモアを鑑賞するために必要な能力なのである。

言語能力に関しては，この段階の子どもは，言語が様々なレベル——音韻論，形態論，意味論，統語論——でもつ曖昧さを認識し始めるようになる（Shultz & Pilon, 1973; Shultz & Robillard, 1980）。このため，多くのユーモアやなぞなぞには重要な構成要素となることばあそびや二重の意味を楽しむことができるようになる（Whitt & Prentice, 1977; Yalisove, 1978）。たとえば，この年齢の子どもは，次のなぞなぞに含まれる二重の意味を理解できるだろう（McGhee, 1979, p.77）。

「なぜ年取った人は薬棚をつま先で過ぎ去るの（tiptoe：用心深く扱うの）？」
「それは寝ている薬（pills：やっかいなこと）を起こさないようにするためだよ」

二重の意味やことばあそびに基づいた駄じゃれや他のジョークに加えて，この年齢の子どもは，論理的な矛盾に基づいていたり，推測が必要とされる抽象的なユーモアを理解できるようになる。マギーの研究（McGhee, 1971a, 1971b）では，前操作期の子どもは，抽象的な不調和を含んでいるような様々なジョークや漫画の意味を理解することは難しいのに対し，具体的操作段階に達している子どもは，これらの意味をより理解ができるようになるということが示されている。

マギー（1979）は，この第4段階をユーモア発達の最終段階として考えており，こ

のユーモアのタイプが青年期および成人期においても引き続き楽しまれるものであることを指摘している。しかしながら，形式的操作段階（Piaget, 1970）が青年期早期に始まるというピアジェの考えによるならば，さらなる発達が起こると考えることもできよう。すなわち，この段階では，個人の思考はより抽象的となり，認識や経験よりも論理的な原理によって支配されるようになる。またこの段階では，世界をより柔軟に，批判的に，そして，抽象的にみることができるようになる。そのため，この段階では，言及された内容に論理的な矛盾を見出し，行為の論理的な順序を仮定し，将来その行為の結果がどうなるかを予想するために，概念の特性について同時に複数の側面から心的に操作することができるようになる。このようなすべての認知能力は，具体的操作期よりも抽象的なレベルで思考や概念を用いて遊ぶことを間違いなく可能にするものである（Führ, 2001）。

たとえば，この段階では，伝統的な構造や形態をもつジョークだけではなく，人生の意味についての経験に基づいた冗談を楽しみ始めるかもしれない。イェーリソーブ（Yalisove, 1978）の研究では，子どもが気に入った「なぞなぞ」をつくるように教示されると，2年生から7年生までの子どもは，ことばの曖昧さに基づいた「なぞなぞ」をつくる（たとえば，「鳥はなぜ南へ飛ぶの？ それは遠いからだよ，歩くには」）のに対して，10年生になるまでに，次第に不条理さに基づく「なぞなぞ」をつくるようになるという（たとえば，「どうすればビートル（フォルクス・ワーゲン社の自動車の愛称）に6頭の象を入れられる？」「そりゃあ，前に3頭，後ろに3頭だよ」）。このように，全体的にみると，ユーモアの認知発達は，不調和を知覚したり，生み出したりすることを可能にするより洗練された心的構造や遊びのある認知的能力の発達とみなすことができる。

子どものユーモアにおける不調和と解決の役割

モントリオールのマッギル大学のシュルツ（Shultz, T.）らは，認知発達とユーモア鑑賞との関係について，数多くの研究を行っている（レビューとしては，Shultz, 1976を参照）。彼らは，(3章で紹介した) 何らかの形で解決される不調和から構成されているとするユーモアの不調和解決理論を基礎にして研究を進めてきた。このユーモアのモデルは，オチにみられる不調和が解決される，典型的には前フリの段階での曖昧な情報が再解釈によって解決されるという構造をもつことが多いジョークによってもっともよく例証されている。これらの研究者は，異なる発達段階にある子どものユーモア評価に対して，不調和と解決とが寄与する程度の相対的な違いにとりわけ興味をもっていた。

シュルツとホリベ（Shultz & Horibe, 1974）は，1年生から7年生を対象にオリジナルのジョークと，それを改変したジョークを提示する実験を行っている。改変したジョークとして，不調和を取り除いたものと，不調和は残されているが解決が取り除かれたものを準備した。たとえば，以下のようなものである。

　　女性：私にカブ（タクシー）を呼んで（私をカブと呼んで Call me a cab）
　　男性：カブ！
　解決が取り除かれたバージョンは…
　　女性：私のためにカブを呼んで
　　男性：カブ！
　不調和が取り除かれたバージョンは…
　　女性：私にカブを呼んで
　　男性：はい，わかりました。

　この研究の結果，3年生から7年生の子どもでは，オリジナルジョークは解決を除去したジョークよりもおもしろいと知覚され，また，解決を除去したジョークは不調和を除去したジョークよりもおもしろいと知覚された。しかしながら，1年生では，オリジナルと解決を除去したジョークは，不調和を除去したジョークよりもおもしろいとされたものの，両者の間でおもしろさの程度に差はみられなかった。これらの結果は，年少の子どもでは，不調和のみにおもしろさを見出し，不調和が解決されることは必要でないことを示すものと解釈された。それに対して，不調和の解決がユーモアの評価にとって重要になることは，1年から3年の間に始まり，そして，おそらく大人になるまで継続していく。オリジナルジョークの意味について説明を求められた場合，1年生ではジョークの解決を理解すること，とりわけ，特にジョークの前フリ段階にある曖昧さに隠された意味を特定することが非常に難しかったという結果は，上記の結果をさらに支持するものである。
　彼らは，不調和それ自体を楽しむことから，不調和の解決を楽しむことへと移行するのは，認知発達の前操作期から具体的操作期へと移行するのと同じ時期に生じているようだと指摘している。そしてこのことは，具体的操作期において発達する知的能力が，解決というユーモアの要素を味わい，楽しむために不可欠であることを示唆するものである。このように，不調和のみのユーモアから不調和解決のユーモアへの移行は，マギーが提唱したユーモア発達の第4段階が始まるのと時を同じくしている。この研究から導き出された結果は，ジョークの代わりにユーモラスななぞなぞを用いて

シュルツが行った他の研究の結果からも支持されている（Shultz, 1974a）。

　しかしながら，オレゴン大学のピエンとロースバート（Pien & Rothbart, 1976）の一連の研究は，シュルツの結果に疑問を投げかけている。すなわち，シュルツの研究で用いられたジョークは，言語的な曖昧さに基づくものであり，6歳の子どもには理解するのが難しすぎるというのである。したがって，この年齢で解決についておもしろさを感じることができなかったのは，全般的にユーモアの解決の重要性が減少したというよりも，単純に特定の刺激を理解することが難しかったためであるという。実際にピエンとロースバートは，より単純なジョークや漫画を刺激として用いれば，4，5歳の子どもであっても，不調和の解決を理解することが可能であり，不調和のみより，むしろ不調和の解決を含んだジョークを好むということを示している（Klein, 1985も参照のこと）。

　そして，ピエンとロースバートは，これらの結果から，子どもは不調和のみを楽しむ段階から，不調和に加え解決を楽しむ段階へ発達するというシュルツの見解と食い違うと結論づけている。すなわち，彼らは，幼児から成人にかけてのすべての年齢において，不調和は（解決があったとしてもなかったとしても）ユーモラスなものとして認識されると主張している。このような見解は，より最近に行われた研究の結果と一致しているようだ。前述のように，パロットとグレイトマン（1989）が行った，トリックを含む「いないいないばあ」の研究では，幼児期であってもある程度の解決がユーモアには必要であることが示唆されている。また，第7章で論じたように，ジョークや漫画を用いたルフの因子分析を用いた研究（たとえば，Ruch & Hehl, 1989）でも，大人であってもまた解決がない不調和（つまり，ナンセンス・ジョーク）を楽しむことができることを示している。このように，解決があるかないかは，ユーモアの発達においては重要な要因ではないようだ。むしろ，解決のありなしは，生涯をとおして観察される2種類のユーモアを特徴づけるものといえよう。

　さらに，ルフォール（Lefort, 1992）は，ジョーク，なぞなぞ，漫画は，話し手と聞き手とが行う一種のゲームとしての社会的文脈のなかで伝えられる特別な語りの型であることを指摘している。このように考えると，シュルツが**解決**と呼んでいるものは，この種の言語的ユーモアにおいて，不調和をきたす複数のスキーマを同時に活性化させるための一連の特殊なテクニックとして想定すべきなのかもしれない（Attardo, 1997も参照のこと）。機転の利いた機知のような他の形態のユーモアにおいては，不調和をきたすスキーマを活性化させるために，このようなテクニックは必ずしも必要ではない。この観点からすると，ジョークを体験するにつれ，子どもはこの語りにみられる枠組みに関して理解を組織化していくことを学び，その結果，「ゲーム」の伝統的

なルールを内在化していくといえる。したがって，シュルツらが行ったようなジョークやなぞなぞについての発達研究は，子どもの一般的なユーモア体験についてというよりも，伝統的なジョークがもつ構造の理解についての発達をあきらかにするものであると位置づけられよう。

ユーモアと認知の獲得

マギーのユーモア発達モデルは，子どもがひとたび特定の認知能力を獲得すると，すぐにこれらの能力を使ってわざと不調和になるように振る舞って遊ぶことで，ユーモアを生み出すようになることを示唆している。マギー流にいうならば，「子どもは，いったん刺激となる要素同士の通常の関係に確信を得たり，新たな認知スキルの獲得を通して新たな理解の水準まで達すると，ジョークとしてその知識や理解を歪めることで楽しむようになる」(McGhee, 1983a, p.115) のである。子どものユーモアに関する数多くの研究は，子どもが特に楽しさを感じるのは，すでに慣れ親しんでいる概念よりも，最近になって獲得した概念を用いて遊ぶユーモアであることを示している(McGhee, 1974)。

ユーモアと認知発達に関する初期の研究においては，エール大学の研究者グループが2年生から5年生の児童を対象に，漫画を呈示する研究を進めている（Zigler et al., 1966)。そこでは，研究者は，子どもが漫画に反応して微笑みや笑いを示す程度を記録し，それぞれの漫画の意味について説明を子どもに求めている。当然のことながら，学年が上がるにつれて，漫画についてより理解するようになり，5年生がもっともユーモアを理解することがあきらかになった。しかしながら，漫画に反応した微笑みや笑いは，これとは同じパターンを示さなかった。微笑みと笑いの頻度は，2年生から4年生にかけては，理解が増すのと並行して増加したが，5年生では2年生と同じ水準まで急降下していた。すなわち，5年生の児童は，ユーモア刺激の意味をよく理解しているけれども，それまでの学年の児童ほどおもしろさを感じることはないのである。つまり，この年齢では，漫画があまりに単純に感じられてしまい，もはや楽しみにはつながらないのである。

ジグラーらはこれらの結果を説明するために「認知的調和」仮説を提唱した。この仮説は，認知的な困難さとユーモアの楽しさとの間に逆U曲線の関係があることを示唆するものである。つまり，子どもにとって認知的な側面での負荷が大きすぎる漫画は理解されず，したがって楽しむことができない一方で，子どもにとって認知的な側面での負荷が小さすぎる漫画は，充分に理解は可能であるものの，おもしろさが見出されないのである。すなわち，ユーモア刺激は，子どもの認知的スキーマの複雑さに

調和する時におもしろいと感じられるというのである。この仮説は，その後同じ研究グループが行った，3つの学年の子どもに困難さの水準が異なる漫画を呈示した研究でも支持されている (Zigler et al., 1967)。そこでは，それぞれの学年の子どもは，困難さが中間レベルの漫画を好み，最適な困難さの水準は，学年が上がるにつれて高まることが示されている。

マギーが行った2つの実験もこの仮説を支持している (McGhee, 1976)。1つ目の研究では，様々な年齢の子どもについて，まず標準的なテストを使ってたくさんの保存概念（粘土などの物体は，形が変わっても同じ質量を保つという認識）を理解する能力が測定された。次に，子どもには，保存概念に反するユーモラスな内容に基づいた一連のジョークが提示された。

　　ジョーンズがレストランで夕食にピザを一枚注文しました。
　　ウェイターがそのピザを6つに切るか8つに切るか尋ねたところ，
　　ジョーンズは答えました。「6つの方がよいなぁ。8つも食べきれないからね！」

このジョークに対する実験参加者によるおもしろさの評定を分析したところ，有意な逆U字の曲線効果がみられた。この結果は，保存概念を獲得したばかりの子どもは，このようなジョークをもっともおもしろいと感じ，保存概念をまだ獲得していないか，より年長のおそらく数年前にすでに保存概念を獲得している子どもは，それほどおもしろいと感じなかったことを示している。2つ目の研究では，まずピアジェの包摂概念（物体は時に同時に複数のカテゴリーに分類されうることを認識する能力）の理解についてテストを行い，次に，この原理から逸脱するようなジョークを呈示した。この実験でも，最近になってこの概念を獲得した子どもがもっともおもしろさを感じるという，同様の逆U字のパターンを示す結果がみられた。

マギーはこれらの結果が認知的調和仮説を支持するものであると解釈している。つまり，子どもの認知構造と照らし合わせた時，最適な負担の水準となるユーモア刺激に対して子どもはもっともおもしろさを感じることを示唆している。理解するのに難しすぎたり簡単すぎたりすると，十分に楽しめないのである。この認知的調和仮説は，子どもの認知発達や理解力とユーモラスななぞなぞによる楽しさとの関連性を検討したいくつかの研究によっても支持されている (Park, 1977; Prentice & Fathman, 1975; Whitt & Prentice, 1977; Yalisove, 1978)。

皮肉と嫌味に関する認知発達

　ユーモアの発達に関する認知的観点からの早期の実証的研究の多くは，ジョーク，漫画，なぞなぞのような「お決まりの」ユーモアに対する子どもの理解と鑑賞に焦点を当ててきた。だが，前章でも指摘したように，この種のタイプのユーモアは，文脈に依存せず，どこへでも持ち込めるものであり，したがって，実験室で研究することが容易であった。しかしながら，こういったユーモアは，日常生活において，子ども（もちろん，大人も）が出会うユーモアのほんの一部分のみを代表するものでしかない（Bergen, 1998b; Martin & Kuiper, 1999）。児童期での多くのユーモアは，むしろ，ことばあそび，ばかげたジェスチャーや動作，不調和をきたす空想遊び，からかい，皮肉，嫌味，その場でのジョークなどのように，遊びのある社会的なやりとりのなかで，自発的な言語，非言語的な振る舞いから生じるものである（Bergen, 1998a; Fabrizi & Pollio, 1987b; McGhee, 1980b）。自然と生まれてくるこれらの種類のユーモアは，絶えず変化する社会的な文脈により依存しているため，研究することは容易なことではない。それでも，近年では，特定の種類の会話上のユーモア，とりわけ皮肉や嫌味の理解に関する発達研究がみられるようになってきている（レビューは，Creusere, 1999 参照のこと）。

　第4章で指摘したように，皮肉は，文の文字通りの意味とは反対のメッセージを間接的に伝えるために用いられるユーモラスな言葉の綾である。たとえば，実際には寒くて嵐のような天気の日に「なんてひどい日なんだ！」という意味を「なんて素晴らしい日なんだ！」という表現で伝えるものである。皮肉は，嫌味とも密接に関連しており，「通常，個人に向けられる，手厳しく，辛辣な，あるいはその他の皮肉的な言葉」である（Gibbs, 1986, p.3）。たとえば，誰かが足がもつれてつまずいたことに反応して「あなたってとても優雅ね」ということは，皮肉でもあり嫌味でもある。一方，皮肉は批判と同じように，間接的にお世辞を示すために用いられる場合もある。たとえば，テストでA評価をもらった高いレベルの学生が，クラスメートに「次はもっと頑張ったほうがいいぜ」と言うといったことである。

　皮肉や嫌味を理解しユーモアを感じるためには，子どもは複雑な言語学的，社会的な推論をする能力を発達させなければならない。まず，皮肉な発言のなかに含まれた意図が，表面的な意味ではないということを認識し，その上で，文字通りの意味を真の意味に置き換えることを学ぶことが求められる。さらに，会話のなかの皮肉がもつ語用論的な機能（つまり，社会的機能やコミュニケーション上の機能）を認識する必要がある。2つの語用論的な機能が，研究者によって特定されている（Dews et al., 1995）。それは，第1に，皮肉は暗に示された批判やお世辞を，字義通りのことばを用いるよ

りも，批判はより否定的でなくなるように，また，お世辞はより肯定的でなくなるようにすることで，発言の肯定性や否定性を加味したり，弱めたりするために用いられる。第2に，皮肉は，字義通りの意味と暗に示された意味（含意）との間の不調和に基づくユーモアを伝えるために用いられ，意図的におもしろくしようとするものである。ユーモアの発達研究を行う研究者は，子どもが皮肉のこのような異なった側面についての理解を，どのように発達させていくのかについて検討し続けてきた。

　皮肉に込められた意味を理解する能力は，6歳まで発達しないことを多くの研究者が指摘している（Creusere, 2000; de Groot et al., 1995; Winner et al., 1987）。この理解力は「心の理論」，すなわち，話し手の信念や意図を推測する能力にも依存している。特に，発言が皮肉となるように意図していることを理解するためには，実際には何を意図しているかだけではなく，話し手が聞き手もその意図的な含みを同じように理解してくれると話し手が信じているのだということを推論する必要がある。このような推論ができなければ，字義通りの内容を真に受けてしまうか，あるいは嘘であると誤って解釈してしまうことになる。

　マサチューセッツ大学のサリヴァンら（Sullivan et al., 1995）は，5歳から8歳の子どもを対象とした研究で，二次的な無知（たとえば，物語のなかで，ある登場人物は，別の登場人物が知っていることを知らないと認識すること）を正しく判断する心の理論能力がすでに発達しているならば，嘘とユーモラスな虚偽の発言（冗談）とを区別する能力があることを見出している。興味深いことに，嘘と冗談では声のイントネーションが違うにもかかわらず，この能力を獲得していない子どもは，冗談には嘘としての意図がないことを認識できなかった。しかしながら，二次的な誤信念（たとえば，物語のなかで，ある登場人物が別の登場人物の考えを誤解してしまうこと）を正しく判断するといったさらに高度の心の理論は，うそと冗談を見分けるために必要ではなかった。このことは，心の理論の一部の視点のみが皮肉の理解には必要であることを示している（Winner & Leekam, 1991）。

　他の研究者たちも，皮肉の語用論的機能の理解の発達を研究してきている。ボストン大学のデューズら（Dews et al, 1996）は，皮肉としての侮辱を（訳注：その否定性について）弱める機能と，ユーモラスな性質についての理解を検討するために，2つの研究を行った。1つ目の研究では，5歳，6歳，8歳，9歳，大学生の実験参加者に，皮肉的な批判，字義通りの批判，字義通りのお世辞の例が含まれる漫画（テレビの漫画を短く編集したもの）を呈示した。そして，実験参加者は，発言の意図された意味が理解できるかについて確かめられ，その発言の真剣さとおもしろさについて評定するよう教示された。

その結果，他の研究と一致するように，皮肉的な批判の含意を理解する能力は，5歳から6歳の間に現れることがあきらかになった。また，興味深いことに，子どもは皮肉的な批判の意味を理解できるようになるとすぐに，それが字義通りの批判よりもより真剣さや侮辱の程度が低いことを認識しており，これによって皮肉が否定性を弱める機能をもつことを理解していた。しかしながら，皮肉のユーモラスな性質についての理解は，ある一定の段階を待たないと発達しないようである。子どもは，8歳から9歳になるまで，皮肉な侮辱を字義通りの侮辱よりもおもしろいと感じ始めないようだ。一方，大学生は，皮肉な侮辱のおもしろさをより高く評定していた。このことは，皮肉な侮辱のユーモラスな側面について十分に感じ取ることができるようになるのは，青年期か成人期早期であることを示唆している。
　第2の研究は，皮肉な批判が明瞭か否かと，提示される際の声の調子（無表情か，嫌味っぽいか）を操作することによって，これらの知見をさらに押し広げるものであった。その結果，すべての年齢において，間接的で皮肉かどうか曖昧な条件では，直接的であきらかに皮肉である条件よりも侮辱の程度が高いと評定された。しかしながら，大人は曖昧な皮肉によりおもしろさを見出したのに対し，子どもはあきらかに皮肉である条件でおもしろさを見出した。したがって，より侮辱的な発言がおもしろいとされることは，年齢に伴って発達するようである。
　実験参加者が感じた皮肉な侮辱の真剣さやおもしろさは，声の調子にも影響を受けていた。すべての年齢において，真面目あるいは無表情なイントネーションの皮肉は，嫌味なイントネーションの皮肉よりも，侮辱の程度を下げ，よりおもしろさを感じさせるようである。つまり，嫌味な声の調子は，いらだちを伝えるのに対し，真面目で無表情なイントネーションは，楽しさやユーモアを引き出す。
　さらに近年では，カルガリー大学のペックスマンとハリス（Pexman & Harris, 2003）は，皮肉な批判に加え，皮肉なお世辞がもつ社会的な機能についての子どもの理解の発達を検討している。5歳から8歳の子どもに，パペット（指人形）を用いて，批判とお世辞について，皮肉の場合と字義通りの場合の場面を呈示した。皮肉な批判と字義通りの批判についての結果は，全体としてはデューズら（1996）の結果を追試するものであった。つまり，子どもは含みを理解し始めるようになるとすぐに，皮肉な批判がもつ（訳注：否定性を）弱める機能を認識し始めるものの，皮肉な批判におもしろさを感じるのは，ある一定の段階を待たないと始まらないというものであった。事実，この研究では，年長児であっても，皮肉な批判をおもしろいとは感じていなかった。
　一方，皮肉なお世辞に関しては，含みを正しく解釈したのは，一部の少数の子ども

のみであり，正しい反応をした子どもの割合は，5歳から8歳の間で増えることはなかった。したがって，皮肉なお世辞の理解は，皮肉な批判の理解よりも後の年齢で発達するようである。この知見を説明する1つの解釈としては，子どもは日常生活のなかで，皮肉なお世辞よりも嫌味と出会う機会が多い傾向にあることが挙げられる。また，皮肉なお世辞には二重否定が含まれるため，理解するのがより難しいというという解釈も考えられる。

　さらにこの研究では，子どもは両者を理解できるようになるとすぐに，皮肉なお世辞を字義通りのお世辞よりもよくないものとして評定していた。このことは，皮肉な批判と同様，皮肉なお世辞がもつ（肯定性を）弱める機能については，早くから認識されることを示している。しかしながら，すべての年齢において，皮肉なお世辞と字義通りのお世辞の評定には差がみられず，そのどちらも真面目なものとして評定されていた。このことは，皮肉なお世辞のユーモラスな側面は，5歳から8歳の間では感じ取られることはないことを示している。子どもが皮肉なお世辞のおもしろさをいつ感じ始めるようになるかをあきらかにするために，8歳以上の年長児を対象としたさらなる研究が必要である。

　これらをまとめると，子どもが皮肉や嫌味の意味や語用論的な機能についての理解の発達について研究を進めることによって，ユーモアの発達の認知的な側面についての研究は，ジョーク，漫画，なぞなぞを超えて，他者との日常的なやりとりのなかで頻繁に生じる会話上のユーモアへと広がってきている。この種のユーモアは，より社会的な文脈に依存し，話し手の意図，心の理論，声のイントネーションといった多様な言語的，社会的な要因の理解を必要とする。皮肉や嫌味に加え，今後の研究では，対人関係のなかで生まれる言語的，非言語的なユーモアを子どもが理解する能力を探究していくために，さらなる研究が必要である。この領域の研究は，子どものユーモア発達の理解をさらに進めるだけではなく，子どものより一般的な社会的認知について興味深い洞察をもたらすものである。

4節　情動的コーピングとしてのユーモア

　ユーモアの認知的側面に加え，多くの発達研究者は，ユーモアは子どもにとって情動的な覚醒や脅威へ対処するための方法の1つとして機能することを示唆してきた。通常，不安や緊張の感情を喚起する物事を冗談にしたり笑ったりすることで，子どもは怖れをあまり感じなくなり，また統制感をもつことができる。すでにみてきたように，

フロイト（Freud, 1960 [1905]）は，ジョークが性的なことや攻撃性に関連したタブーとされるトピックを，社会的に受け入れられる形で表現するための方法であり，それによって，これらのトピックと関連する不安を緩和できることを示唆している。レヴァイン（Levine, 1977）は同様に，ユーモアが，認知的な統制の一種であるという考え方（前述）を拡張し，ユーモアや笑いが，認知的な領域と同様に，情動や，対人関係といった領域での統制を確立する1つの方法であることを示唆している。

精神分析を基本とした子どものユーモアに関する事例研究において，ヴォルフェンシュタイン（1954）は，子どものユーモアの多くが，死・暴力・破壊・罪悪感・病気・身体的機能・性・愚かさといった，潜在的に痛みを伴い，不安を覚醒させ，罪を生じさせるようなトピックと関係していると述べている。子どもは遊びのユーモアを想像することで，脅威となる状況を何かしら笑うことができ，楽しめるものへと変換することができる。より一般に遊びを扱ったサットン-スミス（Sutton-Smith, 2003）は，「遊びは，情動的な傷つきやすさをパロディ化する行動であると定義できる。なぜなら，本来の情動を皮肉として真似たり，反転させたりするからである（p. 13）」と示唆している。またサットン・スミスは，遊びの本質的な機能は，「怒り・怖れ・ショック・嫌悪・孤独・ナルシズムのような傷つきやすい情動を，笑いの種にして茶化すこと」にあると示唆している。ユーモアは，精神的な遊びの1つの形式として，おそらくこれらの機能を果たしているといえよう。

エリクソンの心理社会的発達の8つの段階に基づいてユーモアの発達モデルを提唱したローブとウッド（Loeb & Wood, 1986）は，ユーモアが「基本的信頼」対「不信」，「自立性」対「恥」，「自発性」対「罪悪感」，「勤勉」対「劣等感」といった一連の発達の危機から生じる葛藤を扱う方法の1つとなりうることを指摘している。同様に，マギー（1979）も，子どもが冗談を言ったり笑ったりしやすい話題は，それぞれの発達段階において生じる緊張・葛藤・不安に共通して関連しているものであると述べている。トイレットトレーニングを行い，苦しさを体験している幼児にとっては，トイレにまつわる活動や出来事が，情動的に緊張状態をもたらす時，排便・放尿・放屁などと関連した事柄が笑いを誘発するものとなる。このような幼児には，トイレに関連するようなことば（「うんち」「おしっこ」「おなら」）を単に繰り返すだけでも十分笑いが引き起こされる。

就学前頃になると，性による身体的な違いに気づくようになり，これもまた冗談の話題となる。児童期から青年期にいたるまで性行動に関する葛藤や緊張の感情が続くことは，性にまつわる事柄が継続して冗談に使われる一因ともなっている。学校に通うようになって学業や合理性が強調されるようになると，成績に関する不安が生じ，そ

のため,愚かさや非合理的な行動を扱った冗談がみられるようになる。潜在的に怖れを生じるトピックに対処するために用いられるユーモアは,子どもや青年の間で「病気」ジョークや「死んだ赤ちゃん」ジョークが多くみられたり,映画やテレビ番組のなかでも,おなら,発射,嘔吐やその他の身体的な機能を描いた「嫌悪」ジョークや,「下品」ジョークが,しばしばみられる (Herzog & Bush, 1994; Herzog & Karafa, 1998; Oppliger & Zillmann, 1997)。

大人のコーピングにおけるユーモアの役割を検討した研究は多くあるものの(これについては第9章で議論する),子どもの情動コーピングとしてのユーモアについての実証的研究は残念ながらきわめて限られている (Martin, 1989)。デンマークの心理学者ヒュール (Führ, 2002) は,10歳から16歳の子ども960名を対象に,コーピングユーモア尺度 (Coping Humor Scale: CHS) を用いて,コーピングにおけるユーモアの用いられ方について質問紙調査を行っている。因子分析の結果,次の3つの因子が示された。それは,不確定性とストレスに対処するためのユーモア,他者をからかうための攻撃的なユーモア,気分を好転させるための手段としてのユーモアである。男児においては,他者をからかうための攻撃的ユーモアが多くみられ,女児においては気分を好転させる手段としてのユーモアが多くみられた。不確定性とストレスに対処するためのユーモアの使用は,男女ともに年齢があがるにつれ増えていた。年齢が高くなるにつれ,女児では気分を好転させるためにユーモアを用いることが多くなったのに対し,男児ではこのようなユーモアの用い方は,わずかに減っていた。児童期早期から始まるコーピングのためのユーモアの用い方の発達的変化だけではなく,今後は,情動的な苦痛に対処するために,どのようなタイプのユーモアが有効であるかを検討する研究が必要である。

5節　児童期におけるユーモアの対人関係についての側面

これまでもふれてきたように,ユーモアと笑いは本質的に社会的な現象である。幼児は養育者とのやりとりの文脈のなかで笑うようになり,就学前の子ども多くの笑いは,他の子どもや大人と一緒にいる時に生じる。ユーモアの対人関係における特徴の大部分もまた,子どもが小学生から高校生を通して発達するにつれ現れてくる。遊びの1つの形態であることに加え,ユーモアは個人間でのやりとりやコミュニケーションの重要な側面であり,多様な社会的機能を果たす (Chapman et al., 1980)。第5章で述べたように,ユーモアにもともと備わっている不調和さや曖昧さは,様々な理由

から直接的で真剣なコミュニケーションでは問題が生じる状況において，メッセージを伝え，他者に影響を与えるために有効である。

シモンズらの研究グループは，幼児期から青年期を通して，子どもの社会的なやりとりにおけるユーモアが果たしうる機能について考察している（Simons et al., 1986）。幼児期においては，親とのユーモラスなやりとりは，愛着関係の発達に役立っており，その後の社会的，情動的な発達において重要であることが示されている（Ainsworth et al., 1991）。ユーモアは，分離不安に対処する方法の1つとなり，よちよち歩きの頃，自主性を獲得していく過程において積極的に行動することを可能にする。児童期中期では，仲間関係を形成，維持し，規範を他者に伝達，強制し，グループ内での社会的地位に影響を与えることで，ユーモアは社会化していくために重要となる。これらの機能は青年期になっても続き，さらにユーモアは異性との交際にも重要となってくる。しかしながら，現在では，これらの考え方はまだ推論にすぎない部分も多く残されており，児童期におけるユーモアの社会的機能や，これらの機能が児童期から青年期を通してどのように発達するかについてはほとんど研究されていない。ユーモアの社会的側面に関する初期の研究の多くは，他の子どもの存在がユーモアの認識にどのように影響を及ぼすかということに焦点を当ててきた。近年では，攻撃的な種類のユーモアの社会的側面について扱ったからかいについての研究がみられるようになってきている。これらの研究については，後節で議論する。

ユーモア理解と笑いへの社会的影響

子どもがユーモアに反応して表出する笑いの量は，社会的状況の多様な側面から影響を受けることが，かなり多くの研究であきらかになっている。たとえば，子どもの笑いのモデリングによる影響については，就学前の子どもを対象とした研究で示されている。その実験では，同じユーモラスな音声を聞く状況でも，他の子どもがその音声に対して笑ったのを観察した条件では，笑わなかったものを観察した条件よりも高い頻度で笑うことが示された（Brown, Wheeler & Cash, 1980）。

ウェールズ大学のチャップマン（Chapman, A.）は，1970年代の一連の研究によって，児童期のユーモラスな笑いに社会的文脈が与える影響を検討している（この研究のレビューについてはChapman, 1983を参照）。ある研究では，7歳の子どもを対象に以下の3つの場面を設定している。ヘッドフォンで1人だけでユーモラスなテープを聴く条件（「個別」条件），そのテープを聞いていない同じ年齢の同性の子どもがいる条件（「傍観者」条件），同じテープを同様に聞いている同じ年齢の同性の子どもがいる条件（「共行動」条件）である。その結果，共行動条件では傍観者条件よりも，また，

傍観者条件では個別条件よりも，より頻繁に笑いや微笑みがみられ，テープの内容はよりおもしろいと評定された。これらの結果は，感じられるユーモアや楽しさが，他者の存在があるだけでも促進され，他者とユーモアの体験を共有する状況ではさらに増すことを示している（Chapman, 1973b）。

その後の研究では，ユーモラスなテープを聞く際の子どもが表出した笑いの量は，一緒にいる他の子どもの笑いの頻度と直接的に関連していることがあきらかになっている（Chapman & Wright, 1976）。また，他の実験は，他の子どもと近くに座っている時（Chapman, 1975a），また，相手と背中合わせよりも顔と顔をあわせて座っている時に（Chapman, 1976），より高い頻度で笑ったり微笑んだりする行為が見られることをあきらかにしている。さらに他の実験では，小グループでの子どもは，笑っている相手を見ている時の方が，別の相手をみている場合よりも，刺激に対して笑ったり微笑んだりすることがあきらかになっている（Chapman, 1975b）。これらの研究は，笑いが，本質的に社会的なコミュニケーションの形態の１つであり，他者と社会的状況を共有することがユーモアの楽しみを促進することを示す，さらなる証拠を提供するものである。

子どものからかい

子どもは，早い年齢からユーモアが攻撃的に用いられることに気づくようになる。３歳頃には，攻撃的な言語的，非言語的行動の存在は，子どもがユーモアを感じるか否か決める潜在的な要因となり（Sinnott & Ross, 1976），攻撃性は児童期を通じてユーモアの好みに関わる重要な要因であり続ける（Pinderhughes & Zigler, 1985）。たとえば，３歳までに男児は，男の子よりも女の子をさげすむようなユーモアを好む傾向がある（McGhee & Lloyd, 1981）。また，子どもは３歳から６歳の間に，人種や，民族のアイデンティティに肯定的な感覚を強くもつようになるとすぐに，他の人種や民族の集団成員をさげすむようなユーモアを楽しむようになる（McGhee & Duffey, 1983）。子どもはまた発達早期に，からかいが威圧的な影響をもつことを学ぶ。そして，６歳までには，他者をばかにしてあざけるような振る舞いを避けるようになる（Bryant et al., 1983）。

からかいは児童期に頻繁にみられるユーモアの攻撃的な形態の１つである。シャピロら（Shapiro et al., 1991）によると，からかいは，攻撃性，ユーモア，曖昧さという３つの要素から成り立っている（Keltner et al., 2001 も参照）。第５章で述べたように，からかいにはおもしろみがあり，曖昧な性質があるため，もしコミュニケーションを相手がよく思わなかった場合には，いつでも「冗談だよ」と言い逃れできる。そ

のため，真剣な雰囲気のコミュニケーション状況では面子をつぶしたり潜在的には受け入れられない事柄でも，述べることができる。からかいに含まれる攻撃的な要素とユーモラスな要素との割合は，そのつど異なっている。攻撃的要素が大部分を占める場合には，からかいはより敵意を含み傷つけるものとして受け止められ，一方，ユーモラスな要素が大部分を占める場合には，からかいは話し手と同様に受け手によっても，温和で楽しむことができるものとして受け止められる。

クリーブランドの子ども指導センターのシャピロら（1991）は，3年生，5年生，8年生を対象に，からかった経験とからかわれた経験を報告するよう求めた。もっとも多く共通していたタイプのからかいは，人の態度や行動をばかにすること（28％），人をユーモラスな名前で呼ぶこと（25％），単に人を笑うこと（11％）であった。からかいにもっとも共通したトピックは，身体的特性（特に太っていること），知的な能力（特に愚かさ，または学校の成績が良すぎること），そして，身体的能力であった。からかわれる理由としてもっとも共通していたのは，仕返し（つまり，他者からのからかいに対する反応としてからかうこと）と遊びや悪ふざけであった。さらに対象児の51％は，もっとも頻繁にからかいをするのは，攻撃的ないじめっ子であるとしたものの，23％は，人気者で，おもしろく，活発な子どもであると述べた。からかいの対象となりやすいのは，臆病な子ども，体格が小さい「鈍くさい」子ども，人気のない子ども，太っている子ども，頭が悪い子どもであると報告している。このように，からかいは，社会的に優勢な子どもから，集団の基準に順応していない社会的地位の低い子どもに対して行われるようだ。総じていえば，からかいは，集団の基準から逸脱する他者の行動を非難するための手段や，集団内での地位を主張したり維持したりするための手段であるようだ。

児童期のからかいの内容と形態の発達的変化について検討した研究は限られている。からかいに社会的な規範を守らせる手段としての機能があるならば，からかいは，当然それぞれの年齢においてもっとも関連のある規範が変化するのと並行して発達的に変化するはずである。たとえば，就学前では独占欲と攻撃性，小学校学齢期では性が違うメンバーとの関係，思春期ではファッション関連やデートでの行動，青年期や成人期早期ではセックスや薬物に関連した行動が挙げられる（Keltner et al., 2001; Warm, 1997）。

からかいのスタイルも発達を通じて変化していく。特に，児童期後期から青年期になっていくにつれて，からかいのうち露骨な攻撃性を伴うものは徐々に減少する傾向にあり，ユーモラスで遊びのある，そして巧妙なものが増加していく（Keltner et al., 2001; Warm, 1997）。これらの変化は，部分的には前述した皮肉や嫌味の理解の発達

と関連している。これまでみてきたように，間接的に批判を伝えるために皮肉が用いられることは6歳までに理解されるとしても，皮肉な発言におもしろみを感じることは，児童期後期から青年期になるまで発達しない。したがって，児童期前期においては，からかいの敵意を和らげるために皮肉を用いるといった，遊びのあることばの使い方はあまりできないのである。その結果として，児童期前期の子どものからかいは，過度に敵意があり，他者を傷つけたり，侮辱したりする傾向にある。このため，からかいにユーモアが含まれていたとしても，それはターゲットとなった子どもを犠牲にして，周囲の子どもたちが楽しむものとなっている（Scambler et al., 1998）。

また，からかいスタイルの発達的変化は，からかいの機能とその有効性に関する子どもの認識を反映するものである。どの年齢の子どもも，からかいがもつ他者を傷つけるという性質を強調することには変わりないが，児童期後期や青年期の子どもは，望ましくない行動を遊びのある形で指摘し，そのような行動をする子どもを受け入れ，友情をもっていることを間接的に伝えるといった肯定的な機能や結果をもたらすことを認識し始める（Shapiro et al., 1991; Warm, 1997）。

からかいに対して子どもがどのように反応するのか，またもっとも有効な反応のタイプとはどのようなものかについての研究も進められてきている。シャピロら（1991）の研究では，からかいに対する反応としては，次のものがみられた。ことばで言い返してからかいの仕返しをしたり，自分自身をからかったりすること（39%），からかいを無視すること（24%），笑いすごすこと（12%），戦うこと（10%），権威のある人にからかわれていることを報告すること（4%）である。一方，教師を対象に，からかいに対するもっとも有効な反応は何かと質問したところ，91%が無視することを勧めていた。

ケンタッキー大学のスキャンブラーら（Scambler et al., 1998）は，8歳から11歳の子どもを対象に，からかわれた時の反応の仕方が違う3種類のビデオテープ，無視する，怒りや敵意の反応，ユーモラスな反応，を呈示した。その結果，対象児はユーモラスな反応をもっとも有効な反応だと評定する傾向が高く，次に無視することが有効であり，怒りの反応はもっとも有効ではないと評定した。興味深いことに，ユーモラスな反応は，からかわれる人だけではなく，からかう人に対する評価についてもより肯定的なものにしていた。したがって，ユーモアに対する反応というのは，葛藤状況を鎮め，状況を向社会的なやりとりへと転換させうるだけに，無視するよりもより有効である。スキャンブラーらは，からかいを頻繁にうける子どもに対して，そのような状況において楽天的に構え，ユーモラスな反応ができるように練習するよう教えられるべきであると示唆している。同様の結果は，ライトナー（Lightner, R.）らに

よって行われた，からかいに対して無視する，ユーモラスに反応する，敵意で反応するといった3つの反応のどれに共感するかを検討したその後の実験でも得られている (Lightner et al., 2000)。

からかいが起こる状況での情動的な要因を捉え，幅広い年齢やパーソナリティ特性の子どもが，様々なからかいに対してどのように反応するのが有効であるのかを検討するためには，人工的なシナリオではなく，実際のやりとりを検討する今後の研究が必要である。

6節　子どものユーモアセンスの個人差

　ここまで，本章では，多くの子どもに共通した特性として，ユーモアの発達的変化について論じてきた。しかしながら，子どもたちは，全員が同じ程度までユーモアセンスを発達させるわけではない。これまでの章で論じてきたように，ユーモアの個人差は児童期の早い段階から表れ始める。したがって，研究者たちは，ユーモア発達の通常の傾向を研究することに加え，特定の年齢の子どもがユーモアを用い始めたり，感じたりする程度の個人差についても検討を重ねてきた。一部の子どもは，他の子どもに比べて，なぜ容易にまた頻繁に笑う傾向があるのだろうか，なぜユーモアをより楽しめるのだろうか，なぜ冗談を言って人を笑わす能力が高いのだろうか？　ユーモアセンスの発達に，生得的な要因や環境的な要因はどの程度影響を及ぼしているのだろうか？　両親や家族環境は，子どものユーモア発達にどのように寄与しているのだろうか？　どのようなパーソナリティ特性や行動が，各年齢での子どものユーモアセンスと関連しているのだろうか？　これらが，子どものユーモアの個人差についての研究者が探究している問いである。

　第7章でみてきたように，ユーモアセンスは単一の概念ではない。ユーモアセンスにおける個人差は，多くの多様な方法で概念化され，測定されるものである。たとえば，笑いの頻度，ユーモア理解の能力，どのような種類のユーモア刺激におもしろさを感じるのか，ユーモアを用いて他者を笑わすことといった指標が挙げられる。ユーモアセンスの定義が多様であることは，子どものユーモアの個人差を研究する多くの研究において，多様な測定方法が用いられることにも同様に反映されている。そのため，ユーモアセンスのこれらの要素のうちの1つの発達に関連した研究知見は，必ずしも他の要素へと適用できるとは限らないことに注意する必要がある。

ユーモアセンスの遺伝的要因

　ここ数十年の間に，多くの双子研究から，気質やパーソナリティ一般の個人差に対して遺伝要因が多大な役割を果たしていることを示すことがあきらかになってきた（Rowe, 1997）。この領域の研究では，一卵性双生児（遺伝情報が同一）と二卵性双生児（遺伝情報が異なる）の間のパーソナリティ特性における相関を比較するという手法が一般的である。そして，二卵性双生児より一卵性双生児において相関が高い場合には，遺伝的要因がパーソナリティ特性へ寄与していることになる。それを実証する多変量解析を用いて，共有，非共有の環境的要因に加え，遺伝的（生得的）要因による影響が推定される。ここでの共有の環境的要因の影響とは，一般的な家族環境といった双子に共通した経験による影響のことである。一方，非共有の環境的要因の影響とは，家族内外での双子の間で異なる経験による影響のことである。ユーモアセンスのそれぞれの側面の発達について，遺伝的要因と環境的要因とがどの程度影響を及ぼしているかを検討した研究が，少数ながら行われている。

　ロンドン精神医学研究所のニアスとウィルソン（Nias & Wilson, 1977）は，青年の一卵性および二卵性の双子100組を対象に，ユーモアの感じ方の個人差について，古典的な双子研究の方法論を用いて研究を行っている。この研究では，実験参加者はナンセンス，風刺，攻撃的，性的と分類された48個の漫画のおもしろさを評定するように教示された。双子の評定間の相関は，それぞれのユーモアカテゴリーの平均で約.45であった。しかし，一卵性の双子と二卵性の双子との間には違いがみられなかった。このことは，このようなユーモア刺激の分類では，ユーモアの感じ方に対する個人差には，遺伝的な影響はあまりみられないことを示している。その一方で，平均してかなりの大きさの相関がみられたことは，双子間で共有された環境的要因が，ユーモアの好みの発達において多大な影響を及ぼしていることを示している。したがって，同じ家庭に生まれ育ったことの効果といった共有された環境的要因などの影響は，遺伝的要因による影響に比べ，特定のタイプのユーモアを楽しむ程度を規定する上で，より重要な役割を果たしているようだ。このデータをより詳細に検討したその後の分析においても，同じような結論が示されている（Wilson et al., 1977）。

　ロンドンの聖トーマス病院のチャーカス（Cherkas, L.）らによる，さらに近年の双子研究では，20歳から75歳の女性の双子127組（一卵性71組，二卵性56組）を対象に，5つの漫画（『*Far Side*』ゲイリー・ラーソン作）のおもしろさを評定するよう求めた（Cherkas et al., 2000）。前章でも触れたように，これらの奇想天外で「破天荒な」漫画は，先に行われたルフ（Ruch, 1992）の研究において，ナンセンス因子への因子負荷量が高く，不調和解決因子には因子負荷量が低いというものであった。この結果

は，ニアスとウィルソン（1977）の初期の研究結果を支持するものである。5つの漫画それぞれのおもしろさの評定において，双子のメンバー間で有意な相関がみられたものの，二卵性双子と一卵性双子の間で相関に違いはみられなかった。このことは，このような漫画を楽しむ際の個人差に遺伝的要因の影響がないことを示している。多変量解析の適合度指標を検討したところ，漫画のおもしろさ評定に共有された環境的要因と共有されていない環境的要因のいずれもが影響するが，遺伝的要因は影響しないというモデルがもっともデータと適合していた。この研究は，特定のタイプのユーモアを感じ取るか否かと定義した場合のユーモアセンスは，家庭内と家庭外の両方の環境的影響の結果として発達するという証拠を示すものである。

ユーモアの感じ取り方を研究するのに加えて，他の考え方では，ユーモアセンスを気質に基づく情動的特性として位置づけている。第7章でもみてきたように，ルフらはユーモアの個人差は，快活さ（cheerfulness），陽気さ（cheeerfulness）における気質的な違いによって概念化されると提唱している（Ruch & Köhler, 1998）。気質とは，環境に対する比較的安定した反応特性（活動水準，社会性，情動性など）であり，生後1ヶ月ぐらいの乳児であっても観察される（Buss & Plomin, 1984）。気質における遺伝的要因および環境的要因を検討するために，ウィスコンシン大学の研究者たちは，3ヶ月から16ヶ月の双子302組（一卵性121組，二卵性181組）を対象に研究を行っている（Goldsmith et al., 1999）。気質に関するいくつかの次元を含む標準化された質問紙について母親に評定させ，実験室での観察も同時に行った。気質に関する変数について因子分析を行った結果，2つの因子が見出された。(1) ポジティブ情動（微笑みや笑いの頻度，定位反射の持続時間，鎮静の容易さから構成される）と，(2) ネガティブ情動（行動制限と新奇性に対する苦痛の反応，活動水準から構成される）である。ポジティブ情動因子は，ルフのいう特性としての快活さおよび一般的なユーモアセンスともっとも関連しており，ネガティブ情動因子は，ルフのいう特性としての不機嫌さおよび神経症傾向と対応しているようである。

多変量解析の適合度指標を検討したところ，ポジティブ情動性は，相加的な遺伝的影響（40%），共有された環境的影響（34%），共有されてない影響的環境（25%）を含んだモデルがもっともデータと適合していた。微笑みと笑いの頻度を別々に分析した場合にも，これとよく似た結果が得られた。したがって，乳児が微笑みや笑いを伴って反応する傾向は，ポジティブ情動性一般と同様に，遺伝的要因と環境的要因のいずれからも影響を受けているようだ。ここで特に興味深いのは，共有された環境的要素に関する結果である。それは，この結果が，子どものポジティブ情動性が母親のパーソナリティや，愛着関係の安定性などの部分的には家族に共通している因子から影響

を受けていることを指し示しているからである。ポジティブ情動性に対する共有された環境的要因の影響についての同様の結果は，幼児，学童期，大人を対象とした双子研究でも見出されている（Goldsmith, Buss & Lemery, 1997; Tellegen et al., 1988）。

一方，ネガティブ情動性は，相加的な遺伝的影響（64％）と共有されていない環境的影響（36％）のみを含むモデルがデータと適合していた。つまり，ネガティブ情動性は，遺伝的要因および環境的要因の両方によって影響を受けているが，この場合の環境的影響は，同じ家族の子どもが共有している環境ではなく，同じ家族の子どもであっても，家庭外で体験している異なる環境である。この研究は，情動的気質特性として定義した場合のユーモアセンスは，遺伝的要因，環境的要因のいずれからも影響を受けることを示している。

これらのユーモアの感じ方と情動的気質に注目した研究に加えて，自己報告に基づくユーモア尺度を用いて，ユーモアセンスに遺伝的要因，環境的要因が与える影響を検討した2つの研究がある。初期の双子研究（Loehlin & Nichols, 1976）では，青年期の双子を対象に，優れたユーモアセンスを自分自身がどの程度もっているかについて7件法で評定させている。二卵性の双子と比較して一卵性の双子では有意に高い相関がみられ，自己報告で測定されたユーモアの個人差には，遺伝的要因が影響を及ぼしているということが示唆される。また，二卵性の双子では相関はきわめて低かったことから，共有された環境的要因よりも共有されていない環境的要因による影響が推察される。

2つ目の研究は，ヒューストン大学のマンケ（Manke, 1998）によるもので，対人関係におけるユーモア表出の個人差を検討したものである。ただし，この研究では，一卵性と二卵生の双子のペアの代わりに，青年期のきょうだいを調査している。そこでは，同じ家族に生まれ育ったきょうだい（したがって，おそらく50％の遺伝子を共有している）と，生後すぐに養子となり同じ環境で育ったきょうだい（したがって遺伝子はまったく共有されていない）を比較した。双生児研究と同様に，養子でのきょうだいのペアよりも養子でないきょうだいのペアでより相関が高いならば，それは，遺伝的要因の影響を示すことになる。自己報告を求める質問が，調査対象者が，母親，きょうだい，親友との関係性のなかで，ユーモアや笑いにどの程度積極的に関わるか（たとえば，冗談や言ったりおもしろい話をする，困惑したり慌てたりする状況を笑い飛ばしたり冗談にする，コメディ映画やテレビ番組を観て笑う，など）を調べるために用いられた。

多変量解析によってモデルへとあてはめたところ，母親やきょうだいとの関係性のなかでのユーモアを用いる傾向へ遺伝的要因が与える影響は大きい（分散説明率が

25％以上，つまり，変動全体の25％以上を説明する）ことがあきらかになった。対照的に，親友との関係性のなかでユーモアを用いる傾向へ遺伝的要因が与える影響はきわめて小さかった。この結果について，マンケは，友達との関係においてユーモアの遺伝的要因の影響が小さいのは，友人との関係性が比較的短いことに起因しているのではないかと示唆している。つまり，ユーモアにまつわるパターンに遺伝的要因が与える影響は，関係が長期間に及ぶことで安定的になるのではないかというのである。加えて，母親・きょうだい・友達との関係性におけるユーモアを用いる傾向にはいずれも環境的要因が与える影響はかなり大きいことが示された（分散説明率が50％以上）。これらの効果は，いずれも共有されていない環境要因によるものであり，同じ家庭で育っても，ユーモアの表出の仕方がきょうだいの間で同じになるわけではないことを示唆している。

　全体的傾向として，以上の研究が示唆しているのは，ユーモアセンスは遺伝的要因と環境的要因がともに影響するものであり，これら2つのうちいずれの要因がより影響を与えるかは，このユーモアセンスが発揮される内容によって異なるということである。「ユーモアセンス」が，特徴の異なるユーモア刺激に対するおもしろさの感じ方によって定義された場合には，遺伝的要因による影響はわずかであり，共有された環境的要因，共有されていない環境的要因による影響が大きいようである。つまり，人が何を笑うかは，主として家庭内や家庭外における過去の経験に規定されているのである。また，気質に基づいたアプローチをとり，ユーモアセンスがポジティブ情動性と笑いや微笑みの頻度を表出する傾向によって定義された場合には，共有された環境的要因と共有されていない環境的要因もともに重要ではあるものの遺伝的要因がより重要な役割を果たしているようだ。最後に，ユーモアセンスを，家族とユーモラスなやりとりに積極的に参加する全体的な傾向として定義し，自己報告によって測定した場合には，共有されていない環境的要因からの影響だけではなく，遺伝的要因からの影響も大きいことが見出された。そして，興味深いことに，ユーモアの表出に遺伝的要因が与える影響の程度は，関係性をもつ相手によって異なっており，友人との関係性は家族との関係性に比べ，遺伝的要因の影響は小さいようだ。これらの研究は，遺伝的要因や環境的要因による全体的な効果を評価することを可能にする点で重要であるものの，それがすなわちユーモアの個人差の原因となる遺伝子や環境の因子を特定するものではないことには注意が必要である。今後，これらの問いをあきらかにするさらなる研究が期待されている。

ユーモアセンスの発達における家族環境の要因

　これらの遺伝性についての研究は，遺伝的要因の役割を示唆するものであったが，同時に，環境的要因がほとんどのユーモアセンスの次元の発達に重要であることを示唆するものでもあった。ユーモアセンスへ影響を与えうる環境的要因の1つとして家族が挙げられる。子どもは，小さい頃から両親や他の家族成員との関わりのなかでユーモアを表出し，楽しむことを学んでいく。親とのやりとりがユーモアセンスの発達にいかに影響するかを説明する2つの対立する仮説がある。その2つの仮説は，モデリング・強化仮説と，ストレスコーピング仮説と呼ばれている（Manke, 1998）。モデリング・強化仮説では，自分自身がユーモアを楽しむ親，そして，多く笑いたくさんの冗談を言う親は，ユーモラスな役割モデルとしての機能を果たし，子どものユーモア開始行動（訳注：冗談を言ったり，からかったりすることで，ユーモアのあるやりとりが起こるように働きかけること）を強化するため，子どもはユーモアを感じたり，笑ったりするようになると想定されている（McGhee, Bell & Duffey, 1986）。それに対し，ストレスコーピング仮説では，ギスギスした家族環境のなかで，悩み，葛藤，不安に対処する手段として，子どもはユーモアセンスを発達させると想定されている。このような子どもたちにとってユーモアは，このような方法が伴なければ子どもを拒否し，養育をしない親の敵意を和らげ，注意を惹きつけ，認められる手段なのだという（McGhee, 1980b）。いずれの仮説に対しても，支持する実証的な証拠がいくつか示されている。

　オハイオにあるフェルス研究所のマギー（McGhee, 1980b）は，保育園と小学校の児童を対象に観察し，自由遊び場面での仲間とのやりとりにおいて，子どもたちの笑いの頻度に加え，行動的，言語的にユーモアの開始行動の頻度を得点化した。また，この観察はその時進行していた縦断研究の一部であったため，それ以前の幼児期や児童期早期に評価された養育行動に関する多くの測度もデータとして利用することができた。保育園児についての相関分析の結果，ストレスコーピング仮説を支持するように，ユーモアを多く示した子どもの母親は，子どもを甘やかし過保護である一方で，愛情や親密さをあまり示さないということがあきらかになっている。

　また，小学生では，子どもの性別にかかわらず，よりユーモアを表出することは，何らかの援助をすることが適切であるような場合でも，母親が子どもを放っておき，自分自身だけで問題解決をさせようとする傾向の強さと関連していた。小学生女児において多くユーモアがみられることは，母親の保護の欠如や，葛藤，不快，抑圧，不安定によって特徴づけられる家庭環境と関係していた。つまり，子どものユーモアセンスの発達は，子どもにとって快適とはいえない親の行動と関連していたのである。子

どものユーモア開始行動と母親が子どもとのやり取りのなかでユーモアを積極的に用いる傾向との間には関連がみられず、これは、モデリング・強化仮説に疑問を投げかけるものである。

ストレスコーピング仮説をさらに支持するものとして、ヴァンダービルト大学で行われた青年期の男性を対象とした研究がある（Prasinos & Tittler, 1981）。他者評価に基づいて、参加者はユーモア高志向群、ユーモア中志向群、ユーモア無志向群に分けられた。ユーモア高志向群は、他の2つの群に比べ、有意に凝集性が低く、家族環境の指標によって家族内での葛藤が大きく、また、人物配置テストにおいて父親を（訳注：自己の位置から）遠くに配置することが報告されている。

第7章で述べたように、フィッシャーとフィッシャー（Fisher & Fisher, 1981）が行ったプロのコメディアンや他者を笑わせる子どもに関する研究もまた、ストレスコーピング仮説を支持している。つまり、プロのコメディアンは、喜劇とは関わらない俳優よりも、自分の母親との関係をより否定的に描写するのである。また、他者を笑わせる傾向の強い子どもの母親は、そうでない子どもの母親に比べて、親切心や共感性が低く、子どもに対する親しみや親密さも低く、また、自己中心的で支配欲が強いことに加え、子どもに責任をもたせたがっており、より早く成長することを期待していた。これらの研究を総合すると、怒りや不安といった感情に対処する1つの手段として、そして、ユーモア開始行動をとらなければ距離をとり、支援的でない親の注意を惹きつけ認めてもらう手段として、子どもはユーモアのセンスを発達させるという仮説が支持される。

このような知見がある一方で、テキサス大学のマギーらの研究グループ（McGhee et al., 1986）によって、モデリング・強化仮説を支持する知見が見出されている。大学生男女と中年期の女性を対象に、自分たちが成長するなかで、自分の両親がどれぐらい積極的にユーモアを用いてきたか、また、自分自身がどの程度ユーモア開始行動を行うかについて自己報告という形で評定を求めた。その結果、男子学生では、ユーモア開始行動と父親のユーモアとの間に正の相関がみられたのに対し、女子学生では、笑いの表出のしやすさと母親のユーモアとの間に正の相関がみられた。また、中年女性では、ユーモア開始行動や笑いの表出のしやすさについて高く評定した人は、子どもの頃、母親がよく冗談を言ったり、おどけてみせたり、遊びとしてからかったりしていたと報告した。しかし、父親のユーモアに関する項目については相関がみられず、モデリングの影響は見出されなかった。これらの結果は、ユーモアの発達において幼い頃のモデリングによる影響を与えるのは、同性の親であることを示唆している。ただし、この結果は、主観的な回想データに基づいていることで記憶のバイアスがかかっ

ているとも考えられるため,確実なものとはいえない。

　以上のように,現在ある知見は,全般的にはモデリング・強化仮説よりもストレスコーピング仮説をより強く支持しているようだ。しかしながら,確固とした結論を下す前に,さらに徹底した研究が必要である。これまで挙げたほとんどの根拠は,標本サイズ(訳注:調査対象者の数)が小さい研究に基づくものであり,とりわけモデリング・強化仮説については,適切な研究は行われてきていない。今後,子どものユーモアセンスの幅広い側面に,家庭環境や養育行動が与えうる効果に加え,(訳注:単純な比例関係ではなく)曲線的な関係の可能性をつぶさに検討していかなければならない。

　ただ,結局のところ,モデリング・強化仮説もストレス強化仮説も,双方にある程度妥当性があるのではないだろうか。快適とはいえない家庭環境で育った子どもは,問題をうまく処理し,受容されるためにユーモアセンスを発達させるかもしれない。それは,特にユーモラスな行動が,厳しく愛情に乏しい親から注意を惹きつけ,認められることを強化すると子どもが学んだ場合に当てはまる。そして,安全で愛情のある環境に育った子どもは,親をモデリングしたり,強化されたりした結果として,ユーモアセンスを発達させるかもしれない。これまでの章で述べてきたように,ユーモアは多様な社会的機能を果たす。そしてまた,その個人差の発達についても多様な道程があるようだ。

　加えて,これらの研究には,観察された関係に潜在している遺伝的要因との交絡の可能性が統制されていない点で弱みがある。親の行動とその後の子どものユーモアセンスとの間に見出された関連性は,親の養育行動が子どものユーモアセンスの原因となるというよりも,むしろ親と子どもとで共有された遺伝的要因に基づいているかもしれない。このような可能性を検証するためには,養子の場合と養子でない場合とで家庭環境と子どものユーモアセンスとの関連について比較をするという方法が考えられる。もし,養子の家庭に比べ,養子でない家庭において,親と子のユーモアセンスや行動により強い関連がみられるならば,少なくとも部分的には遺伝的要因の影響による類似性の高さがあると示唆される。

　マンケ(1998)はこのようなアプローチをとり,生物学的な(産みの)親によって育てられた,あるいは,生後ずっと養子として育てられた青年期の男女を対象に,家庭環境についての変数と対人関係でのユーモア表出との関係について検討している。この縦断研究(この一部は,前節で紹介した)では,調査対象者が9歳から10歳の頃に,家庭環境と親の養育行動について,母親が質問紙に記入する形で調査された。分析の結果,この家庭環境についての評定と,調査対象者が自分で回答した対人関係で

のユーモアについての評定との間にはわずかな相関しかみられなかった。そして，この結果は，ストレスコーピング仮説を支持するものとしては弱く，いくぶん矛盾するものであった。

しかしながら，先の議論と関連して特に興味深いのは，有意な関連がいずれも養子ではない子どもにおいてのみみられ，養子ではみられなかったということである。この結果は，家庭環境と子どものユーモアセンスとの関連性は，直接的な因果関係というよりも，むしろ遺伝的要因が媒介されていることを示唆している。言い換えるならば，親から生物学的な子どもへ伝えられ，親子で共有されているある遺伝子の組み合わせが，この親に特有の養育行動とその子どものユーモアセンスの発達のいずれにも寄与するのであり，親の養育行動が単独で直接的に影響するのではないという可能性が考えられるのである。ただし，これまで行われているこの種の研究は，標本サイズも小さく，評価されている親の行動が児童期中期のみに限定されたものであるため，これらの結論は未だ仮定的なものにすぎない。

今後，このことをあきらかにしていくために，子どものユーモアセンスを複数の側面に注目して測定し，子どもの発達についてもより早期から始まる養育行動や家族環境を，より幅広く，客観的に調べる研究が確実に必要となっていく。また，子どものユーモアセンスに親の養育行動が与える影響を研究する上で，遺伝的要因の交絡を統制するもう1つの手法として，一卵性双生児と二卵性双生児の親とその子どもの間での親子関係を検討する，「チルドレン・オブ・ツインズ（Children-of-Twins: CoT）」計画法が挙げられる（D'Onofrio et al., 2003）。

子どものユーモアセンスとパーソナリティや行動との関連

子どもがユーモアセンスをもっていることは，他のどのようなパーソナリティ特性，能力，行動と関連しているのであろうか。ここでもまた，その答えは，ユーモアセンスをいかに定義するかによって異なる部分がある。いくつかの研究では，子どもがユーモアを引き出すように行動し，運動場や教室で他の子どもを笑わせようとする傾向の個人差を検討している。これらのユーモア開始行動についての指標と，それ以外の対人関係上の行動，特性，能力との間の関連性について，いろいろな年齢の子どもを対象に検討されてきた。ある研究では，4歳，5歳の保育園児を対象とし，教諭による評定でユーモア開始行動をより示すとされた子どもは，言語スキルが発達していたのに加え，母親による評定で社会的にひきこもってしまうよりも，活動的で接近行動を示すといったことに特徴づけられる気質をもっていることがあきらかになっている（Carson et al., 1986）。

先述したマギーによる縦断研究（1980b）では，就学前における自由遊び場面での一般的な対人関係に関わる行動と，その後の保育園や小学校におけることばや振る舞いによってユーモア行動を始めたり仲間と一緒に笑ったりする頻度との関連性が検討されている。保育園年齢の子どもでは，よく笑いを表出し，ユーモア開始行動を示す子どもは，それ以前に言語的，身体的な攻撃行動を示す傾向や他の子どもの攻撃行動に対する報復行動を示す傾向がみられた。また，ユーモラスな子どもは，背が高く体重も重いという傾向があり，粗大運動スキル（特に，運動場でみられるような体を動かす遊び活動に必要）を身につけようと努力するのに対し，知的活動に取り組むことは少なく，微細運動スキル（文字を書いたり，絵を描いたり，教室のなかでみられるような他の学習的活動）を身につけるような努力はしない。さらに，一般的な知能とは関係がみられないが，より早い年齢で言語能力が発達していた子どもは，言語的なユーモアの開始行動を示すことが見出されている。これらの結果は，全体として保育園において他の子どもとの間でユーモラスな行動をみせるのは，特に攻撃的で，体は大きく，微細運動より粗大運動での活動が多く，ことばの発達が早い子どもであることを示唆している。

小学生でも同様のパターンが見出されている。性別にかかわらず，言語的・非言語的ユーモアをより多く示すと評定された子どもは，それ以前に身体的・言語的な攻撃行動を示し，支配的であり，微細運動スキルより粗大運動スキルが必要とされる活動に取り組む傾向があると評定されていた。また，ユーモア行動をより示す子どもは，それ以前の話しことばの発達が早く，より言語能力が高く，幼い時観察者によってより創造的であると評定された（McGhee, 1980a）。さらに，このような子どもは，大人からの援助，注意，愛情を引き出すと評定され，模倣遊びをする傾向がみられた。ユーモア行動をよくする子どもは，依然としてより高い社会的支配性を示すものの，小学生になるまでには，ユーモア行動と身長や体重との関係はみられなくなる。

フロリダ大学のダミコとパーキー（Damico & Purkey, 1978）は，中学校10校から集めた8年生96名を対象にして，「クラス・クラウン（学級の道化師）」（「よく冗談を言ったり，おどけたりする」，あるいは「他者を笑わせる」子ども）であるクラスメートを挙げさせて特定し，パーソナリティ特性との関係を検討している。クラス・クラウン（女児より男児に多かった）は，それ以外からランダムに選ばれたグループと比較して，教師による評定で，自己主張が強く，陽気で，リーダーシップがある反面，規則に従わず，他者にかまってもらいたがり，学習課題をやりとげることが少ないという特徴がみられた。自己概念についての評定では，クラス・クラウンは，自分自身をリーダーとして認識し，考えや意見を表現することができ，クラスを前にして

話すことにも自信があり，自分自身に満足し，自信も強い傾向がみられた。しかしながら，このような回答をすると同時に，親が自分をあまりよく理解していないと感じており，教師や校長に対して否定的な態度を見せていた。

このように，ユーモラスな子どもは，教師から規則に従わず，秩序を乱す子どもだと認識されているものの，他の生徒からは非常に人気があるということを示す研究がある。オハイオにあるマイアミ大学のシャーマン（Sherman, 1988）は，4年生3クラスの子どもに，それぞれの子どものユーモアセンスとその子どもがクラスでどの程度好かれているかの評定を求めた。それぞれの子どもについての好意得点の平均値を用いて，クラス内での社会的距離の指標が算出された。その結果，ユーモア得点と社会的距離得点との間には強い相関がみられ，このことは，よりよいユーモアセンスをもっているとされた子どもが，クラスメートからより好かれているということを示している。このユーモアと社会的距離との関連性は，異性の間でよりも同性の間で強かった。

この結果は，その後，9, 12, 15歳の子どもを対象とした研究でも再確認されている（Warners-Kleverlaan et al., 1996）。この研究では，ユーモアセンスと社会的距離との間の相関は，12, 15歳の子どもにおいては，異性間でも同性間と同様に強かった。したがって，青年期に入り，より強く異性に興味を抱くようになり始めると，いずれの性別にとってもユーモアセンスは人気を規定する重要な要素となるようだ。また，この研究は，青年期以前の子どもは，ユーモアセンスをおもしろい動きや冗談を言うことによって定義しているのに対し，青年期では機知に富んだ話術によって定義する傾向がみられることを指摘している。

仲間内でユーモア開始行動を示す行動傾向とパーソナリティとの関連は，青年期に入り成長するにつれて変化することを示唆する研究がある。テネシー大学のファブリッジとポリオ（Fabrizi & Pollio, 1987b）は，3, 7, 11年生を対象に教室で観察を行い，ユーモア開始行動と，他者を笑わる頻度を記録した。その結果，ユーモア開始行動の頻度については，男児と女児の間には違いはみられなかった。また，3年生においては，ユーモア開始行動の頻度は，子どもの教室内での全般的な行動や教師とのやりとりとも関連がみられなかった。

しかしながら，7年生では，ユーモア開始行動の頻度が高い子どもは，一般に教室内で秩序を乱す傾向が強かった。たとえば，発言の許可を求めて挙手するよりもまず声を上げ，しばしば席を立ち，他の子どもと話をする頻度が多く，学習に取り組む時間が少ない傾向がみられた。必然的に，このような子どもは，教師から関係のない行動を控えるよう非難や叱責を受けることが多かった。このようなユーモア行動と授業中の行動との関係は11年生でも同じであったが，この学年では，授業中の行動はそれ

ほど秩序を乱すものではなかった。これを踏まえ，ファブリッジとポリオは，ユーモア開始行動とは，7年生では一連の外在化された行動群の一部であるのに対して，11年生では教室のルールを知る人気のある子どもに見られ，周囲の子どもの働きかけによって見出されるものであると結論づけている。

　その後の研究のなかで，ファブリッジとポリオ（1987a）は，7年生において，教室でユーモア開始行動の頻度が高く「クラスでもっともおもしろい子」として頻繁に名前を挙げられた子どもは，自尊心についての評定が低かった。しかしながら，11年生になると，ユーモア開始行動と自己概念との間には何の関連もみられなかった。これらの知見は，ダミーコとパーキー（1978）の研究で見出されたクラス・クラウンが肯定的な自己概念をもっていたという結果と一致しないようだ。ただし，この違いは，ファブリッジとポリオがクラス内での相関を問題としたのに対し，ダミコとパーキーがより大きな集団からきわめてユーモラスな子どもを選出したということによる可能性がある。

　その一方で，7年生では，ユーモア開始行動と創造性との間には相関がみられなかったのに対し，11歳では，教師による評定で創造性が高かっただけではなく，創造的思考テストによって得られた結果においても，より頻繁にユーモア開始行動が見られることは，独創性・柔軟性・精緻化における高い得点と有意な相関関連がみられた。これらの結果から，多様な年齢において，仲間内でおもしろくある（ユーモア行動をとる）ことは，それ以外のいろいろな行動やパーソナリティ特性と関連していることが示唆される。すなわち，青年期早期（7学年）では，他者を笑わせることは，権威に逆らっていくことや，行為化すること，愚かな振る舞いをすること，低い自尊心と関連していた。より後の青年期（11学年）では，それは秩序を乱す行動と自尊心の低さとはそれほど強い関係がみられず，創造性や仲間からの人気との関連が強かった。

　このような相関研究からは因果関係を論じることはできないが，これらの研究を総合することで，子どもが巧みにユーモア開始行動を示し，他者を楽しませるようになる発達の軌跡についてある程度の示唆が得られる。攻撃的な言動を示しやすい外向的で活動的な就学前の子どもは，攻撃的行動が仲間から拒絶されるだけではなく，大人からも非難を受けることを早い時期に学ぶ。そこで，高い言語スキルや粗大運動スキルをもつ子どもは，他の子どもから受容され大人からの非難を最小限にするための適切な手段は，これらのスキルを他者に笑いを引き起こすようなことばや身体を使ったユーモアを生み出すスキルへと切り替えていくことだと学んでいくだろう。小学生や中学生になると，他者を笑わせる能力は，人気が増し，仲間内での地位やリーダーシップが高まることとつながっていく。しかし同時に，このことで，その子どもは教室に

おける要求との間に葛藤を抱くようになり，その結果として，権威者との間に対立関係が生まれ，教師からは規則を守らず，秩序を乱す子どもとして認識されていくのであろう。そして，高校生になると，ユーモラスな子どもは，社会的に影響力をもち自己主張するものの，秩序を乱すことはなく，ユーモア能力を磨くにつれて，思考一般においてさらに創造的になっていく。

　ここに示したユーモア発達についての仮説は，先行研究の知見と一致するものである。しかしながら，既存のデータのほとんどは，横断的研究によって得られたものである。したがって，幼稚園児の時にもっともユーモラスであった子どもが，高校生の時もやはり友達を笑わせるようになっているか否か，あるいは，異なる子どもが，異なる年齢においてこのようなユーモア行動をとっているか否かについては，確かなことはわからない。児童期から青年期に渡るユーモア開始行動の安定性について検討する縦断研究が必要である。

　他の子どもとのやりとりでのユーモア開始行動によってユーモアセンスを定義することに加えて，研究者によっては，ジョークや漫画を用いて，子どものユーモアの感じ方やユーモアを理解し，生み出す能力における個人差について検討している。ミネソタ大学のマステン（Masten, 1986）は，5年生から8年生の子どもを対象に，ユーモア鑑賞（漫画のおもしろさの評定），漫画に対する微笑みと笑いの量，ユーモア理解（漫画のポイントを説明する能力），ユーモア産出（機知に富んだ漫画の表題をつくり出す能力）を評定している。加えて，子どもの社会的能力（標準化された質問紙を用いた教師と同級生による評定）と，学業能力（知能テストと到達度テストによる測定）を査定している。

　その結果，社会的能力に関しては，ユーモア理解と産出の水準が高かった子どもは，同級生による評定において，社会性とリーダーシップが高く，情動的な感受性や社会的孤立の程度は低かった。教師による評定では，協力的で，配慮ができ，自発的であると評価された。笑いの量と漫画についてのおもしろさ評定との相関は，（いくぶん弱かったものの）類似したパターンを示した。学習能力に関しては，相関分析の結果，漫画に反応してよく笑い，ユーモア理解やユーモア産出の水準が高かった子どもは，知能（IQ）テストでも到達度テストでも得点が高い傾向があきらかになった。同級生による評定，教師による評定のいずれでも，ユーモアについての評価は，教室内での攻撃性，反抗的態度，および秩序を乱す行動との間で，有意な相関はみられなかった。

　マステン（1986）の研究と同一のユーモア尺度を用い，9歳から14歳を対象に社会的能力・学習的能力との関係を検討したその後の研究でも，同じようなパターンの結果が得られている（Pellegrini et al., 1987）。多様な社会的・認知的能力を含めて因子

分析を行ったところ，漫画に対する笑いの量・ユーモアの鑑賞・理解・産出はすべて，対人関係の理解や手段－目的を踏まえた問題解決の変数とともに，「社会的理解」因子と密接に関係していた。つまり，これらのユーモアセンスの測度は，社会的認知の次元の一部を構成し，そのなかには，社会についての理解の成熟，社会的目標を達成し，対人関係の問題を解決する能力が含まれていた。そして，この次元は，教師や同級生が評定した社会的能力・人気・友情・リーダーシップと正の相関があった。また，この次元は，学習達成との間に低いながらも有意な相関がみられた。加えて，ユーモア理解とユーモア産出は，創造性や認知的な熟慮性や正確性の変数とともに，拡散的思考にも密接に関係していた（Brodzinsky, 1975, 1977）。

　全体としては，これらの2つの研究の知見は，漫画に対するユーモア鑑賞，理解，産出能力によって定義した場合のユーモアセンスは，社会的コンピテンスや社会的な成熟度，社会性，協力行動，学業成績，知的能力と正の相関があり，その一方で，教室での攻撃的な行動や秩序を乱す行動とは関連がないことを示唆する。もちろん，これらの相関関係については因果の方向性は不明である。少なくとも，これらの結果は，先に挙げた，ユーモアセンスが他者を笑わせる傾向によって定義された研究で示された相関のパターンとはまったく異なっている。その研究では，ユーモア開始行動は，教室での攻撃的な行動や秩序を乱す行動，学校での活動への興味の無さと関連しており，権威者一般との対立的関係と関係していた。このように，パーソナリティ特性，能力，行動とユーモアセンスとの関連は，ユーモアセンスをいかに定義し，いかに測定するかによって，まったく異なっているようだ。

7節　ユーモアと加齢

　ユーモアセンスは，人々が成人し，その後高齢になっていくなかでどのように変化していくのだろうか。本章では，ユーモア発達を検討するにあたり，特に幼児期から青年期に焦点を当ててきた。しかしながら，ユーモアの産出，理解，楽しさ，社会的機能は，認知能力，心理的，社会的なニーズや関心，社会的な関係性や態度，ライフイベントへの対処など様々な変化に応じて，生涯を通じて発達するものである。それにもかかわらず，高齢者のユーモアについての研究はわずかしかなく，この領域の知見はきわめて限られている。

　ユーモアについて高齢者と若年層の成人とを比較する研究の主な限界点は，観察された違いについて，加齢に伴って起こる発達的変化なのか，それともコホート（同一

年代集団）の効果なのかを判断することができないということである。つまり，高齢者と若年者との間でユーモアの能力やスタイル，理解の仕方，感じ取り方に違いがみられたとしても，この違いは，文化的な規範や期待，一般的な役割モデル，教育を受ける機会が異なる時代に生まれ育ったという事実によることも考えられる。そのため，個人の変容を長年追い続ける長期的研究が，生涯を通したユーモアの変容を検討するために必要なのである。このような研究はこれまでまったく行われてきていないため，横断的研究の解釈には注意深くならなくてはならないことをあらかじめ申し添えておこう。

　老齢者の認知能力の低下は，ユーモアの理解能力の低下と関連する可能性を指摘したいくつかの研究がある。パデュー大学の研究では，50歳から80歳の人を対象に，年齢が高くなるほど，ジョークの理解度は低くなるのに対して，ジョークの鑑賞の程度は高くなる（おもしろさを高く評価する）ことが見出されている（Schaier & Cicirelli, 1976）。さらに，量の保存概念（標準的なピアジェ課題で測定）についての理解が難しくなっている実験参加者は，保存概念から逸脱するようなジョークの理解と感知のいずれも低かったが，保存概念とは関連のないジョークでは，理解や感知の低さはみられなかった。

　シャイア（Schaier, A. H.）とシシレッリ（Cicirelli, V. G.）は，この結果について，認知的調和説（前述）をさらに支持するものであると結論づけている。発達段階の初期のうちは，認知的能力が増すことで，子どもは複雑で認知的に負担が大きい形態のユーモアにも理解を示し，おもしろさを感じることができるようになる。しかしながら，能力がさらに増すと，ジョークは簡単すぎるようになるため，おもしろさを感じなくなっていく。一方，人生の後半では，加齢によって認知能力が低くなるにつれて，ジョークの理解能力もまた低くなっていく。このことは，それまでより個人に認知的な負荷がかかることでもはやジョークを理解できない水準までいたり，感じられるおもしろさが再び減少するまでの間，感じられるおもしろさが増していくというのである。

　トロント大学の近年の研究では，年長者（平均73歳）は年少者（平均29歳）に比べて，ジョークのオチを選択して完成させる課題において，より多くの誤りを示した。また，非言語的な絵の対からよりおもしろい漫画を選択する課題においても多くの誤りを示した（Shammi & Stuss, 2003）。だが，これとは対照的に，ユーモラスではない文章完成課題における成績には違いがなかった。このことは，話しことばを理解する能力に違いはなかったことを示している。年長者では，言語的なジョーク課題の成績は，神経心理学におけるワーキングメモリや言語的な抽象化能力の検査での成績と有

意な相関がみられた。一方，非言語的な漫画課題の成績は，ワーキングメモリ，視覚的走査（訳注：目で対象を追いかける行動）の速さ，精神的な柔軟性，視覚的認識能力と有意な関連がみられた。これらの能力は，これまでの研究で，すべて前頭葉機能と関連があることがわかっている。しかしながら，年長者の言語的・非言語的ユーモア検査における成績の低さは，右前頭葉部位の脳損傷患者に比べて，それほど深刻なものではなかった。ユーモアの評価に関しては，年長者は年少者に比べて，ユーモア刺激をよりおもしろいと評定していた。ユーモア理解についての脳研究（第6章で議論した）から得られた結果を踏まえ，シャミ（Shammi, P.）とスタス（Stuss, D. T.）は，年長者の前頭葉機能の軽い低下は，ユーモアの認知プロセスにいくらか障害を与えるものの，ユーモアの情動的な楽しさは損なわれていないと結論づけている。

　成人におけるユーモアの感じ方の年齢差を検討するために，ルフらの研究グループ（Ruch et al., 1990）は，14歳から66歳の4000名以上のドイツ人を対象に，3WDユーモア検査を用いて，年齢とユーモア感知との関連を検討している。INC-RESユーモアを楽しむこととは，年齢が上がるにつれ線形の増加がみられ，一方，ナンセンス（NON）ユーモアを楽しむことは，年齢とともに減少していた。そして，この2つのカテゴリー間での楽しみ方の違いは，保守主義を測定する変数の得点が年齢とともに増加することで十分に説明されることが見出された。第7章で述べたように，ナンセンス・ユーモアよりも不調和解決ユーモアをより好むことは，保守的な社会的態度と関連している。

　したがって，年長者が年少者に比べより保守的態度をもつことは，楽しめるユーモア刺激の種類の違いに反映されているのである。とりわけ，年長者は，不調和が解決するようなユーモア（ほとんどは「お決まりの」ジョークとして見られる）を好む一方で，解決されない不調和を含んだ型破りなユーモアを楽しむ傾向は低い。もちろん，これらは横断的研究であるため，年長者がだんだんと保守的になってきて，年齢を重ねるにつれユーモアの感じ方に変化がみられるようになってきたのか，あるいは後に生まれた世代グループ（つまり年少者グループ）よりも，もともと常に保守的でINC-RESユーモアを好む傾向があったのかについてはあきらかではない。

　自己報告を用いて，年長者と年少者のユーモアについて比較し，年齢による違いを検討した研究がある。18歳から90歳を対象に，多次元ユーモアセンス尺度（MSHS）を用いた研究では，ユーモア得点に年齢間で差がみられなかった（Thorson & Powell, 1996）。しかしながら，年長者は年少者に比べて，ユーモアを産出したり，ユーモアを鑑賞したりすることに加え，ストレスに対処するためにユーモアを用いるものの，ユーモラスな人に対しては否定的な態度をもつ傾向にあった。我々の研究グループ（Martin et al., 2003）は，ユーモアスタイル尺度（Humor Style Questionnaire：HSQ）を用いて，14歳から87歳の1000名以上を対象にその得点の年齢差を検討した。年長者は年少者よりも，親和的ユーモアと攻撃的ユーモアにおいて得点が有意に低かった。このことは，年長者では，他者と親しく冗談を言ったり笑ったりすることが少なく，また，他者をけなしたり，あざ笑ったり，操作するためにユーモアを用いることが少ないということ示唆している。一方，年長者の女性は，自己高揚的ユーモアにおいては年少者よりも得点が高く，この結果は，一般的に女性は年を重ねると，だんだんと生活にユーモラスな見通しを与えるようになり，視点取得ユーモアや，ストレスに対処するためのユーモアを用いるようになることを示している。なお，自虐的ユーモアにおいては，年齢差はみられなかった。

　総合すると，これらの結果は，ユーモアというものは大人になってからも人生の様々な時期で，いくつもの機能を果たしていることを示唆している。若年者にとっては，ユーモアは社会的に受容されるやり方で攻撃性を表現するために，人間関係を構築するために，そして，仲間内での社会的地位を確かめるために重要である。一方，老齢者にとって（特に女性において）は，ストレスに対処し，人生にユーモアのある見通しをもち続けるために機能しているようだ。これらの研究結果は，生涯を通じていかにユーモアの能力，楽しみ方，機能が変化していくかを探究するという今後行われるであろう興味深い縦断研究への道筋を指し示すものである。

8節　結論

　笑いは4ヶ月前後で現れ，遊びのある安全な文脈のなかで，不調和を知覚したことへの反応として生起する。笑いは，その始まりからすでに社会的コミュニケーションの1つとして機能する。子どもに笑いを誘発する感触・動き・音声・表情といった不調和を引き起こす刺激は，スキーマの発達に伴って，子どもが概念やことばについての心的表象を自由に操作できるようになるにつれて，内在化されたユーモアのセンスとして発展していく。

　児童期におけるユーモアの発達と認知能力の発達との関連については多くの研究で検討されてきた。子どもは，認知能力がより複雑になってくるにつれて，より洗練された形で楽しい不調和を知覚できるようになり，楽しむことができるようになる。認知的に難しすぎたり簡単すぎたりするユーモアよりも，獲得したばかりの概念から遊びとして逸脱するユーモアの方によりおもしろさを感じるため，ユーモアの鑑賞（感

じ取り方)は概念獲得がどの程度進んでいるかを知る1つの手がかりともなる。皮肉や嫌味のような会話上でのユーモアを理解したり,楽しんだりするための子どもの能力もまた認知発達の水準に依存している。

　ユーモアの社会的,情動的な側面は,児童期を通じて重要な役割を果たし続ける。大人と同様にユーモアはコミュニケーションのあり方の1つとして,子どもの間で多くの社会的機能を果たしている。タブーとされているような話題や不安を喚起するような問題や体験を,他者とともに冗談にしたり,笑ったりすることは,子どもにとって,しばしば動揺させ,恐怖を抱かせる世界に直面する上で,不安や罪の意識,不確かさといったネガティブな情動にうまく対処するために重要な手段である。

　ユーモアセンスの個人差は,児童期の早い段階から現れる。遺伝的要因と環境的要因とがどのような割合でユーモアセンスに影響を与えるかは,ユーモアをどのように定義し,測定するかによっても異なる。ユーモアの発達に家庭が与える影響に関する研究は,ストレスコーピング仮説が支持される知見が多いものの,モデリング・強化仮説を支持するデータもある。このことから,うまく機能していない家庭環境では,否定的な情動をうまく処理したり,あるいは,ユーモア行動をとらなければ子どもに関心をもたない親の注意をひいたり,受容されるためにユーモアセンスが発達する子どももいるだろう。その一方で,家庭の機能が充分に果たされ,ユーモアに価値が置かれ,親がモデルとなる行動を示す家庭で育った結果として,ユーモアセンスが発達する子どももいるだろう。

　ユーモア行動をとり始め,他の子どもを楽しませる傾向として定義されるユーモアセンスは,就学前では,身体活動が活発さ,支配性や攻撃性の強さ,言語能力の発達の早さとの関連がみられ,そして,小学校では,教室内での秩序を乱す行動と関連がみられるものの,高校では,同級生からの人気の高さや創造性との関連がみられるようになる。また,実験室でユーモア刺激に対する反応として測定されるユーモアの理解や産出として定義されるユーモアセンスは,社会的能力,協調性,主体性,リーダーシップとの関連がみられている。

　人生の後半になると,認知能力が衰えるのに伴って,ユーモアの理解能力も低下するものの,ユーモアを感じ取ったり,楽しんだりすることは減退しない。若年者に比べ保守的傾向が強い老齢者では,不調和解決のユーモアによりおもしろさを感じ,ナンセンス・ユーモアに対して感じるおもしろさが減少していた。老齢者では,攻撃的なユーモアや親和的なユーモアをあまり用いない傾向がみられるものの,人生経験の幅広さが,一般的に人生をユーモラスなものとして捉えることを可能にし,生活のなかでのストレスをうまく処理する能力を増していくことだろう。

第8章 ユーモアの発達心理

　児童期だけではなく生涯を通したユーモア発達の研究は，多くの興味深い研究の機会を提供する。多くの研究は，「お決まりの」ジョーク，漫画，なぞなぞの理解とユーモアの鑑賞における認知発達の役割を検討してきており，日常の社会的なやりとりのなかで生じるより自発的な言語的，非言語的ユーモアにおける認知発達的な側面を検討した研究はきわめて限られている。今後は，幼児期，児童期におけるユーモアの社会的機能や，これらの機能が児童期から青年期の間にどのように変化していくかについても研究が必要である。そしてまた，情動のコーピングにおいてユーモアが果たす役割の発達的側面についての研究が求められている。

　ユーモアセンスの個人差に関して，家庭やその他の社会的環境がユーモアの発達に与える影響についての知見は未だ非常に限られている。このような研究には，研究者が遺伝的な要因からの潜在的な影響を切り離すことができる方法論を用いる必要がある。最後に，人生の後半でユーモアセンスの多様な構成要素がどのように変化していくのか，また，高齢者においてユーモアの社会的・情動的な機能がどのように変化するのかということも，さらに研究していかなければならない。そして，これらいずれの研究でも，横断的研究の結果を補っていくためにも縦断的研究が求められている。すなわち，従来の研究は，ユーモアの発達について実に多くの興味深い知見をもたらしているものの，この研究領域には，未だ数多くの問いが答えられぬままに残されているのである。

第 9 章
ユーモアと精神的健康

Humor and Mental Health

　ここ数十年間で,ユーモアセンスは,きわめて社会的に望ましいパーソナリティ特性としてだけではなく,精神的健康の重要な構成要素としても捉えられるようになってきた。ユーモアは,ポジティブ感情を促進し,抑うつや不安のようなネガティブな気分を中和する。また,それに加えて,ストレスのかかる出来事に対処していくために有効なメカニズムであり,満足のいく対人関係を築き,維持し,高めるための重要な社会的スキルであると考えられている(Galloway & Cropley, 1999; Kuiper & Olinger, 1998; Lefcourt, 2001)。過去20年間,ユーモアについての心理学における多くの調査は,ユーモアと精神的健康の様々な側面との関係を対象にしてきている。

　本章では,ユーモアの精神的健康との密接な関係の検討を通じて心理的な障害の研究,検査,治療に加えて,ポジティブな精神的健康やウェルビーイング(Seligman & Peterson, 2003)に貢献する要因の研究や促進を扱う心理学の部門である臨床心理学についてみていこう。臨床心理学は,研究の一分野であると同時に,応用的な専門領域でもある。この章では,心理的健康やウェルビーイングにおけるユーモアの役割に関する研究に焦点を当て,実証的な研究成果について取り上げる。11章で,応用的な問題である心理療法へのユーモアの適用について検討する。

　精神的健康は,しばしば心理的障害や精神的苦痛が存在しないという消極的な表現で定義される。この章では,より積極的なアプローチをとりながら,個人が成長し元気に活躍するために不可欠であると思われる一般的な3つの能力という観点から精神的健康を定義する。すなわち,(1)ネガティブ感情を調整し,ポジティブ感情を楽しむ能力,(2)ストレスに対処し,変化に適応する能力,そして,(3)他者との親密で

有意味な持続する関係を築く能力である。以下の節では、これら3つの積極的な意味での精神的健康に対して、ユーモアが備えうる有益性について検討してきている研究について述べる。

1節　ユーモアと感情的ウェルビーイング

　これまでの章でみてきたように、ユーモアの1つの要素は、愉悦というポジティブ感情である。人は、ユーモアや笑いに関わる時、より快活で生き生きとするように感じ、落ち込みや不安、いらだち、緊張を感じにくい。少なくとも、短期間において、ユーモアは、ポジティブ気分を高め、ネガティブ気分を弱めることが知られている。このように、ユーモアセンスが精神的健康に有益に働くのは、感情を制御し、管理する能力に寄与することによるということが考えられ、これは精神的健康にとっても不可欠な側面である (Gross & Muñoz, 1995)。

ユーモアと感情の実験的研究

　気分に対するユーモアの効果は、多くの実験室実験において証明されている。ルフ (Ruch, 1997) は、おどけた実験者と同席するか、もしくは、コメディのビデオテープを観せることで、ユーモアを実験参加者に提示した。ここでは、実験参加者の微笑みや笑いの頻度、強度、継続時間が、デュシェンヌスマイルにどの程度、該当するか否かの基準によって測定されている。デュシェンヌスマイルとは、第6章でみたように、真に楽しんでいることを示すものである。実験参加者が、デュシェンヌスマイルで微笑んだり、笑ったりすればするほど、自己報告された快活さや愉悦の感情もベースラインを超えて増加することが示された。このように、微笑みや笑いは、ユーモアを知覚することによって引き起こされる愉悦というポジティブ感情の表出であり、この感情が、激しくなればなるほど、笑いは大きくなる。興味深いことに、ユーモアを提示される前の実験参加者の気分水準と、ユーモラスな刺激に微笑んだり、笑ったりする程度との間に相関はみられなかった。これらの結果は、ポジティブ感情がユーモアのもたらした楽しさの結果なのであって、原因ではないことを示している。

　他の研究では、ユーモア刺激がない時でさえ、自らの微笑みや笑いによって、愉悦のポジティブ感情を引き出すことが可能であると報告されている。たとえば、微笑みに関係する表情筋が収縮するように口にペンをくわえたままで、漫画のおかしさを評定するよう指示された実験参加者は、その筋肉が収縮しないように口にペンをくわえ

た実験参加者と比較して、漫画をよりおもしろいと評定し、ポジティブ気分が大きく増すと報告されている（Strack et al., 1988）。また，ユーモア刺激なしで作り笑いのセッションを行った実験参加者群は，有意に高いポジティブ感情を示している（Foley et al., 2002; Neuhoff & Schaefer, 2002）。このように，微笑みや笑いという行為は，作為的に行われた時でさえ，少なくとも一時的には，楽しさや愉悦の感情を引き出すようだ。

　ユーモアがポジティブ気分を高めることに加え，ネガティブ気分を弱めるという実験的証拠がある。ある実験では，おかしみのある4分間のビデオの提示によって，自己報告される不安の感情が，ベースラインと比較して有意に減少することが見出されている（Moran, 1996）。別の研究では，20分間のコメディビデオを観ること，ルームランナー上で20分間走ること，そして，おかしみのないドキュメンタリービデオを観ること，これら3条件での気分への効果を比較している（Szabo, 2003）。有酸素運動と比較すると，コメディビデオは，ポジティブ感情を同じ程度高め，精神的な苦痛を同じ程度和らげ，不安をより大きく減少させていた。そして，コメディと運動の両方が，統制用のビデオより有意に強い気分への効果を示した（この結果はSzabo et al., 2005で再現されている）。要するに，ユーモアは活発な身体運動に勝るとはいかないまでも，少なくとも同じくらいのポジティブな感情変化を短期間引き起こすということを，これらの結果は示している。

　ユーモアは，実験的に誘導された抑うつ気分の効果を弱めるという証拠もある。ダンザーら（Danzer et.al, 1990）は，女子大学院生を実験参加者として実験室での標準的な気分誘導法を用い，抑うつ的な気分を引き起こさせた後に，ユーモア録音テープ条件（スタンダップコメディ），ユーモアなし録音テープ条件（興味深いがおかしくはない地理学の講義），録音テープなしの3条件に，実験参加者をランダムに割り当てるといった操作を行っている。自己報告された抑うつ気分は，3群すべての実験参加者において気分誘導の後に有意な増加を示しており，気分誘導手続きの効果が保証されていたということが示された。しかし，ユーモア条件の実験参加者のみにおいて，事後に抑うつ気分がベースラインの水準まで，有意に減少を示すという結果となっている。これはユーモアが，抑うつ気分の影響を弱めるということを示唆している。

　ユーモアに関連した愉悦が，ポジティブ気分かネガティブ気分に影響を与えるだけでなく，一般的な人生観に影響を与えるという実験的な証拠もある。ある研究では，コメディビデオを観た実験参加者は，滑稽でないビデオを観た実験参加者に比べ，希望の感覚が有意に大きく増加することを報告している（Vilaythong et al., 2003）。別の実験では，退屈だという課題の受けとめ方をユーモアが興味深いものだという受けとめ

方へと変化させることが可能であることが報告されている (Dienstbier, 1995)。この研究ではコメディもしくは，ユーモラスではないビデオを観た後，実験参加者に，くり返し一連の退屈な文章校正課題を行うよう求めた。コメディビデオを観た実験参加者は，統制群の実験参加者と比べて，課題の成績がよいわけではなかったが，より高いレベルの活力と高揚感を報告している。そして，課題をより興味深く活気を与えるものだと評価していた。このように，ユーモアと結びついたポジティブ感情は，人をより希望に満たし，活力にあふれさせ，退屈さの影響を受けにくくする働きがある。

これまで紹介した研究は，ユーモアがポジティブ気分やネガティブ気分，感情的ウェルビーイングに対してもつ短期的な効果が，実験室においては一貫して支持されるという証拠を提供している。これらの知見に基づけば，数週間，数ヶ月にわたって繰り返しユーモア刺激を人に提示すると，結果として，気分や人生観における改善が生じることを期待するだろう。だが，かなり長い期間にわたってユーモア刺激を繰り返し提示することによる長期的な心理的効果に関する研究結果は，研究者の思いに反して，残念ながら十分に支持されているわけではない。

ある研究では，慢性の統合失調症患者を対象に，精神病院の一方の病室では3ヶ月間70本のコメディ映画を，もう一方の病室では，等しい数のユーモラスではないドラマチックな映画を提示した (Gelkopf et al., 1993)。この介入の後，スタッフによる評定と自己評定によって気分，精神医学的症状，身体的健康に関する症状，生理的な変数，認知的な機能などに関する21の指標について，2つの集団間の比較が行われている。それによると，6つの変数についてのみコメディ映画の有意な効果がみられたが，それらのほとんどは，患者に対する病院のスタッフの認識に関わるものであるといえる。なぜならコメディ映画を観た患者は，他の群の患者と比較して，（行動的ではなく）言語的な敵意，不安や抑うつ，緊張の程度が低いとスタッフによって評価されているのに対し，患者自身は，スタッフからのソーシャルサポートをより大きく知覚したと報告しているからである。この論文の著者は，これらのきわめて不十分な結果は，患者の実際の機能よりも，病院のスタッフの認識に対して映画の効果が関連するものであると解釈している。

他の介入研究においても，ユーモアの心理的な有益性は期待されるよりも小さいことが報告されている。ロットンとシャツ (Rotton & Shats, 1996) は，整形外科の手術からの回復を待っている患者を手術後の2日間に，4本の長編のコメディ映画を観る群，4本のドラマチックだがユーモラスではない映画を観る群，もしくは，何の映画も観ない群，のいずれかに無作為に割り当てている。その結果，手術後，2日間の自己報告された精神的苦痛や痛みの水準では，滑稽な映画と滑稽でない映画の間に違いはみられ

なかったが，映画を視聴した両群は，映画を視聴しない統制群に比べて，精神的苦痛や痛みが減少したと報告していた。つまり，どんな種類の映画でも視聴することに有益な効果があり，ユーモアに特別な有益性はないことをこれらの結果は示唆している。

同様に，養護施設に長期間居住する高齢者を対象とした研究では，6週間にわたり1週間のうち3日間，長編映画を視聴するよう求めたが，内容がユーモラスであったか否かによって自己報告された気分に有意な差はみられなかった。ただし，両群ともに，その期間を通して，気分の改善がみられた（Adams & McGuire, 1986）。最後に，ある実験では，大学生が，6週間のうち，毎週1時間30分のセッションを行うよう割り当てられた。そのセッションは，笑いを引き起こす運動をする，リラックスする訓練をする，もしくは，健康についての教訓的な内容の説明を受けるのいずれかであった。その結果，気分障害や不安を下げる効果に関して，笑いを引き起こす運動は健康についての教訓的な説明より効果があるわけではなく，リラックスする訓練よりも有意に低い効果しか得られていない（White & Camarena, 1989）。

要するに，実験室実験による研究において，ユーモアや笑いは，短期間であれば有益な気分効果を示すものの，数日間もしくは数週間にわたって，繰り返しユーモラスな映画を提示すること，もしくは，笑うセッションへ参加することが長期的に心理的効果をもたらすという証拠はほとんどみられない。これらの知見は，メンバーが笑いを引き起こす訓練を定期的に行うといった，笑いクラブ（laughter club）によって提供されるユーモアの介入の有効性について，疑問を投げかけるものである（Katarina, 2002）。

この領域での研究は，未だにきわめて限られているものの，今日までの知見によると，1週間に数回，1時間から2時間，単純に笑うだけでは，個人の全体としてのウェルビーイングに長期的な効果はないということを示唆している。これは，そのユーモアが，実験参加者の日々の経験に組み込まれないためであろう。もし，このような介入が毎日の社会的相互作用のなかで自然に生じる機会を増やすようにデザインされ，その時，起こっている生活経験に対応する形で影響し，効果的な感情の調整につながっていくものだったならば，より大きな有益性をもたらすかもしれない。そのためには，おそらく，日々の経験に対してユーモラスな観点をもつ方法や，他者とのやりとりのなかでユーモアを生み出す方法を訓練する必要があるだろう。

しかしながら，実際に日々の生活のなかで，ユーモアに関わろうとする傾向が強くなるように，どこまで指導することができるかを調べた研究はきわめて少ない。この種の研究で，唯一，刊行されている研究は，ネヴォらの研究グループが，高校教師を対象とした，7週間かけて計21時間行う，ユーモアセンスを高めるためのトレーニングプログラムの効果を評価したものである。しかし，この研究では，その成果につい

て限られた知見しか得られなかったことが報告されている(Nevo et al., 1998)。ネヴォらのプログラムによって，実験参加者のユーモアに対するよりポジティブな態度を高められるだけではなく，ユーモアの産出とユーモア鑑賞の能力について，仲間による評定は高まった。しかし，このプログラムによって，ユーモア産出テストや自己報告式のユーモア尺度によって評定されたユーモアを創造する能力に改善はみられなかった。心理的なウェルビーイングについての介入の効果は，残念ながら検討されていない。ユーモアセンスを改善するようデザインされた様々な介入（たとえば，McGhee, 1999）によって精神的，身体的健康を促進するためにヘルスケアの専門家が取り組んでいることを考えると，日々のユーモア使用の量や質に変化を引き起こすことが可能なのかどうかをはっきりさせるためのさらなる研究が必要である。

ユーモア特性と感情的ウェルビーイングとの相関研究

もし，一般的にユーモアが心理的なウェルビーイングにとって有益であるならば，毎日の生活で，より頻繁にユーモアと関わる人（すなわち，よりユーモアセンスをもっている人）は，抑うつが低く，不安が低く，楽観主義である傾向があり，バーンアウトを経験したり，精神疾患を発現したりしない傾向にあるはずである。そして，そのような人たちは，より自尊感情が高く，より楽観的，そして，感情的ウェルビーイングがより高いであろう。数多くの研究が，ユーモアセンスの様々な傾向についての尺度と，多様な感情的，心理的なウェルビーイングについての尺度との相関を分析することによって，上記の仮説を検証している。

ユーモアによるストレスコーピング尺度（CHS），状況的ユーモア反応尺度（SHRQ），ユーモアセンス尺度のメタメッセージへの敏感性（SHQ-M）とユーモアの好み（SHQ-L）（第7章で検討されている）を用いた大学生を対象とする研究では，これら，いくつかの（すべてではない）ユーモア尺度と神経症傾向，不安，抑うつとの間に中程度の負の相関があり，自尊感情との間に中程度の正の相関が示されている（Deaner & McConatha, 1993; Kuiper & Borowicz-Sibenik, 2005; Kuiper & Martin, 1993）。どのユーモア尺度が，どのウェルビーイング尺度と相関があるかについては，研究によって異なる傾向がある。多次元ユーモアセンス尺度（MSHS）を使った研究では，このユーモア尺度と抑うつ，死の不安，悲観主義，様々な生活に関係することについて心配する傾向との間に，有意ではあるが弱い負の相関がみられている（Kelly, 2002; Thorson & Powell, 1993b, 1994; Thorson et al., 1997）。

ユーモアのストレス緩和効果について調べたいくつかの研究（これらについては本章の後節で詳述する）では，様々な自己報告によるユーモア尺度と抑うつ（Anderson &

Arnout, 1989; Nezu et al., 1988; Overholser, 1992; Porterfield, 1987; Safranek & Schill, 1982), 気分障害（Labott & Martin, 1987; Lefcourt et al., 1995），そして，バーンアウト尺度（Fry, 1995）との間に有意な負の相関が報告されている。しかしながら，他の研究ではユーモアセンス尺度と不安（Nezu et al., 1988），気分障害（Martin & Lefcourt, 1983），あるいはポジティブな気分（Kuiper et al., 1992）との間に相関はみられない。

ユーモアセンスと自尊感情との間の関連を調べるために，カイパーと私は，大学生を対象に4つのユーモア尺度（CHS, SHRQ, SHQ-M, SHQ-L）と様々な自己概念尺度との関連性を検討している（Kuiper & Martin, 1993）。4つすべてのユーモア尺度は自尊感情との間に正の相関がみられ，加えて，これらのうち，3つのユーモア尺度では，大学生が60個の形容詞を用いて自己報告した現実自己と理想自己とのズレとの間に，負の関連が見出されている。これは，ユーモア尺度の得点が高いほど，大学生は現実の自己を理想的な自己像と一致したものとして捉えていることを示している。さらに，これらの尺度のうちの2つのユーモア尺度は，形容詞による自己評定を1ヶ月後あらためて測定した時においても安定して同じような結果を示し，ユーモア尺度の得点が高い人ほど安定した自己概念をもっていることが示唆される。最後に，すべてのユーモア尺度に対して高い得点を示した参加者は，機能不全に陥るような，非現実的な，あるいは完璧主義的な自己評価の基準をもたない傾向があった。総じていえば，この研究は，ユーモア尺度の少なくともいくつかに高い得点を示す人は，より肯定的で，調和がとれて安定した現実的な自己概念をもっている傾向があることを示している。

大学生の研究に加えて，介護施設に入居している高齢者を対象にした研究では，CHSの得点の高い高齢者は，感情面の健康，ポジティブ気分，そして，生活への活力がより高い水準にあることを報告している（Celso et al., 2003）。介護施設に入居していない高齢者の男女のウェルビーイングについての研究では，SHRQとCHSの得点の高さが，やる気と有意に関連があるものの，全体的な生活の満足とは関連のないことが報告されている（Simon, 1990）。また，看護学校の講師におけるユーモアとバーンアウトの間の関係についての研究では，CHSの得点が高いほど，脱人格化の水準が有意に低く，個人的な達成感の水準が有意に高いことが示された。しかし，情緒的消耗感との間には関連は示されていない（Talbot & Lumden, 2000）。

ここまで述べてきた研究が，病的ではない標本について行われたのに対し，精神病患者のユーモアセンスの得点は，精神病患者ではないと診断された人よりも平均して低いかどうかを調べた少数の研究がある。ある研究では，入院中の青年期の精神病患者の群と健常な青年期の群が比較されている。その結果，CHS，ユーモア産出能力，

ユーモア鑑賞の尺度において，平均値に差はみられなかった。これは，精神的健康に対するユーモアの有益性について，疑いを投げかけるものである（Freiheit et al., 1998）。同様に，うつ病患者における防衛機制スタイルの研究において，直近に自殺を試みた患者とそうでない患者との間でユーモアの得点における違いはみられない（Corruble et al., 2004）。

　ある研究では，うつ病もしくは統合失調症と診断された入院中の成人患者は，健常な大学生から得られた尺度の標準の値と比較した時，ユーモア特性の尺度得点が有意に低いということが報告されている（Kuiper et al., 1998）。しかしながら，この結果は，対象者の年齢や教育水準，そして，社会的背景という要因に違いがあるため，比較する群として適切であるかどうかには疑問が残る。全体としてみれば，このような疑問に対する研究は，きわめて限られているが，ユーモアセンスの高い人は低い人よりも精神病を患わないという証拠はない。うつ病の人々は，そうでない人よりユーモアを見せないとは限らないが，その人たちのユーモアは，かなりブラックで，シニカルで，敵意的であり，そして，過剰に自己を中傷する傾向があると指摘する臨床家もいる（たとえば，Kantor, 1992）。

　このような結果にもかかわらず，うつ病と診断された患者群のなかで，気分障害の得点が大きいほど，より低いユーモア得点と関連があるという証拠がある。入院している青年期の精神病患者を対象とした研究において，CHSの得点が高い場合，抑うつの程度は低い水準にあるが，高い自尊感情との間に関連がみられるが，絶望感とは無関連である（Freiheit et al., 1998）。また入院している成人期のうつ病患者においては，ユーモアセンスの得点の高さが，抑うつの低さや，自尊感情，ポジティブ気分の高さと関連する傾向が見出されている（Kuiper er al., 1998）。しかしながらユーモアセンス尺度得点は統合失調症と診断された患者についての症状の重症度とは無関連であった。入院中の統合失調症患者におけるユーモアについての別の研究において，CHSの得点と，自己評価と精神科医の評価による敵意や攻撃性そして怒りの尺度との間には，先ほどと同様に関連がない（Gelkopf & Sigal, 1995）。このように，ユーモアセンスが高いことは，うつ病患者における症状がより軽いことと関連があるようだが，このことは，統合失調症の患者の場合には当てはまらないようだ。

　これまでのところ，相関研究の知見は全体として，ユーモアセンスの精神的健康への有益性が，絶大とはいえないことを示している。自己報告式尺度によって測定されたユーモアセンスと，様々な感情的ウェルビーイングの構成概念との間に，いくつかの相関が示されているが，その関連性は，多くの場合非常に弱く，結果は一貫していない。カイパーと私（Kuiper & Martin, 1998a）は，一般的に精神的健康に重要であ

ると考えられている。もう1つのポジティブなパーソナリティ特性である楽観主義とユーモアセンスとの間に，どの程度，相互関係がみられるかを決定するために5つの研究結果を分析した。これらの研究では，4つのユーモアセンス尺度（CHS, SHRQ, SHQ-M, SHQ-L），楽観主義気質の尺度，そして様々な心理的ウェルビーイングについての尺度を用いている。その分析から，ユーモアセンス得点の高さは，楽観主義と弱い関連しかないことがあきらかにされている。心理的ウェルビーイングの多面的な尺度との関連のうち，ユーモア尺度の得点の高さと関連があったのは，個人的成長を測定する下位尺度のうちの1つだけである。しかし，自己受容，他者との肯定的な関係，自律性，環境の統制，そして，人生の目的とは無関係であったが，対照的に，楽観主義は，6つすべての心理的ウェルビーイングの構成概念との間により強い関連があることが示された。

また，ユーモア尺度は，精神的健康と関連する，世界や人々に関する信念についての尺度とも無関連であったが，楽観主義は，これらの世界に関する信念との間に有意な正の相関がみられた。他の研究と同様に，ユーモアセンス尺度は，自尊感情との間で中程度の正の相関を示し，不安や抑うつ，否定的な評価への恐怖，そして，社会的回避や苦悩との間で中程度の負の相関を示す。しかしながら，楽観主義は，それらすべてのウェルビーイングの尺度と，より強い関連がみられる。このように，ユーモアセンスは，感情的ウェルビーイングのいくつかの面と関連があるものの，その相関は弱く，楽観主義のような，他の「ポジティブな人格特性」の構成概念ほど幅広い相関はみられていない。

このように，ユーモアセンスとウェルビーイングの特性に関する尺度との間には弱く一貫しない関連性しか見出されていない。このことは,ほとんどの自己報告式ユーモア尺度が一般的なパーソナリティ因子のうち，外向性には負荷するが，神経症傾向の因子についてはごく弱くしか負荷しないことを示す研究（第7章で議論した）によって説明できる（Köhler & Ruch, 1996; Ruch, 1994）。外向性は，社交的で生き生きとして活動的であることだけでなく,ポジティブ感情を経験する傾向とも関係している。その一方で，外向性とは無関連である神経症傾向は，感情の不安定や怒りっぽさ，過敏さ，そして，抑うつや不安，敵意のようなネガティブな感情を経験する傾向が関わっている。当然ながら，ほとんどの心理的なウェルビーイングについての尺度は，この神経症傾向の因子について，主として（負の）負荷をもっている（DeNeve, 1999）。

外向性と神経症傾向という2つの広がりをもったパーソナリティ次元が，お互いに無関連であるという事実によって，なぜ（外向性と関連する）ユーモアセンス尺度は，（神経症傾向と関連する）ウェルビーイングと弱い関連しかない傾向にあるかが説明さ

れるかもしれない。つまり楽観主義気質は，ユーモア尺度より強く神経症傾向と（負に）関連するため，ウェルビーイングの尺度とより強い相関を示す傾向があるというのである。これは，神経症傾向と正と負のいずれにせよ，より強い関連があるユーモアの次元があるかどうかという疑問を投げかけている。そして，それについては，今までに検討された研究で使用された自己報告式ユーモア尺度では，ほぼ測定されていない。この疑問については，次節で論じることにしよう。

健全なユーモアスタイルと不健全なユーモアスタイルの区別

人は，他者との相互作用において，多様な目的のために，様々な方法でユーモアを利用する。第5章で述べたように，ユーモアは，多くの対人関係機能を果たし，それらのいくつかは，社会的な凝集性を高めたり，人々の間のコミュニケーションを促進することに貢献する一方で，威圧的であったり，非難するものであったり，他者に取り入ろうとしたりするものもある。ユーモアセンスは，全般的には，感情的な健康との間で弱い関連性しか示さない。しかし，前節の研究で示されたように，おそらく，あるユーモアの使い方は，ウェルビーイングとより強い関連があり，それに対し，別のユーモアの使い方は，心理的な健康を損なうことと関連するのではないだろうか。

このような，ユーモアと精神的健康との関連についての考え方は，過去にこのテーマについて論じた心理学者たちの観点とも一致する。たとえば，フロイト（Freud, 1928）は，ユーモアを「防衛機制のなかで，もっとも高級なもの」と言及し（p.216），それを「何か明るく，高揚させるもの」と記述している（p.217）。その時，フロイトは，我々が現在，連想する広範な意味でのユーモアについて論じているのではなく，むしろ，19世紀の専門用語と結びついた，より狭い意味でのユーモアについて論じている。第1章で述べたように，もっぱら思いやりがあり，寛大で，好意的な形の楽しさという意味でのユーモアは，より皮肉っぽく痛烈で，冷酷であると考えられるウィットとは，区別されている（Wickberg, 1998）。

同様に，マズロー（Maslow, 1954）やオルポート（Allport, 1961）そしてオコーネル（O'Connell, 1976）といった心理学者は，特に精神的に安定した人たちの特徴としては，敵意がなく，哲学的で，自己受容を続けたままで自己を卑下する特定のユーモアスタイルをもつことを示唆している。この著者たちは，毎日の社会的なやりとりやメディアのなかで発生するほとんどのユーモアと対照的に，この健全な形のユーモアは，比較的まれであると考えている。興味深いことに，健全な形のユーモアは，必ずしも極端なおかしさがあるとは限らず，激しい笑いよりくすくすという笑いを引き起こす傾向があると述べている。マズロー（1954）は，「自己実現した」とみなされる

精神的に安定した人々が，普通の人々にとって「むしろ，冷静で真面目なタイプである」と認識される傾向さえあるとしている（p.223）。

これらの見解は，心理的な健康が，特定の適応的な種類のユーモアが**あること**と関連するだけでなく，健全ではない形のユーモアを楽しむことが**ないこと**も関連していることを示している。近年のほとんどの研究者は，ユーモアを一般的には，精神的健康やウェルビーイングにとって有益であると仮定しているようだ。しかし，むしろ有益な形のユーモアと有害な形のユーモアとの区別を行っていた初期の観点に戻ることが重要であろう。

ユーモアを精神的健康にとって有益なものであるだけでなく，有害なものでもありうるとするこの観点は，第7章で述べているように，我々のユーモアスタイル尺度（Humor Style Questionnaire: HSQ; Martin et al., 2003）開発の論理的な根拠となるものである。この尺度を開発する時に，我々は先行研究において，潜在的に健全でないと指摘されている2つのユーモアスタイルを見出した。すなわち，他者を犠牲にして自己を高めるユーモアの使用に関わるものと，他者からの受容と注意を得るために，自己の心理的要求を犠牲にするユーモアの使用に関わるものである。我々は，これら2つのユーモアスタイルが，オルポートやマズローのような心理学者たちが，特に心理的に健康である人には，みられない傾向があると考えたユーモアの形を捉えているのではないかと仮定するのである。

前者の**攻撃的ユーモア**は，他者を批判したり，操る目的のためにユーモアを用いる傾向のことである。このユーモアには，攻撃的な形のユーモア（たとえば，人種差別的，性差別的）を用いるというだけではなく，嫌味でからかい，冷笑し，あざけり，軽蔑するユーモア（たとえば，「人がミスしたら，よくそれをからかうことがある」）を含んでいる。そのようなユーモアは，社会的に不適切である時でさえ，ユーモアの表出をせずにはおられないということを含む（たとえば，「おもしろい話を思いつくと，その場に合わない話でも，どうしても，しゃべってしまうことがある」）。この種の攻撃的で，支配的な方法でユーモアを用いる傾向のある人たちを知らないという人はほとんどいないだろう。

もう1つの不健全なスタイルである**自虐的ユーモア**は，他者の機嫌をとるためにユーモアを使い，自らを犠牲にしておもしろい行動をとったり言ったりすることによって他者を楽しませようとする。これは時に過剰に自分を貶めるユーモアを言うこと，そして，からかわれたり，さげすまれたりした時に，他者に合わせて笑うことを含む（たとえば，「しばしば自分の短所やドジ，失敗を笑い話にして，人から好かれようとしたり，受け入れてもらおうとする」）。そこには，防衛機制の否認の形として

のユーモアの使用も関わっており（Marcus, 1990），自分の内にあるネガティブ感情を隠し，積極的な問題の対処を避けるものである（「問題を抱えたり，落ち込んでいる時，自分の本当の気持ちを親しい人にも知られないようにふざけることがよくある」）。

　自虐的ユーモアの使用として，有名な例は，クリス・フェアリーである。彼は，1990年代初頭の有名なアメリカのコメディアンで，他者に好かれたくてたまらない太りすぎの子どもとしての道化のスキルを磨いた。とても愉快で，人の心を捉えて離さないユーモアセンスから，若くして成功を収めたにもかかわらず，彼は，深い自己嫌悪を抱いていた。そして，若くして，アルコールや薬物の摂取，そして過食で自分自身を破壊したのである。彼のユーモアは，効果的なコーピングの手段となるというより，むしろ彼の問題の重大性を否定し，彼の友人の心配をそらす方法であったと思われる。ジョン・ベルージは，輝かしいコメディのキャリアの半ばで，似たような最後を迎えており，この自虐的ユーモアスタイルのもう1つの例であると考えられる。興味深いことに HSQ での我々の研究では，攻撃的ユーモアと自虐的ユーモアは，お互いに有意な正の相関のあることがわかっている。つまり，ある不健全なスタイルのユーモアを利用する人は，別の不健全なユーモアも利用する傾向があるということである。

　我々は，その一方で，心理的なウェルビーイングとポジティブに関連すると考えられる2つのユーモアスタイルを見出している。その1つは，ポジティブな対人関係を促進するユーモアの使用と関連があり，もう1つはストレスに対処したり，感情を調整するためにユーモアを用いることと関連がある。これらのユーモアスタイルの1つ目である**親和的ユーモア**とは，他者を楽しませたり，関係を促進したり，対人間の緊張を和らげるために，おもしろいことを言ったり，冗談を言ったり，気の利いたことを言う傾向があることを指す（たとえば，「人を笑わせることは，楽しい」「さほど無理せず，人を笑わせることができる私はもともと面白みのある人間のようだ」）。我々は，このユーモアを，基本的に，敵意はなく，自己や他者を肯定する寛大なユーモアの用い方であり，おそらく対人間での凝集性を高めると考えている。しかしながら，HSQを使った研究では，少なくとも北アメリカの標本で，親和的ユーモアは攻撃的ユーモアと弱い相関があるという結果になった。その結果は，親和的ユーモアが時に友好的で，向社会的なからかいの使用をするが，それが，攻撃的ユーモアになる危険性もあるということを示している。

　2つ目の健全なユーモアスタイルは，**自己高揚的ユーモア**であり，それは，しばしば，人生の不調和を楽しみ，直面するストレスや困難に対してさえユーモラスな捉え方を維持し，感情調整のメカニズムとしてユーモアを使用する傾向をいう（たとえば，「人生をユーモラスに捉えているので，必要以上に心が乱れたり，落ち込んだりするこ

とがない」)。このユーモアスタイルは従来のCHSによって，測定された構成概念と非常に関連が強い。その後の研究では，自己高揚的ユーモアは，親和的ユーモアとかなり強い関連を示す傾向があり，本質的に社会的な性質のユーモアであることを示すという知見が得られている。しかし，自己高揚的ユーモアは攻撃的ユーモアや自虐的ユーモアとは無関連であり，4つのユーモアスタイルのうち，もっとも健全であるということが示唆されている。我々は，フロイト (Freud, 1928) によって，健全な防衛機制もしくはコーピングスタイルと考えられた狭い意味の伝統的なユーモアの概念に，このユーモアスタイルが，4つのうちで最も近いと考えている。

　HSQの下位尺度と，過去の自己報告式ユーモア尺度との間の相関関係を分析する研究は，我々の仮説を支持するものである。つまり，この新しい尺度は，以前の尺度ではあまり区別されていなかった（もしくは，まったく測定されてさえいなかった）ユーモアをより明確に区別し，測定しているといえよう (Martin et al., 2003)。たとえば，CHSは，自己高揚的ユーモア（親和的ユーモアだけではなく）との間できわめて強い関連を示すが，攻撃的ユーモアとの間でも相関を示す。これは，CHSが，自己高揚的ユーモア尺度のようにユーモア使用のポジティブな側面についての純粋な尺度ではないということを示唆している。しかも，なお悪いことに，MSHSは，HSQの4つすべての尺度と正の相関を示しており，MSHSが潜在的に健全な形のユーモアだけではなく，健全でない攻撃的ユーモアや自虐的ユーモアをも測定していることを示す。このことは，MSHSを使った研究で，一般的にウェルビーイングとの間で弱い相関がみられたことを説明できることを示唆している。

　SHRQ, SHQそして STCIの快活さといった他のユーモア尺度は，親和的ユーモアや自己高揚的ユーモアとの間で正の相関がみられるが，攻撃的ユーモアや自虐的ユーモアとは無相関である。このように，従来のユーモア尺度が，ユーモアの健全でない面を捉えているという証拠は少なく，HSQにユーモアの2つのネガティブな側面が取り入れられたことは，過去の尺度によって測定されていなかったユーモアのネガティブな面をあきらかにしていくために有用である。興味深いことに，2つの健全なユーモアスタイルにおいて，男性と女性の間には，ごくわずかな違いしかみられないが，その一方で，2つのネガティブなスタイルにおいて，男性は，より高い得点をとる傾向があるということが示されている。これは，健全なユーモアの使用において，男性と女性に違いはないが，男性は，健全でない方法でユーモアを使用する傾向にあることを示唆している (Martin et al., 2003)。

　HSQを用いた我々の最初の研究では，様々なユーモアスタイルが，心理的な健康やウェルビーイングに異なる形で関連するのではないかという考えを支持する結果が得

られている（Martin et al., 2003）。親和的ユーモアと自己高揚的ユーモアは，不安と抑うつとの間に負の相関を示すが，自尊感情とすべての心理的なウェルビーイング尺度とは正の相関を示す。なお，自己高揚的ユーモアの方が，親和的ユーモアよりいくぶん強い相関係数を示している。それに対して，自虐的ユーモア得点の高さは，不安や抑うつ，精神医学的症状との間でより強い関連がみられるが，自尊感情や，ウェルビーイングの低さとの間でも関連が示されている。また，攻撃的ユーモアスアイルと自虐的ユーモアスタイルのいずれも，敵意や攻撃性とも関連している。したがって期待されたように，ネガティブなユーモアスタイル（特に自虐的ユーモア）の使用を抑えることが，より健全な心理的機能に結びつくようだ。

　4つのHSQの尺度を，感情的なウェルビーイングの様々な尺度の予測変数として，回帰方程式へ投入した場合，かなり大きな重相関係数が示されている（平均して，約.50）。これらの相関は，以前のユーモアやウェルビーイングの研究で示されている相関と比べてかなり高いものである。これは，ウェルビーイングにポジティブに関連するユーモアの使用と，ネガティブに関連するユーモアの使用とを組み合わせることによって，ウェルビーイングの変数の分散をより高い割合で説明できたということを示している。より広い意味でのパーソナリティ次元での神経症傾向は，親和的ユーモアとの間には関係がみられないが，自己高揚的ユーモアとの間には負の相関がみられ，攻撃的ユーモア，自虐的ユーモアとの間には正の相関がみられる。すなわち，期待されたとおり，HSQ尺度は，各ユーモアスタイルによって神経症傾向とポジティブに関連したり，あるいはネガティブに関連したり，無関連であったりする。また情緒安定性は，特定のユーモアスタイルの**存在**だけではなく，別のユーモアスタイルの**不在**とも関連することを示唆している。ユーモアは，初めから健康的あるいは不健康であるというわけではない。精神的健康とどのように関連するかは，毎日の生活のなかでユーモアがどのように使われるかによるということを示している。

　HSQにおける，その後の研究において，以下のような知見が新たに見出されている。カイパーら（Kuiper et al., 2004）は，自己高揚的ユーモアの得点の高さは，低い水準の抑うつや不安，ネガティブ感情と関連する一方で，高い水準の自尊感情や，ポジティブ感情と関連することを見出している。親和的ユーモアは自己高揚ユーモアと相関のパターンが同じなのだが，関連は弱い。それに対し自虐的ユーモアは，相関においてまったく逆のパターンを示している。つまり，このタイプのユーモアを多く使用することは，高い水準の抑うつや不安，ネガティブ感情と関連する一方で，低い水準の自尊感情と関連することが明らかになっている。攻撃的ユーモアと感情的ウェルビーイング尺度との間には関連がみられなかった。もう1つの研究で，サログロとス

カリオット（Saroglou & Scariot, 2002）が，HSQ をフランス語に翻訳してベルギーの大学と高校で同じような実験を行っている。その結果，自尊感情の高い実験参加者は，親和的ユーモアをより多く用い，自虐的ユーモアを用いることが少ないという。また，自虐的ユーモアと攻撃的ユーモアのいずれもが，学業を達成する動機づけの低さと関連していることも見出されている。

　フレーウェンらは，高い水準の抑うつ気分を報告する実験参加者では，自己高揚的ユーモアを用いることが少なく，（より低い程度の）親和的ユーモアを用い，そして，自虐的ユーモアを多く用いる傾向にあることを報告している（Frewen et al., 2008）。また，この研究では，抑うつに影響を与えやすい要因として報告されている**対人志向性**（sociotropy）と**自律性**（autonomy）という２つのパーソナリティ次元の尺度による調査も行っている。対人志向性とは，自己に価値があるという感覚が，他者から好まれるという点に過剰に基づいている程度をいう。そのため，対人志向性が高いと人間関係において非難や拒絶を経験する時に，社会的な依存や抑うつになりやすい。一方で，自律性とは，自らが独立を維持し，個人的な達成という観点から自己に価値があるという感覚である。そのため，自律性が高いと達成に関連する失敗を経験する時に抑うつになりやすくなる。現在の抑うつの水準を統制した場合には，対人志向性は，自己高揚的ユーモアとの間で負の相関を示し，自虐的ユーモアとの間で正の相関を示すという。一方，自律性は，自虐的ユーモアと攻撃的ユーモアのいずれとも密接な関連を示した。したがって，ネガティブなユーモアは，抑うつになりやすくするパーソナリティ特性と関連があるようだ。それに対し，対人志向性と負の相関がある自己高揚的ユーモアは，社会的拒絶を受けて抑うつになることを防衛するのに役立つかもしれない。

　過去の研究において、反芻的認知スタイルをとる人たち（くり返し，ネガティブな出来事を思い返し，その気持ちを感じる人々）は，特に抑うつに陥りやすいということがわかっている。近年，大学生を対象とし HSQ を用いた研究において，自己高揚的ユーモアと，（関連はより弱いが）親和的ユーモアで高い得点をとった調査参加者は，反芻を行わない傾向にあることがわかった（Olson et al., 2005）。さらに，この研究によって，この２つのユーモアスタイルが抑うつにおける反芻の効果を和らげることができるという証拠が提供されたことになる。特に，これら２つのユーモアスタイルが低い得点であった調査参加者は，反芻の頻度と抑うつ気分症状との間に強い相関を示し，一方，これら２つのユーモア得点が高かった調査参加者においては，反芻の頻度と抑うつ的な気分との間にあまり相関がみられない。

　全体的にみて，今まで得られた相関についての知見によれば，自己高揚的ユーモア

は，特に感情的ウェルビーイングにポジティブな方向で，関連するということが示されている。すなわち，自己高揚的ユーモアは，とりわけ健全なユーモアスタイルであるという我々の考えを支持しているようだ。この点について，親和的ユーモアでは，過去のユーモア特性の尺度でみられた結果と同様の相関が得られており，感情面の健康と弱い関連があるようである。対照的に，自虐的ユーモアは，一貫してウェルビーイングの尺度との間で負の関連を示していた。つまり，自分を犠牲にして他者に取り入ろうとしたり，ネガティブ感情を否定するためにユーモアを用いることは，とりわけ不健全な機能と関連するということを示唆している。一方で，攻撃的ユーモアは，心理的なウェルビーイングと無関連であった。フロイトやマズロー，そしてオルポートのような初期の理論家たちは，攻撃的な形のユーモアを心理的な健康全般に関して，特に問題があると考えていたが，我々の研究では，この考えを支持する知見は明確には見出されていない。しかしながら，本章の後節でみるように，攻撃的ユーモアは，親密な対人関係の質という点に関しては，特にネガティブな役割を果たすようである。

　この論題から離れる前に，述べておくべき重要なことがある。それは，これらの知見が，すべて相関研究であり，それゆえにユーモアセンスと精神的健康との間の因果の方向を決定することができないということである。たとえば，自虐的ユーモアを頻繁に行うことによって，抑うつになりやすく，自尊感情を低める等を引き起こすかもしれない。しかし，心理的なウェルビーイングの水準が低いことの結果として，このユーモアスタイルを行っているのだということも等しく起こりうる。同様に，自己高揚的ユーモアを頻繁に行うことによって，気分障害になりにくくなるかもしれない。けれども，心理的に健全であることが，そういった方法でユーモアを用いることを導く可能性もある。ユーモアスタイルと心理的な健康の構成概念との間には因果関係がまったくない場合もあるかもしれないし，双方が，神経症傾向といった第3の変数の結果である可能性もある。現時点でいえることは，感情的なウェルビーイングは，自己高揚的ユーモアや，親和的なユーモアの使用と関連し，また自虐的ユーモアを使用しないことにも関連する傾向があるということだけである。

　この因果関係についての疑問をあきらかにする研究の1つの方法が，日誌法もしくは，イベント・サンプリング法である。これらの手法では，数日間もしくは，数週間にわたり，ある人がどのようなユーモアスタイルを用いているかを心理的ウェルビーイングの種々の側面とともにくり返し測定する（Reis & Gable, 2000）。縦断的に両者の関係を分析することで，特定のユーモアスタイルが多く使用された数時間後もしくは数日後にウェルビーイングの変化が起こるのか，それとも先にウェルビーイングの変化が起こるのかを決定することが可能になる。この手法は，ユーモアとウェルビー

イングの結びつきの因果関係の方向を見定める上で、ある程度の有効性をもつかもしれない。この研究方法については、本章で後述する。

2節　ユーモア，ストレスそしてコーピング

　ユーモアが（身体的だけでなく）精神的にも有益であるとされる，2つ目の方向性は，ユーモアをストレスのかかる生活経験のコーピングに用いることと関連する。多くの研究によって，自然災害や人間関係の葛藤，仕事のプレッシャー，そして経済的な問題のような強くストレスのかかる出来事は，精神的健康や身体的な健康に悪影響を及ぼすことが報告されている。すなわち，気分障害や認知の非効率性，さらには行動障害というようなネガティブな結果をもたらすことが示されている（Johonson & Anderson, 1990; Sanderson, 2004）。

　しかしながら，ストレスによるこの種のネガティブな結果は避けられないわけではない。ラザラスらの研究グループの理論的な枠組み（Lazarus & Folkman, 1984）に基づいた多くの研究によると，ストレスのかかる生活経験によって，身体的，心理的に悪影響を受けるか否かは，そのストレスをどのように評価するか，あるいはまたどのように対処するかといった心理的評価やコーピングの仕方がきわめて重要な役割を担うことが報告されている。長年にわたって多くの理論家たちは，たとえストレスや困難に直面しても，ユーモアによってそれらに反応できることが，効果的なコーピングスキルであると述べてきた（Freud, 1928; Lefcourt, 2001; Lefcourt & Martin, 1986）。ディクソン（Dixon, 1980）は，ユーモアが，人間において特にこの目的のために進化してきたのかもしれないと述べている。

　多くの著者が述べているように，ユーモアは，そもそも，不調和や多面的な解釈を含むため，ストレスのかかる状況の見方を変える手段を与える，すなわち視点を切り換えることで，脅威とはならない新たな観点から再評価することを可能にする。このユーモアによる再評価の結果として，その状況がストレスのかかるものでなくなり，扱いやすくなる。そして，ユーモラスな再評価を行った人は，ストレス反応を経験しにくい（Dixon, 1980）。オコーネル（1976）は，ユーモアのある人々を「準拠枠における知覚－認知のスイッチを素早く切り替えることに長けた者」（p.327）と定義している。つまり，この能力とは，問題状況を再評価し，即時的な脅威から距離をとり，それによって不安や無力感という，人をしばしば麻痺させる感情を緩和することができる能力である。同様に，メイ（May, 1953）は，ユーモアが，「自己を保護する…それ

は，自己と問題との間の距離を感じる健全な方法であり，問題から離れつつ，問題の見通しをもって問題を見守り続ける手段」（p.54）としての機能をもつと述べている。

第2章で述べたように，遊びとしての攻撃の一種としてユーモアを捉える優越理論は，コーピングメカニズムとしてユーモアを概念化する上で基礎であるとも考えられる。普通なら脅威や圧迫として受け取られるような他者や状況をからかうことによって，人は脅威からの解放や自由という感覚を得ることができ，それゆえに，ポジティブな感情的ウェルビーイングや自己効力感を経験する。カレン（Kallen, 1968）は，「私は，自分を危険にさらすもの，貶めるものを笑い，私が大切に心に抱いているものを抑圧したり，無理に従わせたり，破壊しようとするが結局は失敗したものを笑う。私の笑いは，それらの脅威の失敗と私自身の解放を表している」（p.59）と述べている。実存的なアプローチをとる他の著者たちは，直面する困難において，ユーモアによって与えられる解放や統制感，そして自尊心を強調している（Knox, 1951; Mindess, 1971）。このように，遊びとしての攻撃を通じて優越性を主張する手段としてユーモアを考えた時，ユーモアは，ウェルビーイングを脅かす他者や状況によって圧倒されることを防ぐ方法の1つである。しかし，同時にコーピングに攻撃的なユーモアを利用することは，物事を皮肉にみることや敵意を生じさせ，そして，社会的な関係に障害を起こす危険性をはらんでいる。

コーピングとしてのユーモアは，時に攻撃的な要素を含むけれども，理論家も，自尊感情のポジティブな感覚を維持しつつ，自分自身の失敗や過ち，限界を笑えることの重要性を強調している。たとえば，オルポート（Allport, 1950）は，「自分自身を笑うことを学ぶ神経症患者は，おそらく自己調整を学ぶ途上にあり，治癒するだろう」（p.280）と述べている。あまりにも深刻に自分自身を捉えすぎないようにすることで，現実的な目標を達成する動機は維持しつつ，過剰な完璧主義の期待から解き放つことができる。しかしながら，基本的に自分には価値があるという感覚に基づいて自己を卑下するユーモアとHSQの自虐的ユーモアのようにネガティブな自己認識から過剰に自己を貶めるユーモアとの間には，重要な隔たりがあるようだ。

ユーモアによるストレス緩和の実験的研究

ユーモアを操作することで軽くストレスのかかる実験室でのストレッサーの感情的もしくは生理心理学的効果を和らげるユーモアの効果について研究するために，多くの実験が行われてきている。レフコートと私（Lefcourt & Martin, 1986）は，オーストラリアのアボリジニの部族の中で，青年期の少年に対して行われる，かなりむごたらしく，痛々しい割礼の儀式を描く『割礼』というタイトルの無声のフィルムを大学

生に提示し，それを視聴する間に，次のいずれかを行うよう大学生に求めている。それは，ユーモラスな話を作成する，ユーモラスでない「知的な」話を作成する，もしくは話を作成しない，のいずれかである。その結果，フィルムを観ている間，ユーモラスな話を作成していた女性の実験参加者は（他の2つの条件の実験参加者と比較して），ネガティブ感情が低く，行動的な苦痛の兆候（たとえば，目をそらす，顔をゆがめる，手をこする）をあまり示さなかった。これは，ユーモアのストレス緩和効果の証拠を提供するものである。しかしながら，男性の実験参加者は，3条件すべてにおいて苦痛をほとんど示さなかった。つまり，そのフィルムは，彼らにとって，あまりストレスのかかるものでなかったということを示唆している。

ニューマンとストーン（Newman & Stone, 1996）による実験でも同様の方法が使われている。そこでは，男子大学生に，製材所での陰惨な事故を描いたフィルムを観せている間，ユーモラスな話もしくは真面目な話のどちらかを作成するよう教示が求められる。真面目な話の条件の実験参加者と比較して，ユーモラスな話の条件における実験参加者は，精神的苦痛をあまり示さない。また，フィルムが終わってから15分間，彼らの皮膚伝導と心拍はより低く，より高い皮膚温度を維持していた。これは，ストレス反応が緩和されることを示唆している。つまり，これらの研究により，潜在的にストレスのかかる状況をあまりストレスがかからないように捉え直すユーモアを積極的に作成する実験参加者は，ストレスを軽減できる。すなわち自己評定による気分や行動，そして生理的な反応によって測定されるストレス反応が低くなることが示されたのである（Lehman et al., 2001）。

実験室のストレスのかかる状況で，実験参加者にユーモラスな話を作成させるよう求める代わりに，別の研究者たちは，コメディビデオをユーモアの操作として用いた実験を行っている。カンらの研究グループは，飛行機事故を描く映画のストレスのかかる1場面を提示した後，ユーモラスなスタンダップコメディビデオを提示するか，ユーモラスでない自然のビデオを提示するか，もしくはビデオを提示しないか，いずれかの条件に男女の実験参加者を割り当てた（Cann et al., 1999）。この介入を行った後の自己評定による気分の分析では，ユーモラスなビデオがポジティブ感情を引き起こすことはあきらかになったが，ユーモラスでないビデオと比較して，より不安を緩和するという結果は見出されていない。

同様の実験において，カンとその共同研究者たちは，死亡の場面を描いたストレスのかかるフィルムを実験参加者が視聴する前もしくは視聴した後に，ユーモラスなビデオか中性的なビデオを提示し，その効果を比較している（Cann et al., 2000）。この介入がストレスフルなフィルムの事前と事後のどちらであっても，ユーモラスなビデ

オを視聴した場合，中性的なビデオに比べて，抑うつや怒りの評定が低く，ポジティブな気分の評定が高い。しかしながら，不安と関連する気分については，ユーモラスなビデオによる介入に効果がみられたのは，介入がストレスのかかるフィルムの後ではなく，フィルムの前になされた時のみであった。カンらは，ユーモアと関連して高められたポジティブ感情は，抑うつや怒り感情に対抗するのに役立つことを示唆している。その一方で，不安に対するユーモアの効果は，認知的過程を媒介するものであるということを示した。つまり，ストレッサーに先行するユーモアは，認知的なプライム刺激として働き，次に来る出来事に対する解釈のあり方を変化させ，それによって，次に来る不安が緩和されるということを示唆している。

ストレスについてユーモアが与える効果に興味を抱いた研究者たちは，実験室のなかで，軽いストレスを与えるために，精神的健康を与えるフィルムの使用に加えて，解くことのできないアナグラムや難しい暗算問題のような，様々なタイプのイライラする課題を採用している。ある研究では，ユーモラスな漫画に触れることによって，解くことのできないアナグラム課題への取り組みにおけるパフォーマンスの低下が緩和されたことを示している（Trice, 1985）。もう1つの同様の実験では，ユーモラスでないビデオと比較して，ユーモラスなビデオの提示は，解くことのできないアナグラム課題による不安を緩和する効果があることが示されている。だが，その効果は，男性の実験参加者だけにみられている（Abel & Maxwell, 2002）。しかしながら，弱い不安状態を引き起こす10分の暗算課題を用いた研究では，不安状態や心拍，皮膚伝導において，コメディ，リラクゼーション映像，ニュートラルな映像の間に違いは報告されていない（White & Winxelberg, 1992）。この研究において，ユーモアのストレス緩和効果が報告されなかったことは，算数の課題ではあまりストレスがかからなかったのかもしれない。

ヨベッチらの研究グループによる実験では，ストレスを引き起こすために，12分後に痛みの伴う電気ショックをうけるという嘘の情報を実験参加者に与えている（Yovetich et al., 1990）。与えられると思い込んでいる電気ショックを待っている間，実験参加者はユーモラスなテープを聞く，ユーモラスでないテープを聞く，テープを聞かない，のいずれかの条件に割り当てられた。その結果，12分間で実験参加者の不安についての自己評価と心拍の水準は高まり，予期することが不安を高めていた。しかし，ユーモラスなテープ条件の実験参加者は，他の2つの条件の実験参加者に比べて，自己報告した不安に大幅な増加を示すことはなかった（ただし，心拍に違いはなかった）。この結果は，ユーモアのストレス緩和効果の証拠を示している。

要約すると，常に同じ結果が再現されるわけではないが，これらの実験室実験による

研究は、ユーモアのストレス緩和効果の仮説に対して、一定の支持を与えるものであるといえる。実験参加者は、軽くストレスのかかる経験をする間に、積極的にユーモアをつくり出そうとする場合、もしくはそのような出来事の前後にコメディを提示される場合、統制条件の実験参加者と比較して、ポジティブな気分をより多くネガティブな気分をより少なく報告し、ストレスに関係する生理学的な覚醒の程度も低い傾向を示す。これらの研究は、今までに示した実験室実験の知見を拡張し、ユーモアが気分に与える効果は、軽くストレスがかかる条件でも発生するということを示すものである。

この一連の知見は、研究者にユーモアとストレス反応との間の因果関係の方向を識別することを可能にするが、実験室実験にはきわめて人工的であるという性質があるため、その知見を日常的体験にまで一般化することは難しい。特に、これらの実験で使われたストレッサーは、実際の生活でのストレッサーより弱く短い期間のものであるし、実験室での個人実験への参加者に対するユーモア操作は、毎日の生活で経験するユーモアのあり方の1つにすぎない。それゆえ、実際の生活のストレッサーに対処するユーモアの使用を分析する、より自然な形の研究により、これらの実験室実験の知見を補っていくことが重要である。以下の節では、そのような研究を検討していくことにする。

ユーモアセンスとコーピングスタイルとの相関研究

今までみてきたように、研究者たちは、ユーモアがストレスの影響を緩和するために役立つ、多くの方法を提示している。たとえば、ストレスのかかる状況に対してユーモラスな観点をもつことによって、人は準拠枠を変え、脅威へのネガティブな評価をポジティブな挑みがいのあるものへと移し変え、その状況を支配し、統制感を高めることができる。この他にも、ユーモアのコーピング機能には、ソーシャルサポートを高めること、現実を否定すること、攻撃的な感情を発散すること、気晴らしを与えることといった機能が含まれる。多くの研究において、様々なユーモアセンスの尺度と、ストレスに対処する時に実験参加者が行う認知的な評価や、コーピングスタイルのタイプを評定する尺度との間の相関を分析することによって、様々な仮説が検討されている。

カイパーらの研究グループ（Kuiper et al., 1993）は、コーピングユーモア尺度（CHS）と、心理学入門の講義での最初の中間試験に対する大学生の認知的評価との関係を検討している。その結果、CHSの得点が高い学生は、試験が行われる前、試験をネガティブな脅威というより、むしろポジティブな挑戦として評価していた。試験が行わ

れた後に，CHS の得点が高い学生は試験がうまくいった場合，その試験が重要でやりがいのあるものであったと再評価したが，試験がうまくいかなかった場合には，試験に対する重要性ややりがいのあるものとしての評価は低くなる。また，CHS の得点が高かった学生は，過去の試験の成績に基づいて，現実的な方法で，次の試験がどれぐらいうまくいくか，予測を調整することができる。対照的に，CHS の得点が低い学生は，試験がうまくいった場合よりも，むしろうまくいかなかった場合に，その試験を重要であると評価する。そのために，過去の成績から，次回の試験に対する予測をうまく調整できない。

さらに，CHS の得点の高さは，達成や社会的関係について非現実的で完全主義的な期待を抱くことで機能不全に陥る態度の尺度得点が低いことと関連していた。これらの知見は，ユーモアセンスはストレッサーに対する認知的な評価の在り方によって，適切なストレスコーピングができるか否かが決定されるという考えをある程度支持するものである。ストレスへのコーピングにユーモアを利用する傾向がある人は，潜在的にストレスのかかる状況を脅威というより挑戦であると評価し，自分自身のパフォーマンスを見積もり，完全主義ではなく，より現実的に，自己を防衛する方法で，今後のパフォーマンスへの予測を調整すると思われる。

ユーモアセンスと認知的評価のプロセスとの関連は，カイパーらによる別の調査でも検討されている（Kuiper et al., 1995）。ある研究では，過去，1 ヶ月間のネガティブなライフイベントに関する尺度を実験参加者に回答するよう求めている。そして，そのストレスのかかる出来事に対処しようとする時，展望や見方をどの程度変えることができたかについての質問を行っている。CHS で高い得点を示した実験参加者は，低い得点の実験参加者と比較して，別の観点から自分の問題をみるよう意識的に努力し，実際にそれを行うことができたことを報告していた。そして，問題に対する見方の変化は，結果として，出来事に対してよりポジティブな観点をもつことにつながったことが示されている。第 2 研究では，やりがいのある絵画描画の課題を行っている間の実験参加者の認知的評価を調べている。ユーモアセンス得点のより高い実験参加者は，その課題をポジティブな挑戦として受け取り，さほど脅威ではないと評価し，その課題を達成することに，よりいっそう努力すると報告した。これは，ユーモアの個人差が，ストレスのかかる出来事を評価する方法の違いと密接に関係しているというさらなる知見をもたらすものである。

また，いくつかの研究において，ユーモアセンスの尺度と，ストレスへの典型的なコーピングスタイルに関する尺度との相関についても調査が行われている。ある研究（Kuiper et al., 1993）では，CHS は，感情から距離をおくこと（たとえば「精神的に

参ってしまわない」「それについて考えすぎることを防ぐ」）と，直接的なコーピングスタイル（たとえば，「地に足をつけて，望むものを求めて戦え」）の双方との間で正の相関があることが示されている。つまり，コーピングにおけるユーモアの使用は，感情的な自己防衛と，問題に対して能動的に立ち向かうことの両方に関連するということが示されている。女性の事業経営者における，ユーモアとコーピングの研究（Fry, 1995）において，CHSとSHRQは，情動焦点化型コーピング志向（つまり，感情的な反応の調整）と実存的なコーピング志向（つまり，問題に対して冷静に哲学的なアプローチをとること）のいずれとの間にも正の関連が見出されている。ユーモアと関連する特定のコーピング方略には，実践的あるいは感情面でのソーシャルサポートや，表出（感情の発散），緊張の緩和（たとえば，リラクゼーション療法の適用），受容（「毎日をあるがままに受け入れる」，「どんなにひどい時でも，まだましだと思う」）を求めることが含まれている。

　もう1つの研究では，いくつかの自己報告式ユーモア尺度（CHS, SHRQ, SHQ）と防衛的なコーピングスタイル尺度との相関関係が検討されている。ユーモア尺度ごと，そして男性であるか女性であるかによって相関のパターンは異なったが，ユーモア尺度と過小評価（否認）や代替（昇華），代償行動（置換），そして反転（反動形成）との間に関連があることがわかっている（Rim, 1988）。最後に，MSHSを使った研究では，得点が高いほど，計画的な問題解決やポジティブな再評価，自分自身から距離をとること，そして感情面での自己管理をより行うことができるということからあきらかにされている（Abel, 2002）。

　総じていえば，これらの研究から，ユーモアセンスの高い人たちは，より現実的で柔軟性があり，ストレスのかかる状況においても，脅威に感じる認知的評価を行わない傾向があること，そして，特に，自己を守る認知の再構成や，感情面の管理を伴う，様々なコーピング方略や防衛を用いることで，ストレスに柔軟に対処する傾向があることが示されている。しかしながら，これらの研究は，すべて相関によるアプローチであるため，直接の因果関係を論じることはできないことを，再び述べておく。ユーモアは，これらの認知的評価やコーピングスタイルに直接的に貢献するかもしれない。だが，ユーモアが，これらのコーピングスタイルの副産物である可能性，もしくは，ユーモアとその関連するコーピングスタイルの両方が，これらとは別の何か他の特性（たとえば，外向性）の産物である可能性もある。また，ユーモアスタイルやコーピングスタイルを測定するという，この特性的なアプローチは，ユーモアがコーピングに用いられている際に生じる実際のプロセスや，文脈についての洞察をあまり与えてくれるものではない。

特定の生活上のストレッサーへのコーピングとしてのユーモア

　実証的な研究だけではなく，戦争や強制収容所の囚人のように，手に負えないほどの極限のストレスのかかる状況に対処し，感情がなんとか破たんしてしまわないようにする時にも，ユーモアが有益であることを示す多くの事例による証拠がある。ある研究では，1969年に北朝鮮で11ヶ月の留置から解放された直後，米艦船プエブロの乗務員であった生存者82名の心理的健康を調べている（Ford & Spaulding, 1973）。その結果，ユーモアは，ストレス状況でのよりよい心理的適応と関連するコーピング方略のうちの1つであるという。このようなストレスのかかる状況でのコーピングとしてのユーモアは，自分たちを捕えている者の性格について冗談を言ったり，看守や囚人仲間に愉快なニックネームを与え，お互いに冗談を言い合うという内容のものである。

　近年，ヘンマン（Henman, 2001）は，ベトナム戦争で捕虜（POWs）になった60人以上のアメリカ軍人のインタビューに基づく質的研究を報告している。7年を超える監禁と長く続く隔離や飢え，拷問，鞭打ちの刑にもかかわらず，これらの人々は，並はずれたレベルの適応を示していた。コーピング方略について尋ねると，実験参加者の大半は，レジリエンスを維持するために，ユーモアが重要であることを強調していた。また，ユーモアは，ポジティブ感情を促進し，集団の凝集性や士気を保ち，捕捉者へ抵抗する手段の1つであったという。看守について，あるいは彼らが耐えた過酷な運命について，冗談を言うことで，捕虜は，現実にはコントロールできない状況に対して，支配しているような感覚や決して屈しないという感覚をもつことができたというわけである。とりわけ，ユーモアを用いたコーピングが主に単独でいる場合よりも，むしろ捕虜の間の相互作用のなかで発生したことは注目に値する。1名の調査参加者は，「集団が大きくなればなるほど気楽であり，小さくなればなるほど物事は緊迫したものになった」（p.86）と述べている。何人かの囚人は，励ましを必要とする別の囚人へ壁越しに冗談を言うために，拷問の危険さえ冒したという。

　残虐行為への対処におけるユーモアの重要性は，強制収容所の生存者によっても強調されている。フランクル（Frankl, 1984）は，第二次世界大戦中，ナチスの強制収容所の捕虜となった経験を詳述するなかで，ユーモアを「自分を保つための戦いにおける，もう1つの魂の武器」（p.63）と述べている。彼は，士気を維持するためにユーモアが重要であることを認め，彼は捕虜仲間と，毎日，お互いに愉快な話をすることにしていたという。人気のあった冗談は，釈放の後，監禁の経験が彼らにどのような影響を与えるかについてである。たとえば，将来，夕食で女性の接客係に，水っぽいスープの上澄みではなく，鍋の底からかけがえのない貴重な野菜が入ったスープをおたますくうよう，我を忘れて頼むだろう，というジョークをある捕虜は言った。彼

らの冗談は，看守に対するあざけりもかなり多く含まれていたが，それは，捕捉者よりも自分たちが優越しているという感情を1人ひとりに与えてくれる働きをしていたのである。このようにユーモアを用いることは，ロベルト・ベニーニの映画『ライフイズビューティフル（*Life is Beautiful*）』（1997）でも描かれている。ユダヤ人の父親は，ナチスの死の収容所の恐怖から息子を守るためにユーモラスに振る舞い，ホロコーストといわれているものは，勝者が戦車に乗ることができるゲームであると嘘をつくことで，現実を否定したのである。

　ユーモアは，戦争の捕虜という極限で手に負えないほどの恐怖に対処する効果的な方法であると思われる。しかし，より深刻でなく，制御可能であるストレスのかかる状況でのユーモアの使用についての研究では，明確な結果が示されていない。たとえば，ストレスの多い仕事に対するコーピングとしてのユーモアの使用を調べた研究では，支持する結果と支持しない結果の両方が示されている。ある研究では，イスラエル軍の徹底的な軍隊訓練コースを受けた兵士のストレスのコーピングにおいて，ユーモアが効果的であるという証拠が示されている（Bizi et al., 1988）。この研究ではユーモアの産出と鑑賞について，自己報告式尺度と仲間からの評定尺度の両方が使われ，測定されている。そして，ストレスを受けている状況でのコーピングの質については，仲間や指揮官による評定を使って査定されている。（自己報告ではなく）仲間の評定においてより多くユーモアを利用したと評定された場合，仲間内の評定でストレス下での成績が有意に高く，指揮官の評定では，より主導権と高い責務を負っていると評定されることがあきらかになった。これは，活動的なユーモア（単に他者のユーモアを笑うというより，むしろ，おもしろい発言を生み出すこと）において特に当てはまる。これらの知見は，ユーモアセンスが，ストレスのかかる軍隊トレーニングにおいて，ユーモアセンスがコーピングと関わるという見解を支持するものとして解釈されている。

　しかしながら，この研究とは対照的に，エイズ患者やがん患者の世話をするヘルスケアのスタッフに関する近年の研究では，コーピング方略としてのユーモアの使用は，ポジティブな結果よりむしろ**ネガティブな**結果をもたらすかもしれない，ということが示されている（Dorz et al., 2003）。北イタリアの20の病院における528名の医師と看護師のコーピングスタイルが，問題経験に対するコーピング志向（the Coping Orientations to Problem Experiences：COPE）尺度を使って測定された（Carver et al., 1989）。この尺度は，コーピングにおけるユーモアの使用を測定する尺度を含んでいる。さらに，実験参加者は，不安，抑うつ，そしてバーンアウトの尺度にも回答が求められている。分析の結果，驚くべきことに，コーピングにユーモアをよく用いる

ことは，情緒的消耗感や脱人格化の感覚が強いことと関連することがあきらかになった。この研究は相関によるものであるため，ユーモアの使用とバーンアウトとの間の因果関係の方向性は明確ではない。それでもなお，この結果は，ストレスの多いヘルスケアという環境のなかで，コーピングにおけるユーモアの効果に対して，いくらかの疑いを投げかけるものである。

　ストレスフルな仕事場におけるユーモアの使用に関する質的研究のなかには，このはっきりとしない結果を理解する上で，何らかの手がかりを与えるものもある。参加観察法アプローチを使って，セイヤー（Sayre, 2001）は，精神科のスタッフにおけるユーモアの使用を観察している。彼女は，かなり良性の「風変わりな」タイプ（不調和なウィットや強がり，そして自己を卑下するユーモア）と，攻撃的な「あざけりの」タイプ（軽視や悪意，絞首刑台ユーモア）という，大きく２つのカテゴリーにユーモアが区別できることを見出している。あざけりのユーモアは，スタッフの間で，風変わりなユーモアよりもよく使われ，そのほとんどが，患者の聞こえない所で，患者の行動をからかうものである。ユーモアのタイプごとの有益性について，この研究では，直接に測定はされてはいない。しかし，セイヤーが言うところによれば，これらのうち，いくつかのユーモアは，社会的に受容されるやり方で不安を管理することに役立つものかもしれない。だが，攻撃的な形のものは，患者に対するネガティブでシニカルな態度を促進し，治療の有効性を損ない，スタッフのやる気に問題を生じさせるようである。

　航空機の事故や爆発のような大災害の後に遺体を取り扱うストレスに対処する方法について，救急隊員にインタビューを行った質的研究においても，同様に，ユーモアの有益性については，混在した意見がみられている（McCarroll et al., 1993）。実験参加者のなかには，ユーモアは緊張を緩和するために重要なものであるとみなしている者もいたが，適用できる範囲には限界があると答えた者もいる。また，救急の仕事におけるストレスのコーピングに，ユーモアを使用することの有益性とリスクに関する研究のレビューでも同様に，限界があるという回答が示されている（Moran & Massam, 1997）。総じていえば，仕事に関するストレスのコーピングにおいて，ユーモアの使用によるの有益性は支持されたりされなかったりしている。本章で以前にみたように，おそらく，すべての種類のユーモアがコーピングについて有益なのではなく，むしろ，コーピングによりよい貢献をするかどうかは，使われるユーモアのスタイルやタイプに依存するようである。

　生死に関わる病気に対処する際，ユーモアを使用することについての研究でも，いくぶん曖昧な知見が示されている。ある研究では，乳がんと診断された59名の女性を

対象に，手術前と手術直後，3ヶ月後，6ヶ月後，12ヶ月後と追跡し，気分とコーピング方略尺度（COPEを使用）に回答を求めている（Carver et al., 1993）。コーピングにおいてユーモアをより多く使用することは，精神的苦痛の緩和と関連していたが，これは，5回の測定のうち，2回（3ヶ月後と6ヶ月後の追跡調査）のみで有意であったという。

乳がんのコーピングについての大規模な研究において，236名の患者が，精神的苦痛尺度だけではなく，COPEにも回答した研究（Culver et al., 2004）では，コーピングにおけるユーモアと，精神的苦痛尺度との間に，有意な相関は示されていない。これは乳がんに対するコーピング手段としてのユーモアの効果に疑問を投げかけるものである。しかしながら，前述した，仕事に関連するストレスへの対処についてのいくつかの研究と同様に，これら双方の研究には，COPEのユーモア尺度を用いているという限界がある。この尺度は，HSQの4つのすべての下位尺度と正の相関を示す。この事実は，有益な親和的ユーモアスタイルや自己高揚的ユーモアスタイルと，有害な攻撃的ユーモアスタイルや自虐的ユーモアスタイルをうまく区別できていないということを示している（Martin et al., 2003）。

ボナーノとケルトナー（Bonanno & Keltner, 1997）による死別についての縦断的研究では，自己報告式尺度の代わりに観察法を用い，配偶者との死別に対するコーピングとして良性のユーモアが有益な効果を示すという証拠が示されている。6ヶ月前に，配偶者を失った男女に，故人となった配偶者との関係についてインタビューし，そのインタビューをビデオテープで記録した内容を，後で，デュシェンヌスマイルと非デュシェンヌスマイル，そして笑い声とにコーディングされた。そして，配偶者を失った14ヶ月後と25ヶ月後に，感情調整に関わる尺度と身体的健康の尺度に回答を求めた。その結果，インタビューの時間で気分をコントロールした後であっても，インタビューの間，デュシェンヌスマイル（本当におもしろいと感じていることを示す）と笑いの頻度が多いことは，14ヶ月と25ヶ月時点での，悲嘆の症状（たとえば，故人についての侵入性回想や感情の麻痺，故人の持ち物を捨てられないこと，そして，抑うつ気分）が少ないことを有意に予測する要因となる，ということが示された。亡くなった配偶者について話している最中に本当の愉悦（mirth）を感じていることを示す微笑みや笑いが起こることによって示されるように，死別の初期においてユーモアを経験できることは，1年以上経過した後でうまく感情の調整ができることと関連していた。ケルトナーとボナーノ（Keltner & Bonanno, 1997）による同じデータのさらなる分析では，インタビューの間，より高い頻度でデュシェンヌスマイルを示した人々は，ポジティブ気分を報告することが多く，ネガティブ気分を報告することは少なかったこ

とが報告されている。これはデュシェンヌスマイルの場合（非デュシェンヌスマイルの場合は違うが）言語的に悲しさを述べることと自律神経系の覚醒との間に関連がみられないことを物語っている。以上のことは，同時にコーピングにおけるユーモアの真の有益性の1つとして，ネガティブ感情を自分から分離する働きがあることを示唆している。

　要約すると，多くの研究者は，ユーモアが職業上のストレスや死別，病気，その他の主要なストレスをコーピングする有益な方法であると示唆するものの（たとえば，Sumners, 1988; van Wormer & Boes, 1997），このような有益性についての実証的な証拠は限られており，混在した結果が得られている。この知見の不一致もまた研究者がユーモアの使い方の違いを区別できていないことに起因するのかもしれない。つまり，あるユーモアは，ある場面のコーピングでは効果的であるが，他の場面では有効ではない。その上，何らかのユーモアを利用することは，特定のストレッサーへのコーピングにおいて，実際には有害な可能性さえある。たとえば，攻撃的で死を連想させる絞首台でのユーモアは，ほとんど希望のない強制収容所の状況で生き残るためには，ほぼ不可欠であるといえるかもしれない。しかし，積極的な形のコーピングが可能である，ストレスフルな職場では，そのようなユーモアは，皮肉や疎外感，そしてバーンアウトの原因となりうる。加えて，軽く自己を卑下するユーモアや風変わりなユーモアを使用することは，ある仕事場での集団の士気や凝集性を高めるが，からかいや悪ふざけのユーモアの使用は逆に士気を下げることになりかねない。ユーモアの多面的な機能や，広く多様な社会的，感情的な効果を踏まえれば，一般的に言われている，ユーモアが純粋に有益なコーピングの手法であるという見方は，過度に単純化されているように思われる。個々のストレッサーに対処する場合，ユーモアスタイルの違いによって，どのような有益性や落とし穴があるかを，より詳細に研究することが必要であることは言うまでもない。

ストレスを緩和するものとしてのユーモアセンス

　ユーモアが，ストレスのコーピングに有益であるという考えは，ユーモアセンスの高い人は，ストレスのかかるライフイベントにおいて，負の感情や生理的な影響が表れにくい傾向があるということを示している。ユーモアセンスの高い人も低い人と同じように，経済面での損失や職業上のプレッシャー，失業，愛する者の死，そして，恋愛関係の別れのようなストレッサーを経験するが，ユーモアを利用する頻度が多いことで，それらのストレッサーの脅威をより低く評価し，ソーシャルサポートを獲得し，その結果，効果的に対処することができるというのである。つまり，ストレッサーの

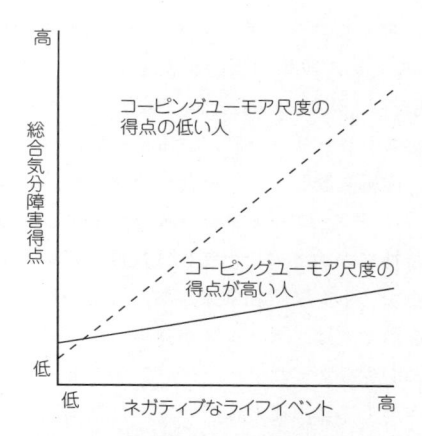

図9-1 ユーモアセンスのストレス緩和効果。ストレスのかかるライフイベントの数が増加する時、コーピングユーモア尺度の得点が高い人は、得点が低い人と比較して、総合気分障害得点が急激には増加しない。(Martin & Lefcourt, 1983 より引用)

結果として,精神的苦痛や身体的疾患が発生する可能性を低くすることができると考えられる。

この仮説を検証する一般的な方法には,ストレス緩和パラダイム (Cohen & Edwards, 1989) がある。そのパラダイムでは,3つのタイプの変数を測定するために,質問紙や,その他の測定の手続きが用いられる。その変数とは,(1) パーソナリティ特性として測定されるユーモアセンスのいくつかの側面,(2) 直近の6ヶ月前といった近い過去に一定の期間にわたって経験された,重大でストレスのかかるライフイベントの頻度や,日々のやっかいなことの頻度,そして,(3) 抑うつや不安の全体的な水準,もしくは最近経験した病気の症状の数といった,結果としての環境適応レベルである。ストレッサーとユーモアセンスの交互作用項を含む階層的重回帰分析を使用することによって,研究者は,ストレッサーの数と結果としての適応の程度との関連の強さが,ユーモアセンスの関数として変化するかどうかを見定めることができる。実験参加者全体の傾向として,ユーモアセンスが増加するごとに,ストレッサーとネガティブな結果との相関が弱くなるという傾向が見出されたり,あるいは,ユーモアセンスの高い実験参加者は,ユーモアセンスの低い実験参加者に比べて,高レベルのストレッサーが低い気分障害と結びつくという傾向が見出されたならば,ストレス緩和仮説が支持されることになる (図9-1)。このパラダイムを用いた多くの研究が,過去20年以上にわたり,様々なユーモアセンス指標やストレッサー指標,そして従属変数を使って行われてきている。

レフコートと私は，様々なユーモアセンスの測定方法を用いて3つの研究を行い，一貫してユーモアのストレス緩和効果の証拠を見出している（Martin & Lefcourt, 1983）。これらの研究では，実験参加者として大学生を対象に，去年1年間で経験した日常生活での主要なストレッサーを測定するライフイベントチェックリストに回答を求めている。また，従属変数として，総合気分障害得点（抑うつ，不安，緊張，怒り，倦怠）を用いている。また，ユーモアセンスを測定するための様々な方法が用いられたが，ユーモアの特性についての自己報告式尺度を用いた最初の研究では，SHRQ, CHS, SHQ-Lで，有意なストレス緩和効果があることが見出された。すなわち，これらの尺度で高い得点を示す人は，ストレスが強くかかる経験をした後においても，気分障害を報告することが少なかった。

第2の研究では，ユーモア産出能力について，行動指標を用いてユーモアセンスを測定している。実験参加者は，実験室でたくさんの対象物をおもしろく表現し，ユーモラスな物語をつくるように求められる。その後，発言の全体的なおもしろさの評価が行われた。その結果，ここでも，ユーモアによる有意なストレス緩和効果が見出された。つまり，このかなり難しい課題で，要求に応じて，物語をよりおもしろくつくることができる人は，高いレベルのライフストレスの後に，精神的苦痛を受けにくい可能性が示されたのである。

第3の研究では，同様にユーモア産出を行動で測定するアプローチが用いられたが，ストレスフルな実験室的条件も同時に含まれていた。実験参加者は，**割礼**映像を観ている間に，ユーモラスな物語を産出するよう教示される。回帰分析の結果，それらの物語の評定されたおもしろさをユーモアの指標として使用した場合，やはりユーモア産出能力のストレス緩和効果が示された。実験室において，軽いストレスのかかる条件のなかで，おもしろい物語を産出することができる人々は，毎日の生活のなかのストレスを受けている時間でも，ユーモアに関わろうとする傾向があり，このことが効果的なコーピングを可能にし，精神的苦痛が少なくなると我々は推測した。

これらの仮説を支持する初期の知見は，多くの研究者がのちに類似した研究を行うきっかけとなった。そのうちのいくつかの研究では，我々のストレス緩和の結果が再現される一方で，他の研究では再現されなかった。横断的研究（ある一時点での調査）と展望的分析（ある時点でのストレッサーやユーモアセンスを測定し，2ヶ月後の全般的な気分状態を予測すること）の両方を用いた研究では，抑うつの予測において，CHSとSHRQのストレス緩和効果がみられるが，不安ではみられないという（Nezu et al., 1988）。

ストレッサーの指標として日々のやっかいごとについての尺度，従属変数として自

2節 ユーモア,ストレスそしてコーピング

尊感情尺度やバーンアウト尺度を用いて行われた,女性の事業経営者のコーピングについての研究でも,CHS と SHRQ のストレス緩和効果が見出されている (Fry, 1995)。また他の研究では,病気の症状の予測や不安において,MSHS のストレス緩和効果が見出されている。だが,不安は,男性の実験参加者においてのみ有意であった (Abel, 1998)。加えて,私の指導する学生であるドビンと私は,日々のやっかいごとと,免疫の指標である唾液中の免疫グロブリン-A との間の負の関係について,3つの自己報告式ユーモア尺度でのストレス緩和効果を見出している。つまり,ユーモアセンスの低い人と比べて,ユーモアセンスの高い人は,多くのストレスのかかる問題を経験した後でも,免疫の低下が少ない傾向にあるという知見である (Martin & Dobbin, 1988)。

いくぶん異なったアプローチをとったのは,カイパーとダンスらとの,私の共同研究である (Kuiper et al., 1992)。我々は,ネガティブ気分よりもむしろポジティブ気分の予測に関して,ユーモアセンス尺度と,ポジティブなライフイベントとネガティブなライフイベントの双方との交互作用を分析するために,ストレス緩和パラダイムを使った。ストレス緩和仮説と一致して,ポジティブ感情を予測する上でストレスのかかるネガティブなライフイベントの頻度と,CHS や SHRQ, SHQ-M との間に交互作用を見出された。すなわち,これらのユーモア尺度得点が低い人は,ネガティブな出来事が多いと,ポジティブ気分が低下していた。これに対して,ユーモアセンスの高い人は,経験したネガティブな出来事の数と関係なく,ポジティブ気分が高い水準で維持される傾向を示す。ネガティブなストレッサーの代わりに,最近のポジティブなライフイベント(たとえば,楽しい経験や上々の成果)の頻度を用いた分析でも,ポジティブ感情の予測において,SHQ の2つの下位尺度はポジティブなライフイベントとの間で交互作用を示すことがあきらかになった。つまり,ユーモアセンスが低い人と比べて,ユーモアセンスが高い人は,ポジティブな出来事の頻度がポジティブ気分の増加とより強く関連するということを示唆している。これらの結果から,ユーモアセンスはストレスを受けている間,ポジティブ気分の維持を増進することに加えて,ポジティブな出来事の楽しさを促進することが示唆される。

その後の研究で,カイパーと私 (Kuiper & Martin, 1998b) は,ストレス緩和仮説を検証するために,日誌法によるアプローチを試みている。この研究では,ある共同体の成人した男女が,3日間にわたって経験したストレスフルな出来事の数や,毎晩のポジティブ気分とネガティブ気分の水準の回答を求めたのに加え,笑った回数を記録し続けるよう教示するものである。興味深いことに,3日間にわたって高い頻度で笑う人々は,全体的に,より高いポジティブ気分を経験したり,低いネガティブ気分を経験するとは限らないということが相関分析によってあきらかになった。むしろ,笑

いと気分の関係は，日々のストレスのレベルに依存している。多くのストレスのかかるライフイベントは，より高いネガティブ気分と結びつくが，それは，笑いの頻度が少ない実験参加者の間においてのみであるため，ユーモアセンスにストレス緩和効果があることがあきらかである。これとは対照的に，毎日，高い頻度で笑う人は，比較的，ストレスの水準に関係なくネガティブ気分が低い。同様の結果はポジティブ気分でもみられたが，その傾向は男性のみに限られたものであった。

最近の研究では，女性における数学の達成不安のコーピングにおけるユーモアの役割が検討されている（Ford et al., 2004）。女子大学生に，脅威の高い条件と低い条件で，数学のテストを行う課題が与えられる。脅威の高い条件では，このテストは数学の適性を測定するもので，男性より女性にとって，難しいということがわかっていると告げられる。脅威の低い条件では，そのテストは一般的な問題解決のプロセスを測定するもので，男性と女性が，同じくらいの成績をとると告げられる。その結果，テストの成績や自己報告による不安の予測において，CHSと脅威の条件との間に，交互作用のあることがあきらかになり，ストレス緩和仮説が支持された。脅威の低い条件においては，すべての実験参加者が，テストでよい成績をとり，不安の得点は低かったのに対して，脅威の高い条件では，コーピングユーモア得点が高いほど，成績もよく，不安が低かった。これらの結果は，ストレスに対処するユーモアの使用が，女性の数学と関連する不安や，成績に関するステレオタイプによる脅威の効果を緩和することを示唆している。

これまで述べた研究は，ユーモアセンスが，ストレスにおける負の心理的効果を和らげるという仮説を強く支持している。しかし，他のいくつかの研究では，これらの結果は再現されていない。ある初期の研究では，抑うつや不安に対する，ユーモアのストレス緩和効果の証拠は得られていない（Safraned & Schill, 1982）。しかしながら，この研究での実験参加者のユーモアセンスは，いくつかのカテゴリーの冗談についておかしさを評定するよう求められるユーモア理解テストによって測定されていたことに注意する必要がある。そのようなユーモア理解テストで緩和効果が得られなかったという結果は，実際に生活上のストレスのコーピングにユーモアを利用する程度と，様々なタイプの冗談を楽しむこととの間にはあまり関連がないという事実を物語っているのかもしれない（Lefcourt & Martin, 1986）。

ストレス緩和仮説への，より本格的な挑戦は，ポーターフィールド（Porterfield, 1987）による研究から生まれている。その研究では，200名以上の実験参加者を対象に，ユーモア尺度としてCHSとSHRQ，レフコートと私がオリジナルの研究で使用した主要な生活上のストレッサーについての尺度と，従属変数として抑うつと身体的疾

患症状の尺度が用いられている。だが，この研究では，ユーモアのストレス緩和効果の証拠は得られなかった。700名以上の実験参加者を対象にした他の研究でも，身体的疾患症状を予測する上で，CHSのストレス緩和効果の証拠は得られていない（Korotkov & Hannah, 1994）。同様に，334名の大学生を対象にした他の研究でも，気分障害について，コーピングユーモアのストレス緩和効果はみられない（Labort & Martin, 1987）。

アンダーソンとアルヌー（Anderson & Arnoult, 1989）による研究では，一定の方向性を示す結果はみられず，混在した結果を示した。この研究では，大学生にCHS，主要な生活上のストレッサーについての尺度，ネガティブ感情や抑うつ，不眠症，身体的疾患の症状，そして，全般的な健康の尺度について評定を行うように求めている。ネガティブ感情，抑うつ，身体的疾患の症状に関して，コーピングとしてのユーモアのストレス緩和効果は証明されていない。その一方で，健康全般と不眠症の予測に関して，CHSとストレッサーとの交互作用が有意である。しかしながら，交互作用のより詳細な分析によって，健康についての結果は，必ずしも予測を支持するものではない。すなわち，ユーモア尺度の得点が高い実験参加者には，低い得点の実験参加者よりも，ストレスのかかるイベントと良好でない健康状態との間に，強い結びつきがみられるが，不眠症についての結果だけが，予測された方向を示すものであった。

オーバーホールサー（Overholser, 1992）による研究においても，いくつかのストレス緩和仮説と矛盾する結果が得られている。大学生の実験参加者は，3種類のユーモア尺度に回答するよう求められた。その指標は，CHS，ユーモア理解（一連の漫画についての調査参加者によるおもしろさの評定），そして，ユーモア産出能力（調査参加者によって作成された，漫画のセリフのおもしろさの評定）であった。従属変数は，抑うつや孤独感，そして自尊感情の尺度であった。CHSを投入した回帰分析では，抑うつの予測においてのみ，主要な生活上のストレッサーとの交互作用があきらかになった。なお，これは女性のみで，男性ではみられなかった。しかしながら，その相関表によれば，この効果は不適切な方向を示すことがあきらかになった。つまり，CHS得点の高い女性は，低い得点の女性より，ストレスと抑うつ傾向の間に有意に強い結びつきを示したのである。孤独感（男女両方）や自尊感情（女性のみ）の予測に関して，ストレッサーとユーモア産出能力との間に2，3の交互作用もみられる。しかしながら，これらの効果の方向は報告されていないため，それも不適切な方向であるのかどうかは不明である。

要約すると，重回帰分析のアプローチを行ったストレス緩和の研究は，ユーモアセンスのストレス緩和効果において，いくつかのやや矛盾する結果をもたらしている。9つの研究は，少なくともいくつかの有意なストレス緩和効果を示しており，3つの研究では

有意な結果を示しておらず，2つの研究においては，適切でない方向の結果を報告している。有意な結果を生んだものも生まなかったものも，特定のユーモア尺度やストレッサーの指標，あるいは従属変数に明確なパターンはみられないようだ。ユーモアセンスのストレス緩和効果について，楽観的な見方を保証する知見はある程度あるものの，どのユーモアを利用すれば，どのタイプの従属変数を生み出し，どの種類のストレッサーに対処することに有益であるのか，これらの研究から識別することは難しい。

コーピングにおけるユーモアへの過程アプローチによる研究

今までの節で述べられたストレス緩和研究の知見に一貫したパターンがみられない1つの理由は，この研究の方法論がもつ弱点によるものであろう（Somerfield & McCrae, 2000）。この方法論は，ユーモアの特性尺度に依存しており，一定期間にわたって発生したストレッサーを回想法での評価に対する個人間の横断的なデザインである。この方法論によるストレス緩和パラダイム研究では，変数が時間のある1点でのみで測定されるため，元々はダイナミックであるコーピングの過程について，得られるのは静的な「スナップショット」だけである。さらにいえば，ユーモアセンスの特性尺度で得点の高さが，ライフイベントのチェックリストによって測定される特定のストレッサーに対処するために実際にユーモアを利用した，ということを意味するとは限らない。したがって，このアプローチをとる研究者は，特定の継続するストレッサーに対処するために，日々，どのようなタイプのユーモアが使われるかを，直接分析することができないのである。

テネン（Tennen, H.）らの研究グループは，ストレスやコーピングの調査に対して，より「リアルタイム」のアプローチを使用すべきだと提唱している。それは，直近ストレッサーやコーピングの効果，適応上の結果としての変数が，数日間もしくは数週間にわたって発生するものであるため，それらの測定は繰り返し行うべきだという主張である（Tennen et al., 2000）。より実際の発生に近い変数を捉えることで，研究者は，長期にわたって個人内でのコーピング過程を研究するだけでなく，回想に混入する誤りを最少にすることができる。このようなデータは，階層線形モデリング（Hierarchical Linear Modeling：HLM; Bryk & Raudenbush, 1992）というマルチレベル分析の手続きを使って分析することができる。この分析は，個性記述的アプローチと法則定立的アプローチの両方の長所を組み合わせたものである。ユーモアのストレス緩和効果を分析するこのアプローチは，前の節で述べられた重回帰分析の手法と概念的には類似している。しかし，個人間のある時点での違いではなく，時間とともに起こる個人内での変化を対象にしている。言い換えると，この方法論を用いることにより，特定の

タイプのストレッサーに対処するために，ユーモアスタイルを利用した日と，同じストレッサーを経験しても，ユーモアスタイルを使わなかった日とを比較して，ウェルビーイングが高いレベルを示すのか，それとも低いレベルを示すのかどうかを研究者は検討することができる。

　これまでのところ，この過程志向アプローチは，ユーモアのストレス緩和効果を分析する1つの研究でのみ使われている。それは，私がかつて指導した大学院生であるドリス（Doris, 2004）が，博士論文の研究の一環として行ったものである。この研究に参加した大学生は，3週間にわたり週2回，その日の終わりにインターネットのウェブサイトにログインして，その日のストレスのかかる経験やネガティブ気分，そして，ユーモアの使用を記録するための簡潔な質問紙に回答するよう求められる。ユーモアの質問項目としてHSQを修正した項目を用いて，その日，どのぐらいの頻度で親和的ユーモア，自己高揚的ユーモア，攻撃的ユーモア，自虐的ユーモアを用いたかについて実験参加者に尋ねる。そして，特性を測定するアプローチのように，典型的，もしくは習慣的にどのようなユーモア行動をとるのかではなく，特定の日にどのようなユーモア行動を行った頻度，という点からユーモアの効果を検討しているのである。ストレスのかかる出来事や気分も，数週間，数ヶ月間にわたって，回想的にではなく，それが起こった同じ日に測定された。実験参加者内，実験参加者間での毎日のネガティブ気分に関連する日々のストレッサーとユーモアの利用との間の交互作用を検討するためにHLMを用いている。

　その結果，自己高揚的ユーモア，攻撃的ユーモア，自虐的ユーモアについて，ストレス緩和効果が示された。しかし，親和的ユーモアではこの効果はみられなかった。それぞれの事例で，実験参加者は，これらのタイプのユーモアを行わなかった日に，多くのストレスのかかる出来事がよりネガティブ気分と関連していた。しかしその一方で，実験参加者がこれら3つのユーモアスタイルをより頻繁に行った日には，ストレスのかかる出来事がそのようなネガティブ気分と関連していなかった。この知見は信頼できると判断する前に，追試する必要があるものの，4つのHSQユーモアスタイルのうち，3つのユーモアスタイルが，ストレス緩和効果をもつことを示す予備的な証拠をもたらすものである。

　自己高揚的ユーモアにおいては，予想した通りの効果が示されている。つまり，ストレスに対処する健全なユーモアスタイルの使用は，ストレッサーを日々経験する時，気分を調整する効果的な手段になるという。攻撃的ユーモアと自虐的ユーモアの両方で同様の結果が得られたということは，一見，驚きであるように思われるが，一定の理解は可能である。先に示唆されたように，ユーモアの攻撃的な使用は，長期的には

関係性を傷つける可能性があるかもしれない。しかし，自らのウェルビーイングにとって脅威であると知覚される人や状況を攻撃的にからかうことは，差し迫った脅威の感情やネガティブな気分を調整する手段になるかもしれない。自虐的ユーモアでも同様に，多くのストレスを受けた日に，他者に取り入り，自分の感情を否定するユーモアの使用は，少なくとも短期間において気持ちを下支えし，ストレスによるネガティブ感情への効果を和らげる手段になるかもしれない。さらにいえば，一時的なネガティブ感情の緩和は，この攻撃的ユーモアと自虐的ユーモアの使用に対する補強剤として作用する。たとえ，より長期的にはウェルビーイングにとって有害になるとしても，この潜在的に不適応なユーモアの使用が，なぜある一定の人々においては習慣的なコーピングスタイルとして維持される傾向にあるかということを説明する。このように，攻撃的ユーモアや自虐的ユーモアは短期間でのストレスの感情への影響を和らげるが，長期的には不適応であるのかもしれない。

興味深いことに，親和的ユーモアを利用しても，ネガティブな気分における日々のストレスの緩和効果は見出されていない。その代わり，このタイプのユーモアは，直接的に気分に影響しており，毎日，親和的ユーモアをより多く利用することは，ストレスの水準に関係なくネガティブな気分を低め，ポジティブな気分を高めることと関連している。この研究の中で，ドリスが伝統的で横断的な重回帰パラダイムも利用して，ユーモアのストレス緩和効果を検討していることは注目すべきことである。そこでは，HSQ，CHS，SHRQ を含む，複数のユーモア特性尺度，6ヶ月にわたるライフイベントの回想による測定，主要な気分を用いて，ユーモアのストレス緩和効果を検討している。しかし，これらの分析でストレス緩和効果は見出されず，横断的な特性アプローチの弱点がさらに強調されることとなった。

HLM のようなマルチレベル分析の手続きを使う，過程指向的な繰り返し測定のアプローチは，ストレスコーピングにおけるユーモアの役割を研究する上で期待できる方法論であるようだ。今後の研究によって，様々なタイプのストレッサーのコーピングにおいてどの種のユーモアスタイルが有益であることも検討することができる。たとえば，ストレッサーは，出来事がどの程度コントロールできるかに関する実験参加者の知覚だけでなく，親友や知人との対立，仕事上の問題，学業上の達成や仕事の目標達成の失敗などを含むかどうか，ということに基づいて分類されるだろう。それぞれのユーモアスタイルは，ストレッサーごとに効果的であるかもしれないし，また効果的でないかもしれない。

研究者は，HSQ によって測定されたユーモアスタイルに加えて，他の関連するユーモアスタイルを考慮に入れたいと思うようになるだろう。特定の気分状態や，生理心

理学的な覚醒水準,病気の症状などを含む,他の結果としての適応の程度についても分析されるべきである。加えて,様々なサンプリングの手法が,様々な期間について実施できる。たとえば,現在ではコンピュータが小さくなり,持ち運べるようになっているという使い勝手のよさから,その日の経過とともに「リアルタイム」でストレッサーやユーモアの使用,気分,そして,身体的な覚醒に関連する継続的なデータを収集することさえ可能になってきている。これらの方法を利用することで,研究者は,より細かなやり方で,コーピングにユーモアを使用するプロセスを検討できるだろう。

3節　精神的健康におけるユーモアの対人関係の側面

　本書を通してみてきたように,ユーモアは,社会的相互作用の文脈で発生する。しかしながら近年まで,ユーモアの心理学における他の領域と同様,ユーモアと精神的健康の研究の多くは,本来ユーモアがもつ社会的な性質を無視する傾向にあった。対人的相互作用の一種としてユーモアを捉えることは,どれだけユーモアが社会的な関係性に寄与するかについて考えることを可能にする。そして,この社会的な関係が,翻って個人の心理的な健康へ影響を与えるのである。

　社会的な関係性が,幸せや心理的ウェルビーイングの水準に重大な影響を与えることを示す研究は多数ある(レビューは Berscheid & Reis, 1998 を参照)。この領域の研究を総括して,ライス(Reis, 2001)は,「社会的に孤立している人より,社会に関わりをもつ人の方が,より幸せで,より健康で,より長く生きるという広く知られた知見がある」と述べている (p.58)。たとえば,結婚した人々は結婚していない人々より,精神的にも身体的にもより健康な傾向にある。よりよい社会的スキルをもつ人々は,親密で満足する関係を形成することができ,抑うつや不安障害,そして,その他の種類の心理的な障害を経験する可能性が低いということが,調査でも示されている (Segrin, 2000)。他者との有意義な関係は,ソーシャルサポートのために重要であり,ストレスの負の効果から,個人を防衛することができる (Berscheid & Reis, 1998)。逆に考えると,孤独は,不幸や,なんらかの精神的,身体的な問題と関連することを示す,多数の研究があるということである (Berscheid & Reis, 1998)。

　ウェルビーイングにおける社会的なつながりの重要性には,生物学的な基礎がある。進化心理学者たちは,社会的な関係性をヒトという種の生存に関係するもっとも重要な因子の1つとして捉えている (Buss & Kenrick, 1998)。親密な関係がもつ進化論的な意義は,愛着理論でも強調される (Bowlby, 1982)。愛着理論では,他者との間で安

定した愛着を形成することができるかどうかは幼児とその養育者の関係に由来し，親密な関係や生活のあらゆる場面での感情調整能力において，一生を通じて重要な役割を果たし続けるということが示唆されている。

この本で，先に議論したユーモアの社会的な機能という観点から，仲のよい友達や結婚のパートナー，仕事の同僚のような，満足で，長く続く社会的な関係を築いたり，維持する役割を，ユーモアが果たすと提唱するのは，適切である（Shiota et al., 2004）。そして，この関係性は，翻って個人の精神的健康の水準をポジティブな方向へ導くことに寄与する。遊びとしてのやりとりを通じて，パートナーの喜びを大きくするのに加え，社会的スキルとしてユーモアを利用すれば，困難に立ち向かったり，再解釈することを助け，あらゆる関係において常に生じる葛藤の解決を促進することができる。

また，生活上のストレスを受けた場合，恋愛関係にあるパートナーによって共有されるユーモアは，お互いにとってストレスに対処する重要な方法となる。このように，パートナーとのユーモアのある相互作用は，感情を調整したり，ポジティブな楽しさを高めたり，パートナーとの関係内，関係外のどちらにおいても生じる精神的苦痛を緩和する方法である。その一方で，攻撃的なからかいや自虐的ユーモアのような不適応なユーモアの利用は，関係性に悪影響を及ぼす。特に，これらの不健全な方法でユーモアを利用する人々は，親密な関係の構築や維持に困難を抱き，ウェルビーイングの面で望ましくない結果を招くことになる。

健全な関係を促進するものとしてのユーモア

いくつかの相関研究によって，ユーモアの特性尺度と，対人関係に関する複数の変数との関連性が分析されている。たとえば，自己報告式のユーモア尺度は，親密性（Hampes, 1992, 1994），共感（Hampes, 2001），社会的な自己主張（Bell et al., 1986），そして，対人的信頼感（Hampes, 1999）などの尺度との間で正の相関がみられた。第5章で述べたように，交際中のカップルや結婚しているカップルの研究において，自分のパートナーのユーモアセンスがよいと考える人たちは，自分のパートナーにユーモアセンスがないと考える人たちと比べて，自分たちの関係性に満足している傾向があることが示されている（Rust & Goldstein, 1989; Ziv & Gadish, 1989）。さらに，幸せに結婚している人々は，しばしば自らの結婚の満足感を，少なくとも一部は配偶者と共有するユーモアに起因すると考えるという（Lauer et al., 1990; Ziv, 1988a）。夫婦が生活上の問題を話し合っている際のスタイルを対象とした研究によれば，結婚生活に満足している夫婦は，幸せに結婚生活を送っていない夫婦と比べて，彼らの結婚生活における問題の検討中により多くのレベルのユーモアや笑いを示し，お互いに笑い

合っていたという (Carstensen et al., 1995; Gottman, 1994)。

しかしながら,特に男性に関して,親密な関係のなかでユーモアがポジティブな役割だけではなくネガティブな役割を果たす可能性があるという証拠もいくつか知られている。レフコートと私は,女性についてはCHSの得点が結婚の満足感や夫婦間の問題について話し合うことにしっかりと取り組むこととの間に正の相関にあることを見出したが,それに対して,男性では,CHS得点が高い場合,低い結婚の満足感や話し合いの最中の強い破壊性（ネガティブ感情や否定的なことば）と関連していた（Lefcout & Martin, 1986）。新婚夫婦の研究（第5章で議論した）では,結婚生活において,高いレベルのストレスのかかる出来事に直面する時,夫が話し合いの最中に多くのユーモアを表出すると,その夫婦は18ヶ月後に別居もしくは離婚をする確率が高いと予測されることがあきらかになっている（Cohan & Bradbury, 1997）。コーハンらは,ストレスがかかっている時の夫のユーモアの利用は,一時的に問題をそらし,話し合う内容に関連する不安を避けるものの,積極的に問題に取り組み,解決することにはつながらないという。それゆえ,重要な生活上のストレスにさらされる文脈で夫がユーモアを表出することは,短期的には精神的苦痛を減らすことになるものの,長期的には結婚の安定性にはつながらないようだ。

関係性におけるユーモアのポジティブな効果だけではなく,ネガティブな効果の可能性については,この章を通して一貫して議論してきた。しかしながら,研究者たちが,関係性の文脈でこの事柄を扱い始め,ポジティブな形のユーモアだけではなくネガティブな形のユーモアを区別するよう試みたのは,ごく近年になってからである。たとえばビッパス（Bippus, 2000b）は,デートをする間柄についての質的研究において絆を強める機能をもつユーモアと,関係性を傷つけてしまうような残酷であったり,場をわきまえず高圧的であったりするネガティブなタイプのユーモアとの違いをあきらかにしている。加えて,近年親しい関係におけるユーモア使用を調査することをねらって開発された対人関係ユーモア質問紙は,親しい間の双方におけるユーモアのポジティブな使用,ネガティブな使用,そして道具的な使用を査定する下位尺度から成っている（de Koning & Weiss, 2002）。予備的なデータによって,これらの尺度が,結婚したパートナーの関係満足度のレベルと,それぞれ関連しているということが示されている。

近年,健全もしくは不健全なユーモアスタイルと親密な関係性との間の関連性を検討するために,HSQを使用したいくつかの研究も行われている。たとえば,HSQを用いた我々の最初の研究で（Martin et al., 2003）,親和的ユーモアにおいて高い得点をとった人たちと,自虐的ユーモアで低い得点をとった人たちは,自分たちの身近な

関係において親密性が高いと報告する傾向にあるということがわかってきている。加えて、自己高揚的ユーモアは、友人が行うソーシャルサポートに満足を感じている程度との間に正の関連が示されたが、自虐的ユーモアは、この変数との間で負の相関を示していた。

私が指導した大学院生の1人であるドゥートリザックと私は、親和的ユーモアと自己高揚的ユーモアの得点の高さは、孤独感や対人的な不安の低さと関連するが、その一方で、自虐的ユーモアの得点の高さと孤独感や対人的な不安の高さとの間にはより強い関連がみられるという知見を得ている（Martin & Dutrizac, 2004）。いくつかの研究では、HSQ 尺度と愛着尺度との関連性が分析されている。レバノンの大学生を対象にした研究において、カザリアンと私は、自虐的ユーモア尺度で高い得点を示した実験参加者は、親友との関係において不安型の愛着を報告する傾向性が有意に高いが、一方、親和的ユーモア尺度で高い得点を示した実験参加者は、回避型の愛着を報告する傾向が有意に低いことを見出している（Kazarian & Martin, 2004）。

同様に、ベルギーの高校生と大学生を対象とした研究において、サログロとスカリオット（Saroglou & Scariot, 2002）は、実験参加者と友人、母親とのいずれの関係性においても、自虐的ユーモアと不安定型の愛着との間に相関があることを報告している。また、自虐的ユーモアは、恐怖－回避モデルと不安－アンビバレント傾向（ネガティブな自己モデル）との間に関連がみられる。総じていえば、これらの知見は、親和的ユーモアと自己高揚的ユーモアが、様々なポジティブな関係性の指標と関連がある一方で、自虐的ユーモアは、関係性におけるネガティブな経験と関連するということを示していた。

HSQ のユーモアスタイルと、特定の関係における実験参加者の満足度との関連を検討した別の研究もある。博士論文の一部としてドリス（Doris, 2004）は、デートする関係にある大学生に、相手との関係の満足度と、自分自身とパートナーのユーモアスタイルを、HSQ を使って評価するよう求めている。それによると、親和的ユーモアと自己高揚的ユーモアの、自己による評価とパートナーによる評価のいずれもが、相手との関係について大きな満足と関連するが、自分自身もしくはパートナーにおいて、攻撃的ユーモアが多く使用されることは、関係性に不満があることに関連しているという。

同様に、大学生を対象とした、同性の友人との関係の構築と維持におけるユーモアの研究において、私の学生のもう1人、ウォード（Ward, 2004）は、より親和的で、攻撃的でないユーモアを行う実験参加者は、相互作用の時により楽しく、仲間付き合いや親密性、感情の安定、あるいは愛情といったポジティブな友人関係の機能を満たす、と友人から評定されがちである。これらの研究によって、親和的ユーモアの使用や（い

くぶん程度は低いが)自己高揚的ユーモアは,関係性の満足において有益であるのに対して,自分あるいはパートナーいずれの側についても,攻撃的ユーモアは,特に関係性での不満と関連するように思われる。

　これら,HSQ と親密な関係の満足感との様々な相関から,健全なユーモアスタイルは,社会的な能力の一種として捉えられる一方で,健全でないユーモアスタイルは,社会的な能力の欠如と関連するということを示唆する。この仮説を検証するために,ジェレミー・イップと私は,対人関係能力尺度 (Interpersonal Competence Questionnaire: ICQ; Buhrmester et al., 1988) の下位尺度について,特性版 STCI と HSQ を用いた調査を行っている (Yip & Martin, 2006)。ICQ とは,満足な関係を構築し維持するために必要とされる様々な社会的スキルを,実験参加者自身がもっていると自覚している程度を調べるものである。その結果によると,親和的ユーモア,自己高揚的ユーモア,快活特性は,関係性の構築(たとえば,「あなたが,興味深かったり魅力的だと感じる,新しい人と一緒にすることを見つけたり,示したりすること」)や自己開示(たとえば「新しい友達を信用し,彼女もしくは彼に,あなたの弱い部分や繊細な面を見せること」)ができることの両方と関連するという。

　対照的に,攻撃的ユーモアを多く用いることは,情緒的なサポートの供給(たとえば,「親密な仲間が,家族やルームメイトの問題に対処することを手助けする」)や葛藤の調整(たとえば,「仲間に腹が立った時,たとえ彼または彼女の考え方に同意せずとも,妥当な考え方だと受け入れることができる」)の能力が低いことと関連がある。一方,快活特性は,それらの能力の双方に正の関連があった。最後に,自虐的ユーモアの使用が多い場合には,否定的な主張を行う能力(たとえば,「相手の自分に対する振る舞い方を好ましく思っていない,と仲間に言う」)がより低いことと関連するという。

　また,カイパーら (Kuiper, 2004) によって,HSQ と ICQ との間に同様の相関のパターンがみられることが報告されている。総じて,これらの知見により,ポジティブなユーモアスタイルは一種の社会的スキルとして捉えられる一方で,攻撃的ユーモアや自虐的ユーモアは,社会的スキルの欠如であると考えられるという考えが支持されたことになる。それぞれの社会的スキルの領域における,ユーモアの実際の適応的な使用方法と不適応な使用方法については,より詳細に検討する必要があり,これらの相関の知見をさらに追求しなければなるまい。

　今まで議論してきた研究は,ユーモア尺度と全体的な関係の満足についての評定との相関関係を分析するものである。この満足感を測定するアプローチは,実験参加者に長期間にわたる多くの他者との相互作用を一般化し,複雑な過程を1つの評定に凝縮するよう強いるものである。過程指向的アプローチのもとに,社会的な相互作用の

実情に近い評定を得るために，近年，2つの研究で日誌法が用いられている。日誌法とは，実験参加者に何週間かにわたって起こる，日々の社会的な相互作用におけるポジティブな経験とネガティブな経験を，繰り返し測定する方法である。

ネズレックとデルクス（Nezlek & Derks, 2001）は，実験参加者に，2週間にわたり，毎日，日誌をつけることを求めている。その日誌では，10分以上続いたすべての社会的な相互作用を記録し，それぞれの，楽しさや親密さの水準，自信を評価するように求められる。HLMを用いてデータを分析した結果，CHSで得点の高い実験参加者たちは，日々の社会的な相互作用を満足なものであると評価し，また，その相互作用の間，強い自信が感じられることを報告している。しかしながら，コーピングユーモアは，それぞれの日に相互作用を行った人の合計数や，相互作用のなかで感じられた親密さとは無関連である。ネズレックらはコーピングのためにユーモアを利用する人たちは，一緒にいることを楽しみ，ユーモアを通じて他者によりよい支援をもたらし，これが結果として，相互作用のなかで強い楽しみや大きな自己効力感が得られることにつながると示唆している。

この種の別の研究として，ドゥートリザックと私は，ユーモア尺度としてのHSQを用いて，同様の社会的な相互作用の日誌研究を行ったものがある（Martin & Dutrizc, 2004）。私とドゥートリザックは，複数の大学院生に3週間にわたり，1週間に2日，日々の社会的な相互作用について日誌をつけ続けるよう求めている。ここでは，親友や恋人，両親，そしてきょうだいのような，親密な関係の他者との相互作用のみを対象としている。実験参加者は，それぞれの日の終わりに，その日に相互作用を行った親密な関係の他者は何人であるか，そして，そのような人たちと行ったポジティブな会話や行動，あるいはネガティブな会話や行動の数，そして，その相互作用のなかで共感的な反応をどの程度与えたり受けたりしたのか，その頻度の報告を求められる。

HLM分析によって，HSQにおける自己高揚的ユーモアは，ポジティブな言語による相互作用が多い（楽しい会話を行う）ことと関連がある一方で，親和的ユーモアの高さは，親密な他者との日々のポジティブな行動が多い（一緒に楽しいことをすること）ことと関連がある。他方で，攻撃的ユーモアと自虐的ユーモアのいずれもが，ネガティブな会話と行動のいずれかの頻度の多さと（たとえば，口論や批判）関連している。さらに，自己高揚的ユーモアが，お互いに共感が多いことと関連しているのに対して，攻撃的ユーモアは，お互いに共感が少ないことと関連している。ネズレックとデルクス（2001）と同様に，HSQ尺度と他者との相互作用の頻度との間に相関はみられなかった。これは，ユーモアは社会的な相互作用の質とは関連するが量とは関連しないことを示唆している。これら2つの研究を併せて考えると，適応的なユーモア

スタイルを多く利用することと攻撃的ユーモアや自虐的ユーモアスタイルの使用を減らすことが，日々の他者との相互作用を，満足なものにすることと関連しているようだ。

関係における，様々なユーモアスタイルの役割を研究するもう 1 つのアプローチは，パートナーの関係にある人と相互作用する際のユーモアを直接観察するというものである。我々は，人が社会的な相互作用の間に，HSQ によって特定された 4 つのユーモアスタイルを，どの程度行うかを評定するために，信頼性のある観察によるコーディングシステムを開発した。この方法により，デート中の男女が 10 分間，自分たちの関係についての問題に関して話し合いをする間に，親和的ユーモアと攻撃的ユーモアを使った頻度を評定した（Martin et al., 2006）。その結果，どちらのユーモアスタイルも，観察者によるおもしろいという評定との間に正の相関が示された（どちらのユーモアスタイルも実際にユーモラスであるということを示す）。しかし，関係性への効果についてはスタイルごとに非常に異なっていた。話し合いの間，親和的ユーモアの使用が観察されていればいるほど，その人のパートナーは親密性の感覚がより増し，精神的な苦痛がより少なく，問題が解決したと強く感じ，関係についての満足感の高いことが報告されている。これに対して，攻撃的ユーモアの利用が観察されていればいるほど，その人のパートナーは問題が解決されていないと感じ，関係についての満足感が低い。このように，この研究は，ユーモアのポジティブなスタイルやネガティブなスタイルと，話し合いの後のパートナーの感情や関係の認識に直接的なつながりを示すものである。つまり，ユーモアは，親密な関係性において，ポジティブとネガティブのいずれの効果をもつこともあり，それは，ユーモアが親和的に使われるか，攻撃的に使われるかによるということである。

要約すると，今までのところ，HSQ を使った社会的関係の研究は限られてはいるものの，ユーモアのポジティブなスタイルとネガティブなスタイルは，個人の親密な関係と関連する多くの変数と相関がある，という見方が支持されている。これは，精神的健康にとっても重要である。親和的ユーモアと自己高揚的ユーモアはいずれも，関係性の構築と自己開示の能力がより高く，親密な他者とポジティブな相互作用を行い，友達や恋人との関係に満足しがちであり，また，孤独感と対人不安の低さとの間に相関を示す傾向がある。また，親和的ユーモアは，回避型の愛着の程度が低いことや，他者との関係における強い親密性とも関連がある。それに対して，自己高揚的ユーモアは，ソーシャルサポートや相互の共感が多いことと関連している。

これらとは対照的に，攻撃的ユーモアを多く使用することは，頻繁に他者とネガティブな相互作用をすることや，お互いに共感が少ないこと，葛藤を調整する能力や社会的関係において共感する能力の低さ，そして，自分にとってもやパートナーにとって

も，恋人関係や友人関係における満足感が低いことと関連する。このように，攻撃的ユーモアは，感情的なウェルビーイングの変数において，（前述のとおり），強い関連はないけれども，社会的スキルの欠如，そして不適応な社会的相互作用のスタイルとは関連があり，それゆえに不満足な関係と関連するように思われる。

最後に，自虐的ユーモアを多く利用することは，関係性において，自分自身を主張する能力が低いことや親密な他者とのネガティブな相互作用，孤独感や対人的不安，不安型や不安定型の愛着の程度が高いこと，そして，自覚される親密性やソーシャルサポートの低さと関連する傾向にある。したがって，一般的なウェルビーイングの変数でみられ，自虐的ユーモアの特徴と関連する神経症傾向は，社会的関係に関わる感情のなかにまでもち込まれるのかもしれない。しかし，攻撃的ユーモアと異なり，このネガティブなユーモアスタイルは，パートナーのネガティブ感情や不満と関連してはいないようだ。

しかしながら，これらの研究の多くがユーモアの特性尺度を使った相関研究であり，それゆえ，ユーモアと関係性の満足との間の因果関係の方向を決めることはできないことに注意しておくことは重要である。観察法を使った今後の研究によって，関係性についてみられた結果がユーモアの様々なスタイルによるものであるかどうかを見定める必要がある。また，自然な文脈で生じる，毎日の社会的な出来事におけるユーモアの利用を研究するために，イベント・サンプリング法を用いたさらなる研究が有用であるだろう（この方法の議論については，Reis, 2001 を参照）。

コーピングユーモアの対人的側面

すでに議論してきたように，ユーモアが健全な対人関係を促進する役割を示す一方で，生活上のストレスの対処にユーモアを利用する際，社会的な関係が重要な役割を果たしているということを記述しておくことも，また重要である。本書を通してみてきたように，ユーモアは，主として社会的な相互作用の文脈で起こるものであり，このことは，おそらくコーピングにおけるユーモアの利用にも当てはまるだろう。ベトナム戦争の捕虜の研究（Henman, 2001）でみたように，人は，普通，自分が独りでいる時，自らの問題について笑ったり，冗談を言い始めることはない。むしろ，コーピングユーモアは主として他者との関わりのなかで，ストレスのかかる出来事の間もしくはその直後に，からかうような発言や，それ以外の遊びとしてのコミュニケーションの形をとる。

たとえば，特にストレスのかかる職場の仕事中，お互いに冗談を言うことによって，一緒に働く労働者は職場に対する評価を変更することができる。そして，それによっ

て冗談を言い合わなければ発生するかもしれないネガティブ感情の量を最少にすることができる。もう1つの手段として、彼らは、ストレスのかかる1日の終わりにコーヒーショップで一緒に座り、その日のいくつかの出来事について冗談を言い、笑い始める。そうすることは、彼らの緊張を緩和し、わだかまったままの感情を調整するのに役立つ。同様に、親友や恋人に、最近のもしくは継続しているストレスフルな状況の体験を説明する時にも、コーピングユーモアが発生するだろう。ユーモアは、ストレッサーを体験した本人、あるいは、情緒的なサポートを与えている聞き手によって、会話にもち込まれる。いずれの場合でも、ユーモアは、ストレスを受けている人に、ストレッサーについての違った観点を与え、精神的苦痛を和らげ、ポジティブ感情を促進する。したがって、フランシス（Francis, 1994）が指摘するように、ユーモアは自分自身だけではなく、他者の感情を調整するためにも利用されるのである。

　今日まで、このようなコーピングメカニズムとして、ユーモアの対人的な側面を検討した研究はわずかしかない。ある最近の研究では、マンらの研究グループ（Manne, 2004）は、乳がんの治療を継続して受けている女性と、その夫との10分間のやりとりを観察している。そこでは患者によって問題があると認識され、がんに関連した話題のうちパートナーからのサポートを受けたいと思うものを、2人で話し合うように求めた。話し合いの間、発話があるごとに、良性で、嫌味のないユーモアを含む、様々な社会的な相互作用の種類をコード化した。時系列分析によって、夫が、がん患者の自己開示にユーモアで反応すると、患者が報告するがんについての精神的苦痛は低下する傾向にあるということが示された。これらの知見は、夫が妻と共有する、妻の乳がんについての悩みや心配に応えて、的確にユーモアを利用することが、がんの脅威を減らし、見通しを与えることを助け、精神的苦痛を緩和することを示唆している。

　また、第5章で議論したように、ゴットマンら（Gottman et al., 1998）による調査では、ユーモアが、どれぐらい結婚相手の感情を調整する手段になるのかについて報告されている。この研究では、結婚したカップルが、自分たちの結婚の問題について話し合う時、妻による嫌味でないユーモアの利用は、その後6年を超える結婚の安定性を予測するものの、それは、妻のユーモアが夫の心拍を会話の間に低下させる時だけであることをあきらかにしている。この知見から、配偶者を心理的に落ち着かせ、それによって夫が問題解決のための行動に取り組み続けるようにする手段としてユーモアが利用される場合には、結婚生活のストレスに対してユーモアは有益であるようだ。

　また、ビップス（Bippus, 2000a）は、自分がストレスを受けている間、友人が自分を元気づけようとしてユーモアを利用する場合、人がどんなことを経験するのかを調査している。この研究では、つい最近友達に心理的に動揺した体験や問題を打ち明けて、

その友達がユーモアで返答した最近の場面を思い出して，質問紙に回答するよう大学生に依頼している。その結果，友人のユーモラスな反応の効果（すなわち，結果として，ポジティブ気分ややる気の高まり，問題の反芻の減少）は，ユーモアの質（つまり，おもしろさや適切なタイミング）や，問題との関連性，そして，ユーモアが意図して与えられたと思う程度に依存していた。加えて，パートナーのいずれも，ストレスの対処にユーモアを利用し（CHSの得点が高い），ユーモアがパートナーの間の主要な相互作用の一部であり，しかも，そのユーモアに配慮がうかがえ，ネガティブな批判や軽蔑を含まず問題に対する別の観点を与える場合には，ユーモア反応は，もっとも効果的であるようだった。

　要約すると，ユーモアがストレスの対処に用いられる際の対人的な文脈や，そこに含まれる社会的な相互作用のプロセスを検討した研究は限られている。これは，今後の研究において，とても実りの多いテーマである。様々なタイプのストレッサーへのコーピングにおいて，どのユーモアスタイルやどんな内容のユーモアがより有益であるのかを検討するだけでなく，ユーモアを示す人が，社会的なサポートを与える側なのか，ストレスを経験している人なのかによって，ユーモアの効果に違いはあるのか，などが今後の研究課題の例としてあげられるだろう。

4節　結論

　我々が本書を通して，ここまでの章においてみてきたように，ユーモアは，認知的，感情的，対人的な側面を含む複雑な過程である。ユーモアのこれらすべての側面が，精神的健康や感情的ウェルビーイングに対して密接に関わっている。人は，自分たちの問題や脅威になりうる生活状況についてお互いに冗談を言い合う時，その状況の認知や自らの感情状態，そして，お互いの関係性の性質を変化させることができる。しかしながら，本章でレビューされた研究からもわかるように，ユーモアと心理的な健康との間の結びつきは，当初思われたより複雑である。

　実証的な研究によって，感情調整のメカニズムとしてユーモアを捉えることを支持する数多くの知見が得られている。少なくとも短期的には，ユーモアは，達成や統制の感覚を伴うことで，ポジティブな浮き浮きした気分や感情的ウェルビーイングの感覚を高め，不安や，抑うつ，そして怒りのようなネガティブ感情を低下させる。また，調査によってユーモアは，ストレスのかかる生活経験の結果として，しばしば生じるネガティブな感情や生理的な覚醒行動の機能的な障害の緩和を可能にする証拠が得ら

4節 結論

れている。

　ユーモアは,短期的には感情を調整したり,ストレスのコーピングに有用なメカニズムであるものの,ユーモアセンスの特性尺度を用いた相関研究では,ユーモアが長期的な精神的健康に対して有用なメカニズムであるかどうかは,日々の生活において人がどのようにユーモアを利用するかによるということが示唆されている。自分自身や他者の様々な心理的な要求に対して的確にコーピングユーモアを利用する人は,長期間にわたって自尊感情や感情的ウェルビーイング,そして,お互いの関係への満足感が促進されることを経験するようだ。その一方で,もし,ユーモアが,嫌味やからかい,もしくはその他のタイプの攻撃的ユーモアという形で他者を犠牲にして,一時的に自分のポジティブ感情を高めたり,ストレスを緩和するために使われたりするならば,それは,長期的には対人的な困難や葛藤を導き,他者からの疎外感を生じさせるようだ。同様に,もし,自分自身をないがしろにして他者に取り入ったり,過剰に自分自身を貶めたり,自らの問題の原因を前向きに扱うことを避けたりすることにユーモアが利用されるならば,それは,一時的な感情的ウェルビーイングをもたらすものの,長期的には健全な機能を犠牲にしているのである。

　したがって,これらを踏まえると,ユーモアは初めから心理的に健全であったり不健全であったりするわけではないといえる。誰かがとてもおもしろく他者を笑わせるからといって,必ずしもその人が心理的に安定していることを意味するわけではない。マズロー（1954）やオルポート（1961）のような初期の心理学者によって示されたように,精神的健康におけるユーモアの役割は,個人が**表出する**ユーモアの種類と同じくらい,**表出しない**ユーモアの種類と,大いに関連すると考えられる。

　このことは,健全なユーモアセンスが,精神的健康の重要な構成要素の1つだということからもわかる。対人関係に満足し,心理的に安定している人々は,彼ら自身のウェルビーイングや他者との親密性を高める手段として,ユーモアを利用する。たとえば,彼らは,ストレスフルな状況に対する楽観的な見方を述べたり,他者が精神的苦痛を受けている時に励ましたり,話し合いの最中に受容や好意の感情を抱いていることを表出するために,親しげに冗談を言う。しかしながら,攻撃的で敵意をもち,自尊感情が低く,ネガティブ感情に陥りやすい精神的に安定していない人たちは,攻撃や皮肉を伝え,他者を操作し,品位を落とし,支配したり,他者に取り入ろうとしたり,他者から自分の本当の感情を隠すためにユーモアを利用する傾向がある。だれしも心理的に完全に健全であったり,完全に不健全ではないというのが実際のところであり,ほとんどの人々は,その時々,様々な文脈において,ある程度はこれらすべての方法でユーモアを利用しているのだろう。

本章を通して，私は，今後の研究における有望な課題や方法論に加え，現在の研究の限界について述べてきた。この領域における多くの研究が抱えている主な限界は，相関研究だということである。そのため，研究者は，ユーモアとウェルビーイングとの間で因果関係の方向を見定めることができなくなっている。現在の研究からだけでは，健全なユーモアが，心理的な健康に寄与するかどうか，それとも，様々なスタイルのユーモアが，健全な心理的機能や不健全な心理的機能の結果であるかは明確ではない。この他にも方法論的な限界として，横断的デザインを用いたり，ユーモアセンス特性尺度による自己報告，ストレッサーを回想により測定すること，そして，ウェルビーイングや関係の満足度について特性としての評定を用いることが挙げられる。このような研究法では，ストレスコーピングや対人的相互作用を行う際のユーモアの利用における進行中の過程をあきらかにすることはできない。また，これらのアプローチは，ユーモアの対人的な性質や機能を無視する傾向がある。

ユーモアセンスと精神的健康の様々な側面との相関や，ユーモアセンス尺度とウェルビーイング全般を予測する生活上のストレスの指標との関連を探し求めるのではなく，むしろ，これからの研究は，どの社会的文脈において，どのタイプのユーモアが，どの精神的健康の側面に有益であったり，有害であったりするかを検討すべきである。攻撃的ユーモアのようなユーモアスタイルは，精神的健康のある側面（たとえば，自身の短期的な感情調整）においては効果的であるかもしれないが，他の側面（たとえば，長期的な親密な関係の維持）では効果的ではない。また，それらは，いくつかのタイプのストレッサー（たとえば，戦争の捕虜になること）に対するコーピングでは，他のストレッサー（たとえば，精神病院の病棟で様々な患者を扱うこと）に対するコーピングよりも有益であるだろう。

この種の問題を解明するために，私は，今後の研究において，日誌法，もしくは，イベント・サンプリング法の使用が可能であるということを示唆した。それらの研究方法は，1日の経過における様々なユーモアスタイルの実際の利用を，数日間，もしくは数週間の期間にわたって，「リアルタイム」で評定するものである（Reis & Gable, 2000）。このアプローチは，ストレスのかかる出来事の繰り返しの測定や，感情的，身体的なウェルビーイングの継続的な指標も含めて測定することによって，コーピングメカニズムとしてのユーモアを研究するために有効であろう。また，社会的関係におけるユーモアの役割も，日々の社会的相互作用の様々な側面についての指標を含めることで，検討することができる。今後の研究において，対人的相互作用におけるユーモアのプロセスを研究するために，有用なもう1つのアプローチは観察法の使用である。たとえば，二者関係（友達，夫婦，もしくは，見知らぬ人）において，どちらか

もしくは両方が，最近，経験したストレスのかかる状況について話し合うところを観察することによって，ユーモアのストレスに対処する効果だけではなく，社会的な機能を検討することができる。

最後に，人は，自らのユーモアセンスを改善できるかどうか，健全なユーモアを利用する機会を増やし，不健全なユーモアを利用する機会を減らすことを学ぶことはできるのか，という問題を検討した研究はほとんどない。この問題を解明するには，ロールプレイや，ユーモア産出の訓練や他の技法を組み合わせた複合的なセッションを導入した介入研究が必要である。この結果から，指標を用いることにより，ユーモアトレーニングセッションが，ユーモアを含まない介入と比べて，ユーモアの利用法を改善することで心理的なウェルビーイングを促進する効果があるのかを検討できるだろう。ユーモアの利用や笑いが精神的健康を促進すると主張し始める前に，こういった研究が求められる。

第10章
ユーモアと身体的健康

Humor and Physical Health

　近年，ユーモアや笑いが健康によいという考え方がヘルスケアの専門家だけでなく一般の人々の間でも非常に人気を博してきている。実はこれは目新しい考えというわけではなく，何世紀にもわたって言われてきたことである。ネガティブな感情が健康に及ぼす悪影響と同様，愉悦（mirth）や快活さ（cheerfulness）の治療的な価値は何千年も前に聖書の箴言にも述べられている。「楽しい気分は薬のごとく効果があるが，悲嘆にくれると骨まで干上がる」（箴言17：22）。

　アリストテレスの時代から，多くの医師や哲学者たちが，笑いには血液の循環を改善したり，消化を助けたり，エネルギーを回復させたり，抑うつを和らげたり，様々な臓器の機能を高めたりといった健康への重要な好影響があると示唆してきている（レビューはGoldstein, 1982; Moody, 1978を参照）。現代医学で発見されたエンドルフィンやサイトカイン，ナチュラルキラー細胞，免疫グロブリンが，ユーモアや笑いによって好影響を受けると考えられる体内の物質のリストに加わり，笑いが健康によいという考えは近年ますます人気となってきている。

　心理学では，ユーモアが身体的健康に及ぼす好影響についての研究は，行動，認知，感情がどのように健康状態に影響するかを調べる健康心理学の領域となっている。健康心理学の研究者は次のようなテーマについて研究を行っている。心理社会的なストレスが身体に及ぼす影響，認知的評価・対処行動・ソーシャルサポート・その他の心理的要因のストレスに対する影響，感情が免疫に与える影響，痛みや病気の心理的側面，健康の維持・増進，患者と治療者の関係性などである。

　健康心理学の研究者は，伝統的な健康と疾病の生物医学的モデルを単純すぎると否

定し,健康を,生物学的な因子に加えて心理,社会,文化的な要因によって決定されるものだと考える生物心理社会的モデルを採用している (Engel, 1977)。臨床健康心理学は臨床心理学のなかの専門領域であり,健康心理学の研究成果の応用に努め,その学問分野を,人々がストレスに対して効果的に対処したり,より健康的な行動をとれるようにしたり,痛みを調整したり,慢性疾患に対処したりするのを助ける治療的介入の発展に関係づけてきている。

過去 20 年において,ユーモアと身体的健康との関係についての実証的な研究を報告した論文が約 50 本発表されている。それらは,心理学者に加えて,医学,看護,その他の分野の研究者によって行われたものである。本章ではまず,近年ユーモアや笑いが健康に好影響を及ぼすという主張がどのようにして人気になってきたかについての議論から始めることとする。次に,ユーモアや笑いが健康に影響を及ぼす理論的なメカニズムについていくつか検討を試みる。さらに,免疫系や痛みの耐性,血圧,疾病症状,寿命など,ユーモアが健康の様々な側面に及ぼす影響についての研究の概観を提示して,エビデンスの現状を説明し,まだ結論の出ていない疑問点についての論議を行っていく (より詳細な研究のレビューについては, Martin, 2001 参照)。

1節 ユーモアと健康に関する通説

近年の,ユーモアと笑いの医学的効果に関する人気は主に,カズンズが「*New England Journal of Medicine*」に発表した論文「疾病の構造」(Cousins, 1976) に起因する。この論文はのちに同名のベストセラー本にもなっている (Cousins, 1979)。カズンズは,著名なアメリカの雑誌の編集者であり,これらの論文や本のなかで,自身が,1960 年代の初めに激痛を伴う慢性のリウマチ疾患である**強直性脊髄炎**と診断され,医師から完治する可能性はわずか 500 分の 1 であると告げられた経緯について述べている。彼は,薬物以外に医学には痛みを和らげる方法がほとんどないことに気づき,医学論文を調べて,ストレス関連の否定的な感情が健康を損なうと示唆する新しい研究とビタミン C の効用を知る。そこで,知り合いの医師の協力を得て,病院を出ることにし,毎日何度も笑い,さらにビタミン C を大量摂取するという独自の鎮痛処方を行ったのである。彼は,ポジティブ感情がネガティブ感情のあらゆる悪影響を打ち消してくれると期待し,昔のおもしろいテレビ番組 (*Candid Camera* や *Marx Brothers movies*) やコメディ映画を観たりジョーク集を読んだりしてできる限りたくさん笑った。その結果,彼が回復を遂げたのはよく知られている。

第10章 ユーモアと身体的健康

　この治療の間に，カズンズは10分間大笑いすると2時間は痛みを感じずに眠れるという笑いの鎮痛作用を発見している。さらに，笑った後は血沈値（試験管内での赤血球の沈殿速度を測ったもので炎症の程度をみる）も減少するという。これらの知見より，笑いは，おそらく脳で産生されるエンドルフィン——モルヒネのような働きをする物質——の産生を促すことによって痛みを軽減するとともに，免疫機能を高めるのではないかという仮説が立てられたのである。

　カズンズの話は笑いの健康に対する効果の証明として広く引用されるが，そこには重要な点がある。それは，このような逸話は科学的なエビデンスとなるわけではなく，統制された実験で検証されなければならない，という点である。彼が回復したのは，笑いのおかげかビタミンCのおかげか，生への意欲といった彼のパーソナリティ特性のおかげか，またはまったく関係のない別の要因によるものか，はたまた最初の診断自体が間違っていたのかどうかは，わかっていないのである。事実，カズンズ自身（Cousins, 1985），のちの論文のなかで回復に笑いが果たした役割を控えめに扱い，むしろ伝統的な医学的治療を行う場合における一般的なポジティブ感情の重要性を強調している。

　カズンズの事例は，多くの北米人が伝統的な西洋医学に不満を抱き，代替的な治療が広まり始めた時期に現れた。笑いが治療的な特性をもつかもしれないという考えは，この時代の思潮にぴったりあっていたのだろう。これ以来何年にもわたって，多くの大衆紙の記事で，ユーモアや笑いが健康の様々な側面に好影響を及ぼすというエビデンスを示す科学的な研究が報じられ，さらに一般の人々が信じるようになった。その一例として，「リーダーズ・ダイジェスト（*Reader's Digest*）」の最近の号の記事（Rackl, 2003）に，科学者たちが，ユーモアや笑いがアレルギー症状を緩和したり，痛みの耐性を高めたり，免疫機能を強化したり，脳卒中や心臓病のリスクを減らしたり，糖尿病患者の血糖値のコントロールを助けたりすることを証明してきたと書かれている。

　このような考え方に刺激され，看護師，医師，ソーシャルワーカー，サイコセラピスト，教育者，クラウン，コメディアンらによって「ユーモアと健康」ブームが急速に発展してきている。彼らは学会やセミナー，ワークショップ，書籍，ビデオ，ウェブサイトを通じて，ユーモアの治療的効果を熱心に広めている。第1章で述べたように，応用・治療的ユーモア協会（Association for Applied and Therapeutic Humor：AATH）は，ユーモアや笑いを医学，ソーシャルワーク，サイコセラピー，教育などの分野に生かすことに興味をもつメンバーによる専門組織である（www.aath.orgを参照）。

　また，医師であるカタリア（Kataria, M.）が1995年にインドで始めた「笑いクラブ

の活動」は，過去十年で注目すべき発展を遂げ，世界中にその支部ができている。この活動の支持者たちは，おもしろさを伴わない笑いでさえ身体，心理，人間関係，そしてスピリチュアルな健康に有効であると信じており，定期的に集まってヨガのエクササイズのようなグループでの笑いに参加している。カタリア（Kataria, 2002）によると，この活動の使命は，「笑いを通じて世界平和」をもたらすことに他ならないという！「ユーモアと健康」ブームはロビン・ウィリアムズ主演の映画『パッチアダムス（*Patch Adams*）』（1998）の公開によってさらに強まった。この映画は，患者と楽しく接して笑わせることを医学的治療の手助けとした型破りな医師の実話を描いたものである（Adams & Mylander, 1998 参照）。笑いの部屋やコメディカート，「治療のためのクラウン（therapeutic clowns）」はいまや多くの病院で見慣れた光景となりつつある。

非常に広範囲にわたる身体機能が笑いやユーモアの恩恵を受けるという現代の主張は，1世紀前の，特効薬の有効性の広告を思い出させる。笑いは，筋肉や心臓に対して運動となり，筋肉をリラックスさせ，血液の循環を改善し，カテコールアミンやコルチゾールのようなストレス関連ホルモンの産生を抑え，様々な免疫機能を高め，エンドルフィンの産生を促すことで痛みを抑制し，血圧を下げ，呼吸を促進し，血糖値を調整し，肺の二酸化炭素と水蒸気を取り除いてくれると言われている（Fry, 1994; McGhee, 1999）。笑いにはがん，心疾患，脳卒中，ぜんそく，糖尿病，肺炎，気管支炎，高血圧，偏頭痛，関節炎痛，潰瘍，そして一般的な風邪からエイズにいたるまであらゆる種類の感染症に対する予防効果があると言われている（Fry, 1994; McGhee, 1999）。こんなに様々な効果があったら，笑いは多くの製薬会社を倒産に追い込んでしまうかもしれない！

だが，実は笑いの健康効果についての多くの主張はまだ証明されておらず，推測の域を出ていない。たとえば，笑いにはジョギングやその他の運動と同じ健康効果があるとよく言われるが，それを実際に評価した研究は発表されていない。ある程度カロリーを消費するには，かなり長い時間笑う必要があるだろう。さらに，体重の減少や心臓血管系の状態の改善を望むなら，おそらくもっと激しい運動をしたほうがよいと思われる。

その他の主張は，本質的に反証不可能なため科学的な価値は低い。たとえば，笑いが肺から湿った残留空気を排出させ，その結果肺の細菌の成長を促す過多な湿気が減ることによって，気管支の感染症や肺炎のリスクを下げるという予測がある（Fry, 1994）。この主張の難しさは（笑いが実際に肺のなかの湿度を下げるという実証的なエビデンスはないという事実はさておき），笑いの健康増進効果に対して，その生理学的効果がどのようなものであるかに関係なく，同じようにもっともらしい議論ができ

る点にある。たとえば，仮に，笑いが肺の湿度を下げるのではなくむしろ高めるのだとしたら，肺が乾燥してしなびてしまうのを防ぐのでよい，というもっともらしい議論が提案できるかもしれない。つまり，笑いが身体のある特定の機能にどんな効果をもたらすかにかかわらず，どうしてその効果がよいものであるかを説明するのに「こうだからこうなのだ (just so)」というお話をつくり上げることができるのである。おもしろいことに，19世紀のある気難しい理論家（Vasey, 1877）は，似たような議論をまったく逆に展開して，笑いが実は身体的健康に**有害である**という主張を唱えている！

　代替医療としてのユーモアや笑いの魅力の1つとして，これらが基本的に楽しいものであることが挙げられる。また，他の多くの健康増進活動と違って，タバコを吸ったりたくさん食べたりというような楽しみをあきらめる必要がないことも挙げられる。多くの伝統的，非伝統的治療が高額であるのに比べ，ユーモアや笑いは無料であるという事実もさらに魅力的な点である。このような人気を考えると，もしユーモアや笑いにこれまで言われているような医学的効果が本当にあるのかどうか疑問を唱えたら，興ざめさせてしまうかもしれない。しかし，科学的研究はエビデンスを確認することを求めている。

　前章でみてきたように，笑いが気分を改善し，健康的なユーモアセンスがストレスに対処したり他者との関係を豊かにしたり生活の質を高めたりすることは信用に値するものである。しかしながら，ユーモアや笑いが，免疫機能を強化したり痛みを軽減したり寿命を延ばしたりというように身体的健康にも好影響を及ぼすエビデンスはあるのだろうか？　これからみていくように，現段階でのエビデンスは，メディアを通して我々が信じているよりも，むしろ弱く一貫していないものなのである。

2節　ユーモアはどのように健康に影響を及ぼすか？

　ユーモアの健康効果についての考えは，おそらく最初に言われ始めた時より複雑になっている。その一因として身体的健康が単一の概念ではないことが挙げられる。健康には多くの異なる側面や要素があり，それらすべてが関連しているわけではない。健康のある側面に有効である要因が，他の側面に対しては有害でさえあるかもしれない。さらにこれまでの章で示したように，ユーモアは認知，感情，行動，生理，社会的な側面を含む複雑な現象である。ユーモアの要素によって，ひょっとすると影響を及ぼす健康の側面が異なるのかもしれない（Martin, 2001）。

もしユーモアが健康によいのなら，おそらく優れたユーモアセンスのもち主はより身体的に健康で長生きすることだろう。しかし，「ユーモアセンス」のどんな側面または要素が健康によいのだろうか？　第7章で述べたように，この性格特性の概念化には多数の方法がある。ユーモアセンスの様々な特性は健康と多様に関係しているであろうし，その関係の程度も様々であろう。実のところ，ユーモアのある側面やスタイル（たとえば攻撃的ユーモアや自虐的ユーモア）は健康を損なう場合もあり得ると考えられる。

　そこで，ユーモアが健康に影響を及ぼすメカニズムを想定することが重要となる。その考え得るメカニズムを調べ，ユーモアのどんな要素や側面が重要かそうでないのかを定めるには，系統立った調査が必要である。そのような知識を得て初めて，我々はその知見に基づいた効果的な治療的介入を計画することができるのである。一般に，考えられるメカニズムとしては5つあり，それぞれユーモアの異なる側面――したがって「健康的な」ユーモアセンスとは何を意味するかについても，それぞれ異なる概念化がなされている――を含んでいる。またそれぞれヘルスケアの介入に対して違った関与を提案するものとなっている。

　まず1つ目は，長年多くの人々に言われてきたように，**笑い**（laughter）そのものの生理学的効果の結果として健康効果がもたらされるというものである。第6章でみてきたように，笑いは，愉悦の感情が顔面および声で表現されたものである。前述のように，精神科医のフライ（Fry, 1994）によると，大笑いした時に体の多くの場所で起こる筋活動は有酸素運動の一種と考えられ，カロリーを燃焼し，一般的な運動による健康効果をもたらすという。さらに，笑いが肺の機能を強化し，肺のなかの二酸化炭素や水蒸気を含んだ古くなった残留空気の排出を促すことで気管支の細菌感染のリスクを下げる可能性があるという。

　これらは推測にすぎないが，もし本当ならば，そのような効果を得るには実際に笑う必要があり，単におもしろかったり楽しい気分になったりするだけでは不十分ということになる。事実，笑いクラブの活動のリーダーたちが唱えているように，ユーモアを伴わない笑い（作り笑いなど）でさえ効果があると考えられているのである（Kataria, 2002）。笑いの対象もまた重要ではないようである。もしそうならば，他の人に対する攻撃的な笑いも，より友好的な笑いと同じく効果があるということになる。この観点からすると，「健康的な」ユーモアセンスのもち主とは，できる限り頻繁に大笑いする人であり，治療的なユーモアの介入は単に笑いの頻度と強度を高めることを目的とすればよいということになる。

　2つ目の考えられるメカニズムは，ユーモアに伴って起こり，笑いで表現される**ポ**

ジティブ感情（すなわち，**愉悦**など）の生理学的な効果を通じて健康に影響があるのではないかというものである。第6章で述べたように，楽しい感情は辺縁系やその他の脳部位の活動によって媒介され，他の感情と同様，全身に広がる自律神経系や内分泌系に変化をもたらす。愉悦の生理学的な効果のなかには健康によい効果もあると考えられる。たとえば，交感神経活動が活性化して心拍数が増加し心臓のトレーニングの一種となる可能性がある（Fry, 1994）。

さらに第6章でみてきたように，動物の研究において，遊びの最中にエンドルフィンやその他の鎮静物質が産生されることが証明されている。それはユーモアに関連した愉悦でも起こり，痛みの耐性を高めると考えられる（Panksepp, 1998）。研究者たちは，ネガティブな感情と同様にポジティブな感情の際に脳で分泌される様々な神経ペプチドについて調査し始めたばかりであり（Panksepp, 1993），愉悦に関連した化学物質のなかにはおそらく免疫機構やその他の身体機能に好影響をもたらすものもあるだろう（Fry, 1994）。

ユーモアと健康についての一般的な記述では，これらの生理学的な変化は激しい笑いによるものとされていることが多い。しかし，より正確には，第6章で述べたように笑いで表現される感情の効果であることを述べておかねばならない。つまり，これらの効果を得るのに実際に大笑いすることは必要ないかもしれない。笑いクラブで行われているような笑いを生み出すためのおもしろくない運動は，笑いとともにポジティブ感情が引き出されない限りそれほど効果がないと考えられる。

さらに，これらの効果は愉悦だけのものではなく，特にユーモアとは関係のない他のポジティブ感情，たとえば喜び，幸せ，愛のような，脳で同じ回路を共有している感情からも生まれるかもしれない（Panksepp & Burgdorf, 2003）。そのため，ポジティブ感情には，それがどのように生まれたかには関係なく鎮痛効果（Bruehl et al., 1993）や免疫を強化する効果（Stone et al., 1987），あるいは，ネガティブ感情が心血管系に及ぼす悪影響を「取り消す（undoing）」効果（Fredrickson & Levenson, 1998）があるのかもしれない。

このような仮説が正しければ，ユーモアや笑いがとりたてて健康増進によいというわけではなく，ポジティブ感情を高める1つの手段にすぎないということになる。この観点からすると，「健康的な」ユーモアセンスとは，幸せ，喜び，楽観主義，人生に対する陽気な取り組み方のような，一般的に楽しい気質を含むものと考えられ（Ruch & Carrell, 1998），治療的介入としては，ユーモア以外でも様々な方法でポジティブ感情を高めることを目的とすべきである。笑いを奨励するよりもポジティブ感情を高めることの方が重要となるだろう。

3つ目として、ユーモアが**認知的な**メカニズムを通して、つまり心理社会的ストレスが健康に及ぼす悪影響を和らげることによって、健康によい効果があるのではないかと考えられる。多くの研究によってストレスのかかる体験が健康上の様々な側面に悪影響を及ぼすことが示されている。たとえば、カテコールアミンやコルチゾールのような種々のストレス関連ホルモンが慢性的に産生されることで、免疫機能が抑制されたり（Uchino et al., 2000）、心疾患のリスクが増加したりする（Esler, 1998）。第9章で述べたように、ユーモアはストレスに対処し、身体的な健康や気分に対するストレスの悪影響を低減する効果的な方法であると考えられる。ユーモアをもった人生観や、困難にも何かおもしろい側面を見つけられる能力があると、ストレスに満ちた状況から距離をとって違う見方をし、逆境に直面しても自分で状況をコントロールできるという感覚が高まり、ストレスに対してより効果的に対処することが可能となるだろう（Martin et al., 1993; Martin & Lefcourt, 1983）。その結果、このような人たちは身体的健康に対するストレスの悪影響をそれほど多く受けずにすむと考えられる。

このストレス緩和メカニズムの仮説においては、ユーモアの認知・知覚的側面が笑いよりも重要であり、ストレスや困難がある時にもユーモアをもった捉え方を維持できることが特に重要だということになる。すなわち、ストレスのない状況ではユーモアはそれほど健康とは関係しないことになる。また、ある種のユーモア（たとえば視点取得ユーモア）は他のもの（たとえば過度の自虐的ユーモア）よりも適応性があり、健康に効果がある可能性も出てくる。この考え方が正しければ、治療的なユーモアの介入はストレスマネージメントの一部であり、日常生活においてストレスに対処するのにユーモアを利用する方法を教えることが大切だと考えられる。

4つ目として、ユーモアは、ソーシャルサポートが高まるといった**対人関係**のメカニズムを通して間接的に健康に好影響を及ぼす可能性が考えられる。第9章で述べたように、効果的にユーモアを使って対人場面での衝突や緊張を減らしポジティブな気分を高めることができる人は、より多くの、そしてより満足度の高い社会関係を楽しむことができるだろう。その結果として、親密な人間関係がもたらすストレス緩和効果や健康増進効果に恵まれると考えられる（House et al., 1988; Kiecolt-Glaser & Newton, 2001）。このメカニズムでは、笑いの頻度よりも、ユーモアの対人的側面や、人との関係においてどのようにユーモアを表現できるかという社会的資質に焦点が当てられている。つまり、ユーモアの対象や性質がより重要となっている。そのため、「健康的な」ユーモアセンスとは他者との関係を友好的に高めるユーモアの使い方を含むこととなるだろう。治療的なユーモアの介入とは、親密な人間関係を築いて維持し、高めていくための手段の1つとして、社会的に促進されたユーモアセンスを教えるという、

社会的能力のトレーニングを補助するものと考えられる。

　最後に，5つ目の（**行動的**）メカニズムとして，ユーモアが健康的なライフスタイルを促進することによって健康によい効果をもたらすという仮説が挙げられる。たとえば，ユーモアセンスに優れた人はおそらく自尊心が高く楽天的な人生観をもっており，習慣的な運動や健康的な食生活，適正な体重の維持，喫煙や過度の飲酒をやめることなど健康的な行動をとりやすいのではないかと推測される。しかしながら，限定的ではあるがこの仮説に反する実証的なエビデンスもあり，ユーモアに富んだ人はより不健康なライフスタイルをとりやすいという正反対の効果も示されている。

　たとえば，ケルカネンとカイパーと私（Kerkkänen et al., 2004）によるフィンランドの警察官を対象としたユーモアと身体的健康の縦断的研究では，ユーモアセンスの尺度のなかでいくつかの得点が高いほど（その他の得点はそうではないが），肥満や喫煙の増加がみられ，心疾患のリスクの増加に関する要因と関連していることが判明した。同様に，何十年にもわたって優れた才能のある人たちを大量に追跡したテルマンライフサイクル研究では（詳細は本章でのちほど検討するが），子どもの時に陽気である（ユーモアセンスに優れていたり，より楽観的であったりなど）と評価された人ほど，大人になってより喫煙や飲酒する傾向がみられた（Martin et al., 2002）。

　このようなユーモアと不健康な生活行動との関係は，ユーモアセンスに富んだ人がより外向的な性格をもつことにも起因すると考えられる（Ruch, 1994）。これまでの研究において，外向的な人は内向的な人に比べてより飲酒（Cook et al., 1998）や喫煙をしたり（Patton et al., 1993），肥満であったりする（Haellstroem & Noppa, 1981）傾向が高いと報告されている。このような，ユーモアと不健康な生活行動との関連についての報告は，重視する前により詳細に検討する必要があるものの，ユーモアには健康によい効果があるのと同様に有害な効果がある可能性も示唆されていることは重要である。

　以上のように，ユーモアが健康に影響を及ぼしうるメカニズムについては，いくつかの異なる理論的モデルを想定することができる。そして，それぞれのモデルによって，ユーモアのヘルスケアや健康増進への適応には異なった取り組み方が提唱される。ユーモアの介入が効果的であると確証するためには，介入の発展の前にまずこれらのモデルそれぞれを調べる体系的な研究がなされるべきである。

3節　ユーモアと免疫

　免疫システムは，全身に分布する多種の白血球（リンパ球）や生化学分子の非常に複雑でダイナミックなネットワークであり，「自己」と「非自己」抗原を識別し，外的侵入から体を守る役割を果たしている(Sanders et al., 2000; Uchino et al., 2000)。免疫システムの多数の構成要素とダイナミックな性質を考えると，全体的な免疫能を測定する1つの方法というものはない。近年，精神神経免疫学の分野の研究において，免疫システムと脳との間には密接な関係があり，神経伝達物質やホルモン，神経ペプチド，サイトカインのような様々な分子によって相互に伝達が行われていることが示されている。そのため，免疫に関する要因が心理的機能に影響を及ぼしえるように，心理的要因も免疫に影響を及ぼすと考えられるのである。

　現在では，異なる気分状態は，脳－免疫系の伝達チャンネルを通じて免疫に影響を及ぼすことが実証されている（Booth & Pennebaker, 2000のレビューを参照）。特に，いくつかの研究から，怒り，抑うつ，恐怖，などのネガティブ感情が免疫の様々な要素に悪影響をもたらし，それが結果として健康を損なうことにつながると示されている。しかし，その効果は免疫の側面ごとに異なり，なかにはネガティブ感情で改善するような免疫の要素もある。また心理社会的状況によっても変わる場合がある。そのため，ある特定の感情と免疫システムの変化が一対一で対応していると考えるのは正しくない（Booth & Pennebaker, 2000）。

　全体的にみると，ポジティブ感情が免疫に及ぼす影響は，ネガティブ感情の影響ほど報告されていない。それは研究者たちがポジティブ感情にあまり注意を払ってこなかったせいでもある。しかしそれにもかかわらず，ユーモアに関連したポジティブ感情が免疫に及ぼすと仮定される影響についての研究もいくつかある。

実験的研究

　従来，研究者は，ユーモアの免疫に対する影響を調べるため，実験を行ってきている。実験参加者たちが実験室でおもしろいビデオを観た前後に血液や唾液を採取し，それらを分析して，種々の免疫グロブリンの分泌濃度や，異なるタイプのリンパ球が抗体を見つけて攻撃する能力など，免疫の様々な機能の程度を調べているのである。これらの免疫指標の，ビデオ視聴前後における有意な変化は，ユーモアが免疫に与える影響を示唆するものと考えられる。

　もちろん，このような実験には適正な統制条件が必要である。つまり，実験参加者

はおもしろくない（しかし同じように興味はもてる）ビデオも観ることによって，観察された効果がユーモアによるものであり，他の要因——たとえば単に興味がもてて楽しめるビデオを観たから，あるいは1日の時間の流れに沿って自然に起こる生理的指標の増減（日内変動）による，など——ではないことが確認されなければならない。得られた効果がユーモアだけによるものか，他のポジティブあるいはネガティブ感情によってもみられるものかどうかを判定するためには，さらに統制条件のなかに異なる感情も含まれていることが望ましい。

また，免疫におけるユーモアに関連した変化のメカニズムを調べるために，研究者は，笑いの介入時における実験参加者の免疫指標の変化と，笑いの頻度，おもしろさや楽しんだ程度，気分との相関も検討すべきである。これらの相関の強さをみることで，この効果が笑い特有のものか，ユーモアに関連したポジティブ感情によるものか，またはその他の要因によるものかを推定できるであろう。たとえば，免疫の変化が，気分の変化を調整した後でも笑いの長さや強さと有意な相関がみられた場合，おもしろさの効果以上に笑いが免疫に影響を及ぼすと考えることができる。残念ながら，これまでのほとんどの研究において統制条件が設けられておらず，そのような疑問を検討するのに必要な客観的な測定も行われていない。

これまでに行われた免疫関連の実験の大多数が，免疫グロブリンA（S-IgA）の分泌しか調べていない。これは，唾液中にみられる免疫系の成分で上気道感染を防ぐ働きをする。ユーモアの分野以外の多くの研究では，実験室で実験参加者が気分的にストレスを感じたり，興奮したり，課題に挑戦したりする間，唾液中のS-IgAの値が一時的に（短期的に）増加することが示されている（Harrison et al., 2000）。一方，学生の試験期間のような日常生活におけるストレス時には，S-IgAが持続的に（長期的に）減少することがわかっている（Deinzer et al., 2000）。

ユーモアと免疫について最初に発表された研究のなかで，ディロンらは9名の大学生に1人ずつ30分のコメディビデオ（リチャード・プライヤーのコント）と感情的に中立な統制条件のビデオをそれぞれ無作為な順番で観せている（Dillon et al., 1985）。分析の結果，実験参加者がコメディビデオを観ている間は唾液中のS-IgAの値が有意に増加し，統制条件のビデオ視聴の間はS-IgAに変化がみられない。そのため，ユーモアがこの免疫成分に対して少なくとも短期的な改善をもたらすと考えられる。

これらの結果に刺激され，レフコートらはより大きな標本サイズによる3つの実験を続けて行い，コメディ視聴がS-IgAに及ぼす影響を調べている（Lefcourt et al., 1990）。各実験のなかで，実験参加者は何人かで一緒にコメディのテープまたはビデオの視聴を行っている。3つの実験において，ベースラインと比較してコメディの視聴

によってS-IgAの有意な増加がみられ,ディロンら(Dillon et al., 1985)の結果を支持するものとなっている。しかしながら,これらの研究は実験方法に欠点があり,結果がいくぶん不確かなものとなっている。S-IgAのベースライン値の多くが,コメディ視聴後とは別の日の異なった時間帯,異なった場所で測定されている。さらに,十分な統制条件が設けられていない。そのため,観察された効果がユーモアによるものなのかその他の統制されていない変数によるものなのか判断するのは難しい。

　マクレランドとシェリフ(McClelland & Cheriff, 1997)が行った3つの実験では実験参加者はコメディかドキュメンタリーのどちらかのビデオを視聴しており,よりよい統制条件が設定されている。ドキュメンタリー映像を観た統制条件では,ビデオ視聴前後でS-IgAの一貫した増加はみられないが,コメディ条件においては,より多くの実験参加者でS-IgAの増加がみられる。同じくユーモアに関連してS-IgAが増加するという結果は,他にも3つの実験で得られている(Labott et al., 1990; Lambert & Lambert, 1995; Perera et al., 1998)。しかし,きちんと統制条件の設定された2つの実験においてはこれらの結果は再現されず(Harrison et al., 2000; Njus et al., 1996),信頼性には疑問が残されている。

　S-IgA以外にも,血液中の様々な免疫指標に対するコメディビデオ視聴の効果を検討した実験がいくつか行われている。その1つであるバークら(Berk et al., 1989)の研究はメディアの大きな注目を浴び,ユーモアと健康についての論文にも頻繁に引用されている。この実験の実験参加者は医療関係者の男性10名で,そのうち5名は60分のコメディビデオを視聴し,残りの5名は60分間部屋で静かに座っている。介入前から後にかけて何度か前腕の静脈カテーテルから血液が採取され,19の免疫指標と内分泌系の指標の分析が行われた。コメディビデオを観た群では,6つの免疫系の指標(ヘルパーT細胞/サプレッサーT細胞比,リンパ球の幼若化,IgG,IgM,ナチュラルキラー細胞活性,補体C3)においてベースライン値からの有意な増加がみられ,ユーモアが免疫を高める効果が示唆された。しかし,統制群との比較が報告されておらず,コメディビデオを観なかった群ではこのような変化が起こらなかったと想定するしかない。

　この実験ではいくつか期待できる結果が得られているが,確実な結論を導き出すには方法に限界点が多数ある。それは標本サイズの小ささや,不十分な統制条件の設定,多数の統計解析を繰り返すなどであり,これらは,得られた結果が単に偶然によるものかもしれない危険性を増すものである。さらに,この実験における免疫関係の結果のほとんどが審査のある雑誌の論文になっておらず,学会誌でしか報告されていないため,方法や分析の詳細の多くがはっきりわからず,評価が難しくなっている。この

研究者たちは実験参加者の笑いの程度や気分の測定を行っていないため,こういった要因がどの程度効果に関わっているかは検討できない。全体として,この実験はいくつか興味ある結果を示しているものの,よく言われてきたような笑いが免疫を高めるという確かな科学的エビデンスになるとまではいえないのである。

さらにいくつかの実験において,血液中の様々な免疫指標のユーモアに関係した変化が報告されている(Berk et al., 2001; Itami et al., 1994; Kamei et al., 1997; Mittwoch-Jaffe et al., 1995; Yoshino et al., 1996)。しかしながら,これらの実験はたいてい実験参加者の数が少なく,十分な統制条件が設けられていない。さらに,実験によって結果があまり一貫せず,免疫が高まるという結果もあれば,免疫が抑制されるという結果もあり,免疫系に特に有意な効果はみられないという結果もある。たとえば,バークら(Berk et al., 2001)は,コメディビデオの視聴でヘルパーT細胞/サプレッサーT細胞比とナチュラルキラー(NK)細胞活性の上昇を報告しているが,亀井ら(Kamei et al., 1997)はT細胞の比率について同じ結果を再現できず,NK細胞活性に関しては逆に**減少**を報告している。そのため,これまでの実験的研究はコメディ視聴が何らかの短期的効果を免疫系の成分に及ぼす可能性を示唆しているが,これらの効果の特質についてはっきりした結論を下すには,もっと体系的で十分に統制された研究を重ねることが必要である。

日本の研究者たちはユーモアの健康効果について特に興味があるようで,上記の実験のなかにもみられた以外にも,最近になってさらにいくつか実験が行われている。木俣は最近,ユーモアがアレルギー反応を抑制しえると報告している。その実験の1つとして,アトピー患者がおもしろいビデオを観た後は,ドキュメンタリー映像を観た後に比べてイエダニやネコ毛皮屑などを含むプリックテストで検査したアレルギー反応が低減していたことを示している(Kimata, 2001)。

この他にも2つの実験による研究のなかで,アレルギー性の気管支喘息の患者がコメディビデオを観た後はアレルゲンに対する喘息反応が減少し,おもしろくない統制条件の映像ではそのような効果はみられなかったことが示されている(Kimata, 2004b)。さらに木俣は,目に炎症が起こるアレルギー性結膜炎の患者について,その涙のなかのアレルギーに関する免疫グロブリンが,コメディビデオを観た後で減少し,おもしろくない統制条件の映像では変化しないことを報告している(Kimata, 2004a)。

つまりこれらの実験から,ユーモアには,IgEやIgGなどの免疫グロブリンの分泌を抑えることによって,ある種のアレルギー反応で起こる過剰な免疫反応を抑制する効果があると考えることができる。

他にも日本の研究で,健康な実験参加者がコメディビデオを観た後,口のなかから

フリーラジカル（訳注：他の物質との反応性が高い原子や分子。遊離基と呼ばれる。）を除去するのに関わる唾液中の分子の値に増加（ベースライン値と比べて）がみられ，フリーラジカル消去作用（FRSC）が有意に高まることが示されている（Atsumi et al., 2004）。フリーラジカルは，炎症，加齢，ある種のがんの発病に関与する分子である。この実験には統制条件が設定されていないという限界点はあるものの，FRSC の増加量と実験参加者によるビデオのおもしろさの評価との間に有意な相関がみられ，おもしろさが果たす役割を示唆するものとなっている。

　免疫とは関係ないが，さらに日本の研究で触れておくべきものがある。2型糖尿病患者の食後血糖値が，測定前に退屈な講演に参加した日に比べ，漫才を視聴した日には有意に低くなっていたことが報告されている（Hayashi et al., 2003）。この実験の研究者らは，楽しい気分がもつ内分泌系への効果によって血糖値の上昇が抑えられたと推測しており，ユーモアは糖尿病患者が血糖値を調整するのに有効ではないかと示唆している。このような最近の日本の研究は，ユーモアに関連したポジティブ感情や笑いが免疫系や内分泌系に好影響を及ぼす可能性を多数示している。しかし，まだ確証とまではいたらない。これらの効果の信頼性，臨床的実用性について確信するには，より大きな標本，厳密な方法論を用いたさらなる研究を行って，これらの効果のメカニズムについて再現性を確かめ，より詳細に検討していく必要がある。

相関研究

　前の段落で述べた一連の実験の限界点として，ユーモアや笑いが免疫系に対して長期的な健康効果をもつのかどうかを判断できないということがある。たとえ実験室においてコメディ視聴により免疫関連の指標に短期的に有意な変化がみられたとしても，そのような変化に長期的な臨床的意義があるかどうかを判定することが重要である。もし，ユーモアが免疫系に関して臨床的に意味ある効果をもつのだとしたら，笑いやユーモアの多い人（たとえば，ユーモアセンスに優れた人）は一般的により免疫能が優れており感染症にかかりにくいのではないかという説明が可能となるはずである。言い換えれば，ユーモアセンスと免疫関連の指標との間には正の相関があり，ユーモアセンスと感染症の発生との間には負の相関があるはずである。この疑問に対する研究は少ないものの，その結果はこれまでのところたいてい残念なものとなっている。

　感染症に関して，マクレランドとシェリフ（1997）は，3ヶ月間の前向き（prospective），後ろ向き（retrospective）両方の検討において，数種類の自己評価によるユーモアセンスと風邪の頻度や重症度との間に関連がみられないと報告している。他にも唾液中の S-IgA の値と自己評価によるユーモアセンスとの間の関連を調べた研

究がある。2つの昔の研究では，標本サイズは非常に小さいものの，ユーモアによるストレスコーピング尺度（CHS）の得点と S-IgA との間に大きな正の相関がみられたことが報告されている（Dillon et al., 1985; Dillon & Totten, 1989）。しかし，より大きな標本サイズを用いたのちの研究ではこれらの結果は再現されていない（Labott et al., 1990; Lefcourt et al., 1990; Martin & Dobbin, 1988）。

しかし，免疫系の値は時間によって変動するため，一回の測定で得られた値がユーモアの測定と有意な相関があると推定するには，あまりに信頼性が低いということを指摘しておかねばならない。これからの研究においては，いろんな時間帯にわたって何度も免疫系の測定を行い，ユーモアのテストの得点との関連を検討すべきである。よりよい方法として縦断的な研究が挙げられる。つまり，ユーモアや笑い，楽しい体験の，日による変動を調べ，それに対応した様々な免疫指標の値の数日から数週間にわたる変動との関連を検討するのである。日による免疫指標の増減が同じ期間に体験されたユーモアの量と体系的に関連していた場合，ユーモアと免疫とのつながりが支持されるといえよう。

最後に，ドビンと私は，性格特性としてのユーモアセンスが免疫に対する生活上のストレスの影響を和らげるかどうかを調べる研究を行っている（Martin & Dobbin, 1988）。ストレスが，これまでの多くの研究によって，免疫系の様々な要素に悪影響を及ぼすことが示されている（Uchino et al., 2000）。第9章でみてきたように，ユーモアセンスに優れた人はストレスにもうまく対処でき，結果としてストレスが免疫に及ぼす悪影響を受けにくいというエビデンスがいくつか示されている。大学生を対象とする研究では，日常生活ストレスと唾液中の S-IgA の測定を半年間空けて2回行った。ユーモアセンスは SHRQ や CHS，SHQ などの自記式尺度を用いて評価している。

その結果，1回目に測定されたストレス得点と2回目に測定された S-IgA の値との間に負の相関がみられ，ストレスの免疫抑制効果が示唆されている。さらに重要なことに，ユーモアセンスを測定した指標4つのうち3つにおいて有意なストレス緩和効果がみられることがあきらかにされている。ユーモアの得点が低い人ほどストレスと免疫グロブリンとの負の相関が強く，ユーモアの得点が高い人ではそのような相関は弱いかほとんどみられない。この結果は，再現性を確認する必要があるが，気分の測定を行った他の研究でも示されたユーモアのストレス緩和効果は，ストレスが免疫へ与える影響にも関わってくると考えられる。

このように，メディアや「ユーモアと健康」に関する文献でよく主張されているわりには，ユーモアが免疫に好影響を及ぼすというエビデンスは，今のところまだまだ弱く不確かなものなのである。多くの実験的研究で，コメディビデオの視聴によりい

くつかの免疫系の指標に有意な変化がみられることが示されているが，これらの結果には再現性に問題があり，なかにはまったく逆の結果を示したものもある。相関研究においては，たいていユーモアセンスと免疫との間に関連がみられず，実験室で示された短期的効果が長期的な臨床的意義をもつのかについては疑問が残る。

　さらに，実験的研究では心からの笑いや微笑みの頻度，またはコメディビデオのおもしろさについての測定をまったく行っていない。今後の研究では，そのような測定を行い，免疫の変化の程度と相関がみられるのかを検討し，それによってその効果が愉悦によるものであると証明していく必要があるだろう。これまでの研究は，標本サイズが小さく，方法にも多くの欠点がありがちである。これらの研究を行うのには費用がかかるのだが，残念ながら，十分な費用が供給されていないことが問題点の１つとして挙げられる。ユーモアの免疫に対する効果を調べる研究は，多くの健康関連の研究に基金を出す政府の研究助成組織や製薬会社にとって優先順位が低いようである。その結果，この分野の研究者は小規模の研究をせざるを得ず，はっきりした結論を得るのに必要な統制条件や他の研究デザインを省略することになってしまうのである。

4節　ユーモアと痛み

　本章の最初で述べたように，カズンズの事例によって，笑いに痛みの軽減効果があり，おそらくそれは人が楽しい感情を体験した時に脳内でエンドルフィンが放出されることによる可能性が示されている。それ以来，統制された実験条件のもとでユーモアが痛みの耐性を高めるかどうかを調べた実験がいくつか行われてきている。それらは，免疫の実験と同様の研究デザインを用いて，コメディビデオ視聴前後に実験参加者の痛みの閾値や耐性を調べ，おもしろくないビデオ視聴の統制群との比較を行っている。

　痛みの閾値や耐性は，実験参加者に痛みのある（しかし害はない）刺激を与えるという，痛みの研究で伝統的に発展してきた手法によって測定されている。もっとも一般的なのが寒冷昇圧で，実験参加者は腕を数分間氷水のなかにつけるように言われる。痛みの閾値は実験参加者が痛みを訴えるまでの経過時間によって決められ，痛みの耐性は実験参加者が刺激に対してこれ以上我慢できず終らせたいと望む（すなわち氷水から腕を引き上げる）までの時間となる。

　これらの実験はたいてい免疫の実験よりも注意深く統制され方法も厳密なものとなっている（おそらく実験費用が安くてすむからだろう）。たいていの実験で気晴ら

しやリラックス，ネガティブ感情などの要因を調整するいくつかの統制群が設けられている。たとえばコーガンらは，大学生をユーモア（リリー・トンプリンのお笑いのテープを聞く），リラックス（漸進的筋弛緩法のテープを聞く），退屈な話（倫理の講義を聞く），何もしない統制群のいずれかにランダムに割り当てた実験を行っている（Cogan, et al., 1987）。その結果，痛みの閾値に関して笑いとリラックスの群との間では差がないが，この2群の痛みの閾値は退屈な話や何もしない群よりも有意に高いことが示されている。つまり，ユーモアとリラックスは両方とも，実験参加者が痛みを感じ始める前に体験できる有害な刺激の量を増やしており，ユーモアがリラックスと同様鎮痛効果をもつと考えられる。コーガンらは，2つ目の実験で上記の結果について他の説明の可能性を除外するため，学生たちをコメディ（ビル・コズビーのお笑いのテープを聞く），興味のわく話（エドガー・アラン・ポーの夢中になるような話を聞く），退屈な話（倫理の講義を聞く），活動的な妨害課題をする（掛け算の課題を行う），何もしない統制群のいずれかに割り当てた実験を行っている。その結果，コメディテープを聞いた後は，実験参加者の痛みの閾値が他のすべての群に比べて有意に高まると報告されている。この結果より，ユーモアによって痛みの閾値が高まるのは単に気晴らしや夢中になったことによるものではなく，身体的なメカニズムが存在する可能性が示唆される。他の十分コントロールされた実験においても同様の結果が得られており（Weaver & Zillmann, 1994; Weisenberg et al., 1995; Zillmann et al., 1993），コメディ視聴で痛みの閾値や耐性が高まることはかなりはっきり証明されている。

　実験室で得られたユーモアの鎮痛効果の臨床的な利用についても，いくつかエビデンスがあるが，それは重度の痛みではなく中程度のものに限られている。フィールド研究において，ロットンとシャツ（Rotton & Shats, 1996）は，整形外科の入院患者を次の3群に割り当てた。(1) おもしろいビデオ視聴群；手術後の2日間に長編のコメディ映画を4本観る，(2) おもしろくないビデオ視聴群；ドラマ映画を観る，(3) 映画なしの統制群，である。その結果，コメディ映画視聴群では他の2群に比べて術後2日間における軽度の鎮痛剤（たとえばアスピリン）の使用が少なかったことが示された。しかし，デメロルやペルコダンのような強力な鎮痛剤の使用には差がみられなかった。さらに，この結果はコメディ映画を視聴した群のなかでも自分で好きな映画を選んだ人にしかみられず，自分で映画を選べなかった人は統制群に比べて鎮痛剤の使用が有意に**多く**なることが示されている。そのため，おもしろいビデオでも個人の好みに合わないものであれば，よい効果どころか逆に悪影響となる可能性がある。

　これらの研究によりユーモアが痛みを軽減しうると示唆されているが，興味深いことに同じ効果がネガティブ感情でも得られている。統制群としてネガティブ感情も含

んだ実験において，嫌悪や恐怖，悲しみのような感情を引き出すビデオの視聴でもコメディと同様，痛みの閾値や耐性が高まることが示されている。たとえば，ワイゼンバーグら（Weisenberg et al., 1995）は，コメディ映画視聴群と気持ち悪くなるようなホラー映画視聴群で同様に，中立な映像視聴群や映像なしの統制群に比べて痛みの耐性が高まったと示している。ユーモアと悲劇（Zillmann et al., 1993）やユーモアと悲しみ（Weaver & Zillmann, 1994）の効果を比べた研究においても同様の結果が報告されている。これらの結果は，鎮痛効果が愉悦に特有のものでなく，ポジティブ／ネガティブ両方の感情に伴って起こるものであることを示唆している。

ユーモアによって痛みの閾値や耐性が高まるのは確かなようにみえるが，その正確なメカニズムはまだはっきりしていない。痛みの耐性を調べた実験で，その効果はコメディ映画終了後に確認され，映画を観ている最中にはみられなかったことから，効果が現れるには少し時間がかかると考えられる（Nevo et al., 1993）。さらに，ワイゼンバーグらは痛みの閾値や耐性の増加が，コメディビデオの視聴後30分にわたって持続すると報告している。実験参加者の自己評価による気分はベースラインの状態にもどっていたのに，である（Weisenberg et al., 1998）。彼らはこの結果を，ユーモアに関連した愉悦が，単に痛みの認知，情動，動機づけの要素を変化させるというよりも，痛みの受容体に生理学的な変化をもたらし，その変化は現れるのに少し時間がかかり，気分の変化が消えた後も続くということを示唆するものと解釈している。

マホニーらはユーモアによる痛みの耐性の増加が期待によって媒介されると示唆している（Mahony et al., 2001）。実験のなかで，実験参加者はおもしろいビデオを観る前に，ユーモアが痛みの耐性を高めると聞かされる（正の期待条件）群，ユーモアが痛みの耐性を**低下**させると聞かされる（負の期待条件）群，またはユーモアの痛みに対する効果について何も聞かされない（期待無しの条件）群に分けられた。正の期待と期待なしの条件群ではともにコメディビデオ視聴後，負の期待条件群と比べて有意に痛みの閾値が高くなっていたという。この結果はユーモアの鎮痛効果が一種のプラセボ効果である可能性を示唆している。だからといって生理学的なプロセスの介在を否定するものではない。なぜなら，他の研究でも，鎮痛のプラセボ効果は脳内のエンドルフィン産生を含む生理学的なメカニズムに媒介されることが示されているからである（Benedetti, 2002）。

最近まで，ユーモアと痛みの研究において実験参加者がコメディ映画を観ている間の笑いの頻度と痛みの耐性との相関を調べたものはなく，その効果が笑いに特有のものか，愉悦のポジティブな感情によるものか，またはユーモアに関する認知的な要因などによるものかははっきりしないままであった。ヅヴァイヤー（Zweyer, K.）らが

最近，この疑問を解明すべく実験を行っている。実験参加者は，音響はあるが会話はないコメディ映画『ミスタービーン歯医者に行く』を観るが，(1) 映画を楽しむが微笑んだり笑ったりするのは我慢する，(2) 好きに微笑んだり笑ったりする，(3) 映画鑑賞中におもしろい話を考える，のいずれかを指示される (Zweyer et al., 2004)。痛みの耐性については寒冷昇圧法を用いて，映画の前，直後，20分後に測定が行われた。さらに実験参加者は実験中ビデオに撮られ，後で，顔面動作のコーディングシステム（Facial Action Coding System；第6章を参照）によりその笑顔や笑いが本物 (Duchenne) か偽物 (non-Duchenne) か分類されている。

　3つの条件において，痛みの閾値や耐性がベースライン値と比較して有意に高くなっており，それは映画の直後だけでなく20分後も持続していた。これより，鎮痛効果が起こるには楽しい気分が必要であり，笑いやユーモアを生み出す必要はないことが示唆される。さらに，痛みの耐性の増加は心からの笑顔（デュシェンヌ・ディスプレイ）と正の相関がみられるが，笑いの頻度や強度とは相関がみられなかいと報告されている。実際，笑いに関連したポジティブ感情を意識的に表出したり増幅したりすることは，痛みの耐性とは**負**の相関がみられるのである。はっきりした結論を下すにはこれらの結果の再現性を確かめなければならないが，これらの結果は，大笑いすることが痛みの耐性を高めるのに必要であるという仮説（ノーマン・カズンズの事例による）に疑問を投げかけるものとなっている。その代わり，このメカニズムが楽しい活動に関連した愉悦のポジティブ感情とより関係があることを示唆している。笑いは必ずしも必要とは考えられず，実際無理に笑うことは逆効果となるようである（笑いクラブの活動にとっては問題となる結果であるが）。

　要するに，笑いが痛みを軽減するというカズンズの発見はかなり一貫して実証的に支持されているが，その効果は笑い**自体**によるわけではなく，むしろ，ユーモアに付随して笑いによって表現される愉悦のポジティブ感情によるものと示唆されているのである。さらに，これらの鎮痛効果がポジティブ感情と同様にネガティブ感情でも起こることが研究で示されている。しかし，ユーモアに関連した痛みの耐性の増加がエンドルフィンに媒介されたものかどうかはまだわからない。事実，おもしろさを感じることが脳内のエンドルフィンの産生に関わっているという一般的な見方はまだ研究によって実証されてはいない。血液中のβエンドルフィンの値を測定した実験では，実験参加者がコメディビデオを観ている間に何の変化もみられないと報告しているのである (Berk et al., 1989; Itami et al., 1994)。しかしながら，血液検査は脳内で起こる鎮静レベルの変化を感知するほど感度がよくないのかもしれない。エンドルフィン介在の仮説を検証する方法の1つとして，ユーモアに関連した痛みの耐性の増加が，実

験参加者があらかじめ抗鎮静作用をもつナロキシンを飲んでいた場合に消えるかどうかを判定することが考えられる。もし脳内のエンドルフィンの受容体をブロックするというナロキシンがユーモアの鎮痛効果を消したとしたら、その効果がエンドルフィンによるものだったということになるだろう。これは今後研究されるべき興味深い問題である。

5節　ユーモアと血圧, 心疾患

　研究者のなかには, よく笑うことが血圧を低下させる (McGhee, 1999) と考えるものもいるが, 実験的研究によると笑いは血圧や心拍の短期的な上昇と関連するものの, 長期的効果はないと示されている。ホワイトとカマレナ (White & Camarena, 1989) は6週間の介入研究を行い, 笑いが収縮期血圧, 拡張期血圧, 心拍に及ぼす影響を検討している。実験参加者を笑いの介入群, リラクゼーション群, 健康教育を行う統制群にランダムに割り当て, それぞれ1時間半のセッションを6週間行っている。その結果, 笑いまたは健康教育の群ではセッションの前後で収縮期血圧, 拡張期血圧, 心拍いずれにも有意な変化はみられず, リラクゼーション群では他の群に比べてセッション後の心拍と収縮期血圧の値が有意に低くなることが示されている。つまりこの実験では, 持続的な笑いが心拍や血圧の低下につながるという仮説は支持されていないのである。ユーモアセンスと血圧の関係を調べた研究で, レフコートらは実験参加者が実験室で一連のストレス課題を行う間の収縮期血圧や拡張期血圧の値と状況的ユーモア反応尺度 (SHRQ) およびユーモアによるストレスコーピング尺度 (CHS) の得点との関連を検討している (Lefcourt, Davidson, Prkachin et al., 1997)。ユーモアセンスの尺度と拡張期血圧との間に有意な相関はみられないが, 興味深いことに収縮期血圧との相関について男女差が見出されている。ユーモアセンスの得点の高い女性は低い女性に比べて収縮期血圧が低い傾向がみられ, ユーモアセンスが血圧と逆相関の関係にあることが支持されている。しかしながら, 男性についてはまったく逆の関係がみられている。つまりユーモアセンスの得点が高い人ほど低い人に比べて収縮期血圧が高い傾向がみられている。このような結果は男女でユーモアの表現の仕方に差があり, 女性のユーモアはおそらくより寛大で自己受容的な適応力のあるものであり, それが好ましい身体的な効果につながると期待できる (Crawford & Gressley, 1991)。一方, 男性の場合, ユーモアは競争心や攻撃性を反映し, 血圧の上昇につながると予想される。これらの結果は, ユーモアの種類や使い方によって健康への影響がまったく

異なってくる可能性を示唆するものである。

　クラークらは、メリーランド大学の医学センターで、冠状動脈硬化性心疾患（CHD）とユーモアセンスとの関連を調べる研究を行っている（Clark et al., 2001）。彼らは、CHDと診断された患者とその血縁者300人を対象にSHRQ（第7章で述べたように、人が様々な状況でどれくらい笑ったり微笑んだりするかを評価する）を実施している。その結果、CHDの患者は健康な血縁者に比べてSHRQの平均得点が有意に低く、ユーモアセンスに乏しいことが心疾患の危険因子となる可能性が示唆された。SHRQの得点は、糖尿病や高血圧、喫煙のような他の危険因子とは関連がみられなかった。しかし、SHRQの得点が高い人は敵意の抱きやすさを評価した得点が低いことがあきらかにされている。敵意はこれまでに心疾患のリスクの増加と関係すると報告されている（Williams et al., 1980）。この結果から、ユーモアセンスが心疾患の予防に役立つ可能性が考えられるが、この研究には重大な欠点がある。それは、ユーモアセンスの測定が、患者がすでに心疾患を発症した後に行われている点である。そのため、因果関係が逆になる可能性があるのだ。つまり、心臓発作を起こした人はユーモアや笑いといった反応をしにくくなる傾向があり、その結果SHRQの得点が低くなっていたという可能性である。そこで今後、現在症状がなく、ユーモアセンスの得点の低い人がのちに心疾患にかかりやすいかどうかを判定する前向き（予測）研究が必要である。

6節　ユーモアと疾病の徴候

　ユーモアや笑いが免疫や他の健康に対してよい効果を及ぼすのであれば、よく笑う人やユーモアセンスに優れた人は病気になりにくいはずである。この仮説を検討するために、何人もの研究者たちがSHRQやCHSなどによりユーモアセンスを測定し、身体的症状の自己申告による全般的な健康との関連を調べてきている。これらの研究のなかには負の相関がみられたものもある。すなわち、ユーモアセンスのある人ほど医学的な問題や疾病の数が少なかったということである（Boyle & Joss-Reid, 2004; Carrol & Shmidt, 1992; Dillon & Totten, 1989; Fry, 1995; Ruch & Köhler, 1999）。しかしながら、そのような結果が再現されなかった研究もある（Anderson & Arnoult, 1989; Labott & Martin, 1990; Porterfield, 1987）。

　さらに、2つの研究において、ユーモアセンスが自己申告された疾病症状に対して有意なストレス緩和効果をもつことが報告されており、ユーモアセンスに優れた人はストレスを多く体験しても、その後の病気の訴えが少なかったという（Abel, 1998; Fry,

1995)。ところが,より標本サイズの大きい別の研究ではこの結果が再現されてはいない(Korotkov & Hannah, 1994; Porterfield, 1987)。さらに,ユーモアとストレスの関係について予想と逆の結果が得られるという研究もある。ユーモアセンスに優れた人ほど,嫌な体験の後に病気の報告が多い傾向がみられるという(Anderson & Arnoult, 1989)。つまり,ユーモアセンスに優れた人が病気になりにくいという一貫したエビデンスはないのである。

　疾病症状の自己申告は,ネガティブな感情傾向や神経症的傾向の影響を受けやすく,客観的な健康指標としてはやや信頼性の低いものであることは述べておかなければならない(Watson & Pennebaker, 1989)。普段からネガティブな気分を感じやすい人は,神経症的傾向の少ない人に比べて,客観的な健康状態に差はなくても自分が不健康であると感じがちである。ユーモアセンスを測定するテストは神経症的傾向と負の相関を示す傾向があるため,ユーモアセンスと自己申告による疾病症状との間に関連がみられた場合,それは,ユーモアが客観的にみて健康によい効果があるというより,神経症的傾向が交絡要因となっている可能性が考えられるのである。そこで,研究者はこのような研究の際に神経症的傾向の影響を取り除くことが重要である。それを行った研究では,神経症的傾向を調整したところ,ユーモアセンスと身体的な疾病症状との相関は消えてしまったという(Korotkov & Hannah, 1994)。

　スベバクらの研究グループによる最近の研究は,ノルウェーの成人全体を対象とした国民的な健康調査にユーモアセンスの測定を含めた貴重な結果を報告している(Svebak, Martin & Holmen, 2004)。65,000人以上の人々が,スベバク(Svebak, 1996)のユーモアセンス尺度(Sense of Humor Questionnaire:SHQ-6)のなかの3項目によるユーモアの評価に加え,様々な疾病症状(吐き気,下痢,動悸,呼吸困難,筋骨格系疼痛など)や全体的な健康に対する満足感についての調査に答えている。さらに,血圧や身長・体重(肥満の指標となるBody Mass Indexの計算が可能)の測定も行われている。この研究は,見てのとおりこれまでで一番大規模なユーモアセンスと健康についての相関研究である。しかしその結果,ユーモアセンスと健康との直接的な関連はほとんど示されなかった。年齢を調整すると,ユーモアセンスは疾病症状とも客観的な健康指標とも意味のある相関がみられず,ユーモアセンスと健康に対する満足感との間に弱い関係がみられただけであった。この結果は,ユーモアに富んだ人は客観的にみて健康状態が優れているわけではないようだが,主観的には自分の健康に満足していることを示唆している。

　この調査が,標本サイズが非常に大きく,参加者の年齢層も幅広く,標本が任意抽出であったことを考慮に入れると,ユーモアセンスに優れた(少なくともSHQのよ

うな自記式テストの得点が高いことで定義された）人は得点の低い人と比べて全般的な健康状態に差がないというのは説得力のあるエビデンスだと考えられる。

もしユーモアセンスが本当に健康によい影響を及ぼすのだとしたら，その効果はこのような横断研究で捉えるには弱すぎるのか，または，SHQ で測定されたユーモアの種類が適切でなかったかのどちらかであるだろう。たとえば，この研究では生活上のストレスが測定されておらず，健康に対するユーモアセンスのストレス解消効果の可能性を検討することができない。さらに，ユーモアの健康に対する効果は，縦断的に時間を経て現れてくるという可能性もある。

カイパーとニコール（Kuiper & Nicholl, 2004）の研究でも，ユーモアセンスと健康についての満足感との間の関係が示されている。そのなかで，実際の身体的健康と主観的な健康とを分けて考えることが重要ではないかと指摘されており，ユーモアセンスは実際に保障された身体的健康よりも，主観的な健康状態をよりよく捉えることに貢献するのではないかと提案している。カイパーらは，大学生を対象にして，ユーモアセンスの得点が高い人は，健康に関してより肯定的な感覚をもっていると報告している。たとえば重病や死に対する恐怖感が少なかったり，身体に対して否定的なこだわりをもつことが少なかったり，痛みがあまり気にならなかったりということである。これらは，ユーモアセンスに優れていることが，より客観的な健康状態ではなく，むしろ健康に対する主観的な満足感と関係しているというスベバクら（2004）の結果と一致するものである。このような結果は，ユーモアが健康に有効であるという考えが人気であることの説明にもなるかもしれない。すなわち，ユーモアセンスの優れた人は，たとえ客観的には健康でなかったとしても，自分自身をより健康であると感じ疾病症状が気にならない可能性がある。上記のような相関研究では因果関係はあきらかではないが，ユーモアが身体的な健康には影響しなくても生活の質（QOL）に貢献する可能性が考えられるのである。

7節　ユーモアと長寿

ユーモアが，身体的健康に効果があるのであれば，ユーモアに富んだ人やよく笑う人はそうでない人に比べて長生きする傾向があるはずである。実際それが，ユーモアと健康の仮説を検証するなかでもっとも重要であると考えられる。ユーモアや笑いが多いと，少なくとも人生の期間ではなく質が改善されるという議論もできるだろうが，寿命が延びるのでなければ，ユーモアが身体的健康に対して実際に効果があるという

主張はどのように支持されるのか論じることは，難しいところである。残念ながら，この点に関するエビデンスは，数は少ないものの，期待に反するものとなっている。

ロットン（Rotton, 1992）は4つの研究を続けて行い，コメディアンや喜劇作家の寿命と，普通のタレントや作家の寿命に差がないと報告している。しかし興味深いことに，喜劇作家とタレントは，他の有名人よりも有意に**若くして亡**くなっており，それはおそらく，エンターテイメント産業に従事する人が，ストレスが多く不健康な生活を送っているためではないかと考えられている。ユーモアを生み出し他の人を笑わせる能力（笑いの才能によって生計を立てている人に代表される）には寿命を延ばすような健康効果はないようである。

これ以外にも，ユーモアセンスがあることが実際**若くして亡**くなることにつながる可能性を示唆する研究がある。フリードマンらはよく知られたテルマンライフサイクル研究（知的な才能に恵まれた人たちのコホートを1920年代の幼少期から数十年にわたって追跡した縦断研究）の参加者である男女1178名のデータを分析している（Friedman et al., 1993）。参加者が12歳の時に，両親や担任によるユーモアセンスや楽観主義に関する評価が行われ，そこから快活さについて評定が行われている。驚くべきことに，生存分析の結果，12歳の時点でより快活であると評価された人ほど，その後数十年にわたって**高い死亡率**を示していたのである。すなわち平均的に，より快活な人ほど，そうでない人と比べて早く亡くなる傾向があったのである。死亡率の高さは男女ともにみられ，またすべての死因においてもみられている。

フリードマンらは，これらの驚くべき結果が，快活な人は真面目な人に比べて健康上のリスクにより無頓着であり節制しないためではないかと述べている。皮肉なことに，ユーモアに優れた人は健康に対する満足度が高く健康上の問題をあまり気にしない（Kuiper & Nicholl, 2004; Svebak, Martin et al., 2004）ことによって，健康上の問題に無関心になりがちになり，結果として死亡率が高くなるのではないかと考えられる。

ユーモアの健康効果を支持する人々は，上記の結果を様々な理由で却下してきている。たとえば，ユーモアセンスの定義が適切ではなかったとか，その結果が，快活さの評価のなかでも，ユーモアセンスに関する評価ではなくて楽観主義に関する評価を反映しているとか，この研究での快活さが感情の調節能力に欠けていることを反映している，などである。しかしながら，このような議論はより厳密な検討に対抗できるものではないように思われる。この研究でユーモアセンスを評価するのに使われた質問項目は，もっとも肯定的なもので「非常に優れたユーモアセンス，ウィットに富んでいる，冗談を好む，何でも楽しく捉える」であり，もっとも否定的なもので「ユーモアセンスがまったくない，真面目で退屈，決して物事を楽しく捉えない」である。こ

の描写が，今日人々が（「ユーモアと健康」活動の提唱者も含めて）一般的に考えるユーモアセンスとまったく異なっているとは言いがたい。

さらにこれらのデータを分析した結果，楽観主義と分離して，ユーモアセンスの評価のみを用いても死亡率の高さが見出されたのである(Martin et al., 2002)。この分析により，幼少期に快活であると評価された人ほど神経症的傾向がなく，その後の人生において感情の問題がない傾向があり，実際，大人になって適応能力に優れ，のんきで外向性が強いことも判明している。その一方で，幼少期に快活であると評価された人ほど，大人になって喫煙や飲酒をしがちであり，危険な趣味にはまりやすいということも示されている——ただし，このような不健康な生活行動が完全に統計的に死亡率の高さの原因となるわけではなかった——。概して，現在のところ得られているエビデンスは，ユーモアセンスが寿命を延ばすという仮説を支持するものではなく，むしろユーモアセンスが疾病の危険因子となる可能性を示唆するものとなっている。

8節　結論

これまで言われているユーモアや笑いの健康効果のなかで，もっとも一貫した研究結果が得られているのは鎮痛効果の仮説についてである。実験室でのコメディ映画の視聴後に痛みの耐性が高まる傾向があり，限定的であるものの，ユーモアが術後の痛みを軽減しうるという臨床的なエビデンスもある。研究により，鎮痛効果は，笑いそのものというよりむしろおもしろさに関連したポジティブな感情による——ただし，同様の効果はネガティブな感情でもみられている——ものであることが示唆されている。この鎮痛効果は脳内でのエンドルフィンやその他の鎮静物質の産生によって媒介されているという考えが普及している。それはもっともらしい説明にみえるが，まだ実際には検証されていない。そのメカニズムを探り，臨床場面において痛みの治療にユーモアの適用が役に立つほど鎮痛効果があるのかどうかを判断するために，より大規模な研究が必要である。

ユーモアや笑いの免疫に対する効果に関して，これまでの研究結果は一貫せず確証が得られていない。コメディの視聴がいくつかの免疫系の要素に対して短期的な効果を及ぼすことが実験室で観察されており，アレルギー反応を低減するという最近の報告は興味深いものである。しかし，これらの研究の標本サイズはきわめて小さく，多くの方法的な限界点があり，研究によって結果が一致していないことがある。はっきりした結論を出す前に，より体系的で厳密な研究によってこれらの結果の再現性を確か

め，メカニズムの検証を行うことが必要である。精神神経免疫学の分野における研究で，脳と免疫システムをつなぐ多数の伝達チャンネルを通して気分状態が免疫に影響を与えることが指摘されている。そのため，愉悦の感情と免疫にも同様に関係があると考えられる。しかしながら，その複雑な相互関係はまだよく解明されておらず，ある特定の感情と免疫系の変化との間に一対一の単純な関係があるわけではないようである（Booth & Pennebaker, 2000）。

　研究によってユーモアの免疫に対する興味深い効果がいくつか示唆されているが，ユーモアセンスに優れた人やよく笑う人が免疫や健康状態も優れており，長生きするというエビデンスはほとんどない。むしろ，ユーモアに富み快活な人ほど，実際には，より真面目な人に比べて早く亡くなると示唆する研究があるほどである。それは，ユーモアに富んだ人ほど健康問題に関心が低かったり，不健康な生活スタイルをとったり，体の不調を真剣に捉えず必要な時に適切な治療を探さない傾向があったりするためではないかと考えられる。

　それにもかかわらず，ユーモアに富み快活な人は，長生きはしないかもしれないが生活の質が高く全般的な満足感も高いという可能性がある。さらに，ユーモアの種類によって健康に及ぼす影響が異なってくる可能性もある。快活なユーモアセンスは，自分自身を気遣わないことにつながり死亡を早めるかもしれないが，愉悦が健康に効果のある生化学的変化を起こしたり，またはある種のユーモアがストレスに対処しやすくしたり，親密な関係を高めたりして間接的に健康によい効果をもたらす可能性も残されている。

　ユーモアや笑いが健康によいと提唱する人々は，まだ弱いエビデンスに基づいて自分たちの考えを広めていくことに逸り立ちすぎているようだ。この分野の基礎的な研究もさらに必要な上に，ユーモアの介入効果について，広く実施する前に慎重に評価する必要がある。なかには，この健康ブームを，本を売ったりワークショップを開いたりしてお金を儲ける機会と捉えている人もいるかもしれないが，大半は本当に人を助けたくて動いているようである。どちらにしても，ユーモアや笑いが健康によいと頭ごなしに信じきってしまうと，研究結果を客観的に評価することが難しくなるだろう。

　「ユーモアと健康」ブームの提唱者を擁護して，ユーモアにこれまで言われているような健康効果が全然なくても，少なくとも害はなく，寿命は延ばさなくても人生を楽しくしてくれるという議論が可能かもしれない。この議論には確かにメリットがある。特に深刻な病気にかかっている時は人生の楽しみが損なわれがちであり，もっとユーモアや笑いを楽しむよう勧めるのはもちろん何も悪いことではない。しかしながら，ユーモアや笑いの健康効果を主張することが病気の人に誤った期待を抱かせてし

まう危険性がある。

　また，ユーモアや笑いの健康効果を重視することが，実際よりも自分の健康を調整できるという間違った感覚をもたらし，病気の人を非難する傾向を助長してしまう危険性もある。その結果，病気になった人は笑いが足りなかったからだと自分を責めてしまうかもしれない。さらに，ユーモアや笑いの健康効果が誇張されることで，研究というより単なるブームとみられ，研究者や研究助成団体がこの分野できちんとしたデザインの大規模な実験を行ったりそれに助成したりするのを思いとどまり，本当にあるかもしれない健康効果の検証が遅れることになる可能性もある。

　ユーモアの健康効果についての理論は，説得力のある生物学的メカニズムに基づく必要がある。進化論的観点からは，ユーモアや笑いの本来の機能は身体的健康を改善することではないようである。第6章で述べたように，比較研究により，ユーモアに関連したポジティブ感情は社会的遊びに関係しており，笑いは遊びの感情や意図を他者に伝える表現行動である。第5章では，ユーモアや笑いの社会的機能についても詳しく論じている。ユーモアや笑いの起源は身体的健康よりも社会的なやりとりや人間の存在の社会的な本質とより関係しているようである。だが，これらの感情や行動には間接的に健康に影響を及ぼしうる生理学的および心理学的な要素がある可能性が残されている。

　研究者によって示されてきた感情と免疫との関連は，どちらも個人が環境との間に関係を構築したり，維持したりすることに関与しているということと関係があるようである（Booth & Pennebaker, 2000）。苦痛や心理的な健康の感覚は，有機体がどのような状態にあるかを示すもの——同時に，健全な状態や心理的な健康とはどのようなものかを指し示すもの——として，免疫システムに対して有用な情報を提供する。したがって，快活な気分やユーモアに満ちた考え方は，心理的な健康を脅かすものに対処するために十分な身体的な資源があることを指し示すとともに，おそらくその身体的な資源を確保するのに役立つと考えられる（Leventhal & Patrick-Miller, 2000）。それゆえ，進化論的観点からみると，ユーモアが健康に関して何らかの効果をもつ——ユーモアの本来の機能ではないかもしれないが——という考えにも，理論的背景があるのである。研究によるエビデンスは少ないにもかかわらず，この分野におけるより体系的な調査は示唆的な研究結果やある種のユーモアと健康の関係についての理論的な説得力に保証されているようにみえる。前述のように，今後の実験的研究では，結果に対する他の説明の可能性を除外するために適切な統制条件を設定し，観察された効果に関する笑いや愉悦の役割を検討することが必要である。動物の研究も，遊びに関連した感情の生理学的効果についての神経や生化学的メカニズムを解明するのに役

立つであろう（Panksepp & Burgdorf, 2003）。

　さらに，本章の始めで論じたようなユーモアや笑いに関する異なった理論的モデルの検証も今後必要である。これまでの研究の大半が，笑いや愉悦の感情が免疫などの生理学的指標に及ぼす直接的な効果に焦点を当ててきた。健康的なユーモアセンスによって対人関係が向上し，ストレスに効果的に対処できるようになることで健康によい影響がもたらされるというような，間接的な効果を調べる研究はほとんど行われていない。第11章でも述べるが，ユーモアの種類や使い方を区別することが重要であると思われる。なかには健康によいものもあれば逆に有害なものもあるだろう。その意味では，精神的健康と同様に身体的健康にとっても，有害なタイプのユーモア（攻撃的ユーモア）がないことが，より温かいタイプのユーモアがあることと同じくらい（もしくはそれ以上に）重要なのかもしれない。

第11章
心理療法，教育，職場でのユーモアの活用

Applications of Humor in Psychotherapy, Education, and the Workplace

　この20年にわたって，様々な職業領域でユーモアの利用可能性に対する関心が高まってきている。第10章では，身体的健康におけるユーモアと笑いの有益性について論じるとともに，様々なユーモアの使用を基盤とした医療機関の介入についても論じた。本章では，心理療法やカウンセリング，教育，職場といった分野における，ユーモアの有益性（と想定される危険性）について検討したい。

　これらの各領域で働く多くの人々が，ユーモアに関連する技法や介入を自分たちの領域に熱心に導入している。そしてこのトピックに関しては，ビジネス商業雑誌，書籍，インターネットのウェブサイトでも多くの記事が見受けられる。応用・治療的ユーモア協会（AATH）は，その会員に医師，看護師，その他の医療関係者の他にも，心理療法家，結婚・家族カウンセラー，教師，ビジネス・産業カウンセラーなどが含まれるが，彼らはみな，自分の分野に利用できる可能性のあるユーモアや笑いの方法に関心をもっている。

　ユーモアの推奨者は持論を支持する，様々な研究結果を頻繁に引用しているが，これらの分野でユーモアの有益性についてなされている主張のほとんどは，事例的な知見や個人的経験に基づくものである。各分野における実証的研究はかなり限られているものの，次節以降では，様々な主張に対する証拠の発見に重点を置いて，関連する研究の結果について検討し，同時に，さらなる研究が必要な疑問点についても指摘する。

　本章のトピックは，心理学の応用的な領域に関連するものである。特に，臨床・カウンセリング，教育，産業組織心理学といった領域である。これらの心理学領域は，プ

ロフェッショナルとしての職業的実践と科学の組み合わせを代表するものである。実践家として，これらの分野で働く心理学者は，個人の感情や行動の障害，指導方法や教育，ビジネスや産業界などに関連した，現実世界での問題を解決するために，より基礎的な分野の研究領域から引き出された関連知見や法則を適用しようとしている。

この科学的な志向の結果として，応用心理学者は新しい治療的介入や教育方法，ビジネスの実践に関する根拠のない主張について，かなり懐疑的になりがちである。その代わりに，これらの実践方法の妥当性を調べるために，実証的な方法を適用する重要性を強調する傾向がある。したがって，これらの領域におけるユーモア応用の有益性を検討するにあたっては，開放的な心を維持しながら，慎重に証拠を眺め，根拠のない熱狂に夢中にならないという心理学的視点が必要である。

1節　心理療法とカウンセリングにおけるユーモア

第9章で議論したユーモアは精神的健康に多大な恩恵をもたらすという考えに基づいて，様々な理論的視点をもつセラピストが，心理療法やカウンセリングにおけるユーモアの潜在的な役割に対して関心をもち始めている。

近年，多くの雑誌記事や書籍がこのトピックについて扱っている（Buckman, 1994; Franzini, 2000, 2001; Fry & Salameh, 1987, 1993; Gelkopf & Kreitler, 1996; Haig, 1988; Kuhlman, 1984; Lemma, 1999; Rutherford, 1994; Saper, 1987; Strean, 1994）。ユーモアに基づく介入は，うつ（Richman, 2003），ストレス関連障害（Prerost, 1988），強迫性障害（Surkis, 1993），恐怖症（Ventis et al., 2001），反社会性人格障害（Martens, 2004），統合失調症（Witztum et al., 1999），精神遅滞（Davidson & Brown, 1989）といった，幅広い心理学的問題の治療として提唱されている。

個人の治療・カウンセリング（Rutherford, 1994），集団療法（Bloch, 1987; Bloch et al., 1983），家族・夫婦カウンセリング（Odell, 1996），児童・青年（Bernet, 1993）から高齢者（Prerost, 1993; Richman, 1995）の治療において，ユーモアは役立つ道具として推奨されている。ユーモアの治療上の有益性は，アドラー派（Rutherford, 1994），行動療法（Franzini, 2000; Ventis et al., 2001），認知療法（Gelkopf & Kreitler, 1996），精神分析（Bergmann, 1999; Korb, 1988），論理情動療法（Borcherdt, 2002），戦略的家族療法（Madanes, 1987）を含む，様々な理論的背景をもつセラピストによって認められている。

臨床心理学者のフランツィーニ（Franzini, 2001）は，治療的なユーモアを，「治療

者や他の医療関係者によるユーモア技法の意図的，自発的使用であり，クライエントあるいは患者の自己理解および行動の変化を導きうるもの」（p.171）と定義している。彼は，治療的ユーモアは，お決まりのジョークやなぞなぞ（比較的まれにしかみられないが）から，自然に出る駄じゃれやスプナー語法，行動や言語の錯誤行為（意図しないユーモラスな「フロイト的言い間違い」），ばかばかしいことや非論理的な理由づけに対するユーモラスな意見，極端なまでの誇張表現，セラピスト側のユーモラスな自己卑下，普遍的な人間の弱みの例示，最近の社会的な出来事に対する愉快な見方などを含む，ほとんどあらゆる形をとりうることを示している。フランツィーニによると，ユーモアが治療において効果的であるためには，ユーモアのポイントが，クライエントの内的な葛藤や個人的な特徴といった，現在の治療上の問題と明確に関連しているべきであるという。こうしたユーモアを治療として用いることですぐに得られる結果は，典型的にはセラピストとクライエントが共有するポジティブな感情経験であり，その範囲は穏やかな共感的楽しみから大きな笑い声までを含む。

　治療にユーモアを利用することを考えるにあたっては，大きく3つの方法がある。第1は，何人かの研究者が提唱する，「**治療としてのユーモア**」アプローチであり，全体的な治療体系の大部分をユーモアに基づいて開発する試みである。第2は，ユーモアを**セラピストがもつレパートリー**（そのなかにはユーモアを基盤としない多くの介入も含まれるが）のなかの，特定の治療技法の基盤とするものであり，特定のタイプのクライエントの問題に対処する時にそれを用いるようなものである。そして第3は，ユーモアを，治療志向にかかわらず，セラピストの全体的な有効性に影響を及ぼす共感性や純粋性といった他のセラピストの特性と同じような**コミュニケーションスキル**としてみなすものである。

　次節では，これらのアプローチをそれぞれ順番に検討し，現在までの研究知見を紹介しつつ，心理療法やカウンセリングにおいてユーモアを使用することの潜在的な危険性についても議論する。ここでの焦点は心理療法やカウンセリングであるが，この議論の大部分は，ソーシャルワーク，医学，看護，理学療法，作業療法などの他の援助職や，ヘルスケアのプロフェショナルによるユーモアの使用とも関係がある（du Pre, 1998; Leber & Vanoli, 2001 を参照）。

ユーモアを基盤とする心理療法

　1960年代から70年代にかけて，非常に多様な心理療法の「学派」が，様々なセラピストによって開発され，発展してきた。これらのアプローチのいくつかは，治療の主要な目標の1つとして，健康的なユーモアセンスを育むことの重要性を強調している。

これらのアプローチによれば，生活のなかでのユーモラスな視点は，精神的健康における重要な指標であるだけでなく，健康的な機能を維持し，強化していくための手段でもある。これらのアプローチのいくつかは，クライエントの変化を促す上で，特定のユーモアを基盤とする技法を採用しているが，別のアプローチでは，クライエントがより現実的な態度と，生活に対処するための能力を得る上での，ユーモラスな態度のモデルとなり，自然に生じるユーモアを促進するセラピストの役割を強調する。

　ユーモアを非常によく使う，有名な治療的アプローチの1つは，エリスによって開発された，論理情動療法（RET）である（たとえば，Ellis & Grieger, 1986）。このアプローチによると，人々は不合理な信念や非機能的な態度，非現実的な絶対的価値基準の結果として，心理的な不適応に陥る。そのため，治療の目的は，クライエントの誤った信念に対して挑戦し，論駁することであり，それをより現実的で適応的な信念や態度に置き換えることである。この目標をセラピストが実現する方法の1つが，ユーモラスな誇張や，時には皮肉を用いて，クライエントの不合理な信念体系のばかばかしさを指摘することである。エリス（Ellis, 1977）は「人間の不適応の大部分は，物事の重要性や深刻さを誇張することによって生じており，ユーモアを含む正反対の誇張によって，これらの誇張を取り除くことは，治療的攻撃の主要な方法の1つとなる可能性がある」（p.4）と述べている。

　クライエントの不合理な信念を論駁する方法の他にも，ユーモアは楽しさや愉悦をもたらし，人生をより価値のあるものと思わせ，問題に対処する上で代替となる方法を提供してくれるため，治療においてユーモアは有益であることをエリスは示唆している。エリスのユーモアの使用はかなり攻撃的にも思えるが，あくまでもそれはクライエントを受容していることを伝え，間違いや人間的な弱みにかかわらず，クライエントが自分自身を受容することを勇気づける方法としてなされなければならないとエリスは強調している。それでもなお，多くのセラピストは，治療におけるそのようなユーモアの対決的なスタイルに不安を感じるかもしれない。そして，ほとんどのセラピストは，このようなユーモアは危険性を孕むため，用いるにしても，非常に注意深く，熟練したやり方で行われるべきだということに同意するだろう。

　ユーモアを積極的に対決することや挑戦することに用いるもう1つの治療的アプローチは，ファレリーらによって開発された挑発療法である（Farrelly & Brandsma, 1974; Farrelly & Lynch, 1987）。もともとは慢性の統合失調症の治療として考案されたものであるが，このアプローチはその後多くのタイプの精神疾患に効果があるものとして提唱された。クライエント自身が自分の行動に責任をもつのであれば，クライエントは自虐的な行動パターンを変え，精神的な不適応を克服することができるという

仮説に基づき，この治療ではクライエントの感情的な反応を刺激し，彼らの感覚や行為に変化をもたらすことを目標にしている。これはクライエントの信念，感情，行動を，誇張や皮肉を通じたユーモアで攻撃することによってなされ，セラピストに対する反撃をもたらし，結果として彼らの非機能的な行動パターンから距離をとったユーモラスな視点を得ることをねらいとしている。

　論理情動療法と同じように，この治療アプローチは非常に攻撃的で敵対的にさえ思えるが，ファレリーとリンチ（Farrelly & Lynch, 1987）は，クライエントはセラピストを「温かく保護的であり，基本的に支持的」な存在として経験しなければならないことを強調している。同じように，ファレリーとブランズマ（Farrely & Brandsma, 1974）も，「クライエントが治療面接の少なくとも一部において笑わなければ，そのセラピストは挑発療法をしておらず，彼がしていることは時には破壊的なものになるかもしれない」と強調している。エリスのアプローチのように，挑発療法は熟練していないセラピストが行う場合には潜在的な危険性をもっているように思われる。

　ユーモアに重要な役割を与えているが，より対決姿勢の低い治療体系として，オコーネル（O'Connell, 1981, 1987）のナチュラル・ハイ療法がある。これは，その大部分がカール・ユングやアルフレッド・アドラーの考えに基づいた，人間性心理学的なアプローチである。このアプローチにしたがえば，精神症状は欲求不満的な生活の経験から生じる，置き換えられた創造的エネルギーや性格のねじれの現れである。この治療の目的は，自己実現を促進させることであり，クライエントが環境や内的強迫によってコントロールされた制約状態から，自尊心や他者との関係満足に基づく，適応的な自律的感覚をもつ状態へと移行することを援助することである。

　講義・体験形式と，個人やグループでの治療技法の組み合わせを通じて，ナチュラル・ハイ療法は自己実現を促進するための様々な技法を採用しており，そのなかにはサイコドラマや，役割演技，イメージ誘導法，瞑想などが含まれている。オコーネル（1981, p.561）はユーモアを「自己実現への王道」とみなしており，これらすべての技法の本質的な部分と考えている。ただし，オコーネルにとって，ユーモアは手段というよりも目的である。セラピストの役割はそれをクライエントに強要するというよりむしろ，ユーモラスな態度をとるモデルとなり，クライエントの方で自然に生じるユーモアを促進することである。

　他にも，ユーモアを心理療法の本質的成分としてよく用いるセラピストには，ミンデス（Mindess, 1971, 1976），グロッチャン（Grotjahn, 1966, 1971），サラムー（Salameh, 1987）などがいる。残念なことに，過去数十年の間に生まれた他の多くの心理療法の学派と同じように，ユーモアを基盤とするこれらの治療体系の有効性を評価したり，他

のタイプの治療法との比較をするような研究はほとんど行われていない。

特定の治療技法としてのユーモア

　セラピストのなかには，ユーモアを中心的な要素として，すべての治療体系をつくり上げるよりもむしろ，特定の問題をもつ，特定のクライエントに対処するために，特定のユーモアに基づく介入技法を開発した者もいる。たとえば，ウィリアム・アンド・メアリー大学の臨床心理学者であるヴェンティス（Ventis, L.）は，恐怖症や他の恐怖関連状態への治療として，系統的脱感作法にユーモアを利用する方法を開発した。系統的脱感作法は，クライエントが筋弛緩訓練を行いながら，段階的に，より脅威的で恐怖を感じさせる状況を経験していることを鮮明にイメージしてもらう，行動主義に基づく介入技法である。繰り返し弛緩反応と恐怖刺激を対提示することによって，徐々にその刺激によって引き起こされる不安感情は減退し，個人は恐怖症の嫌悪症状を克服できるようになる。

　初期の事例研究において，ヴェンティス（Ventis, 1973）は，社会恐怖に苦しむ若い女性の治療において，系統的脱感作法のセッション中に，筋弛緩の代わりにユーモラスなイメージを用いることが成功したことを報告している。他の事例研究も同時期に発表されており，スミス（Smith, 1973）は，標準的な筋弛緩手続きによる事前の治療試行が失敗した後，9回の系統的脱感作法のセッション中にユーモアを使用したところ，22歳女性の強度の不適応的な怒り反応を減少させる上で高い効果があったことを報告している。

　最近の研究では，ヴェンティスら（Ventis et al., 2001）はクモ恐怖の治療における系統的脱感作法にユーモアが使用できるかを検討するため，より慎重に統制された臨床的研究を行った。クモ恐怖の40名の学部生が以下の各条件に無作為に割り当てられた。1つ目の条件は週1回，4週にわたる個人治療セッションで，筋弛緩を用いる伝統的な系統的脱感作法である。2つ目の条件はユーモアを用いる4回の系統的脱感作法で，3つ目の条件は何の治療も行わない統制条件である。ユーモア治療条件において，参加者はユーモアを生み出す練習と，クモに関連するユーモラスな文章やイメージをつくることを目的とした，週ごとの宿題を与えられた。各治療セッションでは，クモに直面しなければならない不安喚起状況において，ユーモラスなイメージが伴うように，段階的で心理的なイメージ場面が用いられた。

　その結果，ユーモア脱感作グループと標準的な筋弛緩脱感作グループの双方の参加者は，同程度に有意かつ大幅なクモに対する恐怖感の減少が，自己報告においても行動指標においても示され，何の治療もしなかったグループには有意な改善はみられな

かったことがあきらかとなった。さらに，2つの治療グループにおけるクモ恐怖の減少は，自己効力感の増加が媒介していることがあきらかとなった。ユーモアに関連するポジティブな感情経験が，ユーモア治療グループの参加者の認知的評価を変化させ，自己効力感の増加と，クモへの接近や触れ合いへの積極性を高めたとヴェンティスらは示唆している。全体的に，この研究はユーモアに基づく介入が，クモ恐怖の治療において，（より効果的であるとまではいかないが）標準的な系統的脱感作法における筋弛緩と同じくらい効果的であるという証拠を与えている。

　ユーモアを基盤にしているとみなされることの多い，もう1つのよく知られた治療技法は「逆説志向」である。これはフランクル（Frankl, 1960）によって開発され，強迫的症状，不安，うつ，広場恐怖などを含む様々な問題の治療に用いられている。この技法において，クライエントは自分の症状の頻度を増加させ，深刻さを誇張してみるように求められる。これらの逆説的な努力は，自分で症状のばかばかしさを認識することのみによって解決できる，ある種の「ダブルバインド（二重拘束）」状況にクライエントを置き，彼らが自分の神経質的な行動パターンを自分で笑う能力を獲得し，そこから距離をとっていられる感覚を獲得することを可能とする。それゆえ，より高いユーモアセンスをもったクライエントの方が，この種の治療からより多くの利益を得ると予測することは合理的なように思われる。

　しかしながら，この仮説に反して，ニュートンとドゥード（Newton & Dowd, 1990）はテスト不安の学生に対する治療での逆説的介入の使用は，ユーモアセンス尺度の得点が低いクライエントにおいて（高いクライエントよりもむしろ），より効果的であることをあきらかにしている。高ユーモア者は逆説的な介入を深刻に受け止めずに，単に冗談として捉え，そのために介入が効果をもつ上で必要な治療的「ダブルバインド」を経験することができなかったと著者らは示唆している。それに対して，低ユーモア参加者は介入をより深刻に捉えて，セラピストと協調しようとし，治療の逆説的効果を得ることができた。この結果は，逆説的介入は個人の神経質的症状に対するユーモラスな視点を刺激することによって機能するが，この治療が効果的であるためには，最初は真剣に受け止められる必要があることを示唆している。普段から人生に対してユーモラスな態度をとる個人は，この治療で効果を得ることはあまりないかもしれない。

　ヴィッツムら（Witztum et al., 1999）は逆説的介入と他のユーモアを基盤とする技法を，8年以上入院している慢性の統合失調症の患者12名の妄想と幻覚に対して使用したことを報告している。これらの患者に対して3ヶ月間のより真剣な「説得療法」が治療的改善を何ら生み出さなかった後に，セラピストはユーモアを含むアプローチ

を個人的,あるいは集団的治療セッションにおいて使用し始めた。これは共感的で気軽なやり方で患者の妄想と幻覚を風刺し,瑣末化するための冗談っぽいコメントをすることや,遊び半分の誇張によってこれらの症状の皮肉やばかばかしさを強調し,それによって患者に症状を過度に真剣に受け止めすぎないように促すことを含むものであった。このユーモア治療を3ヶ月行ったのち,精神病の診断尺度を用いて患者の精神状態を評価したところ,患者のほとんどに有意な機能的改善がみられ,3ヶ月後のフォローアップ診断においても維持されていることがあきらかとなった。さらなる研究が必要であるが,この小規模な研究は,慢性的精神病症状における,ユーモアを基盤とする技法の有益性について,今後期待できる知見を提供している。

心理療法家のスキルとしてのユーモア

治療におけるユーモアの役割についての3つ目のアプローチは,ユーモアをセラピストの理論的志向や採用している特定の技法とは無関係に,セラピスト全体の有効性を規定する社会的スキルや対人コンピテンスとみなすものである(たとえば,Franzini, 2001; Saper, 1987)。言い換えると,セラピストは「よいユーモアセンス」をもつことが重要であるかもしれないという立場である。本書を通じてみてきたとおり,ユーモアは向社会的なものから攻撃的なものまでを含む,様々な社会的機能に関わる対人コミュニケーションの一種であるとみなすことができる。心理療法は対人的プロセスであり,セラピストとクライエントの関係は,ほぼ間違いなく治療的変化の中心的な要因となる(Teyber, 1988)。ほとんどの対人関係と同じように,ユーモアと笑いはセラピストと患者とのやりとりにおいてかなり頻繁に生じている。

個人での心理療法についてのある最近の研究は,クライエントかセラピストのいずれかの笑いが,平均して3分間に1回の割合で生じており,クライエントはセラピストの2倍よく笑うことをあきらかにしている(Marci et al., 2004)。クライエントに接する際にユーモアを効果的に用いるスキルは,共感的理解,積極的傾聴,非言語的コミュニケーションなどの多くのコミュニケーションスキルを高めていく必要があるのと同じように,セラピストが実践し洗練させていく必要のある治療的スキルとみなせるかもしれない。この観点に立つと,ユーモアはセラピストによって意図的に採用される特定の技法であるというよりは,セラピストと患者の通常のやりとりにおいて,自発的,自然に生じるものであり,様々な技術レベルで用いられ,多かれ少なかれクライエントに対して効果をもつものといえる。ユーモアそのものは本質的には治療効果をもつものではなく,効果をもつためには,それが治療の一環として用いられる必要がある。

かなり多くの治療効果についての研究が，共感，受容，純粋性の態度をクライエントに対して伝える人物をもっとも有能なセラピストだと示している（Bachelor & Horvath, 1999）。ユーモアはそれゆえ，純粋なやり方で，共感的理解を伝え，クライエントに関心を寄せるなかで用いられるならばもっとも治療的になる。一方で，クライエントの感情を誤解したままで，彼らの感情や感覚を退け，傷つけるような感覚を伝え，クライエントによって生じている問題に対するセラピストの不快感を隠すために用いられた時，ユーモアは非治療的，時には有害にもなりうる。

セラピストはユーモアを単純に楽しいからという理由で深く考えずに用いるのではなく，ユーモアの使用によって得られる機能と，治療の各段階でのクライエントの状態を認識した上で，治療的効果として生じうることを評価する必要がある。フランツィーニ（2001）は，社会的なやりとり全般でのユーモアの重要な役割や，心理療法におけるユーモアの有益性と危険性について考えると，ユーモアのトピックはすべての心理療法家やカウンセラーの公式な訓練カリキュラムの内容とすべきであると述べている。

特定の技法はアプローチによって異なるが，ほとんどのタイプの心理療法がいくつかの共通目標を共有している。これらには以下のものが含まれる。(1) クライエントと肯定的な信頼関係を築くこと。(2) クライエントの思考，感情，行動パターンの正確な理解を得ること。(3) クライエントが自身の問題について洞察を得て，思考の非現実的な側面を認識し，その代わりとなる視点と新しい考え方を身につけることを援助すること。(4) 感情的な苦痛を減らし，主観的幸福を増大させること。(5) 非機能的な行動パターンを修正すること。多くの著者が示唆していることであるが，繊細かつ共感的な方法で用いられれば，ユーモアはこれらの治療目標それぞれにおいて非常に効果的である（Gelkopf & Kreitler, 1996; Kuhlman, 1984; Pierce, 1994; Saper, 1987）。

信頼関係を築くという点において，ユーモアはクライエントを気楽にし緊張を和らげ，セラピストをより人間らしく見えるようにし，クライエントに対するセラピストの魅力を高め，セラピストとクライエントが交流し現実を共有するために関わることができる一時的な「遊び場」をつくり出すために用いられうることが示唆されている（Gelkopf & Kreitler, 1996）。一緒に笑うことは親密で友好な感情を促進し，セラピストに対するクライエントの信頼を促すことができる。セラピストのタイミングのよいユーモラスな発言は，クライエントの経験の皮肉な側面を簡潔に要約することで共感的理解を伝える1つの方法としてよくあるもので，クライエントからの気づきの笑いを引き起こす。自己卑下的ユーモアを穏やかに用いたり，治療の過程における厄介な，あるいは脅威になりそうな状況に対してユーモラスな視点をもったりすることで，セ

ラピストは適切なユーモアの使用者という役割モデルを示すこともできる。たとえば，クライエントがセラピストに対して批判したり，不満を述べたりした時，セラピストからの防衛的な反応よりもユーモラスな反応の方が，セラピストにまだ希望があり，クライエントの批判や問題に圧倒されていないことを伝えることになる（Olson, 1994）。

　ユーモアはまた，セラピストがクライエントのユーモアの使用に慎重に注意を払うことで，**クライエントの正確な理解を得ること**を助ける手段にもなりうる。ある研究によれば，心理療法において，クライエントはセラピストよりもはるかに多くユーモアを発し，セラピストとクライエントの双方が，セラピストが発したユーモアよりもクライエントのユーモアに対してより多く笑う傾向があるという（Marci et al., 2004）。このクライエントが発するユーモアは，クライエントの感覚，態度，信念，感情の豊富な情報源となりうる。クライエントのユーモアは治療の進度や特定の介入の効果を査定する方法と同じように，クライエントの精神状態や機能のレベルの指標として診断的に用いることもできる。たとえば，ユーモアの有無はクライエントが自分の問題を制御している感覚をもてているか，それとも圧倒されていると感じているかの程度を示すものといえるかもしれない。クライエントのユーモアは，一見楽しそうにないことを無意識的に笑うような場合，葛藤のサインとなっていることもあるし，攻撃性やうつの問題を示しているのかもしれない。セラピストは自分自身がユーモアを特定のクライエントに対して過度に使いすぎていたり，あるいはユーモアを避けたりしている場合は，逆転移感情の可能性にも注意すべきである（Gelkopf & Kreitler, 1996）。

　ユーモアはその性質上，つじつまがあわなかったり，両立しないと思えたりする考えや視点を同時に感じることを含んでいるので，それはしばしば治療において**クライエントが洞察や代替的な視点を得ること**を援助するような状況においても生じる。クライエントが強固な防衛を克服し始め，無意識的な信念や態度に気づきやすくなり，人生における新たな視点を獲得する時，彼らはそれをユーモラスに捉え，自発的な笑いを生じさせる「アハ（aha）」体験をしばしば経験する。セラピストがこの笑いに加わる時，彼らはこの新しい洞察をクライエントとともに祝福し，かれらの新たな視点をさらに強化する。加えて，セラピストは，クライエントの信念や態度の不合理性やばかばかしさを強調するために，ユーモアを穏やかに用いることで，この種の洞察へとクライエントを後押しすることもよくある。セラピストの側のこのようなユーモアは，クライエントが調和のとれた感覚を獲得し，彼らが思っているほど問題は大きくないと気づくことに役立つ可能性がある。セラピストによるユーモアの適切な使用は，クライエントが人生に対してより忍耐強い視点をもち，彼らを取り巻く世界の限界や不確かさと同時に，彼ら自身の不完全さを受け入れることにも役立つ（Ellis, 1977）。

ユーモアは治療において**感情的な苦痛を減少させる**手段として役立つこともある。第9章で述べたように，かなり多くの研究がうつ，不安，敵意などのネガティブな感情を減少させ，ポジティブな気分を増大させる，感情制御機構としてのユーモアの機能を示している。ユーモラスな態度の模範を示し，それを促すことで，セラピストはクライエントが感情を制御することを援助することができる。

　笑いはまた，クライエントが**非機能的な行動パターンを修正する**ことを援助する上でも役割を果たしている。クライエントが問題のある対人状況において，新たに自己主張する方法や対処行動をとることに成功した時に，セラピストとクライエントが一緒に笑う時のような，共有された笑いは望ましい行動変化の後に生じる正の強化の1つといえる。クライエントが自己主張を身につけ，対人的な問題により適切な方法で対処することを援助する上で，セラピストは彼らに効果的な社会的スキルとして，ユーモアを使うことを教えることもできる。まとめると，ユーモアはセラピストにとって重要なコミュニケーションスキルであり，賢明に用いることができれば，治療目標に向かってうまく機能するものといえるだろう。

治療過程におけるユーモアの研究

　セラピストのコミュニケーションスキルとしてのユーモアの効果についての実証的な研究は，残念ながらかなり限られている。そして全体的な結果は期待通りのものとはいえない。この種の研究のやり方の1つは，ユーモアを用いる介入，あるいはユーモアを用いない介入を含む擬似的な治療セッションを，参加者に評価してもらう方法をとるというものである。ある研究では，外来の心理療法に通う成人に，セラピストがクライエントの反応に対してユーモアを用いるか，あるいは用いない，音声記録された一連の治療セッションを聞かせた（Rosenheim & Golan, 1986）。参加者は各セラピストがどれくらい援助的で理解力があるように思えるかと，彼ら自身がそのセラピストの治療を受けたい程度について評価するように求められた。予測に反して，ユーモアのない介入の方が，ユーモアのある介入よりも有意に効果的であり，クライエントから好まれるだろうと評価されやすいことがあきらかとなった。

　類似した結果が，同様の方法を用いた別の研究でも報告されている。この研究の参加者は，急性の精神病エピソードから初期の寛解段階に入った統合失調症の患者である（Rosenheim et al., 1989）。この研究でも同じく，性別，年齢，教育，診断結果（妄想の有無）にかかわらず，ユーモアのある介入よりもユーモアのない介入の方が，すべての参加者に一貫して好まれることがあきらかとなった。具体的には，患者はユーモアのないやりとりを，より援助的で，治療関係が強い傾向にあり，共感と理解を示

していると評価した。これらの結果は，ユーモアのある介入はクライエントからはよいようには受け止められず，それを使用することでセラピストの治療意欲が低く評価される危険性をもつことを示唆している。

別の研究では，大学生がカウンセラーによるユーモアなし，促進的ユーモア（共感的，支持的なユーモア），非促進的ユーモア（やや冷笑的もしくは気が散るようなユーモア）のいずれかが含まれる，3種類の擬似カウンセリングセッションのビデオの1つを評定するように求められた（Foster & Reid, 1983）。結果から，促進的ユーモア条件とユーモアなし条件のカウンセラーは，非促進的ユーモア条件に比べてより親密で，肯定的な関係をつくることができると評価された。しかし，促進的ユーモアとユーモアなし条件の間には差がみられなかった。さらに，3条件すべてにおいて，クライエントがよりよい自己理解を得ることを援助するカウンセラーの能力評価については差がみられなかった。全体的にこの研究は，非促進的ユーモアは治療のいくつかの側面の評価において逆効果であるが，促進的ユーモアは，ユーモアがない治療と比較して，優れた治療的利点をもっているようには思われないことを示している。

他の研究では，継続中の治療過程でのセラピストによるユーモア介入の効果を検討するために，実際の治療セッションの録音記録が分析されている。臨床心理学者のキリンガー（Killinger, 1987）は，2つの異なる大学のカウンセリングセンターで行われた，様々なクライエントやセラピストの85の治療セッションの録音記録を分析した。興味深いことに，新人のセラピストと熟練したセラピスト，あるいは治療セッションの初期と後期の間で，ユーモアの全体での頻度には違いがみられなかった。セラピストがユーモアのあるコメントを行った時のセラピスト-クライエントのやりとりと，ランダムに選んだ，セラピストがユーモアを含まないコメントをしている時の統制条件としてのやりとりを比較することで，ユーモアを用いた介入の効果が検討された。訓練を受けた評価者によって，これらのセラピストのコメントが，その後のクライエントの探索や理解を促進した程度と，クライエントがセラピストに対してより肯定的な態度になることを導いた程度が評価された。全体的に結果としてあきらかになったのは，ユーモアを含むセラピストのコメントは，ユーモアのない統制条件のコメントと比べて，より大きな利点は生み出さなかったように思われることである。それどころか，クライエントの笑いを引き起こしたユーモアのあるコメントは，ユーモアのないコメントと比較して，有意にクライエントの自己探求と理解を**阻害した**と判断された。

セラピストが用いたユーモアのタイプのさらなる分析があきらかにしたところによると，ユーモア事例の20％が「攻撃的（優越感やばかにした態度）」に分類されうるものであった。通常，クライエントはこの種のユーモアには否定的に反応するもので

あるが,セラピストは即座に「回復コメント」,すなわちユーモアを何らかの方法で和らげるコメントを用いることによって,持続する否定的な結果を全体的には弱めることができた。それでも,たいていの場合,こうしたコメントは議論中のトピックから離れ,クライエントの自己探求を阻害することが多かった。まとめると,この研究はセラピストによるユーモアの使用の潜在的な危険性と,注意深く使用する必要性をさらに強調したものといえる。

これと類似した方法が,ピーターソンとポリオ(Peterson & Pollio, 1982)によって用いられている。彼らは個人療法ではなく,集団療法におけるクライエントから発せられるユーモアの治療効果について研究した。同じ治療グループの5回のセッションのビデオ録画を分析した結果あきらかになったことは,グループメンバーによって発せられたユーモアのうちの75%以上が,別のグループメンバーやグループ外の誰かに対する否定的な内容である一方で,何らかの肯定的な発言が含まれるのはわずか7%であった。グループの治療的風土に及ぼす笑いの短期的効果の分析では,グループ内のメンバーに向けられたユーモアに反応した笑いは,治療効果の有意な減少をもたらし,その一方,グループ外の一般他者に向けられたユーモアに対する笑いは治療効果を増大させることをあきらかにした。量的な分析によって,グループ内のメンバーに向けられたユーモアのほとんどが,グループの議論を現在の会話の話題から離れさせる手段になっており,その一方で,一般的な他者に向けられたユーモアは,メンバーに対する支持を示し,集団感情を高める手段となっているように思われることが示された。

メグデル(Megdell, 1984)は,2つのアルコール依存者の治療センターにおいて行われた個人カウンセリングのセッションにおいて,セラピストによって発せられたユーモアが,セラピストに対する魅力や好意の感情に影響を及ぼすかどうかを検討した。セッション後,セッションのビデオテープがカウンセラーとクライエントによって別々に評価された。そしてセラピストによって発せられたユーモアに対する各自の判断に基づいて時系列的な評定がなされた。クライエントもまた,セッション中のセラピストに対する彼ら自身の感情を時系列的に評定した。その結果,セラピストに対するクライエントの好意は,セラピストとクライエントの双方がユーモアがあると感じた部分の後に有意に増加する傾向があることがあきらかとなった。しかし,どちらか一方のみがおもしろいと感じたユーモアの後にはこうした傾向はみられなかった。これらの結果は潜在的なユーモアの有益性を示すものの,それはあくまでクライエントとセラピストの双方がともに楽しんだ場合にのみであることを示唆している。

心理療法に関連する他の研究のいくつかは,医師-患者のやりとりにおけるユーモ

アの効果を検討している。このうちの1つでは，医療過誤保険の請求を2回以上出されている医師と，まったく出されていない医師との違いを生み出している対人行動パターンを分析するために，日常外来における初期治療医師と患者とのやりとりの録音が分析された（Levinson et al., 1997）。その結果，より促進的なコメント（たとえば，今後の見通しについて患者に伝え，彼らの意見に応答し，彼らの理解度を確認する）を用いる以外に，医療過誤請求がない医師は患者とのやりとりのなかでより頻繁に笑い，より多くのユーモアを用いることがわかった。

　別の研究では，セッション後に患者によってとても高い，あるいはとても低い満足度評価がなされた面接の録音記録で，医師と患者から発せられる様々なタイプのユーモアが検討された（Sala et al., 2002）。その結果，低い満足度の面接よりも高い満足度の面接では，医師はポジティブなタイプのユーモア（世話，支持，温かさを表し，緊張をほぐすような楽しくて軽いユーモアなど）を，有意に頻繁に用いていることがあきらかになった。しかし，ネガティブなタイプのユーモア（自分や患者や他人を貶めるようなユーモアなど）を医師が使用する頻度には差がなかった（そもそも，どの事例においてもほとんど生じなかった）。患者から発せられるユーモアに関しては，高い満足度の面接においては，患者は気軽で緊張を和らげるユーモアを有意に多く用いる傾向があり，自分自身や医師を非難するようなユーモアは用いない傾向がみられた。患者はまた，低満足度の面接よりも高満足度の面接において，医師のユーモアに対してはるかに多く笑う傾向があることもあきらかとなった。ただし，この研究は実験的な操作を行っていないので，医師と患者の間でのポジティブなユーモアによるやりとりが，患者の満足感の原因なのか，それとも単に付随するものなのかを見定めることはできない。

　まとめると，治療過程におけるユーモアの効果はかなり限られており，しかも様々な結果が混在している。いくつかの研究ではユーモアを含む介入は，含まない介入よりも援助的ではない可能性を示しており，他の研究では効果にまったく差がみられなかったものもあり，さらに他の研究ではユーモアの治療的有益性を示したものものある。これらの矛盾した結果は，用いるユーモアによって，治療においてまったく異なる結果が生じる可能性があるという事実によるものであろう。研究者のなかにはユーモアのポジティブなタイプとネガティブなタイプを区別する試みをしているものもあるが，これらの先行研究においては，ユーモアの治療的な形式と，そうでない形式の決定的な違いを見出すことには成功していない。治療における異なるタイプのユーモアの有益性と危険性をより詳細に調べるためには，さらに慎重に洗練された研究が必要である。治療におけるユーモアや笑いの普遍性と，その潜在的な有益性（潜在的な

危険性と同じように）に関する多くの想定可能な仮説を考えると，この研究テーマがさらなる関心に値するものであることは間違いない。

心理療法におけるユーモアの危険性

　ユーモアは治療において何らかの有益性をもっているかもしれないが，多くのセラピストはそれがいくつかの本質的な危険性をもっていることも指摘している。これまでの章でみてきたとおり，ユーモアは日常的な人間関係のやりとりのなかで様々な目的で用いられるものであり，そのなかには非難やばかにすること，社会的規範に従わせること，問題への対処を避けたりすることのような否定的な使用も含まれている。ほとんどのセラピストがこうした方法でユーモアを使用することを避けるのに注意を払っていたとしても，彼らのユーモアがクライエントから誤解され，高圧的で攻撃的だと取り違えられてしまう危険性は拭えない。ユーモアは本質的に曖昧なものなので，誤解の可能性は常にある。そのため，セラピストは自分のユーモアがクライエントにどのように受け止められ，彼らの感情や感覚にどのように影響しているかに注意を払っておく必要がある。

　頻繁に引用される論文のなかで，精神分析家のキュビー（Kubie, 1970）は，心理療法におけるユーモアの使用について特に強い慎重な態度を示しており，多くの潜在的な危険性を指摘している。彼の指摘によれば，セラピストのユーモアの使用は，クライエントに対して「あなたの問題を真剣に受け止めていないですよ」と伝えてしまう可能性がある。もしセラピストが「自分が言ったことはただの冗談だ」と説明しなければならないとすれば，そのユーモアは不適切で，無分別に用いられた可能性を示している。なぜなら，クライエントがそれをユーモアとして認識できなかったということは，セラピストがクライエントの感情や欲求に同調できていないことを示しているからである。キュビーはまた，このようにも述べている。ユーモアは時にセラピストによって彼ら自身の不安に対する防衛として，あるいは彼ら自身の機知をナルシシズム的に示す方法として不適切に用いられることもある。クライエントが用いる時は，ユーモアは不健康な防衛機制であるかもしれない。それは問題を避ける方法であり，自虐的ユーモアのように，自分をばかにする方法で彼ら自身の強さや個性を低く評価する手段として用いられる。加えて，クライエントは不適応的な攻撃的ユーモアのスタイルをもっていることがある。このタイプのクライエントとの間でユーモアのあるやりとりを採用すると，セラピストは不適応的なユーモアのスタイルを，知らず知らずのうちに強化してしまうことになるかもしれない。

　キュビーによると，もう１つのユーモアの危険性は，セラピストがあるトピックを，

ユーモアを含むやり方で扱った時，クライエントはこのトピックはタブーであり，真剣に議論すべきでないと受けとってしまう可能性があるということである。加えて，クライエントは自分が「よいユーモアセンス」があることを示すために，たとえその表面的な陽気さの裏には苦痛や怒りが隠されていたとしても，セラピストに合わせて笑う必要があると考えることがある。このように，セラピストによるユーモアの使用は，クライエントがネガティブ感情や反対意見を表出しにくくしてしまう。キュビー (1970) はこのように結論づけている。「ユーモアは人生において重要である。しかし，心理療法においてユーモアは，あるにしてもほんの限られた役割しかないことを認識し，無理に使わないようにすべきである」(p.866)。

このトピックについて書いているセラピストのなかで，キュビーほど極端な考えをもっている人はほとんどいないが，それでも大多数は，彼の議論には一定の妥当性があることに同意しているようである。セラピストは治療におけるすべてのコミュニケーションの影響を慎重に監視しておく必要があるように，クライエントに及ぼすユーモアの影響にも特に注意しておく必要がある。しかし，これは治療が常に真剣であり，ユーモアは避けるべきだということを意味しない。より折衷的なアプローチをとる立場として，クールマン (Kuhlman, 1984) はユーモアの有益性を数多く提示しながらも，クライエントが問題に感情的に取り組んでいる場合，ユーモアが現在進んでいる情報の処理を促進するよりも，むしろ問題からクライエントの注意をそらすものになっているのであれば，ユーモアは不適切なものになりうることを指摘している。同じように，ピアース (Pierce, 1994) は，ユーモアは役に立つことも多いが，次のような時は不適切だと提示している。(1) クライエントをけなし，笑い，まねするために用いられる時。(2) 感情的に負担のかかる問題からより安全な話題に注意をそらすために防衛的に用いられる時。(3) 治療目的に無関係であり，セラピスト自身の「楽しみたい」という欲求を満足させるためだけのもので，価値ある治療の時間とエネルギーを浪費する時。

サラムー (Salameh, 1987) は治療セッションにおけるセラピストのユーモア使用の適切性を評価するための5段階評定尺度を開発した。レベル1は**ユーモアの破壊的使用**であり，たとえば，クライエントが傷つき，不信感を抱くような，皮肉っぽい意地悪なユーモアなどである。レベル2は**有害なユーモア**であり，クライエントの欲求に無関係であったり調和していないユーモアが含まれる。これにはセラピストが後で撤回したり，クライエントに「本気ではなかった」と安心させることで修正しなければならないようなユーモアも含まれるだろう。レベル3は**最低限には役立つユーモア**であり，肯定的なセラピスト-クライエント関係を促進するが，そのほとんどがセラ

ピストから発せられたものというよりはクライエント自身のユーモアに対して反応したものである。レベル4は**非常に役立つユーモア**であり，これはセラピストによって発せられ，クライエントの欲求と調和しており，自己探索と自己理解を促すものである。最後に，レベル5は**際立って役立つユーモア**であり，クライエントに深い理解を伝え，自発的でタイミングがよく，クライエントの成長と変化のプロセスを加速させるものである。この評定尺度の信頼性と妥当性は今後も検討される必要があるが，治療的ユーモアを調査したい研究者や，訓練中のセラピストによるユーモアの使用を評価するスーパーバイザーにとっては役立つ道具であろう。

セラピストは特定のユーモアに関連する問題を抱えているクライエントに対してはユーモアの使用に特に注意深くなる必要がある。ルフとプロイヤ（Ruch & Proyer, 2005）は「笑われ恐怖症（gelotophobia）」という用語を作ったが，これは嘲笑されたり真剣に受け止めてくれないことに対する病的な恐怖によって特徴づけられる精神障害を意味する。彼らはこの特性を測定するための信頼性の高い自己報告尺度を作成した。この特性は，幼少期に冷やかしやあざけりの対象となった経験を繰り返すことで生じると考えられている。この尺度を用いた調査では，臨床的に笑われ恐怖症と診断された個人は，何の症状もない統制条件の対象者だけでなく，他のタイプの社会不安や気分障害をもつ患者とも統計的に区別可能であることが示された。

笑われ恐怖症の人は笑われないように他人に自分自身を開示することを恐れ，社会的に回避的で不安傾向にあり，高い水準での神経症傾向と内向性，低い自尊心をもっていることが研究で示された。彼らは社会的なやりとりのなかで生じるあらゆる種類のユーモアを楽しむことが非常に困難である。それは，常に他人が自分を嘲笑しているのではないかと彼らが疑っているからである。あきらかに，このような個人に対する治療におけるユーモアの使用は困難を伴い，クライエントを再び傷つけないように多大な敏感さをもって接することが必要である。実際，このような事例の治療目標の1つは，他のタイプの恐怖症の治療のために開発されてきた技法によって，クライエントがユーモアに対する嫌悪感を徐々に克服していくことを援助することにあるといえる。

ユーモアに関連するものの，まったく異なるタイプの症状が，自分の問題を過小視して，問題に対処することを避けるための方法としてユーモアを過度に使用するクライエントにみられる。精神科医のマーカス（Marcus, 1990）は，クライエントが自分の心理学的問題と治療過程そのものを「大きな1つの冗談」とみなしている，病的な形でのユーモアをもつクライエントの治療を報告している。このようなユーモアの使用は，治療セッションへの頻繁な遅刻，持ち帰った課題の未完了，治療過程の全般的

な過小評価といった，他の回避行動とともに現れることがある。こうしたクライエントに対処する際には，セラピスト自身もユーモアに加わって，回避行動を強化するようなことがないように注意しなければならない。マーカスはこれらのクライエントが自身のユーモアの裏側にある非機能的な思考（無責任，不一致，非生産的）に気づくことができるように援助し，より現実的な視点を獲得することを促すために，認知療法の技法の使用を提唱している。ここでの治療目標は，クライエントのユーモア感覚を消し去ることではなく，それをより現実に統合させ，適応的にすることにある。

結論

多くの心理療法家やカウンセラーの間で，治療におけるユーモアの潜在的な役割に対する関心は高まってきている。このトピックについて書いたセラピストのなかには，ユーモアを治療における高い有益性をもつものとして熱狂的に提唱する者から，より慎重でバランスのとれたアプローチを勧める者，有益性以上に，治療におけるユーモアの危険性を感じている者まで様々である。このような正反対の意見が存在することは，真実はその中間あたりにあると示唆しているようだ。治療におけるユーモアは，この本を通してみてきた他の社会的関係と同じように，向社会的，攻撃的の両面を含む様々な目的で用いられ対人的コミュニケーションの1つとしてみなせるかもしれない。

驚くことではないが，あらゆる対人的なやりとりと同じように，心理療法においてユーモアはかなり頻繁にみられる。他のコミュニケーションと同じように，治療において効果的であることもあれば，そうでないこともある。一方では，それは治療的関係にしたがって，クライエントの自己探索，洞察，変化を促すために，共感的に，援助的で純粋な方法で用いられることがある。他方で，セラピスト自身の欲求が上回ってクライエントをばかにするような極端な場合や，治療過程から気をそらしたり，それを妨害するような，より穏やかな形で不適切に用いられることもある。したがって，ユーモアを効果的で適切に用いる能力は，新米のセラピストが様々なレベルで自然に身につけている，社会的能力の1つとしてみなすのがもっとも適切なように思われる（Yip & Martin, 2006）。治療的にユーモアを用いる能力は，他の様々な治療的スキルと同様に，セラピストが訓練において開発し，磨く必要のある能力である。

ユーモアについて刊行されている文献のほとんどは，事例や治療的印象に基づいている。近年では，治療に対するエビデンスに基づくアプローチの重要性が認識されつつあり，効果が実証された治療技法を採用したいというセラピストのニーズも高まっている。残念ながら，わずかな治療成果や治療過程の研究を除いて，現在のところユーモアを基盤にした介入の効果や治療における適切な，あるいは不適切なタイプのユー

モアを検討した研究はほとんどない。どのタイプのクライエントの，どの種の問題に対処する上で，ユーモアを使用することが有益であるのか，あるいは有害であるのかを調べるために，さらなる研究が必要である。

2節　教育におけるユーモア

　教育は伝統的には真剣で厳格な営みであるとみなされてきたが，最近数十年の教育の流れは，よりリラックスした学習環境の推進や，「楽しく学習する」ことの強調に変化してきている。現在広く浸透している教育観では，学生たちは不安や脅威を感じるよりも，幸福感や楽しさを感じた方が，はるかに学習を動機づけられ，情報を記憶しやすい傾向があると論じられている（Oppliger, 2003）。この流れに沿って，近年多くの教育者が提唱しているのは，おもしろい話や具体例，イラストを授業のなかに取り入れたり，おもしろい絵やことばを教室の壁に張ったり，生徒が頻繁にユーモアを使うように促すことによって，教師がユーモアを教室に導入することである。

　教師や教育の専門家によって書かれた多くの人気のある本や教育雑誌の論文では，ユーモアは幅広い有益性をもつ，非常に便利で効果的な教育的ツールであると述べられている（たとえば，Cornett, 1986; Struthers, 2003; Tamblyn, 2003）。ある著者は，ユーモアを教師のもっとも強力な教育資源であり，難読を矯正したり，行動的な問題を制御したり，語彙力を高めたり，孤立している学生たちをまとめたりと，様々な目的に使用することができると主張している（Cornett, 1986, p.8）。

　全体的に，教室内でのユーモアは次のようなことに役立つことが示唆されている。緊張，ストレスや不安，退屈の低減。生徒－教師関係の向上。学習を楽しくさせ，学習に対するポジティブ感情をつくり出すこと。教育的メッセージに関心をもち，注意を向けることの喚起。理解や記憶力，成績の上昇。創造性と拡散的思考の促進（Berk & Nanda, 1998; Davies & Apter, 1980; Ziegler et al., 1985）。ユーモアの使用は，死や自殺のような敏感で不安を喚起するような話題について学生に教える時（Johnson, 1990）や，学部での統計学のような，一般的にネガティブな態度や不安を抱きやすい授業を教える時（Berk & Nanda, 1998）には特に役立つツールとなる。ユーモアの認知的，感情的，社会的，生理的な有益性をふまえて，教育の目標の1つは，学生がよいユーモアのセンスを獲得するように促すことであるべきだと考える教育学者もいる（Bernstein, 1986; Masselos, 2003）。

　これらユーモアの熱狂的な賞賛のほとんどは，事例的な知見や，教室での自身の経

験についての教師の報告に基づいている。主張されているようなユーモアの教育的有益性を検討した実証的研究は残念ながらかなり少なく、またその多くは20年以上前のものであり、追試がほとんど行われておらず、結果も一貫していない (Teslow, 1995)。ただし、教育におけるユーモアについて次のような疑問を検討した研究もいくつかある。(1) 一般的に教師は教室でユーモアをどれくらい、またどんな方法で用いるのか。(2) ユーモアは教室環境を改善し、学生にとって学習をより楽しいものにしているか。(3) 学習指導におけるユーモアは、学生の学習および記憶能力を改善するか。(4) ユーモアをテストに含めることは、テスト不安の低減や学生のテスト成績の向上に役立つか。(5) 教科書のなかにユーモアを含めることで、より理解しやすくなり、学生の教材学習能力の改善に役立つか。次節以降では、これらの疑問に関する研究結果を紹介し、教育におけるユーモアの使用に関するいくつかの一般的な警告についても述べる（この領域の研究についてのより詳細なレビューは、Bryant & Zillmann, 1989; Oppliger, 2003; Teslow, 1995を参照すること）。

教室での教師のユーモア使用についての記述的研究

　教室環境において、多くの教師がかなり頻繁にユーモアを用いていることが、様々な研究の結果から示されている。たとえば、大学教授の日常的な授業の録音記録を用いた分析によると、50分授業あたり、平均して3回強のユーモアが確認されている (Bryant et al., 1980)。高校や小学校の教師においても同様の割合のユーモアが確認されている (Bryant & Zillmann, 1989; Gorham & Christophel, 1990; Neuliep, 1991)。また、男性教師の方が女性教師よりも教室におけるユーモアを頻繁に用いているという結果もいくつかみられる。しかし、この性差はこの20年間で小さくなってきているようだ (Bryant et al., 1980; Gorham & Christophel, 1990; Neuliep, 1991; Van Giffen, 1990)。

　どのようなタイプのユーモアを教師は使うのであろうか。ほとんどの教育の専門家は教師がからかいや冷やかしを用いることは避けるように勧めているが、実際にはかなり日常的に攻撃的なユーモアが教室において用いられているという証拠がある。ゴーハムとクリストフェル (Gorham & Christophel, 1990) による研究では、大学生が授業中の講師のユーモアを含む発言すべてについて簡単に記述するように求められた。これらのユーモア記述の分析によって、大学講師による全ユーモア事例のうちの半数以上が、人物やグループ、団体をからかうような、「傾向的」あるいは攻撃的と分類しうるものであることがあきらかにされている。講師による全ユーモア発言のうちの実に20%が教室内の学生個人、もしくはそのクラス全体をからかったものであり、他の傾向的ユーモアはその科目の話題やテーマ、講師の所属する学部、大学、州、国内や

海外の有名人に関するものであった。約12％のユーモアが講師自身に向けられたものであり，自己卑下的，あるいは自虐的といえるユーモアである。大学講師のユーモアのうち，半数以下が明確な標的をもたないものであった。これらの傾向的でない形態のユーモアには，講義のテーマに関係する，あるいは関係しない個人的，あるいは一般的なエピソードや，「お決まりの」冗談，身体的あるいは言語的なギャグ（「おはこのジョーク」）などが含まれる。全体的に，ユーモアの30％のみが講義の話題と関連していたという。

　他の研究では，ニューリープ（Neuliep, 1991）が高校教師を対象にしたユーモアの使用に関する大規模な調査を行っている。対象者は，彼らが最近教室内でユーモアを使用した状況について詳細に記述するように求められた。この質問に対する回答をもとに，研究者は教師によるユーモアの分類を行っているが，これには以下のようなカテゴリーが含まれる。(1) 教師に向けられたユーモア（例：自己卑下や，困惑した個人体験談）。(2) 学生に向けられたユーモア（例：侮辱的な冗談，学生の失敗をからかう）。(3) 対象のないユーモア（例：矛盾の指摘，冗談を言う，駄じゃれ，皮肉やふざけたやりとり，ユーモラスな誇張）。(4) 外的な対象に対するユーモア（例：ユーモラスな歴史的出来事との関係づけ，授業のテーマと関係のある，あるいは関係のない漫画の提示，自然現象のユーモラスな例示）。(5) 非言語的ユーモア（例：おもしろい顔をする，ユーモラスな声の調子，体を使ったユーモア）。教師たちは学生に向けられる過度に攻撃的なユーモアの使用の危険性に気づいているようだが，学生の失敗に対するからかい，侮辱，冗談を含むユーモアは全体の10％を超えていた。

　まとめると，教師は学生に対するからかいや，おもしろおかしくこきおろすジョークのような，かなり攻撃的に見えるものも含む，幅広い方法でユーモアを使用しているようである。多くのユーモアは教育上の重要な点を示し，授業をより生き生きとして記憶に残るものにし，あるいは単に学習環境にいくらかの軽さや楽しみを加えるものとして使われているようであるが，その一方で，教師はまた他の対人関係と同じような目的でユーモアを使用しているようである。第5章で述べたとおり，ユーモアは様々な社会的なコミュニケーション機能を備えている（たとえば，社会的関係における探り，社会的規範の強化や他者の操作，地位や階層の維持，など）。そして教師は他の人々とのやりとりで行っているのと同じように，生徒とのやりとりのなかでもこれらの目的のためにユーモアを用いている。

教師のユーモアの使用と教室環境

　ユーモアはクラス環境を改善し，学習をより楽しいものにするだろうか。この問い

に対する研究は，教師の賢明なユーモアの使用は，学生の学習の楽しみや，よく学んだという感覚，授業や教師をポジティブに感じる程度を増加させることが，かなり多くの研究であきらかになっている（たとえば，Wanzer & Frymier, 1999）。実際，よいユーモアセンスをもつ教師は学生から特に人気がある。学生調査では，ユーモアセンスは，有能な教師の特性として，もっとも望ましいものの1つとして評価されている（Check, 1986; Fortson & Brown, 1998; Powell & Andresen, 1985）。

他の研究では，教室でユーモアをよく使うと観察されている教師ほど，学生からより肯定的に評価されている。大学の教員の使用するユーモアの頻度を評価するために教室での授業の録音記録を使用した研究では，おもしろい話やジョークを教室内でより多く言う先生ほど，学生から肯定的な全体評価を得ており，効果的で，印象的で，よりよい成果をもたらすと評価されている。しかし，必ずしもより有能で知的だとは評価されないようである（Bryant et al., 1980）。

その一方で，教師によって使用されるいくつかのタイプのユーモアは，学生からの評価にポジティブな影響よりもネガティブな影響を及ぼすことが他の研究で示されている。たとえば，ゴーハムとクリストフェル（1990）は，大学教員のユーモアのうち，ユーモラスなエピソードの大部分は，学生がその授業でよく学んだと感じる程度や，教師や授業に対するポジティブな評価との間に正の相関があるものの，傾向的，あるいは攻撃的なユーモアの大部分は，学生からのポジティブな評価とは関連していないということをあきらかにした。

初期の研究のいくつかは，学生評価に対するユーモア使用の効果が主に男性の教員において生じ，女性教員にとってユーモアはあまり大きな影響力をもっていないことを示している（Bryant et al., 1980）。しかしながら，最近の研究ではこの性差がなくなっていることが示唆されている。これはもしかすると，一般社会における性役割期待の変化によるものかもしれない。ゴーハムとクリストフェル（1990）は，教師のユーモア使用と学生のポジティブ評価との間の関連性を男性教員だけではなく女性教員においても発見した。ただ，その効果はやはり男性の方がやや強かった。これとは対照的に，ファン・ギフェン（Van Giffen, 1990）は，教員が使用するユーモアの学生による評定は，男性教員よりも女性教員において，教員に対する評価を**より強く予測して**いた。

教室におけるユーモアの価値は，直接性（immediacy）の感覚を高めるという機能に特に関連しているかもしれない。直接性とは，距離を置いたり打ち解けずにいたりするのとは反対に，教師が学生と親密な個人的絆を結ぶ程度のことである（Anderson, 1979）。直接性は教師が自分の生活の個人的な経験を挙げたり，学生が教室の討論に加

わることを促したり，学生を名前で呼んだり，学生の作業をほめたり，話している間にクラス中を見つめ，笑いかけるといった教師の行動によって高められることがあきらかとなっている。過去の研究が示しているのは，直接性のレベルが高まるほど，教室や教員に対する学生のポジティブな態度が高まり，楽しみや動機づけが高まり，学びの感覚も高まるということである（Anderson, 1979; Gorham, 1988; Kelly & Gorham, 1988）。ユーモアは教員と学生の距離を縮め，直接性のレベルを高める方法の1つといえるかもしれない。

　先ほど述べたゴーハムとクリストフェル（1990）による研究では，大学生は講義の間，教員によるユーモアの事例を観察し，記録するとともに，これらの教員が行う様々な言語的，非言語的な直接性に関わる行動の測定尺度に回答するように求められた。その結果，講義中に観察されたポジティブなタイプのユーモアの頻度と，教員の全体的な言語的，非言語的直接性との間には有意な正の相関がみられた。より具体的に言うと，全体的に高い直接性をもつ教員は，より多くのユーモラスなエピソードを適切に用い，より多くの身体的，言語的なギャグを示していた。しかしながら，彼らはそれと同時に，傾向的（攻撃的）なユーモアや自己卑下的な（自虐的な）ユーモアは用いることは少なかった。興味深いことに，ユーモアが講義の話題や科目内容に関連している程度については，その教員の直接性の高低による差はみられなかった。

　ワンザーとフライミア（Wanzer & Frymier, 1999）は，特定の教員がどの程度ユーモアを使用したかに対する大学生の評価は，教員の直接性や学生に対する反応性との間で正の相関を示すことをあきらかにしている。加えて，教員のユーモアと学生の授業評価，学びの感覚との間にみられた有意な関連性の大部分は（完全にではないが）直接性によって説明されることが分析によってあきらかとなった。したがって，ユーモアは教室における直接性の感覚に貢献する，教員の幅広い行動の一側面であるように思われる。そしてそれは，結果として学生のより肯定的な教員評価や授業評価，そして学びの感覚の高さへとつながっているようである。

教師のユーモアの使用と生徒の学習

　学習指導にユーモアの使用を推奨する教育学者たちは，ユーモアは教室のポジティブで楽しい雰囲気をつくり出すだけでなく，より高いレベルの学業成績につながり，学生がよりよく学習し，情報を記憶することにも役立つと主張している。なぜユーモアを伴う教育材料は，より真面目なやり方で提示された情報よりも学習しやすく，覚えやすいのかを説明するために，様々な影響過程が想定されている（Oppliger, 2003; Teslow, 1995）。まず，ユーモアを伴うポジティブ感情（たとえば，愉悦）は，学習

経験全体と関連するかもしれない。というのは，こうした感情は学生の教育全般に対するよりポジティブな態度につながり，動機づけを高め，そしてその結果，より高い学業達成につながると考えられるからである。第2に，ユーモアの目新しさや感情を喚起させる性質は，学生の注意を授業に惹きつけ，維持することに役立ち，情報の獲得を促進するかもしれない。第3に，ユーモアの本質的な特徴である，矛盾した連想は，認知的な精緻化の過程を促進し，長期記憶における情報の貯蔵と保持に役立つかもしれない。そして最後に，以前に学んだ情報と関連するユーモラスな記憶手がかりは，後日，学生がテストや試験の問題に答える際に，長期記憶からこの情報を想起することを促進するかもしれない。

　ユーモラスな教育テレビ番組に対する児童の注意について調べた初期の研究では，少なくとも幼い児童においては，予想されたとおり，ユーモアの注意喚起効果を実証するいくつかの結果が得られている。たとえば，ある研究であきらかになったのは，どの教育番組をみるか選択権を与えられた時，小学1,2年生の児童はユーモラスな番組を好んで選ぶ傾向があり，特にユーモアのペースが速い時に，その傾向は顕著にみられた（Wakshlag et al., 1981）。ジルマンら（Zillmann et al., 1980）によっても，同様の結果が得られており，彼らは「効果的なコミュニケーションに必要なレベルを下回る注意力しかない聞き手を相手にする教育者は，ユーモアを早期に，しかも頻繁に細かく取り入れるとよいだろう」（p.178）と結論づけている。

　ユーモアの注意獲得効果以外にも，何年にもわたって数多くの研究が検討してきた主なトピックは，ユーモラスな方法で教えた情報は，より真剣な方法で示された情報よりも学習しやすく，記憶しやすいのかという疑問についてである。このトピックについての初期の教育学的研究の結果は，かなり期待に反するものであった。グルーナー（Gruner, 1976）は9つの関連研究をレビューし，1つの例外を除くすべての研究において，ユーモアが学習に影響を及ぼすことを示せていないと結論づけている。教育学の文脈以外でも，スピーチの記憶にユーモアが及ぼす影響について調べた初期の研究も，ユーモアを含むスピーチか，あるいは真剣なスピーチかで学習効果には全般的に差がないことをあきらかにしている（Gruner, 1967）。

　その後行われた研究のなかには，研究間での結果は一致していないものの，もう少し期待のもてる結果が示されたものもある。たとえば，デイヴィスとアプター（Davies & Apter, 1980）は8才から11才の児童を無作為に割り当て，ユーモアを含むか，もしくは含まない，国語，理科，歴史，地理といったテーマについての教育番組を観せた。数多くの愉快な漫画が挿入されていることを除けば，ユーモアを含むバージョンとそうでないバージョンはまったく同一である。ユーモアは学習効果を高めるという

仮説を支持して，ユーモア条件の児童はユーモアなし条件の児童よりも有意に番組から多くの情報を想起することがあきらかとなった。この効果は視聴後すぐと1ヶ月後のフォローアップにおいて確認されたが，9ヶ月後には保持している情報に差はみられなくなった。

　教育学的な文脈での学習へのユーモア効果の有益性に関するもっとも強力な知見は，ジップ（Ziv, 1988b）によって行われた2つの自然実験から得られたものである。初期の実験室実験の方法論的な欠陥，人工性，生態学的妥当性の欠如，期間の短さを批判し，ジップはユーモアを含む授業が学生の成績に及ぼす影響を，半期分の実際の授業で検討した。最初の実験では，統計学入門の受講生が無作為に割り当てられ，同じ14週の授業を同じ講師からユーモア条件で受けるか，ユーモアなし条件で受けた。ユーモア条件では，教育におけるユーモアの効果的な使い方について訓練を受けた講師が，3つか4つのおもしろいエピソードやジョーク，漫画を各回の講義に挿入し，それによって重要な概念を説明した。したがって，ユーモアは学生が重要なポイントを思い出すのを助ける記憶補助手段として用いられた。期末の最終試験の成績で，ユーモア条件の学生は有意に高い平均成績を獲得し，2条件間の差は10パーセントポイント近くもあった。

　これらの注目すべき結果は，ジップによる第2実験において再度検証されている。この実験では教育大学で心理学入門を受けている女子学生の2クラスが用いられた。やはり，ユーモア条件の学生はユーモアなし条件の学生よりも，同じ複数選択問題による最終試験において，約10％ポイントも高い成績を示した。これらの結果に対する考察において，ジップはこのテーマに関する初期の教育学的研究では全般的に仮説どおりの結果が得られなかったのに比較して，この2つの実験でより強力な結果が得られたのは，ユーモアが授業内容と直接関連していたこと，それが講義時間あたり少数の事例のみに限られていたこと，そして講師がユーモアの効果的使用の訓練を受けていたことが原因ではないかと論じている。

　ジップの結論は，ユーモアが記憶に及ぼす影響を検討した，より慎重に統制された最近の実験研究においてもおおむね支持されている（Derks, Gardner et al., 1998; Schmidt, 1994, 2002; Schmidt & Williams, 2001）。第4章でこの研究のレビューについて述べたとおり，これらの実験ではかなり一貫した結果が示されており，ユーモアを含む情報は，まったく同じ文脈において示されたユーモアを含まない情報よりも想起されやすい。しかし，ユーモアを含む情報のみが提示された場合は，記憶への有益性は明確ではない。さらに重要なことは，ユーモアを含む情報の想起の向上は，同時に示されたユーモア以外の情報の記憶を犠牲にして生じているということである。言い

換えると，ユーモアのある説明を講義のなかに含めることは，そのユーモアを含む情報についての学生の記憶力を高めるかもしれないが，同時に，同じ講義内でユーモアを伴わなかった他の情報の記憶を減退させる可能性があるのだ。

　これらの結果が示唆していることは，教師が学生の講義内容に対する学習向上にユーモアを用いたいのであれば，ユーモアが密接に講義内容に関連するように気をつけなければならない，ということである。加えて，講義全体を通してのユーモアの絶え間ない使用は，記憶の保持にほとんど効果をもたない。むしろ，ユーモアは周辺的な情報よりも重要な概念を説明する時に，やや控えめに用いられるべきである。

テストと試験におけるユーモアの効果

　学生はユーモアの含まれない試験よりも，何らかのユーモアを含む問題が加えられた試験において，よりよい成績をとるだろうか。研究者のなかには，ユーモアを含む問題を試験に加えることは，テスト不安を和らげ，結果として成績の改善につながることを示唆している者もいる。数多くの研究がこの仮説を扱っており，学生を無作為に割り当てて，同じ複数選択問題のテストにおいて，ユーモアを含むバージョンか，ユーモアのないバージョンを受けさせることで，テスト得点がどう変わるかを検討している（たとえば，Deffenbacher et al., 1981; McMorris et al., 1985; Townsend & Mahoney, 1981; Townsend et al., 1983）。こうした研究では，質問のいくつかにおもしろいことばを含めるか，おもしろい反応選択肢を含むように修正することによって，ユーモアバージョンのテストを作成している。これらの研究のいくつかは，大学の心理学の授業のテストにおいて，他の研究では小学校3年生から中学校2年生までの英文法や数学のテストにおいて行われている。

　これらの研究結果は，全般的にかなり期待に反するものであった。この種の11の研究のレビューは，ユーモアを含むテストが，そうでないテストよりも全体的に成績がよくなることを示す確固たる証拠は何もないと結論づけている（McMorris et al., 1997）。事実，唯一みられた明確に有意な主効果は，ユーモアバージョンのテストを受けた学生が，**より低い**成績であったことを示している。これらの研究のほとんどは，ユーモアを含むテストは不安傾向の高い学生の成績の上昇には効果を発揮するが，不安傾向の低い学生には効果的ではないという仮説に基づき，特性不安の調整効果の可能性についても検討している。しかし，結果は仮説を支持するものとそうでないものが完全に混在している。たった1つの研究のみが，予測した方向での有意な相互作用を示しており，ユーモアバージョンのテストは，高不安の学生の成績を向上させた一方で，低不安の学生の成績は向上させなかった（Smith et al., 1971）。それに対して，2, 3の研

究はそれとは反対のパターンを示しており，高不安の学生はユーモアなしバージョンのテストにおいてよりよい成績を取り，低不安の学生はユーモアテストにおいてよりよい成績をとることを示している（たとえば，Townsend & Mahoney, 1981）。しかし，他の研究ではテスト得点の予測において，テスト不安とユーモア介入の間にいずれの相互作用もみられていない（たとえば，Deffenbacher et al., 1981）。

重要な要因の1つとして考えられるのは，学生が実際にユーモアを含む設問をおもしろいと思っているのかどうかである。学生のなかにはユーモアを理解していない者もいるかもしれないし，特におもしろいとは考えない者もいるかもしれない。また，これらの項目にいらいらして，場合によっては成績を低めるものと考える者さえいるかもしれない。1つの研究のみが，ユーモアテスト条件の学生に対してその設問のおもしろさを評価させている。この研究では有意な相互作用がみられており，テストをおもしろいと評価した学生は，おもしろいとは評価しなかった学生よりも，有意に高い成績を示した（McMorris et al., 1997）。この結果は追試される必要があるが，ユーモアを含む試験を行いたいと考えている教師は，そのユーモアが学生にとって理解しやすく，楽しいものであるように注意すべきであることを示唆している。

ユーモアを含むテスト項目が学生の実際の成績を高めるという知見はほとんどないが，学生はユーモア項目を含むテストに対しておおむね好意的に反応することがこれらの研究結果から示されている。ユーモアバージョンのテストについてどう思うか学生に尋ねたところ，大多数の学生は成績を下げるものというよりも，楽しくて役立つものと捉えていた。この文献についてのレビューにおいて，マクモリスら（McMorris et al., 1997）が結論づけているのは，テストにおけるユーモアが学生の成績を上げる，もしくは下げることを示す証拠は何もないが，ユーモアをうまく利用すれば，学生にとって試験が楽しくなるという点において有効かもしれないということである。しかし，そのユーモアが学生にとって肯定的で，建設的で，適切なものであることが重要であると彼らは注意している。

教科書におけるユーモアの効果

多くの高校や大学の教科書には，その教科書の情報を説明するために，おもしろさや漫画や，その他のユーモラスな内容が含まれている。この種のユーモアを含むことは，実際に学生が内容をよりよく学ぶ上で役に立つのだろうか。この疑問を検討するために計画されたある研究において，学生は3つの条件に無作為に割り当てられ，重要な箇所を説明するための漫画形式のユーモアを，まったく含まない，中程度に含む，非常に多く含むのいずれかの条件の教科書の1章分を読むよう教示された（Bryant et al., 1981)。その章の情報についての，その後の再生テストの成績は，3つの条件間においてまったく差がみられず，ユーモアのある漫画の存在は，学習において何の効果ももたないことが示唆された。しかし，ユーモアは，対象者のその章に対する楽しみや印象には影響を及ぼしているようであった。具体的には，ユーモアなしバージョンに対してユーモアバージョンはより楽しいと評価されたが，説得的ではなく，著者の信頼性が低いとも評価されやすかった。その一方，ユーモアの量については，興味や，その本をもっと読みたいかどうか，教科書としてこの本を使う講義を受けたいかといった評価には影響を及ぼさなかった。

別の研究で，大学生は心理学入門の本から無作為に割り当てられた章を，興味，楽しさ，説得性といった多くの次元で評価するように求められた (Klein et al., 1982)。そして，それらの章がどのくらいユーモアを含んでいるかが研究者によって分析された。相関分析の結果，より多くのユーモアを含む教科書は，学生からより楽しいと評価されたが，ユーモアの量は興味，説得性，学習可能性，そのトピックをさらに読みたいという希望などの評価とは関連がなかった。このトピックについての研究はかなり限られているが，全体的な結果が示しているのは，教科書におけるユーモアは，学生にアピールするのに役立つかもしれない（そして，ひょっとすると講義担当者がその教科書を採用する可能性も高まるかもしれない）が，学生の学習能力や，その本の信頼性についての感覚を改善するようには思われない，ということである。

教育におけるユーモア使用に対する警告

学習指導においてユーモアの使用を推薦する教育学者のほとんどは，皮肉，冷やかし，こき下ろしなどの攻撃的な形式のユーモアは，教室において使うべきではないと注意することに気を遣っている。にもかかわらず，ブライアントとジルマン (Bryant & Zillmann, 1989) が指摘しているように，多くの教師が実際には皮肉，冷やかし，からかいなどといった敵意を含む形式のユーモアを使用していることが研究から示されている。教師のなかには，これらのタイプのユーモアを，遅刻，不注意，宿題の未完成，妨害行動といった，学生の望ましくない行動をたしなめるための強力な方法として捉えている者もいる。学生をからかったり冷やかしたりすることで，学生個人を罰するだけでなく，クラスの残りの学生にも例を示すことができると感じるのかもしれない。たしかに，この方法はこうした行動の抑止力としてかなり効果的である。なぜなら，冷やかされている他者を観察することは，6歳になるくらいの児童にとっては，強力に行動を抑制する効果をもっているからである (Bryant et al., 1983)。

しかしながら，冷やかしや他の形式の攻撃的ユーモアが，教室の全体的な感情に関わ

る風土を損なう効果をもつことが，多くの研究によってあきらかとなっている。たとえば，第5章で議論された研究において，他者が冷やかされるのを観察した大学生は，より抑制的で，より従順になり，失敗をおそれ，リスクを冒さなくなることがあきらかとなっている（Janes & Olson, 2000）。先述したゴーハムとクリストフェル（1990）による研究では，攻撃的な形式のユーモアを教室で使用する教師ほど，学生からより否定的に評価されやすいことが示されている。学生の無能さ，学習の遅さ，無知，不適切な行動をからかうためのユーモアの使用はあきらかに有害であり，緊張や不安の雰囲気をつくり出し，創造性をこわばらせることになる。

教育におけるユーモアのもう1つの危険性，特に幼い子どもに対するユーモアに潜む危険性は，誤解され，困惑を招く可能性があるということである（Bryant & Zillmann, 1989）。ユーモアには，しばしば誇張や控えめな表現，歪曲，矛盾さえも（たとえば，皮肉において）が含まれる。この種のユーモアは気づかないうちに本来の意味を理解し損ねたり，不正確な情報を学ぶことにつながる。そうしたゆがめられたユーモアが伝えるイメージの目新しさのために，このような不正確な情報は特に思い出しやすく，記憶が減衰しにくい可能性がある。

小学校の児童におけるこれらのユーモアの潜在的な危険性が2つの研究結果からあきらかになっており，ユーモアのある誇張や皮肉を含む教育テレビ番組は，教えられた情報についての記憶をゆがめることがあきらかになっている（Weaver et al., 1988; Zillmann et al., 1984）。これらのユーモアの記憶歪曲効果は，幼稚園から4年生までの範囲でみられる。興味深いことに，ユーモアによって導かれた事実の歪曲を発見し，それを訂正するようなことばを研究者が付け加えても，子どもの記憶再生におけるユーモアの歪曲効果を克服するまでにはいたらなかった。これらの研究の著者らは，これはユーモアのイメージの鮮明さの方が思い出され，ことばによる訂正は思い出されないためだと結論づけた。したがって，幼い子どもに対して教師がユーモアを使用する時には，ユーモアを含むメッセージが誤解されないように注意する必要がある。

結論

心理療法や，すべての社会的なやりとりにおけるユーモアと同じように，教育におけるユーモアの役割は，当初思っていたよりもより複雑であることがあきらかとなった。心理療法におけるユーモアについての結論と同様に，ユーモアは学習指導における様々な目的のために用いられる対人コミュニケーションの一種としてみなすのがもっともよいようである。ユーモアは教育上の重要なポイントを説明したり，授業をより生き生きとして記憶に残るものにしたり，学習環境全般を学生にとってより楽しく興

味深いものにしたりといった，有益になりうる方法で教師によって用いらることもある。他方で，ユーモアは，強制や学生を貶めるといった，よりネガティブな方法で用いられることもあり，より重要なポイントから学生の注意をそらしたり，その情報についての理解をゆがめたりもする。ブライアントとジルマン（1989）が観察したとおり，ユーモアを用いた指導がうまくいくかどうかは，「正しいタイプのユーモアを，適切な条件，適切なタイミングにおいて，適度に動機づけられた，受容能力のある学生に対して用いることができるかどうかにかかっている」(p.74)。

　教育におけるユーモアの効果についての実証的な研究はかなり限られており，その結果もあまり一貫していないが，現在までに行われた研究では，教師による適切なユーモアの使用は，学生からの教師に対する肯定的な評価や，授業を楽しんだ，よく学習したという感覚と関連している。しかしながら，攻撃的なタイプのユーモアの使用は，よりネガティブな学生評価と関連している。ユーモアの賢明な使用は，教師と学生の心理的距離を縮め，教室での直接性のレベルを高める上で特に有益である。

　加えて，研究結果は一貫していないものの，いくつかの自然状況での実験から，最近の統制されたユーモアと記憶に関する実験室実験と同じように，ユーモアを含む方法で提示された情報は，それと同じ文脈のなかでユーモアを含まない方法で提示された情報よりも記憶に残りやすいことが示されている。しかしながら，ユーモアを含む内容についての学習向上は，ユーモアを含まない情報の学習低下を犠牲にして生じている。したがって，学生が内容を覚えることを援助するために，自分の授業でユーモアを用いようと思っている教師は，ユーモアを控え目に使い，それを無関係な情報よりも重要な概念と結びつけることに注意すべきである。

　最後に，テストにおいてユーモアのある設問を含めることがテスト不安を減少させ，テスト成績を高めるという証拠や，教科書のおもしろい漫画やイラストが，教科書の内容を学習する能力を高めるという証拠はほとんどない。ただし，こうしたユーモアの使用は，テストや教科書を学生にとってより楽しいものにするようである。

3節　職場におけるユーモア

　仕事は一般的に真剣なこととみなされており，遊びとは正反対のものであるように思われている。しかし，近年職場におけるユーモアの量の増加がもたらす有益性に，多大な関心が集まっている。ユーモアを生み出すことが奨励されるような，より楽しい職場環境は，より幸福で，健康的で，ストレスが少なく，より生産的な仕事へのエネル

ギーを生み出し,よりよい社会的なやりとりを労働者と管理者の間に生み出し,より多くの創造的思考や問題解決をもたらすことを多くの人々が示唆している(たとえば,Morreall, 1991)。労働者の幸福感と生産性の関連性についての研究知見には議論の余地があるが(Iaffaldano & Muchinsky, 1985; Judge et al., 2001),ユーモアのあるやりとりによって生じる信頼感,チームワーク,創造性の改善が,より楽しい職場環境をつくり出すだけでなく,より大きな生産性や,会社のよりよい基盤となることが想定されているようである。職場でのユーモアの有益性について賞賛する記事は,多くのビジネス雑誌や商業雑誌においてみられるし(たとえば,Duncan & Feisal, 1989),このトピックについての書かれた人気のある本も出版されている(たとえば,Kushner, 1990)。

過去20年間において,こうしたアイディアは,仕事でのユーモアの促進に特化した新種のビジネスコンサルタントも生み出している(Gibson, 1994)。職場でのユーモアの有益性を主張する会報やウェブサイト,書籍,録音テープを製作する他にも,これらの「ユーモアコンサルタント」は,組織から頻繁に依頼を受け,従業員が仕事においてより楽しくてユーモラスになる方法について教える,娯楽的なワークショップやセミナーを開く。不適切で攻撃的なタイプのユーモアの使用について警告する一方で,彼らが労働者に提唱するのは,休憩中におもしろい話をしたり,ストレスがたまった時に見ることができるようにおもしろいジョークや漫画を集めたり,仲間の従業員の愉快な赤ちゃんの写真を掲示板に貼ったりするといった,楽しい活動に従事することである。

こうした研修のほとんどは,参加者をリラックスさせ,真面目さや抑制を克服するために考えられており,スカーフや風船を手ですばやくさばいたり,ピエロの赤い鼻をつけたり,コインを額の上に乗せてバランスをとったり,お互いにおもしろい個人体験を話し合ったりといった,ユーモラスな実践活動を含む自己啓発的なセッションの形式で行われる。ギブソン(Gibson, 1994)が述べているように,仕事においてユーモアを促進させようというこれらの努力は,より強い統制感覚を与えるので,従業員だけでなく管理者層においても魅力的である。個人のレベルでは,ユーモアはストレスのレベルや同僚との関係に対する統制を得るための道具としてみなされるが,組織としては,従業員に対する統制感を与え,動機づけ,生産性,効率性を高めることができる。

ギブソンは,これらのユーモアコンサルタントがもつユーモアに対する考え方は,「合理的/功利的」なものであると指摘している。言い換えると,彼らはユーモアを,統制可能で,成功の道具として用いることができる計画された活動として捉えており,

たいていの場合扱いや管理が難しい,情緒的,無意識的な要素を含む自発的な社会的行動とはみなしていない。加えて,彼らが提唱するユーモアのタイプは,企業の現状に疑問をもたず,その体制を甘受することを狙いとしているものであり,体制に挑戦し,それにとってかわろうとするものではない。この種のユーモア介入の持続的な人気は,労働者層と管理者層の双方において歓迎されていることを意味しているが,残念ながらその効果についての実証的研究は行われていないようである。

実際のところ,職場におけるユーモアの全般的なテーマを扱った心理学的研究はほとんどない。これは産業組織心理学者にとって探求しがいのある,潜在的な魅力あふれる領域である。にもかかわらず,職場環境におけるユーモアについての,主として記述的,質的研究のいくつかは社会学者や文化人類学者によって行われたものである。これらの多くは,研究者が様々な職場で参与観察者となって,慎重にユーモアの発生とその効果を観察するという民俗誌学的研究である。この種の質的研究はこれまでに,精神科の病院スタッフ(Coser, 1960),保育所(Meyer, J. C., 1997),ホテルの調理場(Brown & Keegan, 1999),工場の労働者(Collinson, 1988; Ullian, 1976),石油探査隊のメンバー(Traylor, 1973),大規模な多国籍コンピュータ企業(Hatch & Ehrlich, 1993),大都市の動物園(Martin, 2004),様々な民間企業(Grugulis, 2002)のユーモアを調べてきた。

次節以降においては,これらの調査の知見について簡単に紹介する。これらの結果は,職場におけるユーモアの社会的な機能や,ユーモアと企業文化,交渉や仲裁におけるユーモアの使用,リーダーシップにおけるユーモアの役割と関連している(Duncan et al., 1990 も参照)。

職場におけるユーモアの社会的機能

すでに述べたとおり,ユーモアは対人的コミュニケーションにおいて多くの重要な社会的機能を果たしている。個人が緊張から解放され楽しみを増すための遊びの形態以外にも,ユーモアはより真剣な方法では表現することが難しい,ある種の情報を伝えるために頻繁に用いられるコミュニケーションの様式である(Mulkay, 1988)。具体的には,ユーモアは曖昧な状況で社会的にリスクのあるメッセージを伝える時に,メッセージが受け止められなくても,話者と聞き手の双方が「面子を保つ」ことができるように用いられることが多い。

仕事の状況というのは,曖昧で不確かであることが多いので,ユーモアがこの種の目的で職場において用いられるのは驚くべきことではない。たとえば,上位者による意思決定に同意しない従業員は,はっきりと上位者に反対を示すよりも,「様子をう

かがう（test the water）」ために，冗談っぽくコメントすることがある。この方法によって，上位者が攻撃的になっても，従業員は「ただの冗談ですよ」というだけで，簡単にその批判を撤回することができる。この種のユーモアを含むコメントはしばしばかなりおもしろく，大きな笑いを誘うこともあるが，そこにはより真剣なコミュニケーションの機能が含まれている。この種のユーモアは他の社会的状況と同じように，職場環境における人々の間でのやりとりにおいても頻繁に生じる，普遍的な社会的コミュニケーションの一形態である。

ユーモアコンサルタントが頻繁に主張しているのは，ほとんどの職場は真剣すぎるということだが，実際にはユーモアや笑いは職場において頻繁に生じていることがこれまでの研究で示されている。ホームズとマーラ（Holmes & Marra, 2002a）は，様々な政府の部局，非営利組織，民間企業で働く，ブルーカラー層とホワイトカラー層の双方の会議の膨大な録音記録を分析し，メンバー間でのユーモアを含むコメントや笑いは平均して2～5分間に1回生じていることをあきらかにした。ユーモアと笑いがもっとも頻繁に生じていたのは民間企業の工場労働者と事務労働者の会議においてであり，官庁や非営利組織ではやや少なかった（それでもかなり頻繁ではあった）。こうした職場状況でのユーモアや笑いの頻度は，日頃家のなかで生じている親密な友人関係でのやりとりで観察されるものよりもかなり少ない（約8分の1）が（Holmes & Marra, 2002b），それでもこれらの結果は職場におけるユーモアが，しばしば想定されている程度よりもはるかにありふれたものであることを示している。

職場におけるユーモアの質的研究のいくつかは，ストレスからの解放，楽しみの向上，労働者間での凝集性の促進といった，ユーモアの有益性に焦点を当てている。たとえば，小さな家族経営企業における参与観察研究では，ヴィントン（Vinton, 1989）は，ユーモラスな体験談や，仲のよいからかい，機知に富んだ冗談といったなかでのユーモアは，様々な，そして多大な社会的機能を果たしていると結論づけた。具体的には，ユーモアは新入社員を組織文化へと社会化し，より楽しい職場環境をつくり出し，人々の間での地位の格差を減らして協調的に働くことを容易にする道具として用いられ，また，人々が自分の仕事をなしとげるように促す比較的おだやかな方法としても用いられていた。

管理職層の課題志向的な会議におけるユーモアの発生についての研究では，コンサルヴォ（Consalvo, 1989）は，集団メンバーが問題発見フェーズから問題解決フェーズに議論を移す時のような推移点において，ユーモアや笑いがもっとも頻繁に生じることを観察した。このような時のユーモアは，問題を解決するために一緒に仕事をしたいという意志を意味し，集団メンバー間の開かれた，受容的で，相互に支持的な態度

を伝えていると彼女は結論づけている。

　他方で，職場におけるユーモアについての多くの研究があきらかにしているのは，ユーモアは凝集性を高め，職場の人間関係を促進することもあるが，逆に意見の相違を表現し，人々の間に溝をつくるための破壊的な方法として用いられることもある。ユーモアは，本質的にはそうした二面性をもっている。2つの大きな経営組織における，男女混成の会議の膨大な録音記録によって観察されたユーモアの内容分析において，ホームズとマーラ（Holmes & Marra, 2002b）は，現状の連帯や力関係を強めるユーモア（「強化的ユーモア」）と，現状の力関係に挑戦するユーモア（「破壊的ユーモア」）とを区別した。強化的ユーモアは，メンバー間の友好的で合議的な関係を強調し，維持することにつながる楽しいエピソードや冗談っぽいコメントから構成される。

　しかしながら，会議におけるユーモアのほぼ40％が破壊的なものに分類されることが発見された。興味深いことに，こうした職場でのよりネガティブなユーモアの使用の頻度は，日常的な関係における友人グループでみられた頻度の約10倍もあった。これはおそらく，職場にはより強い緊張と力関係が存在するからだろう。この破壊的ユーモアの半数近くは会議に出席している特定の個人に向けられ，その目的はたいていの場合，その個人の権力や地位を弱体化させるためであった。破壊的ユーモアでもう1つ大きな割合を占めるのは，集団全体やより大きな組織に向けられたもので，特定の価値や態度，目標に挑戦し，批判するものである。最後に，小さな割合を占めるのが，社会に関わるレベルに向けられたものであり，経営共同体のイデオロギーや，より広い組織的，あるいは社会的価値に疑問をぶつけるものである。

　この研究で観察された破壊的ユーモアは，様々な形態をもっている。もっとも頻繁に生じるのが，**警句**の使用である。警句とは，現在進行している行為や議論中の話題について短く機知に富んだ，あるいは皮肉的なコメントをすることと定義される。他の破壊的ユーモアでよくみられるものとしては毒舌（その場にいる誰かに対する機知に富んだ侮辱やこき下ろしのことば）や役割演技（ある人が別の人の話し方を滑稽に物まねすること）がある。

　これらの質的分析に基づいて，会議における破壊的ユーモアは，下位者が上位者に挑戦し批判したり，他者に同意しなかったり，集団の決定に疑問を呈するための，社会的に受け入れやすいメカニズムであることをホームズらは示唆している。管理者やチームリーダーにとっては，破壊的ユーモアは非協力者や非協調的な行動について言及し，やりとりをしているメンバー全体を操作するための受け入れやすい方法である。したがって，ユーモアのこのような使用は，チーム全体の凝集性には必ずしも役立たないかもしれないが，集団討議におけるメンバー個人の目標の促進には役立っている。

職場におけるユーモアの社会学的研究の総説において,ドワイヤ(Dwyer, 1991)も同様に結論づけており,ユーモアはほとんどの組織において非常に頻繁に生じており,それはしばしば組織内の緊張や力関係を反映していると述べている。ドワイヤによると,ユーモアは体制を維持し強化するために用いられることもあれば,特定の個人の権威を弱体化させ,力の均衡関係を変化させるために用いられることもある。たとえば,観察的な手法による研究によると,労働者はしばしば管理者の不適格性について冗談を言ったり,ひどい労働条件に不平を言ったり,恣意的に思える規則に抵抗するためにユーモアを用いるが,反対に,管理者はメッセージの権威的本質を隠したり,集合的な力を弱めようと下位者に区別をつくり出したりするためにユーモアを用いることが示されている。

ドワイヤはまた,冗談を言うことは規範や期待を強める方法としてよく用いられる他に,集団の同一性をつくり,それを維持するツールとしても用いられると述べている。労働者の間で頻繁に生じている冗談や楽しいからかいは,異なる社会集団を定義し,集団内および集団間でのメンバーの序列を強め,お互いの関係のなかでの集団の地位を明確にすることに役立つ。ドワイヤによれば,職場状況における相対的な力関係や目標は,誰が冗談を言い,誰が冗談の対象となり,誰がそれを笑うのかを規定している。したがって,組織で生じるユーモアや笑いを分析することは,組織内での力関係や緊張,力動性を検討するのに役立つツールとなるかもしれない。

こうしたユーモアの異なる社会的機能がよく例証されたものとして,コリンソン(Collinson, 1988)が,イングランドにある大型トラック工場の部品部門の生産現場で働く,男性従業員のユーモアを検討した観察研究が挙げられる。コリンソンは従業員がお互いのやりとりのなかでほとんどいつも冗談を言い,ユーモアのあるからかいをし,機知に富んだ応答をし,ばか騒ぎをしていることを観察した。これらのユーモアの多くは,厳しく統制された,継続的な業務の単調性のなかで,楽しみを見つけ,緊張感を解放するための方法ともみなせるが,別のレベルでは,様々な重要な社会的機能を果たしているようにも見受けられる。これらの機能の1つは,会社の社会的組織に抵抗するためのものである。ユーモアはしばしば管理者やホワイトカラーの従業員に対するものであり,これらのグループに対する敵対心を強調しており,これらのグループから労働者が自分たちを区別するためのものであった。

管理者はしばしば労働者を巻き込み,彼らの関係が本質的にもつ,葛藤や力の差を曖昧にするためにユーモアを用いようとするが,労働者はこうした提案を拒否しがちであり,冗談を言い合う自分たちの関係から管理者を排除していた。管理者への敵対感情や抵抗に加えて,現場でのユーモアは労働者の仲間内での服従にも役立っていた。

かなり攻撃的なからかい，皮肉的なこき下ろし，悪ふざけといった形態をとる多くのユーモア，特に労働者階級の男らしさを連想させる行動に関するものは，集団の規範や期待を伝え，それを強めるための方法であるようだ。こうした社会的規範から逸脱した者は，いつもからかいや悪ふざけの対象となるので，服従への強力な誘因となっている。

まとめると，これまでに行われた観察的な手法による研究の簡単なレビューによって示唆されることは，ユーモアは職場での緊張を解放し，楽しみをもたらし，勤労意欲を高める方法であるかもしれないが，それはまた，より「真剣な」社会的機能も果たしている。ユーモアは凝集性を高め，コミュニケーションを促進し，人間関係の緊張を和らげる方法となる。しかし，意見の不一致を伝え，規範を強化し，個人を排除し，集団間の境界を強調する方法にもなりうる。

これらの分析からあきらかとなったユーモアの複雑性，破壊性，統制不可能性，逆説的本質の観点からいえば，ユーモアコンサルタントが示唆するような，単に組織内でのユーモアや楽しみを増やすことで，多くの望ましい変化が生じ，生産性が改善されるというのは単純で素朴すぎるように思われる。ユーモアはすでに職場においてありふれたものであり，多くの異なる機能を果たしており，組織の社会構造や力関係を反映しているため，管理者の課題は楽しみや笑いの頻度を増やすということよりもむしろ，すでに存在するユーモアの意味を理解し，それを生産的な方向に変えることであるように思われる。しかし，これはまさに「言うは易く行うは難し」である。また，職場においてポジティブなユーモアを促進するにはどうすればよいかについて，経営組織に対して自信をもって役立つ指針を提供するには，より慎重に統制された実証研究がさらに必要である。

組織文化の反映としてのユーモア

企業文化もしくは組織文化という概念は，組織のメンバーが結束して価値・規範，行動パターンを共有することによる独自の同一性の感覚のことをいう（Deal & Kennedy, 1982）。組織研究者は企業文化を，組織が生産的で優位性を保ち続けることができるかどうかを規定する重要な要因としてみなしている。いくつかの研究では，良好な組織風土の一部は，従業員間の仲間意識と，自分がしていることに対するポジティブ感情によって形成されることが示されている。研究者のなかには，組織のメンバー間でのユーモアの共有は，良好な組織文化の重要な側面であることを示唆する者もいる（たとえば，Clouse & Spurgeon, 1995）。

先述した職場の会議におけるユーモアについての研究のなかで，ホームズとマーラ

(2002a) は，特定の職場で生じているユーモアの頻度，種類，形式が幅広い組織の文化をどのように反映しているかを検討した。たとえば，非常に凝集的で相互依存的な工場の職場集団のブルーカラー層では，かなり頻繁に，単純でその場限りの警句を，競争的なユーモアの（お互いが機知で周囲に勝ろうとする）形式で用いているが，あくまでもそれはお互いを支援するやり方（話していた人の議論に同意したり，付け加えたり，精緻化したり，強めたりするためにユーモアを用いる）で行われていることがあきらかとなった。他方で，民間の商業組織におけるホワイトカラーの従業員の会議では，こちらも多くのユーモアがみられたが，それはより極端で，やや競争的なユーモアの形態をとっており，支持的であるというよりもかなり敵対的であった（話している人の権威に挑戦したり，同意しないことを伝えたり，弱体化させるためにユーモアを用いる）。これはこの民間企業の，個人主義的で競争的な文化を反映しているといえるだろう。

一方，官庁や非営利組織の会議においては別のユーモアのパターンが観察された。そこではユーモアは，談話の連続として生じ，協調的なユーモアのスタイルがとられていた（たとえば，お互いにユーモアで勝ろうとするよりは，お互いのユーモアのあるコメントを積み重ね，連続させる）。そして，ユーモアは敵対的に使用されるよりも支持的に用いられており，この組織全体の全般的に友好的で，集束的で，協調的な相互作用のスタイルを反映するものであった。したがって，所与の組織全体の文化，目標，注目点は，組織内の個人の対人コミュニケーションにおけるユーモアの使い方に反映されるようである。先ほど示唆したように，組織で生じているユーモアの分析は，その組織全体の文化を評価する有効な方法になるかもしれない。これは今後の研究において興味深い発見を生む可能性のあるトピックの1つである。

交渉と仲裁におけるユーモア

研究者のなかには，集団間での葛藤と緊張の段階においては特に，ユーモアは交渉と仲裁を促進させる重要なツールとなることを示唆している者もいる。フォレスター（Forester, 2004）は仲裁におけるユーモアの使用は，単に冗談を伝えるというだけではなく，視点を変え，どうせできないという期待を変化させ，関係を捉えなおし，話題に複数の視点を与えてくれるような会話の流れのなかでの自然なユーモアの表現も含むことを強調している。先述したような，様子をうかがうためや，面子を保ちつつ，危険で脅威のあるメッセージを伝えるためのユーモアの使用は，この文脈において特に関係があるように思われる。なぜなら，交渉や仲裁において，対人的な緊張や葛藤は不可避なものだからである。

こうしたユーモアのコミュニケーション機能は,部品供給会社のセールスマンと,写真機器店の経営者である購入予定者との間の,ビデオ録画での観察を用いた質的研究において例証されている（Mulkay et al., 1993）。この研究では，こうしたタイプのやりとりにおいて生じる問題に対処するために，対立を避けて双方の面子を保ちながら，自分の目的を達成するというやり方でユーモアが用いられていることが示唆された。たとえば，購入予定者はセールスマンの商品を買うことを断り，譲歩を要求し，セールストークに歯止めをかけ，価格が高すぎることを示唆し，その商品の質の悪さをほのめかす方法として，非常に多くのユーモアを用いた。それに対して，セールスマンは購入者の抵抗を乗り越え，製品を買わないための様々な言い訳を笑い飛ばし，さらなる批判を未然に防ぐためにユーモアを使用していた。したがって，ユーモアは極端に対決的には見えないやり方で自分の考えを表現することができるので，この種のビジネスのやりとりが本質的にもつ，問題や緊張に対処するための方法として広く用いられているようである。

アデルスヴァルドとオベルク（Adelsward & Oberg, 1998）もまた質的研究を行い，ビジネスの交渉におけるユーモアの役割を，購入者と販売者の間での会議や，電話での会話の膨大な録音記録を用いて，笑いの後に生じたすべての出来事から分析した。先述したコンサルヴォ（Consalvo, 1989）による研究と同様に，交渉のセッションの間，最初の紹介から問題の議論に移る時や，問題の提示から交渉段階に移る時など，話題が移る時にユーモアは頻繁に生じることがあきらかとなった。こうしたユーモアの使用は，参加者が，あまりに唐突であったり支配的にみえたりせずに別のトピックに移りたいことを示すことで，進行の過程を形づくる方法として機能している。加えて，ユーモアは参加者間の緊張を和らげ，共通の立脚点を見つけるためによく用いられるようである。

交渉中の笑いの発生は，価格を値切っているときなど，参加者が特に難しく微妙な問題を扱っていることを示すサインであることが多いと，アデルスヴァルドらは述べている。彼らはまた，話者のユーモアを含むコメントに対して相手が笑うかどうかは，話者の相対的な地位や力関係に依存していることもあきらかにしている。具体的には，相手が笑いに加わることは，話者がより高い地位（たとえば，チームリーダー）や，他の何らかの優位性（売り手ではなく，買い手であるなど）をもっている場合にはるかに頻繁に生じる。対照的に，地位が低かったり，何らかの不利な要素をもっている話者がユーモアを含むコメントをした時，その話者はただ一人で笑っていることが多い。この研究は，ユーモアを効果的に使用することは，微妙な交渉に関わる個人にとって重要な社会的スキルであることを示唆している。

リーダーシップにおけるユーモア

　知性，創造性，説得力，話術の才能，社会的スキルと並んで，よいユーモアのセンスは効果的なリーダーシップにおいて重要な特性であることがしばしば示唆される。リーダーシップ行動に関する研究において，効果的なリーダーシップには，(1) 情報を与え，収集する，(2) 意思決定する，(3) 人に影響を与える，(4) 関係を築く，といった全般的な領域におけるスキルを必要とすることが示されている（Yukl & Lepsinger, 1990）。これらの幅広いスキルの領域は，下位者，同僚，上位者とコミュニケーションをとってうまくやっていく能力，葛藤に対処する能力，他者を動機づける能力，集団の凝集性や協調性を高める能力といった，さらに様々な行動の要素に分けられる。リーダーや管理者にとって，ユーモアは重要なコミュニケーションスキルとして，これらの多くの領域において役立つ可能性がある。たとえば，ユーモアの使用は，仕事の課題を教え，明確にしたり，行動を動機づけ，変化させたり，創造性を高めたり，ストレスに対処したり，管理者と下位者がより肯定的かつリラックスした状態でやりとりができる，といったことに役立つだろう（Decker & Rotondo, 2001）。

　いくつかの研究が，労働者に自分の上位者について評価するよう求めることで，ユーモアセンスと，知覚されたリーダーシップの質との間の相関を検討している。290名の労働者を対象とした調査で，デッカー（Decker, 1987）は，自分の上位者が高いユーモアセンスをもつと評価した人は，上位者のユーモアセンスが低いと評価した人よりも，高い職務満足を示し，また，その上位者を全般的によりポジティブなリーダーシップの資質をもっていると評価されることを見出した。

　同様に，軍隊の士官候補生に，彼らが一緒に働いたなかで，特によかった，そして特に悪かったリーダーの性格特性について尋ねた2つの調査研究において，プリーストとスウェイン（Priest & Swain, 2002）は，よいリーダーは有意に暖かく，有能で，穏やかなユーモアのスタイルをもつと評価された一方で，悪いリーダーは，より冷たくて，無能で，意地悪なユーモアのスタイルをもつと評価された。一方，（「思慮深い」に対して）「がさつ」な，あるいは（「抑制された」に対して）「気取らない」スタイルのユーモアを示していると知覚された程度については，よいリーダーと悪いリーダーの間に差はみられなかった。

　デッカーとロトンド（Decker & Rotondo, 2001）は，男性と女性のリーダーで，効果的なリーダーシップにおけるユーモアセンスの重要性に違いがみられるのかどうかを検討するための研究を行った。これらの研究者は，様々な地域の，様々な組織に勤める多数の男女労働者に，自分の管理者のポジティブ，あるいはネガティブなユーモアの使用，課題行動，関係行動，そして全体的なリーダーシップの有効性について尋

ねた。ポジティブなユーモアとは，管理者がコミュニケーションのためにユーモアを用いたり，冗談を楽しんだり，非攻撃的にユーモアを使用することであり，ネガティブなユーモアとは，性的，あるいは侮辱的にユーモアを使用することである。

　重回帰分析の結果，管理者によるポジティブなユーモアの使用は，より良好な課題行動および関係行動，全体的なリーダーシップの高い有効性と関連しており，ネガティブなユーモアの使用は，これら管理者能力についての尺度のより低い評価につながっていた。性差に関しては，男性管理者は女性管理者よりもポジティブ，ネガティブなユーモアの双方をより多く使用していると評価されたが，ユーモアとリーダーシップとの関連性は，男性よりも女性においてより強いことがあきらかとなった。つまり，女性管理者による穏やかなユーモアの使用は，男性管理者よりも，従業員によるリーダーシップへの気づきにより強くポジティブに関連し，同じように性的あるいは攻撃的なユーモアの使用は，男性よりも女性においてよりネガティブに関連していた。

　全体的にみて，この研究は下位者によってよいユーモアセンスをもっていると知覚される上位者は，有能なリーダーであるともみなされやすく，不適切にユーモアを使用するリーダーは，リーダーシップのスキルについてよりネガティブに評価されるという証拠を提供している。もちろん，この研究は相関関係を扱ったものであり，また主観的な回答に依存しているので，因果関係の方向を見定めることは困難である。よりよいユーモアセンスがリーダーをより有能にしているのかもしれないが，これらの結果は単なる光背効果によるもの，つまり上位者に対する全体的な好意が，よいユーモアのセンスだけでなく，よいリーダーシップのスキルをもっているという知覚を下位者に生じさせたのかもしれない。従業員の評価のみに依存するのではなく，ユーモアとリーダーシップをより客観的に測定できる方法を採用した，さらなる研究が必要である。また，今後の研究においては，有能なリーダーが，実際にユーモアをどのように表現しているかや，こうしたユーモアが，リーダーシップの有能性にどのように貢献しているのかについても検討する必要があるだろう。

結論

　ユーモアコンサルタントを始めとする，職場でのユーモアの促進を提唱する人々は，職場でのユーモアの量の増加は，よりよいチームワークや協調，従業員と管理者のコミュニケーションの改善，従業員の勤労意欲と健康の増進，ストレスの減少，創造性の向上，問題解決，生産性などを含む，広範な利益をもたらすと主張していることが多い。職場におけるユーモアの研究のほとんどは質的，記述的なものであるが，これまでに行われてきた研究が示唆しているのは，この種の熱狂的な主張は，物事をやや

単純化しすぎている，ということである。しばしば職場は真剣すぎて，ユーモアに欠けているとみなされがちであるが，ほとんどの組織において，ユーモアや笑いは実際にはかなり頻繁に生じていることがこれまでの研究で示されている。

加えて，これらの研究で示唆されているのは，職場におけるユーモアは，チームワークや協調に貢献するものもあれば，従業員の勤労意欲や生産的環境にとって有害にもなるものまでも含んでおり，実に多様な機能を果たすということである。緊張を和らげたり職場をより楽しくしたりするのに役立つ遊びの形態として以外にも，ユーモアは曖昧な職場の状況において危険性のあるメッセージを伝えるのに役立つコミュニケーションの様式として，重要な機能を果たしている。このように，ユーモアは多種多様なメッセージを伝え，多種多様な目的を達成するために用いられうるものである。地位の格差を弱め，あるいは強め，同意するあるいは同意しないことを伝え，協調，あるいは反抗を促進し，他者を集団に取り込むあるいは排斥し，凝集性や関係性を強めあるいは力や地位を弱体化させるために用いられることもある。

したがって，職場におけるユーモアの単純な増加は，純粋にポジティブな結果を生むとはいえない。ほとんどのユーモアコンサルタントは，ある種のユーモアは職場において不適切であり有害であることに同意するだろうが，妨害的なユーモアと促進的なユーモアを区別したり，ある種のユーモアを促進させ，他は促進しないというようなことは，そう単純な問題ではない。たとえば，どこまでが友好的なからかいや楽しい冗談で，どこまでが冷やかしや，望まれない冗談であるかを知ることはしばしば難しい。

心理療法や教育におけるユーモアと同じように，職場におけるユーモアにも利点と同時に危険性が潜んでいる。ここ数十年でかなり注目を集めている，特にネガティブなタイプのユーモアは，ハラスメントの一形態である軽蔑的なユーモアである。ダンカンら（Duncan et al., 1990）は，仕事に関連する性的，人種的ハラスメントや差別の事例は，性的，あるいは人種に関わる冗談や，からかい，いたずらによって引き起こされることが多いと述べている。13,000名の連邦政府の職員を対象に行った調査で，セクシャルハラスメントのもっともよくある形態は，望まない性的なからかいや冗談であった。ばか騒ぎや悪ふざけを含むユーモアは，ストレスフルな職場環境をつくり出すこともあり，混乱や安全危機をもたらし，実質的な損害をもたらすこともある。

他の領域と同じように，職場状況におけるユーモアは，ポジティブな目的にも，ネガティブな目的にも用いられる，社会的スキルや対人的能力の一形態として捉えるのがもっとも妥当なように思える（Yip & Martin, in press）。したがって，管理者やビジネスコンサルタントにとっての課題は，従業員のユーモアを単に増やすだけでなく，

すでに存在するユーモアが，組織内の力関係や全体的な文化を反映している様子を理解しようと努めることである。職場におけるユーモアの質を改善するには，おもしろい話を伝えたり，ばかげた活動に従事することを学ぶワークショップに従業員を参加させるよりも，全体的な組織文化や力関係を変化させる努力が必要かもしれない。

4節　総合的考察

　心理療法やカウンセリング，教育，ビジネスコンサルティングの分野の多くの実践家がこれらの各領域において，ユーモアや笑いの有益性について述べており，ユーモアを使うほど治療やカウンセリングの効果は高まり，教育における学生の楽しみや成績は向上し，職場での健康，勤労意欲，生産性が高まると主張している。これらの主張のほとんどは実践家のエピソードや個人的経験に基づいている。これらの分野における実証的な研究はかなり限られているものの，関連文献のレビューは，実践家の熱狂的な主張と科学的知見の間に多くのギャップがあることを示唆している。

　興味深いことに，こうしたユーモア活用の推奨は，ユーモアの有益性に関する彼らの主張の点では行きすぎているともみなせるが，別の観点，すなわちすべてのタイプの社会的なやりとりにおけるユーモアの普遍性や重要性の認識の点においては，彼らの主張は行きすぎているともいえない。ユーモアの推進者は，心理療法，教育，職場においてユーモアはあまり生じていないと主張しているが，ユーモアや笑いはこれらの領域のすべてにおいて，実際にはかなり頻繁に生じていることがこれまでの研究によって示されている。ユーモアはほとんどすべての対人関係に関わる普遍的な側面をもっているので，セラピストとクライエント，教師と生徒，同じ組織内で働く個人間においてユーモアがあることを発見したとしても，それは何も驚くべきことではない。

　これらの分野において積極的にユーモアを促進する実践家は，精神的健康，身体的健康や，学業成績，職場での協調的関係に対して，ユーモアは全般的にポジティブで有益なものとみなす傾向があるが，実はユーモアは幅広い目的で使用され，様々な目標を達成するために用いられており，そのなかにはセラピスト，教育者，ビジネス組織の幅広い目標にとって有害になりうるものすらあるのだ。これらの分野それぞれにおいて，ユーモアの推奨者はユーモアに対して「論理的／功利的」アプローチ（Gibson, 1994）をとりがちであり，論理的な方法で操作し，計画し，統制することが可能なものだとみなしている傾向がある。しかし，この本を通じて検討してきた研究では，ユーモアをより複雑なものとして捉えており，しばしば自発的に生じる，簡単に管理した

り統制したりすることのできない，（意識的なだけでなく）無意識的な情緒的，認知的規定因をもつ現象として記述されている。事実，セラピスト，教師，管理者が他者に対して特定の効果を期待して意識的につくり出したユーモアは，堅苦しく，高圧的で，人工的なものとなりやすい。

ユーモアに対するより現実的な見方は，ユーモアは，治療，教育，職場を含む我々の生活のすべての領域において，人間の社会的なやりとりを行う上で必要不可欠かつ重要な側面である，ということであろう。たとえば，ユーモアは，個人の目標，地位，動機，欲求に応じて，様々な社会的機能を果たしうるものである。我々が論じてきた各領域においてユーモアの量を単に増やそうとするよりもむしろ，すでに用いられているユーモアの方法や，これらの文脈において異なるタイプのユーモアによって果たされている多くの機能を，より徹底的に理解しようとすることが必要である。そうすることで，セラピスト，教育者，ビジネスリーダーとして，目標を促進する，適切で有益な種類のユーモアだけでなく，不適切で有害なタイプのユーモアを発見することができるようになるはずだ。

さらなる検討が必要な研究課題として，個人のユーモアのセンスを修正できる可能性はどの程度あるのか，ということがある。我々が論じてきたユーモアの活用の多くは，人々に彼らが採用するユーモアの量を増やす，あるいは彼らがそれまでもっていたユーモアのスタイルを変えることを援助するものである(McGhee, 1999を参照)。しかし，未だにそれが可能なことなのかどうかすらはっきりしていない。第9章で述べたように，この疑問に言及している唯一の公刊された論文は，ネヴォら (Nevo et al., 1998) によって行われた研究だけである。この研究において，101名の高校教員が，能動的生産ユーモアトレーニングプログラム（様々なユーモアをつくり出す技術の訓練を受ける），受動的理解ユーモアプログラム（日常生活においてユーモアを楽しむ機会を増やす方法に焦点を当てる），非ユーモア的活動統制群，待機統制群に無作為に割り当てられた。待機統制群を除く全員は，3時間のセッションを7週間にわたって受けた。

プログラムの最後の効果測定によって，2つのユーモアトレーニング群は，参加者のユーモアセンスの改善において部分的にのみ成功したことがあきらかとなった。ポジティブな側面としては，ユーモア群の参加者は統制群の参加者に比べて，ユーモアに対して有意にポジティブな態度を示し，同僚からより高いレベルのユーモア生産と鑑賞をもっていると評価された。しかし，ネガティブな側面としては，彼らが実際にユーモアを創造する能力を測る客観的な指標においては何ら改善がみられず，自己報告式のユーモア尺度においても何の変化もみられなかった。ユーモアの日常的な使用

4節 総合的考察

量の増加や，質の改善がどの程度可能なのか，また可能であるならば，どのような方法がもっとも効果的なのか，については今後さらなる研究が必要であることはあきらかである。まだ証明されていないユーモア介入の幅広い実践を促進しようとする前に，この種のプログラムを評価する研究が実践家によって行われなければならない。

ユーモア活用についての全般的なトピックは，臨床・カウンセリング，教育，産業組織心理学の応用領域における今後の研究において，多くの興味深い疑問と豊かなトピックを提供してくれる。これらの各領域において，ユーモアの役割や機能，個人的目標を達成するためのユーモアの使われ方，幅広いプロフェッショナルとしての目標にとって有益になる，あるいは有害になるユーモアの種類を検討するための研究が今後必要であろう。

医療，心理療法，教育，ビジネスにおいてユーモアの活用を推奨する実践家は，興味深い研究課題に注意を向けているのは確かであるが，その一方で彼らの過度な主張や，単純化された，軽はずみな心理学の書籍は危険でもある。なぜなら，心理学の基礎的，応用的領域の研究者が，これらのアイディアをつまらなくて重要でないものとみなしたり，あるいは，過度に単純化された，非科学的な問題に肩入れしていると思われたくないという理由で，彼らをこのテーマから遠ざける可能性があるからである。こうなってしまうのは残念でならない。

本書を通じて示そうとしてきたとおり，ユーモアは心理学のすべての領域に関わる，普遍的な人間行動の一側面である。人間の認知的，感情的，社会的な行動において，ユーモアがどのように働き，どのような機能を果たしているかをより十全に理解していくことは，それ自体が，今後の研究が期待される興味深い現象である。この種の基本的な研究は，様々な領域における潜在的な応用に関係する興味深く，新しい洞察を得ることにつながるだろう。基礎的なプロセスに注目するにせよ，実践的な活用に注目するにせよ，ユーモアの心理学は多くの興味深い，そして役立つ発見が今後見込める，魅力的な研究テーマであり続けているのだ。

引用文献

Abel, M. H. (1998). Interaction of humor and gender in moderating relationships between stress and outcomes. *Journal of Psychology, 132*(3), 267-276.
Abel, M. H. (2002). Humor, stress, and coping strategies. *Humor: International Journal of Humor Research, 15*(4), 365-381.
Abel, M. H., & Maxwell, D. (2002). Humor and affective consequences of a stressful task. *Journal of Social & Clinical Psychology, 21*(2), 165-190.
Abelson, R. P. (1981). Psychological status of the script concept. *American Psychologist, 36*, 715-729.
Adams, E. R., & McGuire, F. A. (1986). Is laughter the best medicine? A study of the effects of humor on perceived pain and affect. *Activities, Adaptation & Aging, 8*(3-4), 157-175.
Adams, P., & Mylander, M. (1998). *Gesundheit!: Bringing good health to you, the medical system, and society through physician service, complementary therapies, humor, and joy.* Rochester, VT: Healing Arts Press.
Adelsward, V., & Oberg, B.-M. (1998). The function of laughter and joking in negotiation activities. *Humor: International Journal of Humor Research, 11*(4), 411-429.
Ainsworth, M. D. S., Bell, S. M., & Stayton, D. J. (1991). Infant-mother attachment and social development: 'Socialisation' as a product of reciprocal responsiveness to signals. In M. Woodhead, R. Carr & P. Light (Eds.), *Becoming a person* (pp. 30-55). London: Routledge.
Alexander, R. D. (1986). Ostracism and indirect reciprocity: The reproductive significance of humor. *Ethology & Sociobiology, 7*(3-4), 253-270.
Allport, G. W. (1950). *The individual and his religion.* New York: Macmillan.
Allport, G. W. (1961). *Pattern and growth in personality.* New York: Holt, Reinhart & Winston.

American Psychiatric Association. (1994). *Diagnostic and statistical manual of mental disorders* (4th ed.). Washington, DC: American Psychiatric Association.

Andersen, J. F. (1979). Teacher immediacy as a predictor of teaching effectiveness. In D. Nimmo (Ed.), *Communication Yearbook 3* (pp. 543–559). New Brunswick, NJ: Transaction Books.

Anderson, C. A., & Arnoult, L. H. (1989). An examination of perceived control, humor, irrational beliefs, and positive stress as moderators of the relation between negative stress and health. *Basic & Applied Social Psychology, 10*(2), 101–117.

Andrews, R. (1993). *The Columbia dictionary of quotations*. New York: Columbia University Press.

Apte, M. L. (1985). *Humor and laughter: An anthropological approach*. Ithaca, NY: Cornell University Press.

Apter, M. J. (1982). *The experience of motivation: The theory of psychological reversals*. London: Academic Press.

Apter, M. J. (1991). A structural-phenomenology of play. In J. H. Kerr & M. J. Apter (Eds.), *Adult play: A reversal theory approach* (pp. 13–29). Amsterdam: Swets & Zeitlinger.

Apter, M. J. (1992). *The dangerous edge: The psychology of excitement*. New York: Free Press.

Apter, M. J. (Ed.). (2001). *Motivational styles in everyday life: A guide to reversal theory*. Washington, DC: American Psychological Association.

Apter, M. J., & Smith, K. C. P. (1977). Humour and the theory of psychological reversals. In A. J. Chapman & H. C. Foot (Eds.), *It's a funny thing, humour* (pp. 95–100). Oxford: Pergamon Press.

Arriaga, X. B. (2002). Joking violence among highly committed individuals. *Journal of Interpersonal Violence, 17*(6), 591–610.

Arroyo, S., Lesser, R. P., Gordon, B., Uematsu, S., Hart, J., Schwerdt, P., et al. (1993). Mirth, laughter and gelastic seizures. *Brain, 116*, 757–780.

Askenasy, J. J. (1987). The functions and dysfunctions of laughter. *Journal of General Psychology, 114*(4), 317–334.

Aspinwall, L. G., & Staudinger, U. M. (2003). *A psychology of human strengths: Fundamental questions and future directions for a positive psychology*. Washington, DC: American Psychological Association.

Atsumi, T., Fujisawa, S., Nakabayashi, Y., Kawarai, T., Yasui, T., & Tonosaki, K. (2004). Pleasant feeling from watching a comical video enhances free radical-scavenging capacity in human whole saliva. *Journal of Psychosomatic Research, 56*(3), 377–379.

Attardo, S. (1994). *Linguistic theories of humor*. Hawthorne, NY: Mouton de Gruyter.

Attardo, S. (1997). The semantic foundations of cognitive theories of humor. *Humor: International Journal of Humor Research, 10*(4), 395–420.

Attardo, S. (1998). The analysis of humorous narratives. *Humor: International Journal of Humor Research, 11*(3), 231–260.

Attardo, S., Hempelmann, C. F., & Di Maio, S. (2002). Script oppositions and logical mechanisms: Modeling incongruities and their resolutions. *Humor: International Journal of Humor Research, 15*(1), 3–46.

Attardo, S., & Raskin, V. (1991). Script theory revis(it)ed: Joke similarity and joke representation model. *Humor: International Journal of Humor Research, 4*(3–4), 293–347.

Averill, J. R. (1969). Autonomic response patterns during sadness and mirth. *Psychophysiology, 5*, 399–414.

Azim, E., Mobbs, D., Jo, B., Menon, V., & Reiss, A. L. (2005). Sex differences in brain activation elicited by humor. *Proceedings of the National Academy of Sciences, 102*(45), 16496–16501.

Babad, E. Y. (1974). A multi-method approach to the assessment of humor: A critical look at humor tests. *Journal of Personality, 42*(4), 618–631.

Bachelor, A., & Horvath, A. (1999). The therapeutic relationship. In M. A. Hubble, B. L. Duncan & S. D. Miller (Eds.), *The heart and soul of change: What works in therapy* (pp. 133-178). Washington, DC: American Psychological Association.
Bachorowski, J.-A., & Owren, M. J. (2001). Not all laughs are alike: Voiced but not unvoiced laughter readily elicits positive affect. *Psychological Science, 12*(3), 252-257.
Bachorowski, J.-A., & Owren, M. J. (2003). Sounds of emotion: Production and perception of affect-related vocal acoustics. *Annals of the New York Academy of Sciences, 1000*.
Bachorowski, J.-A., Smoski, M. J., & Owen, M. J. (2001). The acoustic features of human laughter. *Journal of the Acoustical Society of America, 110*(3, Pt 1), 1581-1597.
Bainum, C. K., Lounsbury, K. R., & Pollio, H. R. (1984). The development of laughing and smiling in nursery school children. *Child Development, 55*(5), 1946-1957.
Bariaud, F. (1988). Age differences in children's humor. *Journal of Children in Contemporary Society, 20*(1-2), 15-45.
Barnett, L. A. (1990). Playfulness: Definition, design, and measurement. *Play & Culture, 3*(4), 319-336.
Barnett, L. A. (1991). The playful child: Measurement of a disposition to play. *Play & Culture, 4*(1), 51-74.
Baron, R. A. (1978a). Aggression-inhibiting influence of sexual humor. *Journal of Personality & Social Psychology, 36*(2), 189-197.
Baron, R. A. (1978b). The influence of hostile and nonhostile humor upon physical aggression. *Personality & Social Psychology Bulletin, 4*(1), 77-80.
Baron, R. A., & Ball, R. L. (1974). The aggression-inhibiting influence of nonhostile humor. *Journal of Experimental Social Psychology, 10*(1), 23-33.
Bartlett, F. C. (1932). *Remembering*. Cambridge: Cambridge University Press.
Bateson, P. (2005). The role of play in the evolution of great apes and humans. In A. D. Pellegrini & P. K. Smith (Eds.), *The nature of play: Great apes and humans* (pp. 13-24). New York: Guilford Press.
Belanger, H. G., Kirkpatrick, L. A., & Derks, P. (1998). The effects of humor on verbal and imaginal problem solving. *Humor: International Journal of Humor Research, 11*(1), 21-31.
Bell, N. J., McGhee, P. E., & Duffey, N. S. (1986). Interpersonal competence, social assertiveness and the development of humour. *British Journal of Developmental Psychology, 4*(1), 51-55.
Benedetti, F. (2002). How the doctor's words affect the patient's brain. *Evaluation & the Health Professions, 25*(4), 369-386.
Bergen, D. (1998a). Development of the sense of humor. In W. Ruch (Ed.), *The sense of humor: Explorations of a personality characteristic* (pp. 329-358). Berlin, Germany: Walter de Gruyter.
Bergen, D. (1998b). Play as a context for humor development. In D. P. Fromberg & D. Bergen (Eds.), *Play from birth to twelve and beyond: Contexts, perspectives, and meanings* (pp. 324-337). New York: Garland.
Bergen, D. (2002). Finding the humor in children's play. In J. L. Roopnarine (Ed.), *Conceptual, social-cognitive, and contextual issues in the fields of play* (pp. 209-220). Westport, CT: Ablex Publishing.
Bergen, D. (2003). Humor, play, and child development. In A. J. Klein (Ed.), *Humor in children's lives: A guidebook for practitioners* (pp. 17-32). Westport, CT: Praeger.
Berger, A. A. (1995). *Blind men and elephants: Perspectives on humor*. New Brunswick, NJ: Transaction Publishers.

Bergmann, M. S. (1999). The psychoanalysis of humor and humor in psychoanalysis. In J. W. Barron (Ed.), *Humor and psyche: Psychoanalytic perspectives* (pp. 11–30). Hillsdale, NJ: The Analytic Press.

Bergson, H. (1911). *Laughter: An essay on the meaning of the comic.* Oxford: Macmillan.

Berk, L. S., Felten, D. L., Tan, S. A., Bittman, B. B., & Westengard, J. (2001). Modulation of neuroimmune parameters during the eustress of humor-associated mirthful laughter. *Alternative Therapies, 7*(2), 62–76.

Berk, L. S., Tan, S. A., Fry, W. F., Napier, B. J., Lee, J. W., Hubbard, R. W., et al. (1989). Neuroendocrine and stress hormone changes during mirthful laughter. *American Journal of the Medical Sciences, 298,* 390–396.

Berk, R. A., & Nanda, J. P. (1998). Effects of jocular instructional methods on attitudes, anxiety, and achievement in statistics courses. *Humor: International Journal of Humor Research, 11*(4), 383–409.

Berkowitz, L. (1970). Aggressive humor as a stimulus to aggressive responses. *Journal of Personality & Social Psychology, 16*(4), 710–717.

Berlyne, D. E. (1960). *Conflict, arousal, and curiosity.* New York, NY: McGraw-Hill.

Berlyne, D. E. (1969). Laughter, humor, and play. In G. Lindzey & E. Aronson (Eds.), *The handbook of social psychology* (2nd ed., Vol. 3, pp. 795–852). Reading, MA: Addison-Wesley.

Berlyne, D. E. (1972). Humor and its kin. In J. H. Goldstein & P. E. McGhee (Eds.), *The psychology of humor: Theoretical perspectives and empirical issues* (pp. 43–60). New York: Academic Press.

Bernet, W. (1993). Humor in evaluating and treating children and adolescents. *Journal of Psychotherapy Practice & Research, 2*(4), 307–317.

Berns, G. S. (2004). Something funny happened to reward. *Trends in Cognitive Sciences, 8*(5), 193–194.

Bernstein, D. K. (1986). The development of humor: Implications for assessment and intervention. *Topics in Language Disorders, 6*(4), 65–71.

Berscheid, E., & Reis, H. T. (1998). Attraction and close relationships. In D. T. Gilbert, S. T. Fiske & G. Lindzey (Eds.), *The handbook of social psychology* (4th ed., Vol. 2, pp. 193–281). Boston: McGraw-Hill.

Besemer, S. P., & Treffinger, D. J. (1981). Analysis of creative products: Review and synthesis. *Journal of Creative Behavior, 15,* 158–178.

Bihrle, A. M., Brownell, H. H., & Gardner, H. (1988). Humor and the right hemisphere: A narrative perspective. In H. A. Whitaker (Ed.), *Contemporary reviews in neuropsychology* (pp. 109–126). New York: Springer-Verlag.

Bihrle, A. M., Brownell, H. H., & Powelson, J. A. (1986). Comprehension of humorous and nonhumorous materials by left and right brain-damaged patients. *Brain & Cognition, 5*(4), 399–411.

Bill, B., & Naus, P. (1992). The role of humor in the interpretation of sexist incidents. *Sex Roles, 27*(11–12), 645–664.

Binsted, K., Pain, H., & Ritchie, G. (1997). Children's evaluation of computer-generated punning riddles. *Pragmatics and Cognition, 5*(2), 309–358.

Binsted, K., & Ritchie, G. (1997). Computational rules for generating punning riddles. *Humor: International Journal of Humor Research, 10*(1), 25–76.

Binsted, K., & Ritchie, G. (2001). Towards a model of story puns. *Humor: International Journal of Humor Research, 14*(3), 275–292.

Bippus, A. M. (2000a). Humor usage in comforting episodes: Factors predicting outcomes. *Western Journal of Communication, 64*(4), 359–384.

Bippus, A. M. (2000b). Making sense of humor in young romantic relationships: Understanding partners' perceptions. *Humor: International Journal of Humor Research*, *13*(4), 395–417.

Bizi, S., Keinan, G., & Beit-Hallahmi, B. (1988). Humor and coping with stress: A test under real-life conditions. *Personality & Individual Differences*, *9*(6), 951–956.

Blakemore, S. J., Wolpert, D. M., & Frith, C. D. (1998). Central cancellation of self-produced tickle sensation. *Nature Neuroscience*, *1*(7), 635–640.

Bloch, S. (1987). Humor in group therapy. In W. F. Fry & W. A. Salameh (Eds.), *Handbook of humor and psychotherapy: Advances in the clinical use of humor* (pp. 171–194). Sarasota, FL: Professional Resource Exchange.

Bloch, S., Browning, S., & McGrath, G. (1983). Humour in group psychotherapy. *British Journal of Medical Psychology*, *56*(1), 89–97.

Bonanno, G. A., & Keltner, D. (1997). Facial expressions of emotion and the course of conjugal bereavement. *Journal of Abnormal Psychology*, *106*(1), 126–137.

Booth, R. J., & Pennebaker, J. W. (2000). Emotions and immunity. In M. Lewis & J. M. Haviland-Jones (Eds.), *Handbook of emotions* (2nd ed., pp. 558–570). New York: Guilford.

Borcherdt, B. (2002). Humor and its contributions to mental health. *Journal of Rational-Emotive & Cognitive Behavior Therapy*, *20*(3–4), 247–257.

Bowlby, J. (1982). *Attachment* (2nd ed.). New York: Basic Books.

Boyle, G. J., & Joss-Reid, J. M. (2004). Relationship of humour to health: A psychometric investigation. *British Journal of Health Psychology*, *9*(1), 51–66.

Breckler, S. J., Olson, J. M., & Wiggins, E. C. (2006). *Social psychology alive*. Belmont, CA: Thompson-Wadsworth.

Bressler, E. R., & Balshine, S. (2006). The influence of humor on desirability. *Evolution and Human Behavior*, *27*(1), 29–39.

Bressler, E. R., Martin, R. A., & Balshine, S. (2006). Production and appreciation of humor as sexually selected traits. *Evolution and Human Behavior*, *27*(2), 121–130.

Brodzinsky, D. M. (1975). The role of conceptual tempo and stimulus characteristics in children's humor development. *Developmental Psychology*, *11*(6), 843–850.

Brodzinsky, D. M. (1977). Children's comprehension and appreciation of verbal jokes in relation to conceptual tempo. *Child Development*, *48*(3), 960–967.

Brodzinsky, D. M., Barnet, K., & Aiello, J. R. (1981). Sex of subject and gender identity as factors in humor appreciation. *Sex Roles*, *12*, 195–219.

Brodzinsky, D. M., & Rubien, J. (1976). Humor production as a function of sex of subject, creativity, and cartoon content. *Journal of Consulting & Clinical Psychology*, *44*(4), 597–600.

Brown, G. E., Brown, D., & Ramos, J. (1981). Effects of a laughing versus a nonlaughing model on humor responses in college students. *Psychological Reports*, *48*(1), 35–40.

Brown, G. E., Wheeler, K. J., & Cash, M. (1980). The effects of a laughing versus a non-laughing model on humor responses in preschool children. *Journal of Experimental Child Psychology*, *29*(2), 334–339.

Brown, P., & Levinson, S. C. (1987). *Politeness: Some universals in language usage*. New York: Cambridge University Press.

Brown, R. B., & Keegan, D. (1999). Humor in the hotel kitchen. *Humor: International Journal of Humor Research*, *12*(1), 47–70.

Brown, S. L., & Schwartz, G. E. (1980). Relationships between facial electromyography and subjective experience during affective imagery. *Biological Psychology*, *11*, 49–62.

Brownell, H. H., & Gardner, H. (1988). Neuropsychological insights into humour. In J. Durant & J. Miller (Eds.), *Laughing matters: A serious look at humour* (pp. 17–34). Essex, England: Longman Scientific and Technical.

Brownell, H. H., Michel, D., Powelson, J., & Gardner, H. (1983). Surprise but not coherence: Sensitivity to verbal humor in right-hemisphere patients. *Brain & Language, 18*(1), 20–27.
Brownell, H. H., & Stringfellow, A. (2000). Cognitive perspectives on humor comprehension after brain injury. In L. T. Connor & L. K. Obler (Eds.), *Neurobehavior of language and cognition: Studies of normal aging and brain damage* (pp. 241–258). Boston: Kluwer Academic.
Bruehl, S., Carlson, C. R., & McCubbin, J. A. (1993). Two brief interventions for acute pain. *Pain, 54*(1), 29–36.
Bryant, J. (1977). Degree of hostility in squelches as a factor in humour appreciation. In A. J. Chapman & H. C. Foot (Eds.), *It's a funny thing, humour* (pp. 321–327). Oxford: Pergamon Press.
Bryant, J., Brown, D., Parks, S. L., & Zillmann, D. (1983). Children's imitation of a ridiculed model. *Human Communication Research, 10*(2), 243–255.
Bryant, J., Brown, D., Silberberg, A. R., & Elliott, S. M. (1981). Effects of humorous illustrations in college textbooks. *Human Communication Research, 8*(1), 43–57.
Bryant, J., Comisky, P. W., Crane, J. S., & Zillmann, D. (1980). Relationship between college teachers' use of humor in the classroom and students' evaluations of their teachers. *Journal of Educational Psychology, 72*(4), 511–519.
Bryant, J., & Zillmann, D. (1989). Using humor to promote learning in the classroom. In P. E. McGhee (Ed.), *Humor and children's development: A guide to practical applications* (pp. 49–78). New York: Haworth Press.
Bryk, A. S., & Raudenbush, S. W. (1992). *Hierarchical linear models: Applications and data analysis methods*. Thousand Oaks, CA: Sage Publications.
Buckman, E. S. (Ed.). (1994). *The handbook of humor: Clinical applications in psychotherapy*. Melbourne, FL: Robert E. Krieger.
Buhrmester, D., Furman, W., Wittenberg, M. T., & Reis, H. T. (1988). Five domains of interpersonal competence in peer relationships. *Journal of Personality & Social Psychology, 55*(6), 991–1008.
Burling, R. (1993). Primate calls, human language, and nonverbal communication. *Current Anthropology, 34*(1), 25–53.
Buss, A. H., & Plomin, R. (1984). *Temperament: Early developing personality traits*. Hillsdale, NJ: Lawrence Erlbaum Associates.
Buss, D. M. (1989). Sex differences in human mate preferences: Evolutionary hypotheses tested in 37 cultures. *Behavioral and Brain Sciences, 12*(1–49).
Buss, D. M., & Kenrick, D. T. (1998). Evolutionary social psychology. In D. T. Gilbert, S. T. Fiske & G. Lindzey (Eds.), *The handbook of social psychology* (4th ed., Vol. 2, pp. 982–1026). Boston: McGraw-Hill.
Butovskaya, M. L., & Kozintsev, A. G. (1996). A neglected form of quasi-aggression in apes: Possible relevance for the origins of humor. *Current Anthropology, 37*(4), 716–717.
Byrne, D. (1956). The relationship between humor and the expression of hostility. *Journal of Abnormal & Social Psychology, 53*, 84–89.
Byrne, D. (1961). Some inconsistencies in the effect of motivation arousal on humor preferences. *Journal of Abnormal & Social Psychology, 62*, 158–160.
Cacioppo, J. T., Berntson, G. G., Larsen, J. T., Poehlmann, K. M., & Ito, T. A. (2000). The psychophysiology of emotion. In M. Lewis & J. M. Haviland-Jones (Eds.), *Handbook of emotions* (2nd ed., pp. 173–191). New York: Guilford.
Cann, A., & Calhoun, L. G. (2001). Perceived personality associations with differences in sense of humor: Stereotypes of hypothetical others with high or low senses of humor. *Humor: International Journal of Humor Research, 14*(2), 117–130.

Cann, A., Calhoun, L. G., & Banks, J. S. (1997). On the role of humor appreciation in interpersonal attraction: It's no joking matter. *Humor: International Journal of Humor Research*, *10*(1), 77–89.

Cann, A., Calhoun, L. G., & Nance, J. T. (2000). Exposure to humor before and after an unpleasant stimulus: Humor as a preventative or a cure. *Humor: International Journal of Humor Research*, *13*(2), 177–191.

Cann, A., Holt, K., & Calhoun, L. G. (1999). The roles of humor and sense of humor in responses to stressors. *Humor: International Journal of Humor Research*, *12*(2), 177–193.

Cantor, J. R. (1976). What is funny to whom? The role of gender. *Journal of Communication*, *26*(3), 164–172.

Cantor, J. R., Bryant, J., & Zillmann, D. (1974). Enhancement of humor appreciation by transferred excitation. *Journal of Personality & Social Psychology*, *30*(6), 812–821.

Caron, J. E. (2002). From ethology to aesthetics: Evolution as a theoretical paradigm for research on laughter, humor, and other comic phenomena. *Humor: International Journal of Humor Research*, *15*(3), 245–281.

Carroll, J. L. (1989). Changes in humor appreciation of college students in the last twenty-five years. *Psychological Reports*, *65*(3, Pt 1), 863–866.

Carroll, J. L. (1990). The relationship between humor appreciation and perceived physical health. *Psychology: A Journal of Human Behavior*, *27*(2), 34–37.

Carroll, J. L., & Shmidt, J. L. (1992). Correlation between humorous coping style and health. *Psychological Reports*, *70*(2), 402.

Carson, D. K., Skarpness, L. R., Schultz, N. W., & McGhee, P. E. (1986). Temperament and communicative competence as predictors of young children's humor. *Merrill-Palmer Quarterly*, *32*(4), 415–426.

Carstensen, L. L., Gottman, J. M., & Levenson, R. W. (1995). Emotional behavior in long-term marriage. *Psychology and Aging*, *10*(1), 140–149.

Carver, C. S., Pozo, C., Harris, S. D., Noriega, V., Scheier, M. F., Robinson, D. S., et al. (1993). How coping mediates the effect of optimism on distress: A study of women with early stage breast cancer. *Journal of Personality & Social Psychology*, *65*(2), 375–390.

Carver, C. S., Scheier, M. F., & Weintraub, J. K. (1989). Assessing coping strategies: A theoretically based approach. *Journal of Personality & Social Psychology*, *56*(2), 267–283.

Casadonte, D. (2003). A note on the neuro-mathematics of laughter. *Humor: International Journal of Humor Research*, *16*(2), 133–156.

Cashion, J. L., Cody, M. J., & Erickson, K. V. (1986). "You'll love this one . . .": An exploration into joke-prefacing devices. *Journal of Language & Social Psychology*, *5*(4), 303–312.

Cattell, R. B. (1947). Confirmation and clarification of primary personality factors. *Psychometrica*, *12*, 197–220.

Cattell, R. B., & Luborsky, L. B. (1947). Personality factors in response to humor. *Journal of Abnormal & Social Psychology*, *42*, 402–421.

Cattell, R. B., & Tollefson, D. L. (1966). *The IPAT humor test of personality*. Champaign, IL: Institute for Personality and Ability Testing.

Celso, B. G., Ebener, D. J., & Burkhead, E. J. (2003). Humor coping, health status, and life satisfaction among older adults residing in assisted living facilities. *Aging & Mental Health*, *7*(6), 438–445.

Chafe, W. (1987). Humor as a disabling mechanism. *American Behavioral Scientist*, *30*(1), 16–25.

Chapman, A. J. (1973a). An electromyographic study of apprehension about evaluation. *Psychological Reports*, *33*, 811–814.

Chapman, A. J. (1973b). Social facilitation of laughter in children. *Journal of Experimental Social Psychology, 9*(6), 528–541.
Chapman, A. J. (1975a). Eye contact, physical proximity and laughter: A re-examination of the equilibrium model of social intimacy. *Social Behavior & Personality, 3*(2), 143–155.
Chapman, A. J. (1975b). Humorous laughter in children. *Journal of Personality & Social Psychology, 31*(1), 42–49.
Chapman, A. J. (1976). Social aspects of humorous laughter. In A. J. Chapman & H. C. Foot (Eds.), *Humour and laughter: Theory, research, and applications* (pp. 155–185). London: John Wiley & Sons.
Chapman, A. J. (1983). Humor and laughter in social interaction and some implications for humor research. In P. E. McGhee & J. H. Goldstein (Eds.), *Handbook of humor research, Vol. 1: Basic issues* (pp. 135–157). New York: Springer-Verlag.
Chapman, A. J., & Foot, H. C. (1976). *Humour and laughter: Theory, research and applications.* Oxford, England: John Wiley & Sons.
Chapman, A. J., & Gadfield, N. J. (1976). Is sexual humor sexist? *Journal of Communication, 26*(3), 141–153.
Chapman, A. J., Smith, J. R., & Foot, H. C. (1980). Humour, laughter, and social interaction. In P. E. McGhee & A. J. Chapman (Eds.), *Children's humour* (pp. 141–179). Chichester: John Wiley & Sons.
Chapman, A. J., & Wright, D. S. (1976). Social enhancement of laughter: An experimental analysis of some companion variables. *Journal of Experimental Child Psychology, 21*(2), 201–218.
Chattopadhyay, A., & Basu, K. (1990). Humor in advertising: The moderating role of prior brand evaluation. *Journal of Marketing Research, 27*(4), 466–476.
Check, J. F. (1986). Positive traits of the effective teacher–negative traits of the ineffective one. *Education, 106*(3), 326–334.
Chen,G.,& Martin,R.A. (2007). A comparison of humor styles, coping humor, and mental health between Chinese and Canadian university students. *Humor: Interventional Journal of Humor Research, 20*(3), 215–234.
Cherkas, L., Hochberg, F., MacGregor, A. J., Snieder, H., & Spector, T. D. (2000). Happy families: A twin study of humour. *Twin Research, 3*, 17–22.
Chomsky, N. (1957). *Syntactic structures.* The Hague: Mouton.
Chomsky, N. (1971). Deep structure, surface structure, and semantic interpretation. In D. D. Steinberg & L. A. Jakobovits (Eds.), *Semantics: An interdisciplinary reader in philosophy, linguistics, and psychology* (pp. 183–216). Cambridge: Cambridge University Press.
Christie, I. C., & Friedman, B. H. (2004). Autonomic specificity of discrete emotion and dimensions of affective space: A multivariate approach. *International Journal of Psychophysiology, 51*, 143–153.
Clabby, J. F. (1980). The wit: A personality analysis. *Journal of Personality Assessment, 44*(3), 307–310.
Clark, A., Seidler, A., & Miller, M. (2001). Inverse association between sense of humor and coronary heart disease. *International Journal of Cardiology, 80*, 87–88.
Clark, H. H., & Gerrig, R. J. (1984). On the pretense theory of irony. *Journal of Experimental Psychology: General, 113*, 121–126.
Clouse, R. W., & Spurgeon, K. L. (1995). Corporate analysis of humor. *Psychology: A Journal of Human Behavior, 32*(3–4), 1–24.
Cogan, R., Cogan, D., Waltz, W., & McCue, M. (1987). Effects of laughter and relaxation on discomfort thresholds. *Journal of Behavioral Medicine, 10*(2), 139–144.

Cohan, C. L., & Bradbury, T. N. (1997). Negative life events, marital interaction, and the longitudinal course of newlywed marriage. *Journal of Personality & Social Psychology, 73*(1), 114–128.
Cohen, S., & Edwards, J. R. (1989). Personality characteristics as moderators of the relationship between stress and disorder. In R. W. J. Neufeld (Ed.), *Advances in the investigation of psychological stress* (pp. 235–283). New York: Wiley.
Collinson, D. L. (1988). "Engineering humour": Masculinity, joking and conflict in shop-floor relations. *Organization Studies, 9*(2), 181–199.
Colston, H. L., Giora, R., & Katz, A. (2000). *Joke comprehension: Salience and context effects*. Paper presented at the 7th International Pragmatics Conference, Budapest.
Consalvo, C. M. (1989). Humor in management: No laughing matter. *Humor: International Journal of Humor Research, 2*(3), 285–297.
Conway, M., & Dube, L. (2002). Humor in persuasion on threatening topics: Effectiveness is a function of audience sex role orientation. *Personality & Social Psychology Bulletin, 28*(7), 863–873.
Cook, K. S., & Rice, E. (2003). Social exchange theory. In J. Delamater (Ed.), *Handbook of social psychology* (pp. 53–76). New York: Plenum.
Cook, M., Young, A., Taylor, D., & Bedford, A. P. (1998). Personality correlates of alcohol consumption. *Personality & Individual Differences, 24*, 641–647.
Cornett, C. E. (1986). *Learning through laughter: Humor in the classroom*. Bloomington, IN: Phi Delta Kappa Educational Foundation.
Corruble, E., Bronnec, M., Falissard, B., & Hardy, P. (2004). Defense styles in depressed suicide attempters. *Psychiatry & Clinical Neurosciences, 58*(3), 285–288.
Coser, R. L. (1960). Laughter among colleagues: A study of the functions of humor among the staff of a mental hospital. *Psychiatry, 23*, 81–95.
Coulson, A. S. (2001). Cognitive synergy. In M. J. Apter (Ed.), *Motivational styles in everyday life: A guide to reversal theory* (pp. 229–248). Washington, DC: American Psychological Association.
Coulson, S., & Kutas, M. (2001). Getting it: Human event-related brain response to jokes in good and poor comprehenders. *Neuroscience Letters, 316*, 71–74.
Cousins, N. (1976). Anatomy of an illness (as perceived by the patient). *New England Journal of Medicine, 295*, 1458–1463.
Cousins, N. (1979). *Anatomy of an illness as perceived by the patient: Reflections on healing and regeneration*. New York: W. W. Norton.
Cousins, N. (1985). Therapeutic value of laughter. *Integrative Psychiatry, 3*(2), 112.
Craik, K. H., Lampert, M. D., & Nelson, A. J. (1996). Sense of humor and styles of everyday humorous conduct. *Humor: International Journal of Humor Research, 9*(3–4), 273–302.
Craik, K. H., & Ware, A. P. (1998). Humor and personality in everyday life. In W. Ruch (Ed.), *The sense of humor: Explorations of a personality characteristic* (pp. 63–94). Berlin, Germany: Walter de Gruyter.
Crawford, M. (1989). Humor in conversational context: Beyond biases in the study of gender and humor. In R. K. Unger (Ed.), *Representations: Social constructions of gender* (pp. 155–166). Amityville, NY: Baywood Publishing.
Crawford, M. (1992). Just kidding: Gender and conversational humor. In R. Barreca (Ed.), *New perspectives on women and comedy* (pp. 23–37). Philadelphia, PA: Gordon and Breach.
Crawford, M. (2003). Gender and humor in social context. *Journal of Pragmatics, 35*(9), 1413–1430.

Crawford, M., & Gressley, D. (1991). Creativity, caring, and context: Women's and men's accounts of humor preferences and practices. *Psychology of Women Quarterly, 15*(2), 217–231.

Creusere, M. A. (1999). Theories of adults' understanding and use of irony and sarcasm: Applications to and evidence from research with children. *Developmental Review, 19*(2), 213–262.

Creusere, M. A. (2000). A developmental test of theoretical perspectives on the understanding of verbal irony: Children's recognition of allusion and pragmatic insincerity. *Metaphor & Symbol, 15*(1–2), 29–45.

Culver, J. L., Arena, P. L., Wimberly, S. R., Antoni, M. H., & Carver, C. S. (2004). Coping among African-American, Hispanic, and non-Hispanic White women recently treated for early stage breast cancer. *Psychology & Health, 19*(2), 157–166.

Cunningham, W. A., & Derks, P. (2005). Humor appreciation and latency of comprehension. *Humor: International Journal of Humor Research, 18*(4), 389–403.

Damasio, A. R. (1994). *Descartes' error: Emotion, reasoning, and the human brain.* New York: G. P. Putnam.

Damico, S. B., & Purkey, W. W. (1978). Class clowns: A study of middle school students. *American Educational Research Journal, 15*(3), 391–398.

Daniel, H. J., O'Brien, K. F., McCabe, R. B., & Quinter, V. E. (1985). Values in mate selection: A 1984 campus survey. *College Student Journal, 19*(1), 44–50.

Danzer, A., Dale, J. A., & Klions, H. L. (1990). Effect of exposure to humorous stimuli on induced depression. *Psychological Reports, 66*(3, Pt 1), 1027–1036.

Darwin, C. (1872). *The expression of the emotions in man and animals.* London: Murray.

Davidson, I. F. W. K., & Brown, W. I. (1989). Using humour in counselling mentally retarded clients: A preliminary study. *International Journal for the Advancement of Counselling, 12*, 93–104.

Davies, A. P., & Apter, M. J. (1980). Humour and its effect on learning in children. In P. E. McGhee & A. J. Chapman (Eds.), *Children's humour* (pp. 237–253). Chichester: John Wiley & Sons.

Davies, C. (1990a). *Ethnic humor around the world: A comparative analysis.* Bloomington, IN: Indiana University Press.

Davies, C. (1990b). An explanation of Jewish jokes about Jewish women. *Humor: International Journal of Humor Research, 3*, 363–378.

Davis, G. A., & Subkoviak, M. J. (1975). Multidimensional analysis of a personality-based test of creative potential. *Journal of Educational Measurement, 12*(1), 37–43.

Davis, J. M., & Farina, A. (1970). Humor appreciation as social communication. *Journal of Personality & Social Psychology, 15*(2), 175–178.

Day, H. I., & Langevin, R. (1969). Curiosity and intelligence: Two necessary conditions for a high level of creativity. *Journal of Special Education, 3*, 263–268.

de Groot, A., Kaplan, J., Rosenblatt, E., Dews, S., & Winner, E. (1995). Understanding versus discriminating nonliteral utterances: Evidence for a dissociation. *Metaphor & Symbol, 10*(4), 255–273.

de Koning, E., & Weiss, R. L. (2002). The Relational Humor Inventory: Functions of humor in close relationships. *American Journal of Family Therapy, 30*(1), 1–18.

Deal, T. E. D., & Kennedy, A. A. (1982). *Corporate cultures: The rites and rituals of corporate life.* Reading, MA: Addison-Wesley.

Deaner, S. L., & McConatha, J. T. (1993). The relationship of humor to depression and personality. *Psychological Reports, 72*(3, Pt 1), 755–763.

Decker, W. H. (1987). Managerial humor and subordinate satisfaction. *Social Behavior & Personality, 15*(2), 225–232.
Decker, W. H., & Rotondo, D. M. (2001). Relationships among gender, type of humor, and perceived leader effectiveness. *Journal of Managerial Issues, 13*(4), 450–465.
Deckers, L. (1993). On the validity of a weight-judging paradigm for the study of humor. *Humor: International Journal of Humor Research, 6*(1), 43–56.
Deckers, L. (1998). Influence of mood on humor. In W. Ruch (Ed.), *The sense of humor: Explorations of a personality characteristic* (pp. 309–328). Berlin, Germany: Walter de Gruyter.
Deckers, L., & Buttram, R. T. (1990). Humor as a response to incongruities within or between schemata. *Humor: International Journal of Humor Research, 3*(1), 53–64.
Deckers, L., & Carr, D. E. (1986). Cartoons varying in low-level pain ratings, not aggression ratings, correlate positively with funniness ratings. *Motivation & Emotion, 10*(3), 207–216.
Deckers, L., & Edington, J. (1979). *Facial expressions of mirth as a log-log function of the degree of incongruity in a psychophysical task.* Paper presented at the Midwestern Psychological Association Convention, Chicago.
Deckers, L., Edington, J., & VanCleave, G. (1981). Mirth as a function of incongruities in judged and unjudged dimensions of psychophysical tasks. *Journal of General Psychology, 105*(Pt 2), 225–233.
Deckers, L., & Hricik, D. (1984). Orienting and humor responses: A synthesis. *Motivation & Emotion, 8*(3), 183–204.
Deckers, L., Jenkins, S., & Gladfelter, E. (1977). Incongruity versus tension relief: Hypotheses of humor. *Motivation & Emotion, 1,* 261–272.
Deckers, L., & Kizer, P. (1974). A note on weight discrepancy and humor. *Journal of Psychology, 86*(2), 309–312.
Deckers, L., & Kizer, P. (1975). Humor and the incongruity hypothesis. *Journal of Psychology, 90*(2), 215–218.
Deckers, L., Pell, C., & Lundahl, B. (1990). *Smile amplitude or duration as an indicator of humor?* Paper presented at the Midwestern Psychological Association Convention, Chicago.
Deckers, L., & Ruch, W. (1992a). Sensation seeking and the Situational Humour Response Questionnaire (SHRQ): Its relationship in American and German samples. *Personality & Individual Differences, 13*(9), 1051–1054.
Deckers, L., & Ruch, W. (1992b). The Situational Humour Response Questionnaire (SHRQ) as a test of "sense of humour": A validity study in the field of humour appreciation. *Personality & Individual Differences, 13*(10), 1149–1152.
Deckers, L., & Salais, D. (1983). Humor as a negatively accelerated function of the degree of incongruity. *Motivation & Emotion, 7*(4), 357–363.
Deffenbacher, J. L., Deitz, S. R., & Hazaleus, S. L. (1981). Effects of humor and test anxiety on performance, worry, and emotionality in naturally occurring exams. *Cognitive Therapy & Research, 5*(2), 225–228.
Deinzer, R., Kleineidam, C., Stiller-Winkler, R., Idel, H., & Bachg, D. (2000). Prolonged reduction of salivary immunoglobulin A (sIgA) after major academic exam. *International Journal of Psychophysiology, 37*(3), 219–232.
DeNeve, K. M. (1999). Happy as an extraverted clam? The role of personality for subjective well-being. *Current Directions in Psychological Science, 8*(5), 141–144.
Derks, P. (1987). Humor production: An examination of three models of creativity. *Journal of Creative Behavior, 21,* 325–326.
Derks, P., & Arora, S. (1993). Sex and salience in the appreciation of cartoon humor. *Humor: International Journal of Humor Research, 6*(1), 57–69.

Derks, P., & Berkowitz, J. (1989). Some determinants of attitudes toward a joker. *Humor: International Journal of Humor Research, 2*(4), 385–396.
Derks, P., Gardner, J. B., & Agarwal, R. (1998). Recall of innocent and tendentious humorous material. *Humor: International Journal of Humor Research, 11*(1), 5–19.
Derks, P., Gillikin, L. S., Bartolome-Rull, D. S., & Bogart, E. H. (1997). Laughter and electroencephalographic activity. *Humor: International Journal of Humor Research, 10*(3), 285–300.
Derks, P., & Hervas, D. (1988). Creativity in humor production: Quantity and quality in divergent thinking. *Bulletin of the Psychonomic Society, 26*(1), 37–39.
Derks, P., Kalland, S., & Etgen, M. (1995). The effect of joke type and audience response on the reaction to a joker: Replication and extension. *Humor: International Journal of Humor Research, 8*(4), 327–337.
Derks, P., Staley, R. E., & Haselton, M. G. (1998). "Sense" of humor: Perception, intelligence, or expertise? In W. Ruch (Ed.), *The sense of humor: Explorations of a personality characteristic* (pp. 143–158). Berlin, Germany: Walter de Gruyter & Co, 1998, x, 498.
Dewitte, S., & Verguts, T. (2001). Being funny: A selectionist account of humor production. *Humor: International Journal of Humor Research, 14*(1), 37–53.
Dews, S., Kaplan, J., & Winner, E. (1995). Why not say it directly? The social functions of irony. *Discourse Processes, 19*(3), 347–367.
Dews, S., Winner, E., Kaplan, J., Rosenblatt, E., Hunt, M., Lim, K., et al. (1996). Children's understanding of the meaning and functions of verbal irony. *Child Development, 67*(6), 3071–3085.
Dienstbier, R. A. (1995). The impact of humor on energy, tension, task choices, and attributions: Exploring hypotheses from toughness theory. *Motivation & Emotion, 19*(4), 255–267.
Dillon, K. M., Minchoff, B., & Baker, K. H. (1985). Positive emotional states and enhancement of the immune system. *International Journal of Psychiatry in Medicine, 15*(1), 13–18.
Dillon, K. M., & Totten, M. C. (1989). Psychological factors, immunocompetence, and health of breast-feeding mothers and their infants. *Journal of Genetic Psychology, 150*(2), 155–162.
Dixon, N. F. (1980). Humor: A cognitive alternative to stress? In I. G. Sarason & C. D. Spielberger (Eds.), *Stress and anxiety* (Vol. 7, pp. 281–289). Washington, DC: Hemisphere.
D'Onofrio, B. M., Turkheimer, E. N., Eaves, L. J., Corey, L. A., Berg, K., Solaas, M. H., et al. (2003). The role of the Children of Twins design in elucidating causal relations between parent characteristics and child outcomes. *Journal of Child Psychology & Psychiatry, 44*(8), 1130–1144.
Donoghue, E. E., McCarrey, M. W., & Clement, R. (1983). Humour appreciation as a function of canned laughter, a mirthful companion, and field dependence: Facilitation and inhibitory effects. *Canadian Journal of Behavioural Science, 15*(2), 150–162.
Doris, J., & Fierman, E. (1956). Humor and anxiety. *Journal of Abnormal & Social Psychology, 53*, 59–62.
Doris, P. (2004). *The humor styles questionnaire: Investigating the role of humor in psychological well-being*. Unpublished doctoral dissertation, University of Western Ontario, London, Ontario.
Dorz, S., Novara, C., Sica, C., & Sanavio, E. (2003). Predicting burnout among HIV/AIDS and oncology health care workers. *Psychology & Health, 18*(5), 677–684.
du Pre, A. (1998). *Humor and the healing arts: A multimethod analysis of humor use in health care*. Mahwah, NJ: Lawrence Erlbaum Associates.

Duchowny, M. S. (1983). Pathological disorders of laughter. In P. E. McGhee & J. H. Goldstein (Eds.), *Handbook of humor research, Vol. 2: Applied studies* (pp. 89–108). New York: Springer-Verlag.
Dunbar, R. I. M. (1996). *Grooming, gossip and the evolution of language.* London: Faber and Faber.
Duncan, C. P., & Nelson, J. E. (1985). Effects of humor in a radio advertising experiment. *Journal of Advertising, 14*(2), 33–40.
Duncan, C. P., Nelson, J. E., & Frontzak, N. L. (1984). The effect of humor on advertising comprehension. In T. C. Kinnear (Ed.), *Advances in consumer research* (pp. 432–437). Chicago: Association for Consumer Research.
Duncan, W. J., & Feisal, J. P. (1989). No laughing matter: Patterns of humor in the workplace. *Organizational Dynamics, 17*(4), 18–30.
Duncan, W. J., Smeltzer, L. R., & Leap, T. L. (1990). Humor and work: Applications of joking behavior to management. *Journal of Management, 16*(2), 255–278.
Dworkin, E. S., & Efran, J. S. (1967). The angered: Their susceptibility to varieties of humor. *Journal of Personality & Social Psychology, 6*(2), 233–236.
Dwyer, T. (1991). Humor, power, and change in organizations. *Human Relations, 44*(1), 1–19.
Eagly, A. H., Ashmore, R. D., Makhijani, M. G., & Longo, L. C. (1991). What is beautiful is good, but . . . : A meta-analytic review of research on the physical attractiveness stereotype. *Psychological Bulletin, 110,* 109–128.
Eastman, M. (1936). *Enjoyment of laughter.* New York: Simon and Schuster.
Ekman, P., Davidson, R. J., & Friesen, W. V. (1990). The Duchenne smile: Emotional expression and brain physiology: II. *Journal of Personality & Social Psychology, 58*(2), 342–353.
Ekman, P., & Friesen, W. V. (1978). *Facial action coding system.* Palo Alto, CA: Consulting Psychologists Press.
Ellis, A. (1977). Fun as psychotherapy. *Rational Living, 12*(1), 2–6.
Ellis, A., & Grieger, R. (1986). *Handbook of rational-emotive therapy.* New York: Springer.
Engel, G. L. (1977). The need for a new medical model: A challenge for biomedicine. *Science, 196*(4286), 129–136.
Epstein, S., & Smith, R. (1956). Repression and insight as related to reaction to cartoons. *Journal of Consulting Psychology, 20,* 391–395.
Ervin-Tripp, S. M. (1993). Conversational discourse. In J. B. Gleason & N. B. Ratner (Eds.), *Psycholinguistics* (pp. 237–270). Fort Worth, TX: Harcourt Brace Jovanovich.
Esler, M. D. (1998). Mental stress, panic disorder and the heart. *Stress Medicine, 14*(4), 237–243.
Eysenck, H. J. (1942). The appreciation of humour: an experimental and theoretical study. *British Journal of Psychology, 32,* 295–309.
Eysenck, H. J. (1943). An experimental analysis of five tests of "appreciation of humor." *Educational & Psychological Measurement, 3,* 191–214.
Eysenck, H. J. (1972). Foreword. In J. H. Goldstein & P. E. McGhee (Eds.), *The psychology of humor: Theoretical perspectives and empirical issues* (pp. xii-xvii). New York: Academic Press.
Eysenck, H. J. (1990). Biological dimensions of personality. In L. A. Pervin (Ed.), *Handbook of personality: Theory and research* (pp. 244–276). New York: Guilford.
Fabrizi, M. S., & Pollio, H. R. (1987a). Are funny teenagers creative? *Psychological Reports, 61*(3), 751–761.
Fabrizi, M. S., & Pollio, H. R. (1987b). A naturalistic study of humorous activity in a third, seventh, and eleventh grade classroom. *Merrill-Palmer Quarterly, 33*(1), 107–128.
Fagen, R. (1981). *Animal play behavior.* New York: Oxford University Press.
Farrelly, F., & Brandsma, J. (1974). *Provocative therapy.* Cupertino, CA: Meta Publications.

Farrelly, F., & Lynch, M. (1987). Humor in provocative therapy. In W. F. Fry & W. A. Salameh (Eds.), *Handbook of humor and psychotherapy: Advances in the clinical use of humor* (pp. 81–106). Sarasota, FL: Professional Resource Exchange.

Feingold, A. (1981). Testing equity as an explanation for romantic couples "mismatched" on physical attractiveness. *Psychological Reports, 49*(1), 247–250.

Feingold, A. (1982). Measuring humor: A pilot study. *Perceptual & Motor Skills, 54*(3, Pt 1), 986.

Feingold, A. (1983). Measuring humor ability: Revision and construct validation of the Humor Perceptiveness Test. *Perceptual & Motor Skills, 56*(1), 159–166.

Feingold, A. (1992). Gender differences in mate selection preferences: A test of the parental investment model. *Psychological Bulletin, 112*(1), 125–139.

Feingold, A., & Mazzella, R. (1991). Psychometric intelligence and verbal humor ability. *Personality & Individual Differences, 12*(5), 427–435.

Feingold, A., & Mazzella, R. (1993). Preliminary validation of a multidimensional model of wittiness. *Journal of Personality, 61*(3), 439–456.

Felmlee, D. H. (1995). Fatal attractions: Affection and disaffection in intimate relationships. *Journal of Social & Personal Relationships, 12*(2), 295–311.

Ferris, D. R. (1972). Humor and creativity: Research and theory. *Journal of Creative Behavior, 6*, 75–79.

Fine, G. A. (1977). Humour in situ: The role of humour in small group culture. In A. J. Chapman & H. C. Foot (Eds.), *It's a funny thing, humour* (pp. 315–318). Oxford: Pergamon Press.

Fisher, S., & Fisher, R. L. (1981). *Pretend the world is funny and forever: A psychological analysis of comedians, clowns, and actors.* Hillsdale, NJ: Erlbaum.

Flugel, J. C. (1954). Humor and laughter. In G. Lindzey (Ed.), *Handbook of social psychology.* Cambridge, MA: Addison-Wesley.

Fogel, A., Dickson, K. L., Hsu, H.-C., Messinger, D., Nelson-Goens, G. C., & Nwokah, E. E. (1997). Communication of smiling and laughter in mother-infant play: Research on emotion from a dynamic systems perspective. In K. C. Barrett (Ed.), *The communication of emotion: Current research from diverse perspectives* (pp. 5–24). San Francisco, CA: Jossey-Bass.

Foley, E., Matheis, R., & Schaefer, C. (2002). Effect of forced laughter on mood. *Psychological Reports, 90*(1), 184.

Forabosco, G. (1992). Cognitive aspects of the humor process: The concept of incongruity. *Humor: International Journal of Humor Research, 5*(1–2), 45–68.

Forabosco, G. (1994). "Seriality" and appreciation of jokes. *Humor: International Journal of Humor Research, 7*(4), 351–375.

Forabosco, G. (1998). The ill side of humor: Pathological conditions and sense of humor. In W. Ruch (Ed.), *The sense of humor: Explorations of a personality characteristic* (pp. 271–292). Berlin, Germany: Walter de Gruyter.

Forabosco, G., & Ruch, W. (1994). Sensation seeking, social attitudes and humor appreciation in Italy. *Personality & Individual Differences, 16*(4), 515–528.

Ford, C. V., & Spaulding, R. C. (1973). The Pueblo incident: A comparison of factors related to coping with extreme stress. *Archives of General Psychiatry, 29*(3), 340–343.

Ford, T. E. (2000). Effects of sexist humor on tolerance of sexist events. *Personality & Social Psychology Bulletin, 26*(9), 1094–1107.

Ford, T. E., & Ferguson, M. A. (2004). Social consequences of disparagement humor: A prejudiced norm theory. *Personality & Social Psychology Review, 8*(1), 79–94.

Ford, T. E., Ferguson, M. A., Brooks, J. L., & Hagadone, K. M. (2004). Coping sense of humor reduces effects of stereotype threat on women's math performance. *Personality & Social Psychology Bulletin, 30*(5), 643–653.

Ford, T. E., Wentzel, E. R., & Lorion, J. (2001). Effects of exposure to sexist humor on perceptions of normative tolerance of sexism. *European Journal of Social Psychology, 31*(6), 677–691.

Forester, J. (2004). Responding to critical moments with humor, recognition, and hope. *Negotiation Journal, 20*(2), 221–237.

Fortson, S. B., & Brown, W. E. (1998). Best and worst university instructors: The opinions of graduate students. *College Student Journal, 32*(4), 572–576.

Foster, J. A., & Reid, J. (1983). Humor and its relationship to students' assessments of the counsellor. *Canadian Counsellor, 17*(3), 124–129.

Foster, P. S., Webster, D. G., & Williamson, J. (2002). The psychophysiological differentiation of actual, imagined, and recollected mirth. *Imagination, Cognition & Personality, 22*(2), 163–180.

Fraley, B., & Aron, A. (2004). The effect of a shared humorous experience on closeness in initial encounters. *Personal Relationships, 11*(1), 61–78.

Francis, L. E. (1994). Laughter, the best mediation: Humor as emotion management in interaction. *Symbolic Interaction, 17*(2), 147–163.

Frank, M. G., & Ekman, P. (1993). Not all smiles are created equal: The differences between enjoyment and nonenjoyment smiles. *Humor: International Journal of Humor Research, 6*(1), 9–26.

Frankl, V. E. (1960). Paradoxical intention: A logotherapeutic technique. *American Journal of Psychotherapy, 14*, 520–535.

Frankl, V. E. (1984). *Man's search for meaning.* New York: Washington Square Press.

Franzini, L. R. (2000). Humor in behavior therapy. *Behavior Therapist, 23*(2), 25–29, 41.

Franzini, L. R. (2001). Humor in therapy: The case for training therapists in its uses and risks. *Journal of General Psychology, 128*(2), 170–193.

Fredrickson, B. L. (1998). What good are positive emotions? *Review of General Psychology, 2*(3), 300–319.

Fredrickson, B. L. (2001). The role of positive emotions in positive psychology: The broaden-and-build theory of positive emotions. *American Psychologist, 56*(3), 218–226.

Fredrickson, B. L., & Branigan, C. (2005). Positive emotions broaden the scope of attention and thought-action repertoires. *Cognition & Emotion, 19*(3), 313–332.

Fredrickson, B. L., & Levenson, R. W. (1998). Positive emotions speed recovery from the cardiovascular sequelae of negative emotions. *Cognition & Emotion, 12*(2), 191–220.

Fredrickson, B. L., Mancuso, R. A., Branigan, C., & Tugade, M. M. (2000). The undoing effect of positive emotions. *Motivation and Emotion, 24*(4), 237–258.

Freiheit, S. R., Overholser, J. C., & Lehnert, K. L. (1998). The association between humor and depression in adolescent psychiatric inpatients and high school students. *Journal of Adolescent Research, 13*(1), 32–48.

Freud, S. (1928). Humour. *International Journal of Psychoanalysis, 9*, 1–6.

Freud, S. (1935). *A general introduction to psycho-analysis.* New York: Liveright Publishing.

Freud, S. (1960 [1905]). *Jokes and their relation to the unconscious.* New York: Norton.

Frewen, P.A., Brinker, J., Martin, R.A., & Dozois, D.J.A. (2008). Humor styles and personality-vulnerability to depression. *Humor: International Journal of Humor Research, 21*(2), 179–195.

Fridlund, A. J., & Loftis, J. M. (1990). Relations between tickling and humorous laughter: Preliminary support for the Darwin-Hecker hypothesis. *Biological Psychology, 30*(2), 141–150.

Fried, I., Wilson, C. L., MacDonald, K. A., & Behnke, E. J. (1998). Electric current stimulates laughter. *Nature, 391*(66–68), 650.

Friedman, H. S., Tucker, J. S., Tomlinson-Keasey, C., Schwartz, J. E., et al. (1993). Does childhood personality predict longevity? *Journal of Personality & Social Psychology, 65*(1), 176–185.

Fry, D. P. (2005). Rough-and-tumble social play in humans. In A. D. Pellegrini & P. K. Smith (Eds.), *The nature of play: Great apes and humans* (pp. 54–85). New York: Guilford Press.

Fry, P. S. (1995). Perfectionism, humor, and optimism as moderators of health outcomes and determinants of coping styles of women executives. *Genetic, Social, & General Psychology Monographs, 121*(2), 211–245.

Fry, W. F. (1963). *Sweet madness: A study of humor*. Palo Alto, CA: Pacific Books.

Fry, W. F. (1994). The biology of humor. *Humor: International Journal of Humor Research, 7*(2), 111–126.

Fry, W. F., & Rader, C. (1977). The respiratory components of mirthful laughter. *Journal of Biological Psychology, 19*(2), 39–50.

Fry, W. F., & Salameh, W. A. (Eds.). (1987). *Handbook of humor and psychotherapy: Advances in the clinical use of humor*. Sarasota, FL: Professional Resource Exchange.

Fry, W. F., & Salameh, W. A. (Eds.). (1993). *Advances in humor and psychotherapy*. Sarasota, FL: Professional Resource Press.

Führ, M. (2001). Some aspects of form and function of humor in adolescence. *Humor: International Journal of Humor Research, 14*(1), 25–36.

Führ, M. (2002). Coping humor in early adolescence. *Humor: International Journal of Humor Research, 15*(3), 283–304.

Fuller, R. G., & Sheehy-Skeffington, A. (1974). Effects of group laughter on responses to humorous material: A replication and extension. *Psychological Reports, 35*(1, Pt 2), 531–534.

Gallivan, J. (1992). Group differences in appreciation of feminist humor. *Humor: International Journal of Humor Research, 5*(4), 369–374.

Galloway, G., & Cropley, A. (1999). Benefits of humor for mental health: Empirical findings and directions for further research. *Humor: International Journal of Humor Research, 12*(3), 301–314.

Gamble, J. (2001). Humor in apes. *Humor: International Journal of Humor Research, 14*(2), 163–179.

Garner, B. P. (1998). Play development from birth to age four. In D. P. Fromberg & D. Bergen (Eds.), *Play from birth to twelve and beyond: Contexts, perspectives, and meanings* (pp. 137–145). New York: Garland.

Gavanski, I. (1986). Differential sensitivity of humor ratings and mirth responses to cognitive and affective components of the humor response. *Journal of Personality & Social Psychology, 51*(1), 209–214.

Gelb, B. D., & Zinkhan, G. M. (1986). Humor and advertising effectiveness after repeated exposures to a radio commerical. *Journal of Advertising, 15*(2), 15–20.

Gelkopf, M., & Kreitler, S. (1996). Is humor only fun, an alternative cure or magic: The cognitive therapeutic potential of humor. *Journal of Cognitive Psychotherapy, 10*(4), 235–254.

Gelkopf, M., Kreitler, S., & Sigal, M. (1993). Laughter in a psychiatric ward: Somatic, emotional, social, and clinical influences on schizophrenic patients. *Journal of Nervous & Mental Disease, 181*(5), 283–289.

Gelkopf, M., & Sigal, M. (1995). It is not enough to have them laugh: Hostility, anger, and humor-coping in schizophrenic patients. *Humor: International Journal of Humor Research, 8*(3), 273–284.

Gerber, W. S., & Routh, D. K. (1975). Humor response as related to violation of expectancies and to stimulus intensity in a weight-judgment task. *Perceptual & Motor Skills, 41*(2), 673–674.

Gervais, M., & Wilson, D. S. (2005). The evolution and functions of laughter and humor: A synthetic approach. *Quarterly Review of Biology, 80*(4), 395–430.

Gibbs, R. W. (1986). On the psycholinguistics of sarcasm. *Journal of Experimental Psychology: General, 115*, 3–15.

Gibbs, R. W. (1994). *The poetics of mind*. Cambridge: Cambridge University Press.

Gibson, D. E. (1994). Humor consulting: Laughs for power and profit in organizations. *Humor: International Journal of Humor Research, 7*(4), 403–428.

Gilbert, D. T., Fiske, S. T., & Lindzey, G. (1998). *The handbook of social psychology* (4th ed.). Boston: McGraw-Hill.

Gillikin, L. S., & Derks, P. L. (1991). Humor appreciation and mood in stroke patients. *Cognitive Rehabilitation, 9*(5), 30–35.

Giora, R. (1985). A text-based analysis of non-narrative texts. *Theoretical Linguistics, 12*, 115–135.

Giora, R. (1991). On the cognitive aspects of the joke. *Journal of Pragmatics, 16*, 465–485.

Giora, R. (1995). On irony and negation. *Discourse Processes, 19*, 239–264.

Giora, R., & Fein, O. (1999). Irony comprehension: The graded salience hypothesis. *Humor: International Journal of Humor Research, 12*(4), 425–436.

Giora, R., Fein, O., & Schwartz, T. (1998). Irony: Graded salience and indirect negation. *Metaphor and Symbol, 13*, 83–101.

Godkewitsch, M. (1974). Correlates of humor: Verbal and nonverbal aesthetic reactions as functions of semantic distance within adjective-noun pairs. In D. E. Berlyne (Ed.), *Studies in the new experimental aesthetics: Steps towards an objective psychology of aesthetic appreciation* (pp. 279–304). Washington, DC: Hemisphere.

Godkewitsch, M. (1976). Physiological and verbal indices of arousal in rated humour. In A. J. Chapman & H. C. Foot (Eds.), *Humor and laughter: Theory, research, and applications* (pp. 117–138). London: John Wiley & Sons.

Goel, V., & Dolan, R. J. (2001). The functional anatomy of humor: Segregating cognitive and affective components. *Nature Neuroscience, 4*(3), 237–238.

Goffman, E. (1967). *Interaction ritual: Essays on face-to-face behavior*. Garden City, NY: Anchor Books.

Goldsmith, H. H., Buss, K. A., & Lemery, K. S. (1997). Toddler and childhood temperament: Expanded content, stronger genetic evidence, new evidence for the importance of environment. *Developmental Psychology, 33*(6), 891–905.

Goldsmith, H. H., Lemery, K. S., Buss, K. A., & Campos, J. J. (1999). Genetic analyses of focal aspects of infant temperament. *Developmental Psychology, 35*(4), 972–985.

Goldstein, J. H. (1982). A laugh a day: Can mirth keep disease at bay? *The Sciences, 22*(6), 21–25.

Goldstein, J. H., Harman, J., McGhee, P. E., & Karasik, R. (1975). Test of an information-processing model of humor: Physiological response changes during problem- and riddle-solving. *Journal of General Psychology, 92*(1), 59–68.

Goldstein, J. H., & McGhee, P. E. (Eds.). (1972). *The psychology of humor: Theoretical perspectives and empirical issues*. Oxford, England: Academic Press.

Goldstein, J. H., Suls, J. M., & Anthony, S. (1972). Enjoyment of specific types of humor content: Motivation or salience? In J. H. Goldstein & P. E. McGhee (Eds.), *The psychology of humor: Theoretical perspectives and empirical issues* (pp. 159–171). New York: Academic Press.
Gollob, H. F., & Levine, J. (1967). Distraction as a factor in the enjoyment of aggressive humor. *Journal of Personality & Social Psychology, 5*(3), 368–372.
Goodenough, F. L. (1932). Expression of the emotions in a blind-deaf child. *Journal of Abnormal & Social Psychology, 27*, 328–333.
Goodwin, R. (1990). Sex differences among partner preferences: Are the sexes really very similar? *Sex Roles, 23*(9–10), 501–513.
Goodwin, R., & Tang, D. (1991). Preferences for friends and close relationships partners: A cross-cultural comparison. *Journal of Social Psychology, 131*(4), 579–581.
Gorham, J. (1988). The relationship between verbal teacher immediacy behaviors and student learning. *Communication Education, 37*(1), 40–53.
Gorham, J., & Christophel, D. M. (1990). The relationship of teachers' use of humor in the classroom to immediacy and student learning. *Communication Education, 39*(1), 46–62.
Gottman, J. M. (1993). The roles of conflict engagement, escalation, and avoidance in marital interaction: A longitudinal view of five types of couples. *Journal of Consulting & Clinical Psychology, 61*(1), 6–15.
Gottman, J. M. (1994). *What predicts divorce?: The relationship between marital processes and marital outcomes.* Hillsdale, NJ: Lawrence Erlbaum Associates.
Gottman, J. M., Coan, J., Carrere, S., & Swanson, C. (1998). Predicting marital happiness and stability from newlywed interactions. *Journal of Marriage and the Family, 60*, 5–22.
Gottman, J. M., & Levenson, R. W. (1999). Rebound from marital conflict and divorce prediction. *Family Process, 38*, 287–292.
Gould, S. J. (2002). *The structure of evolutionary theory.* Cambridge, MA: Harvard University Press.
Graeven, D. B., & Morris, S. J. (1975). College humor in 1930 and 1972: An investigation using the humor diary. *Sociology & Social Research, 59*(4), 406–410.
Graham, E. E., Papa, M. J., & Brooks, G. P. (1992). Functions of humor in conversation: Conceptualization and measurement. *Western Journal of Communication, 56*(2), 161–183.
Grammer, K. (1990). Strangers meet: Laughter and nonverbal signs of interest in opposite-sex encounters. *Journal of Nonverbal Behavior, 14*(4), 209–236.
Gray, J. A. (1994). Three fundamental emotion systems. In P. Ekman & R. J. Davidson (Eds.), *The nature of emotion: Fundamental questions* (pp. 243–247). New York: Oxford University Press.
Greenwood, D., & Isbell, L. M. (2002). Ambivalent sexism and the dumb blonde: Men's and women's reactions to sexist jokes. *Psychology of Women Quarterly, 26*, 341–350.
Gregory, J. C. (1924). *The nature of laughter.* Oxford, England: Harcourt, Brace.
Greig, J. Y. T. (1923). *The psychology of laughter and comedy.* New York: Dodd, Mead.
Groch, A. S. (1974). Generality of response to humor and wit in cartoons, jokes, stories, and photographs. *Psychological Reports, 35*, 835–838.
Gross, J. J., & Muñoz, R. F. (1995). Emotion regulation and mental health. *Clinical Psychology: Science & Practice, 2*(2), 151–164.
Grotjahn, M. (1966). *Beyond laughter: Humor and the subconscious.* New York, NY: McGraw-Hill.
Grotjahn, M. (1971). Laughter in group psychotherapy. *International Journal of Group Psychotherapy, 21*(2), 234–238.

Grugulis, I. (2002). Nothing serious? Candidates' use of humour in management training. *Human Relations*, 55(4), 387–406.

Gruner, C. R. (1967). Effect of humor on speaker ethos and audience information gain. *Journal of Communication*, 17(3), 228–233.

Gruner, C. R. (1976). Wit and humour in mass communication. In A. J. Chapman & H. C. Foot (Eds.), *Humor and laughter: Theory, research, and applications* (pp. 287–311). London: John Wiley & Sons.

Gruner, C. R. (1978). *Understanding laughter: The workings of wit and humor*. Chicago: Nelson-Hall.

Gruner, C. R. (1997). *The game of humor: A comprehensive theory of why we laugh*. New Brunswick, NJ: Transaction Publishers.

Grziwok, R., & Scodel, A. (1956). Some psychological correlates of humor preferences. *Journal of Consulting Psychology*, 20, 42.

Haellstroem, T., & Noppa, H. (1981). Obesity in women in relation to mental illness, social factors and personality traits. *Journal of Psychosomatic Research*, 25, 75–82.

Haig, R. A. (1988). *The anatomy of humor: Biopsychosocial and therapeutic perspectives*. Springfield, IL, England: Charles C Thomas, Publisher.

Hall, G. S., & Allin, A. (1897). The psychology of tickling, laughing, and the comic. *American Journal of Psychology*, 9(1), 1–44.

Hammes, J. A., & Wiggins, S. L. (1962). Manifest anxiety and appreciation of humor involving emotional content. *Perceptual & Motor Skills*, 14, 291–294.

Hampes, W. P. (1992). Relation between intimacy and humor. *Psychological Reports*, 71(1), 127–130.

Hampes, W. P. (1994). Relation between intimacy and the Multidimensional Sense of Humor Scale. *Psychological Reports*, 74(3, Pt 2), 1360–1362.

Hampes, W. P. (1999). The relationship between humor and trust. *Humor: International Journal of Humor Research*, 12(3), 253–259.

Hampes, W. P. (2001). Relation between humor and empathic concern. *Psychological Reports*, 88(1), 241–244.

Happé, F., Brownell, H., & Winner, E. (1999). Acquired "theory of mind" impairments following stroke. *Cognition*, 70(3), 211–240.

Harris, C. R. (1999). The mystery of ticklish laughter. *American Scientist*, 87(4), 344–351.

Harris, C. R., & Alvarado, N. (2005). Facial expressions, smile types, and self-report during humour, tickle, and pain. *Cognition & Emotion*, 19(5), 655–669.

Harris, C. R., & Christenfeld, N. (1997). Humour, tickle, and the Darwin-Hecker Hypothesis. *Cognition & Emotion*, 11(1), 103–110.

Harris, C. R., & Christenfeld, N. (1999). Can a machine tickle? *Psychonomic Bulletin & Review*, 6(3), 504–510.

Harrison, L. K., Carroll, D., Burns, V. E., Corkill, A. R., Harrison, C. M., Ring, C., et al. (2000). Cardiovascular and secretory immunoglobin A reactions to humorous, exciting, and didactic film presentations. *Biological Psychology*, 52(2), 113–126.

Hatch, M. J., & Ehrlich, S. B. (1993). Spontaneous humour as an indicator of paradox and ambiguity in organizations. *Organization Studies*, 14(4), 505–526.

Hauck, W. E., & Thomas, J. W. (1972). The relationship of humor to intelligence, creativity, and intentional and incidental learning. *Journal of Experimental Education*, 40(4), 52–55.

Hay, J. (2000). Functions of humor in the conversations of men and women. *Journal of Pragmatics*, 32(6), 709–742.

Hayashi, K., Hayashi, T., Iwanaga, S., Kawai, K., Ishii, H., Shoji, S. I., et al. (2003). Laughter lowered the increase in postpriandal blood glucose. *Diabetes Care, 26*(5), 1651-1652.
Hebb, D. O. (1955). Drives and the C.N.S. (Conceptual Nervous System). *Psychological Review, 62*, 243-254.
Hehl, F.-J., & Ruch, W. (1985). The location of sense of humor within comprehensive personality spaces: An exploratory study. *Personality & Individual Differences, 6*(6), 703-715.
Hehl, F.-J., & Ruch, W. (1990). Conservatism as a predictor of responses to humour: III. The prediction of appreciation of incongruity resolution based humour by content saturated attitude scales in five samples. *Personality & Individual Differences, 11*(5), 439-445.
Hemmasi, M., Graf, L. A., & Russ, G. S. (1994). Gender-related jokes in the workplace: Sexual humor or sexual harassment? *Journal of Applied Social Psychology, 24*(12), 1114-1128.
Henkin, B., & Fish, J. M. (1986). Gender and personality differences in the appreciation of cartoon humor. *Journal of Psychology, 120*(2), 157-175.
Henman, L. D. (2001). Humor as a coping mechanism: Lessons from POWs. *Humor: International Journal of Humor Research, 14*(1), 83-94.
Herzog, T. R., & Bush, B. A. (1994). The prediction of preference for sick humor. *Humor: International Journal of Humor Research, 7*(4), 323-340.
Herzog, T. R., & Karafa, J. A. (1998). Preferences for sick versus nonsick humor. *Humor: International Journal of Humor Research, 11*(3), 291-312.
Herzog, T. R., & Larwin, D. A. (1988). The appreciation of humor in captioned cartoons. *Journal of Psychology, 122*(6), 597-607.
Hickson, J. (1977). Differential responses of male and female counselor trainees to humor stimuli. *Southern Journal of Educational Research, 11*(1), 1-8.
Hillson, T. R., & Martin, R. A. (1994). What's so funny about that?: The domains-interaction approach as a model of incongruity and resolution in humor. *Motivation & Emotion, 18*(1), 1-29.
Hobden, K. L., & Olson, J. M. (1994). From jest to antipathy: Disparagement humor as a source of dissonance-motivated attitude change. *Basic & Applied Social Psychology, 15*(3), 239-249.
Holland, N. N. (1982). *Laughing: A psychology of humor*. Ithaca, NY: Cornell University Press.
Holmes, D. S. (1969). Sensing humor: Latency and amplitude of response related to MMPI profiles. *Journal of Consulting & Clinical Psychology, 33*(3), 296-301.
Holmes, J., & Marra, M. (2002a). Having a laugh at work: How humour contributes to workplace culture. *Journal of Pragmatics, 34*(12), 1683-1710.
Holmes, J., & Marra, M. (2002b). Over the edge? Subversive humor between colleagues and friends. *Humor: International Journal of Humor Research, 15*(1), 65-87.
House, J. S., Landis, K. R., & Umberson, D. (1988). Social relationships and health. *Science, 241*(4865), 540-545.
Hubert, W., & de Jong-Meyer, R. (1990). Psychophysiological response patterns to positive and negative film stimuli. *Biological Psychology, 31*, 73-93.
Hubert, W., & de Jong-Meyer, R. (1991). Autonomic, neuroendocrine, and subjective responses to emotion-inducing film stimuli. *International Journal of Psychophysiology, 11*, 131-140.
Hubert, W., Moeller, M., & de Jong-Meyer, R. (1993). Film-induced amusement changes in saliva cortisol levels. *Psychoneuroendocrinology, 18*(4), 265-272.
Iaffaldano, M. T., & Muchinsky, P. M. (1985). Job satisfaction and job performance: A meta-analysis. *Psychological Bulletin, 97*(2), 251-273.
Isen, A. M. (1993). Positive affect and decision making. In M. Lewis & J. M. Haviland (Eds.), *Handbook of emotions* (pp. 261-277). New York: Guilford.

Isen, A. M. (2003). Positive affect as a source of human strength. In L. G. Aspinwall & U. M. Staudinger (Eds.), *A psychology of human strengths: Fundamental questions and future directions for a positive psychology* (pp. 179–195). Washington, DC: American Psychological Association.

Isen, A. M., & Daubman, K. A. (1984). The influence of affect on categorization. *Journal of Personality and Social Psychology, 47*, 1206–1217.

Isen, A. M., Daubman, K. A., & Nowicki, G. P. (1987). Positive affect facilitates creative problem solving. *Journal of Personality and Social Psychology, 52*, 1122–1131.

Isen, A. M., Johnson, M. M. S., Mertz, E., & Robinson, G. F. (1985). The influence of positive affect on the unusualness of word associations. *Journal of Personality and Social Psychology, 48*, 1413–1426.

Itami, J., Nobori, M., & Texhima, H. (1994). Laughter and immunity. *Japanese Journal of Psychosomatic Medicine, 34*, 565–571.

Iwase, M., Ouchi, Y., Okada, H., Yokoyama, C., Nobezawa, S., Yoshikawa, E., et al. (2002). Neural substrates of human facial expression of pleasant emotion induced by comic films: A PET study. *NeuroImage, 17*, 758–768.

Janes, L. M., & Olson, J. M. (2000). Jeer pressures: The behavioral effects of observing ridicule of others. *Personality & Social Psychology Bulletin, 26*(4), 474–485.

Janus, S. S. (1975). The great comedians: Personality and other factors. *American Journal of Psychoanalysis, 35*(2), 169–174.

Janus, S. S., Bess, B. E., & Janus, B. R. (1978). The great comediennes: Personality and other factors. *American Journal of Psychoanalysis, 38*(4), 367–372.

John, O. P. (1990). The "Big Five" factor taxonomy: Dimensions of personality in the natural language and in questionnaires. In L. A. Pervin (Ed.), *Handbook of personality: Theory and research* (pp. 66–100). New York: Guilford.

Johnson, A. K., & Anderson, E. A. (1990). Stress and arousal. In J. T. Cacioppo & L. G. Tassinary (Eds.), *Principles of psychophysiology: Physical, social, and inferential elements* (pp. 216–252). Cambridge, England: Cambridge University Press.

Johnson, H. A. (1990). Humor as an innovative method for teaching sensitive topics. *Educational Gerontology, 16*(6), 547–559.

Johnson, K. E., & Mervis, C. B. (1997). First steps in the emergence of verbal humor: A case study. *Infant Behavior & Development, 20*(2), 187–196.

Jones, E. E. (1990). *Interpersonal perception*. New York: W. H. Freeman.

Jones, J. A. (2005). The masking effects of humor on audience perception of message organization. *Humor: International Journal of Humor Research, 18*(4), 405–417.

Jones, J. M., & Harris, P. E. (1971). Psychophysiological correlates of cartoon humor appreciation. *Proceedings of the Annual Convention of the American Psychological Association, 6*, 381–382.

Judge, T. A., Thoresen, C. J., Bono, J. E., & Patton, G. K. (2001). The job satisfaction–job performance relationship: A qualitative and quantitative review. *Psychological Bulletin, 127*(3), 376–407.

Kallen, H. M. (1968). *Liberty, laughter and tears: Reflection on the relations of comedy and tragedy to human freedom*. DeKalb, IL: Northern Illinois University Press.

Kamei, T., Kumano, H., & Masumura, S. (1997). Changes of immunoregulatory cells associated with psychological stress and humor. *Perceptual & Motor Skills, 84*(3, Pt 2), 1296–1298.

Kane, T. R., Suls, J., & Tedeschi, J. T. (1977). Humour as a tool of social interaction. In A. J. Chapman & H. C. Foot (Eds.), *It's a funny thing, humour* (pp. 13–16). Oxford: Pergamon Press.

Kantor, M. (1992). *The human dimension of depression: A practical guide to diagnosis, understanding, and treatment*. New York: Praeger.

Kaplan, R. M., & Pascoe, G. C. (1977). Humorous lectures and humorous examples: Some effects upon comprehension and retention. *Journal of Educational Psychology, 69*(1), 61–65.

Kataria, M. (2002). *Laugh for no reason* (2nd ed.). Mumbai, India: Madhuri International.

Katz, A. N., Blasko, D. G., & Kazmerski, V. A. (2004). Saying what you don't mean: Social influences on sarcastic language processing. *Current Directions in Psychological Science, 13*(5), 186–189.

Katz, B. F. (1993). A neural resolution of the incongruity-resolution and incongruity theories of humour. *Connection Science, 5*(1), 59–75.

Kazarian, S. S., & Martin, R. A. (2004). Humor styles, personality, and well-being among Lebanese university students. *European Journal of Personality, 18*(3), 209–219.

Kazarian, S.S., & Martin, R.A. (2006). Humor styles, culture-related personality, well-being, and family adjustment among Armenians in Lebanon. *Humor: International Journal of Humor Research, 19*(4), 405–423.

Keith-Spiegel, P. (1972). Early conceptions of humor: Varieties and issues. In J. H. Goldstein & P. E. McGhee (Eds.), *The psychology of humor: Theoretical perspectives and empirical issues* (pp. 3–39). New York: Academic Press.

Kelley, D. H., & Gorham, J. (1988). Effects of immediacy on recall of information. *Communication Education, 37*(3), 198–207.

Kelley, H. H. (1972). Attribution theory in social interaction. In E. E. Jones, D. E. Kanouse & H. H. Kelley (Eds.), *Attribution: Perceiving the causes of behavior* (pp. 1–26). Morristown, NJ: General Learning Press.

Kellogg, R. T. (1995). *Cognitive psychology*. Thousand Oaks, CA: Sage Publications.

Kelly, W. E. (2002). An investigation of worry and sense of humor. *Journal of Psychology, 136*(6), 657–666.

Keltner, D., & Bonanno, G. A. (1997). A study of laughter and dissociation: Distinct correlates of laughter and smiling during bereavement. *Journal of Personality & Social Psychology, 73*(4), 687–702.

Keltner, D., Capps, L., Kring, A. M., Young, R. C., & Heerey, E. A. (2001). Just teasing: A conceptual analysis and empirical review. *Psychological Bulletin, 127*(2), 229–248.

Keltner, D., Young, R. C., Heerey, E. A., Oemig, C., & Monarch, N. D. (1998). Teasing in hierarchical and intimate relations. *Journal of Personality and Social Psychology, 75*(5), 1231–1247.

Kennedy, S., Glaser, R., & Kiecolt-Glaser, J. (1990). Psychoneuroimmunology. In J. T. Cacioppo & L. G. Tassinary (Eds.), *Principles of psychophysiology: Physical, social, and inferential elements* (pp. 177–190). Cambridge, England: Cambridge University Press.

Kenny, D. T. (1955). The contingency of humor appreciation on the stimulus-confirmation of joke-ending expectations. *Journal of Abnormal & Social Psychology, 51*, 644–648.

Kenrick, D. T., Sadalla, E. K., Groth, G., & Trost, M. R. (1990). Evolution, traits, and the stages of the parental investment model. *Journal of Personality, 58*, 97–117.

Kerkkänen, P., Kuiper, N. A., & Martin, R. A. (2004). Sense of humor, physical health, and well-being at work: A three-year longitudinal study of Finnish police officers. *Humor: International Journal of Humor Research, 17*(1–2), 21–35.

Kiecolt-Glaser, J. K., & Newton, T. L. (2001). Marriage and health: His and hers. *Psychological Bulletin, 127*(4), 472–503.

Killinger, B. (1987). Humor in psychotherapy: A shift to a new perspective. In W. F. Fry & W. A. Salameh (Eds.), *Handbook of humor and psychotherapy: Advances in the clinical use of humor* (pp. 21–40). Sarasota, FL: Professional Resource Exchange.

Kimata, H. (2001). Effect of humor on allergen-induced wheal reactions. *JAMA: Journal of the American Medical Association, 285*(6), 737.

Kimata, H. (2004a). Differential effects of laughter on allergen-specific immunoglobulin and neurotrophin levels in tears. *Perceptual & Motor Skills, 98*(3, Pt 1), 901–908.

Kimata, H. (2004b). Effect of viewing a humorous vs. nonhumorous film on bronchial responsiveness in patients with bronchial asthma. *Physiology & Behavior, 81*(4), 681–684.

Kintsch, W., & Bates, E. (1977). Recognition memory for statements from a classroom lecture. *Journal of Experimental Psychology: Human Learning and Memory, 3*, 150–159.

Kipper, S., & Todt, D. (2001). Variation of sound parameters affects the evaluation of human laughter. *Behaviour, 138*(9), 1161–1178.

Kipper, S., & Todt, D. (2003a). Dynamic-acoustic variation causes differences in evaluations of laughter. *Perceptual & Motor Skills, 96*(3), 799–809.

Kipper, S., & Todt, D. (2003b). The Role of Rhythm and Pitch in the Evaluation of Human Laughter. *Journal of Nonverbal Behavior, 27*(4), 255–272.

Kirsh, G. A., & Kuiper, N. A. (2003). Positive and negative aspects of sense of humor: Associations with the constructs of individualism and relatedness. *Humor: International Journal of Humor Research, 16*(1), 33–62.

Klein, A. J. (1985). Humor comprehension and humor appreciation of cognitively oriented humor: A study of kindergarten children. *Child Study Journal, 15*(4), 223–235.

Klein, D. M., Bryant, J., & Zillmann, D. (1982). Relationship between humor in introductory textbooks and students' evaluations of the texts' appeal and effectiveness. *Psychological Reports, 50*(1), 235–241.

Kline, P. (1977). The psychoanalytic theory of humour and laughter. In A. J. Chapman & H. C. Foot (Eds.), *It's a funny thing, humour* (pp. 7–12). Oxford: Pergamon Press.

Knox, I. (1951). Towards a philosophy of humor. *Journal of Philosophy, 48*, 541–548.

Koestler, A. (1964). *The act of creation*. London: Hutchinson.

Köhler, G., & Ruch, W. (1996). Sources of variance in current sense of humor inventories: How much substance, how much method variance? *Humor: International Journal of Humor Research, 9*(3/4), 363–397.

Koppel, M. A., & Sechrest, L. (1970). A multitrait-multimethod matrix analysis of sense of humor. *Educational & Psychological Measurement, 30*(1), 77–85.

Korb, L. J. (1988). Humor: A tool for the psychoanalyst. *Issues in Ego Psychology, 11*(2), 45–54.

Korotkov, D., & Hannah, T. E. (1994). Extraversion and emotionality as proposed superordinate stress moderators: A prospective analysis. *Personality & Individual Differences, 16*(5), 787–792.

Kowalski, R. M., Howerton, E., & McKenzie, M. (2001). Permitted disrespect: Teasing in interpersonal interactions. In R. M. Kowalski (Ed.), *Behaving badly: Aversive behaviors in interpersonal relationships* (pp. 177–202). Washington, DC: American Psychological Association.

Kubie, L. S. (1970). The destructive potential of humor in psychotherapy. *American Journal of Psychiatry, 127*(7), 861–866.

Kuhlman, T. L. (1984). *Humor and psychotherapy*. Homewood, IL: Dow Jones–Irwin Dorsey Professional Books.

Kuhlman, T. L. (1985). A study of salience and motivational theories of humor. *Journal of Personality & Social Psychology, 49*(1), 281–286.

Kuiper, N. A., & Borowicz-Sibenik, M. (2005). A good sense of humor doesn't always help: Agency and communion as moderators of psychological well-being. *Personality & Individual Differences, 38*(2), 365–377.

Kuiper, N. A., Grimshaw, M., Leite, C., & Kirsh, G. A. (2004). Humor is not always the best medicine: Specific components of sense of humor and psychological well-being. *Humor: International Journal of Humor Research, 17*(1–2), 135–168.

Kuiper, N. A., & Martin, R. A. (1993). Humor and self-concept. *Humor: International Journal of Humor Research, 6*(3), 251–270.

Kuiper, N. A., & Martin, R. A. (1998a). Is sense of humor a positive personality characteristic? In W. Ruch (Ed.), *The sense of humor: Explorations of a personality characteristic* (pp. 159–178). Berlin, Germany: Walter de Gruyter.

Kuiper, N. A., & Martin, R. A. (1998b). Laughter and stress in daily life: Relation to positive and negative affect. *Motivation & Emotion, 22*(2), 133–153.

Kuiper, N. A., Martin, R. A., & Dance, K. A. (1992). Sense of humour and enhanced quality of life. *Personality & Individual Differences, 13*(12), 1273–1283.

Kuiper, N. A., Martin, R. A., & Olinger, L. J. (1993). Coping humour, stress, and cognitive appraisals. *Canadian Journal of Behavioural Science, 25*(1), 81–96.

Kuiper, N. A., Martin, R. A., Olinger, L. J., Kazarian, S. S., & Jette, J. L. (1998). Sense of humor, self-concept, and psychological well-being in psychiatric inpatients. *Humor: International Journal of Humor Research, 11*(4), 357–381.

Kuiper, N. A., McKenzie, S. D., & Belanger, K. A. (1995). Cognitive appraisals and individual differences in sense of humor: Motivational and affective implications. *Personality & Individual Differences, 19*(3), 359–372.

Kuiper, N. A., & Nicholl, S. (2004). Thoughts of feeling better? Sense of humor and physical health. *Humor: International Journal of Humor Research, 17*(1–2), 37–66.

Kuiper, N. A., & Olinger, L. J. (1998). Humor and mental health. In H. S. Friedman (Ed.), *Encyclopedia of mental health* (Vol. 2, pp. 445–457). San Diego, CA: Academic Press.

Kush, J. C. (1997). Relationship between humor appreciation and counselor self-perceptions. *Counseling & Values, 42*(1), 22–29.

Kushner, M. (1990). *The light touch: How to use humor for business success. In.* New York: Simon & Schuster.

La Fave, L. (1972). Humor judgments as a function of reference groups and identification classes. In J. H. Goldstein & P. E. McGhee (Eds.), *The psychology of humor: Theoretical perspectives and empirical issues* (pp. 195–210). New York: Academic Press.

La Fave, L., Haddad, J., & Maesen, W. A. (1976). Superiority, enhanced self-esteem, and perceived incongruity humour theory. In A. J. Chapman & H. C. Foot (Eds.), *Humor and laughter: Theory, research, and applications* (pp. 63–91). London: John Wiley & Sons.

La Fave, L., Haddad, J., & Marshall, N. (1974). Humor judgments as a function of identification classes. *Sociology & Social Research, 58*(2), 184–194.

La Gaipa, J. J. (1977). The effects of humour on the flow of social conversation. In A. J. Chapman & H. C. Foot (Eds.), *It's a funny thing, humour* (pp. 421–427). Oxford: Pergamon Press.

Labott, S. M., Ahleman, S., Wolever, M. E., & Martin, R. B. (1990). The physiological and psychological effects of the expression and inhibition of emotion. *Behavioral Medicine, 16*(4), 182–189.

Labott, S. M., & Martin, R. B. (1987). The stress-moderating effects of weeping and humor. *Journal of Human Stress, 13*(4), 159–164.

Labott, S. M., & Martin, R. B. (1990). Emotional coping, age, and physical disorder. *Behavioral Medicine, 16*(2), 53–61.

Lamb, C. W. (1968). Personality correlates of humor enjoyment following motivational arousal. *Journal of Personality & Social Psychology, 9*(3), 237–241.

Lambert, R. B., & Lambert, N. K. (1995). The effects of humor on secretory Immunoglobulin A levels in school-aged children. *Pediatric Nursing, 21,* 16–19.

Lampert, M. D., & Ervin-Tripp, S. M. (1998). Exploring paradigms: The study of gender and sense of humor near the end of the 20th century. In W. Ruch (Ed.), *The sense of humor: Explorations of a personality characteristic* (pp. 231–270). Berlin, Germany: Walter de Gruyter.

Landis, C., & Ross, J. W. H. (1933). Humor and its relation to other personality traits. *Journal of Social Psychology, 4,* 156–175.

Landy, D., & Mettee, D. (1969). Evaluation of an aggressor as a function of exposure to cartoon humor. *Journal of Personality & Social Psychology, 12*(1), 66–71.

Langevin, R., & Day, H. I. (1972). Physiological correlates of humor. In J. H. Goldstein & P. E. McGhee (Eds.), *The psychology of humor: Theoretical perspectives and empirical issues* (pp. 129–142). New York: Academic Press.

Lauer, R. H., Lauer, J. C., & Kerr, S. T. (1990). The long-term marriage: Perceptions of stability and satisfaction. *International Journal of Aging & Human Development, 31*(3), 189–195.

Lazarus, R. S. (1991). Cognition and motivation in emotion. *American Psychologist, 46*(4), 352–367.

Lazarus, R. S., & Folkman, S. (1984). *Stress, appraisal, and coping.* New York: Springer.

Leacock, S. B. (1935). *Humor: Its theory and technique.* New York: Dodd, Mead.

Leak, G. K. (1974). Effects of hostility arousal and aggressive humor on catharsis and humor preference. *Journal of Personality & Social Psychology, 30*(6), 736–740.

Leber, D. A., & Vanoli, E. G. (2001). Therapeutic use of humor: Occupational therapy clinicians' perceptions and practices. *American Journal of Occupational Therapy, 55*(2), 221–226.

LeDoux, J. E. (1994). Emotion-specific physiological activity: Don't forget about CNS physiology. In P. Ekman & R. J. Davidson (Eds.), *The nature of emotion: Fundamental questions* (pp. 248–251). New York: Oxford University Press.

Lefcourt, H. M. (2001). *Humor: The psychology of living buoyantly.* New York: Kluwer Academic.

Lefcourt, H. M., Davidson, K., Prkachin, K. M., & Mills, D. E. (1997). Humor as a stress moderator in the prediction of blood pressure obtained during five stressful tasks. *Journal of Research in Personality, 31*(4), 523–542.

Lefcourt, H. M., Davidson, K., Shepherd, R., & Phillips, M. (1997). Who likes "Far Side" humor? *Humor: International Journal of Humor Research, 10*(4), 439–452.

Lefcourt, H. M., Davidson, K., Shepherd, R., Phillips, M., Prkachin, K. M., & Mills, D. E. (1995). Perspective-taking humor: Accounting for stress moderation. *Journal of Social & Clinical Psychology, 14*(4), 373–391.

Lefcourt, H. M., Davidson-Katz, K., & Kueneman, K. (1990). Humor and immune-system functioning. *Humor: International Journal of Humor Research, 3*(3), 305–321.

Lefcourt, H. M., & Martin, R. A. (1986). *Humor and life stress: Antidote to adversity.* New York: Springer-Verlag.

Lefort, B. (1992). Structure of verbal jokes and comprehension in young children. *Humor: International Journal of Humor Research, 5*(1–2), 149–163.

Lehman, K. M., Burke, K. L., Martin, R., Sultan, J., & Czech, D. R. (2001). A reformulation of the moderating effects of productive humor. *Humor: International Journal of Humor Research, 14*(2), 131–161.

Lemma, A. (1999). *Humour on the couch: Exploring humour in psychotherapy and everyday life.* London, England: Whurr Publishers, Ltd.

Levenson, R. W. (1994). Human emotions: A functional view. In P. Ekman & R. J. Davidson (Eds.), *The nature of emotion: Fundamental questions* (pp. 123–126). New York: Oxford University Press.

Leventhal, H., & Patrick-Miller, L. (2000). Emotions and physical illness: Causes and indicators of vulnerability. In M. Lewis & J. M. Haviland-Jones (Eds.), *Handbook of emotions* (2nd ed., pp. 523–537). New York: Guilford.

Leventhal, H., & Safer, M. A. (1977). Individual differences, personality, and humour appreciation: Introduction to symposium. In A. J. Chapman & H. C. Foot (Eds.), *It's a funny thing, humour* (pp. 335–349). Oxford: Pergamon Press.

Levi, L. (1965). The urinary output of adrenalin and noradrenalin during pleasant and unpleasant emotional states: A preliminary report. *Psychosomatic Medicine, 27,* 80–85.

Levine, J. (1977). Humour as a form of therapy: Introduction to symposium. In A. J. Chapman & H. C. Foot (Eds.), *It's a funny thing, humour* (pp. 127–137). Oxford: Pergamon Press.

Levine, J., & Abelson, R. P. (1959). Humor as a disturbing stimulus. *Journal of General Psychology, 60,* 191–200.

Levine, J., & Redlich, F. C. (1955). Failure to understand humor. *Psychoanalytic Quarterly, 24,* 560–572.

Levinson, W., Roter, D. L., Mullooly, J. P., Dull, V. T., et al. (1997). Physician-patient communication: The relationship with malpractice claims among primary care physicians and surgeons. *JAMA: Journal of the American Medical Association, 277*(7), 553–559.

Lewis, P. (1997). Debate: Humor and political correctness. *Humor: International Journal of Humor Research, 10*(4), 453–513.

Lewis, P. (2006). *Cracking up: American humor in a time of conflict.* Chicago, IL: University of Chicago Press.

Lightner, R. M., Bollmer, J. M., Harris, M. J., Milich, R., & Scambler, D. J. (2000). What do you say to teasers? Parent and child evaluations of responses to teasing. *Journal of Applied Developmental Psychology, 21*(4), 403–427.

Lippman, L. G., & Dunn, M. L. (2000). Contextual connections within puns: Effects on perceived humor and memory. *Journal of General Psychology, 127*(2), 185–197.

Lloyd, E. L. (1938). The respiratory mechanism in laughter. *Journal of General Psychology, 19,* 179–189.

Loeb, M., & Wood, V. (1986). Epilogue: A nascent idea for an Eriksonian model of humor. In L. Nahemow, K. A. McCluskey-Fawcett & P. E. McGhee (Eds.), *Humor and aging* (pp. 279–284). Orlando, FL: Academic Press.

Loehlin, J. C., & Nichols, R. C. (1976). *Heredity, environment, and personality.* Austin, TX: University of Texas Press.

Long, D. L., & Graesser, A. C. (1988). Wit and humor in discourse processing. *Discourse Processes, 11*(1), 35–60.

Losco, J., & Epstein, S. (1975). Humor preference as a subtle measure of attitudes toward the same and the opposite sex. *Journal of Personality, 43*(2), 321–334.

Lourey, E., & McLachlan, A. (2003). Elements of sensation seeking and their relationship with two aspects of humour appreciation-perceived funniness and overt expression. *Personality & Individual Differences, 35*(2), 277–287.

Love, A. M., & Deckers, L. H. (1989). Humor appreciation as a function of sexual, aggressive, and sexist content. *Sex Roles, 20*(11–12), 649–654.

Lowe, G., Britton, R., Carpenter, E., Castle, H., Clayton, C., Hulme, C., et al. (1997). Social drinking and laughter. *Psychological Reports, 81*(2), 684.
Lowe, G., & Taylor, S. B. (1993). Relationship between laughter and weekly alcohol consumption. *Psychological Reports, 72*(3, Pt 2), 1210.
Luborsky, L. B., & Cattell, R. B. (1947). The validation of personality factors in humor. *Journal of Personality, 15*, 283–291.
Ludovici, A. M. (1933). *The secret of laughter*. New York: Viking Press.
Lundy, D. E., Tan, J., & Cunningham, M. R. (1998). Heterosexual romantic preferences: The importance of humor and physical attractiveness for different types of relationships. *Personal Relationships, 5*(3), 311–325.
Lyons, V., & Fitzgerald, M. (2004). Humor in autism and Asperger syndrome. *Journal of Autism & Developmental Disorders, 34*(5), 521–531.
Lyttle, J. (2001). The effectiveness of humor in persuasion: The case of business ethics training. *Journal of General Psychology, 128*(2), 206–216.
Lyubomirsky, S., King, L., & Diener, E. (2005). The benefits of frequent positive affect: Does happiness lead to success? *Psychological Bulletin, 131*(6), 803–855.
MacDonald, N. E., & Silverman, I. W. (1978). Smiling and laughter in infants as a function of level of arousal and cognitive evaluation. *Developmental Psychology, 14*(3), 235–241.
Mackie, D. M., & Worth, L. T. (1989). Processing deficits and the mediation of positive affect in persuasion. *Journal of Personality and Social Psychology, 57*(1), 27–40.
MacLean, P. D. (1987). The midline frontolimbic cortex and the evolution of crying and laughter. In E. Perecman (Ed.), *The frontal lobes revisited* (pp. 121–140). New York, NY: IRBN Press.
Madanes, C. (1987). Humor in strategic family therapy. In W. F. Fry & W. A. Salameh (Eds.), *Handbook of humor and psychotherapy: Advances in the clinical use of humor* (pp. 241–264). Sarasota, FL: Professional Resource Exchange.
Madden, T. J., & Weinberger, M. G. (1982). The effects of humor on attention in magazine advertising. *Journal of Advertising, 11*(3), 8–14.
Magnavita, J. J. (2002). *Theories of personality: Contemporary approaches to the science of personality*. New York: Wiley.
Mahony, D. L., Burroughs, W. J., & Hieatt, A. C. (2001). The effects of laughter on discomfort thresholds: Does expectation become reality? *Journal of General Psychology, 128*(2), 217–226.
Maio, G. R., Olson, J. M., & Bush, J. E. (1997). Telling jokes that disparage social groups: Effects on the joke teller's stereotypes. *Journal of Applied Social Psychology, 27*(22), 1986–2000.
Mandler, J. M. (1979). Categorical and schematic organization in memory. In C. R. Puff (Ed.), *Memory organization and structure* (pp. 259–299). New York: Academic Press.
Manke, B. (1998). Genetic and environmental contributions to children's interpersonal humor. In W. Ruch (Ed.), *The sense of humor: Explorations of a personality characteristic* (pp. 361–384). Berlin, Germany: Walter de Gruyter.
Manne, S., Sherman, M., Ross, S., Ostroff, J., Heyman, R. E., & Fox, K. (2004). Couples' support-related communication, psychological distress, and relationship satisfaction among women with early stage breast cancer. *Journal of Consulting & Clinical Psychology, 72*(4), 660–670.
Mannell, R. C., & McMahon, L. (1982). Humor as play: Its relationship to psychological well-being during the course of a day. *Leisure Sciences, 5*(2), 143–155.

Marci, C. D., Moran, E. K., & Orr, S. P. (2004). Physiologic evidence for the interpersonal role of laughter during psychotherapy. *Journal of Nervous & Mental Disease, 192*(10), 689–695.

Marcus, N. N. (1990). Treating those who fail to take themselves seriously: Pathological aspects of humor. *American Journal of Psychotherapy, 44*(3), 423–432.

Markiewicz, D. (1974). Effects of humor on persuasion. *Sociometry, 37*(3), 407–422.

Martens, W. H. J. (2004). Therapeutic use of humor in antisocial personalities. *Journal of Contemporary Psychotherapy, 34*(4), 351–361.

Martin, D. M. (2004). Humor in middle management: Women negotiating the paradoxes of organizational life. *Journal of Applied Communication Research, 32*(2), 147–170.

Martin, G. N., & Gray, C. D. (1996). The effects of audience laughter on men's and women's responses to humor. *Journal of Social Psychology, 136*(2), 221–231.

Martin, L. R., Friedman, H. S., Tucker, J. S., Tomlinson-Keasey, C., Criqui, M. H., & Schwartz, J. E. (2002). A life course perspective on childhood cheerfulness and its relation to mortality risk. *Personality & Social Psychology Bulletin, 28*(9), 1155–1165.

Martin, R. A. (1984). *Telic dominance, humor, stress, and moods*. Paper presented at the International Symposium on Reversal Theory, Gregynog, Wales.

Martin, R. A. (1989). Humor and the mastery of living: Using humor to cope with the daily stresses of growing up. In P. E. McGhee (Ed.), *Humor and children's development: A guide to practical applications* (pp. 135–154). New York: Haworth Press.

Martin, R. A. (1996). The Situational Humor Response Questionnaire (SHRQ) and Coping Humor Scale (CHS): A decade of research findings. *Humor: International Journal of Humor Research, 9*(3–4), 251–272.

Martin, R. A. (1998). Approaches to the sense of humor: A historical review. In W. Ruch (Ed.), *The sense of humor: Explorations of a personality characteristic* (pp. 15–60). Berlin, Germany: Walter de Gruyter.

Martin, R. A. (2000). Humor and laughter. In A. E. Kazdin (Ed.), *Encyclopedia of psychology* (Vol. 4, pp. 202–204). Washington, DC: American Psychological Association.

Martin, R. A. (2001). Humor, laughter, and physical health: Methodological issues and research findings. *Psychological Bulletin, 127*(4), 504–519.

Martin, R. A. (2002). Is laughter the best medicine? Humor, laughter, and physical health. *Current Directions in Psychological Science, 11*(6), 216–220.

Martin, R. A. (2003). Sense of humor. In S. J. Lopez & C. R. Snyder (Eds.), *Positive psychological assessment: A handbook of models and measures* (pp. 313–326). Washington, DC: American Psychological Association.

Martin, R. A., Campbell, L., & Ward, J. R. (2006). *Observed humor styles, relationship quality, and problem resolution in a conflict discussion between dating couples*. Paper presented at the annual conference of the International Society for Humor Studies, Copenhagen, Denmark.

Martin, R. A., & Dobbin, J. P. (1988). Sense of humor, hassles, and immunoglobulin A: Evidence for a stress-moderating effect of humor. *International Journal of Psychiatry in Medicine, 18*(2), 93–105.

Martin, R. A., & Dutrizac, G. (2004). *Humor styles, social skills, and quality of interactions with close others: A prospective daily diary study*. Paper presented at the Annual Conference of the International Society for Humor Studies, Dijon, France.

Martin, R. A., & Kuiper, N. A. (1999). Daily occurrence of laughter: Relationships with age, gender, and Type A personality. *Humor: International Journal of Humor Research, 12*(4), 355–384.

Martin, R. A., Kuiper, N. A., Olinger, L. J., & Dance, K. A. (1993). Humor, coping with stress, self-concept, and psychological well-being. *Humor: International Journal of Humor Research, 6*(1), 89–104.

Martin, R. A., Kuiper, N. A., Olinger, L. J., & Dobbin, J. P. (1987). Is stress always bad? Telic versus paratelic dominance as a stress moderating variable. *Journal of Personality and Social Psychology, 53*, 970–982.

Martin, R. A., & Lefcourt, H. M. (1983). Sense of humor as a moderator of the relation between stressors and moods. *Journal of Personality & Social Psychology, 45*(6), 1313–1324.

Martin, R. A., & Lefcourt, H. M. (1984). Situational Humor Response Questionnaire: Quantitative measure of sense of humor. *Journal of Personality & Social Psychology, 47*(1), 145–155.

Martin, R. A., Puhlik-Doris, P., Larsen, G., Gray, J., & Weir, K. (2003). Individual differences in uses of humor and their relation to psychological well-being: Development of the Humor Styles Questionnaire. *Journal of Research in Personality, 37*(1), 48–75.

Martineau, W. H. (1972). A model of the social functions of humor. In J. H. Goldstein & P. E. McGhee (Eds.), *The psychology of humor: Theoretical perspectives and empirical issues* (pp. 101–125). New York: Academic Press.

Maslow, A. H. (1954). *Motivation and personality*. New York: Harper.

Masselos, G. (2003). "When I play funny it makes me laugh": Implications for early childhood educators in developing humor through play. In D. E. Lytle (Ed.), *Play and educational theory and practice* (pp. 213–226). Westport, CT: Praeger Publishers/Greenwood Publishing.

Masten, A. S. (1986). Humor and competence in school-aged children. *Child Development, 57*(2), 461–473.

May, R. (1953). *Man's search for himself*. New York: Random House.

Mayne, T. J. (2001). Emotions and health. In T. J. Mayne & G. A. Bonanno (Eds.), *Emotions: Current issues and future directions* (pp. 361–397). New York: Guilford.

McCarroll, J. E., Ursano, R. J., Wright, K. M., & Fullerton, C. S. (1993). Handling bodies after violent death: Strategies for coping. *American Journal of Orthopsychiatry, 63*(2), 209–214.

McCauley, C., Woods, K., Coolidge, C., & Kulick, W. (1983). More aggressive cartoons are funnier. *Journal of Personality & Social Psychology, 44*(4), 817–823.

McClelland, D. C., & Cheriff, A. D. (1997). The immunoenhancing effects of humor on secretory IgA and resistance to respiratory infections. *Psychology & Health, 12*(3), 329–344.

McComas, H. C. (1923). The origin of laughter. *Psychological Review, 30*, 45–56.

McCrae, R. R., & John, O. P. (1992). An introduction to the five-factor model and its applications. *Journal of Personality, 60*(2), 175–215.

McDougall, W. (1903). The theory of laughter. *Nature, 67*, 318–319.

McDougall, W. (1922). Why do we laugh? *Scribners, 71*, 359–363.

McGhee, P. E. (1971a). Cognitive development and children's comprehension of humor. *Child Development, 42*(1), 123–138.

McGhee, P. E. (1971b). The role of operational thinking in children's comprehension and appreciation of humor. *Child Development, 42*(3), 733–744.

McGhee, P. E. (1972). On the cognitive origins of incongruity humor: Fantasy assimilation versus reality assimilation. In J. H. Goldstein & P. E. McGhee (Eds.), *The psychology of humor: Theoretical perspectives and empirical issues* (pp. 61–80). New York: Academic Press.

McGhee, P. E. (1974). Cognitive mastery and children's humor. *Psychological Bulletin, 81*(10), 721–730.

McGhee, P. E. (1976). Children's appreciation of humor: A test of the cognitive congruency principle. *Child Development, 47*(2), 420–426.
McGhee, P. E. (1980a). Development of the creative aspects of humour. In P. E. McGhee & A. J. Chapman (Eds.), *Children's humour* (pp. 119–139). Chichester: John Wiley & Sons.
McGhee, P. E. (1980b). Development of the sense of humour in childhood: A longitudinal study. In P. E. McGhee & A. J. Chapman (Eds.), *Children's humour* (pp. 213–236). Chichester: John Wiley & Sons.
McGhee, P. E. (1983a). Humor development: Toward a life span approach. In P. E. McGhee & J. H. Goldstein (Eds.), *Handbook of humor research, Vol. 1: Basic issues* (Vol. 1, pp. 109–134). New York: Springer-Verlag.
McGhee, P. E. (1983b). The role of arousal and hemispheric lateralization in humor. In P. E. McGhee & J. H. Goldstein (Eds.), *Handbook of humor research, Vol. 1: Basic issues* (pp. 13–37). New York: Springer-Verlag.
McGhee, P. E. (1999). *Health, healing and the amuse system: Humor as survival training* (3rd ed.). Dubuque, Iowa: Kendall/Hunt.
McGhee, P. E. (Ed.). (1979). *Humor: Its origin and development*. San Francisco, CA: W. H. Freeman.
McGhee, P. E., Bell, N. J., & Duffey, N. S. (1986). Generational differences in humor and correlates of humor development. In L. Nahemow, K. A. McCluskey-Fawcett & P. E. McGhee (Eds.), *Humor and aging* (pp. 253–263). Orlando, FL: Academic Press.
McGhee, P. E., & Duffey, N. S. (1983). Children's appreciation of humor victimizing different racial-ethnic groups: Racial-ethnic differences. *Journal of Cross-Cultural Psychology, 14*(1), 29–40.
McGhee, P. E., & Goldstein, J. H. (Eds.). (1983). *Handbook of humor research* (Vols. 1 and 2). New York: Springer-Verlag.
McGhee, P. E., & Lloyd, S. A. (1981). A developmental test of the disposition theory of humor. *Child Development, 52*(3), 925–931.
McGhee, P. E., & Lloyd, S. A. (1982). Behavioral characteristics associated with the development of humor in young children. *Journal of Genetic Psychology, 141*(2), 253–259.
McGhee, P. E., Ruch, W., & Hehl, F.-J. (1990). A personality-based model of humor development during adulthood. *Humor: International Journal of Humor Research, 3*(2), 119–146.
McMorris, R. F., Boothroyd, R. A., & Pietrangelo, D. J. (1997). Humor in educational testing: A review and discussion. *Applied Measurement in Education, 10*(3), 269–297.
McMorris, R. F., Urbach, S. L., & Connor, M. C. (1985). Effects of incorporating humor in test items. *Journal of Educational Measurement, 22*(2), 147–155.
Mednick, S. A. (1962). The associative basis of the creative process. *Psychological Review, 69*, 220–232.
Megdell, J. I. (1984). Relationship between counselor-initiated humor and client's self-perceived attraction in the counseling interview. *Psychotherapy: Theory, Research, Practice, Training, 21*(4), 517–523.
Mendez, M. F., Nakawatase, T. V., & Brown, C. V. (1999). Involuntary laughter and inappropriate hilarity. *Journal of Neuropsychiatry & Clinical Neurosciences, 11*(2), 253–258.
Mettee, D. R., Hrelec, E. S., & Wilkens, P. C. (1971). Humor as an interpersonal asset and liability. *Journal of Social Psychology, 85*(1), 51–64.
Meyer, J. C. (1997). Humor in member narratives: Uniting and dividing at work. *Western Journal of Communication, 61*(2), 188–208.
Meyer, M., Zysset, S., von Cramon, D. Y., & Alter, K. (2005). Distinct fMRI responses to laughter, speech, and sounds along the human peri-sylvian cortex. *Cognitive Brain Research, 24*(2), 291–306.

Middleton, R. (1959). Negro and white reactions to racial humor. *Sociometry, 22,* 175–183.
Miller, G. F. (1997). Protean primates: The evolution of adaptive unpredictability in competition and courtship. In A. Whiten & R. W. Byrne (Eds.), *Machiavellian intelligence II: Extensions and evaluations* (pp. 312–340). New York, NY: Cambridge University Press.
Miller, G. F. (2000). *The mating mind: How sexual choice shaped the evolution of human nature.* New York: Doubleday.
Mindess, H. (1971). *Laughter and liberation.* Los Angeles: Nash Publishing.
Mindess, H. (1976). The use and abuse of humour in psychotherapy. In A. J. Chapman & H. C. Foot (Eds.), *Humor and laughter: Theory, research, and applications* (pp. 331–341). London: John Wiley & Sons.
Minsky, M. (1977). Frame-system theory. In P. N. Johnson-Laird & P. C. Wason (Eds.), *Thinking: Readings in cognitive science* (pp. 355–376). Cambridge: Cambridge University Press.
Mio, J. S., & Graesser, A. C. (1991). Humor, language, and metaphor. *Metaphor & Symbolic Activity, 6*(2), 87–102.
Mittwoch-Jaffe, T., Shalit, F., Srendi, B., & Yehuda, S. (1995). Modification of cytokine secretion following mild emotional stimuli. *NeuroReport, 6,* 789–792.
Mobbs, D., Greicius, M. D., Abdel-Azim, E., Menon, V., & Reiss, A. L. (2003). Humor modulates the mesolimbic reward centers. *Neuron, 40,* 1041–1048.
Mobbs, D., Hagan, C. C., Azim, E., Menon, V., & Reiss, A. L. (2005). Personality predicts activity in reward and emotional regions associated with humor. *Proceedings of the National Academy of Sciences, 102*(45), 16502–16506.
Moody, R. A. (1978). *Laugh after laugh: The healing power of humor.* Jacksonville, FL: Headwaters Press.
Moore, T. E., Griffiths, K., & Payne, B. (1987). Gender, attitudes towards women, and the appreciation of sexist humor. *Sex Roles, 16*(9–10), 521–531.
Moran, C., & Massam, M. (1997). An evaluation of humour in emergency work. *Australasian Journal of Disaster and Trauma Studies, 1*(3).
Moran, C. C. (1996). Short-term mood change, perceived funniness, and the effect of humor stimuli. *Behavioral Medicine, 22*(1), 32–38.
Morreall, J. (1991). Humor and work. *Humor: International Journal of Humor Research, 4*(3–4), 359–373.
Morreall, J. (Ed.). (1987). *The philosophy of laughter and humor.* Albany, NY: State University of New York Press.
Morse, S., & Gergen, K. (1970). Social comparison, self-consistency, and the concept of self. *Journal of Personality and Social Psychology, 16,* 148–156.
Mowrer, D. E. (1994). A case study of perceptual and acoustic features of an infant's first laugh utterances. *Humor: International Journal of Humor Research, 7*(2), 139–155.
Mowrer, D. E., LaPointe, L. L., & Case, J. (1987). Analysis of five acoustic correlates of laughter. *Journal of Nonverbal Behavior, 11*(3), 191–199.
Mueller, C. W., & Donnerstein, E. (1983). Film-induced arousal and aggressive behavior. *Journal of Social Psychology, 119*(1), 61–67.
Mulkay, M. (1988). *On humor: Its nature and its place in modern society.* New York: Basil Blackwell.
Mulkay, M., Clark, C., & Pinch, T. (1993). Laughter and the profit motive: The use of humor in a photographic shop. *Humor: International Journal of Humor Research, 6*(2), 163–193.
Murdock, M. C., & Ganim, R. M. (1993). Creativity and humor: Integration and incongruity. *Journal of Creative Behavior, 27*(1), 57–70.

Murgatroyd, S., Rushton, C., Apter, M., & Ray, C. (1978). The development of the Telic Dominance Scale. *Journal of Personality Assessment, 42*(5), 519–528.

Murstein, B. I., & Brust, R. G. (1985). Humor and interpersonal attraction. *Journal of Personality Assessment, 49*(6), 637–640.

Nerhardt, G. (1970). Humor and inclination to laugh: Emotional reactions to stimuli of different divergence from a range of expectancy. *Scandinavian Journal of Psychology, 11*(3), 185–195.

Nerhardt, G. (1976). Incongruity and funniness: Towards a new descriptive model. In A. J. Chapman & H. C. Foot (Eds.), *Humor and laughter: Theory, research, and applications* (pp. 55–62). London: John Wiley & Sons.

Nerhardt, G. (1977). Operationalization of incongruity in humour research: A critique and suggestions. In A. J. Chapman & H. C. Foot (Eds.), *It's a funny thing, humour* (pp. 47–51). Oxford: Pergamon Press.

Neuhoff, C. C., & Schaefer, C. (2002). Effects of laughing, smiling, and howling on mood. *Psychological Reports, 91*(3, Pt 2), 1079–1080.

Neuliep, J. W. (1991). An examination of the content of high school teachers' humor in the classroom and the development of an inductively derived taxonomy of classroom humor. *Communication Education, 40*(4), 343–355.

Nevo, O., Aharonson, H., & Klingman, A. (1998). The development and evaluation of a systematic program for improving sense of humor. In W. Ruch (Ed.), *The sense of humor: Explorations of a personality characteristic* (pp. 385–404). Berlin, Germany: Walter de Gruyter.

Nevo, O., Keinan, G., & Teshimovsky-Arditi, M. (1993). Humor and pain tolerance. *Humor: International Journal of Humor Research, 6*(1), 71–88.

Nevo, O., & Nevo, B. (1983). What do you do when asked to answer humorously? *Journal of Personality & Social Psychology, 44*(1), 188–194.

Newman, M. G., & Stone, A. A. (1996). Does humor moderate the effects of experimentally-induced stress? *Annals of Behavioral Medicine, 18*(2), 101–109.

Newton, G. R., & Dowd, E. T. (1990). Effect of client sense of humor and paradoxical interventions on test anxiety. *Journal of Counseling & Development, 68*(6), 668–672.

Nezlek, J. B., & Derks, P. (2001). Use of humor as a coping mechanism, psychological adjustment, and social interaction. *Humor: International Journal of Humor Research, 14*(4), 395–413.

Nezu, A. M., Nezu, C. M., & Blissett, S. E. (1988). Sense of humor as a moderator of the relation between stressful events and psychological distress: A prospective analysis. *Journal of Personality & Social Psychology, 54*(3), 520–525.

Nias, D. K. (1981). Humour and personality. In R. Lynn (Ed.), *Dimensions of personality: Papers in honour of H. J. Eysenck* (pp. 287–313). Oxford: Pergamon Press.

Nias, D. K., & Wilson, G. D. (1977). A genetic analysis of humour preferences. In A. J. Chapman & H. C. Foot (Eds.), *It's a funny thing, humour* (pp. 371–373). Oxford: Pergamon Press.

Niethammer, T. (1983). Does man possess a laughter center? Laughing gas used in a new approach. *New Ideas in Psychology, 1*(1), 67–69.

Nilsen, A. P., & Nilsen, D. L. F. (2000). *Encyclopedia of 20th-century American humor*. Phoenix, AZ: Oryx Press.

Njus, D. M., Nitschke, W., & Bryant, F. B. (1996). Positive affect, negative affect, and the moderating effect of writing on sIgA antibody levels. *Psychology & Health, 12*(1), 135–148.

Norrick, N. R. (1984). Stock conversational witticisms. *Journal of Pragmatics, 8*, 195–209.

Norrick, N. R. (1986). A frame-theoretical analysis of verbal humor. *Semiotica, 60*, 225–245.
Norrick, N. R. (1993). *Conversational joking: Humor in everyday talk.* Bloomington, IN: Indiana University Press.
Norrick, N. R. (2003). Issues in conversational joking. *Journal of Pragmatics, 35*(9), 1333–1359.
Nwokah, E. E., Davies, P., Islam, A., Hsu, H.-C., & Fogel, A. (1993). Vocal affect in three-year-olds: A quantitative acoustic analysis of child laughter. *Journal of the Acoustical Society of America, 94*(6), 3076–3090.
Nwokah, E. E., & Fogel, A. (1993). Laughter in mother-infant emotional communication. *Humor: International Journal of Humor Research, 6*(2), 137–161.
Nwokah, E. E., Hsu, H.-C., Davies, P., & Fogel, A. (1999). The integration of laughter and speech in vocal communication: A dynamic systems perspective. *Journal of Speech, Language, & Hearing Research, 42*(4), 880–894.
Nwokah, E. E., Hsu, H.-C., Dobrowolska, O., & Fogel, A. (1994). The development of laughter in mother-infant communication: Timing parameters and temporal sequences. *Infant Behavior & Development, 17*(1), 23–35.
Obrdlik, A. (1942). Gallows humor: A sociological phenomenon. *American Journal of Sociology, 47*, 709–716.
O'Connell, W. E. (1960). The adaptive functions of wit and humor. *Journal of Abnormal & Social Psychology, 61*, 263–270.
O'Connell, W. E. (1969). The social aspects of wit and humor. *Journal of Social Psychology, 79*(2), 183–187.
O'Connell, W. E. (1976). Freudian humour: The eupsychia of everyday life. In A. J. Chapman & H. C. Foot (Eds.), *Humor and laughter: Theory, research, and applications* (pp. 313–329). London: John Wiley & Sons.
O'Connell, W. E. (1981). Natural high therapy. In R. J. Corsini (Ed.), *Handbook of innovative psychotherapies* (pp. 554–568). New York: John Wiley & Sons.
O'Connell, W. E. (1987). Natural high theory and practice: The humorist's game of games. In W. F. Fry & W. A. Salameh (Eds.), *Handbook of humor and psychotherapy: Advances in the clinical use of humor* (pp. 55–79). Sarasota, FL: Professional Resource Exchange.
Odell, M. (1996). The silliness factor: Breaking up repetitive and unproductive conflict patterns with couples and families. *Journal of Family Psychotherapy, 7*(3), 69–75.
Olson, H. A. (1994). The use of humor in psychotherapy. In H. S. Strean (Ed.), *The use of humor in psychotherapy* (pp. 195–198). Northvale, NJ: Jason Aronson.
Olson, J. M., Maio, G. R., & Hobden, K. L. (1999). The (null) effects of exposure to disparagement humor on stereotypes and attitudes. *Humor: International Journal of Humor Research, 12*(2), 195–219.
Olson, M. L., Hugelshofer, D. S., Kwon, P., & Reff, R. C. (2005). Rumination and dysphoria: The buffering role of adaptive forms of humor. *Personality and Individual Differences, 39*(8), 1419–1428.
Omwake, L. (1939). Factors influencing the sense of humor. *Journal of Social Psychology, 10*, 95–104.
O'Neill, R. M., Greenberg, R. P., & Fisher, S. (1992). Humor and anality. *Humor: International Journal of Humor Research, 5*(3), 283–291.
Oppliger, P. A. (2003). Humor and learning. In J. Bryant, D. Roskos-Ewoldsen & J. R. Cantor (Eds.), *Communication and emotion: Essays in honor of Dolf Zillmann* (pp. 255–273). Mahwah, NJ: Lawrence Erlbaum Associates.
Oppliger, P. A., & Zillmann, D. (1997). Disgust in humor: Its appeal to adolescents. *Humor: International Journal of Humor Research, 10*(4), 421–437.

O'Quin, K., & Aronoff, J. (1981). Humor as a technique of social influence. *Social Psychology Quarterly, 44*(4), 349–357.

O'Quin, K., & Derks, P. (1997). Humor and creativity: A review of the empirical literature. In M. A. Runco (Ed.), *The creativity handbook* (Vol. 1, pp. 227–256). Cresskill, NJ: Hampton Press.

Oring, E. (1994). Humor and the suppression of sentiment. *Humor: International Journal of Humor Research, 7*(1), 7–26.

Osgood, C. E., Suci, G. J., & Tannenbaum, P. H. (1957). *The measurement of meaning*. Urbana, IL: University of Illinois Press.

Overeem, S., Lammers, G. J., & Van Dijk, J. G. (1999). Weak with laughter. *Lancet, 354*, 838.

Overeem, S., Taal, W., Gezici, E. Ö., Lammers, G. J., & Van Dijk, J. G. (2004). Is motor inhibition during laughter due to emotional or respiratory influences? *Psychophysiology, 41*(2), 254–258.

Overholser, J. C. (1992). Sense of humor when coping with life stress. *Personality & Individual Differences, 13*(7), 799–804.

Owren, M. J., & Bachorowski, J.-A. (2001). The evolution of emotional experience: A "selfish-gene" account of smiling and laughter in early hominids and humans. In T. J. Mayne & G. A. Bonanno (Eds.), *Emotions: Currrent issues and future directions* (pp. 152–191). New York, NY: Guilford.

Owren, M. J., & Bachorowski, J.-A. (2003). Reconsidering the evolution of nonlinguistic communication: The case of laughter. *Journal of Nonverbal Behavior, 27*(3), 183–200.

Palmer, C. T. (1993). Anger, aggression, and humor in Newfoundland floor hockey: An evolutionary analysis. *Aggressive Behavior, 19*(3), 167–173.

Panksepp, J. (1993). Neurochemical control of moods and emotions: Amino acids to neuropeptides. In M. Lewis & J. M. Haviland (Eds.), *Handbook of emotions* (pp. 87–107). New York: Guilford.

Panksepp, J. (1994). The clearest physiological distinctions between emotions will be found among the circuits of the brain. In P. Ekman & R. J. Davidson (Eds.), *The nature of emotion: Fundamental questions* (pp. 258–260). New York: Oxford University Press.

Panksepp, J. (1998). *Affective neuroscience: The foundations of human and animal emotions*. New York: Oxford University Press.

Panksepp, J. (2000). The riddle of laughter: Neural and psychoevolutionary underpinnings of joy. *Current Directions in Psychological Science, 9*(6), 183–186.

Panksepp, J., & Burgdorf, J. (2000). 50-kHz chirping (laughter?) in response to conditioned and unconditioned tickle-induced reward in rats: Effects of social housing and genetic variables. *Behavioural Brain Research, 115*(1), 25–38.

Panksepp, J., & Burgdorf, J. (2003). "Laughing" rats and the evolutionary antecedents of human joy? *Physiology & Behavior, 79*(3), 533–547.

Park, R. (1977). A study of children's riddles using Piaget-derived definitions. *Journal of Genetic Psychology, 130*(1), 57–67.

Parrott, W. G., & Gleitman, H. (1989). Infants' expectations in play: The joy of peek-a-boo. *Cognition & Emotion, 3*(4), 291–311.

Parvizi, J., Anderson, S. W., Martin, C. O., Damasio, H., & Damasio, A. R. (2001). Pathological laughter and crying: A link to the cerebellum. *Brain, 124*(9), 1708–1719.

Paskind, H. A. (1932). Effect of laughter on muscle tone. *Archives of Neurology & Psychiatry*, 623–628.

Patton, D., Barnes, G. E., & Murray, R. P. (1993). Personality charactistics of smokers and ex-smokers. *Personality & Individual Differences, 15*, 653–664.

Paulos, J. A. (1980). *Mathematics and humor*. Chicago, IL: University of Chicago Press.
Pellegrini, D. S., Masten, A. S., Garmezy, N., & Ferrarese, M. J. (1987). Correlates of social and academic competence in middle childhood. *Journal of Child Psychology & Psychiatry & Allied Disciplines, 28*(5), 699–714.
Perera, S., Sabin, E., Nelson, P., & Lowe, D. (1998). Increases in salivary lysozyme and IgA concentrations and secretory rates independent of salivary flow rates following viewing of a humorous videotape. *International Journal of Behavioral Medicine, 5*(2), 118–128.
Peterson, J. P., & Pollio, H. R. (1982). Therapeutic effectiveness of differentially targeted humorous remarks in group psychotherapy. *Group, 6*(4), 39–50.
Petty, R. E., & Cacioppo, J. T. (1986). *Communication and persuasion*. New York: Springer-Verlag.
Pexman, P. M., & Harris, M. (2003). Children's perceptions of the social functions of verbal irony. *Discourse Processes, 36*(3), 147–165.
Pexman, P. M., & Zvaigzne, M. T. (2004). Does irony go better with friends? *Metaphor & Symbol, 19*(2), 143–163.
Piaget, J. (1970). Piaget's theory. In P. H. Mussen (Ed.), *Carmichael's manual of child psychology* (3rd ed., Vol. 1, pp. 703–732). New York: Wiley.
Pien, D., & Rothbart, M. K. (1976). Incongruity and resolution in children's humor: A reexamination. *Child Development, 47*(4), 966–971.
Pien, D., & Rothbart, M. K. (1977). Measuring effects of incongruity and resolution in children's humor. In A. J. Chapman & H. C. Foot (Eds.), *It's a funny thing, humour* (pp. 211–213). Oxford: Pergamon Press.
Pien, D., & Rothbart, M. K. (1980). Incongruity humour, play, and self-regulation of arousal in young children. In P. E. McGhee & A. J. Chapman (Eds.), *Children's humour* (pp. 1–26). Chichester: John Wiley & Sons.
Pierce, R. A. (1994). Use and abuse of laughter in psychotherapy. In H. S. Strean (Ed.), *The use of humor in psychotherapy* (pp. 105–111). Northvale, NJ: Jason Aronson.
Pinderhughes, E. E., & Zigler, E. (1985). Cognitive and motivational determinants of children's humor responses. *Journal of Research in Personality, 19*(2), 185–196.
Plutchik, R. (1991). Emotions and evolution. In K. T. Strongman (Ed.), *International review of studies in emotion* (pp. 37–58). Chichester: John Wiley & Sons`.
Poeck, K. (1985). Pathological laughter and crying. In P. J. Vinken, G. W. Bruyn & H. L. Klawans (Eds.), *Handbook of clinical neurology* (Vol. 45, pp. 219–225). Amsterdam: Elsevier Science Publishers.
Pollio, H. R., & Mers, R. W. (1974). Predictability and the appreciation of comedy. *Bulletin of the Psychonomic Society, 4*(4-A), 229–232.
Pollio, H. R., Mers, R. W., & Lucchesi, W. (1972). Humor, laughter, and smiling: Some preliminary observations of funny behaviors. In J. H. Goldstein & P. E. McGhee (Eds.), *The psychology of humor: Theoretical perspectives and empirical issues* (pp. 211–239). New York: Academic Press.
Porterfield, A. L. (1987). Does sense of humor moderate the impact of life stress on psychological and physical well-being? *Journal of Research in Personality, 21*(3), 306–317.
Porterfield, A. L., Mayer, F. S., Dougherty, K. G., Kredich, K. E., Kronberg, M. M., Marsee, K. M., et al. (1988). Private self-consciousness, canned laughter, and responses to humorous stimuli. *Journal of Research in Personality, 22*(4), 409–423.
Powell, J. P., & Andresen, L. W. (1985). Humour and teaching in higher education. *Studies in Higher Education, 10*(1), 79–90.

Prasinos, S., & Tittler, B. I. (1981). The family relationships of humor-oriented adolescents. *Journal of Personality, 49*(3), 295–305.

Prentice, N. M., & Fathman, R. E. (1975). Joking riddles: A developmental index of children's humor. *Developmental Psychology, 11*(2), 210–216.

Prerost, F. J. (1977). Environmental conditions affecting the humour response: Developmental trends. In A. J. Chapman & H. C. Foot (Eds.), *It's a funny thing, humour* (pp. 439–441). Oxford: Pergamon Press.

Prerost, F. J. (1983). Changing patterns in the response to humorous sexual stimuli: Sex roles and expression of sexuality. *Social Behavior & Personality, 11*(1), 23–28.

Prerost, F. J. (1984). Reactions to humorous sexual stimuli as a function of sexual activeness and satisfaction. *Psychology: A Journal of Human Behavior, 21*(1), 23–27.

Prerost, F. J. (1988). Use of humor and guided imagery in therapy to alleviate stress. *Journal of Mental Health Counseling, 10*(1), 16–22.

Prerost, F. J. (1993). A strategy to enhance humor production among elderly persons: Assisting in the management of stress. *Activities, Adaptation & Aging, 17*(4), 17–24.

Prerost, F. J., & Brewer, R. E. (1977). Humor content preferences and the relief of experimentally aroused aggression. *Journal of Social Psychology, 103*(2), 225–231.

Prerost, F. J., & Ruma, C. (1987). Exposure to humorous stimuli as an adjunct to muscle relaxation training. *Psychology: A Journal of Human Behavior, 24*(4), 70–74.

Preuschoft, S., & van Hooff, J. A. (1997). The social function of "smile" and "laughter": Variations across primate species and societies. In U. C. Segerstrale & P. Molnar (Eds.), *Nonverbal communication: Where nature meets culture* (pp. 171–190). Hillsdale, NJ, England: Lawrence Erlbaum Associates.

Priest, R. F., & Swain, J. E. (2002). Humor and its implications for leadership effectiveness. *Humor: International Journal of Humor Research, 15*(2), 169–189.

Priest, R. F., & Thein, M. T. (2003). Humor appreciation in marriage: Spousal similarity, assortative mating, and disaffection. *Humor: International Journal of Humor Research, 16*(1), 63–78.

Provine, R. R. (1992). Contagious laughter: Laughter is a sufficient stimulus for laughs and smiles. *Bulletin of the Psychonomic Society, 30*(1), 1–4.

Provine, R. R. (1993). Laughter punctuates speech: Linguistic, social and gender contexts of laughter. *Ethology, 95*(4), 291–298.

Provine, R. R. (1996). Laughter. *American Scientist, 84*, 38–45.

Provine, R. R. (2000). *Laughter: A scientific investigation.* New York: Penguin.

Provine, R. R. (2004). Laughing, tickling, and the evolution of speech and self. *Current Directions in Psychological Science, 13*(6), 215–218.

Provine, R. R., & Fischer, K. R. (1989). Laughing, smiling, and talking: Relation to sleeping and social context in humans. *Ethology, 83*(4), 295–305.

Provine, R. R., & Yong, Y. L. (1991). Laughter: A stereotyped human vocalization. *Ethology, 89*(2), 115–124.

Rackl, L. (2003). But seriously folks: Humor can keep you healthy. *Reader's Digest* (September), 62–71.

Radcliffe-Brown, A. R. (1952). *Structure and function in primitive society: Essays and addresses.* New York: Free Press.

Ramachandran, V. S. (1998). The neurology and evolution of humor, laughter, and smiling: The false alarm theory. *Medical Hypotheses, 51*, 351–354.

Rapp, A. (1951). *The origins of wit and humor.* Oxford, England: Dutton.

Raskin, V. (1985). *Semantic mechanisms of humor.* Dordrecht: D. Reidel.

Redlich, F. C., Levine, J., & Sohler, T. P. (1951). A Mirth Response Test: preliminary report on a psychodiagnostic technique utilizing dynamics of humor. *American Journal of Orthopsychiatry, 21*, 717–734.

Reis, H. T. (2001). Relationship experiences and emotional well-being. In C. D. Ryff & B. H. Singer (Eds.), *Emotion, social relationships, and health* (pp. 57–86). New York: Oxford University Press.

Reis, H. T., & Gable, S. L. (2000). Event-sampling and other methods for studying everyday experience. In H. T. Reis & C. M. Judd (Eds.), *Handbook of research methods in social and personality psychology* (pp. 190–222). New York: Cambridge University Press.

Richman, J. (1995). The lifesaving function of humor with the depressed and suicidal elderly. *Gerontologist, 35*(2), 271–273.

Richman, J. (2003). Therapeutic humor with the depressed and suicidal elderly. In C. E. Schaefer (Ed.), *Play therapy with adults* (pp. 166–192). New York, NY: John Wiley & Sons.

Rim, Y. (1988). Sense of humour and coping styles. *Personality & Individual Differences, 9*(3), 559–564.

Ritchie, G. (1999). *Developing the incongruity-resolution theory.* Paper presented at the AISB Symposium on Creative Language: Stories and Humour, Edinburgh.

Ritchie, G. (2001). Current directions in computational humour. *Artificial Intelligence Review, 16*(2), 119–135.

Ritchie, G. (2004). *The linguistic analysis of jokes.* London: Routledge.

Ritchie, G. (2006). Reinterpretation and viewpoints. *Humor: International Journal of Humor Research, 19*(3), 251–270.

Rizzolatti, G., & Craighero, L. (2004). The mirror-neuron system. *Annual Review of Neuroscience, 27*, 169–192.

Robinson, D. T., & Smith-Lovin, L. (2001). Getting a laugh: Gender, status, and humor in task discussions. *Social Forces, 80*(1), 123–158.

Roeckelein, J. E. (2002). *The psychology of humor: A reference guide and annotated bibliography.* Westport, CT: Greenwood Press.

Rosenheim, E., & Golan, G. (1986). Patients' reactions to humorous interventions in psychotherapy. *American Journal of Psychotherapy, 40*(1), 110–124.

Rosenheim, E., Tecucianu, F., & Dimitrovsky, L. (1989). Schizophrenics' appreciation of humorous therapeutic interventions. *Humor: International Journal of Humor Research, 2*(2), 141–152.

Rosenwald, G. C. (1964). The relation of drive discharge to the enjoyment of humor. *Journal of Personality, 32*(4), 682–698.

Rothbart, M. K. (1976). Incongruity, problem-solving and laughter. In A. J. Chapman & H. C. Foot (Eds.), *Humor and laughter: Theory, research, and applications* (pp. 37–54). London: John Wiley & Sons.

Rotton, J. (1992). Trait humor and longevity: Do comics have the last laugh? *Health Psychology, 11*(4), 262–266.

Rotton, J., & Shats, M. (1996). Effects of state humor, expectancies, and choice on postsurgical mood and self-medication: A field experiment. *Journal of Applied Social Psychology, 26*(20), 1775–1794.

Rowe, D. C. (1997). Genetics, temperament, and personality. In R. Hogan, J. Johnson & S. Briggs (Eds.), *Handbook of personality psychology* (pp. 367–386). San Diego: Academic Press.

Ruch, W. (1981). Humor and personality: A three-modal analysis. *Zeitschrift fur Differentielle und Diagnostische Psychologie, 2*, 253–273.

Ruch, W. (1983). *Humor-Test 3 WD (Forms A, B, and K)*.Unpublished manuscript, University of Dusseldorf, Germany.
Ruch, W. (1984). Conservatism and the appreciation of humor. *Zeitschrift fur Differentielle und Diagnostische Psychologie, 5*, 221–245.
Ruch, W. (1988). Sensation seeking and the enjoyment of structure and content of humour: Stability of findings across four samples. *Personality & Individual Differences, 9*(5), 861–871.
Ruch, W. (1992). Assessment of appreciation of humor: Studies with the 3 WD Humor Test. In C. D. Spielberger & J. N. Butcher (Eds.), *Advances in personality assessment* (Vol. 9, pp. 27–75). Hillsdale, NJ: Lawrence Erlbaum Associates.
Ruch, W. (1993). Exhilaration and humor. In M. Lewis & J. M. Haviland (Eds.), *Handbook of emotions* (pp. 605–616). New York, NY: Guilford.
Ruch, W. (1994). Temperament, Eysenck's PEN system, and humor-related traits. *Humor: International Journal of Humor Research, 7*(3), 209–244.
Ruch, W. (1997). State and trait cheerfulness and the induction of exhilaration: A FACS study. *European Psychologist, 2*(4), 328–341.
Ruch, W. (1998a). Sense of humor: A new look at an old concept. In W. Ruch (Ed.), *The sense of humor: Explorations of a personality characteristic* (pp. 3–14). Berlin, Germany: Mouton de Gruyter.
Ruch, W. (1998b). *The sense of humor: Explorations of a personality characteristic*. Berlin, Germany: Mouton de Gruyter.
Ruch, W. (1999). The sense of nonsense lies in the nonsense of sense. Comment on Paolillo's (1998) "Gary Larsen's Far Side: Nonsense? Nonsense!" *Humor: International Journal of Humor Research, 12*(1), 71–93.
Ruch, W., Attardo, S., & Raskin, V. (1993). Toward an empirical verification of the General Theory of Verbal Humor. *Humor: International Journal of Humor Research, 6*(2), 123–136.
Ruch, W., Busse, P., & Hehl, F.-J. (1996). Relationship between humor and proposed punishment for crimes: Beware of humorous people. *Personality & Individual Differences, 20*(1), 1–11.
Ruch, W., & Carrell, A. (1998). Trait cheerfulness and the sense of humour. *Personality & Individual Differences, 24*(4), 551–558.
Ruch, W., & Deckers, L. (1993). Do extraverts "like to laugh"? An analysis of the Situational Humor Response Questionnaire (SHRQ). *European Journal of Personality, 7*(4), 211–220.
Ruch, W., & Ekman, P. (2001). The expressive pattern of laughter. In A. Kaszniak (Ed.), *Emotion, qualia and consciousness* (pp. 426–443). Tokyo: World Scientific.
Ruch, W., & Forabosco, G. (1996). A cross-cultural study of humor appreciation: Italy and Germany. *Humor: International Journal of Humor Research, 9*(1), 1–18.
Ruch, W., & Hehl, F.-J. (1986a). Conservatism as a predictor of responses to humour: I. A comparison of four scales. *Personality & Individual Differences, 7*(1), 1–14.
Ruch, W., & Hehl, F.-J. (1986b). Conservatism as a predictor of responses to humour: II. The location of sense of humour in a comprehensive attitude space. *Personality & Individual Differences, 7*(6), 861–874.
Ruch, W., & Hehl, F.-J. (1987). Personal values as facilitating and inhibiting factors in the appreciation of humor content. *Journal of Social Behavior & Personality, 2*(4), 453–472.
Ruch, W., & Hehl, F.-J. (1988). Attitudes to sex, sexual behaviour and enjoyment of humour. *Personality & Individual Differences, 9*(6), 983–994.
Ruch, W., & Hehl, F.-J. (1998). A two-mode model of humor appreciation: Its relation to aesthetic appreciation and simplicity-complexity of personality. In W. Ruch (Ed.), *The sense*

of humor: Explorations of a personality characteristic (pp. 109–142). Berlin, Germany: Walter de Gruyter.

Ruch, W., Köhler, G., & Van Thriel, C. (1996). Assessing the "humorous temperament": Construction of the facet and standard trait forms of the State-Trait-Cherrfulness-Inventory-STCI. *Humor: International Journal of Humor Research, 9*(3–4), 303–339.

Ruch, W., Köhler, G., & van Thriel, C. (1997). To be in good or bad humor: Construction of the state form of the State-Trait-Cheerfulness-Inventory-STCI. *Personality & Individual Differences, 22*(4), 477–491.

Ruch, W., & Köhler, G. (1998). A temperament approach to humor. In W. Ruch (Ed.), *The sense of humor: Explorations of a personality characteristic* (pp. 203–228). Berlin, Germany: Walter de Gruyter.

Ruch, W., & Köhler, G. (1999). The measurement of state and trait cheerfulness. In I. Mervielde, I. J. Deary, F. De Fruyt & F. Ostendorf (Eds.), *Personality psychology in Europe* (pp. 67–83). Tilburg, Netherlands: Tilburg University Press.

Ruch, W., McGhee, P. E., & Hehl, F.-J. (1990). Age differences in the enjoyment of incongruity-resolution and nonsense humor during adulthood. *Psychology & Aging, 5*(3), 348–355.

Ruch, W., Ott, C., Accoce, J., & Bariaud, F. (1991). Cross-national comparison of humor categories: France and Germany. *Humor: International Journal of Humor Research, 4*(3–4), 391–414.

Ruch, W., &Proyer,R.T. (2005). Gelotophobia: A distinct and useful new concept? *9th European Congress of Psychology,* Granada.

Rumelhart, D. E., & Ortony, A. (1977). The representation of meaning in memory. In R. C. Anderson, R. J. Spiro & W. E. Montague (Eds.), *Schooling and the acquisition of knowledge* (pp. 99–135). Hillsdale, NJ: Erlbaum.

Russell, J. A., Bachorowski, J.-A., & Fernandez-Dols, J. M. (2003). Facial and vocal expressions of emotion. *Annual Review of Psychology, 54*, 329–349.

Rust, J., & Goldstein, J. (1989). Humor in marital adjustment. *Humor: International Journal of Humor Research, 2*(3), 217–223.

Rutherford, K. (1994). Humor in psychotherapy. *Individual Psychology, 50*(2), 207–222.

Ryan, K. M., & Kanjorski, J. (1998). The enjoyment of sexist humor, rape attitudes, and relationship aggression in college students. *Sex Roles, 38*(9–10), 743–756.

Safranek, R., & Schill, T. (1982). Coping with stress: Does humor help. *Psychological Reports, 51*(1), 222.

Sala, F., Krupat, E., & Roter, D. (2002). Satisfaction and the use of humor by physicians and patients. *Psychology & Health, 17*(3), 269–280.

Salameh, W. A. (1987). Humor in integrative short-term psychotherapy (ISTP). In W. F. Fry & W. A. Salameh (Eds.), *Handbook of humor and psychotherapy: Advances in the clinical use of humor* (pp. 195–240). Sarasota, FL: Professional Resource Exchange.

Sander, K., & Scheich, H. (2001). Auditory perception of laughing and crying activates human amygdala regardless of attentional state. *Cognitive Brain Research, 12*(2), 181–198.

Sanders, V. M., Iciek, L., & Kasprowicz, D. J. (2000). Psychosocial factors and humoral immunity. In J. T. Cacioppo, L. G. Tassinary & G. G. Berntson (Eds.), *Handbook of psychophysiology* (2nd ed., pp. 425–455). Cambridge, England: Cambridge University Press.

Sanderson, C. A. (2004). *Health psychology.* Hoboken, NJ: Wiley.

Sanville, J. B. (1999). Humor and play. In J. W. Barron (Ed.), *Humor and psyche: Psychoanalytic perspectives* (pp. 31–55). Hillsdale, NJ: Analytic Press.

Saper, B. (1987). Humor in psychotherapy: Is it good or bad for the client? *Professional Psychology: Research & Practice, 18*(4), 360–367.

Saper, B. (1995). Joking in the context of political correctness. *Humor: International Journal of Humor Research, 8*(1), 65–76.

Saroglou, V. (2003). Humor appreciation as function of religious dimensions. *Archiv fur Religionpsychologie, 24*, 144–153.

Saroglou, V., & Scariot, C. (2002). Humor Styles Questionnaire: Personality and educational correlates in Belgian high school and college students. *European Journal of Personality, 16*(1), 43–54.

Sayre, J. (2001). The use of aberrant medical humor by psychiatric unit staff. *Issues in Mental Health Nursing, 22*(7), 669–689.

Scambler, D. J., Harris, M. J., & Milich, R. (1998). Sticks and stones: Evaluations of responses to childhood teasing. *Social Development, 7*(2), 234–249.

Schachter, S., & Wheeler, L. (1962). Epinephrine, chlorpromazine, and amusement. *Journal of Abnormal & Social Psychology, 65*(2), 121–128.

Schaier, A. H., & Cicirelli, V. G. (1976). Age differences in humor comprehension and appreciation in old age. *Journal of Gerontology, 31*(5), 577–582.

Schank, R. C., & Abelson, R. (1977). *Scripts, plans, goals, and understanding.* New York: Wiley.

Schmidt, S. R. (1994). Effects of humor on sentence memory. *Journal of Experimental Psychology: Learning, Memory, & Cognition, 20*(4), 953–967.

Schmidt, S. R. (2002). The humour effect: Differential processing and privileged retrieval. *Memory, 10*(2), 127–138.

Schmidt, S. R., & Williams, A. R. (2001). Memory for humorous cartoons. *Memory & Cognition, 29*(2), 305–311.

Schultz, W. (2002). Getting formal with dopamine and reward. *Neuron, 36*(2), 241–263.

Segrin, C. (2000). Social skills deficits associated with depression. *Clinical Psychology Review, 20*(3), 379–403.

Seligman, M. E. P., & Csikszentmihalyi, M. (2000). Positive psychology: An introduction. *American Psychologist, 55*(1), 5–14.

Seligman, M. E. P., & Peterson, C. (2003). Positive clinical psychology. In L. G. Aspinwall & U. M. Staudinger (Eds.), *A psychology of human strengths: Fundamental questions and future directions for a positive psychology* (pp. 305–317). Washington, DC: American Psychological Assocation.

Shammi, P., & Stuss, D. T. (1999). Humour appreciation: A role of the right frontal lobe. *Brain, 122*(4), 657–666.

Shammi, P., & Stuss, D. T. (2003). The effects of normal aging on humor appreciation. *Journal of the International Neuropsychological Society, 9*(6), 855–863.

Shapiro, J. P., Baumeister, R. F., & Kessler, J. W. (1991). A three-component model of children's teasing: Aggression, humor, and ambiguity. *Journal of Social & Clinical Psychology, 10*(4), 459–472.

Sharkey, N. E., & Mitchell, D. C. (1985). Word recognition in a functional context: The use of scripts in reading. *Journal of Memory and Language, 24*, 253–270.

Sher, P. K., & Brown, S. B. (1976). Gelastic epilepsy: Onset in neonatal period. *American Journal of Diseases of Childhood, 130*, 1126–1131.

Sherman, L. W. (1988). Humor and social distance in elementary school children. *Humor: International Journal of Humor Research, 1*(4), 389–404.

Shiota, M. N., Campos, B., Keltner, D., & Hertenstein, M. J. (2004). Positive emotion and the regulation of interpersonal relationships. In P. Philippot & R. S. Feldman (Eds.), *The regulation of emotion* (pp. 127–155). Mahwah, NJ: Lawrence Erlbaum Associates.

Shultz, T. R. (1972). The role of incongruity and resolution in children's appreciation of cartoon humor. *Journal of Experimental Child Psychology, 13*(3), 456–477.
Shultz, T. R. (1974a). Development of the appreciation of riddles. *Child Development, 45*(1), 100–105.
Shultz, T. R. (1974b). Order of cognitive processing in humour appreciation. *Canadian Journal of Psychology, 28*(4), 409–420.
Shultz, T. R. (1976). A cognitive-developmental analysis of humour. In A. J. Chapman & H. C. Foot (Eds.), *Humor and laughter: Theory, research, and applications* (pp. 11–36). London: John Wiley & Sons.
Shultz, T. R., & Horibe, F. (1974). Development of the appreciation of verbal jokes. *Developmental Psychobiology, 10*, 13–20.
Shultz, T. R., & Pilon, R. (1973). Development of the ability to detect linguistic ambiguity. *Child Development, 44*(4), 728–733.
Shultz, T. R., & Robillard, J. (1980). The development of linguistic humour in children: Incongruity through rule violation. In P. E. McGhee & A. J. Chapman (Eds.), *Children's humour* (pp. 59–90). Chichester: John Wiley & Sons.
Shultz, T. R., & Scott, M. B. (1974). The creation of verbal humour. *Canadian Journal of Psychology, 28*(4), 421–425.
Shurcliff, A. (1968). Judged humor, arousal, and the relief theory. *Journal of Personality & Social Psychology, 8*(4), 360–363.
Simon, J. M. (1990). Humor and its relationship to perceived health, life satisfaction, and morale in older adults. *Issues in Mental Health Nursing, 11*(1), 17–31.
Simons, C. J. R., McCluskey-Fawcett, K. A., & Papini, D. R. (1986). Theoretical and functional perspectives on the development of humor during infancy, childhood, and adolescence. In L. Nahemow, K. A. McCluskey-Fawcett & P. E. McGhee (Eds.), *Humor and aging* (pp. 53–80). Orlando, FL: Academic Press.
Simpson, J. A., & Weiner, E. S. C. (1989). *The Oxford English dictionary* (2nd ed., Vol. 7). Oxford: Clarendon Press.
Singer, D. L. (1968). Aggression arousal, hostile humor, catharsis. *Journal of Personality and Social Psychology Monograph Supplement, 8*(1), 1–14.
Singer, D. L., Gollob, H. F., & Levine, J. (1967). Mobilization of Inhibitions and the enjoyment of aggressive humor. *Journal of Personality, 35*(4), 562–569.
Sinnott, J. D., & Ross, B. M. (1976). Comparison of aggression and incongruity as factors in children's judgments of humor. *Journal of Genetic Psychology, 128*(2), 241–249.
Smith, J. E., Waldorf, V. A., & Trembath, D. L. (1990). "Single white male looking for thin, very attractive . . ." *Sex Roles, 23*(11/12), 675–685.
Smith, P. K. (1982). Does play matter? Functional and evolutionary aspects of animal and human play. *Behavioral & Brain Sciences, 5*(1), 139–184.
Smith, R. E. (1973). The use of humor in the counterconditioning of anger responses: A case study. *Behavior Therapy, 4*(4), 576–580.
Smith, R. E., Ascough, J. C., Ettinger, R. F., & Nelson, D. A. (1971). Humor, anxiety, and task performance. *Journal of Personality & Social Psychology, 19*(2), 243–246.
Smoski, M. J., & Bachorowski, J.-A. (2003). Antiphonal laughter between friends and strangers. *Cognition & Emotion, 17*(2), 327–340.
Snider, J. G., & Osgood, C. E. (1969). *Semantic differential technique: A sourcebook*. Chicago: Aldine.
Somerfield, M. R., & McCrae, R. R. (2000). Stress and coping research: Methodological challenges, theoretical advances, and clinical applications. *American Psychologist, 55*(6), 620–625.

Spencer, G. (1989). An analysis of JAP-baiting humor on the college campus. *Humor: International Journal of Humor Research, 2*(4), 329–348.
Spencer, H. (1860). The physiology of laughter. *Macmillan's Magazine, 1*, 395–402.
Sperber, D. (1984). Verbal irony: Pretense or echoic mention. *Journal of Experimental Psychology: General, 113*, 130–136.
Spiegel, D., Brodkin, S. G., & Keith-Spiegel, P. (1969). Unacceptable impulses, anxiety and the appreciation of cartoons. *Journal of Projective Techniques and Personality Assessment, 33*, 154–159.
Spradley, J. P., & Mann, B. J. (1975). *The cocktail waitress: Woman's work in a man's world*. New York: Wiley.
Sprecher, S., & Regan, P. C. (2002). Liking some things (in some people) more than others: Partner preferences in romantic relationships and friendships. *Journal of Social & Personal Relationships, 19*(3), 463–481.
Sroufe, L. A., & Wunsch, J. P. (1972). The development of laughter in the first year of life. *Child Development, 43*(4), 1326–1344.
Stearns, F. R. (1972). *Laughing: Physiology, pathophysiology, psychology, pathopsychology, and development*. Oxford, England: Charles C Thomas.
Stewart, M., & Heredia, R. (2002). Comprehending spoken metaphoric reference: A real-time analysis. *Journal of Experimental Psychology, 49*, 34–44.
Stillion, J. M., & White, H. (1987). Feminist humor: Who appreciates it and why? *Psychology of Women Quarterly, 11*(2), 219–232.
Stone, A. A., Cox, D. S., Valdimarsdottir, H., Jandorf, L., & Neale, J. M. (1987). Evidence that secretory IgA antibody is associated with daily mood. *Journal of Personality & Social Psychology, 52*(5), 988–993.
Strack, F., Martin, L. L., & Stepper, S. (1988). Inhibiting and facilitating conditions of the human smile: A nonobtrusive test of the facial feedback hypothesis. *Journal of Personality & Social Psychology, 54*(5), 768–777.
Strean, H. S. (1994). *The use of humor in psychotherapy*. Northvale, NJ: Jason Aronson.
Strickland, J. F. (1959). The effect of motivational arousal on humor preferences. *Journal of Abnormal & Social Psychology, 59*, 278–281.
Strother, G. B., Barnett, M. M., & Apostolakos, P. C. (1954). The use of cartoons as a projective device. *Journal of Clinical Psychology, 10*, 38–42.
Struthers, A. (2003). No laughing! Playing with humor in the classroom. In A. J. Klein (Ed.), *Humor in children's lives: A guidebook for practitioners* (pp. 85–94). Westport, CT: Praeger.
Sullivan, K., Winner, E., & Hopfield, N. (1995). How children tell a lie from a joke: The role of second-order mental state attributions. *British Journal of Developmental Psychology, 13*(2), 191–204.
Suls, J. M. (1972). A two-stage model for the appreciation of jokes and cartoons: An information-processing analysis. In J. H. Goldstein & P. E. McGhee (Eds.), *The psychology of humor: Theoretical perspectives and empirical issues* (pp. 81–100). New York: Academic Press.
Suls, J. M. (1977). Cognitive and disparagement theories of humour: A theoretical and empirical synthesis. In A. J. Chapman & H. C. Foot (Eds.), *It's a funny thing, humour* (pp. 41–45). Oxford: Pergamon Press.
Suls, J. M. (1983). Cognitive processes in humor appreciation. In P. E. McGhee & J. H. Goldstein (Eds.), *Handbook of humor research, Vol. 1: Basic issues* (pp. 39–57). New York: Springer-Verlag.
Sumners, A. D. (1988). Humor: Coping in recovery from addiction. *Issues in Mental Health Nursing, 9*, 169–179.

Surkis, A. A. (1993). Humor in relation to obsessive-compulsive processes. In W. F. Fry & W. A. Salameh (Eds.), *Advances in humor and psychotherapy* (pp. 121–141). Sarasota, FL: Professional Resource Press.
Sutton-Smith, B. (2003). Play as a parody of emotional vulnerability. In D. E. Lytle (Ed.), *Play and educational theory and practice* (pp. 3–17). Westport, CT: Praeger.
Svebak, S. (1974a). Revised questionnaire on the sense of humor. *Scandinavian Journal of Psychology, 15*, 328–331.
Svebak, S. (1974b). A theory of sense of humor. *Scandinavian Journal of Psychology, 15*(2), 99–107.
Svebak, S. (1975). Respiratory patterns as predictors of laughter. *Psychophysiology, 12*(1), 62–65.
Svebak, S. (1977). Some characteristics of resting respiration as predictors of laughter. In A. J. Chapman & H. C. Foot (Eds.), *It's a funny thing, humour* (pp. 101–104). Oxford: Pergamon Press.
Svebak, S. (1982). The effect of mirthfulness upon amount of discordant right-left occipital EEG alpha. *Motivation & Emotion, 6*(2), 133–147.
Svebak, S. (1996). The development of the Sense of Humor Questionnaire: From SHQ to SHQ-6. *Humor: International Journal of Humor Research, 9*(3–4), 341–361.
Svebak, S., & Apter, M. J. (1987). Laughter: An empirical test of some reversal theory hypotheses. *Scandinavian Journal of Psychology, 28*(3), 189–198.
Svebak, S., Götestam, K. G., & Jensen, E. N. (2004). The significance of sense of humor, life regard, and stressors for bodily complaints among high school students. *Humor: International Journal of Humor Research, 17*(1–2), 67–83.
Svebak, S., & Martin, R. A. (1997). Humor as a form of coping. In S. Svebak & M. J. Apter (Eds.), *Stress and health: A reversal theory perspective* (pp. 173–184). Washington, DC: Taylor & Francis.
Svebak, S., Martin, R. A., & Holmen, J. (2004). The prevalence of sense of humor in a large, unselected county population in Norway: Relations with age, sex, and some health indicators. *Humor: International Journal of Humor Research, 17*(1–2), 121–134.
Szabo, A. (2003). The acute effects of humor and exercise on mood and anxiety. *Journal of Leisure Research, 35*(2), 152–162.
Szabo, A., Ainsworth, S. E., & Danks, P. K. (2005). Experimental comparison of the psychological benefits of aerobic exercise, humor, and music. *Humor: International Journal of Humor Research, 18*(3), 235–246.
Talbot, L. A., & Lumden, D. B. (2000). On the association between humor and burnout. *Humor: International Journal of Humor Research, 13*(4), 419–428.
Tamblyn, D. (2003). *Laugh and learn: 95 ways to use humor for more effective teaching and training*. New York: Amcom.
Tannen, D. (1986). *That's not what I meant*. New York: William Morrow.
Tannen, D. (1990). *You just don't understand*. New York: Ballantine.
Tellegen, A., Lykken, D. T., Bouchard, T. J., Wilcox, K. J., et al. (1988). Personality similarity in twins reared apart and together. *Journal of Personality & Social Psychology, 54*(6), 1031–1039.
Tennen, H., Affleck, G., Armeli, S., & Carney, M. A. (2000). A daily process approach to coping: Linking theory, research, and practice. *American Psychologist, 55*(6), 626–636.
Terrion, J. L., & Ashforth, B. E. (2002). From "I" to "we": The role of putdown humor and identity in the development of a temporary group. *Human Relations, 55*(1), 55–88.
Terry, R. L., & Ertel, S. L. (1974). Exploration of individual differences in preferences for humor. *Psychological Reports, 34*(3, Pt 2), 1031–1037.

Teslow, J. L. (1995). Humor me: A call for research. *Educational Technology Research & Development*, *43*(3), 6–28.
Teyber, E. (1988). *Interpersonal process in psychotherapy: A guide for clinical training*. Chicago: Dorsey Press.
Thomas, C. A., & Esses, V. M. (2004). Individual differences in reactions to sexist humor. *Group Processes & Intergroup Relations*, *7*(1), 89–100.
Thorson, J. A. (1990). Is propensity to laugh equivalent to sense of humor? *Psychological Reports*, *66*(3, Pt 1), 737–738.
Thorson, J. A., & Powell, F. C. (1993a). Development and validation of a multidimensional sense of humor scale. *Journal of Clinical Psychology*, *49*(1), 13–23.
Thorson, J. A., & Powell, F. C. (1993b). Relationships of death anxiety and sense of humor. *Psychological Reports*, *72*(3, Pt 2), 1364–1366.
Thorson, J. A., & Powell, F. C. (1994). Depression and sense of humor. *Psychological Reports*, *75*(3, Pt.2), 1473–1474.
Thorson, J. A., & Powell, F. C. (1996). Women, aging, and sense of humor. *Humor: International Journal of Humor Research*, *9*(2), 169–186.
Thorson, J. A., Powell, F. C., Sarmany-Schuller, I., & Hampes, W. P. (1997). Psychological health and sense of humor. *Journal of Clinical Psychology*, *53*(6), 605–619.
Torrance, E. P. (1966). *Torrance tests of creative thinking*. Princeton, NJ: Personnel Press.
Townsend, M. A., & Mahoney, P. (1981). Humor and anxiety: Effects on class test performance. *Psychology in the Schools*, *18*(2), 228–234.
Townsend, M. A., Mahoney, P., & Allen, L. G. (1983). Student perceptions of verbal and cartoon humor in the test situation. *Educational Research Quarterly*, *7*(4), 17–23.
Trappl, R., Petta, P., & Payr, S. (Eds.). (2002). *Emotions in humans and artifacts*. Cambridge, MA: MIT Press.
Traylor, G. (1973). Joking in a bush camp. *Human Relations*, *26*(4), 479–486.
Treadwell, Y. (1970). Humor and creativity. *Psychological Reports*, *26*(1), 55–58.
Trice, A. D. (1985). Alleviation of helpless responding by a humorous experience. *Psychological Reports*, *57*(2), 474.
Trice, A. D., & Price-Greathouse, J. (1986). Joking under the drill: A validity study of the Coping Humor Scale. *Journal of Social Behavior & Personality*, *1*(2), 265–266.
Trick, L., & Katz, A. (1986). The domain interaction approach to metaphor processing: Relating individual differences and metaphor characteristics. *Metaphor and Symbolic Activity*, *1*, 203–244.
Turnbull, C. M. (1972). *The mountain people*. New York: Touchstone.
Turner, R. G. (1980). Self-monitoring and humor production. *Journal of Personality*, *48*(2), 163–172.
Uchino, B. N., Kiecolt-Glaser, J., & Glaser, R. (2000). Psychological modulation of cellular immunity. In J. T. Cacioppo, L. G. Tassinary & G. G. Berntson (Eds.), *Handbook of psychophysiology* (2nd ed., pp. 397–424). Cambridge, England: Cambridge University Press.
Ullian, J. A. (1976). Joking at work. *Journal of Communication*, *26*(3), 129–133.
Ullmann, L. P., & Lim, D. T. (1962). Case history material as a source of the identification of patterns of response to emotional stimuli in a study of humor. *Journal of Consulting Psychology*, *26*(3), 221–225.
Vaid, J. (1999). The evolution of humor: Do those who laugh last? In D. H. Rosen & M. C. Luebbert (Eds.), *Evolution of the psyche* (pp. 123–138). Westport, CT: Praeger Publishers/Greenwood Publishing.

引用文献

Vaid, J. (2002). Humor and laughter. In V. S. Ramachandran (Ed.), *Encyclopedia of the human brain* (Vol. 2, pp. 505–516). San Diego, CA: Academic Press.
Vaid, J., Hull, R., Heredia, R., Gerkens, D., & Martinez, F. (2003). Getting a joke: The time course of meaning activation in verbal humor. *Journal of Pragmatics, 35*(9), 1431–1449.
Vaillant, G. E. (2000). Adaptive mental mechanisms: Their role in a positive psychology. *American Psychologist, 55*(1), 89–98.
Van Giffen, K. (1990). Influence of professor gender and perceived use of humor on course evaluations. *Humor: International Journal of Humor Research, 3*(1), 65–73.
van Hooff, J. A. (1972). A comparative approach to the phylogeny of laughter and smiling. In R. A. Hinde (Ed.), *Non-verbal communication*. Oxford, England: Cambridge U. Press.
van Hooff, J. A., & Preuschoft, S. (2003). Laughter and smiling: The intertwining of nature and culture. In F. B. M. de Waal & P. L. Tyack (Eds.), *Animal social complexity: Intelligence, culture, and individualized societies* (pp. 260–287). Cambridge, MA: Harvard University Press.
van Wormer, K., & Boes, M. (1997). Humor in the emergency room: A social work perspective. *Health & Social Work, 22*(2), 87–92.
Vasey, G. (1877). *The philosophy of laughter and smiling* (2nd ed.). London: J. Burns.
Ventis, W. L. (1973). Case history: The use of laughter as an alternative response in systematic desensitization. *Behavior Therapy, 4*(1), 120–122.
Ventis, W. L., Higbee, G., & Murdock, S. A. (2001). Using humor in systematic desensitization to reduce fear. *Journal of General Psychology, 128*(2), 241–253.
Vettin, J., & Todt, D. (2004). Laughter in conversation: Features of occurrence and acoustic structure. *Journal of Nonverbal Behavior, 28*(2), 93–115.
Vilaythong, A. P., Arnau, R. C., Rosen, D. H., & Mascaro, N. (2003). Humor and hope: Can humor increase hope? *Humor: International Journal of Humor Research, 16*(1), 79–89.
Vinton, K. L. (1989). Humor in the workplace: It is more than telling jokes. *Small Group Behavior, 20*(2), 151–166.
Wakshlag, J. J., Day, K. D., & Zillmann, D. (1981). Selective exposure to educational television programs as a function of differently paced humorous inserts. *Journal of Educational Psychology, 73*(1), 27–32.
Walle, A. H. (1976). Getting picked up without being put down: Jokes and the bar rush. *Journal of the Folklore Institute, 13*, 201–217.
Wanzer, M. B., & Frymier, A. B. (1999). The relationship between student perceptions of instructor humor and student's reports of learning. *Communication Education, 48*(1), 48–62.
Wapner, W., Hamby, S., & Gardner, H. (1981). The role of the right hemisphere in the apprehension of complex linguistic materials. *Brain & Language, 14*(1), 15–33.
Ward, J. R. (2004). *Humor and its association with friendship quality*. Unpublished Masters thesis, University of Western Ontario, London, Ontario.
Warm, T. R. (1997). The role of teasing in development and vice versa. *Journal of Developmental & Behavioral Pediatrics, 18*(2), 97–101.
Warners-Kleverlaan, N., Oppenheimer, L., & Sherman, L. (1996). To be or not to be humorous: Does it make a difference? *Humor: International Journal of Humor Research, 9*(2), 117–141.
Watson, D., & Pennebaker, J. W. (1989). Health complaints, stress, and distress: Exploring the central role of negative affectivity. *Psychological Review, 96*, 234–254.
Watson, K.K., Matthews, B.J., & Allman, J.M. (2007). Brain Activation during Sight Gags and Language-Dependent Humor. *Cerebral Cortex, 17*(2), 314-324.

引用文献

Weaver, J., & Zillmann, D. (1994). Effect of humor and tragedy on discomfort tolerance. *Perceptual & Motor Skills, 78*(2), 632–634.

Weaver, J., Zillmann, D., & Bryant, J. (1988). Effects of humorous distortions on children's learning from educational television: Further evidence. *Communication Education, 37*(3), 181–187.

Weaver, J. B., Masland, J. L., Kharazmi, S., & Zillmann, D. (1985). Effect of alcoholic intoxication on the appreciation of different types of humor. *Journal of Personality & Social Psychology, 49*(3), 781–787.

Wegener, D. T., Petty, R. E., & Smith, S. M. (1995). Positive mood can increase or decrease message scrutiny: The hedonic contingency view of mood and message processing. *Journal of Personality and Social Psychology, 69*(1), 5–15.

Weinberger, M. G., & Gulas, C. S. (1992). The impact of humor in advertising: A review. *Journal of Advertising, 21*(4), 35–59.

Weisenberg, M., Raz, T., & Hener, T. (1998). The influence of film-induced mood on pain perception. *Pain, 76*(3), 365–375.

Weisenberg, M., Tepper, I., & Schwarzwald, J. (1995). Humor as a cognitive technique for increasing pain tolerance. *Pain, 63*(2), 207–212.

Weisfeld, G. E. (1993). The adaptive value of humor and laughter. *Ethology & Sociobiology, 14*(2), 141–169.

White, S., & Camarena, P. (1989). Laughter as a stress reducer in small groups. *Humor: International Journal of Humor Research, 2*(1), 73–79.

White, S., & Winzelberg, A. (1992). Laughter and stress. *Humor: International Journal of Humor Research, 5*(4), 343–355.

Whitney, I., & Smith, P. K. (1993). A survey of the nature and extent of bullying in junior/middle and secondary schools. *Educational Research, 35*(1), 3–25.

Whitt, J. K., & Prentice, N. M. (1977). Cognitive processes in the development of children's enjoyment and comprehension of joking riddles. *Developmental Psychology, 13*(2), 129–136.

Wickberg, D. (1998). *The senses of humor: Self and laughter in modern America.* Ithaca, NY: Cornell University Press.

Wicker, F. W. (1985). A rhetorical look at humor as creativity. *Journal of Creative Behavior, 19*(3), 175–184.

Wicker, F. W., Barron, W. L., & Willis, A. C. (1980). Disparagement humor: Dispositions and resolutions. *Journal of Personality & Social Psychology, 39*(4), 701–709.

Wicker, F. W., Thorelli, I. M., Barron, W. L., & Ponder, M. R. (1981). Relationships among affective and cognitive factors in humor. *Journal of Research in Personality, 15*(3), 359–370.

Wild, B., Rodden, F. A., Grodd, W., & Ruch, W. (2003). Neural correlates of laughter and humour. *Brain, 126*(10), 2121–2138.

Williams, R. B., Haney, T. L., Lee, K. L., Kong, Y. H., Blumenthal, J. A., & Whalen, R. E. (1980). Type A behavior, hostility, and coronary atherosclerosis. *Psychosomatic Medicine, 42*(6), 539–549.

Wilson, D. W., & Molleston, J. L. (1981). Effects of sex and type of humor on humor appreciation. *Journal of Personality Assessment, 45*(1), 90–96.

Wilson, G. D., & Patterson, J. R. (1969). Conservatism as a predictor of humor preferences. *Journal of Consulting & Clinical Psychology, 33*(3), 271–274.

Wilson, G. D., Rust, J., & Kasriel, J. (1977). Genetic and family origins of humor preferences: A twin study. *Psychological Reports, 41*(2), 659–660.

Wilson, W. (1975). Sex differences in response to obscenities and bawdy humor. *Psychological Reports, 37*(3, Pt 2), 1074.

Winner, E., & Leekam, S. (1991). Distinguishing irony from deception: Understanding the speaker's second-order intention. *British Journal of Developmental Psychology, 9*(2), 257–270.
Winner, E., Windmueller, G., Rosenblatt, E., Bosco, L., Best, E., & Gardner, H. (1987). Making sense of literal and nonliteral falsehood. *Metaphor & Symbolic Activity, 2*(1), 13–32.
Witztum, E., Briskin, S., & Lerner, V. (1999). The use of humor with chronic schizophrenic patients. *Journal of Contemporary Psychotherapy, 29*(3), 223–234.
Wolfenstein, M. (1954). *Children's humor: A psychological analysis*. Glencoe, IL: The Free Press.
Wolff, H. A., Smith, C. E., & Murray, H. A. (1934). The psychology of humor. *Journal of Abnormal & Social Psychology, 28*, 341–365.
Wyer, R. S. (2004). *Social comprehension and judgment: The role of situation models, narratives, and implicit theories*. Mahwah, NJ: Lawrence Erlbaum Associates.
Wyer, R. S., & Collins, J. E. (1992). A theory of humor elicitation. *Psychological Review, 99*(4), 663–688.
Yalisove, D. (1978). The effect of riddle structure on children's comprehension of riddles. *Developmental Psychology, 14*(2), 173–180.
Yarnold, J. K., & Berkeley, M. H. (1954). An analysis of the Cattell-Luborsky Humor Test into homogeneous scales. *Journal of Abnormal & Social Psychology, 49*, 543–546.
Yip,J.A.,&Martin,R.A. (2006). Sense of humor, emotional intelligence, and social competence. *Journal of Research in Personality, 40*(6),1202-1208.
Yoshino, S., Fujimori, J., & Kohda, M. (1996). Effects of mirthful laughter on neuroendocrine and immune systems in patients with rheumatoid arthritis [letter]. *Journal of Rheumatology, 23*, 793–794.
Yovetich, N. A., Dale, J. A., & Hudak, M. A. (1990). Benefits of humor in reduction of threat-induced anxiety. *Psychological Reports, 66*(1), 51–58.
Yukl, G., & Lepsinger, R. (1990). Preliminary report on validation of the Management Practices Survey. In K. E. Clark & M. B. Clark (Eds.), *Measures of leadership* (pp. 223–237). West Orange, NJ.: Leadership Library of America.
Zajdman, A. (1995). Humorous face-threatening acts: Humor as strategy. *Journal of Pragmatics, 23*(3), 325–339.
Zeilig, G., Drubach, D. A., Katz-Zeilig, M., & Karatinos, J. (1996). Pathological laughter and crying in patients with closed traumatic brain injury. *Brain Injury, 10*(8), 591–597.
Ziegler, V., Boardman, G., & Thomas, M. D. (1985). Humor, leadership, and school climate. *Clearing House, 58*, 346–348.
Zigler, E., Levine, J., & Gould, L. (1966). Cognitive processes in the development of children's appreciation of humor. *Child Development, 37*(3), 507–518.
Zigler, E., Levine, J., & Gould, L. (1967). Cognitive challenge as a factor in children's humor appreciation. *Journal of Personality & Social Psychology, 6*(3), 332–336.
Zillmann, D., & Bryant, J. (1974). Retaliatory equity as a factor in humor appreciation. *Journal of Experimental Social Psychology, 10*(5), 480–488.
Zillmann, D., & Bryant, J. (1980). Misattribution theory of tendentious humor. *Journal of Experimental Social Psychology, 16*(2), 146–160.
Zillmann, D., Bryant, J., & Cantor, J. R. (1974). Brutality of assault in political cartoons affecting humor appreciation. *Journal of Research in Personality, 7*(4), 334–345.
Zillmann, D., & Cantor, J. R. (1972). Directionality of transitory dominance as a communication variable affecting humor appreciation. *Journal of Personality & Social Psychology, 24*(2), 191–198.

Zillmann, D., & Cantor, J. R. (1976). A disposition theory of humour and mirth. In A. J. Chapman & H. C. Foot (Eds.), *Humor and laughter: Theory, research, and applications* (pp. 93–115). London: John Wiley & Sons.

Zillmann, D., et al. (1980). Acquisition of information from educational television programs as a function of differently paced humorous inserts. *Journal of Educational Psychology, 72*(2), 170–180.

Zillmann, D., Masland, J. L., Weaver, J. B., Lacey, L. A., Jacobs, N. E., Dow, J. H., et al. (1984). Effects of humorous distortions on children's learning from educational television. *Journal of Educational Psychology, 76*(5), 802–812.

Zillmann, D., Rockwell, S., Schweitzer, K., & Sundar, S. S. (1993). Does humor facilitate coping with physical discomfort? *Motivation & Emotion, 17*(1), 1–21.

Ziv, A. (1976). Facilitating effects of humor on creativity. *Journal of Educational Psychology, 68*(3), 318–322.

Ziv, A. (1980). Humor and creativity. *Creative Child & Adult Quarterly, 5*(3), 159–170.

Ziv, A. (1981). The self concept of adolescent humorists. *Journal of Adolescence, 4*(2), 187–197.

Ziv, A. (1984). *Personality and sense of humor.* New York: Springer.

Ziv, A. (1988a). Humor's role in married life. *Humor: International Journal of Humor Research, 1*(3), 223–229.

Ziv, A. (1988b). Teaching and learning with humor: Experiment and replication. *Journal of Experimental Education, 57*(1), 5–15.

Ziv, A., & Gadish, O. (1989). Humor and marital satisfaction. *Journal of Social Psychology, 129*(6), 759–768.

Ziv, A., & Gadish, O. (1990). The disinhibiting effects of humor: Aggressive and affective responses. *Humor: International Journal of Humor Research, 3*(3), 247–257.

Zwerling, I. (1955). The favorite joke in diagnostic and therapeutic interviewing. *Psychoanalytic Quarterly, 24*, 104–114.

Zweyer, K., Velker, B., & Ruch, W. (2004). Do cheerfulness, exhilaration, and humor production moderate pain tolerance? A FACS study. *Humor: International Journal of Humor Research, 17*(1–2), 85–119.

事項索引

■あ
遊び　205, 285
遊び情動システム　134
遊びとしての攻撃性　54
アドレナリン　71, 72

■い
痛み　391
一般言語ユーモア理論（GTVH）　110
意味距離　113-115
意味プライミング法　116

■う
ウィット　27, 39
ウィット・ユーモア評価検査　45
ウェルビーイング　328, 332, 336, 363
右脳半球損傷（RHD）　215-217

■え
永続性　282
ユーモアセンス尺度（SHQ）　253, 271, 339
fMRI（機能的磁気共鳴画像法）　214, 220
遠隔連合テスト　265
エンドルフィン　206, 378, 393

■お
応用・治療的ユーモア協会（AATH）　378, 404
お決まりのジョーク　12
重さ判断パラダイム　83
おもしろさ　245
重り判断パラダイム　106

■か
快活さ　261, 272, 273, 310, 339, 399
階層線形モデリング　360
カウンセリング　405
覚醒減圧メカニズム　71
覚醒昇圧　73
覚醒昇圧メカニズム　71
覚醒理論　69
拡大－構築モデル　18
過剰笑い　206
活動志向状態（パラテリックモード）　6, 91, 97
からかい　151, 305
鑑賞　49
顔面動作のコーディングシステム（FACS）　75, 197, 394

■き
記憶　126
擬似社会的　137
逆U字関係　71, 73
逆U字の　106
Q分類カード（HBQD）　268
強化的ユーモア　437
強制笑い　207
ギルフォード＝マーティンの気質インベントリー　242

■く
空想の同化　288
くすぐり　191, 211
クラス・クラウン　317
クロルプロマジン　71

■け
傾向的（要素）　40, 79
計算論的ユーモア　128
言語　110
現実の同化　288
顕著性仮説　80

■こ
語彙決定意味プライミング課題　116

497

事項索引

交感神経系　71, 72, 198
攻撃的　415
攻撃的ユーモア　258, 324, 337, 361, 367, 368, 431
絞首台ユーモア　59, 352
交渉　440
向性理論　172
興奮転移　73, 74
声を発さない歯列露出ディスプレイ　204
コーピング　301, 350
コーピングスタイル　347
誤帰属理論　64
国際ユーモア学会　34
酷評　152
心の理論　217, 299
個人的な好み　252
コミック　39, 43
コミックセンス（the sense of the comic）　30
コルチゾール　72, 199

■さ
最適覚醒理論　73
左脳半球損傷（LHD）　215, 216
産出　49

■し
CHS
ジェンダー　180
自虐的ユーモア　258, 324, 337, 361, 365, 367, 368
シグナル　190
刺激希求　247
自己開示　142
自己高揚的ユーモア　258, 324, 338, 361, 366-368
視点取得ユーモア　239
シナジー　7, 92
シャーデンフロイデ　21
社会的規範　144
社会的知覚　160
主題統覚テスト（TAT）　238
笑気　191

状況　110
状況的ユーモア反応尺度（SHRQ）　253, 271, 332, 339, 356-358, 395
照合変数　70
状態・特性快活さインベントリー　261
冗談関係　140
情動作動部位　210
情動の表出　252
情動誘発部位　210
ジョーク　39
ジョーク分析・産出エンジン　130
ジョーク・ワーク　40
叙述方略　110
処理均等仮説　121
自律性　341
真剣さ　262, 273
深刻ではない不調和（ノンシリアス）　17
心理療法　405
親和的ユーモア　257, 324, 338, 361, 366, 367

■す
スキーマ　103, 117, 281, 219
スキーマ理論　113
スクリプト　104
スクリプトの対立　110
ステレオタイプ　164, 171, 174, 176
ストレス緩和仮説　355, 357, 358
ストレス緩和効果　362
ストレス緩和　355, 357
ストレス緩和効果　332
ストレスコーピング　98
ストレスコーピング仮説　313
スプナー語法　16, 406
3WD（機知次元）ユーモア検査　246, 323

■せ
精神的健康　327, 334
精神分析理論　39
精緻化　105
性的　244
制約充足　122
説得　166
前兆的大笑い　207

■そ
創造性　124
粗大運動スキル　317

■た
ダーウィン－ヘッカー仮説　212, 213
ターゲット　307
対象　110
対人関係ユーモア質問紙　365
対人志向性　341
対人的側面　370
対人魅力　162
態度　171
多次元ユーモアセンス尺度（MSHS）　259, 339
誰かを笑う　21, 27
段階的顕著性理論　120
談話管理　149

■ち
調節　288
直接性　425
治療的アプローチ　407
治療的なユーモア　405

■て
デュシェンヌスマイル　196, 213, 328, 353, 394
てんかん性笑い発作　207
転用　17, 139

■と
同化　282, 288
闘争と逃走　72, 198
独自文化　148
ともに笑う　21, 27
取り入り戦略　147
取り消す（undoing）効果　382

■な
ナンセンス（NON）ユーモア　244, 247, 323

■に
二元結合　7, 76, 102, 110, 266
認知的シナジー　102, 110
認知的調和仮説　296

■の
脳波（EFG）研究　218
脳波の山（N400）　219

■は
破壊的ユーモア　437
反転理論　90, 91

■ひ
非傾向的要素　40
微細運動スキル　317
皮肉　14, 119, 298
皮肉なお世辞　122
皮肉な侮辱　122
標的　63, 111

■ふ
不快感　245
不機嫌さ　262
不調和　76, 77, 84, 87, 216, 281, 288
不調和解決（INC-RES）ユーモア　244, 247, 249, 323
不調和解決理論　80, 282, 293
不調和理論　75
プレイ・フェイス　10, 201
フレーム　104
フロイト風言い間違い　16

■へ
偏見　171, 175

■ほ
報酬系　222
ポジティブ心理学　34
保守主義（権威主義）　274, 249
保守的な態度　248
微笑み　190, 280

499

事項索引

■ま
愉悦　71, 381
マギーの4段階モデル　290

■み
ミラーニューロン　156, 224

■め
メタメッセージの感受性　252
免疫グロブリンA（S-IgA）　386, 390
面子　141, 154

■も
目標志向優位性尺度（TDS）　96
目標志向状態（テリックモード）　6, 91
モデリング・強化仮説　313

■ゆ
優越／非難理論　52
ユーモア　5, 11, 26, 28, 39, 41
ユーモア意味スクリプト理論（SSTH）　108
ユーモア応用療法学会　35
ユーモア鑑賞　237, 293
ユーモアスタイル尺度（HSQ）　257, 324
ユーモアセンス　29, 179, 232, 234, 308, 334, 381, 399, 411
ユーモアセンス尺度　332
ユーモアセンスの自己評定　250
ユーモアによるストレスコーピング尺度（CHS）　256, 271, 332, 356-358, 390, 395
ユーモアの過程　5
ユーモアの向性モデル　63
ユーモリスト　25
愉悦（マース）　9, 188, 353
愉悦反応検査　44, 238

■ら
ラマルク主義　66

■り
リーダーシップ　442
リラックスした口開けディスプレイ　201

■れ
冷笑の圧力　154

■ろ
論理情動療法（RET）　407
論理メカニズム　110

■わ
笑い　190, 196, 280, 304, 381
笑いクラブ　331, 378
笑い声バウト　192
笑われ恐怖症　420

人名索引

■あ
アイゼン（Isen, A. M.）　18, 125
アイゼンク（Eysenck, H. J.）　76, 236, 241
アッタルド（Attardo, S.）　108, 111
アプター（Apter, M.J.）　6, 7, 91, 94, 107, 285
アリストテレス（Aristoteles）　25, 53
アレクサンダー（Alexander, R. D.）　66, 228

■い
イーストマン（Eastman, M.）　133
イワセ（Iwase, M.）　221

■う
ヴァイド（Vaid, J.）　116
ウィーラー（Wheeler, L.）　71
ウィルソン（Wilson, D. S.）　156, 224, 227
ヴェンティス（Ventis, L.）　409
ヴォルフェンシュタイン（Wolfenstein, M.）　287, 302
ヴンシュ（Wunsch, J. P.）　280

■え
エイヴリル（Averill, J. R.）　72
エクマン（Ekman, P.）　196, 197
エリス（Ellis, A.）　407, 413
エルヴィン-トリップ（Ervin-Tripp, S. M.）　183

■お
オークイン（O'Quin, K.）　124
オーブリーム（Overeem, S.）　199
オーリング（Oring, E.）　51
オコーネル（O'Connell, W. E.）　34, 45, 336, 343, 408
オズグッド（Osgood, C. E.）　113
オルソン（Olson, J. M.）　154, 173
オルポート（Allport, G. W.）　29, 336, 344

■か
カイパー（Kuiper, N. A.）　334, 398
カズンズ（Cousins, N.）　30, 377
カッツ（Katz, A.）　121
カッツ（Katz, B. F.）　131
カニングハム（Cuningham, W. A.）　106
カマレナ（Camarena, P.）　395
カレン（Kallen, H. M.）　344
カン（Cann, A.）　346
カンター（Cantor, J. R.）　63

■き
キッパー（Kipper, S.）　194
ギブソン（Gibson, D. E.）　434, 445
キマタ（Kimata, H.）　388
キャッテル（Cattell, R.）　242
キュビー（Kubie, L. S.）　418
キリンガー（Killinger, B.）　415

■く
クールソン（Coulson, A. S.）　220
クールマン（Kuhlman, T. L.）　419
クタス（Kutas, M.）　220
クラーク（Clark, A.）　395
クリステンフェルド（Christenfeld, N.）　212
クリストフェル（Christophel, D. M.）　423, 426, 432
グルーナー（Gruner, C. R.）　41, 54, 56, 58, 66, 76, 427
クレイク（Craik, K. H.）　268
グレイトマン（Gleitman, H.）　282, 295
グレーサー（Graesser, A. C.）　14, 88, 95, 144
グレゴリー（Gregory, J. C.）　70

■け
ゲーテ（von Goethe, J. W.）　237
ケストラー（Koestler, A.）　7, 52, 76, 266

501

ケニー（Kenny, D. T.）　85
ケルトナー（Keltner, D.）　151, 153, 353

■こ
コーサー（Coser, R. L.）　146
ゴーハム（Gorham, J.）　423, 426, 432
コーハン（Cohan, C. L.）　178, 365
ゴールドステイン（Goldstein, J.H.）　84
ゴットマン（Gottman, G.）　177
ゴットマン（Gottman, J. M.）　371
ゴッフマン（Goffman, E.）　151
ゴドクヴィッチ（Godkewitsch, M.）　73, 113
コリンズ（Collins, J. E.）　94, 96, 105, 107

■さ
サラムー（Salameh, W. A.）　419
サリヴァン（Sullivan, K.）　299
サルス（Suls, J. M.）　78

■し
ジェーンズ（Janes, L. M.）　154
シェリフ（Cheriff, A. D.）　387, 389
ジオーラ（Giora, R.）　120, 121
シオタ（Shiota, M. N.）　19
ジグラー（Zigler, E.）　86, 296, 305
シシレッリ（Cicirelli, V. G.）　322
ジップ（Ziv, A.）　125, 271, 428
シモンズ（Simons, C. J. R.）　304
ジャーヴェイス（Gervais, M.）　156, 224, 227
シャークリフ（Shurcliff, A.）　74, 95
シャーマン（Sherman, L. W.）　318
シャイア（Schaier, A. H.）　322
シャクター（Schachter, S.）　71
ジャナス（Janus, S. S.）　274
シャピロ（Shapiro, J. P.）　305, 306
シャミ（Shammi, P.）　323
シュミット（Schmidt, S. R.）　126, 126
シュルツ（Shultz, T. R.）　77, 80, 81, 293
ショーペンハウアー（Schopenhauer, A.）　76
ジルマン（Zillmann, D.）　60, 62, 427, 431, 433

■す
スキャンブラー（Scambler, D. J.）　307
スタス（Stuss, D. T.）　323
ストラック（Strack, F.）　329
ストリングフェロー（Stringfellow, A.）　217
スプラドリー（Spradley, J. P.）　146
スベバク（Svebak, S.）　218, 252, 397
スペンサー（Spencer, H.）　39, 70, 93
スミス‐ロヴィン（Smith-Lovin, L.）　146
スモスキ（Smoski, M. J.）　159
スロウフェ（Sroufe, L. A.）　280

■せ
セイヤー（Sayre, J.）　352

■た
ダーウィン（Darwin, C.）　3, 190, 201
ダミコ（Damico, S.B.）　317
ダンザー（Danzer, A.）　329

■ち
チャーカス（Cherkas, L.）　309
チャップマン（Chapman, A.）　304
チョムスキー（Chomsky, N.）　108

■つ
ヅヴァイヤー（Zweyer, K.）　393

■て
デイ（Day, H. I.）　72
デイヴィス（Davies, C.）　58, 172
デイヴィス（Davis, J. M.）　142
ディクソン（Dixon, N. F.）　34, 343
デッカー（Decker, W. H.）　442
デッカーズ（Deckers, L.）　83, 254
デューズ（Dews, S.）　299
デュコウニー（Duchowny, M. S.）　206
デルクス（Derks, P.）　106, 219, 368

■と
ドゥートリザック（Dutrizc, G.）　368
ドワイヤ（Dwyer, T.）　438

人名索引

■に
ニアス（Nias, D. K.） 309
ニコール（Nicholl, S.） 398
ニューリープ（Neuliep, J. W.） 424
ニルセン（Nilsen, A. P.） 16
ニルセン（Nilsen, D. L. F.） 16

■ぬ
ヌウォーカー（Nwokah, E. E.） 283

■ね
ネヴォ（Nevo, O.） 49, 331, 446
ネヴォ（Nevo, B.） 49
ネズレック（Nezlek, J. B.） 368
ネルハルト（Nerhardt, G.） 82

■は
パーキー（Purkey, W. W.） 317
バーライン（Berlyne, D. E.） 70, 285
バイナム（Bainum, C.） 283
バコロウスキ（Bachorowski, J.-A.） 159, 193
ハッペ（Happé, F.） 217
ババッド（Babad, E. Y.） 251
ハリス（Harris, C. R.） 212
ハリス（Harris, M.） 300
パルビジ（Parvizi, J.） 210
パルマー（Palmer, C. T.） 144
パロット（Parrott, W. G.） 282, 295
パンクセップ（Panksepp, J.） 134, 205, 212

■ひ
ピエン（Pien, D.） 288, 295
ビッパス（Bippus, A. M.） 365, 371
ヒポクラテス（Hippocrates） 24
ヒュール（Führ, M.） 293, 303
ヒルソン（Hilson, T. R.） 114
ビンステッド（Binsted, K.） 131

■ふ
ファイン（Fine, G. A.） 148
ファブリッジ（Fabrizi, M. S.） 318
ファレリー（Farrelly, F.） 407, 408
ファンホーフ（van Hooff, J. A.） 190, 201
フィッシャー（Fisher, R. L.） 274, 314
フィッシャー（Fisher, S.） 274, 314
フォード（Ford, T. E.） 175
フォラボスコ（Forabosco, G.） 112, 134
フォレスター（Forester, J.） 440
フライ（Fry, W. F.） 379, 381
ブライアント（Bryant, J.） 60, 431, 433
ブラウネル（Brownell, H. H.） 217
ブラッドベリ（Bradbury, T. N.） 178
プラトン（Plato） 53
フランクル（Frankl, V. E.） 350, 410
フランシス（Francis, L. E.） 371
ブランズマ（Brandsma, J.） 408
フランツィーニ（Franzini, L. R.） 405, 412
フリーセン（Friesen, W. V.） 197
フリード（Fried, I.） 209, 222
フリードマン（Friedman, H. S.） 399
プルーショフ（Preuschoft, S.） 190
フレイリー（Fraley, B.） 162
フレドリクソン（Fredrickson, B. L.） 18, 226
フロイト（Freud, S.） 28, 39, 42, 50, 59, 336
プロイヤー（Proyer, R. T.） 420
プロヴァイン（Provine, R. R.） 157, 192, 211, 227

■へ
ペックスマン（Pexman, P. M.） 300
ヘル（Hehl, F.-J.） 46
ベルゲン（Bergen, D.） 286

■ほ
ポーターフィールド（Porterfield, A. L.） 358
ホームズ（Holmes, J.） 436, 439
ホッブス（Hobbes, T.） 8, 25, 54
ボナーノ（Bonanno, G. A.） 353
ポリオ（Pollio, H. R.） 86, 89, 318
ホリベ（Horibe, F.） 81
ホワイト（White, S.） 395

人名索引

■ま
マーティン（Martin, R. A.） 114, 324, 335, 344, 356, 365
マーラ（Marra, M.） 436, 439
マイオ（Maio, G. R.） 174
マギー（McGhee, P. E.） 286, 313, 314
マクドゥーガル（McDougall, W.） 60
マクレランド（McClelland, D. C.） 387, 389
マステン（Masten, A. S.） 320
マズロー（Maslow, A. H.） 336
マッキー（Mackie, D. M.） 168
マホニー（Mahony, D. L.） 393
マルケイ（Mulkay, M.） 19, 51, 139, 147
マン（Mann, B. J.） 146
マンケ（Manke, B.） 311, 315

■み
ミオ（Mio, J. S.） 95

■め
メルス（Mers, R. W.） 86, 89

■も
モッブス（Mobbs, D.） 222
モリオール（Morreall, J.） 172

■よ
ヨベッチ（Yovetich, N. A.） 346

■ら
ラ・ガイパ（La Gaipa, J. J.） 149
ラザラス（Lazarus, R. S.） 343
ラスキン（Raskin, V.） 108, 109, 139
ラ・フェイヴ（La Fave, L.） " 63
ランジュバン（Langevin, R.） 72
ランディ（Lundy, D. E.） 164
ランパート（Lampert, M. D.） 181, 183

■り
リッチー（Ritchie, G.） 128
リトル（Lyttle, J.） 168

■る
ルフ（Ruch, W.） 46, 60, 112, 243, 254, 271, 420

■れ
レヴァイン（Levine, J.） 44
レヴィ（Levi, L.） 198
レッドリッチ（Redlich, F. C.） 44
レフコート（Lefcourt, H. M.） 253, 344, 356, 365

■ろ
ロースバート（Rothbart, M. K.） 288, 295
ローゼンヴァルド（Rosenwald, G. C.） 46
ロッケレイン（Roeckelein, J. E.） 32
ロットン（Rotton, J.） 399
ロビンソン（Robinson, D. T.） 146
ロング（Long, D. L.） 14, 88, 144

■わ
ワース（Worth, L. T.） 168
ワイヤー（Wyer, R. S.） 94, 96, 105, 107

監訳者あとがき

　人の生活の中にある営みは，その程度に違いこそあれ，ユーモアに包まれ，支えられている。たとえば，人は困難な状況に遭遇して，気持ちが落ち込みそうになった時でも，直接的にあるいは間接的にユーモア溢れる表現や振る舞いに接することで，気持ちが明るくなり，前向きに課題解決に取り組めるようになる。また，対立や葛藤が生じている対人関係場面でも，場を和ませるようなユーモアをきっかけに，ふと笑いがこぼれることがある。あるいは，自分の考えを伝える時，ストレートな表現では角が立つことも，ユーモアを交えた柔らかい表現なら，相手から受け入れてもらえるかもしれない。友人関係での冗談やからかいは，絆を確かめるだけではなく，友情を育み新たな関係性を生み出していく。そして，親子関係の場面でのユーモアによる表現や振る舞いは，心と心の交流を生み，信頼関係が育まれる起源となる。

　このように，ユーモアは，自己の能力や効力感の向上や拡大に役立つ状況適応的な認知的道具（装置）であると同時に，他者との関わりの中で関係を築くといった社会的営みでの円滑なコミュニケーションを実現する遊びを含んだ社会的道具（装置）でもある。だが，ユーモアによって喚起される笑いは，いつも喜びと快感という感情のみを帯びているわけではない。それは，時に笑いが攻撃性や不安を表すものだからである。人はユーモアの多義性と曖昧さのヴェールでネガティブな感情を覆い隠しながら，自他の弱さや愚かさを標的にして笑うこともある。したがって，ユーモアが喚起する笑いは，「意味深長なナンセンス」「明るく楽しげな深刻さ」などといった感情の真の意味とその裏にある逆の意味を同時に兼ね備えている「ある種オクシモロン（撞着語法）な表出」だといえるかもしれない。

　ユーモア，それは人間の複雑な心模様を状況のなかで適切に表出しながら，生活の綾として人生のシナリオを彩っていくという認知的，社会的装置の極めて高度な創造的営みであり，それゆえ，「ユーモアとは何か」の解明はそのまま「人間とは何か」という人間学の根本問題の解明につながるものであるといえよう。だが，「人間とは何か」という問いを追究する上で重要な糸口となるユーモアは，多面的に様々な角度から研究がなされてきている反面，その全体像を一目で見てとれるようにまとめ上げた書籍は皆無に等しい状況であった。そこに現れたのが，マーティンが 2007 年に著した『*The Psychology of Humor: An Integrative Approach*（ユーモア心理学ハンドブック）』である。徹底した文献渉猟と包括的な内容は他の追随を許さず，そして何より広い範囲にわ

監訳者あとがき

たる研究を科学的エビデンスに基づいてクリティカルに検討し，体系的に整理してある。そこにまず感銘を覚えた。そして，一読の後，個々の研究に気をとられ「木を見て森を見ず」という状態にあって，ユーモアの本質と全体像を見失いかけていた私たちの脳裏に最初に浮かんだのは，本著がユーモアを理解する上での必携書である（になる）という強い確信であった。この感銘と強い確信を抱くのは，私たちだけではあるまい。きっと，ユーモアやユーモア研究に関心を寄せ，本書を手にする多くの方々もまた，扱われる内容のわかりやすさと説得性の高さに，至るところで目から鱗が落ちるような発見の興奮を味わうに違いない。

マーティンは，ユーモアとストレスに関する研究のパイオニアとして知られているレフコートの弟子として，早くからユーモアとユーモア研究の価値を見出し，この領域を第一線でリードしてきた世界的に著名な研究者である。それだけに，本著にも驚くほど幅広い知識と深く鋭い洞察が申し分なく盛り込まれている。

マーティンは，『ユーモア心理学ハンドブック』を研究者のためのハンドブック，医療・教育関係などの実践家のための参考書，そして，ユーモアをテーマとした心理学教育のテキストという3つの目的を念頭において著したのだという。第一の目的については，分野が偏ることなく集められた引用文献だけで40頁以上にも及ぶのを見ればその意味がよくわかる。翻訳に当たっては，本文中で研究を紹介する部分には研究者名の原語を併記し，実用性を高めるよう配慮したのでぜひ活用していただきたい。第二の目的は，理論的な検討を踏まえ，本著の後半で応用分野における実証的な研究を精査することで達成されている。これは，教育や医療の現場でユーモアに関わる実践家にとって特に重要である。マーティンは，実証研究の知見から「ユーモアであればどのようなものでもよい効果を及ぼす」という安易な想定に警鐘を鳴らし，性急に応用をめざすよりもエビデンスを地道に積み重ねていくことの大切さを訴えている。第三の目的は，『ユーモア心理学ハンドブック』が生理，進化，認知，言語，人格，発達，社会関係，健康と心理学のほぼ全分野をカバーした章立てであることによく表れている。さらに，各章での科学的根拠を背景にした論理的で簡潔な記述は，説得性が非常に高く，読者をユーモア研究の世界へと誘い，釘づけにして離さない魅力と迫力をもっている。

ただ，マーティンの文章には限定句が多いため，翻訳では原文との対応の正確さと日本語としての読みやすさのバランスを保つという面で困難さを感じたことを申し添えておこう。また，ユーモアは多面的な意味をもつため，英語の語感にぴったりとくる日本語を選びだすのは難しかった。そのため，"愉悦（mirth）"や"深刻でない不調和（non-serious incongruity）"などの重要概念および心理尺度の因子名などを除い

て，文脈に応じて訳し分けている。これは，2008年にマーティンが来日し，関西大学でのシンポジウムに参加した時折に本人と監訳者との間で確認している。

　本書の翻訳は，ユーモア研究に関心の高い九州大学の野村，丸野と関西大学の雨宮が監訳者を務め，この領域での第一線の若手研究者に各章の担当をお願いした。担当者の翻訳原稿を監訳者がチェックし，本書全体を通して整合性を保ちながら誤訳のない範囲でできるだけわかりやすい文章表現に仕上げていくという，まさに担当者と監訳者との間の協働活動による作品構成であった。とはいえ，最終的にできあがった翻訳書に対する責任は，監訳者の私たちにあることはいうまでもない。したがって，もし，誤訳やわかりにくい文章表現があるとすれば，それは各担当者の責任というよりも，私たち監訳者の知識の浅さ，能力の未熟さによるものである。まだ残っているかもしれない誤訳やわかりにくい表現については，ともに寛恕を願いたい。

　もくもくととる校正の手をしばし休め，青空へモクモクと立つ雲々の峰を眺めながら

監訳者一同

【訳者一覧】（執筆順）

雨宮俊彦　関西大学社会学部　　　　　　　　監訳
吉津　潤　関西大学大学院心理学研究科　　　第1章
生田好重　近畿大学農学部　　　　　　　　　第1章
渡邊　太　大阪大学大学院人間科学研究科　　第2章
柴田由己　大阪商業大学JGSS研究センター　　第3章
野村亮太　九州大学大学院人間環境学研究院　第4章，監訳
葉山大地　宇都宮大学教育学部　　　　　　　第5章
松阪崇久　関西大学人間健康学部　　　　　　第6章
髙下保幸　福岡大学人文学部　　　　　　　　第7章
田中真理　東北大学大学院教育学研究科　　　第8章
吉田昂平　関西大学大学院社会学研究科　　　第9章
広崎真弓　関西大学人間健康学部　　　　　　第10章
阿部晋吾　梅花女子大学心理こども学部　　　第11章
丸野俊一　九州大学大学院人間環境学研究院　監訳

【監訳者紹介】

野村亮太（のむら・りょうた）
- 1981年　鹿児島県に生まれる
- 2006年　九州大学大学院人間環境学府　修士課程修了
- 2008年　九州大学大学院人間環境学府　博士後期課程修了（学位取得により期間を短縮して修了）
- 現　在　九州大学大学院人間環境学研究院・助教（博士：心理学）
- 主著・論文
  - ユーモア生成理論の展望—動的理解精緻化理論の提案—　心理学評論, 51(4), 500-525.　2008年
  - 個人の認識論についての多重時間スケールモデルの提唱　教育心理学研究　印刷中
  - Constructing a coactivation model for explaining humor elicitation. Psychology(PSYCH).　in press
  - 個人の認識論についての多重時間スケールモデルの提唱　教育心理学研究, 59(2), 244-256.　2011年

雨宮俊彦（あめみや・としひこ）
- 1954年　山梨県に生まれる
- 1985年　関西大学大学院社会学研究科博士課程単位取得満了
- 現　在　関西大学社会学部教授
- 主著・論文
  - 動機付けのダイナミズム—リバーサル理論の概要—（共著）　関西大学社会学部紀要, 39巻2号, 123-165.　2008年
  - 笑い研究最前線：Rod Martin　笑いの科学, 1巻, 123-126.　2008年
  - 笑いを科学する（共著）　新曜社　2010年

丸野俊一（まるの・しゅんいち）
- 1948年　鹿児島県に生まれる
- 1975年　九州大学大学院教育学研究科博士後期課程途中退学
- 現　在　九州大学理事（副学長），九州大学大学院人間環境学研究院教授（教育学博士）
- 主著・論文
  - 0歳～5歳児までのコミュニケーションスキルの発達と診断—子ども・親・専門家をつなぐ—（監訳）　北大路書房　2004年
  - 内なる目としてのメタ認知—自分を自分で振り返る—　現代のエスプリ, 497　2008年
  - 認知発達を探る（監訳）　北大路書房　2008年

ユーモア心理学ハンドブック

2011年 9月10日	初版第1刷印刷	定価はカバーに表示
2011年 9月20日	初版第1刷発行	してあります。

著　　　者　　R・A・マーティン

監 訳 者　　野　村　亮　太

　　　　　　雨　宮　俊　彦

　　　　　　丸　野　俊　一

発 行 所　　(株)北大路書房

〒 603-8303　京都市北区紫野十二坊町 12-8
電　話　(075) 431-0361 (代)
ＦＡＸ　(075) 431-9393
振　替　0150-4-2083

©2011　　　　　　　　　　　印刷／製本　モリモト印刷㈱
検印省略　落丁・乱丁本はお取り替えいたします。
　　　　ISBN978-4-7628-2766-2　　　　Printed in Japan